Book Sale

D0863112

601
ITALIAN
VERBS

Dr. Emanuele Occhipinti
with
Dr. Lori Langer de Ramírez
Dr. Amelia Moser
Dr. David Rose
Anthony Vittorino M.A.

Berlitz Publishing

New York   Munich   Singapore

601 Italian Verbs

NO part of this product may be reproduced, stored in a retrieval system, or transmitted in any form or means electronic, mechanical, photocopying, or otherwise, without prior written permission from Apa Publications.

Contacting the Editors
Every effort has been made to provide accurate information in this publication, but changes are inevitable. The publisher cannot be responsible for any resulting loss, inconvenience, or injury. We would appreciate it if readers would call our attention to any errors or outdated information by contacting Berlitz Publishing, 193 Morris Avenue, Springfield, NJ 07081, USA.
email: comments@berlitzbooks.com

All Rights Reserved
© 2010 Berlitz Publishing/APA Publications GmbH & Co. Verlag KG, Singapore Branch, Singapore

Berlitz Trademark Reg. U.S. Patent Office and other countries. Marca Registrada. Used under license from Berlitz Investment Corporation.

First Printing: June 2010
Printed in Canada

Publishing Director: Sheryl Olinsky Borg
Project Manager/Editor: Nela Navarro
Editorial: Dr. David Rose, Susanna Pastorino
Production Manager: Elizabeth Gaynor
Cover Design: Claudia Petrilli, Leighanne Tillman
Interior Design/Art: Claudia Petrilli and Datagrafix, Inc.

Table of Contents

Dr. Emanuele Occhipinti

Dr. Emanuele Occhipinti is Assistant Professor and Director of the Italian program at Drew University. He holds a *Laurea* in Modern Foreign Languages and Literatures from the University of Florence and received his Ph.D. in Italian Literature from Rutgers University. He is also the editor of *New Approaches to Teaching Italian Language and Culture: Case Studies from an International Perspective.*

Dr. Lori Langer de Ramírez

Dr. Lori Langer de Ramírez holds a Master's Degree in Applied Linguistics and a Doctorate in Curriculum and Teaching from Teachers College, Columbia University. She is currently the Chairperson of the ESL and World Language Department for Herricks Public Schools in New Hyde Park, N.Y. Dr. Langer de Ramírez is the author of several Spanish-language books and texts and has contributed to many textbooks and written numerous articles about second language pedagogy and methodology. Her interactive web site, www.miscositas.com, offers teachers over 40 virtual picturebooks and other curricular materials for teaching foreign languages.

Dr. Amelia Moser

Dr. Amelia Moser is Visiting Assistant Professor of Italian at Bard College. Dr. Moser received her Ph.D. in Romance Languages from Harvard University. She has taught Italian language and literature at Harvard University, Yale University, Iona College and Columbia University. She is also Managing Editor of *Italian Poetry Review*, a pluri-lingual journal of creativity and criticism sponsored by Columbia University, The Italian Academy for Advanced Studies in America, and Fordham University.

Dr. David Rose

Dr. David Rose is currently the Director of World Languages for the Oceanside School District, in Oceanside, N.Y. Dr. Rose has an M.A. in Romance Languages and Literature and a Ph.D. in Foreign Language Instruction with a specialization in Italian from Stony Brook University. Dr. Rose has taught Italian at the middle school, high school and college levels, and has served as coordinator and chaperone for college-level study abroad programs in Italy. He has served as consultant for the New York State Regents Exam in Italian and is a member of Phi Beta Kappa.

Anthony Vittorino M.A.

Tony Vittorino is a teacher of Italian and Spanish at Herricks High School in New Hyde Park, N.Y. Mr. Vittorino holds Masters degrees in Italian and European History from New York University and St. John's University, respectively.

About the Authors/Reviewers

Mr. Vittorino has worked as a translator of historical texts and legal documents and as an adjunct instructor at St. John's University, New York. He travels to Italy frequently, most recently to Rome this past summer through an NEH grant to study Italian art in Rome and Florence. He is also an avid educational blogger and has presented at technology workshops organized by the American Council for the Teaching of Foreign Languages.

Berlitz Publishing is grateful for the valuable comments and suggestions made by the team of teacher and student reviewers during the stages of development. Their contributions, expertise, experience and passion for the Italian language are clearly reflected in this important project.

Grazie mille!

Teachers

Angelo Musto, Oceanside High School, Oceanside, New York

Nicola Nino, Columbia University, New York, New York

Renata Paolercio, Bronx Science High School, Bronx, New York

Serena Grattarola, Smith College, Northampton, Massachusetts

Susanna Pastorino, Montclair State University, Montclair, New Jersey

Students

Erika Esposito, Herricks High School, New Hyde Park, New York

Hope Ross, Drew University, Madison, New Jersey

Frank Sedita, Drew University, Madison, New Jersey

Raphael Smith, Rutgers University, Newark, New Jersey

Dear Student,

As with everything in life, if you want to become good at something, you have to practice. Learning Italian is the same: it is crucial to your growth that you practice the language in many different contexts. For example:

- watching Italian language television and listening to Italian language songs
- listening to Italian language radio broadcasts and podcasts
- reading Italian language books, stories, and newspaper magazine articles
- and, most importantly: engaging native speakers of Italian in conversation

These are all critical ways to immerse yourself with the structures and vocabulary of Italian. Along with this authentic practice is the need for precision – and this is where 601 Italian Verbs can help you to improve your fluency. When you are through producing a story, an essay, a blog entry or an email in Italian, consult 601 Italian Verbs to ensure that your message is being communicated correctly. A good understanding of the verb tenses, their conjugations and their structures will enable you to express yourself freely and correctly. And take some time to work through the activities at the end of 601 Italian Verbs. They are aimed at assessing your understanding of the use of verbs in real-life contexts, such as conversations and short stories.

It is our hope that 601 Italian Verbs will become an invaluable source of information for you during your years on the road to Italian fluency.

It is also our hope that your road will be paved with the joy of learning and the wonder of communicating in a new language. In bocca al lupo!

- Dr. Emanuele Occhipinti and Dr. Lori Langer de Ramírez

Dear Teacher,

It is so exhilarating to watch our students grow and thrive in their study of the Italian language. We watch in awe as they master subject-verb agreement and we smile with delight when they finally grasp the subjunctive mood! But there are also trying times on the road to Italian proficiency. Understanding the many different tenses and conjugations in the target language can prove challenging to many students. This is where 601 Italian Verbs *can serve as an important source of support and encouragement for our students.*

601 Italian Verbs *is an essential book for your students and you to use as a reference at home, in the classroom or at the library. We all recall times when a student wants to say or write something in Italian, but just doesn't have the verb paradigm mastered quite yet. While communication can certainly take place without this precision of language, it is less likely to be successful and can often frustrate students. By having* 601 Italian Verbs *handy when students are working in the language, teachers can help scaffold the language that students have already acquired. Students can check their work using the book, as well as use it for reference as they create essays, blog entries, original creative writing pieces and other writing or oral productions in the Italian classroom.*

601 Italian Verbs *can help students to feel secure in the language while also providing valuable information and practice that can lead to more advanced proficiency in Italian. We all know that a secure student is a student who is open to learning more. It is our hope that this book serves as an important resource for students as they continue on their road to Italian proficiency. Buon lavoro!*

- Dr. Emanuele Occhipinti and Dr. Lori Langer de Ramírez

Welcome to *601 Italian Verbs*! This is *the* verb reference book for today's student. This book was created to help you learn the Italian verb system, not for the sake of studying Italian verbs, but so that you can communicate and enjoy speaking Italian! *601 Italian Verbs* will help make studying easier and also provide you with opportunities to improve, practice and even have fun *in italiano*.

Learn to make the most of this book by becoming familiar with the contents. Go back to the Table of Contents (TOC) on page 3. The TOC will help you navigate and locate the following sections in this book:

About the Authors/Reviewers
You will notice that *601 Italian Verbs* is written by a team of experienced teachers committed to helping you learn Italian. The book was reviewed by another team of equally experienced teachers and engaged students from various schools and universities.

Letter to the Student/Letter to the Teacher
Dr. Emanuele Occhipinti, one of the book's main authors, shares tips to help you practice Italian in different contexts. Dr. Occhipinti also tells you how *601 Italian Verbs* will help you improve your overall fluency in Italian, whether you are writing an essay, a blog, an email, a text message, or prepping for an exam.

Verb Guide
The Verb Guide is a brief, clear, student-friendly overview of all the important parts of the Italian verb system. The Verb Guide also provides you with practical tips on how to place accents correctly to enhance your writing skills.
It also provides useful Memory Tips to help you understand how important verbs, such as *essere*, are used.

Alphabetical Listing of 601 Verbs
601 Italian Verbs provides an alphabetical listing of 601 of the most commonly-used Italian verbs in academic, professional and social contexts. Each verb page provides an English translation of the Italian verb. The verb conjugations have endings that are highlighted for easy reference, which in turn makes learning the conjugations of the different tenses much easier! We have identified 75 of the most useful and common Italian verbs. These "75 Must Know Verbs" are featured with a blue background for easy reference. In addition, the authors have written Memory Tips to help you remember key verbs. These verbs are also marked for easy reference.

How to Use This Book

Italian Verb Activities/Answer Key
The activity pages provide you with a variety of accessible and practical exercises that help you practice both the conjugation and usage of verbs.
There is an Answer Key on page 686 so that you can check your own answers.

Must Know Verbs
You will find a list of Must Know Verbs. These verbs are 75 of the most useful and common Italian verbs. Remember, these verbs are marked for easy reference in the body of the book.

Tech Verb List
Here, you will find a list of verbs commonly used when talking about technology. Now you can send email, download a podcast, open documents, and use search engines in Italian!

Italian Text Messaging
Time to have fun in Italian! Use this text-messaging guide to text *in italiano*. You can also use this text-messaging guide when writing emails or when communicating on social networking sites.

Test Prep Guide
The Test Prep Guide offers a quick, bulleted list of helpful strategies for test prep for Italian and for your other classes. These tips will help you before, during and after the exam. *In bocca al lupo!*

Index of over 1900 Italian Verbs Conjugated like Model Verbs
At the beginning of the index you will find a list of model verbs. We have included these verbs since most other Italian verbs are conjugated like one of these model forms. We suggest that you study these model verbs; once you know these conjugations you will be able to conjugate almost any verb!

The index provides an additional 1900 verbs used in Italian. Each verb includes an English translation. The English translation is followed by a number, for example: *remare*, to row (90). The number 90 refers to the page where you will find the conjugation of the verb *amare*. The verb *remare* is conjugated like the model verb *amare*.

iPod Instructions
Use your iPod to communicate instantly in Italian! The free download that accompanies *601 Italian Verbs* gives you access to hundreds of words, phrases and useful expressions. See page 734 for more information.

iPhone and iPod touch Instructions
The free download that accompanies *601 Italian Verbs* enables you to use your iPhone and iPod touch to conjugate essential Italian verbs in the palm of your hand! See page 735 for more information.

Verb Guide Table of Contents

Introduction

The purpose of this book is to help you understand and successfully navigate the Italian verb system. There are three broad concepts that you need to understand to help you do this, and they are the following:

- What is meant by "conjugating" a verb
- What is meant by "tense" and how the Italian verb tenses work
- What is meant by "mood" and how the indicative, subjunctive and imperative moods are used in Italian

In this introduction, you will learn about these three concepts, and you will see that what appears to be a dauntingly complicated system is really quite simple once you understand the key, which is the use of patterns. Armed with your knowledge of patterns in the Italian verb system, you will be able to use this book to help you communicate well in Italian.

List of tenses

English/English explanation	Italian/Italian example using "parlare"
present indicative (what you do/are doing)	presente indicativo (*parlo*)
imperfect indicative (what you used to do/ were doing)	imperfetto indicativo (*parlavo*)
present perfect (what you have done)	passato prossimo (*ho parlato/ sono andato*)
future (what you will do)	futuro (*parlerò*)
conditional (what you would do)	condizionale presente (*parlerei*)
past absolute (what you did)	passato remoto (*parlai*)
past perfect (what you had done)	trapassato prossimo (*avevo parlato*)
preterite perfect tense	trapassato remoto (*ebbi parlato*)
future perfect (what you will have done)	futuro anteriore (*avrò parlato*)
conditional perfect (what you would have done)	condizionale passato (*avrei parlato*)
present subjunctive*	presente congiuntivo (*parli*)
imperfect subjunctive*	imperfetto congiuntivo (*parlassi*)
present perfect subjunctive*	passato congiuntivo (*abbia parlato*)
past perfect subjunctive*	trapassato congiuntivo (*avessi parlato*)

*Translation of these tenses will vary with the context. See examples in sections on the uses of the subjunctive mood.

Verb Guide

What is conjugation?

Let's start by thinking about what you know about verbs in general. You know that they are sometimes called "action words" and that no sentence is complete without a verb. In English, verbs almost always have a subject or word that does the action of the verb. Without the subject, the sentence seems incomplete. What you will find about Italian verbs that makes them special is that each verb form gives you more information than its English counterpart. While an English verb form communicates only the action, an Italian verb form also tells who does the action and when it takes place.

The infinitive

In Italian, the basic form of a verb that you will see when you look in the dictionary is called an infinitive. This form has no subject because it is unconjugated, but it carries the basic meaning of the verb, the action. In Italian, all infinitives end in "-are," "-ere" or "-ire," and each one of these endings indicates how you will conjugate or change the verb to make it agree with a subject. While there are times when you will leave the verb in the infinitive form, most of the time you will need to change the infinitive ending to agree with a subject and to show a tense. Once you learn the basic pattern that all Italian verbs follow for conjugation, you will see that changing a subject or a tense is very simple. Most irregular verbs, however, do not follow a pattern, and you will need to memorize them.

When can you leave a verb in the infinitive, or unconjugated, form?

- An infinitive may act like an English gerund. A gerund is a verb form that is used as a noun. In the English sentence *"Running is good for your health,"* the subject of the sentence is the gerund "running." In Italian, however, you use an infinitive to express the same idea: *"Correre fa bene alla salute."*
- An infinitive is frequently used as a complement to a conjugated verb. A complement is a second verb form that completes the meaning of the first verb, as in these examples:

Voglio *praticare* l'italiano.   I want *to practice* Italian.
Devo *andare* a scuola.   I have *to go* to school.
Mi piace *studiare* l'italiano.   I like *to study* Italian.

Verb Guide

- An infinitive is often used after a preposition in Italian, where a gerund might be used in English:

prima di *mangiare*	before *eating*
invece di *arrivare*	instead of *arriving*
senza *entrare*	without *entering*

How do I conjugate a verb so that I can use it in a sentence?

In order to master the conjugation pattern that all Italian verbs follow, you just need to learn the basic format. Here is a simple chart to help you visualize the pattern:

Singular forms   **Plural forms**

1st person = the one speaking/acting	1st person = the ones speaking/acting
2nd person = the one spoken to	2nd person = the ones spoken to
3rd person = the one spoken about	3rd person = the ones spoken about

In any tense, Italian verbs always have six forms, and they always follow this pattern. Which form you need to use depends on who or what the subject of the verb is, no matter what tense you are using. You can always use this pattern to help you understand and use verbs in Italian. It will never change, no matter what the verb or the tense.

Subject pronouns

The first thing you need to learn is the pattern for personal (or subject) pronouns in Italian, which are the same for all verb conjugations.

1st person singular = io (I)	1st person plural = noi (we)
2nd person singular = tu (you, informal)	2nd person plural = voi (you plural)
3rd person singular = lui, lei, Lei (he, she, you formal)	3rd person plural = loro (they)

Notice that while in English there is only one way to say "you," in Italian there are two variations. That is because in Italian there is a social distinction between the two ways to address others, depending on how well you know someone. The second person subject pronoun and verb form are used to indicate familiarity, while the third person form indicates a social distance and is therefore more formal.

In Italy, you use the "tu" form of the verb when you are addressing someone with whom you are on a first-name basis, like a friend or family member, especially someone younger. The "Lei" form is used with strangers, people you know but with whom you have a more formal relationship or with older people who deserve your respect, like your teacher.

The last big difference about personal pronouns used with verbs in Italian is that you can often omit them, unlike in English. This is because the endings in different verb conjugations will generally tell you who the subject is. Examples will be given later to show you how all these concepts work.

What is meant by "tense" in Italian?

In any language, the verb's tense indicates the time frame for the action of the verb. In fact, in Italian the word for "tense" (tempo) is also the word for "time." So, if you want to talk about what is going on now, you will choose the present tense. If you want to talk about what happened yesterday or last year, you will choose the past tense. If you want to talk about your life in twenty years, you will choose the future tense, and so on. This is the same in Italian as it is in English. What is different about Italian is that the verb endings you will learn for each tense convey more information than those in English. They will tell you not only what time period is being referred to, but also who or what the subject of the verb is.

The Present Indicative Tense (il presente indicativo)

Let's start with the present tense, which can be used to talk about current action or routine action. Verbs whose infinitives end in "-are" are called first conjugation verbs and are the most common type of verb in Italian. All "-are" verbs are conjugated the same way, unless they are irregular. A regular verb is simply one that follows the rules for conjugation, and an irregular verb does not follow those rules. Once you learn the pattern for each conjugation, you can apply it to any regular verb in that category. If a verb is irregular, you will use the same basic pattern, but you will have to memorize the irregular forms.

In order to conjugate a regular verb, you start with the infinitive stem, which is the infinitive minus the "-are," "-ere" or "-ire." So, for the verb "parlare" (to speak, to talk), you remove the "-are" and get the infinitive stem "parl-." Then you simply add the present tense endings for "-are" verbs, which are given below:

-o	-iamo
-i	-ate
-a	-ano

Verb Guide

These endings correspond to the chart of personal pronouns given previously and automatically tell you who the subject is. For example, if a verb form is "stem + -o", you know right away that the subject is "io" (I) and that you are using the present tense. If it ends in "-i," the subject can only be "tu" (the informal, singular "you"). Let's look at an example to see how this works. A common regular "-are" verb in Italian is "parlare." Here is the chart for the present tense conjugation of this verb:

io parlo = I speak	noi parliamo = we speak
tu parli = you speak	voi parlate = you (pl.) speak
lui, lei, Lei parla = he speaks, she speaks, you speak	loro parlano = they speak

The translation of the present tense in Italian is pretty flexible. For example, "io parlo" may mean "I speak," "I do speak" or "I am speaking," depending on the context. As we saw before, since each verb form in Italian is directly related to a specific subject, it is perfectly normal to drop the personal pronoun and use only the verb. Consider the following brief interchange:

Parli italiano? = Do you speak Italian?
Sì, parlo un po' d'italiano. = Yes, I speak a little Italian.

Anyone who heard this conversation would know right away who was speaking, simply by the endings used. Only "io" can be the subject of "parlo," and only "tu" can be the subject of "parli," so the subject pronouns are not necessary, except for emphasis. This is true for the first and second person plural forms as well. The third person form is a bit different, since there is more than one possible subject for this form. Therefore, unless you have already made it clear whom you are talking about, it is more likely that a subject will be used with these forms (either a noun or a pronoun). For example, if you hear someone say *"Parla italiano molto bene,"* you have no clue who speaks Italian well unless the speaker has already mentioned him or her. If the speaker has previously said *"Mio fratello Peter vive in Italia,"* (My brother Peter lives in Italy), then you can assume that the subject of *"Parla italiano molto bene"* is "he," even though it is not directly stated.

Second conjugation verbs are those whose infinitives end in "-ere," and their present tense endings are slightly different than those of "-are" verbs. Here is the chart for these verbs:

-o	-iamo
-i	-ete
-e	-ono

15

Here is the present tense conjugation the for verb "leggere" (to read):

In regular verbs, in the third person plural of the present tense, the third last syllable is normally stressed: **par**lano, **leg**gono, **par**tono.

io leggo = I read	noi leggiamo = we read
tu leggi = you read	voi leggete = you (pl.) read
lui, lei, Lei legge = he reads, she reads, you read	loro leggono = they read

What you will notice right away is that two of these endings use the vowel "e" where "-are" verbs use the vowel "a." First person, or the "io" and "noi" forms, are the same for all regular verbs in the present tense, since they all end in "o" and "iamo."

Third conjugation verbs are those whose infinitives end in "-ire," and the chart for their present-tense endings is below:

-o	-iamo
-i	-ite
-e	-ono

All of these endings but the "voi" ending are the same as those used for "-ere" verbs, so that means you only have to learn one different ending. That ending will always let you know whether the verb is a second or third conjugation verb.

Here is the present tense conjugation of the verb "partire" (to leave):

io parto = I leave	noi partiamo = we leave
tu parti = you leave	voi partite = you (pl.) leave
lui, lei, Lei parte = he leaves, she leaves, you leave	loro partono = they leave

Notice that the three conjugations follow the same pattern in the "io," "tu" and "noi" forms.
Verbs in "-ere" and "-ire" follow the same pattern in the "Lei," "lui/lei" and "loro" forms.

Verb Guide

Verbs in -isc:

Most "-ire" verbs like "preferire," "costruire," "capire," "pulire" etc., add "-isc" between the stem and the endings in all persons but the first and second plural. Look at the present tense conjugation of the verb "capire" (to understand):

io cap**isc**o = I understand	noi capiamo = we understand
tu cap**isc**i = you understand	voi capite = you (pl.) understand
lui, lei, Lei cap**isc**e = he understands, she understands, you understand	loro cap**isc**ono = they understand

Spelling changes in the present tense

Certain verbs in Italian undergo spelling changes for phonetic reasons in the second person singular "tu" and in the first person plural "noi" (see chart on next page). There are three types of changes possible: verbs that end in "-iare," verbs that end in "-care" and verbs that end in "-gare."

An example of the first of these changes is the verb "studiare" (to study). Like other verbs in "-iare," it has only one "i" in the "tu" and "noi" forms. The chart of the present tense conjugation of "studiare" is below:

studio* = I study	studiamo = we study
studi* = you study	studiate = you (pl.) study
studia* = he studies, she studies, you study	studiano* = they study

*Note that verbs like "inviare" (to send) and "sciare" (to ski) have a stressed "i" in the first person singular (*invio, scio*), so they retain a double "i" in the "tu" form: "tu invii," "tu scii."

Verbs ending in "-care" and "-gare" add an "h" between the stem and the ending "i" in the second person singular and first person plural in order to maintain the hard sound of the letters "c" and "g" ("c" and "g" have an hard sound in front of "a," "o" and "u," but a soft sound before "e" and "i;" to produce a hard "c" or "g" in front of "e" or "i," we need an "h"). Look at the examples of the verbs "cercare" (to look for) and "pagare" (to pay):

cerco = I look for	cerchiamo = we look for
cerchi = you look for	cercate = you (pl.) look for
cerca = he looks for, she looks for, you look for	cercano = they look for

pago = I pay	paghiamo = we pay
paghi = you pay	pagate = you (pl.) pay
paga = he pays, she pays, you pay	pagano = they pay

Reflexive verbs in the present tense

Verbs whose subjects and objects are the same are called reflexive verbs, and in order to conjugate these verbs, you must add a reflexive pronoun that agrees with the subject pronoun. An example of this in English is seen in the constructions "I hurt myself" and "He saw himself in the mirror."

Below is a chart with all the reflexive pronouns:

mi (myself)	ci (ourselves)
ti (yourself)	vi (yourselves)
si (himself, herself, yourself)*	si (themselves)*

*Note that there is only one reflexive pronoun for third person verb forms, whether the verb is singular or plural.

You can see that the reflexive pronouns correspond to the subject pronouns. If the subject of a reflexive verb is "io," then the reflexive pronoun for that verb form must be "mi." An example of a common reflexive verb is "vestirsi" (to get dressed):

(io) mi vesto = I dress myself	(noi) ci vestiamo = we dress ourselves
(tu) ti vesti = you dress yourself	(voi) vi vestite = you (pl.) dress yourselves
(lui, lei, Lei) si veste = he, she dresses himself/herself, you dress yourself	(loro) si vestono = they dress them-selves

Note that the appropriate reflexive pronoun is placed before the conjugated verb form. In the infinitive form of a reflexive verb, the pronoun is often attached to the end, as in the sentence: "*Voglio vestirmi*" (I want to dress myself).

In English, the reflexive construction is relatively uncommon, but in Italian it is extremely common. While in English we are more likely to use a possessive adjective (as in the expression, "I am washing my hands."), in Italian that same construction will be reflexive, without the possessive adjective ("*Mi lavo le mani.*"). The use of the reflexive pronoun makes the possessive adjective redundant and unnecessary in Italian.

You can recognize a reflexive verb, because the infinitive of the verb will have the reflexive pronoun "si" attached to the end, without the final "e" of the infinitive. These verbs end in "-arsi," "-ersi" and "-irsi." In order to conjugate them, drop the reflexive endings and add the endings you already know for the present. The verb "chiamare" means to call, but when it is reflexive, it means to call oneself, as in the expression *"Come ti chiami?"* or "What is your name?" (Literally, this expression means "What do you call yourself?") When you want to say, "My name is ..." you use this verb and say *"Mi chiamo ...."*

There are several reasons why a verb may be reflexive:

- To create a truly reflexive construction, in which the subject and the object are the same:

  Lei si trucca.   She puts on makeup.

- To distinguish between two verbs with different meanings:

  Laura lava la macchina.   Laura washes the car.
  Laura si lava le mani.   Laura washes her hands.

- To express reciprocal action when the subject is plural:

  I due amici si telefonano.   The two friends call each other.

Irregular forms in the present tense

There are some verbs that are completely irregular in the present tense, and you simply have to memorize their conjugations. Fortunately, most are very common verbs which you will use so frequently that it doesn't take long to remember them. An example of this type of verb is the verb "andare," which means "to go."

io vado = I go	noi andiamo = we go
tu vai = you go	voi andate = you (pl.) go
lui, lei, Lei va = he goes, she goes, you go	loro vanno = they go

Note that most irregular verbs belong to the second and third conjugations.

Verb Guide

Verbs like "sapere" (to know), "dare" (to give) and "stare" (to stay) follow a similar pattern, and like "andare," have a double "n" in the third person plural. Here is the conjugation of "sapere":

so = I know	sappiamo = we know
sai = you know	sapete = you (pl.) know
sa = he knows, she knows, you know	sanno = they know

The verb "uscire" (to go out) forms the conjugation of the three singular persons and the third plural person by using the stem "esc-." Look at its conjugation:

esco = I go out	usciamo = we go out
esci = you go out	uscite = you (pl.) go out
esce = he goes out, she goes out, you go out	escono = they go out

Some verbs, like "rimanere" (to stay, to remain), "salire" (to go up) and "venire" (to come) add a "g" to the stem in the first person singular and third person plural. Here is the conjugation of "venire":

vengo* = I come	veniamo = we come
vieni = you come	venite = you (pl.) come
viene = he comes, she comes, you come	vengono* = they come

Some verbs — "bere" (to drink), "dire" (to say) and "tradurre" (to translate) — form the conjugation using the Latin stem: "bev-," "dic-" and "traduc-" and then adding the appropriate ending for the present tense. Look at the conjugation of the verb "bere":

bevo = I drink	beviamo = we drink
bevi = you drink	bevete = you (pl.) drink
beve = he drinks, she drinks, you drink	bevono = they drink

The verb "fare" (to do/make) forms the present using the Latin stem "fac-" in the first person singular and plural. In the other persons, it follows the pattern of a verb like "andare" or "sapere." Look at the conjugations of "fare":

faccio = I do/make	facciamo = we do/make
fai = you do/make	fate = you (pl.) do/make
fa = he does/makes, she does/makes, you do/make	fanno = they do/make

Note that this verb adds an extra "-c-" to the Latin stem "fac-": "faccio," "facciamo."

The verbs "dovere" (to have to, must), "potere" (to be able, can, may) and "volere" (to want) are irregular and are often followed by the infinitive:

dovere	potere	volere
devo	posso	voglio
devi	puoi	vuoi
deve	può	vuole
dobbiamo	possiamo	vogliamo
dovete	potete	volete
devono	possono	vogliono

Note the accent mark in the "lui," "lei," "Lei" form of "potere": può. Also, note the pattern of "potere" and "volere" in the "io," "noi" and "loro" forms.

The irregular verbs *essere* and *avere*

There are two very important verbs used for descriptions and as helping verbs in compound tenses: "avere" and "essere." Here are the charts for the present tense of these two verbs:

"essere"

sono = I am	siamo = we are
sei = you are	siete = you (pl.) are
è = he is, she is, you are	sono = they are

Verb Guide

"avere"

ho = I have	abbiamo = we have
hai = you have	avete = you (pl.) have
ha = he has, she has, you have	hanno = they have

Note the accent mark in the third person of the verb "essere": "è." Also note that the "h" in Italian is always silent.

Uses of *essere* and *avere*

"Essere" is used to name the general categories that identify people and things, such as profession, race, religion, political affiliation, relationships, etc., as in these examples:

Mio padre è insegnante. My dad is a teacher.
Molte persone in Italia sono cattoliche. Lots of people in Italy are Catholic.

The verb "essere" also describes relationships:

Lui è mio fratello. He is my brother.

It is also used to describe possession and origin:

Di chi è il libro? È di Massimo. Whose book is it? It's Massimo's.
Di dov'è Laura? È italiana. Where is Laura from? She's Italian.

If you want to describe instrinsic qualitites of people or things, you use "essere," as in the following sentences:

Mio fratello è alto e bello. My brother is tall and handsome.
La lezione è difficile, però The class is hard, but it's interesting.
è interessante.

"Avere" is used to describe physical features:

Luca ha i capelli biondi e gli Luca has blond hair and green eyes.
occhi verdi.

It is used to indicate possession:

Io ho una casa in Italia.   I have a house in Italy.

"Avere" is also used in some idiomatic expressions. These are very important to remember, since in English the verb "to be" is used instead.

avere fretta = to be in a hurry	avere ... anni = to be ... years old
avere voglia di = to be up for, to want	avere fame/sete = to be hungry/thirsty
avere bisogno di = to need	avere freddo/caldo = to be cold/hot
avere paura di = to be afraid	avere ragione/torto = to be right/wrong
avere sonno = to be sleepy	

Look at some examples:

Laura ha 30 anni.   Laura is 30 years old.

Maria ha fame.   Maria is hungry.

Noi abbiamo sonno perché siamo stanchi.   We are sleepy because we are tired.

Luca ha voglia di un gelato.   Luca is up for an ice cream.

Notice the preposition "di" after "avere paura di," "avere bisogno di" and "avere voglia di."

The Imperative Mood (l'imperativo)

The imperative is used to give commands but also instructions like directions or recipes. The "tu," (except in the first conjugation) "noi" and "voi" forms are the same as the present indicative. You will learn the formal form ("Lei") at the end of the book.

Verb Guide

Look at the following chart with the imperative of the three conjugations:

	parlare (to speak)	**leggere** (to read)	**partire** (to leave)
(tu)	parla!*	leggi!	parti!
(noi)	parliamo!	leggiamo!	partiamo!
(voi)	parlate!	leggete!	partite!

*Note that in first conjugation verbs only, the ending for the "tu" form is "-a" and not "-i" like in the present tense.

Third conjugation verbs in "-isc" like "pulire" (to clean) add "-isc" just in the "tu" form only, as they do in the present tense:

(tu) pulisci!   (noi) puliamo!   (voi) pulite!

To form the negative imperative, just put "non" in front of the "noi" and "voi" forms. For the "tu" form, the construction is "non" + infinitive:

Non puliamo!	Let's not clean!
Non partite!	Don't leave!

But:

Luca, non partire!	Luca, don't leave!

The verbs "andare" (to go), "dare" (to give), "fare" (to do, to make) and "stare" (to stay) also have a contracted form in the second person singular:

vai/va'   dai/da'   fai/fa'   stai/sta'

The verb "dire" (to say) only has a contracted form:

di'

The reflexive pronouns are attached to imperative endings:

Vestiti!	Dress yourself!
Vestiamoci!	Let's dress!
Vestitevi!	Dress yourselves!

Object pronouns follow the same pattern:

Leggilo!	Read it!

The contracted forms of "andare," "dare," "dire," "fare" and "stare" lose the apostrophe and attach to all pronouns except *gli*, doubling the first consonant in the process:

Dammi il libro!   Give me the book!

Dille "ciao"!   Tell her "ciao."

But:

Dagli il libro!   Give the book to him!

The contracted form of *"andare"* has the same construction with *ci:*

Vacci!   Go there!

Note that "essere" and "avere" have irregular "tu" and "voi" forms:

	essere	**avere**
(tu)	sii	abbi
(voi)	siate	abbiate

Expressing Past Actions: The Present Perfect Tense (il passato prossimo)

In Italian, the most commonly used past tenses are the present perfect tense (which we'll call by its better-known Italian name, the *passato prossimo*) and the imperfect. Each has different uses, so you will need to learn them both. The *passato prossimo* describes completed actions in the past and can be translated by both the past absolute (I ate) and the present perfect (I have eaten) in English, while the imperfect tense expresses repeated actions, ongoing actions or conditions in the past. (A chart and examples explaining the different uses of these two tenses follows the section on the formation of both tenses.)

The present perfect tense (il passato prossimo)

To form the present perfect tense, you need to use the present tense of the irregular helping verbs that you already know – "avere" or "essere" – plus the past participle. As a general rule, all transitive verbs (verbs that take a direct object) use the helping verb "avere." Intransitive verbs (verbs that don't have a direct object) take either "avere" or "essere," but there is no rule, so you will have to learn from practice. Reflexive verbs and verbs of motion and change of state use "essere."

The easiest way to recognize a transitive verb from an intransitive one is whether or not you can answer the questions "Who?" or "What?" If you can, the verb is transitive. For example: *Luigi has seen Maria.* (Whom did he see? Maria.) *I have eaten pasta.* (What did I eat? Pasta.).

Forming the regular past participle:

- For "-are" verbs, drop the infinitive ending and add "-ato."

    The past participle for the verb "parlare" is "parlato."

- For "-ere" verbs, drop the infinitive ending and add "-uto."

    The past participle for the verb "ricevere" is "ricevuto."

- For "-ire" verbs, drop the infinitive ending and add "-ito."

    The past participle for the verb "partire" is "partito."

Here is the present perfect tense of the verb "parlare":

ho parlato = I have spoken/I spoke	abbiamo parlato = we have spoken/ we spoke
hai parlato = you have spoken/you spoke	avete parlato = you (pl.) have spoken/ you all spoke
ha parlato = he, she has spoken/you have spoken/he, she, you spoke	hanno parlato = they have spoken/ they spoke

Here is the present perfect tense of the verb "andare":

sono andato/a = I have gone/I went	siamo andati/e = we have gone/we went
sei andato/a = you have gone/you went	siete andati/e = you (pl.) have gone/ you all went
è andato/a = he, she has gone/you have gone/he, she, you went	sono andati/e = they have gone/they went

Verb Guide

Remember that the *passato prossimo* corresponds to the English present perfect but also the past absolute or simple past.

Agreement of the past participle

When the present perfect is formed with the helping verb "avere," the past participle doesn't change in any person unless a direct object pronoun ("lo," "la," "La," "li" or "le") precedes the verb, in which case the past participle agrees in gender and number with the pronoun.

Examples:

*Hai mangiato la pasta? Sì, l'ho **mangiata**.*   Have you eaten the pasta? Yes, I have eaten it.

*Hai visto Luisa e Maria? No, non **le** ho **viste**.*   Have you seen Luisa and Maria? No, I haven't seen them.

Note that "lo," "la" and "La" elide in front of "h," but "li" and "le" do not.

When the present perfect is formed with the helping verb "essere," it must always agree in gender and number with the subject of the verb:

Laura è **andata** a Roma.
Luca è **andato** a Roma.
Noi siamo **andati/e** a Roma. ("-i" or "-e" depending whether the subject is masculine or feminine plural.)

Some verbs can either take "avere" or "essere" in the passato prossimo

-Verbs indicating weather conditions like "piovere" and "nevicare" can take both.
-Some verbs require "essere" when there is no direct object afterwards, but with a direct object they require "avere":

La lezione è cominciata alle 8:00.   Class started at 8:00.

But:

Ho cominciato la lezione di yoga.   I started the yoga class.

Sono scesi dal treno.   They got off the train.

But:

Hanno sceso le scale.   They went down the stairs.

Le lezioni sono finite alle 12:00.   Classes ended at 12:00.

But:

Ho finito i compiti.   I have finished the homework.

Irregular Past Participles:

There are some irregular past participles, just like in English, and you must memorize them. Here are the most common irregular past participles used with the helping verb "avere":

Infinitive	Irregular past participle
aprire (to open)	*aperto* (opened)
avere (to have)	*avuto* (had)
bere (to drink)	*bevuto* (drunk)
chiedere (to ask)	*chiesto* (asked)
chiudere (to close)	*chiuso* (closed)
dare (to give)	*dato* (given)
decidere (to decide)	*deciso* (decided)
dire (to say)	*detto* (said)
fare (to do/make)	*fatto* (done/made)
leggere (to read)	*letto* (read)
mettere (to put)	*messo* (put)
prendere (to take)	*preso* (taken)
promettere (to promise)	*promesso* (promised)
ridere (to laugh)	*riso* (laughed)
scegliere (to choose)	*scelto* (chosen)
scrivere (to write)	*scritto* (written)
vedere (to see)	*visto* (seen)
vincere (to win)	*vinto* (won)

Verb Guide

Here are some of the most common past participles used with the helping verb "essere":

Infinitive	Irregular past participle
essere (to be)	*stato* (been)
morire (to die)	*morto* (died)
nascere (to be born)	*nato* (born)
rimanere (to remain)	*rimasto* (remained)
succedere (to happen)	*successo* (happened)
venire (to come)	*venuto* (come)

Uses of past participles

- The past participle follows the verbs "avere" (in which case it is invariable and does NOT agree with the subject of the verb) and "essere" (in which case it is variable and agrees in gender and number with the subject of the verb) in the perfect tenses. An example of this is the sentence *"Ho aperto la porta."* (I have opened the door.) or the sentence *"Lei è partita."* (She left.) These sentences describe an action.
- The past participle may be used as an adjective, either with or without "essere," in which case the ending will change to agree in gender and number with the word being modified. Here is an example of this use: *"La porta è aperta."* (The door is open.) This sentence describes the result of an action.
- The past participle may follow the verb "essere" to form the passive voice, and in this case it is also considered an adjective and must agree with the subject of the verb "essere." An example of this is the sentence *"La porta è stata aperta dall'insegnante."* (The door was opened by the teacher.) This form of the passive voice is mainly used when the speaker wishes to indicate by whom the action was done. When this is not important, you will most often use the common form of the passive voice, formed by adding the impersonal "si" to the verb in the third person singular or plural (depending on the subject), as in the following examples:

In Italia si mangia spesso la pasta.	In Italy, pasta is eaten often.
In Svizzera si parlano tre lingue.	In Switzerland, three languages are spoken.

The Imperfect Indicative Tense (l'imperfetto indicativo)

In order to talk about routine past actions in Italian (the way things used to be) or progressive actions (what someone was doing when something else happened), you need to use the imperfect tense. While the past absolute and the present perfect (a tense presented later) allow you to describe actions and reactions in the past, the imperfect tense lets you describe past conditions, feelings and circumstances, as well as routine or progressive actions. This is the most regular of all Italian tenses. The imperfect has only one set of endings for "-are," "-ere" and "-ire" verbs, and unlike the preterite, there are very few irregular verbs to memorize. To form this tense, you drop "-re" from the infinitive stem and add the imperfect endings.

Below is the chart for the endings for this tense:

-vo	-vamo
-vi	-vate
-va	-vano

Remember to add the consonant "v" throughout the conjugation.

Here is the chart for the imperfect of the verb "parlare" (to speak, to talk):

parlavo = I used to speak/I was speaking	parlavamo = we used to speak/we were speaking
parlavi = you used to speak/you were speaking	parlavate = you (pl.) used to speak/you (pl.) were speaking
parlava = he, she, you used to speak/he, she was speaking, you were speaking	parlavano = they used to speak/they were speaking

Here is the chart for the imperfect of the verb "leggere" (to read):

leggevo = I used to read/I was reading	leggevamo = we used to read/we were reading
leggevi = you used to read/you were reading	leggevate = you (pl.) used to read/you (pl.) were reading
leggeva = he, she, you used to read/he, she was reading, you were reading	leggevano = they used to read/they were reading

Verb Guide

Here is the chart for the imperfect of the verb "partire" (to leave):

partivo = I used to leave/I was leaving	partivamo = we used to leave/we were leaving
partivi = you used to leave/you were leaving	partivate = you (pl.) used to leave/you (pl.) were leaving
partiva = he, she, you used to leave/ he, she was leaving, you were leaving	partivano = they used to leave/they were leaving

Irregular forms in the imperfect tense

Only a few verbs have any irregular forms; "essere" has irregular forms in all the persons. Here is its chart:

essere (to be)

ero = I was/I used to be	eravamo = we were/we used to be
eri = you were/you used to be	eravate = you (pl.) were/you (pl.) used to be
era = he, she was, you were/you used to be	erano = they were/they used to be

Some verbs use a Latin stem but with the imperfect regular endings. Here are the charts of the three most common ones:

fare (to do/make)

facevo = I was doing, making/I used to do, make	facevamo = we were doing, making/ we used to do, make
facevi = you were doing, making/you used to do, make	facevate = you (pl.) were doing, making/you (pl.) used to do, make
faceva = he, she was doing, making/ you were doing, making/you used to do, make	facevano = they were doing, making/ they used to do, make

bere (to drink)

bevevo = I was drinking/I used to drink	bevevamo = we were drinking/we used to drink
bevevi = you were drinking/you used to drink	bevevate = you (pl.) were drinking/you (pl.) used to drink
beveva = he, she was drinking, you were drinking/he, she, you used to drink	bevevano = they were drinking/they used to drink

dire (to say)

dicevo = I was saying/I used to say	dicevamo = we were saying/we used to say
dicevi = you were saying/you used to say	dicevate = you (pl.) were saying/you (pl.) used to say
diceva = he, she was saying, you were saying/he, she, you used to say	dicevano = they were saying/they used to say

Uses of the present perfect and the imperfect

Here is a chart to help you remember the different uses of these two tenses:

Present perfect	Imperfect
-describes completed, specific past actions or events	-describes routine or repeated past actions
	-describes reactions to past actions or events
	-describes ongoing or progressive past actions
	-describes conditions or circumstances in the past
	-describes background actions, as opposed to main actions

Here are some examples to help you see the difference in the two tenses:

Ieri c'è stato un incidente.	Yesterday there was an accident. (an event happened)
Io ero spaventato.	I was scared. (my reaction to the event)
C' erano molte persone ferite.	There were many injured people. (the resulting condition)
La settimana scorsa sono andato al cinema.	Last week, I went to the movies. (a single event)
Quando ero piccolo andavo sempre al parco.	When I was a child, I always used to go the park. (condition or circumstance/ repeated past action)
Mentre cenavo è squillato il telefono.	While I was eating dinner, the phone rang. (action in progress when main action occurred)

Because they are conditions, time of day and age are always imperfect, but what happened at a certain time or age could be *passato prossimo*.

Quando è arrivato mio padre erano le cinque.	It was five o'clock when my father arrived.
Quando mi sono rotto il braccio avevo cinque anni.	I was five when I broke my arm.

You can think of the imperfect tense as a long, unbroken line, with no beginning or end. The *passato prossimo* could be represented by specific points on that line or by a limited segment of that line, a moment framed in time. If you know when an action started, when it ended or how long it lasted, use the *passato prossimo*.

There are some verbs, like "conoscere" (to know, to meet) and "sapere" (to know), whose definitions in English change in these two tenses, but this makes sense if you understand the overall concept of *passato prossimo* versus *imperfect*. Here are a couple of examples:

Leri ho conosciuto Marco.	Yesterday I met Marco. (a specific action)
Quando ero piccolo non conoscevo Luisa.	When I was little, I did not know Luisa. (an ongoing condition)
Non sapevo la risposta giusta.	I did not know the right answer. (a condition)
L'ho saputo dopo.	I found it out later. (a specific action)

The Past Absolute (il passato remoto)

To talk about completed actions in the past you will use the past absolute. This tense is used mainly to describe actions in the distant past and to talk about historical events. It is used in literary texts and in formal writing. In Central and Southern Italy, it is sometimes used in everyday Italian, too. Usually, to talk about the past, the *passato prossimo* is used instead.

Verbs in "-are" add the following endings:

-ai	-ammo
-asti	-aste
-ò	-arono

The chart for the past absolute of the verb "parlare" (to speak, to talk) is given below:

parlai = I spoke	parlammo = we spoke
parlasti = you spoke	parlaste = you (pl.) spoke
parlò = he, she, you spoke	parlarono = they spoke

Verb Guide

Verbs in "-ere" add the following endings:

-ei or -etti	-emmo
-esti	-este
-é or -ette	-erono or -ettero

Note the alternate endings for the "io," "lui"/"lei"/"Lei" and "loro" forms. However, in verbs with a stem ending in "-t" like "potere," there is no second alternate form.

The chart for the verb "credere" (to believe) in the past absolute is given below:

credei/credetti = I believed	credemmo = we believed
credesti = you believed	credeste = you (pl.) believed
credé/credette = he, she, you believed	crederono/credettero = they believed

Verbs in "-ire" add the following endings:

ii	immo
isti	iste
ì	irono

Note the accent mark in the third person singular in the three conjugations.

Here is the chart for the verb "finire" (to finish) in the past absolute:

finii = I finished	finimmo = we finished
finisti = you finished	finiste = you (pl.) finished
finì = he, she, you finished	finirono = they finished

Irregular verbs in the past absolute

Most verbs with an irregular past absolute are "-ere" verbs and they follow a 1-3-3 pattern meaning that they are regular in all persons but in the "io," "lui"/"lei"/"Lei" and "loro" forms, when they have the following endings: "-i," "-e," "-ero." You can predict the conjugation if you know the first person singular and the infinitive.

As an example, the verb "scrivere" (to write) belongs to this group. The first person is "scrissi" so the conjugation will be:

scrissi = I wrote	scrivemmo = we wrote
scrivesti = you wrote	scriveste = you (pl.) wrote
scrisse = he, she, you wrote	scrissero = they wrote

Note that verbs that have two alternate stems like "scrivere/scrissi" have no accents.

Here are the most common irregular verbs that follow the 1-3-3 pattern. The infinitive and first person singular are provided:

Infinitive	**First person singular**
avere (to have)	*ebbi*
conoscere (to know, to meet)	*conobbi*
leggere (to read)	*lessi*
mettere (to put)	*misi*
nascere (to be born)	*nacqui*
piacere (to like)	*piacqui*
rimanere (to stay, to remain)	*rimasi*
rispondere (to answer)	*risposi*
scegliere (to choose)	*scelsi*
vedere (to see)	*vidi*
venire (to come)	*venni*
vivere (to live)	*vissi*
volere (to want)	*volli*

There is a small group of verbs that use the Latin stem to form the "tu," "noi" and "voi" persons. Some of these are "bere" (to drink), which uses "bev-," "dire" (to say), which uses "dic-" and "fare" (to do/make), which uses "fac-." Here is the chart of the verb "fare" (to do/make):

feci = I did/made	facemmo* = we did/made
facesti* = you did/made	faceste* = you (pl.) did/made
fece = he, she, you did/made	fecero = they did/made

Finally, the verb "essere" (to be) is irregular in all persons and must therefore be memorized. Here is the conjugation:

fui = I was	fummo = we were
fosti = you were	foste = you (pl.) were
fu = he was, she was, you were	furono = they were

The Future Tense and Conditional Mood (il futuro presente e il condizionale presente)

The future tense is used to say what will happen, and the conditional mood (attitude of the speaker) is used to say what would happen under certain conditions. Here you will learn the future tense and the present conditional mood. The future and the conditional are the only ones that in Italian are not formed by using the infinitive stem. Instead, for all regular verbs, the future and the conditional are based on the entire infinitive form. In addition, for each – the future tense and the conditional mood – there is only one set of endings, which are used with all verbs, both regular and irregular. And, finally, the future and the conditional share the same set of irregular stems. So, once you learn the future tense, the present conditional mood is really easy.

Here is the chart for future tense endings, which are added directly to the infinitive of regular verbs:

-ò	-emo
-ai	-ete
-à	-anno

Verb Guide

 Note that only the "io" and "lui"/"lei"/"Lei" forms carry an accent mark.

These same endings are used for all verbs, both regular and irregular, regardless of the conjugation. All regular "-are," "-ere" and "-ire" verbs work the same way in this tense and add only the future endings. Verbs in "-are" change the stem "-ar" into "-er" before adding them.

For the verb "parlare" (to speak, to talk), the future tense looks like this:

parlerò = I will speak	parleremo = we will speak
parlerai = you will speak	parlerete = you (pl.) will speak
parlerà = he, she, you will speak	parleranno = they will speak

For the verb "leggere" (to read), the future tense looks like this:

leggerò = I will read	leggeremo = we will read
leggerai = you will read	leggerete = you (pl.) will read
leggerà = he, she, you will read	leggeranno = they will read

For the verb "partire" (to leave), the future tense looks like this:

partirò = I will leave	partiremo = we will leave
partirai = you will leave	partirete = you (pl.) will leave
partirà = he, she, you will leave	partiranno = they will leave

Uses of the future tense:

- To express predictions in the present, as in the sentence: *Lei dice che arriverà alle cinque.* (She says that she will arrive at 5:00 p.m.)
- After expressions of time such as "quando," "se," "appena," "non appena" and "finché" when it is implied that the event will occur in the future: *Se pioverà, prenderò l'ombrello.* (If it rains, I will take the umbrella.)
- To express conjecture or probability in the present, as in this question and answer: *Che ore saranno? Saranno le otto.* (I wonder what time it is. It must be 8:00 p.m.)

In the first two cases, you can use the present tense instead of the future.

English uses the present tense in these cases.

Here is the chart for conditional mood endings, which are also added directly to the infinitive of regular verbs:

-ei	-emmo
-esti	-este
-ebbe	-ebbero

Note that the stem is the same as the one in the future tense, so verbs in "-are" change the stem "-ar" into "-er" before adding the conditional endings.

Here is the chart for the verb "parlare" in the conditional mood:

parlerei = I would speak	parleremmo = we would speak
parleresti = you would speak	parlereste = you (pl.) would speak
parlerebbe = he, she, you would speak	parlerebbero = they would speak

For the verb "leggere," the conditional mood looks like this:

leggerei = I would read	leggeremmo = we would read
leggeresti = you would read	leggereste = you (pl.) would read
leggerebbe = he, she, you would read	leggerebbero = they would read

For the verb "partire," the conditional mood looks like this:

partirei = I would leave	partiremmo = we would leave
partiresti = you would leave	partireste = you (pl.) would leave
partirebbe = he, she, you would leave	partirebbero = they would leave

Don't confuse the future "noi" form with the conditional one: "parleremo" vs. "parleremmo." In the conditional there is a double "m," and in Italian, doubles are pronounced with more emphasis.

Uses of the conditional mood:

- To make a request, expressing desire seems less rude or direct: *Potresti parlarmi del tuo amico?* (Could you tell me about your friend?)
- In past tense "if" clauses that express contrary-to-fact conditions, such as this sentence: *Se potessi, ti aiuterei.* (If I could, I would help you.)

Spelling changes in the future tense and conditional mood

Verbs ending in "-care" and "-gare" add an "h" after a "-c"or "-g" and then change the vowel "-a" into an "-e," like all "-are" verbs:

"Cercare" (to look for) becomes "cer**ch**erò" in the future, "cer**ch**erei" in the conditional.
"Pagare" (to pay) becomes "pa**gh**erò" in the future, "pa**gh**erei" in the conditional.

Verbs ending in "-ciare" and "-giare" drop the "-i" and change the "-a" into "-e":

"Cominciare" (to start) becomes "comin**c**erò" in the future, "comin**c**erei" in the conditional.
"Mangiare" (to eat) becomes "man**g**erò" in the future, "man**g**erei" in the conditional.

Irregular stems for the future and conditional

Both the future and the conditional use the same irregular stems, which are listed below:

Infinitive	Irregular stem
avere	*avr-*
andare	*andr-*
dovere	*dovr-*
essere	*sar-*
fare	*far-*
dare	*dar-*
potere	*potr-*
sapere	*sapr-*
vedere	*vedr-*
volere	*vorr-*
venire	*verr-*
bere	*berr-*
tenere	*terr-*

Since the irregular stems are the same for both the future and the conditional, you simply need to learn these once, and then the two sets of endings.

Here are the charts for the verb "avere" (to have) in the future and the conditional. Note that the same irregular stem is used for both; only the endings change.

The future of "avere":

avrò = I will have	avremo = we will have
avrai = you will have	avrete = you (pl.) will have
avrà = he, she, you will have	avranno = they will have

The conditional of "avere":

avrei = I would have	avremmo = we would have
avresti = you would have	avreste = you (pl.) would have
avrebbe = he, she, you would have	avrebbero = they would have

Simple Versus Compound Tenses

Simple tenses are those that are formed by a single word, and compound tenses, as the name implies, have two parts, like a compound word. The simple tenses you have learned are the present, the past absolute, the imperfect, the future and the conditional. You have also learned one of the compound tenses, the *passato prossimo*. There are five compound tenses, known as the "perfect tenses."

The perfect tenses, of which the *passato prossimo* is the most common, use the helping verbs "avere" (to have) or "essere" (to be) and the past participle of the verb or the "-ed" form. The rules for subject-past participle agreement with "essere" or agreement with a preceding direct object with "avere" are the same as they are in the *passato prossimo* in all these tenses. Once you know how to form the past participle, in order to form the four perfect tenses, you merely need to change the tense of the helping verb.

The past perfect tense (il trapassato prossimo)

The past perfect tense is used to describe an action that took place further back in the past than another past action either mentioned or implied in the same sentence: *Carlo ha domandato se avevo già visto il film.* (Carlo asked if I had already seen the film.) To form the past perfect tense, also known as the pluperfect, the helping verbs "essere" and "avere" are conjugated in the imperfect tense. Here is the chart for the verb "mangiare" (to eat) in this tense:

avevo mangiato = I had eaten	avevamo mangiato = we had eaten
avevi mangiato = you had eaten	avevate mangiato = you (pl.) had eaten
aveva mangiato = he, she, you had eaten	avevano mangiato = they had eaten

And here is the chart for the verb "uscire" (to go out) in the past perfect tense:

ero uscito/a = I had gone out	eravamo usciti/e = we had gone out
eri uscito/a = you had gone out	eravate usciti/e = you (pl.) had gone out
era uscito/a = he, she, you had gone out	erano usciti/e = they had gone out

The preterite perfect tense (il trapassato remoto)

There is another compound tense, known as the preterite perfect or anterior preterite, but it is not commonly used in Italian. This tense is translated exactly like the past perfect, or pluperfect, so it is not necessary in everyday speech. However, if you read a lot in Italian, you will probably see it. It is formed by adding the preterite tense of the helper verbs "avere" and "essere" to the past participle. It is used only in subordinate clauses with time expressions like "quando," "dopo che" and "appena" if there is a passato remoto (past absolute) in the main clause:

Tornai a casa appena ebbi finito le lezioni. I came back home, as soon as I had finished classes.

Here is the chart for the verb "fare" (to do/make) in this tense:

ebbi fatto = I had done/made	avemmo fatto = we had done/made
avesti fatto = you had done/made	aveste fatto = you (pl.) had done/made
ebbe fatto = he, she, you had done/made	ebbero fatto = they had done/made

Here is the chart for the verb "arrivare" (to arrive) in this tense:

fui arrivato/a = I had arrived	fummo arrivati/e = we had arrived
fosti arrivato/a = you had arrived	foste arrivati/e = you (pl.) had arrived
fu arrivato/a = he, she, you had arrived	furono arrivati/e = they had arrived

Verb Guide

The future perfect tense and conditional perfect mood
(il futuro anteriore e il condizionale passato)

The future perfect tense is used to describe an action that will have been completed either before a future point in time or before another future event occurs: *Noi avremo finito i compiti entro le cinque.* (We will have finished our homework by five o'clock.) To form the future perfect tense, "avere" or "essere" are conjugated in the future tense. Here is the chart for the verb "dormire" (to sleep) in this tense:

avrò dormito = I will have slept	avremo dormito = we will have slept
avrai dormito = you will have slept	avrete dormito = you (pl.) will have slept
avrà dormito = he, she, you will have slept	avranno dormito = they will have slept

And here is the chart for the verb "partire" (to leave) in the future perfect tense:

sarò partito/a = I will have left	saremo partiti/e = we will have left
sarai partito/a = you will have left	sarete partiti/e = you (pl.) will have left
sarà partito/a = he, she, you will have left	saranno partiti/e = they will have left

When the future tense is used in the main clause of a sentence containing the conjunctions "dopo che," "appena," "quando," etc. the future perfect is used after the conjunction: *Lei ci dirà quando sarà partito l'aereo.* (She will tell us when the plane has left.)

The future perfect is also used to express a probability in the past: *Dov'è Stefania? Non lo so, sarà uscita.* (Where is Stefania? I don't know. She probably went out.)

The conditional perfect mood is used to describe a past event that did not take place: *L'estate scorsa sarei andato in Italia ma non avevo abbastanza soldi.* (Last summer, I would have gone to Italy, but I didn't have enough money.)

It is also used in an indirect statement after verbs like "to know," "to say" or "to tell" (this construction is also known as "future in the past."):

Luca ha detto che Barbara sarebbe venuta a cena. (Luca said that Barbara would come to dinner.) Note that in this construction, English uses the conditional present.

To form the conditional perfect, "avere" and "essere" are conjugated in the conditional tense and used with the past participle. Here is the chart for the verb "restituire" (to return, to give back) in this tense:

avrei restituito = I would have given back	avremmo restituito = we would have given back
avresti restituito = you would have given back	avreste restituito = you (pl.) would have given back
avrebbe restituito = he, she, you would have given back	avrebbero restituito = they would have given back

Here is the chart for the verb "partire" (to leave) in this tense:

sarei partito/a = I would have left	saremmo partiti/e = we would have left
saresti partito/a = you would have left	sareste partiti/e = you (pl.) would have left
sarebbe partito/a = he, she, you would have left	sarebbero partiti/e = they would have left

The Progressive Forms

The present progressive

The progressive forms of the simple tenses are composed of the verb "stare" (to stay) and the present participle of the verb, what we know as the "-ing" form of the verb. "I am eating now" is an example of the present progressive tense in English. There are two progressive tenses in Italian, which are formed by changing the tense of the verb "stare." The present participle never changes, no matter what the subject or the tense of "stare."

Forming the present participle

- For "-are" verbs, simply drop the infinitive ending and add "-ando." The present participle of the verb parlare is "parlando."
- For "-ere" and "-ire" verbs, drop the infinitive ending and add "-endo." For the verb "vedere," the present participle is "vedendo," and for "partire," the present participle is "partendo."
- Some verbs use the Latin stem to form the present participle. So, the present participle of the verb "bere" is "bevendo," of "dire" is "dicendo," and of "fare" is "facendo."
- Reflexive and object pronouns may be attached to the end of a present participle. For example, you can say both *Sto leggendolo* and *Lo sto legendo* (I am reading it).

Using the present participle

- While the translation of the present participle makes it seem like an English gerund, this is not the case. A gerund in English is a verb form that is used as a noun, as in the sentence "Skating is fun." In Italian, a present participle is NEVER used as a noun. (Remember that the Italian infinitive is the equivalent of the English gerund.)
- The present participle may follow the verb "stare" in progressive constructions. An example is seen in the sentence "*Lei sta parlando.*" (She is talking.)
- The present participle may be used as an adverb to modify the action of a verb. An example of this is in the sentence "*Loro arrivarono gridando.*" (They arrived shouting.)
- The present participle is used to express the phrase "by doing something," as in this example: "*Sbagliando, s'impara.*" (By making mistakes, one learns.)

Forming the present progressive

To form the present progressive, the verb "stare" must be conjugated in the present tense. Here is the chart for the verb "parlare" (to speak, to talk):

sto parlando = I am talking	stiamo parlando = we are talking
stai parlando = you are talking	state parlando = you (pl.) are talking
sta parlando = he, she is talking/you are talking	stanno parlando = they are talking

In English, you can use the present progressive to indicate future intention, as in the sentence "This weekend I am going to the beach." In Italian, this form is NEVER used to express intention. It is used chiefly to emphasize actions in progress.

The past progressive

To form the past progressive, you will conjugate the verb "stare" in the imperfect tense. Here is the chart for the past progressive of the verb "partire":

stavo partendo = I was leaving	stavamo partendo = we were leaving
stavi partendo = you were leaving	stavate partendo = you (pl.) were leaving
stava partendo = he, she was leaving/you were leaving	stavano partendo = they were leaving

Verb Guide

What is the Subjunctive Mood?

All the verb tenses you have seen so far, are in the "indicative, imperative and conditional moods," which must be distinguished from the "subjunctive mood." While "tense" refers to time, "mood" refers to the attitude of the speaker towards the action being described. Because the subjunctive mood is very rarely used in English, it is not a concept English speakers immediately recognize. However, it is extremely common in Italian, and you must use it in many situations. You will find that there are different tenses in the subjunctive mood, just as in the indicative mood. The subjunctive has four tenses: present, past, imperfect and past perfect.

Basically, in Italian you use the indicative mood when you are objectively describing your experience in the world around you, and you use the subjunctive mood when you are reacting subjectively to your experience. Here is a simple chart to help you understand the difference between the indicative and subjunctive mood:

Verbs in the indicative mood	Verbs in the subjunctive mood
-state objective truth or facts	-give subjective reactions
-imply certainty	-imply doubt
-inform, confirm or verify	-suggest, question or deny

Formation of the present subjunctive (il congiuntivo presente)

The present subjunctive — with the exception of irregular forms — is formed by dropping the infinitive endings and adding the subjunctive ones. For "-ere" and "-ire" verbs these are the same. Also, "-ire" verbs that add "-isc" in all forms but "noi" and "voi" in the present indicative do the same in the subjunctive.

Here is a chart of the subjunctive endings for the present:

	-are	-ere and -ire
io	-i	-a
tu	-i	-a
lui, lei, Lei	-i	-a
noi	-iamo	-iamo
voi	-iate	-iate
loro	-ino	-ano

*Note that the first three persons are the same, so it is important to specify the subject pronoun to distinguish them. The "loro" form is the same as the present indicative and the "noi" and "voi" forms are the same in all three conjugations.

Verb Guide

Here is an example of this pattern for the "-are" verb "parlare" (to speak, to talk):

parli	parliamo
parli	parliate
parli	parlino

Here is the present subjunctive of the verb "scrivere" (to write):

scriva	scriviamo
scriva	scriviate
scriva	scrivano

Here is the present subjunctive of the verb "partire" (to leave):

parta	partiamo
parta	partiate
parta	partano

A common "-ire" verb in "-isc" in the present subjunctive is "capire" (to understand):

capisca	capiamo
capisca	capiate
capisca	capiscano

Translations have not been given for these forms because the present subjunctive has several possible translations in English. Here are some examples:

- The present subjunctive may refer to present or future actions, depending on the context:

  Spero che *adesso non piova.*   I hope that *it is not raining now.*
  Spero che *più tardi non piova.*   I hope that *it will not rain* later.

- Although in Italian the present subjunctive is almost always in a dependent clause following the relative pronoun "che" (that), in English the same construction may be expressed with an infinitive clause:

  Voglio che *mi aiutino.*   I want *them to help me.*

Verb Guide

Spelling changes in the present subjunctive

Just as in the present indicative, there are some verbs whose stem has a spelling change before the present subjunctive endings are added. Verbs whose stem ends in "-care" and "-gare" change the "-c" and "-g" to "-ch" and "-gh;" verbs whose stem ends in "-ciare," "-giare," "-sciare" or "-gliare," drop the "-i." Verbs in "-iare" drop the "-i" as well, but they retain it in the first three persons singular and in the third person plural when it is stressed in the "io" form of the present indicative. i.e.: the stem for verb "inviare" (to send) will be "invii-." See the charts below for some examples:

pagare (to pay)

paghi	paghiamo
paghi	paghiate
paghi	paghino

mangiare (to eat)

mangi	mangiamo
mangi	mangiate
mangi	mangino

studiare (to study)

studi	studiamo
studi	studiate
studi	studino

Verbs with irregular present subjunctive forms

There are some verbs whose present subjunctive forms are irregular. Some of these verbs are given below:

avere (to have)

abbia	abbiamo
abbia	abbiate
abbia	abbiano

Verb Guide

essere (to be)

sia	siamo
sia	siate
sia	siano

andare (to go)

vada	andiamo
vada	andiate
vada	vadano

fare (to do/make)

faccia	facciamo
faccia	facciate
faccia	facciano

dare (to give)

dia	diamo
dia	diate
dia	diano

venire (to come)

venga	veniamo
venga	veniate
venga	vengano

uscire (to go out)

esca	usciamo
esca	usciate
esca	escano

volere (to want)

voglia	vogliamo
voglia	vogliate
voglia	vogliano

Uses of the present subjunctive

In general, the subjunctive mood is used in sentences with a dependent clause when there is an element in the main clause that requires the subjunctive in the dependent clause. Here is what many of these sentences will look like:

Main clause* + "che" + second subject + dependent clause

*must contain a subjunctive cue

There are four general categories of what we can call "subjunctive cues," or expressions that require the use of the subjunctive mood. These categories are doubt/negation, emotion, opinion, and command/request.

Here are some lists of common subjunctive cues in all four categories:

Doubt/negation

dubitare	to doubt	*non essere sicuro**	not to be sure
negare	to deny	*non è vero**	it is not true
non credere	not to believe	*sospettare*	to suspect

*If these expressions drop the "no," they become expressions of certainty and do NOT require the use of the subjunctive mood.

Non sono sicuro che piova.	I'm not sure that it's going to rain.
Sono sicuro che pioverà.	I am sure that it's going to rain.

Emotion*

essere contento	to be glad	*preoccuparsi*	to worry
dispiacere	to be sorry, to regret	*dare fastidio*	to bother
essere sorpreso	to be surprised	*piacere*	to like, to please
temere/avere paura	to fear, to be afraid	*non piacere*	to dislike
essere contento, triste, etc.	to be happy, sad, etc.	*sperare*	to hope

*These expressions of emotion require the subjunctive mood whether they are affirmative or negative. Either way, they express your feelings, which are subjective.

Sono contento che tu venga alla festa.	I am glad that you will come to my party.
Sono sorpreso che lei non sia ancora qui.	I am surprised that she is not here yet.

Opinion

There are too many expressions of opinion to list here, but here are a few to help you understand the concept. These are most often impersonal expressions that may contain adjectives.

È importante	It's important	*È meglio*	It's better
È necessario/bisogna	It's necessary	*È incredibile*	It's incredible
È interessante	It's interesting	*È possibile*	It's possible
È bene/male	It's good/bad	*pensare*	to think
Sembra	It seems	*credere*	to believe
		immaginare	to imagine

È possibile che lei arrivi domani.   It's possible that she will arrive tomorrow.

Penso che loro abbiano ragione.   I think they are right.

Command/request

volere	to want	*ordinare*	to order, to command
insistere	to insist	*pregare*	to beg
desiderare	to desire	*esigere*	to demand
chiedere	to ask, to request	*raccomandare*	to recommend

Remember that the pattern of these sentences is a main clause with a subjunctive cue followed by a dependent clause that uses the subjunctive. Let's look at another sentence that follows this pattern, contrasted with a similarly constructed sentence that uses the indicative.

Dubito che oggi ci sia un esame.   I doubt that there is a test today.

The verb "dubitare" (to doubt) requires the use of the subjunctive of the verb "esserci" in the dependent clause. In contrast to this sentence, if there were no doubt, you would use the indicative of the verb "esserci" in the dependent clause:

So che oggi c'è un esame.   I know that there is a test today.

Since we so often react to the world around us, the subjunctive mood is used extensively in Italian. If we merely reported information, we would not need to use the subjunctive mood, but since we frequently express our opinions, feelings and wishes, the subjunctive mood is essential for more sophisticated communication in Italian.

The following is an example of a statement in which we merely report information:

Mio fratello Giacomo è malato.	My brother Giacomo is sick.

The following is an example of a subjective response to that information:

Mi dispiace che tuo fratello Giacomo sia malato.	I am sorry that your brother Giacomo is sick.

In this sentence, the verb in the dependent clause is in the subjunctive, because the main clause expresses an emotion.

When you give your opinion about something, it is always subjective. For that reason, the subjunctive is used after impersonal expressions of opinion. Here are some examples:

È bene che voi siate qui.	It's good that you are here.
È importante che tutti si preparino.	It's important that everyone get ready.

However, if the impersonal clause expresses truth or certainty, the indicative is used, as in these examples:

È vero che oggi abbiamo un esame.	It's true that we have a test today.
Sono sicuro che non pioverà.	I'm sure that it isn't going to rain.

Another common use of the present subjunctive is in the formation of indirect commands, when we are expressing our wish that someone else do something. Here is an example of that structure:

Raccomando che tutti imparino il congiuntivo.	I recommend that everyone learn the subjunctive.

The verb "raccomandare" (to recommend) in the first clause requires the use of the subjunctive in the second clause.

As you can see, the subjunctive is used when the subjects of the main clause and of the subordinate clause are different. But if you have the same subject you need to use the infinitive. Here are some examples:

Voglio che gli studenti imparino il congiuntivo (**different subjects:** *io/gli studenti)*	I want students to learn the subjunctive.

*Gli studenti vogliono imparare il congiuntivo. (**Same subject:** studenti)*	Students want to learn the subjunctive.
*Mio padre spera che io impari l'italiano. (**Different subject:** mio padre/io)*	My father hopes I learn Italian.
*Spero di imparare l'italiano. (**Same subject:** io)*	I hope to learn Italian.

Notice that "pensare" (to think), "credere" (to believe) and "sognare" (to dream) add "di" before the infinitive.

Other uses of the subjunctive

Certain expressions ALWAYS require the use of the subjunctive mood. We have grouped these conjunctions according to their theme.

Concession

sebbene	although
benché	although
malgrado	although

Sebbene piova spesso, fa molto caldo.	Although it rains a lot, it's very hot.

Condition

a meno che non	unless
a condizione che	provided that
a patto che	provided that

Sarò felice di aiutarla a patto che me lo dica prima.	Provided that she tells me beforehand, I will be happy to help her.

Intention

affinché	in order that
perché*	in order that
in modo che	so that

*When "perché" means "because," it takes the indicative.

Massimo pulisce la sua stanza in modo che i suoi genitori non si arrabbino.	Massimo cleans his room so that his parents won't get mad.

Negation

senza che*	without
Lui non fa niente senza che i suoi genitori lo sappiano.	He does nothing without his parents knowing.

Time

finché	until
prima che *	before
Voglio andare via prima che sia troppo tardi.	I want to leave before it is too late.

*These expressions take the infinitive when the subjects of the main and dependent clauses are the same.

The subjunctive in relative clauses

The subjunctive is used in relative clauses when in the main clause we have verbs like "desiderare" (to desire), "volere" (to want), "cercare" (to look for) and "avere bisogno di" (to need). Here are some examples:

Cerco un meccanico che mi possa riparare la macchina.	I am looking for a mechanic who can fix my car.
Abbiamo bisogno di una persona che sappia parlare l'italiano.	We need a person who can speak Italian.

If you are describing something that is definite, you don't need to use the subjunctive:

Ho un meccanico che mi può riparare la macchina.	I have a mechanic who can fix my car.

The subjunctive after superlatives

The subjunctive is also used after the superlative, which often expresses subjectivity:

È la donna più bella che io conosca.	She is the most beautiful woman I know.
Quelle sono le scarpe più care che abbia.	Those are the most expensive shoes I have.

It is also used after the following expressions, when they are used subjectively: "l'ultimo" (the last), "il primo" (the first) and "il solo" (the only):

È il solo che scriva poesia.	He is the only one who writes poetry.

The subjunctive after indefinite expressions

The subjunctive is used after certain indefinite expressions ending in "-unque" (-ever). Here are the most common:

chiunque	whoever
dovunque	wherever
qualunque	whatever
comunque	however
Dovunque tu vada in Italia, ti troverai bene.	Wherever you go in Italy, you'll be happy.

Other subjunctive tenses

There are only three other tenses of the subjunctive mood that are commonly used. These are the imperfect subjunctive, the past subjunctive and the past perfect subjunctive.

The past subjunctive (il congiuntivo passato)

To form the past of the subjunctive, you need to change the helping verbs "avere" and "essere" to the appropriate subjunctive present tense plus the past participle. The past subjunctive of "parlare" (to speak, to talk) looks like this:

abbia parlato	abbiamo parlato
abbia parlato	abbiate parlato
abbia parlato	abbiano parlato

The present subjunctive of "andare" (to go) looks like this:

sia andato/a	siamo andati/e
sia andato/a	siate andati/e
sia andato/a	siano andati/e

The imperfect subjunctive (il congiuntivo imperfetto)

To form the imperfect subjunctive, of regular verbs just drop "-re" from the infinitive and add the following endings:

-ssi	-ssimo
-ssi	-ste
-sse	-ssero

Here is the verb "parlare" (to speak, to talk) in the imperfect subjunctive:

parlassi	parlassimo
parlassi	parlaste
parlasse	parlassero

Here is the verb "leggere" (to read):

leggessi	leggessimo
leggessi	leggeste
leggesse	leggessero

All "-ire" verbs form the subjunctive in the same way. Notice that verbs with "-isc" lose it in all persons in the imperfect subjunctive.

Here is the verb "partire" (to leave):

partissi	partissimo
partissi	partiste
partisse	partissero

Few verbs are irregular in this tense. The most common are: "essere," "dire," "dare," "fare" and "stare." Here is the conjugation of "essere" (to be):

fossi	fossimo
fossi	foste
fosse	fossero

 Notice that all forms have a double "s" except the "voi" form, which has "st."

The past perfect subjunctive (il congiuntivo trapassato)

The past perfect, or pluperfect, subjunctive is formed from the imperfect subjunctive of the helping verbs "avere" and "essere" and the past participle. The pluperfect subjunctive of "parlare" looks like this:

avessi parlato	avessimo parlato
avessi parlato	aveste parlato
avesse parlato	avessero parlato

The pluperfect subjunctive of "partire" looks like this:

fossi partito/a	fossimo partiti/e
fossi partito/a	foste partiti/e
fosse partito/a	fossero partiti/e

Sequence of tenses

The subjunctive tense you choose will depend on the tense of the verb in the main clause. If the main verb is in the present, future, present perfect or command form, you may choose either the present subjunctive or the past subjunctive, depending on whether or not the action of the dependent clause has happened. Here is a chart to help you remember which tense to choose:

Main clause	Subjunctive tenses
Present	present subjunctive (to express present or future action) past subjunctive (to express a completed past action) imperfect (action typical of imperfect uses: habit, description, etc.)

Examples:

Spero che tu arrivi in tempo.   I hope that you will arrive on time.

(The dependent clause refers to an action that has not happened yet.)

Dubito che siano partiti ieri.   I doubt that they left yesterday.

(The dependent clauses refer to actions in the past.)

When expressing past actions, there is also a sequence of tenses that you must observe. If the main verb is in any past tense, or in the conditional, you may choose either the imperfect subjunctive or the past perfect subjunctive, depending on whether or not the action of the dependent clause has happened.

Main clause	Subjunctive tenses
Present perfect	
Past absolute	imperfect or conditional past (to express a future action)
Imperfect	imperfect (to express a simultaneous action)
Conditional	past perfect (to express a past action)

Examples:

Speravo che arrivassero in tempo.   I was hoping that they would arrive on time.

(Although both clauses are in the past, the action of the dependent clause has not yet occurred.)

Dubitavamo che fossero già arrivati.   We doubted that they had already arrived.

(The action of the dependent clause is prior to the action of the main clause.)

The Imperative Mood (formal)

An important use of the present subjunctive is to form commands, also known as the "imperative mood" in English. You are already familiar with the informal imperative (see p. 23). Here are the "Lei" and "Loro" forms (note that the "Loro" form is very rarely used) of "parlare" (to speak, to talk), "leggere" (to read) and "partire" (to leave):

(Lei)	parli	legga	parta
(Loro)	parlino	leggano	partano

Indicative command forms

To form the negative formal imperative, just put "non" in front of the "Lei" and "Loro" forms:

Non parta!   Don't leave!

Reflexive and object pronouns always precede the formal imperative:

Si vesta!   Dress yourself!

Mi dica!   Tell me!

Note that while the pronouns are attached to the verb in the informal imperative, because they always precede the "Lei" and "Loro" forms, they come before the verb in the formal imperative.

Special Cases

Although each of the 601 verbs in the reference section of conjugated verbs is shown in all tenses and forms, there are some verbs that are not generally used in all tenses and/or forms. These verbs include "piacere" (to like), "costare" (to cost) and "capitare" (to happen), which are normally used in the third person singular or plural, and verbs used to describe weather conditions like "piovere" (to rain), "nevicare" (to snow) and "grandinare" (to hail), which are generally used only in the third person singular.

Conclusion

Now that you understand how to conjugate a verb in Italian, how to form and use the different tenses, and when to use the subjunctive mood, you are ready to start using this knowledge to help you communicate in Italian. The rest of this book will give you a handy reference to hundreds of common verbs, as well as practice exercises to help you learn and remember how these verbs work in Italian. Don't be discouraged if it is challenging at first. Learning how to navigate through the Italian verb system will take time and effort, but it will be worth it when you can read, write and speak Italian, and understand what others say. Always remember to practice what you have learned, because *vale più la pratica della grammatica* (experience is more important than theory) in any language!

Emanuele Occhipinti
Drew University

to abandon   abbandonare

gerundio **abbandonando**   participio passato **abbandonato**

SINGULAR	PLURAL	SINGULAR	PLURAL
indicativo presente		**passato prossimo**	
abbandon**o**	abbandon**iamo**	**ho** abbandonato	**abbiamo** abbandonato
abbandon**i**	abbandon**ate**	**hai** abbandonato	**avete** abbandonato
abbandon**a**	abbandon**ano**	**ha** abbandonato	**hanno** abbandonato
imperfetto		**trapassato prossimo**	
abbandona**vo**	abbandona**vamo**	**avevo** abbandonato	**avevamo** abbandonato
abbandona**vi**	abbandona**vate**	**avevi** abbandonato	**avevate** abbandonato
abbandona**va**	abbandona**vano**	**aveva** abbandonato	**avevano** abbandonato
passato remoto		**trapassato remoto**	
abbandon**ai**	abbandon**ammo**	**ebbi** abbandonato	**avemmo** abbandonato
abbandon**asti**	abbandon**aste**	**avesti** abbandonato	**aveste** abbandonato
abbandon**ò**	abbandon**arono**	**ebbe** abbandonato	**ebbero** abbandonato
futuro semplice		**futuro anteriore**	
abbandoner**ò**	abbandoner**emo**	**avrò** abbandonato	**avremo** abbandonato
abbandoner**ai**	abbandoner**ete**	**avrai** abbandonato	**avrete** abbandonato
abbandoner**à**	abbandoner**anno**	**avrà** abbandonato	**avranno** abbandonato
condizionale presente		**condizionale passato**	
abbandoner**ei**	abbandoner**emmo**	**avrei** abbandonato	**avremmo** abbandonato
abbandoner**esti**	abbandoner**este**	**avresti** abbandonato	**avreste** abbandonato
abbandoner**ebbe**	abbandoner**ebbero**	**avrebbe** abbandonato	**avrebbero** abbandonato
congiuntivo presente		**congiuntivo passato**	
abbandon**i**	abbandon**iamo**	**abbia** abbandonato	**abbiamo** abbandonato
abbandon**i**	abbandon**iate**	**abbia** abbandonato	**abbiate** abbandonato
abbandon**i**	abbandon**ino**	**abbia** abbandonato	**abbiano** abbandonato
congiuntivo imperfetto		**congiuntivo trapassato**	
abbandon**assi**	abbandon**assimo**	**avessi** abbandonato	**avessimo** abbandonato
abbandon**assi**	abbandon**aste**	**avessi** abbandonato	**aveste** abbandonato
abbandon**asse**	abbandon**assero**	**avesse** abbandonato	**avessero** abbandonato
imperativo			
	abbandon**iamo**		
abbandon**a**;	abbandon**ate**		
non abbandon**are**			
abbandon**i**	abbandon**ino**		

gerundio **abbassando**   participio passato **abbassato**

A

SINGULAR	PLURAL	SINGULAR	PLURAL
indicativo presente		passato prossimo	
abbass**o**	abbass**iamo**	**ho** abbassato	**abbiamo** abbassato
abbass**i**	abbass**ate**	**hai** abbassato	**avete** abbassato
abbass**a**	abbass**ano**	**ha** abbassato	**hanno** abbassato
imperfetto		trapassato prossimo	
abbassa**vo**	abbassa**vamo**	**avevo** abbassato	**avevamo** abbassato
abbassa**vi**	abbassa**vate**	**avevi** abbassato	**avevate** abbassato
abbassa**va**	abbassa**vano**	**aveva** abbassato	**avevano** abbassato
passato remoto		trapassato remoto	
abbass**ai**	abbass**ammo**	**ebbi** abbassato	**avemmo** abbassato
abbass**asti**	abbass**aste**	**avesti** abbassato	**aveste** abbassato
abbass**ò**	abbass**arono**	**ebbe** abbassato	**ebbero** abbassato
futuro semplice		futuro anteriore	
abbasser**ò**	abbasser**emo**	**avrò** abbassato	**avremo** abbassato
abbasser**ai**	abbasser**ete**	**avrai** abbassato	**avrete** abbassato
abbasser**à**	abbasser**anno**	**avrà** abbassato	**avranno** abbassato
condizionale presente		condizionale passato	
abbasser**ei**	abbasser**emmo**	**avrei** abbassato	**avremmo** abbassato
abbasser**esti**	abbasser**este**	**avresti** abbassato	**avreste** abbassato
abbasser**ebbe**	abbasser**ebbero**	**avrebbe** abbassato	**avrebbero** abbassato
congiuntivo presente		congiuntivo passato	
abbass**i**	abbass**iamo**	**abbia** abbassato	**abbiamo** abbassato
abbass**i**	abbass**iate**	**abbia** abbassato	**abbiate** abbassato
abbass**i**	abbass**ino**	**abbia** abbassato	**abbiano** abbassato
congiuntivo imperfetto		congiuntivo trapassato	
abbass**assi**	abbass**assimo**	**avessi** abbassato	**avessimo** abbassato
abbass**assi**	abbass**aste**	**avessi** abbassato	**aveste** abbassato
abbass**asse**	abbass**assero**	**avesse** abbassato	**avessero** abbassato
imperativo			
	abbass**iamo**		
abbass**a**;	abbass**ate**		
non abbass**are**			
abbass**i**	abbass**ino**		

to subscribe   abbonarsi

SINGULAR   PLURAL   SINGULAR   PLURAL

A

indicativo presente
mi abbono   ci abboniamo
ti abboni   vi abbonate
si abbona   si abbonano

passato prossimo
mi sono abbonato(a)   ci siamo abbonati(e)
ti sei abbonato(a)   vi siete abbonati(e)
si è abbonato(a)   si sono abbonati(e)

imperfetto
mi abbonavo   ci abbonavamo
ti abbonavi   vi abbonavate
si abbonava   si abbonavano

trapassato prossimo
mi ero abbonato(a)   ci eravamo abbonati(e)
ti eri abbonato(a)   vi eravate abbonati(e)
si era abbonato(a)   si erano abbonati(e)

passato remoto
mi abbonai   ci abbonammo
ti abbonasti   vi abbonaste
si abbonò   si abbonarono

trapassato remoto
mi fui abbonato(a)   ci fummo abbonati(e)
ti fosti abbonato(a) vi foste abbonati(e)
si fu abbonato(a)   si furono abbonati(e)

futuro semplice
mi abbonerò   ci abboneremo
ti abbonerai   vi abbonerete
si abbonerà   si abboneranno

futuro anteriore
mi sarò abbonato(a)   ci saremo abbonati(e)
ti sarai abbonato(a) vi sarete abbonati(e)
si sarà abbonato(a)   si saranno abbonati(e)

condizionale presente
mi abbonerei   ci abboneremmo
ti abboneresti   vi abbonereste
si abbonerebbe   si abbonerebbero

condizionale passato
mi sarei abbonato(a)   ci saremmo abbonati(e)
ti saresti abbonato(a) vi sareste abbonati(e)
si sarebbe abbonato(a) si sarebbero abbonati(e)

congiuntivo presente
mi abboni   ci abboniamo
ti abboni   vi abboniate
si abboni   si abbonino

congiuntivo passato
mi sia abbonato(a)   ci siamo abbonati(e)
ti sia abbonato(a)   vi siate abbonati(e)
si sia abbonato(a)   si siano abbonati(e)

congiuntivo imperfetto
mi abbonassi   ci abbonassimo
ti abbonassi   vi abbonaste
si abbonasse   si abbonassero

congiuntivo trapassato
mi fossi abbonato(a)   ci fossimo abbonati(e)
ti fossi abbonato(a)   vi foste abbonati(e)
si fosse abbonato(a)   si fossero abbonati(e)

imperativo
                              abboniamoci
abbonati; non abbonarti/   abbonatevi
non ti abbonare
si abboni   si abbonino

63

abbordare

to approach

gerundio **abbordando**   participio passato **abbordato**

SINGULAR	PLURAL	SINGULAR	PLURAL
indicativo presente		**passato prossimo**	
abbord**o**	abbord**iamo**	**ho** abbordato	**abbiamo** abbordato
abbord**i**	abbord**ate**	**hai** abbordato	**avete** abbordato
abbord**a**	abbord**ano**	**ha** abbordato	**hanno** abbordato
imperfetto		**trapassato prossimo**	
abborda**vo**	abborda**vamo**	**avevo** abbordato	**avevamo** abbordato
abborda**vi**	abborda**vate**	**avevi** abbordato	**avevate** abbordato
abborda**va**	abborda**vano**	**aveva** abbordato	**avevano** abbordato
passato remoto		**trapassato remoto**	
abbord**ai**	abbord**ammo**	**ebbi** abbordato	**avemmo** abbordato
abbord**asti**	abbord**aste**	**avesti** abbordato	**aveste** abbordato
abbord**ò**	abbord**arono**	**ebbe** abbordato	**ebbero** abbordato
futuro semplice		**futuro anteriore**	
abborder**ò**	abborder**emo**	**avrò** abbordato	**avremo** abbordato
abborder**ai**	abborder**ete**	**avrai** abbordato	**avrete** abbordato
abborder**à**	abborder**anno**	**avrà** abbordato	**avranno** abbordato
condizionale presente		**condizionale passato**	
abborder**ei**	abborder**emmo**	**avrei** abbordato	**avremmo** abbordato
abborder**esti**	abborder**este**	**avresti** abbordato	**avreste** abbordato
abborder**ebbe**	abborder**ebbero**	**avrebbe** abbordato	**avrebbero** abbordato
congiuntivo presente		**congiuntivo passato**	
abbord**i**	abbord**iamo**	**abbia** abbordato	**abbiamo** abbordato
abbord**i**	abbord**iate**	**abbia** abbordato	**abbiate** abbordato
abbord**i**	abbord**ino**	**abbia** abbordato	**abbiano** abbordato
congiuntivo imperfetto		**congiuntivo trapassato**	
abbord**assi**	abbord**assimo**	**avessi** abbordato	**avessimo** abbordato
abbord**assi**	abbord**aste**	**avessi** abbordato	**aveste** abbordato
abbord**asse**	abbord**assero**	**avesse** abbordato	**avessero** abbordato
imperativo			
	abbord**iamo**		
abborda;	abbord**ate**		
non abbordare			
abbord**i**	abbord**ino**		

to embrace, to hug

abbracciare

A

SINGULAR	PLURAL	SINGULAR	PLURAL
indicativo presente		**passato prossimo**	
abbraccio	abbracciamo	**ho** abbracciato	**abbiamo** abbracciato
abbracci	abbracciate	**hai** abbracciato	**avete** abbracciato
abbraccia	abbracciano	**ha** abbracciato	**hanno** abbracciato
imperfetto		**trapassato prossimo**	
abbracciavo	abbracciavamo	**avevo** abbracciato	**avevamo** abbracciato
abbracciavi	abbracciavate	**avevi** abbracciato	**avevate** abbracciato
abbracciava	abbracciavano	**aveva** abbracciato	**avevano** abbracciato
passato remoto		**trapassato remoto**	
abbracciai	abbracciammo	**ebbi** abbracciato	**avemmo** abbracciato
abbracciasti	abbracciaste	**avesti** abbracciato	**aveste** abbracciato
abbracciò	abbracciarono	**ebbe** abbracciato	**ebbero** abbracciato
futuro semplice		**futuro anteriore**	
abbraccerò	abbracceremo	**avrò** abbracciato	**avremo** abbracciato
abbraccerai	abbraccerete	**avrai** abbracciato	**avrete** abbracciato
abbraccerà	abbracceranno	**avrà** abbracciato	**avranno** abbracciato
condizionale presente		**condizionale passato**	
abbraccerei	abbracceremmo	**avrei** abbracciato	**avremmo** abbracciato
abbracceresti	abbraccereste	**avresti** abbracciato	**avreste** abbracciato
abbraccerebbe	abbraccerebbero	**avrebbe** abbracciato	**avrebbero** abbracciato
congiuntivo presente		**congiuntivo passato**	
abbracci	abbracciamo	**abbia** abbracciato	**abbiamo** abbracciato
abbracci	abbracciate	**abbia** abbracciato	**abbiate** abbracciato
abbracci	abbraccino	**abbia** abbracciato	**abbiano** abbracciato
congiuntivo imperfetto		**congiuntivo trapassato**	
abbracciassi	abbracciassimo	**avessi** abbracciato	**avessimo** abbracciato
abbracciassi	abbracciaste	**avessi** abbracciato	**aveste** abbracciato
abbracciasse	abbracciassero	**avesse** abbracciato	**avessero** abbracciato
imperativo			
	abbracciamo		
abbraccia;	abbracciate		
non abbracciare			
abbracci	abbraccino		

A

SINGULAR	PLURAL	SINGULAR	PLURAL

indicativo presente

		passato prossimo	
mi abbronzo	**ci** abbronziamo	**mi sono** abbronzato(a)	**ci siamo** abbronzati(e)
ti abbronzi	**vi** abbronzate	**ti sei** abbronzato(a)	**vi siete** abbronzati(e)
si abbronza	**si** abbronzano	**si è** abbronzato(a)	**si sono** abbronzati(e)

imperfetto

		trapassato prossimo	
mi abbronzavo	**ci** abbronzavamo	**mi ero** abbronzato(a)	**ci eravamo** abbronzati(e)
ti abbronzavi	**vi** abbronzavate	**ti eri** abbronzato(a)	**vi eravate** abbronzati(e)
si abbronzava	**si** abbronzavano	**si era** abbronzato(a)	**si erano** abbronzati(e)

passato remoto

		trapassato remoto	
mi abbronzai	**ci** abbronzammo	**mi fui** abbronzato(a)	**ci fummo** abbronzati(e)
ti abbronzasti	**vi** abbronzaste	**ti fosti** abbronzato(a)	**vi foste** abbronzati(e)
si abbronzò	**si** abbronzarono	**si fu** abbronzato(a)	**si furono** abbronzati(e)

futuro semplice

		futuro anteriore	
mi abbronzerò	**ci** abbronzeremo	**mi sarò** abbronzato(a)	**ci saremo** abbronzati(e)
ti abbronzerai	**vi** abbronzerete	**ti sarai** abbronzato(a)	**vi sarete** abbronzati(e)
si abbronzerà	**si** abbronzeranno	**si sarà** abbronzato(a)	**si saranno** abbronzati(e)

condizionale presente

		condizionale passato	
mi abbronzerei	**ci** abbronzeremmo	**mi sarei** abbronzato(a)	**ci saremmo** abbronzati(e)
ti abbronzeresti	**vi** abbronzereste	**ti saresti** abbronzato(a)	**vi sareste** abbronzati(e)
si abbronzerebbe	**si** abbronzerebbero	**si sarebbe** abbronzato(a)	**si sarebbero** abbronzati(e)

congiuntivo presente

		congiuntivo passato	
mi abbronzi	**ci** abbronziamo	**mi sia** abbronzato(a)	**ci siamo** abbronzati(e)
ti abbronzi	**vi** abbronziate	**ti sia** abbronzato(a)	**vi siate** abbronzati(e)
si abbronzi	**si** abbronzino	**si sia** abbronzato(a)	**si siano** abbronzati(e)

congiuntivo imperfetto

		congiuntivo trapassato	
mi abbronzassi	**ci** abbronzassimo	**mi fossi** abbronzato(a)	**ci fossimo** abbronzati(e)
ti abbronzassi	**vi** abbronzaste	**ti fossi** abbronzato(a)	**vi foste** abbronzati(e)
si abbronzasse	**si** abbronzassero	**si fosse** abbronzato(a)	**si fossero** abbronzati(e)

imperativo

	abbronziamoci
abbronzati;	abbronzatevi
non abbronzarti/	
non ti abbronzare	
si abbronzi	si abbronzino

gerundio **abitando**   participio passato **abitato**

A

SINGULAR	PLURAL	SINGULAR	PLURAL
indicativo presente		**passato prossimo**	
abit**o**	abit**iamo**	**ho** abitato	**abbiamo** abitato
abit**i**	abit**ate**	**hai** abitato	**avete** abitato
abit**a**	abit**ano**	**ha** abitato	**hanno** abitato
imperfetto		**trapassato prossimo**	
abita**vo**	abita**vamo**	**avevo** abitato	**avevamo** abitato
abita**vi**	abita**vate**	**avevi** abitato	**avevate** abitato
abita**va**	abita**vano**	**aveva** abitato	**avevano** abitato
passato remoto		**trapassato remoto**	
abit**ai**	abit**ammo**	**ebbi** abitato	**avemmo** abitato
abit**asti**	abit**aste**	**avesti** abitato	**aveste** abitato
abit**ò**	abit**arono**	**ebbe** abitato	**ebbero** abitato
futuro semplice		**futuro anteriore**	
abiter**ò**	abiter**emo**	**avrò** abitato	**avremo** abitato
abiter**ai**	abiter**ete**	**avrai** abitato	**avrete** abitato
abiter**à**	abiter**anno**	**avrà** abitato	**avranno** abitato
condizionale presente		**condizionale passato**	
abiter**ei**	abiter**emmo**	**avrei** abitato	**avremmo** abitato
abiter**esti**	abiter**este**	**avresti** abitato	**avreste** abitato
abiter**ebbe**	abiter**ebbero**	**avrebbe** abitato	**avrebbero** abitato
congiuntivo presente		**congiuntivo passato**	
abit**i**	abit**iamo**	**abbia** abitato	**abbiamo** abitato
abit**i**	abit**iate**	**abbia** abitato	**abbiate** abitato
abit**i**	abit**ino**	**abbia** abitato	**abbiano** abitato
congiuntivo imperfetto		**congiuntivo trapassato**	
abit**assi**	abit**assimo**	**avessi** abitato	**avessimo** abitato
abit**assi**	abit**aste**	**avessi** abitato	**aveste** abitato
abit**asse**	abit**assero**	**avesse** abitato	**avessero** abitato
imperativo			
	abitiamo		
abita; non abitare	abitate		
abiti	abitino		

MEMORY TIP

The animals live in a **habitat**.

MUST KNOW VERB

gerundio **abituandosi**   participio passato **abituatosi**

A

SINGULAR	PLURAL	SINGULAR	PLURAL

indicativo presente
		passato prossimo	
mi abitu**o**	**ci** abitu**iamo**	**mi sono** abituato(a)	**ci siamo** abituati(e)
ti abitu**i**	**vi** abitu**ate**	**ti sei** abituato(a)	**vi siete** abituati(e)
si abitu**a**	**si** abitu**ano**	**si è** abituato(a)	**si sono** abituati(e)

imperfetto
		trapassato prossimo	
mi abitua**vo**	**ci** abitua**vamo**	**mi ero** abituato(a)	**ci eravamo** abituati(e)
ti abitua**vi**	**vi** abitua**vate**	**ti eri** abituato(a)	**vi eravate** abituati(e)
si abitua**va**	**si** abitua**vano**	**si era** abituato(a)	**si erano** abituati(e)

passato remoto
		trapassato remoto	
mi abitu**ai**	**ci** abitu**ammo**	**mi fui** abituato(a)	**ci fummo** abituati(e)
ti abitu**asti**	**vi** abitu**aste**	**ti fosti** abituato(a)	**vi foste** abituati(e)
si abitu**ò**	**si** abitu**arono**	**si fu** abituato(a)	**si furono** abituati(e)

futuro semplice
		futuro anteriore	
mi abitue**rò**	**ci** abitue**remo**	**mi sarò** abituato(a)	**ci saremo** abituati(e)
ti abitue**rai**	**vi** abitue**rete**	**ti sarai** abituato(a)	**vi sarete** abituati(e)
si abitue**rà**	**si** abitue**ranno**	**si sarà** abituato(a)	**si saranno** abituati(e)

condizionale presente
		condizionale passato	
mi abitue**rei**	**ci** abitue**remmo**	**mi sarei** abituato(a)	**ci saremmo** abituati(e)
ti abitue**resti**	**vi** abitue**reste**	**ti saresti** abituato(a)	**vi sareste** abituati(e)
si abitue**rebbe**	**si** abitue**rebbero**	**si sarebbe** abituato(a)	**si sarebbero** abituati(e)

congiuntivo presente
		congiuntivo passato	
mi abitu**i**	**ci** abitu**iamo**	**mi sia** abituato(a)	**ci siamo** abituati(e)
ti abitu**i**	**vi** abitu**iate**	**ti sia** abituato(a)	**vi siate** abituati(e)
si abitu**i**	**si** abitu**ino**	**si sia** abituato(a)	**si siano** abituati(e)

congiuntivo imperfetto
		congiuntivo trapassato	
mi abitu**assi**	**ci** abitu**assimo**	**mi fossi** abituato(a)	**ci fossimo** abituati(e)
ti abitu**assi**	**vi** abitu**aste**	**ti fossi** abituato(a)	**vi foste** abituati(e)
si abitu**asse**	**si** abitu**assero**	**si fosse** abituato(a)	**si fossero** abituati(e)

imperativo
	abituiamoci
abituati;	abituatevi
non abituarti;	
non ti abituare	
si abitui	si abituino

MEMORY TIP
We were so used to it that
it became **habit**.

to take advantage, to abuse   abusare

SINGULAR	PLURAL	SINGULAR	PLURAL

A

indicativo presente

		passato prossimo	
abuso	abusiamo	ho abusato	abbiamo abusato
abusi	abusate	hai abusato	avete abusato
abusa	abusano	ha abusato	hanno abusato

imperfetto   **trapassato prossimo**

abusavo	abusavamo	avevo abusato	avevamo abusato
abusavi	abusavate	avevi abusato	avevate abusato
abusava	abusavano	aveva abusato	avevano abusato

passato remoto   **trapassato remoto**

abusai	abusammo	ebbi abusato	avemmo abusato
abusasti	abusaste	avesti abusato	aveste abusato
abusò	abusarono	ebbe abusato	ebbero abusato

futuro semplice   **futuro anteriore**

abuserò	abuseremo	avrò abusato	avremo abusato
abuserai	abuserete	avrai abusato	avrete abusato
abuserà	abuseranno	avrà abusato	avranno abusato

condizionale presente   **condizionale passato**

abuserei	abuseremmo	avrei abusato	avremmo abusato
abuseresti	abusereste	avresti abusato	avreste abusato
abuserebbe	abuserebbero	avrebbe abusato	avrebbero abusato

congiuntivo presente   **congiuntivo passato**

abusi	abusiamo	abbia abusato	abbiamo abusato
abusi	abusiate	abbia abusato	abbiate abusato
abusi	abusino	abbia abusato	abbiano abusato

congiuntivo imperfetto   **congiuntivo trapassato**

abusassi	abusassimo	avessi abusato	avessimo abusato
abusassi	abusaste	avessi abusato	aveste abusato
abusasse	abusassero	avesse abusato	avessero abusato

imperativo

	abusiamo
abusa; non abusare	abusate
abusi	abusino

gerundio **accadendo**   participio passato **accaduto**

A

SINGULAR	PLURAL	SINGULAR	PLURAL
indicativo presente		**passato prossimo**	
accad**e**	accad**ono**	**è** accaduto(a)	**sono** accaduti(e)
imperfetto		**trapassato prossimo**	
accade**va**	accade**vano**	**era** accaduto(a)	**erano** accaduti(e)
passato remoto		**trapassato remoto**	
accadd**e**	accadd**ero**	**fu** accaduto(a)	**furono** accaduti(e)
futuro semplice		**futuro anteriore**	
accadr**à**	accadr**anno**	**sarà** accaduto(a)	**saranno** accaduti(e)
condizionale presente		**condizionale passato**	
accadr**ebbe**	accadr**ebbero**	**sarebbe** accaduto(a)	**sarebbero** accaduti(e)
congiuntivo presente		**congiuntivo passato**	
accad**a**	accad**ano**	**sia** accaduto(a)	**siano** accaduti(e)
congiuntivo imperfetto		**congiuntivo trapassato**	
accad**esse**	accad**essero**	**fosse** accaduto(a)	**fossero** accaduti(e)

gerundio **accarezzando**　　participio passato **accarezzato**

A

SINGULAR	PLURAL	SINGULAR	PLURAL
indicativo presente		**passato prossimo**	
accarezz**o**	acarezz**iamo**	**ho** accarezzato	**abbiamo** accarezzato
accarezz**i**	accarezz**ate**	**hai** accarezzato	**avete** accarezzato
accarezz**a**	accarezz**ano**	**ha** accarezzato	**hanno** accarezzato
imperfetto		**trapassato prossimo**	
accarezza**vo**	accarezza**vamo**	**avevo** accarezzato	**avevamo** accarezzato
accarezza**vi**	accarezza**vate**	**avevi** accarezzato	**avevate** accarezzato
accarezza**va**	accarezza**vano**	**aveva** accarezzato	**avevano** accarezzato
passato remoto		**trapassato remoto**	
accarezz**ai**	accarezz**ammo**	**ebbi** accarezzato	**avemmo** accarezzato
accarezz**asti**	accarezz**aste**	**avesti** accarezzato	**aveste** accarezzato
accarezz**ò**	accarezz**arono**	**ebbe** accarezzato	**ebbero** accarezzato
futuro semplice		**futuro anteriore**	
accarezzer**ò**	accarezzer**emo**	**avrò** accarezzato	**avremo** accarezzato
accarezzer**ai**	accarezzer**ete**	**avrai** accarezzato	**avrete** accarezzato
accarezzer**à**	accarezzer**anno**	**avrà** accarezzato	**avranno** accarezzato
condizionale presente		**condizionale passato**	
accarezzer**ei**	accarezzer**emmo**	**avrei** accarezzato	**avremmo** accarezzato
accarezzer**esti**	accarezzer**este**	**avresti** accarezzato	**avreste** accarezzato
accarezzer**ebbe**	accarezzer**ebbero**	**avrebbe** accarezzato	**avrebbero** accarezzato
congiuntivo presente		**congiuntivo passato**	
accarezz**i**	accarezz**iamo**	**abbia** accarezzato	**abbiamo** accarezzato
accarezz**i**	accarezz**iate**	**abbia** accarezzato	**abbiate** accarezzato
accarezz**i**	accarezz**ino**	**abbia** accarezzato	**abbiano** accarezzato
congiuntivo imperfetto		**congiuntivo trapassato**	
accarezz**assi**	accarezz**assimo**	**avessi** accarezzato	**avessimo** accarezzato
accarezz**assi**	accarezz**aste**	**avessi** accarezzato	**aveste** accarezzato
accarezz**asse**	accarezz**assero**	**avesse** accarezzato	**avessero** accarezzato
imperativo			
	accarezziamo		
accarezza;	accarezzate		
non accarezzare			
accarezzi	accarezzino		

accendere — to light, to turn on, to switch on

gerundio **accendendo**   participio passato **acceso**

SINGULAR	PLURAL	SINGULAR	PLURAL
indicativo presente		**passato prossimo**	
accend**o**	accend**iamo**	**ho** acceso	**abbiamo** acceso
accend**i**	accend**ete**	**hai** acceso	**avete** acceso
accend**e**	accend**ono**	**ha** acceso	**hanno** acceso
imperfetto		**trapassato prossimo**	
accende**vo**	accende**vamo**	**avevo** acceso	**avevamo** acceso
accende**vi**	accende**vate**	**avevi** acceso	**avevate** acceso
accende**va**	accende**vano**	**aveva** acceso	**avevano** acceso
passato remoto		**trapassato remoto**	
acces**i**	accend**emmo**	**ebbi** acceso	**avemmo** acceso
accend**esti**	accend**este**	**avesti** acceso	**aveste** acceso
acces**e**	acces**ero**	**ebbe** acceso	**ebbero** acceso
futuro semplice		**futuro anteriore**	
accender**ò**	accender**emo**	**avrò** acceso	**avremo** acceso
accender**ai**	accender**ete**	**avrai** acceso	**avrete** acceso
accender**à**	accender**anno**	**avrà** acceso	**avranno** acceso
condizionale presente		**condizionale passato**	
accender**ei**	accender**emmo**	**avrei** acceso	**avremmo** acceso
accender**esti**	accender**este**	**avresti** acceso	**avreste** acceso
accender**ebbe**	accender**ebbero**	**avrebbe** acceso	**avrebbero** acceso
congiuntivo presente		**congiuntivo passato**	
accend**a**	accend**iamo**	**abbia** acceso	**abbiamo** acceso
accend**a**	accend**iate**	**abbia** acceso	**abbiate** acceso
accend**a**	accend**ano**	**abbia** acceso	**abbiano** acceso
congiuntivo imperfetto		**congiuntivo trapassato**	
accend**essi**	accend**essimo**	**avessi** acceso	**avessimo** acceso
accend**essi**	accend**este**	**avessi** acceso	**aveste** acceso
accend**esse**	accend**essero**	**avesse** acceso	**avessero** acceso

imperativo

	accendiamo
accendi;	accendete
non accendere	
accenda	accendano

MUST KNOW VERB

to accept   accettare

gerundio **accettando**   participio passato **accettato**

SINGULAR	PLURAL	SINGULAR	PLURAL

indicativo presente

SINGULAR	PLURAL
accett**o**	accett**iamo**
accett**i**	accett**ate**
accett**a**	accett**ano**

passato prossimo

SINGULAR	PLURAL
ho accettato	**abbiamo** accettato
hai accettato	**avete** accettato
ha accettato	**hanno** accettato

imperfetto

accetta**vo**	accetta**vamo**
accetta**vi**	accetta**vate**
accetta**va**	accetta**vano**

trapassato prossimo

avevo accettato	**avevamo** accettato
avevi accettato	**avevate** accettato
aveva accettato	**avevano** accettato

passato remoto

accett**ai**	accett**ammo**
accett**asti**	accett**aste**
accett**ò**	accett**arono**

trapassato remoto

ebbi accettato	**avemmo** accettato
avesti accettato	**aveste** accettato
ebbe accettato	**ebbero** accettato

futuro semplice

accetter**ò**	accetter**emo**
accetter**ai**	accetter**ete**
accetter**à**	accetter**anno**

futuro anteriore

avrò accettato	**avremo** accettato
avrai accettato	**avrete** accettato
avrà accettato	**avranno** accettato

condizionale presente

accetter**ei**	accetter**emmo**
accetter**esti**	accetter**este**
accetter**ebbe**	accetter**ebbero**

condizionale passato

avrei accettato	**avremmo** accettato
avresti accettato	**avreste** accettato
avrebbe accettato	**avrebbero** accettato

congiuntivo presente

accett**i**	accett**iamo**
accett**i**	accett**iate**
accett**i**	accett**ino**

congiuntivo passato

abbia accettato	**abbiamo** accettato
abbia accettato	**abbiate** accettato
abbia accettato	**abbiano** accettato

congiuntivo imperfetto

accett**assi**	accett**assimo**
accett**assi**	accett**aste**
accett**asse**	accett**assero**

congiuntivo trapassato

avessi accettato	**avessimo** accettato
avessi accettato	**aveste** accettato
avesse accettato	**avessero** accettato

imperativo

	accettiamo
accetta; non accettare	accettate
accetti	accettino

gerundio **accogliendo**   participio passato **accolto**

A

SINGULAR	PLURAL	SINGULAR	PLURAL
indicativo presente		**passato prossimo**	
accolgo	accogliamo	ho accolto	abbiamo accolto
accogli	accogliete	hai accolto	avete accolto
accoglie	accolgono	ha accolto	hanno accolto
imperfetto		**trapassato prossimo**	
accoglievo	accoglievamo	avevo accolto	avevamo accolto
accoglievi	accoglievate	avevi accolto	avevate accolto
accoglieva	accoglievano	aveva accolto	avevano accolto
passato remoto		**trapassato remoto**	
accolsi	accogliemmo	ebbi accolto	avemmo accolto
accogliesti	accoglieste	avesti accolto	aveste accolto
accolse	accolsero	ebbe accolto	ebbero accolto
futuro semplice		**futuro anteriore**	
accoglierò	accoglieremo	avrò accolto	avremo accolto
accoglierai	accoglierete	avrai accolto	avrete accolto
accoglierà	accoglieranno	avrà accolto	avranno accolto
condizionale presente		**condizionale passato**	
accoglierei	accoglieremmo	avrei accolto	avremmo accolto
accoglieresti	accogliereste	avresti accolto	avreste accolto
accoglierebbe	accoglierebbero	avrebbe accolto	avrebbero accolto
congiuntivo presente		**congiuntivo passato**	
accolga	accogliamo	abbia accolto	abbiamo accolto
accolga	accogliate	abbia accolto	abbiate accolto
accolga	accolgano	abbia accolto	abbiano accolto
congiuntivo imperfetto		**congiuntivo trapassato**	
accogliessi	accogliessimo	avessi accolto	avessimo accolto
accogliessi	accoglieste	avessi accolto	aveste accolto
accogliesse	accogliessero	avesse accolto	avessero accolto
imperativo			
	accogliamo		
accogli;	accogliete		
non accogliere			
accolga	accolgano		

to accompany   accompagnare

SINGULAR	PLURAL	SINGULAR	PLURAL

A

indicativo presente
accompagno	accompagniamo		
accompagni	accompagnate		
accompagna	accompagnano		

passato prossimo
ho accompagnato	**abbiamo** accompagnato
hai accompagnato	**avete** accompagnato
ha accompagnato	**hanno** accompagnato

imperfetto
accompagnavo	accompagnavamo
accompagnavi	accompagnavate
accompagnava	accompagnavano

trapassato prossimo
avevo accompagnato	**avevamo** accompagnato
avevi accompagnato	**avevate** accompagnato
aveva accompagnato	**avevano** accompagnato

passato remoto
accompagnai	accompagnammo
accompagnasti	accompagnaste
accompagnò	accompagnarono

trapassato remoto
ebbi accompagnato	**avemmo** accompagnato
avesti accompagnato	**aveste** accompagnato
ebbe accompagnato	**ebbero** accompagnato

futuro semplice
accompagnerò	accompagneremo
accompagnerai	accompagnerete
accompagnerà	accompagneranno

futuro anteriore
avrò accompagnato	**avremo** accompagnato
avrai accompagnato	**avrete** accompagnato
avrà accompagnato	**avranno** accompagnato

condizionale presente
abbasserei	abbasseremmo
abbasseresti	abbassereste
abbasserebbe	abbasserebbero

condizionale passato
avrei accompagnato	**avremmo** accompagnato
avresti accompagnato	**avreste** accompagnato
avrebbe accompagnato	**avrebbero** accompagnato

congiuntivo presente
accompagni	accompagniamo
accompagni	accompagniate
accompagni	accompagnino

congiuntivo passato
abbia accompagnato	**abbiamo** accompagnato
abbia accompagnato	**abbiate** accompagnato
abbia accompagnato	**abbiano** accompagnato

congiuntivo imperfetto
accompagnassi	accompagnassimo
accompagnassi	accompagnaste
accompagnasse	accompagnassero

congiuntivo trapassato
avessi accompagnato	**avessimo** accompagnato
avessi accompagnato	**aveste** accompagnato
avesse accompagnato	**avessero** accompagnato

imperativo
	accompagniamo
accompagna;	accompagnate
non accompagnare	
accompagni	accompagnino

MEMORY TiP

I would like to **accompany** you
to the reception.

accorgersi

to realize, to notice

gerundio **accorgendosi**   participio passato **accortosi**

A

SINGULAR	PLURAL	SINGULAR	PLURAL

indicativo presente

		passato prossimo	
mi accorg**o**	**ci** accorg**iamo**	**mi sono** accorto(a)	**ci siamo** accorti(e)
ti accorg**i**	**vi** accorg**ete**	**ti sei** accorto(a)	**vi siete** accorti(e)
si accorg**e**	**si** accorg**ono**	**si è** accorto(a)	**si sono** accorti(e)

imperfetto

		trapassato prossimo	
mi accorge**vo**	**ci** accorge**vamo**	**mi ero** accorto(a)	**ci eravamo** accorti(e)
ti accorge**vi**	**vi** accorge**vate**	**ti eri** accorto(a)	**vi eravate** accorti(e)
si accorge**va**	**si** accorge**vano**	**si era** accorto(a)	**si erano** accorti(e)

passato remoto

		trapassato remoto	
mi accors**i**	**ci** accorg**emmo**	**mi fui** accorto(a)	**ci fummo** accorti(e)
ti accorg**esti**	**vi** accorg**este**	**ti fosti** accorto(a)	**vi foste** accorti(e)
si accors**e**	**si** accors**ero**	**si fu** accorto(a)	**si furono** accorti(e)

futuro semplice

		futuro anteriore	
mi accorger**ò**	**ci** accorger**emo**	**mi sarò** accorto(a)	**ci saremo** accorti(e)
ti accorger**ai**	**vi** accorger**ete**	**ti sarai** accorto(a)	**vi sarete** accorti(e)
si accorger**à**	**si** accorger**anno**	**si sarà** accorto(a)	**si saranno** accorti(e)

condizionale presente

		condizionale passato	
mi accorger**ei**	**ci** accorger**emmo**	**mi sarei** accorto(a)	**ci saremmo** accorti(e)
ti accorger**esti**	**vi** accorger**este**	**ti saresti** accorto(a)	**vi sareste** accorti(e)
si accorger**ebbe**	**si** accorger**ebbero**	**si sarebbe** accorto(a)	**si sarebbero** accorti(e)

congiuntivo presente

		congiuntivo passato	
mi accorg**a**	**ci** accorg**iamo**	**mi sia** accorto(a)	**ci siamo** accorti(e)
ti accorg**a**	**vi** accorg**iate**	**ti sia** accorto(a)	**vi siate** accorti(e)
si accorg**a**	**si** accorg**ano**	**si sia** accorto(a)	**si siano** accorti(e)

congiuntivo imperfetto

		congiuntivo trapassato	
mi accorg**essi**	**ci** accorg**essimo**	**mi fossi** accorto(a)	**ci fossimo** accorti(e)
ti accorg**essi**	**vi** accorg**este**	**ti fossi** accorto(a)	**vi foste** accorti(e)
si accorg**esse**	**si** accorg**essero**	**si fosse** accorto(a)	**si fossero** accorti(e)

imperativo

	accorgiamoci
accorgiti;	accorgetevi
non accorgerti/	
non ti accorgere	
si accorga	si accorgano

to fall asleep   addormentarsi

gerundio **addormentandosi**   participio passato **addormentatosi**

SINGULAR	PLURAL	SINGULAR	PLURAL

indicativo presente
mi addorment**o** — **ci** addorment**iamo**
ti addorment**i** — **vi** addorment**ate**
si addorment**a** — **si** addorment**ano**

passato prossimo
mi sono addormentato(a) — **ci siamo** addormentati(e)
ti sei addormentato(a) — **vi siete** addormentati(e)
si è addormentato(a) — **si sono** addormentati(e)

imperfetto
mi addorment**avo** — **ci** addorment**avamo**
ti addorment**avi** — **vi** addorment**avate**
si addorment**ava** — **si** addorment**avano**

trapassato prossimo
mi ero addormentato(a) — **ci eravamo** addormentati(e)
ti eri addormentato(a) — **vi eravate** addormentati(e)
si era addormentato(a) — **si erano** addormentati(e)

passato remoto
mi addorment**ai** — **ci** addorment**ammo**
ti addorment**asti** — **vi** addorment**aste**
si addorment**ò** — **si** addorment**arono**

trapassato remoto
mi fui addormentato(a) — **ci fummo** addormentati(e)
ti fosti addormentato(a) — **vi foste** addormentati(e)
si fu addormentato(a) — **si furono** addormentati(e)

futuro semplice
mi addormenter**ò** — **ci** addormenter**emo**
ti addormenter**ai** — **vi** addormenter**ete**
si addormenter**à** — **si** addormenter**anno**

futuro anteriore
mi sarò addormentato(a) — **ci saremo** addormentati(e)
ti sarai addormentato(a) — **vi sarete** addormentati(e)
si sarà addormentato(a) — **si saranno** addormentati(e)

condizionale presente
mi addormenter**ei** — **ci** addormenter**emmo**
ti addormenter**esti** — **vi** addormenter**este**
si addormenter**ebbe** — **si** addormenter**ebbero**

condizionale passato
mi sarei addormentato(a) — **ci saremmo** addormentati(e)
ti saresti addormentato(a) — **vi sareste** addormentati(e)
si sarebbe addormentato(a) — **si sarebbero** addormentati(e)

congiuntivo presente
mi addorment**i** — **ci** addorment**iamo**
ti addorment**i** — **vi** addorment**iate**
si addorment**i** — **si** addorment**ino**

congiuntivo passato
mi sia addormentato(a) — **ci siamo** addormentati(e)
ti sia addormentato(a) — **vi siate** addormentati(e)
si sia addormentato(a) — **si siano** addormentati(e)

congiuntivo imperfetto
mi addorment**assi** — **ci** addorment**assimo**
ti addorment**assi** — **vi** addorment**aste**
si addorment**asse** — **si** addorment**assero**

congiuntivo trapassato
mi fossi addormentato(a) — **ci fossimo** addormentati(e)
ti fossi addormentato(a) — **vi foste** addormentati(e)
si fosse addormentato(a) — **si fossero** addormentati(e)

imperativo
     addormentiamoci
addormentati;   addormentatevi
non addormentarti/
non ti addormentare
si addormenti   si addormentino

MEMORY TIP
I sleep in a **dorm**.

gerundio **aderendo**

participio passato **aderito**

A

SINGULAR	PLURAL	SINGULAR	PLURAL

indicativo presente

aderisc**o**	aderi**amo**
aderisc**i**	aderi**te**
aderisc**e**	aderisc**ono**

passato prossimo

ho aderito	**abbiamo** aderito
hai aderito	**avete** aderito
ha aderito	**hanno** aderito

imperfetto

aderi**vo**	aderi**vamo**
aderi**vi**	aderi**vate**
aderi**va**	aderi**vano**

trapassato prossimo

avevo aderito	**avevamo** aderito
avevi aderito	**avevate** aderito
aveva aderito	**avevano** aderito

passato remoto

aderi**i**	aderi**mmo**
aderi**sti**	aderi**ste**
aderi**rono** aderì	aderi**rono**

trapassato remoto

ebbi aderito	**avemmo** aderito
avesti aderito	**aveste** aderito
ebbe aderito	**ebbero** aderito

futuro semplice

aderir**ò**	aderir**emo**
aderir**ai**	aderir**ete**
aderir**à**	aderir**anno**

futuro anteriore

avrò aderito	**avremo** aderito
avrai aderito	**avrete** aderito
avrà aderito	**avranno** aderito

condizionale presente

aderir**ei**	aderir**emmo**
aderir**esti**	aderir**este**
aderir**ebbe**	aderir**ebbero**

condizionale passato

avrei aderito	**avremmo** aderito
avresti aderito	**avreste** aderito
avrebbe aderito	**avrebbero** aderito

congiuntivo presente

aderisc**a**	aderi**amo**
aderisc**a**	aderi**ate**
aderisc**a**	aderisc**ano**

congiuntivo passato

abbia aderito	**abbiamo** aderito
abbia aderito	**abbiate** aderito
abbia aderito	**abbiano** aderito

congiuntivo imperfetto

aderi**ssi**	aderi**ssimo**
aderi**ssi**	aderi**ste**
aderi**sse**	aderi**ssero**

congiuntivo trapassato

avessi aderito	**avessimo** aderito
avessi aderito	**aveste** aderito
avesse aderito	**avessero** aderito

imperativo

	aderiamo
aderisci; non aderire	aderite
aderisca	aderiscano

MEMORY TIP

This **adhesive** keeps the poster stuck to the wall.

to adore

adorare

SINGULAR	PLURAL	SINGULAR	PLURAL
indicativo presente		**passato prossimo**	
ador**o**	ador**iamo**	**ho** adorato	**abbiamo** adorato
ador**i**	ador**ate**	**hai** adorato	**avete** adorato
ador**a**	ador**ano**	**ha** adorato	**hanno** adorato
imperfetto		**trapassato prossimo**	
adora**vo**	adora**vamo**	**avevo** adorato	**avevamo** adorato
adora**vi**	adora**vate**	**avevi** adorato	**avevate** adorato
adora**va**	adora**vano**	**aveva** adorato	**avevano** adorato
passato remoto		**trapassato remoto**	
ador**ai**	ador**ammo**	**ebbi** adorato	**avemmo** adorato
ador**asti**	ador**aste**	**avesti** adorato	**aveste** adorato
ador**ò**	ador**arono**	**ebbe** adorato	**ebbero** adorato
futuro semplice		**futuro anteriore**	
adorer**ò**	adorer**emo**	**avrò** adorato	**avremo** adorato
adorer**ai**	adorer**ete**	**avrai** adorato	**avrete** adorato
adorer**à**	adorer**anno**	**avrà** adorato	**avranno** adorato
condizionale presente		**condizionale passato**	
adorer**ei**	adorer**emmo**	**avrei** adorato	**avremmo** adorato
adorer**esti**	adorer**este**	**avresti** adorato	**avreste** adorato
adorer**ebbe**	adorer**ebbero**	**avrebbe** adorato	**avrebbero** adorato
congiuntivo presente		**congiuntivo passato**	
ador**i**	ador**iamo**	**abbia** adorato	**abbiamo** adorato
ador**i**	ador**iate**	**abbia** adorato	**abbiate** adorato
ador**i**	ador**ino**	**abbia** adorato	**abbiano** adorato
congiuntivo imperfetto		**congiuntivo trapassato**	
ador**assi**	ador**assimo**	**avessi** adorato	**avessimo** adorato
ador**assi**	ador**aste**	**avessi** adorato	**aveste** adorato
ador**asse**	ador**assero**	**avesse** adorato	**avessero** adorato
imperativo			
	ador**iamo**		
ador**a**; non adorare	ador**ate**		
ador**i**	ador**ino**		

A

gerundio **affermando**   participio passato **affermato**

A

SINGULAR	PLURAL	SINGULAR	PLURAL
indicativo presente		**passato prossimo**	
affermo	affermiamo	**ho** affermato	**abbiamo** affermato
affermi	affermate	**hai** affermato	**avete** affermato
afferma	affermano	**ha** affermato	**hanno** affermato
imperfetto		**trapassato prossimo**	
affermavo	affermavamo	**avevo** affermato	**avevamo** affermato
affermavi	affermavate	**avevi** affermato	**avevate** affermato
affermava	affermavano	**aveva** affermato	**avevano** affermato
passato remoto		**trapassato remoto**	
affermai	affermammo	**ebbi** affermato	**avemmo** affermato
affermasti	affermaste	**avesti** affermato	**aveste** affermato
affermò	affermarono	**ebbe** affermato	**ebbero** affermato
futuro semplice		**futuro anteriore**	
affermerò	affermeremo	**avrò** affermato	**avremo** affermato
affermerai	affermerete	**avrai** affermato	**avrete** affermato
affermerà	affermeranno	**avrà** affermato	**avranno** affermato
condizionale presente		**condizionale passato**	
affermerei	affermeremmo	**avrei** affermato	**avremmo** affermato
affermeresti	affermereste	**avresti** affermato	**avreste** affermato
affermerebbe	affermerebbero	**avrebbe** affermato	**avrebbero** affermato
congiuntivo presente		**congiuntivo passato**	
affermi	affermiamo	**abbia** affermato	**abbiamo** affermato
affermi	affermiate	**abbia** affermato	**abbiate** affermato
affermi	affermino	**abbia** affermato	**abbiano** affermato
congiuntivo imperfetto		**congiuntivo trapassato**	
affermassi	affermassimo	**avessi** affermato	**avessimo** affermato
affermassi	affermaste	**avessi** affermato	**aveste** affermato
affermasse	affermassero	**avesse** affermato	**avessero** affermato
imperativo			
	affermiamo		
afferma;	affermate		
non affermare			
affermi	affermino		

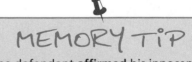

MEMORY TiP

The defendant **affirmed** his innocence.

SINGULAR	PLURAL	SINGULAR	PLURAL
indicativo presente		**passato prossimo**	
afferro	afferriamo	ho afferrato	abbiamo afferrato
afferri	afferrate	hai afferrato	avete afferrato
afferra	afferrano	ha afferrato	hanno afferrato
imperfetto		**trapassato prossimo**	
afferravo	afferravamo	avevo afferrato	avevamo afferrato
afferravi	afferravate	avevi afferrato	avevate afferrato
afferrava	afferravano	aveva afferrato	avevano afferrato
passato remoto		**trapassato remoto**	
afferrai	afferrammo	ebbi afferrato	avemmo afferrato
afferrasti	afferraste	avesti afferrato	aveste afferrato
afferrò	afferrarono	ebbe afferrato	ebbero afferrato
futuro semplice		**futuro anteriore**	
afferrerò	afferreremo	avrò afferrato	avremo afferrato
afferrerai	afferrerete	avrai afferrato	avrete afferrato
afferrerà	afferreranno	avrà afferrato	avranno afferrato
condizionale presente		**condizionale passato**	
afferrerei	afferreremmo	avrei afferrato	avremmo afferrato
afferreresti	afferrereste	avresti afferrato	avreste afferrato
afferrerebbe	afferrerebbero	avrebbe afferrato	avrebbero afferrato
congiuntivo presente		**congiuntivo passato**	
afferri	afferriamo	abbia afferrato	abbiamo afferrato
afferri	afferriate	abbia afferrato	abbiate afferrato
afferri	afferrino	abbia afferrato	abbiano afferrato
congiuntivo imperfetto		**congiuntivo trapassato**	
afferrassi	afferrassimo	avessi afferrato	avessimo afferrato
afferrassi	afferraste	avessi afferrato	aveste afferrato
afferrasse	afferrassero	avesse afferrato	avessero afferrato
imperativo			
	afferriamo		
afferra; non afferrare	afferrate		
afferri	afferrino		

MEMORY TIP

Ferrari grabbed first place again.

affliggere
to afflict, to plague, to distress
gerundio **affliggendo**   participio passato **afflitto**

A

SINGULAR	PLURAL	SINGULAR	PLURAL
indicativo presente		**passato prossimo**	
affligg**o**	affligg**iamo**	**ho** afflitto	**abbiamo** afflitto
affligg**i**	affligg**ete**	**hai** afflitto	**avete** afflitto
affligg**e**	affligg**ono**	**ha** afflitto	**hanno** afflitto
imperfetto		**trapassato prossimo**	
affligge**vo**	affligge**vamo**	**avevo** afflitto	**avevamo** afflitto
affligge**vi**	affligge**vate**	**avevi** afflitto	**avevate** afflitto
affligge**va**	affligge**vano**	**aveva** afflitto	**avevano** afflitto
passato remoto		**trapassato remoto**	
affliss**i**	affligg**emmo**	**ebbi** afflitto	**avemmo** afflitto
affligg**esti**	affligg**este**	**avesti** afflitto	**aveste** afflitto
affliss**e**	affliss**ero**	**ebbe** afflitto	**ebbero** afflitto
futuro semplice		**futuro anteriore**	
affligger**ò**	affligger**emo**	**avrò** afflitto	**avremo** afflitto
affligger**ai**	affligger**ete**	**avrai** afflitto	**avrete** afflitto
affligger**à**	affligger**anno**	**avrà** afflitto	**avranno** afflitto
condizionale presente		**condizionale passato**	
affligger**ei**	affligger**emmo**	**avrei** afflitto	**avremmo** afflitto
affligger**esti**	affligger**este**	**avresti** afflitto	**avreste** afflitto
affligger**ebbe**	affligger**ebbero**	**avrebbe** afflitto	**avrebbero** afflitto
congiuntivo presente		**congiuntivo passato**	
affligg**a**	affligg**iamo**	**abbia** afflitto	**abbiamo** afflitto
affligg**a**	affligg**iate**	**abbia** afflitto	**abbiate** afflitto
affligg**a**	affligg**ano**	**abbia** afflitto	**abbiano** afflitto
congiuntivo imperfetto		**congiuntivo trapassato**	
affligg**essi**	affligg**essimo**	**avessi** afflitto	**avessimo** afflitto
affligg**essi**	affligg**este**	**avessi** afflitto	**aveste** afflitto
affligg**esse**	affligg**essero**	**avesse** afflitto	**avessero** afflitto
imperativo			
	affligg**iamo**		
affligg**i**;	affligg**ete**		
non affliggere			
affligg**a**	affligg**ano**		

to hurry, to hasten

affrettarsi

gerundio **affrettandosi**

participio passato **affrettatosi**

SINGULAR	PLURAL
indicativo presente	
mi affrett**o**	ci affrett**iamo**
ti affrett**i**	vi affrett**ate**
si affrett**a**	si affrett**ano**
imperfetto	
mi affretta**vo**	ci affretta**vamo**
ti affretta**vi**	vi affretta**vate**
si affretta**va**	si affretta**vano**
passato remoto	
mi affrett**ai**	ci affrett**ammo**
ti affrett**asti**	vi affrett**aste**
si affrett**ò**	si affrett**arono**
futuro semplice	
mi affretter**ò**	ci affretter**emo**
ti affretter**ai**	vi affretter**ete**
si affretter**à**	si affretter**anno**
condizionale presente	
mi affretter**ei**	ci affretter**emmo**
ti affretter**esti**	vi affretter**este**
si affretter**ebbe**	si affretter**ebbero**
congiuntivo presente	
mi affrett**i**	ci affrett**iamo**
ti affrett**i**	vi affrett**iate**
si affrett**i**	si affrett**ino**
congiuntivo imperfetto	
mi affrett**assi**	ci affrett**assimo**
ti affrett**assi**	vi affrett**aste**
si affrett**asse**	si affrett**assero**
imperativo	
	affrettiamoci
affrettati;	affrettatevi
non affrettarti/	
non ti affrettare	
si affretti	si affrettino

SINGULAR	PLURAL
passato prossimo	
mi sono affrettato(a)	ci siamo affrettati(e)
ti sei affrettato(a)	vi siete affrettati(e)
si è affrettato(a)	si sono affrettati(e)
trapassato prossimo	
mi ero affrettato(a)	ci eravamo affrettati(e)
ti eri affrettato(a)	vi eravate affrettati(e)
si era affrettato(a)	si erano affrettati(e)
trapassato remoto	
mi fui affrettato(a)	ci fummo affrettati(e)
ti fosti affrettato(a)	vi foste affrettati(e)
si fu affrettato(a)	si furono affrettati(e)
futuro anteriore	
mi sarò affrettato(a)	ci saremo affrettati(e)
ti sarai affrettato(a)	vi sarete affrettati(e)
si sarà affrettato(a)	si saranno affrettati(e)
condizionale passato	
mi sarei affrettato(a)	ci saremmo affrettati(e)
ti saresti affrettato(a)	vi sareste affrettati(e)
si sarebbe affrettato(a)	si sarebbero affrettati(e)
congiuntivo passato	
mi sia affrettato(a)	ci siamo affrettati(e)
ti sia affrettato(a)	vi siate affrettati(e)
si sia affrettato(a)	si siano affrettati(e)
congiuntivo trapassato	
mi fossi affrettato(a)	ci fossimo affrettati(e)
ti fossi affrettato(a)	vi foste affrettati(e)
si fosse affrettato(a)	si fossero affrettati(e)

MEMORY TIP

They started to **fret** because they were in a rush.

to add, to append

gerundio **aggiungendo**   participio passato **aggiunto**

A

SINGULAR	PLURAL	SINGULAR	PLURAL

indicativo presente
aggiung**o**	aggiung**iamo**
aggiung**i**	aggiung**ete**
aggiung**e**	aggiung**ono**

passato prossimo
ho aggiunto	**abbiamo** aggiunto
hai aggiunto	**avete** aggiunto
ha aggiunto	**hanno** aggiunto

imperfetto
aggiunge**vo**	aggiunge**vamo**
aggiunge**vi**	aggiunge**vate**
aggiunge**va**	aggiunge**vano**

trapassato prossimo
avevo aggiunto	**avevamo** aggiunto
avevi aggiunto	**avevate** aggiunto
aveva aggiunto	**avevano** aggiunto

passato remoto
aggiun**si**	aggiung**emmo**
aggiung**esti**	aggiung**este**
aggiun**se**	aggiun**sero**

trapassato remoto
ebbi aggiunto	**avemmo** aggiunto
avesti aggiunto	**aveste** aggiunto
ebbe aggiunto	**ebbero** aggiunto

futuro semplice
aggiunger**ò**	aggiunger**emo**
aggiunger**ai**	aggiunger**ete**
aggiunger**à**	aggiunger**anno**

futuro anteriore
avrò aggiunto	**avremo** aggiunto
avrai aggiunto	**avrete** aggiunto
avrà aggiunto	**avranno** aggiunto

condizionale presente
aggiunger**ei**	aggiunger**emmo**
aggiunger**esti**	aggiunger**este**
aggiunger**ebbe**	aggiunger**ebbero**

condizionale passato
avrei aggiunto	**avremmo** aggiunto
avresti aggiunto	**avreste** aggiunto
avrebbe aggiunto	**avrebbero** aggiunto

congiuntivo presente
aggiung**a**	aggiung**iamo**
aggiung**a**	aggiung**iate**
aggiung**a**	aggiung**ano**

congiuntivo passato
abbia aggiunto	**abbiamo** aggiunto
abbia aggiunto	**abbiate** aggiunto
abbia aggiunto	**abbiano** aggiunto

congiuntivo imperfetto
aggiung**essi**	aggiung**essimo**
aggiung**essi**	aggiung**este**
aggiung**esse**	aggiung**essero**

congiuntivo trapassato
avessi aggiunto	**avessimo** aggiunto
avessi aggiunto	**aveste** aggiunto
avesse aggiunto	**avessero** aggiunto

imperativo
	aggiungiamo
aggiungi;	aggiungete
non aggiungere	
aggiunga	aggiungano

to help

aiutare

participio passato aiutato

A

SINGULAR	PLURAL	SINGULAR	PLURAL
indicativo presente		**passato prossimo**	
aiuto	aiutiamo	ho aiutato	abbiamo aiutato
aiuti	aiutate	hai aiutato	avete aiutato
aiuta	aiutano	ha aiutato	hanno aiutato
imperfetto		**trapassato prossimo**	
aiutavo	aiutavamo	avevo aiutato	avevamo aiutato
aiutavi	aiutavate	avevi aiutato	avevate aiutato
aiutava	aiutavano	aveva aiutato	avevano aiutato
passato remoto		**trapassato remoto**	
aiutai	aiutammo	ebbi aiutato	avemmo aiutato
aiutasti	aiutaste	avesti aiutato	aveste aiutato
aiutò	aiutarono	ebbe aiutato	ebbero aiutato
futuro semplice		**futuro anteriore**	
aiuterò	aiuteremo	avrò aiutato	avremo aiutato
aiuterai	aiuterete	avrai aiutato	avrete aiutato
aiuterà	aiuteranno	avrà aiutato	avranno aiutato
condizionale presente		**condizionale passato**	
aiuterei	aiuteremmo	avrei aiutato	avremmo aiutato
aiuteresti	aiutereste	avresti aiutato	avreste aiutato
aiuterebbe	aiuterebbero	avrebbe aiutato	avrebbero aiutato
congiuntivo presente		**congiuntivo passato**	
aiuti	aiutiamo	abbia aiutato	abbiamo aiutato
aiuti	aiutiate	abbia aiutato	abbiate aiutato
aiuti	aiutino	abbia aiutato	abbiano aiutato
congiuntivo imperfetto		**congiuntivo trapassato**	
aiutassi	aiutassimo	avessi aiutato	avessimo aiutato
aiutassi	aiutaste	avessi aiutato	aveste aiutato
aiutasse	aiutassero	avesse aiutato	avessero aiutato
imperativo			
	aiutiamo		
aiuta; non aiutare	aiutate		
aiuti	aiutino		

gerundio **allarmando**　　　　participio passato **allarmato**

SINGULAR	PLURAL	SINGULAR	PLURAL
indicativo presente		**passato prossimo**	
allarmo	allarmiamo	**ho** allarmato	**abbiamo** allarmato
allarmi	allarmate	**hai** allarmato	**avete** allarmato
allarma	allarmano	**ha** allarmato	**hanno** allarmato
imperfetto		**trapassato prossimo**	
allarmavo	allarmavamo	**avevo** allarmato	**avevamo** allarmato
allarmavi	allarmavate	**avevi** allarmato	**avevate** allarmato
allarmava	allarmavano	**aveva** allarmato	**avevano** allarmato
passato remoto		**trapassato remoto**	
allarmai	allarmammo	**ebbi** allarmato	**avemmo** allarmato
allarmasti	allarmaste	**avesti** allarmato	**aveste** allarmato
allarmò	allarmarono	**ebbe** allarmato	**ebbero** allarmato
futuro semplice		**futuro anteriore**	
allarmerò	allarmeremo	**avrò** allarmato	**avremo** allarmato
allarmerai	allarmerete	**avrai** allarmato	**avrete** allarmato
allarmerà	allarmeranno	**avrà** allarmato	**avranno** allarmato
condizionale presente		**condizionale passato**	
allarmerei	allarmeremmo	**avrei** allarmato	**avremmo** allarmato
allarmeresti	allarmereste	**avresti** allarmato	**avreste** allarmato
allarmerebbe	allarmerebbero	**avrebbe** allarmato	**avrebbero** allarmato
congiuntivo presente		**congiuntivo passato**	
allarmi	allarmiamo	**abbia** allarmato	**abbiamo** allarmato
allarmi	allarmiate	**abbia** allarmato	**abbiate** allarmato
allarmi	allarmino	**abbia** allarmato	**abbiano** allarmato
congiuntivo imperfetto		**congiuntivo trapassato**	
allarmassi	allarmassimo	**avessi** allarmato	**avessimo** allarmato
allarmassi	allarmaste	**avessi** allarmato	**aveste** allarmato
allarmasse	allarmassero	**avesse** allarmato	**avessero** allarmato

imperativo

	allarmiamo
allarma;	allarmate
non allarmare	
allarmi	allarmino

to allude, to refer   alludere

gerundio **alludendo**   participio passato **alluso**

SINGULAR	PLURAL	SINGULAR	PLURAL
indicativo presente		**passato prossimo**	
alludo	alludiamo	ho alluso	abbiamo alluso
alludi	alludete	hai alluso	avete alluso
allude	alludono	ha alluso	hanno alluso
imperfetto		**trapassato prossimo**	
alludevo	alludevamo	avevo alluso	avevamo alluso
alludevi	alludevate	avevi alluso	avevate alluso
alludeva	alludevano	aveva alluso	avevano alluso
passato remoto		**trapassato remoto**	
allusi	alludemmo	ebbi alluso	avemmo alluso
alludesti	alludeste	avesti alluso	aveste alluso
alluse	allusero	ebbe alluso	ebbero alluso
futuro semplice		**futuro anteriore**	
alluderò	alluderemo	avrò alluso	avremo alluso
alluderai	alluderete	avrai alluso	avrete alluso
alluderà	alluderanno	avrà alluso	avranno alluso
condizionale presente		**condizionale passato**	
alluderei	alluderemmo	avrei alluso	avremmo alluso
alluderesti	alludereste	avresti alluso	avreste alluso
alluderebbe	alluderebbero	avrebbe alluso	avrebbero alluso
congiuntivo presente		**congiuntivo passato**	
alluda	alludiamo	abbia alluso	abbiamo alluso
alluda	alludiate	abbia alluso	abbiate alluso
alluda	alludano	abbia alluso	abbiano alluso
congiuntivo imperfetto		**congiuntivo trapassato**	
alludessi	alludessimo	avessi alluso	avessimo alluso
alludessi	alludeste	avessi alluso	aveste alluso
alludesse	alludessero	avesse alluso	avessero alluso
imperativo			
	alludiamo		
alludi; non alludere	alludete		
alluda	alludano		

gerundio **alzando**   participio passato **alzato**

SINGULAR	PLURAL	SINGULAR	PLURAL
indicativo presente		**passato prossimo**	
alz**o**	alz**iamo**	**ho** alzato	**abbiamo** alzato
alz**i**	alz**ate**	**hai** alzato	**avete** alzato
alz**a**	alz**ano**	**ha** alzato	**hanno** alzato
imperfetto		**trapassato prossimo**	
alza**vo**	alza**vamo**	**avevo** alzato	**avevamo** alzato
alza**vi**	alza**vate**	**avevi** alzato	**avevate** alzato
alza**va**	alza**vano**	**aveva** alzato	**avevano** alzato
passato remoto		**trapassato remoto**	
alz**ai**	alz**ammo**	**ebbi** alzato	**avemmo** alzato
alz**asti**	alz**aste**	**avesti** alzato	**aveste** alzato
alz**ò**	alz**arono**	**ebbe** alzato	**ebbero** alzato
futuro semplice		**futuro anteriore**	
alzer**ò**	alzer**emo**	**avrò** alzato	**avremo** alzato
alzer**ai**	alzer**ete**	**avrai** alzato	**avrete** alzato
alzer**à**	alzer**anno**	**avrà** alzato	**avranno** alzato
condizionale presente		**condizionale passato**	
alzer**ei**	alzer**emmo**	**avrei** alzato	**avremmo** alzato
alzer**esti**	alzer**este**	**avresti** alzato	**avreste** alzato
alzer**ebbe**	alzer**ebbero**	**avrebbe** alzato	**avrebbero** alzato
congiuntivo presente		**congiuntivo passato**	
alz**i**	alz**iamo**	**abbia** alzato	**abbiamo** alzato
alz**i**	alz**iate**	**abbia** alzato	**abbiate** alzato
alz**i**	alz**ino**	**abbia** alzato	**abbiano** alzato
congiuntivo imperfetto		**congiuntivo trapassato**	
alz**assi**	alz**assimo**	**avessi** alzato	**avessimo** alzato
alz**assi**	alz**aste**	**avessi** alzato	**aveste** alzato
alz**asse**	alz**assero**	**avesse** alzato	**avessero** alzato
imperativo			
	alz**iamo**		
alza; non alzare	alz**ate**		
alzi	alz**ino**		

to get up, to stand up, to rise

gerundio alzandosi   participio passato alzatosi

A

SINGULAR	PLURAL	SINGULAR	PLURAL
indicativo presente		passato prossimo	
mi alz**o**	**ci** alz**iamo**	**mi sono** alzato(a)	**ci siamo** alzati(e)
ti alz**i**	**vi** alz**ate**	**ti sei** alzato(a)	**vi siete** alzati(e)
si alz**a**	**si** alz**ano**	**si è** alzato(a)	**si sono** alzati(e)
imperfetto		trapassato prossimo	
mi alz**avo**	**ci** alz**avamo**	**mi ero** alzato(a)	**ci eravamo** alzati(e)
ti alz**avi**	**vi** alz**avate**	**ti eri** alzato(a)	**vi eravate** alzati(e)
si alz**ava**	**si** alz**avano**	**si era** alzato(a)	**si erano** alzati(e)
passato remoto		trapassato remoto	
mi alz**ai**	**ci** alz**ammo**	**mi fui** alzato(a)	**ci fummo** alzati(e)
ti alz**asti**	**vi** alz**aste**	**ti fosti** alzato(a)	**vi foste** alzati(e)
si alz**ò**	**si** alz**arono**	**si fu** alzato(a)	**si furono** alzati(e)
futuro semplice		futuro anteriore	
mi alz**erò**	**ci** alz**eremo**	**mi sarò** alzato(a)	**ci saremo** alzati(e)
ti alz**erai**	**vi** alz**erete**	**ti sarai** alzato(a)	**vi sarete** alzati(e)
si alz**erà**	**si** alz**eranno**	**si sarà** alzato(a)	**si saranno** alzati(e)
condizionale presente		condizionale passato	
mi alz**erei**	**ci** alz**eremmo**	**mi sarei** alzato(a)	**ci saremmo** alzati(e)
ti alz**eresti**	**vi** alz**ereste**	**ti saresti** alzato(a)	**vi sareste** alzati(e)
si alz**erebbe**	**si** alz**erebbero**	**si sarebbe** alzato(a)	**si sarebbero** alzati(e)
congiuntivo presente		congiuntivo passato	
mi alz**i**	**ci** alz**iamo**	**mi sia** alzato(a)	**ci siamo** alzati(e)
ti alz**i**	**vi** alz**iate**	**ti sia** alzato(a)	**vi siate** alzati(e)
si alz**i**	**si** alz**ino**	**si sia** alzato(a)	**si siano** alzati(e)
congiuntivo imperfetto		congiuntivo trapassato	
mi alz**assi**	**ci** alz**assimo**	**mi fossi** alzato(a)	**ci fossimo** alzati(e)
ti alz**assi**	**vi** alz**aste**	**ti fossi** alzato(a)	**vi foste** alzati(e)
si alz**asse**	**si** alz**assero**	**si fosse** alzato(a)	**si fossero** alzati(e)

imperativo

	alziamoci
alzati; non alzarti/	alzatevi
non ti alzare	
si alzi	si alzino

gerundio **amando**   participio passato **amato**

SINGULAR	PLURAL	SINGULAR	PLURAL

indicativo presente

amo	amiamo		
ami	amate		
ama	amano		

passato prossimo

ho amato	abbiamo amato
hai amato	avete amato
ha amato	hanno amato

imperfetto

amavo	amavamo
amavi	amavate
amava	amavano

trapassato prossimo

avevo amato	avevamo amato
avevi amato	avevate amato
aveva amato	avevano amato

passato remoto

amai	amammo
amasti	amaste
amò	amarono

trapassato remoto

ebbi amato	avemmo amato
avesti amato	aveste amato
ebbe amato	ebbero amato

futuro semplice

amerò	ameremo
amerai	amerete
amerà	ameranno

futuro anteriore

avrò amato	avremo amato
avrai amato	avrete amato
avrà amato	avranno amato

condizionale presente

amerei	ameremmo
ameresti	amereste
amerebbe	amerebbero

condizionale passato

avrei amato	avremmo amato
avresti amato	avreste amato
avrebbe amato	avrebbero amato

congiuntivo presente

ami	amiamo
ami	amiate
ami	amino

congiuntivo passato

abbia amato	abbiamo amato
abbia amato	abbiate amato
abbia amato	abbiano amato

congiuntivo imperfetto

amassi	amassimo
amassi	amaste
amasse	amassero

congiuntivo trapassato

avessi amato	avessimo amato
avessi amato	aveste amato
avesse amato	avessero amato

imperativo

	amiamo
ama; non amare	amate
ami	amino

MUST KNOW VERB

to admit

gerundio **ammettendo**   participio passato **ammesso**

SINGULAR	PLURAL	SINGULAR	PLURAL
indicativo presente		**passato prossimo**	
ammett**o**	ammett**iamo**	**ho** ammesso	**abbiamo** ammesso
ammett**i**	ammett**ete**	**hai** ammesso	**avete** ammesso
ammett**e**	ammett**ono**	**ha** ammesso	**hanno** ammesso
imperfetto		**trapassato prossimo**	
ammette**vo**	ammette**vamo**	**avevo** ammesso	**avevamo** ammesso
ammette**vi**	ammette**vate**	**avevi** ammesso	**avevate** ammesso
ammette**va**	ammette**vano**	**aveva** ammesso	**avevano** ammesso
passato remoto		**trapassato remoto**	
ammisi	ammett**emmo**	**ebbi** ammesso	**avemmo** ammesso
ammett**esti**	ammett**este**	**avesti** ammesso	**aveste** ammesso
ammise	**ammisero**	**ebbe** ammesso	**ebbero** ammesso
futuro semplice		**futuro anteriore**	
ammetter**ò**	ammetter**emo**	**avrò** ammesso	**avremo** ammesso
ammetter**ai**	ammetter**ete**	**avrai** ammesso	**avrete** ammesso
ammetter**à**	ammetter**anno**	**avrà** ammesso	**avranno** ammesso
condizionale presente		**condizionale passato**	
ammetter**ei**	ammetter**emmo**	**avrei** ammesso	**avremmo** ammesso
ammetter**esti**	ammetter**este**	**avresti** ammesso	**avreste** ammesso
ammetter**ebbe**	ammetter**ebbero**	**avrebbe** ammesso	**avrebbero** ammesso
congiuntivo presente		**congiuntivo passato**	
ammett**a**	ammett**iamo**	**abbia** ammesso	**abbiamo** ammesso
ammett**a**	ammett**iate**	**abbia** ammesso	**abbiate** ammesso
ammett**a**	ammett**ano**	**abbia** ammesso	**abbiano** ammesso
congiuntivo imperfetto		**congiuntivo trapassato**	
ammett**essi**	ammett**essimo**	**avessi** ammesso	**avessimo** ammesso
ammett**essi**	ammett**este**	**avessi** ammesso	**aveste** ammesso
ammett**esse**	ammett**essero**	**avesse** ammesso	**avessero** ammesso
imperativo			
	ammett**iamo**		
ammett**i**;	ammett**ete**		
non ammett**ere**			
ammett**a**	ammett**ano**		

MEMORY TiP
The suspect will not **admit** to
any wrongdoing.

gerundio **ammirando**   participio passato **ammirato**

SINGULAR	PLURAL	SINGULAR	PLURAL

A

indicativo presente
ammir**o**	ammir**iamo**
ammir**i**	ammir**ate**
ammir**a**	ammir**ano**

passato prossimo
ho ammirato	**abbiamo** ammirato
hai ammirato	**avete** ammirato
ha ammirato	**hanno** ammirato

imperfetto
ammira**vo**	ammira**vamo**
ammira**vi**	ammira**vate**
ammira**va**	ammira**vano**

trapassato prossimo
avevo ammirato	**avevamo** ammirato
avevi ammirato	**avevate** ammirato
aveva ammirato	**avevano** ammirato

passato remoto
ammir**ai**	ammir**ammo**
ammir**asti**	ammir**aste**
ammir**ò**	ammir**arono**

trapassato remoto
ebbi ammirato	**avemmo** ammirato
avesti ammirato	**aveste** ammirato
ebbe ammirato	**ebbero** ammirato

futuro semplice
ammirer**ò**	ammirer**emo**
ammirer**ai**	ammirer**ete**
ammirer**à**	ammirer**anno**

futuro anteriore
avrò ammirato	**avremo** ammirato
avrai ammirato	**avrete** ammirato
avrà ammirato	**avranno** ammirato

condizionale presente
ammirer**ei**	ammirer**emmo**
ammirer**esti**	ammirer**este**
ammirer**ebbe**	ammirer**ebbero**

condizionale passato
avrei ammirato	**avremmo** ammirato
avresti ammirato	**avreste** ammirato
avrebbe ammirato	**avrebbero** ammirato

congiuntivo presente
ammir**a**	ammir**iamo**
ammir**a**	ammir**iate**
ammir**a**	ammir**ino**

congiuntivo passato
abbia ammirato	**abbiamo** ammirato
abbia ammirato	**abbiate** ammirato
abbia ammirato	**abbiano** ammirato

congiuntivo imperfetto
ammir**assi**	ammir**assimo**
ammir**assi**	ammir**aste**
ammir**asse**	ammir**assero**

congiuntivo trapassato
avessi ammirato	**avessimo** ammirato
avessi ammirato	**aveste** ammirato
avesse ammirato	**avessero** ammirato

imperativo
	ammiriamo
ammira;	ammirate
non ammirare	
ammiri	ammirino

to go   andare

gerundio **andando**   participio passato **andato**

SINGULAR	PLURAL	SINGULAR	PLURAL

A

indicativo presente

		passato prossimo	
vado	and**iamo**	**sono** andato(a)	**siamo** andati(e)
vai	and**ate**	**sei** andato(a)	**siete** andati(e)
va	**vanno**	**è** andato(a)	**sono** andati(e)

imperfetto

		trapassato prossimo	
anda**vo**	anda**vamo**	**ero** andato(a)	**eravamo** andati(e)
anda**vi**	anda**vate**	**eri** andato(a)	**eravate** andati(e)
anda**va**	anda**vano**	**era** andato(a)	**erano** andati(e)

passato remoto

		trapassato remoto	
and**ai**	and**ammo**	**fui** andato(a)	**fummo** andati(e)
and**asti**	and**aste**	**fosti** andato(a)	**foste** andati(e)
and**ò**	and**arono**	**fu** andato(a)	**furono** andati(e)

futuro semplice

		futuro anteriore	
andr**ò**	andr**emo**	**sarò** andato(a)	**saremo** andati(e)
andr**ai**	andr**ete**	**sarai** andato(a)	**sarete** andati(e)
andr**à**	andr**anno**	**sarà** andato(a)	**saranno** andati(e)

condizionale presente

		condizionale passato	
andr**ei**	andr**emmo**	**sarei** andato(a)	**saremmo** andati(e)
andr**esti**	andr**este**	**saresti** andato(a)	**sareste** andati(e)
andr**ebbe**	andr**ebbero**	**sarebbe** andato(a)	**sarebbero** andati(e)

congiuntivo presente

		congiuntivo passato	
vad**a**	and**iamo**	**sia** andato(a)	**siamo** andati(e)
vad**a**	and**iate**	**sia** andato(a)	**siate** andati(e)
vad**a**	vad**ano**	**sia** andato(a)	**siano** andati(e)

congiuntivo imperfetto

		congiuntivo trapassato	
and**assi**	and**assimo**	**fossi** andato(a)	**fossimo** andati(e)
and**assi**	and**aste**	**fossi** andato(a)	**foste** andati(e)
and**asse**	and**assero**	**fosse** andato(a)	**fossero** andati(e)

imperativo

	andiamo
vai; non andare	andate
vada	vadano

MUST KNOW VERB

andarsene

to go away

SINGULAR	PLURAL	SINGULAR	PLURAL
indicativo presente		**passato prossimo**	
me ne vad**o**	**ce ne** and**iamo**	**me ne sono** andato(a)	**ce ne siamo** andati(e)
te ne vai	**ve ne** and**ate**	**te ne sei** andato(a)	**ve ne siete** andati(e)
se ne va	**se ne** v**anno**	**se ne è** andato(a)	**se ne sono** andati(e)
imperfetto		**trapassato prossimo**	
me ne anda**vo**	**ce ne** anda**vamo**	**me ne ero** andato(a)	**ce ne eravamo** andati(e)
te ne anda**vi**	**ve ne** anda**vate**	**te ne eri** andato(a)	**ve ne eravate** andati(e)
se ne anda**va**	**se ne** anda**vano**	**se ne era** andato(a)	**se ne erano** andati(e)
passato remoto		**trapassato remoto**	
me ne and**ai**	**ce ne** and**ammo**	**me ne fui** andato(a)	**ce ne fummo** andati(e)
te ne and**asti**	**ve ne** and**aste**	**te ne fosti** andato(a)	**ve ne foste** andati(e)
se ne and**ò**	**se ne** and**arono**	**se ne fu** andato(a)	**se ne furono** andati(e)
futuro semplice		**futuro anteriore**	
me ne andr**ò**	**ce ne** andr**emo**	**me ne sarò** andato(a)	**ce ne saremo** andati(e)
te ne andr**ai**	**ve ne** andr**ete**	**te ne sarai** andato(a)	**ve ne sarete** andati(e)
se ne andr**à**	**se ne** andr**anno**	**se ne sarà** andato(a)	**se ne saranno** andati(e)
condizionale presente		**condizionale passato**	
me ne andr**ei**	**ce ne** andr**emmo**	**me ne sarei** andato(a)	**ce ne saremmo** andati(e)
te ne andr**esti**	**ve ne** andr**este**	**te ne saresti** andato(a)	**ve ne sareste** andati(e)
se ne andr**ebbe**	**se ne** andr**ebbero**	**se ne sarebbe** andato(a)	**se ne sarebbero** andati(e)
congiuntivo presente		**congiuntivo passato**	
me ne vad**a**	**ce ne** and**iamo**	**me ne sia** andato(a)	**ce ne siamo** andati(e)
te ne vad**a**	**ve ne** and**iate**	**te ne sia** andato(a)	**ve ne siate** andati(e)
se ne vad**a**	**se ne** vad**ano**	**se ne sia** andato(a)	**se ne siano** andati(e)
congiuntivo imperfetto		**congiuntivo trapassato**	
me ne and**assi**	**ce ne** and**assimo**	**me ne fossi** andato(a)	**ce ne fossimo** andati(e)
te ne and**assi**	**ve ne** and**aste**	**te ne fossi** andato(a)	**ve ne foste** andati(e)
se ne and**asse**	**se ne** and**assero**	**se ne fosse** andato(a)	**se ne fossero** andati(e)

imperativo

	andiamocene
vattene; non andartene/	andatevene
non te ne andare	
se ne vada	se ne vadano

to bore · annoiare

gerundio **annoiando**   participio passato **annoiato**

SINGULAR	PLURAL	SINGULAR	PLURAL

indicativo presente

		passato prossimo	
annoi**o**	annoi**amo**	**ho** annoiato	**abbiamo** annoiato
annoi	annoi**ate**	**hai** annoiato	**avete** annoiato
annoi**a**	annoi**ano**	**ha** annoiato	**hanno** annoiato

imperfetto

		trapassato prossimo	
annoia**vo**	annoia**vamo**	**avevo** annoiato	**avevamo** annoiato
annoia**vi**	annoia**vate**	**avevi** annoiato	**avevate** annoiato
annoia**va**	annoia**vano**	**aveva** annoiato	**avevano** annoiato

passato remoto

		trapassato remoto	
annoi**ai**	annoi**ammo**	**ebbi** annoiato	**avemmo** annoiato
annoi**asti**	annoi**aste**	**avesti** annoiato	**aveste** annoiato
annoi**ò**	annoi**arono**	**ebbe** annoiato	**ebbero** annoiato

futuro semplice

		futuro anteriore	
annoier**ò**	annoier**emo**	**avrò** annoiato	**avremo** annoiato
annoier**ai**	annoier**ete**	**avrai** annoiato	**avrete** annoiato
annoier**à**	annoier**anno**	**avrà** annoiato	**avranno** annoiato

condizionale presente

		condizionale passato	
annoier**ei**	annoier**emmo**	**avrei** annoiato	**avremmo** annoiato
annoier**esti**	annoier**este**	**avresti** annoiato	**avreste** annoiato
annoier**ebbe**	annoier**ebbero**	**avrebbe** annoiato	**avrebbero** annoiato

congiuntivo presente

		congiuntivo passato	
anno**i**	annoi**amo**	**abbia** annoiato	**abbiamo** annoiato
anno**i**	annoi**ate**	**abbia** annoiato	**abbiate** annoiato
anno**i**	anno**ino**	**abbia** annoiato	**abbiano** annoiato

congiuntivo imperfetto

		congiuntivo trapassato	
annoi**assi**	annoi**assimo**	**avessi** annoiato	**avessimo** annoiato
annoi**assi**	annoi**aste**	**avessi** annoiato	**aveste** annoiato
annoi**asse**	annoi**assero**	**avesse** annoiato	**avessero** annoiato

imperativo

	annoi**amo**
annoi**a**; non annoi**are**	annoi**ate**
annoi	annoi**no**

gerundio **annoiandosi**   participio passato **annoiatosi**

A

SINGULAR	PLURAL	SINGULAR	PLURAL

indicativo presente

mi annoi**o**	**ci** annoi**amo**
ti annoi	**vi** annoi**ate**
si annoi**a**	**si** annoi**ano**

passato prossimo

mi sono annoiato(a)	**ci siamo** annoiati(e)
ti sei annoiato(a)	**vi siete** annoiati(e)
si è annoiato(a)	**si sono** annoiati(e)

imperfetto

mi annoia**vo**	**ci** annoia**vamo**
ti annoia**vi**	**vi** annoia**vate**
si annoia**va**	**si** annoia**vano**

trapassato prossimo

mi ero annoiato(a)	**ci eravamo** annoiati(e)
ti eri annoiato(a)	**vi eravate** annoiati(e)
si era annoiato(a)	**si erano** annoiati(e)

passato remoto

mi annoi**ai**	**ci** annoi**ammo**
ti annoi**asti**	**vi** annoi**aste**
si annoi**ò**	**si** annoi**arono**

trapassato remoto

mi fui annoiato(a)	**ci fummo** annoiati(e)
ti fosti annoiato(a)	**vi foste** annoiati(e)
si fu annoiato(a)	**si furono** annoiati(e)

futuro semplice

mi annoi**erò**	**ci** annoi**eremo**
ti annoi**erai**	**vi** annoi**erete**
si annoi**erà**	**si** annoi**eranno**

futuro anteriore

mi sarò annoiato(a)	**ci saremo** annoiati(e)
ti sarai annoiato(a)	**vi sarete** annoiati(e)
si sarà annoiato(a)	**si saranno** annoiati(e)

condizionale presente

mi annoi**erei**	**ci** annoi**eremmo**
ti annoi**eresti**	**vi** annoi**ereste**
si annoi**erebbe**	**si** annoi**erebbero**

condizionale passato

mi sarei annoiato(a)	**ci saremmo** annoiati(e)
ti saresti annoiato(a)	**vi sareste** annoiati(e)
si sarebbe annoiato(a)	**si sarebbero** annoiati(e)

congiuntivo presente

mi annoi	**ci** annoi**amo**
ti annoi	**vi** annoi**ate**
si annoi	**si** anno**ino**

congiuntivo passato

mi sia annoiato(a)	**ci siamo** annoiati(e)
ti sia annoiato(a)	**vi siate** annoiati(e)
si sia annoiato(a)	**si siano** annoiati(e)

congiuntivo imperfetto

mi annoi**assi**	**ci** annoi**assimo**
ti annoi**assi**	**vi** annoi**aste**
si annoi**asse**	**si** annoi**assero**

congiuntivo trapassato

mi fossi annoiato(a)	**ci fossimo** annoiati(e)
ti fossi annoiato(a)	**vi foste** annoiati(e)
si fosse annoiato(a)	**si fossero** annoiati(e)

imperativo

	annoiamoci
annoiati;	annoiatevi
non annoiarti/	
non ti annoiare	
si annoi	si annoino

to anticipate   anticipare

SINGULAR	PLURAL	SINGULAR	PLURAL
indicativo presente		**passato prossimo**	
anticip**o**	anticip**iamo**	**ho** anticipato	**abbiamo** anticipato
anticip**i**	anticip**ate**	**hai** anticipato	**avete** anticipato
anticip**a**	anticip**ano**	**ha** anticipato	**hanno** anticipato
imperfetto		**trapassato prossimo**	
anticipa**vo**	anticipa**vamo**	**avevo** anticipato	**avevamo** anticipato
anticipa**vi**	anticipa**vate**	**avevi** anticipato	**avevate** anticipato
anticipa**va**	anticipa**vano**	**aveva** anticipato	**avevano** anticipato
passato remoto		**trapassato remoto**	
anticip**ai**	anticip**ammo**	**ebbi** anticipato	**avemmo** anticipato
anticip**asti**	anticip**aste**	**avesti** anticipato	**aveste** anticipato
anticip**ò**	anticip**arono**	**ebbe** anticipato	**ebbero** anticipato
futuro semplice		**futuro anteriore**	
anticiper**ò**	anticiper**emo**	**avrò** anticipato	**avremo** anticipato
anticiper**ai**	anticiper**ete**	**avrai** anticipato	**avrete** anticipato
anticiper**à**	anticiper**anno**	**avrà** anticipato	**avranno** anticipato
condizionale presente		**condizionale passato**	
anticiper**ei**	anticiper**emmo**	**avrei** anticipato	**avremmo** anticipato
anticiper**esti**	anticiper**este**	**avresti** anticipato	**avreste** anticipato
anticiper**ebbe**	anticiper**ebbero**	**avrebbe** anticipato	**avrebbero** anticipato
congiuntivo presente		**congiuntivo passato**	
anticip**i**	anticip**iamo**	**abbia** anticipato	**abbiamo** anticipato
anticip**i**	anticip**iate**	**abbia** anticipato	**abbiate** anticipato
anticip**i**	anticip**ino**	**abbia** anticipato	**abbiano** anticipato
congiuntivo imperfetto		**congiuntivo trapassato**	
anticip**assi**	anticip**assimo**	**avessi** anticipato	**avessimo** anticipato
anticip**assi**	anticip**aste**	**avessi** anticipato	**aveste** anticipato
anticip**asse**	anticip**assero**	**avesse** anticipato	**avessero** anticipato
imperativo			
	anticip**iamo**		
anticipa;	anticip**ate**		
non anticipare			
anticipi	anticip**ino**		

A

gerundio **apparecchiando**   participio passato **apparecchiato**

A

SINGULAR	PLURAL	SINGULAR	PLURAL
indicativo presente		**passato prossimo**	
apparecchi**o**	apparecchi**amo**	**ho** apparecchiato	**abbiamo** apparecchiato
apparecchi	apparecchi**ate**	**hai** apparecchiato	**avete** apparecchiato
apparecchi**a**	apparecchi**ano**	**ha** apparecchiato	**hanno** apparecchiato
imperfetto		**trapassato prossimo**	
apparecchia**vo**	apparecchia**vamo**	**avevo** apparecchiato	**avevamo** apparecchiato
apparecchia**vi**	apparecchia**vate**	**avevi** apparecchiato	**avevate** apparecchiato
apparecchia**va**	apparecchia**vano**	**aveva** apparecchiato	**avevano** apparecchiato
passato remoto		**trapassato remoto**	
apparecchi**ai**	apparecchi**ammo**	**ebbi** apparecchiato	**avemmo** apparecchiato
apparecchi**asti**	apparecchi**aste**	**avesti** apparecchiato	**aveste** apparecchiato
apparecchi**ò**	apparecchi**arono**	**ebbe** apparecchiato	**ebbero** apparecchiato
futuro semplice		**futuro anteriore**	
apparecchi**erò**	apparecchi**eremo**	**avrò** apparecchiato	**avremo** apparecchiato
apparecchi**erai**	apparecchi**erete**	**avrai** apparecchiato	**avrete** apparecchiato
apparecchi**erà**	apparecchi**eranno**	**avrà** apparecchiato	**avranno** apparecchiato
condizionale presente		**condizionale passato**	
apparecchi**erei**	apparecchi**eremmo**	**avrei** apparecchiato	**avremmo** apparecchiato
apparecchi**eresti**	apparecchi**ereste**	**avresti** apparecchiato	**avreste** apparecchiato
apparecchi**erebbe**	apparecchi**erebbero**	**avrebbe** apparecchiato	**avrebbero** apparecchiato
congiuntivo presente		**congiuntivo passato**	
apparecchi	apparecchi**amo**	**abbia** apparecchiato	**abbiamo** apparecchiato
apparecchi	apparecchi**ate**	**abbia** apparecchiato	**abbiate** apparecchiato
apparecchi	apparecchi**no**	**abbia** apparecchiato	**abbiano** apparecchiato
congiuntivo imperfetto		**congiuntivo trapassato**	
apparecchi**assi**	apparecchi**assimo**	**avessi** apparecchiato	**avessimo** apparecchiato
apparecchi**assi**	apparecchi**aste**	**avessi** apparecchiato	**aveste** apparecchiato
apparecchi**asse**	apparecchi**assero**	**avesse** apparecchiato	**avessero** apparecchiato
imperativo			
	apparecchi**amo**		
apparecchi**a;**	apparecchi**ate**		
non apparecchi**are**			
apparecchi	apparecchi**no**		

to appear, to look, to seem · apparire

gerundio **apparendo**   participio passato **apparso**

SINGULAR	PLURAL	SINGULAR	PLURAL
indicativo presente		**passato prossimo**	
appaio, apparisco	appariamo	**sono** apparso(a)	**siamo** apparsi(e)
appari, apparisci	apparite	**sei** apparso(a)	**siete** apparsi(e)
appare, apparisce	appaiono, appariscono	**è** apparso(a)	**sono** apparsi(e)
imperfetto		**trapassato prossimo**	
apparivo	apparivamo	**ero** apparso(a)	**eravamo** apparsi(e)
apparivi	apparivate	**eri** apparso(a)	**eravate** apparsi(e)
appariva	apparivano	**era** apparso(a)	**erano** apparsi(e)
passato remoto		**trapassato remoto**	
apparvi, apparii	apparimmo	**fui** apparso(a)	**fummo** apparsi(e)
apparisti	appariste	**fosti** apparso(a)	**foste** apparsi(e)
apparve, apparì	apparvero, apparirono	**fu** apparso(a)	**furono** apparsi(e)
futuro semplice		**futuro anteriore**	
apparirò	appariremo	**sarò** apparso(a)	**saremo** apparsi(e)
apparirai	apparirete	**sarai** apparso(a)	**sarete** apparsi(e)
apparirà	appariranno	**sarà** apparso(a)	**saranno** apparsi(e)
condizionale presente		**condizionale passato**	
apparirei	appariremmo	**sarei** apparso(a)	**saremmo** apparsi(e)
appariresti	apparireste	**saresti** apparso(a)	**sareste** apparsi(e)
apparirebbe	apparirebbero	**sarebbe** apparso(a)	**sarebbero** apparsi(e)
congiuntivo presente		**congiuntivo passato**	
appaia, apparisca	appariamo	**sia** apparso(a)	**siamo** apparsi(e)
appaia, apparisca	appariate	**sia** apparso(a)	**siate** apparsi(e)
appaia, apparisca	appaiano, appariscano	**sia** apparso(a)	**siano** apparsi(e)
congiuntivo imperfetto		**congiuntivo trapassato**	
apparissi	apparissimo	**fossi** apparso(a)	**fossimo** apparsi(e)
apparissi	appariste	**fossi** apparso(a)	**foste** apparsi(e)
apparisse	apparissero	**fosse** apparso(a)	**fossero** apparsi(e)

imperativo

	appariamo
appari, apparisci; non apparire	apparite
appaia, apparisca	appaiano, appariscano

MEMORY TIP

The rain clouds **appeared** unexpectedly.

gerundio **appartenendo** participio passato **appartenuto**

SINGULAR	PLURAL	SINGULAR	PLURAL

indicativo presente

apparteng**o**	apparteni**amo**		
apparteni**i**	apparten**ete**		
apparten**e**	appartengo**ono**		

passato prossimo

sono appartenuto(a)	**siamo** appartenuti(e)
sei appartenuto(a)	**siete** appartenuti(e)
è appartenuto(a)	**sono** appartenuti(e)

imperfetto

appartene**vo**	appartene**vamo**
appartene**vi**	appartene**vate**
appartene**va**	appartene**vano**

trapassato prossimo

ero appartenuto(a)	**eravamo** appartenuti(e)
eri appartenuto(a)	**eravate** appartenuti(e)
era appartenuto(a)	**erano** appartenuti(e)

passato remoto

appartenn**i**	apparten**emmo**
apparten**esti**	apparten**este**
appartenn**e**	appartenn**ero**

trapassato remoto

fui appartenuto(a)	**fummo** appartenuti(e)
fosti appartenuto(a)	**foste** appartenuti(e)
fu appartenuto(a)	**furono** appartenuti(e)

futuro semplice

apparter**rò**	apparter**remo**
apparter**rai**	apparter**rete**
apparter**rà**	apparter**ranno**

futuro anteriore

sarò appartenuto(a)	**saremo** appartenuti(e)
sarai appartenuto(a)	**sarete** appartenuti(e)
sarà appartenuto(a)	**saranno** appartenuti(e)

condizionale presente

apparter**rei**	apparter**remmo**
apparter**resti**	apparter**reste**
apparter**rebbe**	apparter**rebbero**

condizionale passato

sarei appartenuto(a)	**saremmo** appartenuti(e)
saresti appartenuto(a)	**sareste** appartenuti(e)
sarebbe appartenuto(a)	**sarebbero** appartenuti(e)

congiuntivo presente

apparteng**a**	apparteni**amo**
apparteng**a**	apparteni**ate**
apparteng**a**	apparteng**ano**

congiuntivo passato

sia appartenuto(a)	**siamo** appartenuti(e)
sia appartenuto(a)	**siate** appartenuti(e)
sia appartenuto(a)	**siano** appartenuti(e)

congiuntivo imperfetto

apparten**essi**	apparten**essimo**
apparten**essi**	apparten**este**
apparten**esse**	apparten**essero**

congiuntivo trapassato

fossi appartenuto(a)	**fossimo** appartenuti(e)
fossi appartenuto(a)	**foste** appartenuti(e)
fosse appartenuto(a)	**fossero** appartenuti(e)

imperativo

	apparteni**amo**
appartieni;	apparten**ete**
non appartenere	
appartenga	appartengano

to learn

apprendere

gerundio **apprendendo**   participio passato **appreso**

SINGULAR	PLURAL	SINGULAR	PLURAL
indicativo presente		**passato prossimo**	
apprendo	apprendiamo	ho appreso	abbiamo appreso
apprendi	apprendete	hai appreso	avete appreso
apprende	apprendono	ha appreso	hanno appreso
imperfetto		**trapassato prossimo**	
apprendevo	apprendevamo	avevo appreso	avevamo appreso
apprendevi	apprendevate	avevi appreso	avevate appreso
apprendeva	apprendevano	aveva appreso	avevano appreso
passato remoto		**trapassato remoto**	
appresi	apprendemmo	ebbi appreso	avemmo appreso
apprendesti	apprendeste	avesti appreso	aveste appreso
apprese	appresero	ebbe appreso	ebbero appreso
futuro semplice		**futuro anteriore**	
apprenderò	apprenderemo	avrò appreso	avremo appreso
apprenderai	apprenderete	avrai appreso	avrete appreso
apprenderà	apprenderanno	avrà appreso	avranno appreso
condizionale presente		**condizionale passato**	
apprenderei	apprenderemmo	avrei appreso	avremmo appreso
apprenderesti	apprendereste	avresti appreso	avreste appreso
apprenderebbe	apprenderebbero	avrebbe appreso	avrebbero appreso
congiuntivo presente		**congiuntivo passato**	
apprenda	apprendiamo	abbia appreso	abbiamo appreso
apprenda	apprendiate	abbia appreso	abbiate appreso
apprenda	apprendano	abbia appreso	abbiano appreso
congiuntivo imperfetto		**congiuntivo trapassato**	
apprendessi	apprendessimo	avessi appreso	avessimo appreso
apprendessi	apprendeste	avessi appreso	aveste appreso
apprendesse	apprendessero	avesse appreso	avessero appreso

imperativo

	apprendiamo
apprendi;	apprendete
non apprendere	
apprenda	apprendano

to accept, to approve

gerundio **approvando**   participio passato **approvato**

SINGULAR	PLURAL	SINGULAR	PLURAL

A

indicativo presente

approv**o**	approv**iamo**	
approv**i**	approv**ate**	
approv**a**	approv**ano**	

passato prossimo

ho approvato	**abbiamo** approvato
hai approvato	**avete** approvato
ha approvato	**hanno** approvato

imperfetto

approva**vo**	approva**vamo**
approva**vi**	approva**vate**
approva**va**	approva**vano**

trapassato prossimo

avevo approvato	**avevamo** approvato
avevi approvato	**avevate** approvato
aveva approvato	**avevano** approvato

passato remoto

approv**ai**	approv**ammo**
approv**asti**	approv**aste**
approv**ò**	approv**arono**

trapassato remoto

ebbi approvato	**avemmo** approvato
avesti approvato	**aveste** approvato
ebbe approvato	**ebbero** approvato

futuro semplice

approver**ò**	approver**emo**
approver**ai**	approver**ete**
approver**à**	approver**anno**

futuro anteriore

avrò approvato	**avremo** approvato
avrai approvato	**avrete** approvato
avrà approvato	**avranno** approvato

condizionale presente

approver**ei**	approver**emmo**
approver**esti**	approver**este**
approver**ebbe**	approver**ebbero**

condizionale passato

avrei approvato	**avremmo** approvato
avresti approvato	**avreste** approvato
avrebbe approvato	**avrebbero** approvato

congiuntivo presente

approv**i**	approv**iamo**
approv**i**	approv**iate**
approv**i**	approv**ino**

congiuntivo passato

abbia approvato	**abbiamo** approvato
abbia approvato	**abbiate** approvato
abbia approvato	**abbiano** approvato

congiuntivo imperfetto

approv**assi**	approv**assimo**
approv**assi**	approv**aste**
approv**asse**	approv**assero**

congiuntivo trapassato

avessi approvato	**avessimo** approvato
avessi approvato	**aveste** approvato
avesse approvato	**avessero** approvato

imperativo

	approv**iamo**
approv**a**;	approv**ate**
non approvare	
approv**i**	approv**ino**

to note, to pin together

appuntare

A

SINGULAR	PLURAL	SINGULAR	PLURAL
indicativo presente		**passato prossimo**	
appunt**o**	appunt**iamo**	**ho** appuntato	**abbiamo** appuntato
appunt**i**	appunt**ate**	**hai** appuntato	**avete** appuntato
appunt**a**	appunt**ano**	**ha** appuntato	**hanno** appuntato
imperfetto		**trapassato prossimo**	
appunta**vo**	appunta**vamo**	**avevo** appuntato	**avevamo** appuntato
appunta**vi**	appunta**vate**	**avevi** appuntato	**avevate** appuntato
appunta**va**	appunta**vano**	**aveva** appuntato	**avevano** appuntato
passato remoto		**trapassato remoto**	
appunt**ai**	appunt**ammo**	**ebbi** appuntato	**avemmo** appuntato
appunt**asti**	appunt**aste**	**avesti** appuntato	**aveste** appuntato
appunt**ò**	appunt**arono**	**ebbe** appuntato	**ebbero** appuntato
futuro semplice		**futuro anteriore**	
appunter**ò**	appunter**emo**	**avrò** appuntato	**avremo** appuntato
appunter**ai**	appunter**ete**	**avrai** appuntato	**avrete** appuntato
appunter**à**	appunter**anno**	**avrà** appuntato	**avranno** appuntato
condizionale presente		**condizionale passato**	
appunter**ei**	appunter**emmo**	**avrei** appuntato	**avremmo** appuntato
appunter**esti**	appunter**este**	**avresti** appuntato	**avreste** appuntato
appunter**ebbe**	appunter**ebbero**	**avrebbe** appuntato	**avrebbero** appuntato
congiuntivo presente		**congiuntivo passato**	
appunt**i**	appunt**iamo**	**abbia** appuntato	**abbiamo** appuntato
appunt**i**	appunt**iate**	**abbia** appuntato	**abbiate** appuntato
appunt**i**	appunt**ino**	**abbia** appuntato	**abbiano** appuntato
congiuntivo imperfetto		**congiuntivo trapassato**	
appunt**assi**	appunt**assimo**	**avessi** appuntato	**avessimo** appuntato
appunt**assi**	appunt**aste**	**avessi** appuntato	**aveste** appuntato
appunt**asse**	appunt**assero**	**avesse** appuntato	**avessero** appuntato

imperativo

	appunt**iamo**
appunt**a**;	appunt**ate**
non appunt**are**	
appunt**i**	appunt**ino**

gerundio **aprendo**   participio passato **aperto**

SINGULAR	PLURAL	SINGULAR	PLURAL

indicativo presente

		passato prossimo	
apro	apriamo	ho aperto	abbiamo aperto
apri	aprite	hai aperto	avete aperto
apre	aprono	ha aperto	hanno aperto

imperfetto

		trapassato prossimo	
aprivo	aprivamo	avevo aperto	avevamo aperto
aprivi	aprivate	avevi aperto	avevate aperto
apriva	aprivano	aveva aperto	avevano aperto

passato remoto

		trapassato remoto	
aprii	aprimmo	ebbi aperto	avemmo aperto
apristi	apriste	avesti aperto	aveste aperto
aprì	aprirono	ebbe aperto	ebbero aperto

futuro semplice

		futuro anteriore	
aprirò	apriremo	avrò aperto	avremo aperto
aprirai	aprirete	avrai aperto	avrete aperto
aprirà	apriranno	avrà aperto	avranno aperto

condizionale presente

		condizionale passato	
aprirei	apriremmo	avrei aperto	avremmo aperto
apriresti	aprireste	avresti aperto	avreste aperto
aprirebbe	aprirebbero	avrebbe aperto	avrebbero aperto

congiuntivo presente

		congiuntivo passato	
apra	apriamo	abbia aperto	abbiamo aperto
apra	apriate	abbia aperto	abbiate aperto
apra	aprano	abbia aperto	abbiano aperto

congiuntivo imperfetto

		congiuntivo trapassato	
aprissi	aprissimo	avessi aperto	avessimo aperto
aprissi	apriste	avessi aperto	aveste aperto
aprisse	aprissero	avesse aperto	avessero aperto

imperativo

	apriamo
apri; non aprire	aprite
apra	aprano

MUST KNOW VERB

to burn

gerundio **ardendo**   participio passato **arso**

SINGULAR	PLURAL	SINGULAR	PLURAL
indicativo presente		**passato prossimo**	
ard**o**	ard**iamo**	**ho** arso	**abbiamo** arso
ard**i**	ard**ete**	**hai** arso	**avete** arso
ard**e**	ard**ono**	**ha** arso	**hanno** arso
imperfetto		**trapassato prossimo**	
arde**vo**	arde**vamo**	**avevo** arso	**avevamo** arso
arde**vi**	arde**vate**	**avevi** arso	**avevate** arso
arde**va**	arde**vano**	**aveva** arso	**avevano** arso
passato remoto		**trapassato remoto**	
ars**i**	ard**emmo**	**ebbi** arso	**avemmo** arso
ard**esti**	ard**este**	**avesti** arso	**aveste** arso
ars**e**	ars**ero**	**ebbe** arso	**ebbero** arso
futuro semplice		**futuro anteriore**	
arder**ò**	arder**emo**	**avrò** arso	**avremo** arso
arder**ai**	arder**ete**	**avrai** arso	**avrete** arso
arder**à**	arder**anno**	**avrà** arso	**avranno** arso
condizionale presente		**condizionale passato**	
arder**ei**	arder**emmo**	**avrei** arso	**avremmo** arso
arder**esti**	arder**este**	**avresti** arso	**avreste** arso
arder**ebbe**	arder**ebbero**	**avrebbe** arso	**avrebbero** arso
congiuntivo presente		**congiuntivo passato**	
ard**a**	ard**iamo**	**abbia** arso	**abbiamo** arso
ard**a**	ard**iate**	**abbia** arso	**abbiate** arso
ard**a**	ard**ano**	**abbia** arso	**abbiano** arso
congiuntivo imperfetto		**congiuntivo trapassato**	
ard**essi**	ard**essimo**	**avessi** arso	**avessimo** arso
ard**essi**	ard**este**	**avessi** arso	**aveste** arso
ard**esse**	ard**essero**	**avesse** arso	**avessero** arso
imperativo			
	ard**iamo**		
ard**i**; non ard**ere**	ard**ete**		
ard**a**	ard**ano**		

arrabbiarsi

to get angry

gerundio **arrabbiandosi**   participio passato **arrabbiatosi**

SINGULAR	PLURAL	SINGULAR	PLURAL

indicativo presente
mi arrabbi**o**	**ci** arrabbi**amo**
ti arrabbi	**vi** arrabbi**ate**
si arrabbi**a**	**si** arrabbi**ano**

passato prossimo
mi sono arrabbiato(a)	**ci siamo** arrabbiati(e)
ti sei arrabbiato(a)	**vi siete** arrabbiati(e)
si è arrabbiato(a)	**si sono** arrabbiati(e)

imperfetto
mi arrabbia**vo**	**ci** arrabbia**vamo**
ti arrabbia**vi**	**vi** arrabbia**vate**
si arrabbia**va**	**si** arrabbia**vano**

trapassato prossimo
mi ero arrabbiato(a)	**ci eravamo** arrabbiati(e)
ti eri arrabbiato(a)	**vi eravate** arrabbiati(e)
si era arrabbiato(a)	**si erano** arrabbiati(e)

passato remoto
mi arrabbi**ai**	**ci** arrabbi**ammo**
ti arrabbi**asti**	**vi** arrabbi**aste**
si arrabbi**ò**	**si** arrabbi**arono**

trapassato remoto
mi fui arrabbiato(a)	**ci fummo** arrabbiati(e)
ti fosti arrabbiato(a)	**vi foste** arrabbiati(e)
si fu arrabbiato(a)	**si furono** arrabbiati(e)

futuro semplice
mi arrabbier**ò**	**ci** arrabbier**emo**
ti arrabbier**ai**	**vi** arrabbier**ete**
si arrabbier**à**	**si** arrabbier**anno**

futuro anteriore
mi sarò arrabbiato(a)	**ci saremo** arrabbiati(e)
ti sarai arrabbiato(a)	**vi sarete** arrabbiati(e)
si sarà arrabbiato(a)	**si saranno** arrabbiati(e)

condizionale presente
mi arrabbier**ei**	**ci** arrabbier**emmo**
ti arrabbier**esti**	**vi** arrabbier**este**
si arrabbier**ebbe**	**si** arrabbier**ebbero**

condizionale passato
mi sarei arrabbiato(a)	**ci saremmo** arrabbiati(e)
ti saresti arrabbiato(a)	**vi sareste** arrabbiati(e)
si sarebbe arrabbiato(a)	**si sarebbero** arrabbiati(e)

congiuntivo presente
mi arrabbi	**ci** arrabbi**amo**
ti arrabbi	**vi** arrabbi**ate**
si arrabbi	**si** arrabbi**no**

congiuntivo passato
mi sia arrabbiato(a)	**ci siamo** arrabbiati(e)
ti sia arrabbiato(a)	**vi siate** arrabbiati(e)
si sia arrabbiato(a)	**si siano** arrabbiati(e)

congiuntivo imperfetto
mi arrabbi**assi**	**ci** arrabbi**assimo**
ti arrabbi**assi**	**vi** arrabbi**aste**
si arrabbi**asse**	**si** arrabbi**assero**

congiuntivo trapassato
mi fossi arrabbiato(a)	**ci fossimo** arrabbiati(e)
ti fossi arrabbiato(a)	**vi foste** arrabbiati(e)
si fosse arrabbiato(a)	**si fossero** arrabbiati(e)

imperativo
	arrabbiamoci
arrabbiati;	arrabbiatevi
non arrabbiarti/	
non ti arrabbiare	
si arrabbi	si arrabbino

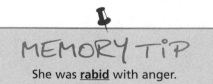

MEMORY TIP

She was **rabid** with anger.

to stop, to arrest   arrestare

SINGULAR	PLURAL	SINGULAR	PLURAL
indicativo presente		**passato prossimo**	
arrest**o**	arrest**iamo**	**ho** arrestato	**abbiamo** arrestato
arrest**i**	arrest**ate**	**hai** arrestato	**avete** arrestato
arrest**a**	arrest**ano**	**ha** arrestato	**hanno** arrestato
imperfetto		**trapassato prossimo**	
arresta**vo**	arresta**vamo**	**avevo** arrestato	**avevamo** arrestato
arresta**vi**	arresta**vate**	**avevi** arrestato	**avevate** arrestato
arresta**va**	arresta**vano**	**aveva** arrestato	**avevano** arrestato
passato remoto		**trapassato remoto**	
arrest**ai**	arrest**ammo**	**ebbi** arrestato	**avemmo** arrestato
arrest**asti**	arrest**aste**	**avesti** arrestato	**aveste** arrestato
arrest**ò**	arrest**arono**	**ebbe** arrestato	**ebbero** arrestato
futuro semplice		**futuro anteriore**	
arrester**ò**	arrester**emo**	**avrò** arrestato	**avremo** arrestato
arrester**ai**	arrester**ete**	**avrai** arrestato	**avrete** arrestato
arrester**à**	arrester**anno**	**avrà** arrestato	**avranno** arrestato
condizionale presente		**condizionale passato**	
arrester**ei**	arrester**emmo**	**avrei** arrestato	**avremmo** arrestato
arrester**esti**	arrester**este**	**avresti** arrestato	**avreste** arrestato
arrester**ebbe**	arrester**ebbero**	**avrebbe** arrestato	**avrebbero** arrestato
congiuntivo presente		**congiuntivo passato**	
arrest**i**	arrest**iamo**	**abbia** arrestato	**abbiamo** arrestato
arrest**i**	arrest**iate**	**abbia** arrestato	**abbiate** arrestato
arrest**i**	arrest**ino**	**abbia** arrestato	**abbiano** arrestato
congiuntivo imperfetto		**congiuntivo trapassato**	
arrest**assi**	arrest**assimo**	**avessi** arrestato	**avessimo** arrestato
arrest**assi**	arrest**aste**	**avessi** arrestato	**aveste** arrestato
arrest**asse**	arrest**assero**	**avesse** arrestato	**avessero** arrestato
imperativo			
	arrestiamo		
arresta; non arrestare	arrestate		
arresti	arrestino		

A

gerundio **arrivando**   participio passato **arrivato**

SINGULAR	PLURAL	SINGULAR	PLURAL

A

indicativo presente

arriv**o**	arriv**iamo**	
arriv**i**	arriv**ate**	
arriv**a**	arriv**ano**	

passato prossimo

sono arrivato(a)	**siamo** arrivati(e)
sei arrivato(a)	**siete** arrivati(e)
è arrivato(a)	**sono** arrivati(e)

imperfetto

arriva**vo**	arriva**vamo**
arriva**vi**	arriva**vate**
arriva**va**	arriva**vano**

trapassato prossimo

ero arrivato(a)	**eravamo** arrivati(e)
eri arrivato(a)	**eravate** arrivati(e)
era arrivato(a)	**erano** arrivati(e)

passato remoto

arriv**ai**	arriv**ammo**
arriv**asti**	arriv**aste**
arriv**ò**	arriv**arono**

trapassato remoto

fui arrivato(a)	**fummo** arrivati(e)
fosti arrivato(a)	**foste** arrivati(e)
fu arrivato(a)	**furono** arrivati(e)

futuro semplice

arriver**ò**	arriver**emo**
arriver**ai**	arriver**ete**
arriver**à**	arriver**anno**

futuro anteriore

sarò arrivato(a)	**saremo** arrivati(e)
sarai arrivato(a)	**sarete** arrivati(e)
sarà arrivato(a)	**saranno** arrivati(e)

condizionale presente

arriver**ei**	arriver**emmo**
arriver**esti**	arriver**este**
arriver**ebbe**	arriver**ebbero**

condizionale passato

sarei arrivato(a)	**saremmo** arrivati(e)
saresti arrivato(a)	**sareste** arrivati(e)
sarebbe arrivato(a)	**sarebbero** arrivati(e)

congiuntivo presente

arriv**i**	arriv**iamo**
arriv**i**	arriv**iate**
arriv**i**	arriv**ino**

congiuntivo passato

sia arrivato(a)	**siamo** arrivati(e)
sia arrivato(a)	**siate** arrivati(e)
sia arrivato(a)	**siano** arrivati(e)

congiuntivo imperfetto

arriv**assi**	arriv**assimo**
arriv**assi**	arriv**aste**
arriv**asse**	arriv**assero**

congiuntivo trapassato

fossi arrivato(a)	**fossimo** arrivati(e)
fossi arrivato(a)	**foste** arrivati(e)
fosse arrivato(a)	**fossero** arrivati(e)

imperativo

	arriviamo
arriva; non arrivare	arrivate
arrivi	arrivino

MUST
KNOW
VERB

to dry

asciugare

A

SINGULAR	PLURAL	SINGULAR	PLURAL
indicativo presente		**passato prossimo**	
asciug**o**	asciugh**iamo**	**ho** asciugato	**abbiamo** asciugato
asciugh**i**	asciug**ate**	**hai** asciugato	**avete** asciugato
asciug**a**	asciug**ano**	**ha** asciugato	**hanno** asciugato
imperfetto		**trapassato prossimo**	
asciuga**vo**	asciuga**vamo**	**avevo** asciugato	**avevamo** asciugato
asciuga**vi**	asciuga**vate**	**avevi** asciugato	**avevate** asciugato
asciuga**va**	asciuga**vano**	**aveva** asciugato	**avevano** asciugato
passato remoto		**trapassato remoto**	
asciug**ai**	asciug**ammo**	**ebbi** asciugato	**avemmo** asciugato
asciug**asti**	asciug**aste**	**avesti** asciugato	**aveste** asciugato
asciug**ò**	asciug**arono**	**ebbe** asciugato	**ebbero** asciugato
futuro semplice		**futuro anteriore**	
asciugher**ò**	asciugher**emo**	**avrò** asciugato	**avremo** asciugato
asciugher**ai**	asciugher**ete**	**avrai** asciugato	**avrete** asciugato
asciugher**à**	asciugher**anno**	**avrà** asciugato	**avranno** asciugato
condizionale presente		**condizionale passato**	
asciugher**ei**	asciugher**emmo**	**avrei** asciugato	**avremmo** asciugato
asciugher**esti**	asciugher**este**	**avresti** asciugato	**avreste** asciugato
asciugher**ebbe**	asciugher**ebbero**	**avrebbe** asciugato	**avrebbero** asciugato
congiuntivo presente		**congiuntivo passato**	
asciugh**i**	asciugh**iamo**	**abbia** asciugato	**abbiamo** asciugato
asciugh**i**	asciugh**iate**	**abbia** asciugato	**abbiate** asciugato
asciugh**i**	asciugh**ino**	**abbia** asciugato	**abbiano** asciugato
congiuntivo imperfetto		**congiuntivo trapassato**	
asciug**assi**	asciug**assimo**	**avessi** asciugato	**avessimo** asciugato
asciug**assi**	asciug**aste**	**avessi** asciugato	**aveste** asciugato
asciug**asse**	asciug**assero**	**avesse** asciugato	**avessero** asciugato
imperativo			
	asciughiamo		
asciuga;	asciugate		
non asciugare			
asciughi	asciughino		

ascoltare

to listen (to)

gerundio **ascoltando**   participio passato **ascoltato**

SINGULAR	PLURAL	SINGULAR	PLURAL
indicativo presente		**passato prossimo**	
ascolt**o**	ascolt**iamo**	**ho** ascoltato	**abbiamo** ascoltato
ascolt**i**	ascolt**ate**	**hai** ascoltato	**avete** ascoltato
ascolt**a**	ascolt**ano**	**ha** ascoltato	**hanno** ascoltato
imperfetto		**trapassato prossimo**	
ascolta**vo**	ascolta**vamo**	**avevo** ascoltato	**avevamo** ascoltato
ascolta**vi**	ascolta**vate**	**avevi** ascoltato	**avevate** ascoltato
ascolta**va**	ascolta**vano**	**aveva** ascoltato	**avevano** ascoltato
passato remoto		**trapassato remoto**	
ascolt**ai**	ascolt**ammo**	**ebbi** ascoltato	**avemmo** ascoltato
ascolt**asti**	ascolt**aste**	**avesti** ascoltato	**aveste** ascoltato
ascolt**ò**	ascolt**arono**	**ebbe** ascoltato	**ebbero** ascoltato
futuro semplice		**futuro anteriore**	
ascolter**ò**	ascolter**emo**	**avrò** ascoltato	**avremo** ascoltato
ascolter**ai**	ascolter**ete**	**avrai** ascoltato	**avrete** ascoltato
ascolter**à**	ascolter**anno**	**avrà** ascoltato	**avranno** ascoltato
condizionale presente		**condizionale passato**	
ascolter**ei**	ascolter**emmo**	**avrei** ascoltato	**avremmo** ascoltato
ascolter**esti**	ascolter**este**	**avresti** ascoltato	**avreste** ascoltato
ascolter**ebbe**	ascolter**ebbero**	**avrebbe** ascoltato	**avrebbero** ascoltato
congiuntivo presente		**congiuntivo passato**	
ascolt**i**	ascolt**iamo**	**abbia** ascoltato	**abbiamo** ascoltato
ascolt**i**	ascolt**iate**	**abbia** ascoltato	**abbiate** ascoltato
ascolt**i**	ascolt**ino**	**abbia** ascoltato	**abbiano** ascoltato
congiuntivo imperfetto		**congiuntivo trapassato**	
ascolt**assi**	ascolt**assimo**	**avessi** ascoltato	**avessimo** ascoltato
ascolt**assi**	ascolt**aste**	**avessi** ascoltato	**aveste** ascoltato
ascolt**asse**	ascolt**assero**	**avesse** ascoltato	**avessero** ascoltato
imperativo			
	ascolt**iamo**		
ascolta; non ascoltare	ascolt**ate**		
ascolt**i**	ascolt**ino**		

MUST KNOW VERB

to wait (for)

gerundio **aspettando**   participio passato **aspettato**

SINGULAR	PLURAL	SINGULAR	PLURAL
indicativo presente		**passato prossimo**	
aspett**o**	aspett**iamo**	**ho** aspettato	**abbiamo** aspettato
aspett**i**	aspett**ate**	**hai** aspettato	**avete** aspettato
aspett**a**	aspett**ano**	**ha** aspettato	**hanno** aspettato
imperfetto		**trapassato prossimo**	
aspetta**vo**	aspetta**vamo**	**avevo** aspettato	**avevamo** aspettato
aspetta**vi**	aspetta**vate**	**avevi** aspettato	**avevate** aspettato
aspetta**va**	aspetta**vano**	**aveva** aspettato	**avevano** aspettato
passato remoto		**trapassato remoto**	
aspett**ai**	aspett**ammo**	**ebbi** aspettato	**avemmo** aspettato
aspett**asti**	aspett**aste**	**avesti** aspettato	**aveste** aspettato
aspett**ò**	aspett**arono**	**ebbe** aspettato	**ebbero** aspettato
futuro semplice		**futuro anteriore**	
aspetter**ò**	aspetter**emo**	**avrò** aspettato	**avremo** aspettato
aspetter**ai**	aspetter**ete**	**avrai** aspettato	**avrete** aspettato
aspetter**à**	aspetter**anno**	**avrà** aspettato	**avranno** aspettato
condizionale presente		**condizionale passato**	
aspetter**ei**	aspetter**emmo**	**avrei** aspettato	**avremmo** aspettato
aspetter**esti**	aspetter**este**	**avresti** aspettato	**avreste** aspettato
aspetter**ebbe**	aspetter**ebbero**	**avrebbe** aspettato	**avrebbero** aspettato
congiuntivo presente		**congiuntivo passato**	
aspett**i**	aspett**iamo**	**abbia** aspettato	**abbiamo** aspettato
aspett**i**	aspett**iate**	**abbia** aspettato	**abbiate** aspettato
aspett**i**	aspett**ino**	**abbia** aspettato	**abbiano** aspettato
congiuntivo imperfetto		**congiuntivo trapassato**	
aspett**assi**	aspett**assimo**	**avessi** aspettato	**avessimo** aspettato
aspett**assi**	aspett**aste**	**avessi** aspettato	**aveste** aspettato
aspett**asse**	aspett**assero**	**avesse** aspettato	**avessero** aspettato
imperativo			
	aspett**iamo**		
aspetta; non aspettare	aspett**ate**		
aspetti	aspett**ino**		

A

MUST KNOW VERB

assaggiare

to taste

A

SINGULAR	PLURAL	SINGULAR	PLURAL
indicativo presente		**passato prossimo**	
assaggio	assaggiamo	ho assaggiato	abbiamo assaggiato
assaggi	assaggiate	hai assaggiato	avete assaggiato
assaggia	assaggiano	ha assaggiato	hanno assaggiato
imperfetto		**trapassato prossimo**	
assaggiavo	assaggiavamo	avevo assaggiato	avevamo assaggiato
assaggiavi	assaggiavate	avevi assaggiato	avevate assaggiato
assaggiava	assaggiavano	aveva assaggiato	avevano assaggiato
passato remoto		**trapassato remoto**	
assaggiai	assaggiammo	ebbi assaggiato	avemmo assaggiato
assaggiasti	assaggiaste	avesti assaggiato	aveste assaggiato
assaggiò	assaggiarono	ebbe assaggiato	ebbero assaggiato
futuro semplice		**futuro anteriore**	
assaggerò	assaggeremo	avrò assaggiato	avremo assaggiato
assaggerai	assaggerete	avrai assaggiato	avrete assaggiato
assaggerà	assaggeranno	avrà assaggiato	avranno assaggiato
condizionale presente		**condizionale passato**	
assaggerei	assaggeremmo	avrei assaggiato	avremmo assaggiato
assaggeresti	assaggereste	avresti assaggiato	avreste assaggiato
assaggerebbe	assaggerebbero	avrebbe assaggiato	avrebbero assaggiato
congiuntivo presente		**congiuntivo passato**	
assaggi	assaggiamo	abbia assaggiato	abbiamo assaggiato
assaggi	assaggiate	abbia assaggiato	abbiate assaggiato
assaggi	assaggino	abbia assaggiato	abbiano assaggiato
congiuntivo imperfetto		**congiuntivo trapassato**	
assaggiassi	assaggiassimo	avessi assaggiato	avessimo assaggiato
assaggiassi	assaggiaste	avessi assaggiato	aveste assaggiato
assaggiasse	assaggiassero	avesse assaggiato	avessero assaggiato

imperativo

	assaggiamo
assaggia;	assaggiate
non assaggiare	
assaggi	assaggino

to assault

gerundio **assalendo**   participio passato **assalito**

SINGULAR	PLURAL	SINGULAR	PLURAL

indicativo presente
assalg**o**	assal**iamo**
assal**i**	assal**ite**
assal**e**	assalg**ono**

passato prossimo
ho assalito	**abbiamo** assalito
hai assalito	**avete** assalito
ha assalito	**hanno** assalito

imperfetto
assali**vo**	assali**vamo**
assali**vi**	assali**vate**
assali**va**	assali**vano**

trapassato prossimo
avevo assalito	**avevamo** assalito
avevi assalito	**avevate** assalito
aveva assalito	**avevano** assalito

passato remoto
assal**ii**	assal**immo**
assal**isti**	assal**iste**
assal**ì**	assal**irono**

trapassato remoto
ebbi assalito	**avemmo** assalito
avesti assalito	**aveste** assalito
ebbe assalito	**ebbero** assalito

futuro semplice
assalir**ò**	assalir**emo**
assalir**ai**	assalir**ete**
assalir**à**	assalir**anno**

futuro anteriore
avrò assalito	**avremo** assalito
avrai assalito	**avrete** assalito
avrà assalito	**avranno** assalito

condizionale presente
assalir**ei**	assalir**emmo**
assalir**esti**	assalir**este**
assalir**ebbe**	assalir**ebbero**

condizionale passato
avrei assalito	**avremmo** assalito
avresti assalito	**avreste** assalito
avrebbe assalito	**avrebbero** assalito

congiuntivo presente
assalg**a**	assal**iamo**
assalg**a**	assal**iate**
assalg**a**	assalg**ano**

congiuntivo passato
abbia assalito	**abbiamo** assalito
abbia assalito	**abbiate** assalito
abbia assalito	**abbiano** assalito

congiuntivo imperfetto
assal**issi**	assal**issimo**
assal**issi**	assal**iste**
assal**isse**	assal**issero**

congiuntivo trapassato
avessi assalito	**avessimo** assalito
avessi assalito	**aveste** assalito
avesse assalito	**avessero** assalito

imperativo
	assaliamo
assali; non assalire	assalite
assalga	assalgano

A

assistere

to assist, to attend

gerundio **assistendo**   participio passato **assistito**

SINGULAR	PLURAL	SINGULAR	PLURAL

indicativo presente

		passato prossimo	
assist**o**	assist**iamo**	**ho** assistito	**abbiamo** assistito
assist**i**	assist**ete**	**hai** assistito	**avete** assistito
assist**e**	assist**ono**	**ha** assistito	**hanno** assistito

imperfetto

		trapassato prossimo	
assiste**vo**	assiste**vamo**	**avevo** assistito	**avevamo** assistito
assiste**vi**	assiste**vate**	**avevi** assistito	**avevate** assistito
assiste**va**	assiste**vano**	**aveva** assistito	**avevano** assistito

passato remoto

		trapassato remoto	
assist**ei**, assist**etti**	assist**emmo**	**ebbi** assistito	**avemmo** assistito
assist**esti**	assist**este**	**avesti** assistito	**aveste** assistito
assist**é**, assist**ette**	assist**erono**, assist**ettero**	**ebbe** assistito	**ebbero** assistito

futuro semplice

		futuro anteriore	
assister**ò**	assister**emo**	**avrò** assistito	**avremo** assistito
assister**ai**	assister**ete**	**avrai** assistito	**avrete** assistito
assister**à**	assister**anno**	**avrà** assistito	**avranno** assistito

condizionale presente

		condizionale passato	
assister**ei**	assister**emmo**	**avrei** assistito	**avremmo** assistito
assister**esti**	assister**este**	**avresti** assistito	**avreste** assistito
assister**ebbe**	assister**ebbero**	**avrebbe** assistito	**avrebbero** assistito

congiuntivo presente

		congiuntivo passato	
assist**a**	assist**iamo**	**abbia** assistito	**abbiamo** assistito
assist**a**	assist**iate**	**abbia** assistito	**abbiate** assistito
assist**a**	assist**ano**	**abbia** assistito	**abbiano** assistito

congiuntivo imperfetto

		congiuntivo trapassato	
assist**essi**	assist**essimo**	**avessi** assistito	**avessimo** assistito
assist**essi**	assist**este**	**avessi** assistito	**aveste** assistito
assist**esse**	assist**essero**	**avesse** assistito	**avessero** assistito

imperativo

	assistiamo
assisti; non assistere	assistete
assista	assistano

MEMORY TIP

I <u>**assist**</u> my grandmother who is bedridden.

to associate   associare

gerundio **associando**   participio passato **associato**

SINGULAR	PLURAL	SINGULAR	PLURAL

A

indicativo presente
associo	associamo
associ	associate
associa	associano

passato prossimo
ho associato	abbiamo associato
hai associato	avete associato
ha associato	hanno associato

imperfetto
associavo	associavamo
associavi	associavate
associava	associavano

trapassato prossimo
avevo associato	avevamo associato
avevi associato	avevate associato
aveva associato	avevano associato

passato remoto
associai	associammo
associasti	associaste
associò	associarono

trapassato remoto
ebbi associato	avemmo associato
avesti associato	aveste associato
ebbe associato	ebbero associato

futuro semplice
assocerò	assoceremo
assocerai	assocerete
assocerà	assoceranno

futuro anteriore
avrò associato	avremo associato
avrai associato	avrete associato
avrà associato	avranno associato

condizionale presente
assocerei	assoceremmo
assoceresti	assocereste
assocerebbe	assocerebbero

condizionale passato
avrei associato	avremmo associato
avresti associato	avreste associato
avrebbe associato	avrebbero associato

congiuntivo presente
associ	associamo
associ	associate
associ	associno

congiuntivo passato
abbia associato	abbiamo associato
abbia associato	abbiate associato
abbia associato	abbiano associato

congiuntivo imperfetto
associassi	associassimo
associassi	associaste
associasse	associassero

congiuntivo trapassato
avessi associato	avessimo associato
avessi associato	aveste associato
avesse associato	avessero associato

imperativo
	associamo
associa; non associare	associate
associ	associno

to hire, to undertake, to assume

gerundio **assumendo**   participio passato   **assunto**

A

SINGULAR	PLURAL	SINGULAR	PLURAL
indicativo presente		**passato prossimo**	
assumo	assumiamo	**ho** assunto	**abbiamo** assunto
assumi	assumete	**hai** assunto	**avete** assunto
assume	assumono	**ha** assunto	**hanno** assunto
imperfetto		**trapassato prossimo**	
assumevo	assumevamo	**avevo** assunto	**avevamo** assunto
assumevi	assumevate	**avevi** assunto	**avevate** assunto
assumeva	assumevano	**aveva** assunto	**avevano** assunto
passato remoto		**trapassato remoto**	
assunsi	assumemmo	**ebbi** assunto	**avemmo** assunto
assumesti	assumeste	**avesti** assunto	**aveste** assunto
assunse	assunsero	**ebbe** assunto	**ebbero** assunto
futuro semplice		**futuro anteriore**	
assumerò	assumeremo	**avrò** assunto	**avremo** assunto
assumerai	assumerete	**avrai** assunto	**avrete** assunto
assumerà	assumeranno	**avrà** assunto	**avranno** assunto
condizionale presente		**condizionale passato**	
assumerei	assumeremmo	**avrei** assunto	**avremmo** assunto
assumeresti	assumereste	**avresti** assunto	**avreste** assunto
assumerebbe	assumerebbero	**avrebbe** assunto	**avrebbero** assunto
congiuntivo presente		**congiuntivo passato**	
assuma	assumiamo	**abbia** assunto	**abbiamo** assunto
assuma	assumiate	**abbia** assunto	**abbiate** assunto
assuma	assumano	**abbia** assunto	**abbiano** assunto
congiuntivo imperfetto		**congiuntivo trapassato**	
assumessi	assumessimo	**avessi** assunto	**avessimo** assunto
assumessi	assumeste	**avessi** assunto	**aveste** assunto
assumesse	assumessero	**avesse** assunto	**avessero** assunto
imperativo			
	assumiamo		
assumi;	assumete		
non assumere			
assuma	assumano		

to abstain, to refrain   astenersi

gerundio **astenendosi**   participio passato **astenutosi**

SINGULAR	PLURAL	SINGULAR	PLURAL
indicativo presente		**passato prossimo**	
mi asteng**o**	**ci** asten**iamo**	**mi sono** astenuto(a)	**ci siamo** astenuti(e)
ti astien**i**	**vi** asten**ete**	**ti sei** astenuto(a)	**vi siete** astenuti(e)
si astien**e**	**si** asteng**ono**	**si è** astenuto(a)	**si sono** astenuti(e)
imperfetto		**trapassato prossimo**	
mi astene**vo**	**ci** astene**vamo**	**mi ero** astenuto(a)	**ci eravamo** astenuti(e)
ti astene**vi**	**vi** astene**vate**	**ti eri** astenuto(a)	**vi eravate** astenuti(e)
si astene**va**	**si** astene**vano**	**si era** astenuto(a)	**si erano** astenuti(e)
passato remoto		**trapassato remoto**	
mi asten**ni**	**ci** asten**emmo**	**mi fui** astenuto(a)	**ci fummo** astenuti(e)
ti asten**esti**	**vi** asten**este**	**ti fosti** astenuto(a)	**vi foste** astenuti(e)
si asten**ne**	**si** asten**nero**	**si fu** astenuto(a)	**si furono** astenuti(e)
futuro semplice		**futuro anteriore**	
mi asterr**ò**	**ci** asterr**emo**	**mi sarò** astenuto(a)	**ci saremo** astenuti(e)
ti asterr**ai**	**vi** asterr**ete**	**ti sarai** astenuto(a)	**vi sarete** astenuti(e)
si asterr**à**	**si** asterr**anno**	**si sarà** astenuto(a)	**si saranno** astenuti(e)
condizionale presente		**condizionale passato**	
mi asterr**ei**	**ci** asterr**emmo**	**mi sarei** astenuto(a)	**ci saremmo** astenuti(e)
ti asterr**esti**	**vi** asterr**este**	**ti saresti** astenuto(a)	**vi sareste** astenuti(e)
si asterr**ebbe**	**si** asterr**ebbero**	**si sarebbe** astenuto(a)	**si sarebbero** astenuti(e)
congiuntivo presente		**congiuntivo passato**	
mi asteng**a**	**ci** asten**iamo**	**mi sia** astenuto(a)	**ci siamo** astenuti(e)
ti asteng**a**	**vi** asten**iate**	**ti sia** astenuto(a)	**vi siate** asienuti(e)
si asteng**a**	**si** asteng**ano**	**si sia** astenuto(a)	**si siano** astenuti(e)
congiuntivo imperfetto		**congiuntivo trapassato**	
mi asten**essi**	**ci** asten**essimo**	**mi fossi** astenuto(a)	**ci fossimo** astenuti(e)
ti asten**essi**	**vi** asten**este**	**ti fossi** astenuto(a)	**vi foste** astenuti(e)
si asten**esse**	**si** asten**essero**	**si fosse** astenuto(a)	**si fossero** astenuti(e)

imperativo

	asteniamoci
astieniti; non astenerti/	astenetevi
non ti astenere	
si astenga	si astengano

attaccare — to attack, to attach, to begin

gerundio **attaccando**   participio passato **attaccato**

SINGULAR	PLURAL	SINGULAR	PLURAL
indicativo presente		**passato prossimo**	
attacc**o**	attacch**iamo**	**ho** attaccato	**abbiamo** attaccato
attacch**i**	attacc**ate**	**hai** attaccato	**avete** attaccato
attacc**a**	attacc**ano**	**ha** attaccato	**hanno** attaccato
imperfetto		**trapassato prossimo**	
attacca**vo**	attacca**vamo**	**avevo** attaccato	**avevamo** attaccato
attacca**vi**	attacca**vate**	**avevi** attaccato	**avevate** attaccato
attacca**va**	attacca**vano**	**aveva** attaccato	**avevano** attaccato
passato remoto		**trapassato remoto**	
attacc**ai**	attacc**ammo**	**ebbi** attaccato	**avemmo** attaccato
attacc**asti**	attacc**aste**	**avesti** attaccato	**aveste** attaccato
attacc**ò**	attacc**arono**	**ebbe** attaccato	**ebbero** attaccato
futuro semplice		**futuro anteriore**	
attaccher**ò**	attaccher**emo**	**avrò** attaccato	**avremo** attaccato
attaccher**ai**	attaccher**ete**	**avrai** attaccato	**avrete** attaccato
attaccher**à**	attaccher**anno**	**avrà** attaccato	**avranno** attaccato
condizionale presente		**condizionale passato**	
attaccher**ei**	attaccher**emmo**	**avrei** attaccato	**avremmo** attaccato
attaccher**esti**	attaccher**este**	**avresti** attaccato	**avreste** attaccato
attaccher**ebbe**	attaccher**ebbero**	**avrebbe** attaccato	**avrebbero** attaccato
congiuntivo presente		**congiuntivo passato**	
attacch**i**	attacch**iamo**	**abbia** attaccato	**abbiamo** attaccato
attacch**i**	attacch**iate**	**abbia** attaccato	**abbiate** attaccato
attacch**i**	attacch**ino**	**abbia** attaccato	**abbiano** attaccato
congiuntivo imperfetto		**congiuntivo trapassato**	
attacc**assi**	attacc**assimo**	**avessi** attaccato	**avessimo** attaccato
attacc**assi**	attacc**aste**	**avessi** attaccato	**aveste** attaccato
attacc**asse**	attacc**assero**	**avesse** attaccato	**avessero** attaccato

imperativo

	attacchiamo
attacca; non attaccare	attaccate
attacchi	attacchino

to await, to wait for · attendere

gerundio **attendendo**   participio passato **atteso**

SINGULAR	PLURAL	SINGULAR	PLURAL

indicativo presente

attend**o**	attend**iamo**
attend**i**	attend**ete**
attend**e**	attend**ono**

passato prossimo

ho atteso	**abbiamo** atteso
hai atteso	**avete** atteso
ha atteso	**hanno** atteso

imperfetto

attende**vo**	attende**vamo**
attende**vi**	attende**vate**
attende**va**	attende**vano**

trapassato prossimo

avevo atteso	**avevamo** atteso
avevi atteso	**avevate** atteso
aveva atteso	**avevano** atteso

passato remoto

atte**si**	attend**emmo**
attend**esti**	attend**este**
atte**se**	atte**sero**

trapassato remoto

ebbi atteso	**avemmo** atteso
avesti atteso	**aveste** atteso
ebbe atteso	**ebbero** atteso

futuro semplice

attender**ò**	attender**emo**
attender**ai**	attender**ete**
attender**à**	attender**anno**

futuro anteriore

avrò atteso	**avremo** atteso
avrai atteso	**avrete** atteso
avrà atteso	**avranno** atteso

condizionale presente

attender**ei**	attender**emmo**
attender**esti**	attender**este**
attender**ebbe**	attender**ebbero**

condizionale passato

avrei atteso	**avremmo** atteso
avresti atteso	**avreste** atteso
avrebbe atteso	**avrebbero** atteso

congiuntivo presente

attend**a**	attend**iamo**
attend**a**	attend**iate**
attend**a**	attend**ano**

congiuntivo passato

abbia atteso	**abbiamo** atteso
abbia atteso	**abbiate** atteso
abbia atteso	**abbiano** atteso

congiuntivo imperfetto

attend**essi**	attend**essimo**
attend**essi**	attend**este**
attend**esse**	attend**essero**

congiuntivo trapassato

avessi atteso	**avessimo** atteso
avessi atteso	**aveste** atteso
avesse atteso	**avessero** atteso

imperativo

	attendiamo
attendi;	attendete
non attendere	
attenda	attendano

A

gerundio **attraendo**   participio passato **attratto**

SINGULAR	PLURAL	SINGULAR	PLURAL

A

indicativo presente

		passato prossimo	
attrag**go**	attra**iamo**	**ho** attratto	**abbiamo** attratto
attra**i**	attra**ete**	**hai** attratto	**avete** attratto
attra**e**	attrag**gono**	**ha** attratto	**hanno** attratto

imperfetto

		trapassato prossimo	
attrae**vo**	attrae**vamo**	**avevo** attratto	**avevamo** attratto
attrae**vi**	attrae**vate**	**avevi** attratto	**avevate** attratto
attrae**va**	attrae**vano**	**aveva** attratto	**avevano** attratto

passato remoto

		trapassato remoto	
attra**ssi**	attra**emmo**	**ebbi** attratto	**avemmo** attratto
attra**esti**	attra**este**	**avesti** attratto	**aveste** attratto
attra**sse**	attra**ssero**	**ebbe** attratto	**ebbero** attratto

futuro semplice

		futuro anteriore	
attrar**rò**	attrar**remo**	**avrò** attratto	**avremo** attratto
attrar**rai**	attrar**rete**	**avrai** attratto	**avrete** attratto
attrar**rà**	attrar**ranno**	**avrà** attratto	**avranno** attratto

condizionale presente

		condizionale passato	
attrar**rei**	attrar**remmo**	**avrei** attratto	**avremmo** attratto
attrar**resti**	attrar**reste**	**avresti** attratto	**avreste** attratto
attrar**rebbe**	attrar**rebbero**	**avrebbe** attratto	**avrebbero** attratto

congiuntivo presente

		congiuntivo passato	
attrag**ga**	attra**iamo**	**abbia** attratto	**abbiamo** attratto
attrag**ga**	attra**iate**	**abbia** attratto	**abbiate** attratto
attrag**ga**	attrag**gano**	**abbia** attratto	**abbiano** attratto

congiuntivo imperfetto

		congiuntivo trapassato	
attra**essi**	attra**essimo**	**avessi** attratto	**avessimo** attratto
attra**essi**	attra**este**	**avessi** attratto	**aveste** attratto
attra**esse**	attra**essero**	**avesse** attratto	**avessero** attratto

imperativo

	attra**iamo**
attra**i**; non attrarre	attra**ete**
attrag**ga**	attrag**gano**

gerundio **attribuendo**   participio passato **attribuito**

SINGULAR	PLURAL	SINGULAR	PLURAL
indicativo presente		**passato prossimo**	
attribu**isco**	attribu**iamo**	**ho** attribuito	**abbiamo** attribuito
attribu**isci**	attribu**ite**	**hai** attribuito	**avete** attribuito
attribu**isce**	attribu**iscono**	**ha** attribuito	**hanno** attribuito
imperfetto		**trapassato prossimo**	
attribui**vo**	attribui**vamo**	**avevo** attribuito	**avevamo** attribuito
attribui**vi**	attribui**vate**	**avevi** attribuito	**avevate** attribuito
attribui**va**	attribui**vano**	**aveva** attribuito	**avevano** attribuito
passato remoto		**trapassato remoto**	
attribu**ii**	attribu**immo**	**ebbi** attribuito	**avemmo** attribuito
attribu**isti**	attribu**iste**	**avesti** attribuito	**aveste** attribuito
attribu**ì**	attribu**irono**	**ebbe** attribuito	**ebbero** attribuito
futuro semplice		**futuro anteriore**	
attribu**irò**	attribu**iremo**	**avrò** attribuito	**avremo** attribuito
attribu**irai**	attribu**irete**	**avrai** attribuito	**avrete** attribuito
attribu**irà**	attribu**iranno**	**avrà** attribuito	**avranno** attribuito
condizionale presente		**condizionale passato**	
attribu**irei**	attribu**iremmo**	**avrei** attribuito	**avremmo** attribuito
attribu**iresti**	attribu**ireste**	**avresti** attribuito	**avreste** attribuito
attribu**irebbe**	attribu**irebbero**	**avrebbe** attribuito	**avrebbero** attribuito
congiuntivo presente		**congiuntivo passato**	
attribu**isca**	attribu**iamo**	**abbia** attribuito	**abbiamo** attribuito
attribu**isca**	attribu**iate**	**abbia** attribuito	**abbiate** attribuito
attribu**isca**	attribu**iscano**	**abbia** attribuito	**abbiano** attribuito
congiuntivo imperfetto		**congiuntivo trapassato**	
attribu**issi**	attribu**issimo**	**avessi** attribuito	**avessimo** attribuito
attribu**issi**	attribu**iste**	**avessi** attribuito	**aveste** attribuito
attribu**isse**	attribu**issero**	**avesse** attribuito	**avessero** attribuito
imperativo			
	attribuiamo		
attribuisci;	attribuite		
non attribuire			
attribuisca	attribuiscano		

A

avere

to get, to have

gerundio **avendo**

participio passato **avuto**

A

SINGULAR	PLURAL	SINGULAR	PLURAL
indicativo presente		**passato prossimo**	
ho	**abbiamo**	**ho** avuto	**abbiamo** avuto
hai	**avete**	**hai** avuto	**avete** avuto
ha	**hanno**	**ha** avuto	**hanno** avuto
imperfetto		**trapassato prossimo**	
ave**vo**	ave**vamo**	**avevo** avuto	**avevamo** avuto
ave**vi**	ave**vate**	**avevi** avuto	**avevate** avuto
ave**va**	ave**vano**	**aveva** avuto	**avevano** avuto
passato remoto		**trapassato remoto**	
ebbi	**avemmo**	**ebbi** avuto	**avemmo** avuto
avesti	**aveste**	**avesti** avuto	**aveste** avuto
ebbe	**ebbero**	**ebbe** avuto	**ebbero** avuto
futuro semplice		**futuro anteriore**	
avrò	**avremo**	**avrò** avuto	**avremo** avuto
avrai	**avrete**	**avrai** avuto	**avrete** avuto
avrà	**avranno**	**avrà** avuto	**avranno** avuto
condizionale presente		**condizionale passato**	
avrei	**avremmo**	**avrei** avuto	**avremmo** avuto
avresti	**avreste**	**avresti** avuto	**avreste** avuto
avrebbe	**avrebbero**	**avrebbe** avuto	**avrebbero** avuto
congiuntivo presente		**congiuntivo passato**	
abbia	**abbiamo**	**abbia** avuto	**abbiamo** avuto
abbia	**abbiate**	**abbia** avuto	**abbiate** avuto
abbia	**abbiano**	**abbia** avuto	**abbiano** avuto
congiuntivo imperfetto		**congiuntivo trapassato**	
avessi	**avessimo**	**avessi** avuto	**avessimo** avuto
avessi	**aveste**	**avessi** avuto	**aveste** avuto
avesse	**avessero**	**avesse** avuto	**avessero** avuto
imperativo			
	abbiamo		
abbi; non avere	abbiate		
abbia	abbiano		

MUST
KNOW
VERB

gerundio **avvedendosi**   participio passato **avvedutosi**

A

SINGULAR	PLURAL	SINGULAR	PLURAL

indicativo presente
mi avved**o**	**ci** avved**iamo**
ti avved**i**	**vi** avved**ete**
si avved**e**	**si** avved**ono**

passato prossimo
mi sono avveduto(a)	**ci siamo** avveduti(e)
ti sei avveduto(a)	**vi siete** avveduti(e)
si è avveduto(a)	**si sono** avveduti(e)

imperfetto
mi avvede**vo**	**ci** avvede**vamo**
ti avvede**vi**	**vi** avvede**vate**
si avvede**va**	**si** avvede**vano**

trapassato prossimo
mi ero avveduto(a)	**ci eravamo** avveduti(e)
ti eri avveduto(a)	**vi eravate** avveduti(e)
si era avveduto(a)	**si erano** avveduti(e)

passato remoto
mi avv**idi**	**ci** avved**emmo**
ti avved**esti**	**vi** avved**este**
si avv**ide**	**si** avv**idero**

trapassato remoto
mi fui avveduto(a)	**ci fummo** avveduti(e)
ti fosti avveduto(a)	**vi foste** avveduti(e)
si fu avveduto(a)	**si furono** avveduti(e)

futuro semplice
mi avved**rò**	**ci** avved**remo**
ti avved**rai**	**vi** avved**rete**
si avved**rà**	**si** avved**ranno**

futuro anteriore
mi sarò avveduto(a)	**ci saremo** avveduti(e)
ti sarai avveduto(a)	**vi sarete** avveduti(e)
si sarà avveduto(a)	**si saranno** avveduti(e)

condizionale presente
mi avved**rei**	**ci** avved**remmo**
ti avved**resti**	**vi** avved**reste**
si avved**rebbe**	**si** avved**rebbero**

condizionale passato
mi sarei avveduto(a)	**ci saremmo** avveduti(e)
ti saresti avveduto(a)	**vi sareste** avveduti(e)
si sarebbe avveduto(a)	**si sarebbero** avveduti(e)

congiuntivo presente
mi avved**a**	**ci** avved**iamo**
ti avved**a**	**vi** avved**iate**
si avved**a**	**si** avved**ano**

congiuntivo passato
mi sia avveduto(a)	**ci siamo** avveduti(e)
ti sia avveduto(a)	**vi siate** avveduti(e)
si sia avveduto(a)	**si siano** avveduti(e)

congiuntivo imperfetto
mi avved**essi**	**ci** avved**essimo**
ti avved**essi**	**vi** avved**este**
si avved**esse**	**si** avved**essero**

congiuntivo trapassato
mi fossi avveduto(a)	**ci fossimo** avveduti(e)
ti fossi avveduto(a)	**vi foste** avveduti(e)
si fosse avveduto(a)	**si fossero** avveduti(e)

imperativo
	avvediamoci
avvediti; non avvederti/	avvedetevi
non ti avvedere	
si avveda	si avvedano

A

SINGULAR	PLURAL	SINGULAR	PLURAL
indicativo presente		passato prossimo	
avvien**e**	avveng**ono**	**è** avvenuto(a)	**sono** avvenuti(e)
imperfetto		trapassato prossimo	
avveni**va**	avveni**vano**	**era** avvenuto(a)	**erano** avvenuti(e)
passato remoto		trapassato remoto	
avvenn**e**	avvenn**ero**	**fu** avvenuto(a)	**furono** avvenuti(e)
futuro semplice		futuro anteriore	
avverr**à**	avverr**anno**	**sarà** avvenuto(a)	**saranno** avvenuti(e)
condizionale presente		condizionale passato	
avverr**ebbe**	avverr**ebbero**	**sarebbe** avvenuto(a)	**sarebbero** avvenuti(e)
congiuntivo presente		congiuntivo passato	
avveng**a**	avveng**ano**	**sia** avvenuto(a)	**siano** avvenuti(e)
congiuntivo imperfetto		congiuntivo trapassato	
avven**isse**	avven**issero**	**fosse** avvenuto(a)	**fossero** avvenuti(e)

gerundio **avvertendo**   participio passato **avvertito**

SINGULAR	PLURAL	SINGULAR	PLURAL

A

indicativo presente

		passato prossimo	
avvert**o**	avvert**iamo**	**ho** avvertito	**abbiamo** avvertito
avvert**i**	avvert**ite**	**hai** avvertito	**avete** avvertito
avvert**e**	avvert**ono**	**ha** avvertito	**hanno** avvertito

imperfetto

		trapassato prossimo	
avvert**ivo**	avvert**ivamo**	**avevo** avvertito	**avevamo** avvertito
avvert**ivi**	avvert**ivate**	**avevi** avvertito	**avevate** avvertito
avvert**iva**	avvert**ivano**	**aveva** avvertito	**avevano** avvertito

passato remoto

		trapassato remoto	
avvert**ii**	avvert**immo**	**ebbi** avverino	**avemmo** avvertito
avvert**isti**	avvert**iste**	**avesti** avvertito	**aveste** avvertito
avvert**ì**	avvert**irono**	**ebbe** avvertito	**ebbero** avvertito

futuro semplice

		futuro anteriore	
avvert**irò**	avvert**iremo**	**avrò** avvertito	**avremo** avvertito
avvert**irai**	avvert**irete**	**avrai** avvertito	**avrete** avvertito
avvert**irà**	avvert**iranno**	**avrà** avvertito	**avranno** avvertito

condizionale presente

		condizionale passato	
avvert**irei**	avvert**iremmo**	**avrei** avvertito	**avremmo** avvertito
avvert**iresti**	avvert**ireste**	**avresti** avvertito	**avreste** avvertito
avvert**irebbe**	avvert**irebbero**	**avrebbe** avvertito	**avrebbero** avvertito

congiuntivo presente

		congiuntivo passato	
avvert**a**	avvert**iamo**	**abbia** avvertito	**abbiamo** avvertito
avvert**a**	avvert**iate**	**abbia** avvertito	**abbiate** avvertito
avvert**a**	avvert**ano**	**abbia** avvertito	**abbiano** avvertito

congiuntivo imperfetto

		congiuntivo trapassato	
avvert**issi**	avvert**issimo**	**avessi** avvertito	**avessimo** avvertito
avvert**issi**	avvert**iste**	**avessi** avvertito	**aveste** avvertito
avvert**isse**	avvert**issero**	**avesse** avvertito	**avessero** avvertito

imperativo

	avvertiamo
avverti; non avvertire	avvertite
avverta	avvertano

avviare

to begin, to start

gerundio **avviando**

participio passato **avviato**

SINGULAR	PLURAL	SINGULAR	PLURAL
indicativo presente		**passato prossimo**	
avvi**o**	avvi**amo**	**ho** avviato	**abbiamo** avviato
avvi**i**	avvi**ate**	**hai** avviato	**avete** avviato
avvi**a**	avvi**ano**	**ha** avviato	**hanno** avviato
imperfetto		**trapassato prossimo**	
avvia**vo**	avvia**vamo**	**avevo** avviato	**avevamo** avviato
avvia**vi**	avvia**vate**	**avevi** avviato	**avevate** avviato
avvia**va**	avvia**vano**	**aveva** avviato	**avevano** avviato
passato remoto		**trapassato remoto**	
avvi**ai**	avvi**ammo**	**ebbi** avviato	**avemmo** avviato
avvi**asti**	avvi**aste**	**avesti** avviato	**aveste** avviato
avvi**ò**	avvi**arono**	**ebbe** avviato	**ebbero** avviato
futuro semplice		**futuro anteriore**	
avvier**ò**	avvier**emo**	**avrò** avviato	**avremo** avviato
avvier**ai**	avvier**ete**	**avrai** avviato	**avrete** avviato
avvier**à**	avvier**anno**	**avrà** avviato	**avranno** avviato
condizionale presente		**condizionale passato**	
avvier**ei**	avvier**emmo**	**avrei** avviato	**avremmo** avviato
avvier**esti**	avvier**este**	**avresti** avviato	**avreste** avviato
avvier**ebbe**	avvier**ebbero**	**avrebbe** avviato	**avrebbero** avviato
congiuntivo presente		**congiuntivo passato**	
avvi**i**	avvi**amo**	**abbia** avviato	**abbiamo** avviato
avvi**i**	avvi**ate**	**abbia** avviato	**abbiate** avviato
avvi**i**	avvi**ino**	**abbia** avviato	**abbiano** avviato
congiuntivo imperfetto		**congiuntivo trapassato**	
avvi**assi**	avvi**assimo**	**avessi** avviato	**avessimo** avviato
avvi**assi**	avvi**aste**	**avessi** avviato	**aveste** avviato
avvi**asse**	avvi**assero**	**avesse** avviato	**avessero** avviato
imperativo			
	avviamo		
avvia; non avviare	avviate		
avvii	avviino		

to warn, to inform, to apprise
avvisare

gerundio **avvisando**   participio passato **avvisato**

SINGULAR	PLURAL	SINGULAR	PLURAL
indicativo presente		**passato prossimo**	
avviso	avvisiamo	ho avvisato	abbiamo avvisato
avvisi	avvisate	hai avvisato	avete avvisato
avvisa	avvisano	ha avvisato	hanno avvisato
imperfetto		**trapassato prossimo**	
avvisavo	avvisavamo	avevo avvisato	avevamo avvisato
avvisavi	avvisavate	avevi avvisato	avevate avvisato
avvisava	avvisavano	aveva avvisato	avevano avvisato
passato remoto		**trapassato remoto**	
avvisai	avvisammo	ebbi avvisato	avemmo avvisato
avvisasti	avvisaste	avesti avvisato	aveste avvisato
avvisò	avvisarono	ebbe avvisato	ebbero avvisato
futuro semplice		**futuro anteriore**	
avviserò	avviseremo	avrò avvisato	avremo avvisato
avviserai	avviserete	avrai avvisato	avrete avvisato
avviserà	avviseranno	avrà avvisato	avranno avvisato
condizionale presente		**condizionale passato**	
avviserei	avviseremmo	avrei avvisato	avremmo avvisato
avviseresti	avvisereste	avresti avvisato	avreste avvisato
avviserebbe	avviserebbero	avrebbe avvisato	avrebbero avvisato
congiuntivo presente		**congiuntivo passato**	
avvisi	avvisiamo	abbia avvisato	abbiamo avvisato
avvisi	avvisiate	abbia avvisato	abbiate avvisato
avvisi	avvisino	abbia avvisato	abbiano avvisato
congiuntivo imperfetto		**congiuntivo trapassato**	
avvisassi	avvisassimo	avessi avvisato	avessimo avvisato
avvisassi	avvisaste	avessi avvisato	aveste avvisato
avvisasse	avvisassero	avesse avvisato	avessero avvisato
imperativo			
	avvisiamo		
avvisa; non avvisare	avvisate		
avvisi	avvisino		

baciare   to kiss

gerundio **baciando**   participio passato **baciato**

SINGULAR	PLURAL		SINGULAR	PLURAL
indicativo presente			**passato prossimo**	
baci**o**	baci**amo**		**ho** baciato	**abbiamo** baciato
baci	baci**ate**		**hai** baciato	**avete** baciato
baci**a**	baci**ano**		**ha** baciato	**hanno** baciato
imperfetto			**trapassato prossimo**	
baci**avo**	baci**avamo**		**avevo** baciato	**avevamo** baciato
baci**avi**	baci**avate**		**avevi** baciato	**avevate** baciato
baci**ava**	baci**avano**		**aveva** baciato	**avevano** baciato
passato remoto			**trapassato remoto**	
baci**ai**	baci**ammo**		**ebbi** baciato	**avemmo** baciato
baci**asti**	baci**aste**		**avesti** baciato	**aveste** baciato
baci**ò**	baci**arono**		**ebbe** baciato	**ebbero** baciato
futuro semplice			**futuro anteriore**	
bacer**ò**	bacer**emo**		**avrò** baciato	**avremo** baciato
bacer**ai**	bacer**ete**		**avrai** baciato	**avrete** baciato
bacer**à**	bacer**anno**		**avrà** baciato	**avranno** baciato
condizionale presente			**condizionale passato**	
bac**erei**	bac**eremmo**		**avrei** baciato	**avremmo** baciato
bac**eresti**	bac**ereste**		**avresti** baciato	**avreste** baciato
bac**erebbe**	bac**erebbero**		**avrebbe** baciato	**avrebbero** baciato
congiuntivo presente			**congiuntivo passato**	
baci	baci**amo**		**abbia** baciato	**abbiamo** baciato
baci	baci**ate**		**abbia** baciato	**abbiate** baciato
baci	baci**no**		**abbia** baciato	**abbiano** baciato
congiuntivo imperfetto			**congiuntivo trapassato**	
baci**assi**	baci**assimo**		**avessi** baciato	**avessimo** baciato
baci**assi**	baci**aste**		**avessi** baciato	**aveste** baciato
baci**asse**	baci**assero**		**avesse** baciato	**avessero** baciato
imperativo				
	baciamo			
bacia; non baciare	baciate			
baci	bacino			

to dance ballare

gerundio **ballando**   participio passato **ballato**

SINGULAR	PLURAL	SINGULAR	PLURAL

indicativo presente

		passato prossimo	
ball**o**	ball**iamo**	**ho** ballato	**abbiamo** ballato
ball**i**	ball**ate**	**hai** ballato	**avete** ballato
ball**a**	ball**ano**	**ha** ballato	**hanno** ballato

B

imperfetto

		trapassato prossimo	
ball**avo**	ball**avamo**	**avevo** ballato	**avevamo** ballato
ball**avi**	ball**avate**	**avevi** ballato	**avevate** ballato
ball**ava**	ball**avano**	**aveva** ballato	**avevano** ballato

passato remoto

		trapassato remoto	
ball**ai**	ball**ammo**	**ebbi** ballato	**avemmo** ballato
ball**asti**	ball**aste**	**avesti** ballato	**aveste** ballato
ball**ò**	ball**arono**	**ebbe** ballato	**ebbero** ballato

futuro semplice

		futuro anteriore	
ball**erò**	ball**eremo**	**avrò** ballato	**avremo** ballato
ball**erai**	ball**erete**	**avrai** ballato	**avrete** ballato
ball**erà**	ball**eranno**	**avrà** ballato	**avranno** ballato

condizionale presente

		condizionale passato	
ball**erei**	ball**eremmo**	**avrei** ballato	**avremmo** ballato
ball**eresti**	ball**ereste**	**avresti** ballato	**avreste** ballato
ball**erebbe**	ball**erebbero**	**avrebbe** ballato	**avrebbero** ballato

congiuntivo presente

		congiuntivo passato	
ball**i**	ball**iamo**	**abbia** ballato	**abbiamo** ballato
ball**i**	ball**iate**	**abbia** ballato	**abbiate** ballato
ball**i**	ball**ino**	**abbia** ballato	**abbiano** ballato

congiuntivo imperfetto

		congiuntivo trapassato	
ball**assi**	ball**assimo**	**avessi** ballato	**avessimo** ballato
ball**assi**	ball**aste**	**avessi** ballato	**aveste** ballato
ball**asse**	ball**assero**	**avesse** ballato	**avessero** ballato

imperativo

	balliamo
balla; non ballare	ballate
balli	ballino

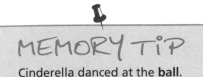

MEMORY TIP
Cinderella danced at the **ball**.

bastare   to be enough, to suffice

gerundio **bastando**   participio passato **bastato**

B

SINGULAR	PLURAL	SINGULAR	PLURAL
indicativo presente		passato prossimo	
bast**a**	bast**ano**	**è** bastato(a)	**sono** bastati(e)
imperfetto		trapassato prossimo	
basta**va**	basta**vano**	**era** bastato(a)	**erano** bastati(e)
passato remoto		trapassato remoto	
bast**ò**	bast**arono**	**fu** bastato(a)	**furono** bastati(e)
futuro semplice		futuro anteriore	
baster**à**	baster**anno**	**sarà** bastato(a)	**saranno** bastati(e)
condizionale presente		condizionale passato	
bast**erebbe**	bast**erebbero**	**sarebbe** bastato(a)	**sarebbero** bastati(e)
congiuntivo presente		congiuntivo passato	
bast**i**	bast**ino**	**sia** bastato(a)	**siano** bastati(e)
congiuntivo imperfetto		congiuntivo trapassato	
bast**asse**	bast**assero**	**fosse** bastato(a)	**fossero** bastati(e)

to bless   benedire

SINGULAR	PLURAL	SINGULAR	PLURAL

indicativo presente

benedico	benediciamo		
benedici	benedite		
benedice	benedicono		

passato prossimo

ho benedetto	abbiamo benedetto
hai benedetto	avete benedetto
ha benedetto	hanno benedetto

B

imperfetto

benedicevo, benedivo	benedicevamo, benedivamo
benedicevi, benedivi	benedicevate, benedivate
benediceva, benediva	benedicevano, benedivano

trapassato prossimo

avevo benedetto	avevamo benedetto
avevi benedetto	avevate benedetto
aveva benedetto	avevano benedetto

passato remoto

benedissi	benedicemmo
benedicesti	benediceste
benedisse	benedissero

trapassato remoto

ebbi benedetto	avemmo benedetto
avesti benedetto	aveste benedetto
ebbe benedetto	ebbero benedetto

futuro semplice

benedirò	benediremo
benedirai	benedirete
benedirà	benediranno

futuro anteriore

avrò benedetto	avremo benedetto
avrai benedetto	avrete benedetto
avrà benedetto	avranno benedetto

condizionale presente

benedirei	benediremmo
benediresti	benedireste
benedirebbe	benedirebbero

condizionale passato

avrei benedetto	avremmo benedetto
avresti benedetto	avreste benedetto
avrebbe benedetto	avrebbero benedetto

congiuntivo presente

benedica	benediciamo
benedica	benediciate
benedica	benedicano

congiuntivo passato

abbia benedetto	abbiamo benedetto
abbia benedetto	abbiate benedetto
abbia benedetto	abbiano benedetto

congiuntivo imperfetto

benedicessi	benedicessimo
benedicessi	benediceste
benedicesse	benedicessero

congiuntivo trapassato

avessi benedetto	avessimo benedetto
avessi benedetto	aveste benedetto
avesse benedetto	avessero benedetto

imperativo

	benediciamo
benedici; non benedire	benedite
benedica	benedicano

bere

to drink

gerundio **bevendo**

participio passato **bevuto**

B

SINGULAR	PLURAL	SINGULAR	PLURAL
indicativo presente		**passato prossimo**	
bev**o**	bev**iamo**	**ho** bevuto	**abbiamo** bevuto
bev**i**	bev**ete**	**hai** bevuto	**avete** bevuto
bev**e**	bev**ono**	**ha** bevuto	**hanno** bevuto
imperfetto		**trapassato prossimo**	
beve**vo**	beve**vamo**	**avevo** bevuto	**avevamo** bevuto
beve**vi**	beve**vate**	**avevi** bevuto	**avevate** bevuto
beve**va**	beve**vano**	**aveva** bevuto	**avevano** bevuto
passato remoto		**trapassato remoto**	
bev**vi**	bev**emmo**	**ebbi** bevuto	**avemmo** bevuto
bev**esti**	bev**este**	**avesti** bevuto	**aveste** bevuto
bev**ve**	bev**vero**	**ebbe** bevuto	**ebbero** bevuto
futuro semplice		**futuro anteriore**	
berr**ò**	berr**emo**	**avrò** bevuto	**avremo** bevuto
berr**ai**	berr**ete**	**avrai** bevuto	**avrete** bevuto
berr**à**	berr**anno**	**avrà** bevuto	**avranno** bevuto
condizionale presente		**condizionale passato**	
berr**ei**	berr**emmo**	**avrei** bevuto	**avremmo** bevuto
berr**esti**	berr**este**	**avresti** bevuto	**avreste** bevuto
berr**ebbe**	berr**ebbero**	**avrebbe** bevuto	**avrebbero** bevuto
congiuntivo presente		**congiuntivo passato**	
bev**a**	bev**iamo**	**abbia** bevuto	**abbiamo** bevuto
bev**a**	bev**iate**	**abbia** bevuto	**abbiate** bevuto
bev**a**	bev**ano**	**abbia** bevuto	**abbiano** bevuto
congiuntivo imperfetto		**congiuntivo trapassato**	
bev**essi**	bev**essimo**	**avessi** bevuto	**avessimo** bevuto
bev**essi**	bev**este**	**avessi** bevuto	**aveste** bevuto
bev**esse**	bev**essero**	**avesse** bevuto	**avessero** bevuto
imperativo			
	beviamo		
bevi; non bere	bevete		
beva	bevano		

MUST
KNOW
VERB

to need   bisognare

SINGULAR	PLURAL	SINGULAR	PLURAL

indicativo presente
bisogn**a**

passato prossimo
è bisognato(a)

B

imperfetto
bisogna**va**

trapassato prossimo
era bisognato(a)

passato remoto
bisogn**ò**

trapassato remoto
fu bisognato(a)

futuro semplice
bisogner**à**

futuro anteriore
sarà bisognato(a)

condizionale presente
bisogner**ebbe**

condizionale passato
sarebbe bisognato(a)

congiuntivo presente
bisogn**i**

congiuntivo passato
sia bisognato(a)

congiuntivo imperfetto
bisogna**sse**

congiuntivo trapassato
fosse bisognato(a)

bloccare

to block, to prevent

gerundio **bloccando**   participio passato **bloccato**

SINGULAR	PLURAL	SINGULAR	PLURAL
indicativo presente		**passato prossimo**	
blocco	blocchiamo	**ho** bloccato	**abbiamo** bloccato
blocchi	bloccate	**hai** bloccato	**avete** bloccato
blocca	bloccano	**ha** bloccato	**hanno** bloccato
imperfetto		**trapassato prossimo**	
bloccavo	bloccavamo	**avevo** bloccato	**avevamo** bloccato
bloccavi	bloccavate	**avevi** bloccato	**avevate** bloccato
bloccava	bloccavano	**aveva** bloccato	**avevano** bloccato
passato remoto		**trapassato remoto**	
bloccai	bloccammo	**ebbi** bloccato	**avemmo** bloccato
bloccasti	bloccaste	**avesti** bloccato	**aveste** bloccato
bloccò	bloccarono	**ebbe** bloccato	**ebbero** bloccato
futuro semplice		**futuro anteriore**	
bloccherò	bloccheremo	**avrò** bloccato	**avremo** bloccato
bloccherai	bloccherete	**avrai** bloccato	**avrete** bloccato
bloccherà	bloccheranno	**avrà** bloccato	**avranno** bloccato
condizionale presente		**condizionale passato**	
bloccherei	bloccheremmo	**avrei** bloccato	**avremmo** bloccato
bloccheresti	blocchereste	**avresti** bloccato	**avreste** bloccato
bloccherebbe	bloccherebbero	**avrebbe** bloccato	**avrebbero** bloccato
congiuntivo presente		**congiuntivo passato**	
blocchi	blocchiamo	**abbia** bloccato	**abbiamo** bloccato
blocchi	blocchiate	**abbia** bloccato	**abbiate** bloccato
blocchi	blocchino	**abbia** bloccato	**abbiano** bloccato
congiuntivo imperfetto		**congiuntivo trapassato**	
bloccassi	bloccassimo	**avessi** bloccato	**avessimo** bloccato
bloccassi	bloccaste	**avessi** bloccato	**aveste** bloccato
bloccasse	bloccassero	**avesse** bloccato	**avessero** bloccato
imperativo			
	blocchiamo		
blocca; non bloccare	bloccate		
blocchi	blocchino		

B

to fail, to reject, to vote down   bocciare

gerundio **bocciando**   participio passato **bocciato**

SINGULAR	PLURAL	SINGULAR	PLURAL
indicativo presente		**passato prossimo**	
boccio	bocciamo	ho bocciato	abbiamo bocciato
bocci	bocciate	hai bocciato	avete bocciato
boccia	bocciano	ha bocciato	hanno bocciato
imperfetto		**trapassato prossimo**	
bocciavo	bocciavamo	avevo bocciato	avevamo bocciato
bocciavi	bocciavate	avevi bocciato	avevate bocciato
bocciava	bocciavano	aveva bocciato	avevano bocciato
passato remoto		**trapassato remoto**	
bocciai	bocciammo	ebbi bocciato	avemmo bocciato
bocciasti	bocciaste	avesti bocciato	aveste bocciato
bocciò	bocciarono	ebbe bocciato	ebbero bocciato
futuro semplice		**futuro anteriore**	
boccerò	bocceremo	avrò bocciato	avremo bocciato
boccerai	boccerete	avrai bocciato	avrete bocciato
boccerà	bocceranno	avrà bocciato	avranno bocciato
condizionale presente		**condizionale passato**	
boccerei	bocceremmo	avrei bocciato	avremmo bocciato
bocceresti	boccereste	avresti bocciato	avreste bocciato
boccerebbe	boccerebbero	avrebbe bocciato	avrebbero bocciato
congiuntivo presente		**congiuntivo passato**	
bocci	bocciamo	abbia bocciato	abbiamo bocciato
bocci	bocciate	abbia bocciato	abbiate bocciato
bocci	boccino	abbia bocciato	abbiano bocciato
congiuntivo imperfetto		**congiuntivo trapassato**	
bocciassi	bocciassimo	avessi bocciato	avessimo bocciato
bocciassi	bocciaste	avessi bocciato	aveste bocciato
bocciasse	bocciassero	avesse bocciato	avessero bocciato
imperativo			
	bocciamo		
boccia; non bocciare	bocciate		
bocci	boccino		

bollire

to boil

B

SINGULAR	PLURAL	SINGULAR	PLURAL
indicativo presente		**passato prossimo**	
bollo	bolliamo	**ho** bollito	**abbiamo** bollito
bolli	bollite	**hai** bollito	**avete** bollito
bolle	bollono	**ha** bollito	**hanno** bollito
imperfetto		**trapassato prossimo**	
bollivo	bollivamo	**avevo** bollito	**avevamo** bollito
bollivi	bollivate	**avevi** bollito	**avevate** bollito
bolliva	bollivano	**aveva** bollito	**avevano** bollito
passato remoto		**trapassato remoto**	
bollii	bollimmo	**ebbi** bollito	**avemmo** bollito
bollisti	bolliste	**avesti** bollito	**aveste** bollito
bollì	bollirono	**ebbe** bollito	**ebbero** bollito
futuro semplice		**futuro anteriore**	
bollirò	bolliremo	**avrò** bollito	**avremo** bollito
bollirai	bollirete	**avrai** bollito	**avrete** bollito
bollirà	bolliranno	**avrà** bollito	**avranno** bollito
condizionale presente		**condizionale passato**	
bollirei	bolliremmo	**avrei** bollito	**avremmo** bollito
bolliresti	bollireste	**avresti** bollito	**avreste** bollito
bollirebbe	bollirebbero	**avrebbe** bollito	**avrebbero** bollito
congiuntivo presente		**congiuntivo passato**	
bolla	bolliamo	**abbia** bollito	**abbiamo** bollito
bolla	bolliate	**abbia** bollito	**abbiate** bollito
bolla	bollano	**abbia** bollito	**abbiano** bollito
congiuntivo imperfetto		**congiuntivo trapassato**	
bollissi	bollissimo	**avessi** bollito	**avessimo** bollito
bollissi	bolliste	**avessi** bollito	**aveste** bollito
bollisse	bollissero	**avesse** bollito	**avessero** bollito
imperativo			
	bolliamo		
bollisci; non bollire	bollite		
bolla	bollano		

to burn   bruciare

SINGULAR	PLURAL	SINGULAR	PLURAL

indicativo presente

bruc**io**	bruci**amo**		
bruc**i**	bruci**ate**		
bruc**ia**	bruci**ano**		

passato prossimo

ho bruciato	**abbiamo** bruciato
hai bruciato	**avete** bruciato
ha bruciato	**hanno** bruciato

B

imperfetto

brucia**vo**	brucia**vamo**
brucia**vi**	brucia**vate**
brucia**va**	brucia**vano**

trapassato prossimo

avevo bruciato	**avevamo** bruciato
avevi bruciato	**avevate** bruciato
aveva bruciato	**avevano** bruciato

passato remoto

bruci**ai**	bruci**ammo**
bruci**asti**	bruci**aste**
bruci**ò**	bruci**arono**

trapassato remoto

ebbi bruciato	**avemmo** bruciato
avesti bruciato	**aveste** bruciato
ebbe bruciato	**ebbero** bruciato

futuro semplice

brucer**ò**	brucer**emo**
brucer**ai**	brucer**ete**
brucer**à**	brucer**anno**

futuro anteriore

avrò bruciato	**avremo** bruciato
avrai bruciato	**avrete** bruciato
avrà bruciato	**avranno** bruciato

condizionale presente

brucer**ei**	brucer**emmo**
brucer**esti**	brucer**este**
brucer**ebbe**	brucer**ebbero**

condizionale passato

avrei bruciato	**avremmo** bruciato
avresti bruciato	**avreste** bruciato
avrebbe bruciato	**avrebbero** bruciato

congiuntivo presente

bruc**i**	bruci**amo**
bruc**i**	bruci**ate**
bruc**i**	bruc**ino**

congiuntivo passato

abbia bruciato	**abbiamo** bruciato
abbia bruciato	**abbiate** bruciato
abbia bruciato	**abbiano** bruciato

congiuntivo imperfetto

bruci**assi**	bruci**assimo**
bruci**assi**	bruci**aste**
bruci**asse**	bruci**assero**

congiuntivo trapassato

avessi bruciato	**avessimo** bruciato
avessi bruciato	**aveste** bruciato
avesse bruciato	**avessero** bruciato

imperativo

	bruci**amo**
brucia; non bruciare	bruci**ate**
bruc**i**	bruc**ino**

bruciarsi

to burn oneself

B

SINGULAR	PLURAL	SINGULAR	PLURAL

indicativo presente
		passato prossimo	
mi brucio	ci bruciamo	mi sono bruciato(a)	ci siamo bruciati(e)
ti bruci	vi bruciate	ti sei bruciato(a)	vi siete bruciati(e)
si brucia	si bruciano	si è bruciato(a)	si sono bruciati(e)

imperfetto
		trapassato prossimo	
mi bruciavo	ci bruciavamo	mi ero bruciato(a)	ci eravamo bruciati(e)
ti bruciavi	vi bruciavate	ti eri bruciato(a)	vi eravate bruciati(e)
si bruciava	si bruciavano	si era bruciato(a)	si erano bruciati(e)

passato remoto
		trapassato remoto	
mi bruciai	ci bruciammo	mi fui bruciato(a)	ci fummo bruciati(e)
ti bruciasti	vi bruciaste	ti fosti bruciato(a)	vi foste bruciati(e)
si bruciò	si bruciarono	si fu bruciato(a)	si furono bruciati(e)

futuro semplice
		futuro anteriore	
mi brucerò	ci bruceremo	mi sarò bruciato(a)	ci saremo bruciati(e)
ti brucerai	vi brucerete	ti sarai bruciato(a)	vi sarete bruciati(e)
si brucerà	si bruceranno	si sarà bruciato(a)	si saranno bruciati(e)

condizionale presente
		condizionale passato	
mi brucerei	ci bruceremmo	mi sarei bruciato(a)	ci saremmo bruciati(e)
ti bruceresti	vi brucereste	ti saresti bruciato(a)	vi sareste bruciati(e)
si brucerebbe	si brucerebbero	si sarebbe bruciato(a)	si sarebbero bruciati(e)

congiuntivo presente
		congiuntivo passato	
mi bruci	ci bruciamo	mi sia bruciato(a)	ci siamo bruciati(e)
ti bruci	vi bruciate	ti sia bruciato(a)	vi siate bruciati(e)
si bruci	si brucino	si sia bruciato(a)	si siano bruciati(e)

congiuntivo imperfetto
		congiuntivo trapassato	
mi bruciassi	ci bruciassimo	mi fossi bruciato(a)	ci fossimo bruciati(e)
ti bruciassi	vi bruciaste	ti fossi bruciato(a)	vi foste bruciati(e)
si bruciasse	si bruciassero	si fosse bruciato(a)	si fossero bruciati(e)

imperativo
	bruciamoci
bruciati;	bruciatevi
non bruciarti/	
non ti bruciare	
si bruci	si brucino

to make fun of, to laugh at, to tease   burlarsi

gerundio burlandosi   participio passato burlatosi

SINGULAR	PLURAL	SINGULAR	PLURAL
indicativo presente		**passato prossimo**	
mi burl**o**	**ci** burl**iamo**	**mi sono** burlato(a)	**ci siamo** burlati(e)
ti burl**i**	**vi** burl**ate**	**ti sei** burlato(a)	**vi siete** burlati(e)
si burl**a**	**si** burl**ano**	**si è** burlato(a)	**si sono** burlati(e)
imperfetto		**trapassato prossimo**	
mi burl**avo**	**ci** burl**avamo**	**mi ero** burlato(a)	**ci eravamo** burlati(e)
ti burl**avi**	**vi** burl**avate**	**ti eri** burlato(a)	**vi eravate** burlati(e)
si burl**ava**	**si** burl**avano**	**si era** burlato(a)	**si erano** burlati(e)
passato remoto		**trapassato remoto**	
mi burl**ai**	**ci** burl**ammo**	**mi fui** burlato(a)	**ci fummo** burlati(e)
ti burl**asti**	**vi** burl**aste**	**ti fosti** burlato(a)	**vi foste** burlati(e)
si burl**ò**	**si** burl**arono**	**si fu** burlato(a)	**si furono** burlati(e)
futuro semplice		**futuro anteriore**	
mi burl**erò**	**ci** burl**eremo**	**mi sarò** burlato(a)	**ci saremo** burlati(e)
ti burl**erai**	**vi** burl**erete**	**ti sarai** burlato(a)	**vi sarete** burlati(e)
si burl**erà**	**si** burl**eranno**	**si sarà** burlato(a)	**si saranno** burlati(e)
condizionale presente		**condizionale passato**	
mi burl**erei**	**ci** burl**eremmo**	**mi sarei** burlato(a)	**ci saremmo** burlati(e)
ti burl**eresti**	**vi** burl**ereste**	**ti saresti** burlato(a)	**vi sareste** burlati(e)
si burl**erebbe**	**si** burl**erebbero**	**si sarebbe** burlato(a)	**si sarebbero** burlati(e)
congiuntivo presente		**congiuntivo passato**	
mi burl**i**	**ci** burl**iamo**	**mi sia** burlato(a)	**ci siamo** burlati(e)
ti burl**i**	**vi** burl**iate**	**ti sia** burlato(a)	**vi siate** burlati(e)
si burl**i**	**si** burl**ino**	**si sia** burlato(a)	**si siano** burlati(e)
congiuntivo imperfetto		**congiuntivo trapassato**	
mi burl**assi**	**ci** burl**assimo**	**mi fossi** burlato(a)	**ci fossimo** burlati(e)
ti burl**assi**	**vi** burl**aste**	**ti fossi** burlato(a)	**vi foste** burlati(e)
si burl**asse**	**si** burl**assero**	**si fosse** burlato(a)	**si fossero** burlati(e)

imperativo

	burliamoci
burlati; non burlarti/	burlatevi
non ti burlare	
si burli	si burlino

B

bussare — to knock

gerundio **bussando** participio passato **bussato**

SINGULAR	PLURAL	SINGULAR	PLURAL
indicativo presente		passato prossimo	
buss**o**	buss**iamo**	**ho** bussato	**abbiamo** bussato
buss**i**	buss**ate**	**hai** bussato	**avete** bussato
buss**a**	buss**ano**	**ha** bussato	**hanno** bussato
imperfetto		trapassato prossimo	
bussa**vo**	bussa**vamo**	**avevo** bussato	**avevamo** bussato
bussa**vi**	bussa**vate**	**avevi** bussato	**avevate** bussato
bussa**va**	bussa**vano**	**aveva** bussato	**avevano** bussato
passato remoto		trapassato remoto	
buss**ai**	buss**ammo**	**ebbi** bussato	**avemmo** bussato
buss**asti**	buss**aste**	**avesti** bussato	**aveste** bussato
buss**ò**	buss**arono**	**ebbe** bussato	**ebbero** bussato
futuro semplice		futuro anteriore	
busser**ò**	busser**emo**	**avrò** bussato	**avremo** bussato
busser**ai**	busser**ete**	**avrai** bussato	**avrete** bussato
busser**à**	busser**anno**	**avrà** bussato	**avranno** bussato
condizionale presente		condizionale passato	
busser**ei**	busser**emmo**	**avrei** bussato	**avremmo** bussato
busser**esti**	busser**este**	**avresti** bussato	**avreste** bussato
busser**ebbe**	busser**ebbero**	**avrebbe** bussato	**avrebbero** bussato
congiuntivo presente		congiuntivo passato	
buss**i**	buss**iamo**	**abbia** bussato	**abbiamo** bussato
buss**i**	buss**iate**	**abbia** bussato	**abbiate** bussato
buss**i**	buss**ino**	**abbia** bussato	**abbiano** bussato
congiuntivo imperfetto		congiuntivo trapassato	
buss**assi**	buss**assimo**	**avessi** bussato	**avessimo** bussato
buss**assi**	buss**aste**	**avessi** bussato	**aveste** bussato
buss**asse**	buss**assero**	**avesse** bussato	**avessero** bussato

imperativo

	bussiamo
bussa; non bussare	bussate
bussi	bussino

to throw

gerundio **buttando**   participio passato **buttato**

SINGULAR	PLURAL	SINGULAR	PLURAL
indicativo presente		**passato prossimo**	
butto	buttiamo	**ho** buttato	**abbiamo** buttato
butti	buttate	**hai** buttato	**avete** buttato
butta	buttano	**ha** buttato	**hanno** buttato
imperfetto		**trapassato prossimo**	
buttavo	buttavamo	**avevo** buttato	**avevamo** buttato
buttavi	buttavate	**avevi** buttato	**avevate** buttato
buttava	buttavano	**aveva** buttato	**avevano** buttato
passato remoto		**trapassato remoto**	
buttai	buttammo	**ebbi** buttato	**avemmo** buttato
buttasti	buttaste	**avesti** buttato	**aveste** buttato
buttò	buttarono	**ebbe** buttato	**ebbero** buttato
futuro semplice		**futuro anteriore**	
butterò	butteremo	**avrò** buttato	**avremo** buttato
butterai	butterete	**avrai** buttato	**avrete** buttato
butterà	butteranno	**avrà** buttato	**avranno** buttato
condizionale presente		**condizionale passato**	
butterei	butteremmo	**avrei** buttato	**avremmo** buttato
butteresti	buttereste	**avresti** buttato	**avreste** buttato
butterebbe	butterebbero	**avrebbe** buttato	**avrebbero** buttato
congiuntivo presente		**congiuntivo passato**	
butti	buttiamo	**abbia** buttato	**abbiamo** buttato
butti	buttiate	**abbia** buttato	**abbiate** buttato
butti	buttino	**abbia** buttato	**abbiano** buttato
congiuntivo imperfetto		**congiuntivo trapassato**	
buttassi	buttassimo	**avessi** buttato	**avessimo** buttato
buttassi	buttaste	**avessi** buttato	**aveste** buttato
buttasse	buttassero	**avesse** buttato	**avessero** buttato
imperativo			
	buttiamo		
butta; non buttare	buttate		
butti	buttino		

gerundio **buttandosi**   participio passato **buttatosi**

SINGULAR	PLURAL	SINGULAR	PLURAL

indicativo presente
mi butt**o**	**ci** butt**iamo**
ti butt**i**	**vi** butt**ate**
si butt**a**	**si** butt**ano**

imperfetto
mi butt**avo**	**ci** butt**avamo**
ti butt**avi**	**vi** butt**avate**
si butt**ava**	**si** butt**avano**

passato remoto
mi butt**ai**	**ci** butt**ammo**
ti butt**asti**	**vi** butt**aste**
si butt**ò**	**si** butt**arono**

futuro semplice
mi butt**erò**	**ci** butt**eremo**
ti butt**erai**	**vi** butt**erete**
si butt**erà**	**si** butt**eranno**

condizionale presente
mi butt**erei**	**ci** butt**eremmo**
ti butt**eresti**	**vi** butt**ereste**
si butt**erebbe**	**si** butt**erebbero**

congiuntivo presente
mi butt**i**	**ci** butt**iamo**
ti butt**i**	**vi** butt**iate**
si butt**i**	**si** butt**ino**

congiuntivo imperfetto
mi butt**assi**	**ci** butt**assimo**
ti butt**assi**	**vi** butt**aste**
si butt**asse**	**si** butt**assero**

imperativo
	butt**iamoci**
butt**ati**; non butt**arti**/ non ti butt**are**	butt**atevi**
si butt**i**	**si** butt**ino**

passato prossimo
mi sono buttato(a)	**ci siamo** buttati(e)
ti sei buttato(a)	**vi siete** buttati(e)
si è buttato(a)	**si sono** buttati(e)

trapassato prossimo
mi ero buttato(a)	**ci eravamo** buttati(e)
ti eri buttato(a)	**vi eravate** buttati(e)
si era buttato(a)	**si erano** buttati(e)

trapassato remoto
mi fui buttato(a)	**ci fummo** buttati(e)
ti fosti buttato(a)	**vi foste** buttati(e)
si fu buttato(a)	**si furono** buttati(e)

futuro anteriore
mi sarò buttato(a)	**ci saremo** buttati(e)
ti sarai buttato(a)	**vi sarete** buttati(e)
si sarà buttato(a)	**si saranno** buttati(e)

condizionale passato
mi sarei buttato(a)	**ci saremmo** buttati(e)
ti saresti buttato(a)	**vi sareste** buttati(e)
si sarebbe buttato(a)	**si sarebbero** buttati(e)

congiuntivo passato
mi sia buttato(a)	**ci siamo** buttati(e)
ti sia buttato(a)	**vi siate** buttati(e)
si sia buttato(a)	**si siano** buttati(e)

congiuntivo trapassato
mi fossi buttato(a)	**ci fossimo** buttati(e)
ti fossi buttato(a)	**vi foste** buttati(e)
si fosse buttato(a)	**si fossero** buttati(e)

B

to fall

cadere

SINGULAR	PLURAL	SINGULAR	PLURAL

indicativo presente

		passato prossimo	
cad**o**	cad**iamo**	**sono** caduto(a)	**siamo** caduti(e)
cad**i**	cad**ete**	**sei** caduto(a)	**siete** caduti(e)
cad**e**	cad**ono**	**è** caduto(a)	**sono** caduti(e)

imperfetto

		trapassato prossimo	
cade**vo**	cade**vamo**	**ero** caduto(a)	**eravamo** caduti(e)
cade**vi**	cade**vate**	**eri** caduto(a)	**eravate** caduti(e)
cade**va**	cade**vano**	**era** caduto(a)	**erano** caduti(e)

passato remoto

		trapassato remoto	
cadd**i**	cad**emmo**	**fui** caduto(a)	**fummo** caduti(e)
cad**esti**	cad**este**	**fosti** caduto(a)	**foste** caduti(e)
cadd**e**	cadd**ero**	**fu** caduto(a)	**furono** caduti(e)

futuro semplice

		futuro anteriore	
cadr**ò**	cadr**emo**	**sarò** caduto(a)	**saremo** caduti(e)
cadr**ai**	cadr**ete**	**sarai** caduto(a)	**sarete** caduti(e)
cadr**à**	cadr**anno**	**sarà** caduto(a)	**saranno** caduti(e)

condizionale presente

		condizionale passato	
cadr**ei**	cadr**emmo**	**sarei** caduto(a)	**saremmo** caduti(e)
cadr**esti**	cadr**este**	**saresti** caduto(a)	**sareste** caduti(e)
cadr**ebbe**	cadr**ebbero**	**sarebbe** caduto(a)	**sarebbero** caduti(e)

congiuntivo presente

		congiuntivo passato	
cad**a**	cad**iamo**	**sia** caduto(a)	**siamo** caduti(e)
cad**a**	cad**iate**	**sia** caduto(a)	**siate** caduti(e)
cad**a**	cad**ano**	**sia** caduto(a)	**siano** caduti(e)

congiuntivo imperfetto

		congiuntivo trapassato	
cad**essi**	cad**essimo**	**fossi** caduto(a)	**fossimo** caduti(e)
cad**essi**	cad**este**	**fossi** caduto(a)	**foste** caduti(e)
cad**esse**	cad**essero**	**fosse** caduto(a)	**fossero** caduti(e)

imperativo

	cad**iamo**
cad**i**; non cadere	cad**ete**
cad**a**	cad**ano**

C

calcolare to calculate, to compute, to estimate

SINGULAR	PLURAL	SINGULAR	PLURAL
indicativo presente		**passato prossimo**	
calcolo	calcoliamo	ho calcolato	abbiamo calcolato
calcoli	calcolate	hai calcolato	avete calcolato
calcola	calcolano	ha calcolato	hanno calcolato
imperfetto		**trapassato prossimo**	
calcolavo	calcolavamo	avevo calcolato	avevamo calcolato
calcolavi	calcolavate	avevi calcolato	avevate calcolato
calcolava	calcolavano	aveva calcolato	avevano calcolato
passato remoto		**trapassato remoto**	
calcolai	calcolammo	ebbi calcolato	avemmo calcolato
calcolasti	calcolaste	avesti calcolato	aveste calcolato
calcolò	calcolarono	ebbe calcolato	ebbero calcolato
futuro semplice		**futuro anteriore**	
calcolerò	calcoleremo	avrò calcolato	avremo calcolato
calcolerai	calcolerete	avrai calcolato	avrete calcolato
calcolerà	calcoleranno	avrà calcolato	avranno calcolato
condizionale presente		**condizionale passato**	
calcolerei	calcoleremmo	avrei calcolato	avremmo calcolato
calcoleresti	calcolereste	avresti calcolato	avreste calcolato
calcolerebbe	calcolerebbero	avrebbe calcolato	avrebbero calcolato
congiuntivo presente		**congiuntivo passato**	
calcoli	calcoliamo	abbia calcolato	abbiamo calcolato
calcoli	calcoliate	abbia calcolato	abbiate calcolato
calcoli	calcolino	abbia calcolato	abbiano calcolato
congiuntivo imperfetto		**congiuntivo trapassato**	
calcolassi	calcolassimo	avessi calcolato	avessimo calcolato
calcolassi	calcolaste	avessi calcolato	aveste calcolato
calcolasse	calcolassero	avesse calcolato	avessero calcolato
imperativo			
	calcoliamo		
calcola; non calcolare	calcolate		
calcoli	calcolino		

C

gerundio calmandosi   participio passato calmatosi

SINGULAR	PLURAL	SINGULAR	PLURAL
indicativo presente		**passato prossimo**	
mi calm**o**	**ci** calm**iamo**	**mi sono** calmato(a)	**ci siamo** calmati(e)
ti calm**i**	**vi** calm**ate**	**ti sei** calmato(a)	**vi siete** calmati(e)
si calm**a**	**si** calm**ano**	**si è** calmato(a)	**si sono** calmati(e)
imperfetto		**trapassato prossimo**	
mi calma**vo**	**ci** calma**vamo**	**mi ero** calmato(a)	**ci eravamo** calmati(e)
ti calma**vi**	**vi** calma**vate**	**ti eri** calmato(a)	**vi eravate** calmati(e)
si calma**va**	**si** calma**vano**	**si era** calmato(a)	**si erano** calmati(e)
passato remoto		**trapassato remoto**	
mi calm**ai**	**ci** calm**ammo**	**mi fui** calmato(a)	**ci fummo** calmati(e)
ti calm**asti**	**vi** calm**aste**	**ti fosti** calmato(a)	**vi foste** calmati(e)
si calm**ò**	**si** calm**arono**	**si fu** calmato(a)	**si furono** calmati(e)
futuro semplice		**futuro anteriore**	
mi calm**erò**	**ci** calm**eremo**	**mi sarò** calmato(a)	**ci saremo** calmati(e)
ti calm**erai**	**vi** calm**erete**	**ti sarai** calmato(a)	**vi sarete** calmati(e)
si calm**erà**	**si** calm**eranno**	**si sarà** calmato(a)	**si saranno** calmati(e)
condizionale presente		**condizionale passato**	
mi calm**erei**	**ci** calm**eremmo**	**mi sarei** calmato(a)	**ci saremmo** calmati(e)
ti calm**eresti**	**vi** calm**ereste**	**ti saresti** calmato(a)	**vi sareste** calmati(e)
si calm**erebbe**	**si** calm**erebbero**	**si sarebbe** calmato(a)	**si sarebbero** calmati(e)
congiuntivo presente		**congiuntivo passato**	
mi calm**i**	**ci** calm**iamo**	**mi sia** calmato(a)	**ci siamo** calmati(e)
ti calm**i**	**vi** calm**iate**	**ti sia** calmato(a)	**vi siate** calmati(e)
si calm**i**	**si** calm**ino**	**si sia** calmato(a)	**si siano** calmati(e)
congiuntivo imperfetto		**congiuntivo trapassato**	
mi calm**assi**	**ci** calm**assimo**	**mi fossi** calmato(a)	**ci fossimo** calmati(e)
ti calm**assi**	**vi** calm**aste**	**ti fossi** calmato(a)	**vi foste** calmati(e)
si calm**asse**	**si** calm**assero**	**si fosse** calmato(a)	**si fossero** calmati(e)

imperativo

	calmiamoci
calmati; non calmarti/non ti calmare	calmatevi
si calmi	si calmino

C

cambiare   to change

SINGULAR	PLURAL	SINGULAR	PLURAL

indicativo presente

cambi**o**	cambi**amo**
cambi**i**	cambi**ate**
cambi**a**	cambi**ano**

passato prossimo

ho cambiato	**abbiamo** cambiato
hai cambiato	**avete** cambiato
ha cambiato	**hanno** cambiato

imperfetto

cambia**vo**	cambia**vamo**
cambia**vi**	cambia**vate**
cambia**va**	cambia**vano**

trapassato prossimo

avevo cambiato	**avevamo** cambiato
avevi cambiato	**avevate** cambiato
aveva cambiato	**avevano** cambiato

passato remoto

cambi**ai**	cambi**ammo**
cambi**asti**	cambi**aste**
cambi**ò**	cambi**arono**

trapassato remoto

ebbi cambiato	**avemmo** cambiato
avesti cambiato	**aveste** cambiato
ebbe cambiato	**ebbero** cambiato

futuro semplice

cambi**erò**	cambi**eremo**
cambi**erai**	cambi**erete**
cambi**erà**	cambi**eranno**

futuro anteriore

avrò cambiato	**avremo** cambiato
avrai cambiato	**avrete** cambiato
avrà cambiato	**avranno** cambiato

condizionale presente

cambi**erei**	cambi**eremmo**
cambi**eresti**	cambi**ereste**
cambi**erebbe**	cambi**erebbero**

condizionale passato

avrei cambiato	**avremmo** cambiato
avresti cambiato	**avreste** cambiato
avrebbe cambiato	**avrebbero** cambiato

congiuntivo presente

cambi**i**	cambi**amo**
cambi**i**	cambi**ate**
cambi**i**	camb**ino**

congiuntivo passato

abbia cambiato	**abbiamo** cambiato
abbia cambiato	**abbiate** cambiato
abbia cambiato	**abbiano** cambiato

congiuntivo imperfetto

cambi**assi**	cambi**assimo**
cambi**assi**	cambi**aste**
cambi**asse**	cambi**assero**

congiuntivo trapassato

avessi cambiato	**avessimo** cambiato
avessi cambiato	**aveste** cambiato
avesse cambiato	**avessero** cambiato

imperativo

	cambiamo
cambia; non cambiare	cambiate
cambi	cambino

to walk   camminare

SINGULAR	PLURAL	SINGULAR	PLURAL
indicativo presente		**passato prossimo**	
cammin**o**	cammin**iamo**	**ho** camminato	**abbiamo** camminato
cammin**i**	cammin**ate**	**hai** camminato	**avete** camminato
cammin**a**	cammin**ano**	**ha** camminato	**hanno** camminato
imperfetto		**trapassato prossimo**	
cammina**vo**	cammina**vamo**	**avevo** camminato	**avevamo** camminato
cammina**vi**	cammina**vate**	**avevi** camminato	**avevate** camminato
cammina**va**	cammina**vano**	**aveva** camminato	**avevano** camminato
passato remoto		**trapassato remoto**	
cammin**ai**	cammin**ammo**	**ebbi** camminato	**avemmo** camminato
cammin**asti**	cammin**aste**	**avesti** camminato	**aveste** camminato
cammin**ò**	cammin**arono**	**ebbe** camminato	**ebbero** camminato
futuro semplice		**futuro anteriore**	
cammin**erò**	cammin**eremo**	**avrò** camminato	**avremo** camminato
cammin**erai**	cammin**erete**	**avrai** camminato	**avrete** camminato
cammin**erà**	cammin**eranno**	**avrà** camminato	**avranno** camminato
condizionale presente		**condizionale passato**	
cammin**erei**	cammin**eremmo**	**avrei** camminato	**avremmo** camminato
cammin**eresti**	cammin**ereste**	**avresti** camminato	**avreste** camminato
cammin**erebbe**	cammin**erebbero**	**avrebbe** camminato	**avrebbero** camminato
congiuntivo presente		**congiuntivo passato**	
cammin**i**	cammin**iamo**	**abbia** camminato	**abbiamo** camminato
cammin**i**	cammin**iate**	**abbia** camminato	**abbiate** camminato
cammin**i**	cammin**ino**	**abbia** camminato	**abbiano** camminato
congiuntivo imperfetto		**congiuntivo trapassato**	
cammin**assi**	cammin**assimo**	**avessi** camminato	**avessimo** camminato
cammin**assi**	cammin**aste**	**avessi** camminato	**aveste** camminato
cammin**asse**	cammin**assero**	**avesse** camminato	**avessero** camminato
imperativo			
	cammin**iamo**		
cammin**a**; non camminare	cammin**ate**		
cammin**i**	cammin**ino**		

C

MUST KNOW VERB

cancellare to erase, to cancel, to cross out

gerundio **cancellando**   participio passato **cancellato**

C

SINGULAR	PLURAL	SINGULAR	PLURAL
indicativo presente		**passato prossimo**	
cancell**o**	cancell**iamo**	**ho** cancellato	**abbiamo** cancellato
cancell**i**	cancell**ate**	**hai** cancellato	**avete** cancellato
cancell**a**	cancell**ano**	**ha** cancellato	**hanno** cancellato
imperfetto		**trapassato prossimo**	
cancella**vo**	cancella**vamo**	**avevo** cancellato	**avevamo** cancellato
cancella**vi**	cancella**vate**	**avevi** cancellato	**avevate** cancellato
cancella**va**	cancella**vano**	**aveva** cancellato	**avevano** cancellato
passato remoto		**trapassato remoto**	
cancell**ai**	cancell**ammo**	**ebbi** cancellato	**avemmo** cancellato
cancell**asti**	cancell**aste**	**avesti** cancellato	**aveste** cancellato
cancell**ò**	cancell**arono**	**ebbe** cancellato	**ebbero** cancellato
futuro semplice		**futuro anteriore**	
cancell**erò**	cancell**eremo**	**avrò** cancellato	**avremo** cancellato
cancell**erai**	cancell**erete**	**avrai** cancellato	**avrete** cancellato
cancell**erà**	cancell**eranno**	**avrà** cancellato	**avranno** cancellato
condizionale presente		**condizionale passato**	
cancell**erei**	cancell**eremmo**	**avrei** cancellato	**avremmo** cancellato
cancell**eresti**	cancell**ereste**	**avresti** cancellato	**avreste** cancellato
cancell**erebbe**	cancell**erebbero**	**avrebbe** cancellato	**avrebbero** cancellato
congiuntivo presente		**congiuntivo passato**	
cancell**i**	cancell**iamo**	**abbia** cancellato	**abbiamo** cancellato
cancell**i**	cancell**iate**	**abbia** cancellato	**abbiate** cancellato
cancell**i**	cancell**ino**	**abbia** cancellato	**abbiano** cancellato
congiuntivo imperfetto		**congiuntivo trapassato**	
cancell**assi**	cancell**assimo**	**avessi** cancellato	**avessimo** cancellato
cancell**assi**	cancell**aste**	**avessi** cancellato	**aveste** cancellato
cancell**asse**	cancell**assero**	**avesse** cancellato	**avessero** cancellato
imperativo			
	cancell**iamo**		
cancell**a**; non	cancell**ate**		
cancell**are**			
cancell**i**	cancell**ino**		

to sing   cantare

SINGULAR	PLURAL	SINGULAR	PLURAL

indicativo presente

cant**o**	cant**iamo**		
cant**i**	cant**ate**		
cant**a**	cant**ano**		

passato prossimo

ho cantato	**abbiamo** cantato
hai cantato	**avete** cantato
ha cantato	**hanno** cantato

imperfetto

canta**vo**	canta**vamo**
canta**vi**	canta**vate**
canta**va**	canta**vano**

trapassato prossimo

avevo cantato	**avevamo** cantato
avevi cantato	**avevate** cantato
aveva cantato	**avevano** cantato

passato remoto

cant**ai**	cant**ammo**
cant**asti**	cant**aste**
cant**ò**	cant**arono**

trapassato remoto

ebbi cantato	**avemmo** cantato
avesti cantato	**aveste** cantato
ebbe cantato	**ebbero** cantato

futuro semplice

canter**ò**	canter**emo**
canter**ai**	canter**ete**
canter**à**	canter**anno**

futuro anteriore

avrò cantato	**avremo** cantato
avrai cantato	**avrete** cantato
avrà cantato	**avranno** cantato

condizionale presente

canter**ei**	canter**emmo**
canter**esti**	canter**este**
canter**ebbe**	canter**ebbero**

condizionale passato

avrei cantato	**avremmo** cantato
avresti cantato	**avreste** cantato
avrebbe cantato	**avrebbero** cantato

congiuntivo presente

cant**i**	cant**iamo**
cant**i**	cant**iate**
cant**i**	cant**ino**

congiuntivo passato

abbia cantato	**abbiamo** cantato
abbia cantato	**abbiate** cantato
abbia cantato	**abbiano** cantato

congiuntivo imperfetto

cant**assi**	cant**assimo**
cant**assi**	cant**aste**
cant**asse**	cant**assero**

congiuntivo trapassato

avessi cantato	**avessimo** cantato
avessi cantato	**aveste** cantato
avesse cantato	**avessero** cantato

imperativo

	cantiamo
canta; non cantare	cantate
canti	cantino

C

gerundio **capendo**   participio passato **capito**

C

SINGULAR	PLURAL	SINGULAR	PLURAL
indicativo presente		**passato prossimo**	
capisco	capiamo	**ho** capito	**abbiamo** capito
capisci	capite	**hai** capito	**avete** capito
capisce	capiscono	**ha** capito	**hanno** capito
imperfetto		**trapassato prossimo**	
capivo	capivamo	**avevo** capito	**avevamo** capito
capivi	capivate	**avevi** capito	**avevate** capito
capiva	capivano	**aveva** capito	**avevano** capito
passato remoto		**trapassato remoto**	
capii	capimmo	**ebbi** capito	**avemmo** capito
capisti	capiste	**avesti** capito	**aveste** capito
capì	capirono	**ebbe** capito	**ebbero** capito
futuro semplice		**futuro anteriore**	
capirò	capiremo	**avrò** capito	**avremo** capito
capirai	capirete	**avrai** capito	**avrete** capito
capirà	capiranno	**avrà** capito	**avranno** capito
condizionale presente		**condizionale passato**	
capirei	capiremmo	**avrei** capito	**avremmo** capito
capiresti	capireste	**avresti** capito	**avreste** capito
capirebbe	capirebbero	**avrebbe** capito	**avrebbero** capito
congiuntivo presente		**congiuntivo passato**	
capisca	capiamo	**abbia** capito	**abbiamo** capito
capisca	capiate	**abbia** capito	**abbiate** capito
capisca	capiscano	**abbia** capito	**abbiano** capito
congiuntivo imperfetto		**congiuntivo trapassato**	
capissi	capissimo	**avessi** capito	**avessimo** capito
capissi	capiste	**avessi** capito	**aveste** capito
capisse	capissero	**avesse** capito	**avessero** capito
imperativo			
	capiamo		
capisci; non capire	capite		
capisca	capiscano		

MUST KNOW VERB

to fall, to fall down   cascare

SINGULAR	PLURAL	SINGULAR	PLURAL

indicativo presente

		passato prossimo	
casc**o**	casch**iamo**	**sono** cascato(a)	**siamo** cascati(e)
casch**i**	casc**ate**	**sei** cascato(a)	**siete** cascati(e)
casc**a**	casc**ano**	**è** cascato(a)	**sono** cascati(e)

imperfetto

		trapassato prossimo	
casca**vo**	casca**vamo**	**ero** cascato(a)	**eravamo** cascati(e)
casca**vi**	casca**vate**	**eri** cascato(a)	**eravate** cascati(e)
casca**va**	casca**vano**	**era** cascato(a)	**erano** cascati(e)

passato remoto

		trapassato remoto	
casc**ai**	casc**ammo**	**fui** cascato(a)	**fummo** cascati(e)
casc**asti**	casc**aste**	**fosti** cascato(a)	**foste** cascati(e)
casc**ò**	casc**arono**	**fu** cascato(a)	**furono** cascati(e)

futuro semplice

		futuro anteriore	
casch**erò**	casch**eremo**	**sarò** cascato(a)	**saremo** cascati(e)
casch**erai**	casch**erete**	**sarai** cascato(a)	**sarete** cascati(e)
casch**erà**	casch**eranno**	**sarà** cascato(a)	**saranno** cascati(e)

condizionale presente

		condizionale passato	
casch**erei**	casch**eremmo**	**sarei** cascato(a)	**saremmo** cascati(e)
casch**eresti**	casch**ereste**	**saresti** cascato(a)	**sareste** cascati(e)
casch**erebbe**	casch**erebbero**	**sarebbe** cascato(a)	**sarebbero** cascati(e)

congiuntivo presente

		congiuntivo passato	
casch**i**	casch**iamo**	**sia** cascato(a)	**siamo** cascati(e)
casch**i**	casch**iate**	**sia** cascato(a)	**siate** cascati(e)
casch**i**	casch**ino**	**sia** cascato(a)	**siano** cascati(e)

congiuntivo imperfetto

		congiuntivo trapassato	
casc**assi**	casc**assimo**	**fossi** cascato(a)	**fossimo** cascati(e)
casc**assi**	casc**aste**	**fossi** cascato(a)	**foste** cascati(e)
casc**asse**	casc**assero**	**fosse** cascato(a)	**fossero** cascati(e)

imperativo

	caschiamo
casca; non cascare	cascate
caschi	caschino

C

causare

to cause, to bring about

gerundio **causando**   participio passato **causato**

C

SINGULAR	PLURAL	SINGULAR	PLURAL

indicativo presente
caus**o**	caus**iamo**
caus**i**	caus**ate**
caus**a**	caus**ano**

passato prossimo
ho causato	**abbiamo** causato
hai causato	**avete** causato
ha causato	**hanno** causato

imperfetto
causa**vo**	causa**vamo**
causa**vi**	causa**vate**
causa**va**	causa**vano**

trapassato prossimo
avevo causato	**avevamo** causato
avevi causato	**avevate** causato
aveva causato	**avevano** causato

passato remoto
caus**ai**	caus**ammo**
caus**asti**	caus**aste**
caus**ò**	caus**arono**

trapassato remoto
ebbi causato	**avemmo** causato
avesti causato	**aveste** causato
ebbe causato	**ebbero** causato

futuro semplice
causer**ò**	causer**emo**
causer**ai**	causer**ete**
causer**à**	causer**anno**

futuro anteriore
avrò causato	**avremo** causato
avrai causato	**avrete** causato
avrà causato	**avranno** causato

condizionale presente
causer**ei**	causer**emmo**
causer**esti**	causer**este**
causer**ebbe**	causer**ebbero**

condizionale passato
avrei causato	**avremmo** causato
avresti causato	**avreste** causato
avrebbe causato	**avrebbero** causato

congiuntivo presente
caus**i**	caus**iamo**
caus**i**	caus**iate**
caus**i**	caus**ino**

congiuntivo passato
abbia causato	**abbiamo** causato
abbia causato	**abbiate** causato
abbia causato	**abbiano** causato

congiuntivo imperfetto
caus**assi**	caus**assimo**
caus**assi**	caus**aste**
caus**asse**	caus**assero**

congiuntivo trapassato
avessi causato	**avessimo** causato
avessi causato	**aveste** causato
avesse causato	**avessero** causato

imperativo
	causiamo
causa; non causare	causate
causi	causino

gerundio **cedendo**　　　　participio passato **ceduto**

SINGULAR	PLURAL
indicativo presente	
cedo	cediamo
cedi	cedete
cede	cedono
imperfetto	
cedevo	cedevamo
cedevi	cedevate
cedeva	cedevano
passato remoto	
cedei, cedetti	cedemmo
cedesti	cedeste
cedé, cedette	cederono, cedettero
futuro semplice	
cederò	cederemo
cederai	cederete
cederà	cederanno
condizionale presente	
cederei	cederemmo
cederesti	cedereste
cederebbe	cederebbero
congiuntivo presente	
ceda	cediamo
ceda	cediate
ceda	cedano
congiuntivo imperfetto	
cedessi	cedessimo
cedessi	cedeste
cedesse	cedessero
imperativo	
	cediamo
cedi; non cedere	cedete
ceda	cedano

SINGULAR	PLURAL
passato prossimo	
ho ceduto	abbiamo ceduto
hai ceduto	avete ceduto
ha ceduto	hanno ceduto
trapassato prossimo	
avevo ceduto	avevamo ceduto
avevi ceduto	avevate ceduto
aveva ceduto	avevano ceduto
trapassato remoto	
ebbi ceduto	avemmo ceduto
avesti ceduto	aveste ceduto
ebbe ceduto	ebbero ceduto
futuro anteriore	
avrò ceduto	avremo ceduto
avrai ceduto	avrete ceduto
avrà ceduto	avranno ceduto
condizionale passato	
avrei ceduto	avremmo ceduto
avresti ceduto	avreste ceduto
avrebbe ceduto	avrebbero ceduto
congiuntivo passato	
abbia ceduto	abbiamo ceduto
abbia ceduto	abbiate ceduto
abbia ceduto	abbiano ceduto
congiuntivo trapassato	
avessi ceduto	avessimo ceduto
avessi ceduto	aveste ceduto
avesse ceduto	avessero ceduto

celebrare

to celebrate, to praise

gerundio **celebrando**

participio passato **celebrato**

SINGULAR	PLURAL	SINGULAR	PLURAL
indicativo presente		**passato prossimo**	
celebro	celebriamo	**ho** celebrato	**abbiamo** celebrato
celebri	celebrate	**hai** celebrato	**avete** celebrato
celebra	celebrano	**ha** celebrato	**hanno** celebrato
imperfetto		**trapassato prossimo**	
celebravo	celebravamo	**avevo** celebrato	**avevamo** celebrato
celebravi	celebravate	**avevi** celebrato	**avevate** celebrato
celebrava	celebravano	**aveva** celebrato	**avevano** celebrato
passato remoto		**trapassato remoto**	
celebrai	celebrammo	**ebbi** celebrato	**avemmo** celebrato
celebrasti	celebraste	**avesti** celebrato	**aveste** celebrato
celebrò	celebrarono	**ebbe** celebrato	**ebbero** celebrato
futuro semplice		**futuro anteriore**	
celebrerò	celebreremo	**avrò** celebrato	**avremo** celebrato
celebrerai	celebrerete	**avrai** celebrato	**avrete** celebrato
celebrerà	celebreranno	**avrà** celebrato	**avranno** celebrato
condizionale presente		**condizionale passato**	
celebrerei	celebreremmo	**avrei** celebrato	**avremmo** celebrato
celebreresti	celebrereste	**avresti** celebrato	**avreste** celebrato
celebrerebbe	celebrerebbero	**avrebbe** celebrato	**avrebbero** celebrato
congiuntivo presente		**congiuntivo passato**	
celebri	celebriamo	**abbia** celebrato	**abbiamo** celebrato
celebri	celebriate	**abbia** celebrato	**abbiate** celebrato
celebri	celebrino	**abbia** celebrato	**abbiano** celebrato
congiuntivo imperfetto		**congiuntivo trapassato**	
celebrassi	celebrassimo	**avessi** celebrato	**avessimo** celebrato
celebrassi	celebraste	**avessi** celebrato	**aveste** celebrato
celebrasse	celebrassero	**avesse** celebrato	**avessero** celebrato

imperativo

	celebriamo
celebra; non	celebrate
celebrare	
celebri	celebrino

to have dinner   cenare

SINGULAR	PLURAL	SINGULAR	PLURAL
indicativo presente		**passato prossimo**	
ceno	ceniamo	ho cenato	abbiamo cenato
ceni	cenate	hai cenato	avete cenato
cena	cenano	ha cenato	hanno cenato
imperfetto		**trapassato prossimo**	
cenavo	cenavamo	avevo cenato	avevamo cenato
cenavi	cenavate	avevi cenato	avevate cenato
cenava	cenavano	aveva cenato	avevano cenato
passato remoto		**trapassato remoto**	
cenai	cenammo	ebbi cenato	avemmo cenato
cenasti	cenaste	avesti cenato	aveste cenato
cenò	cenarono	ebbe cenato	ebbero cenato
futuro semplice		**futuro anteriore**	
cenerò	ceneremo	avrò cenato	avremo cenato
cenerai	cenerete	avrai cenato	avrete cenato
cenerà	ceneranno	avrà cenato	avranno cenato
condizionale presente		**condizionale passato**	
cenerei	ceneremmo	avrei cenato	avremmo cenato
ceneresti	cenereste	avresti cenato	avreste cenato
cenerebbe	cenerebbero	avrebbe cenato	avrebbero cenato
congiuntivo presente		**congiuntivo passato**	
ceni	ceniamo	abbia cenato	abbiamo cenato
ceni	ceniate	abbia cenato	abbiate cenato
ceni	cenino	abbia cenato	abbiano cenato
congiuntivo imperfetto		**congiuntivo trapassato**	
cenassi	cenassimo	avessi cenato	avessimo cenato
cenassi	cenaste	avessi cenato	aveste cenato
cenasse	cenasseio	avesse cenato	avessero cenato
imperativo			
	ceniamo		
cena; non cenare	cenate		
ceni	cenino		

C

gerundio **cercando**   participio passato **cercato**

SINGULAR	PLURAL	SINGULAR	PLURAL

C

indicativo presente

		passato prossimo	
cerc**o**	cerch**iamo**	**ho** cercato	**abbiamo** cercato
cerch**i**	cerc**ate**	**hai** cercato	**avete** cercato
cerc**a**	cerc**ano**	**ha** cercato	**hanno** cercato

imperfetto

		trapassato prossimo	
cerc**avo**	cerc**avamo**	**avevo** cercato	**avevamo** cercato
cerc**avi**	cerc**avate**	**avevi** cercato	**avevate** cercato
cerc**ava**	cerc**avano**	**aveva** cercato	**avevano** cercato

passato remoto

		trapassato remoto	
cerc**ai**	cerc**ammo**	**ebbi** cercato	**avemmo** cercato
cerc**asti**	cerc**aste**	**avesti** cercato	**aveste** cercato
cerc**ò**	cerc**arono**	**ebbe** cercato	**ebbero** cercato

futuro semplice

		futuro anteriore	
cercher**ò**	cercher**emo**	**avrò** cercato	**avremo** cercato
cercher**ai**	cercher**ete**	**avrai** cercato	**avrete** cercato
cercher**à**	cercher**anno**	**avrà** cercato	**avranno** cercato

condizionale presente

		condizionale passato	
cercher**ei**	cercher**emmo**	**avrei** cercato	**avremmo** cercato
cercher**esti**	cercher**este**	**avresti** cercato	**avreste** cercato
cercher**ebbe**	cercher**ebbero**	**avrebbe** cercato	**avrebbero** cercato

congiuntivo presente

		congiuntivo passato	
cerch**i**	cerch**iamo**	**abbia** cercato	**abbiamo** cercato
cerch**i**	cerch**iate**	**abbia** cercato	**abbiate** cercato
cerch**i**	cerch**ino**	**abbia** cercato	**abbiano** cercato

congiuntivo imperfetto

		congiuntivo trapassato	
cerc**assi**	cerc**assimo**	**avessi** cercato	**avessimo** cercato
cerc**assi**	cerc**aste**	**avessi** cercato	**aveste** cercato
cerc**asse**	cerc**assero**	**avesse** cercato	**avessero** cercato

imperativo

	cerch**iamo**
cerc**a**; non cerc**are**	cerc**ate**
cerch**i**	cerch**ino**

MUST
KNOW
VERB

to call

gerundio **chiamando**   participio passato **chiamato**

SINGULAR	PLURAL	SINGULAR	PLURAL
indicativo presente		**passato prossimo**	
chiamo	chiamiamo	**ho** chiamato	**abbiamo** chiamato
chiami	chiamate	**hai** chiamato	**avete** chiamato
chiama	chiamano	**ha** chiamato	**hanno** chiamato
imperfetto		**trapassato prossimo**	
chiamavo	chiamavamo	**avevo** chiamato	**avevamo** chiamato
chiamavi	chiamavate	**avevi** chiamato	**avevate** chiamato
chiamava	chiamavano	**aveva** chiamato	**avevano** chiamato
passato remoto		**trapassato remoto**	
chiamai	chiamammo	**ebbi** chiamato	**avemmo** chiamato
chiamasti	chiamaste	**avesti** chiamato	**aveste** chiamato
chiamò	chiamarono	**ebbe** chiamato	**ebbero** chiamato
futuro semplice		**futuro anteriore**	
chiamerò	chiameremo	**avrò** chiamato	**avremo** chiamato
chiamerai	chiamerete	**avrai** chiamato	**avrete** chiamato
chiamerà	chiameranno	**avrà** chiamato	**avranno** chiamato
condizionale presente		**condizionale passato**	
chiamerei	chiameremmo	**avrei** chiamato	**avremmo** chiamato
chiameresti	chiamereste	**avresti** chiamato	**avreste** chiamato
chiamerebbe	chiamerebbero	**avrebbe** chiamato	**avrebbero** chiamato
congiuntivo presente		**congiuntivo passato**	
chiami	chiamiamo	**abbia** chiamato	**abbiamo** chiamato
chiami	chiamiate	**abbia** chiamato	**abbiate** chiamato
chiami	chiamino	**abbia** chiamato	**abbiano** chiamato
congiuntivo imperfetto		**congiuntivo trapassato**	
chiamassi	chiamassimo	**avessi** chiamato	**avessimo** chiamato
chiamassi	chiamaste	**avessi** chiamato	**aveste** chiamato
chiamasse	chiamassero	**avesse** chiamato	**avessero** chiamato
imperativo			
	chiamiamo		
chiama; non	chiamate		
chiamare			
chiami	chiamino		

C

chiamarsi

gerundio **chiamandosi**   participio passato **chiamatosi**

SINGULAR	PLURAL	SINGULAR	PLURAL

indicativo presente
mi chiam**o**	**ci** chiam**iamo**		
ti chiam**i**	**vi** chiam**ate**		
si chiam**a**	**si** chiam**ano**		

passato prossimo
mi sono chiamato(a)	**ci siamo** chiamati(e)
ti sei chiamato(a)	**vi siete** chiamati(e)
si è chiamato(a)	**si sono** chiamati(e)

imperfetto
mi chiama**vo**	**ci** chiama**vamo**
ti chiama**vi**	**vi** chiama**vate**
si chiama**va**	**si** chiama**vano**

trapassato prossimo
mi ero chiamato(a)	**ci eravamo** chiamati(e)
ti eri chiamato(a)	**vi eravate** chiamati(e)
si era chiamato(a)	**si erano** chiamati(e)

passato remoto
mi chiam**ai**	**ci** chiam**ammo**
ti chiam**asti**	**vi** chiam**aste**
si chiam**ò**	**si** chiam**arono**

trapassato remoto
mi fui chiamato(a)	**ci fummo** chiamati(e)
ti fosti chiamato(a)	**vi foste** chiamati(e)
si fu chiamato(a)	**si furono** chiamati(e)

futuro semplice
mi chiame**rò**	**ci** chiame**remo**
ti chiame**rai**	**vi** chiame**rete**
si chiame**rà**	**si** chiame**ranno**

futuro anteriore
mi sarò chiamato(a)	**ci saremo** chiamati(e)
ti sarai chiamato(a)	**vi sarete** chiamati(e)
si sarà chiamato(a)	**si saranno** chiamati(e)

condizionale presente
mi chiame**rei**	**ci** chiame**remmo**
ti chiame**resti**	**vi** chiame**reste**
si chiame**rebbe**	**si** chiame**rebbero**

condizionale passato
mi sarei chiamato(a)	**ci saremmo** chiamati(e)
ti saresti chiamato(a)	**vi sareste** chiamati(e)
si sarebbe chiamato(a)	**si sarebbero** chiamati(e)

congiuntivo presente
mi chiam**i**	**ci** chiam**iamo**
ti chiam**i**	**vi** chiam**iate**
si chiam**i**	**si** chiam**ino**

congiuntivo passato
mi sia chiamato	**ci siamo** chiamati(e)
ti sia chiamato	**vi siate** chiamati(e)
si sia chiamato	**si siano** chiamati(e)

congiuntivo imperfetto
mi chiam**assi**	**ci** chiam**assimo**
ti chiam**assi**	**vi** chiam**aste**
si chiam**asse**	**si** chiam**assero**

congiuntivo trapassato
mi fossi chiamato(a)	**ci fossimo** chiamati(e)
ti fossi chiamato(a)	**vi foste** chiamati(e)
si fosse chiamato(a)	**si fossero** chiamati(e)

imperativo
	chiamiamoci
chiamati; non ti	chiamatevi
chiamare	
si chiami	si chiamino

to ask
chiedere

SINGULAR	PLURAL	SINGULAR	PLURAL

indicativo presente

chied**o**	chied**iamo**		
chied**i**	chied**ete**		
chied**e**	chied**ono**		

passato prossimo

ho chiesto	**abbiamo** chiesto		
hai chiesto	**avete** chiesto		
ha chiesto	**hanno** chiesto		

imperfetto

chiede**vo**	chiede**vamo**
chiede**vi**	chiede**vate**
chiede**va**	chiede**vano**

trapassato prossimo

avevo chiesto	**avevamo** chiesto
avevi chiesto	**avevate** chiesto
aveva chiesto	**avevano** chiesto

passato remoto

chie**si**	chied**emmo**
chied**esti**	chied**este**
chie**se**	chie**sero**

trapassato remoto

ebbi chiesto	**avemmo** chiesto
avesti chiesto	**aveste** chiesto
ebbe chiesto	**ebbero** chiesto

futuro semplice

chieder**ò**	chieder**emo**
chieder**ai**	chieder**ete**
chieder**à**	chieder**anno**

futuro anteriore

avrò chiesto	**avremo** chiesto
avrai chiesto	**avrete** chiesto
avrà chiesto	**avranno** chiesto

condizionale presente

chieder**ei**	chieder**emmo**
chieder**esti**	chieder**este**
chieder**ebbe**	chieder**ebbero**

condizionale passato

avrei chiesto	**avremmo** chiesto
avresti chiesto	**avreste** chiesto
avrebbe chiesto	**avrebbero** chiesto

congiuntivo presente

chied**a**	chied**iamo**
chied**a**	chied**iate**
chied**a**	chied**ano**

congiuntivo passato

abbia chiesto	**abbiamo** chiesto
abbia chiesto	**abbiate** chiesto
abbia chiesto	**abbiano** chiesto

congiuntivo imperfetto

chied**essi**	chied**essimo**
chied**essi**	chied**este**
chied**esse**	chied**essero**

congiuntivo trapassato

avessi chiesto	**avessimo** chiesto
avessi chiesto	**aveste** chiesto
avesse chiesto	**avessero** chiesto

imperativo

	chiediamo
chiedi; non chiedere	chiedete
chieda	chiedano

MUST
KNOW
VERB

gerundio **chiudendo**   participio passato **chiuso**

SINGULAR	PLURAL	SINGULAR	PLURAL
indicativo presente		**passato prossimo**	
chiud**o**	chiud**iamo**	**ho** chiuso	**abbiamo** chiuso
chiud**i**	chiud**ete**	**hai** chiuso	**avete** chiuso
chiud**e**	chiud**ono**	**ha** chiuso	**hanno** chiuso
imperfetto		**trapassato prossimo**	
chiud**evo**	chiud**evamo**	**avevo** chiuso	**avevamo** chiuso
chiud**evi**	chiud**evate**	**avevi** chiuso	**avevate** chiuso
chiud**eva**	chiud**evano**	**aveva** chiuso	**avevano** chiuso
passato remoto		**trapassato remoto**	
chiu**si**	chiud**emmo**	**ebbi** chiuso	**avemmo** chiuso
chiud**esti**	chiud**este**	**avesti** chiuso	**aveste** chiuso
chiu**se**	chiu**sero**	**ebbe** chiuso	**ebbero** chiuso
futuro semplice		**futuro anteriore**	
chiuder**ò**	chiuder**emo**	**avrò** chiuso	**avremo** chiuso
chiuder**ai**	chiuder**ete**	**avrai** chiuso	**avrete** chiuso
chiuder**à**	chiuder**anno**	**avrà** chiuso	**avranno** chiuso
condizionale presente		**condizionale passato**	
chiuder**ei**	chiuder**emmo**	**avrei** chiuso	**avremmo** chiuso
chiuder**esti**	chiuder**este**	**avresti** chiuso	**avreste** chiuso
chiuder**ebbe**	chiuder**ebbero**	**avrebbe** chiuso	**avrebbero** chiuso
congiuntivo presente		**congiuntivo passato**	
chiud**a**	chiud**iamo**	**abbia** chiuso	**abbiamo** chiuso
chiud**a**	chiud**iate**	**abbia** chiuso	**abbiate** chiuso
chiud**a**	chiud**ano**	**abbia** chiuso	**abbiano** chiuso
congiuntivo imperfetto		**congiuntivo trapassato**	
chiud**essi**	chiud**essimo**	**avessi** chiuso	**avessimo** chiuso
chiud**essi**	chiud**este**	**avessi** chiuso	**aveste** chiuso
chiud**esse**	chiud**essero**	**avesse** chiuso	**avessero** chiuso
imperativo			
	chiud**iamo**		
chiud**i**; non chiud**ere**	chiud**ete**		
chiud**a**	chiud**ano**		

MUST KNOW VERB

to catch, to seize, to pick, to gather   cogliere

gerundio cogliendo   participio passato colto

SINGULAR	PLURAL	SINGULAR	PLURAL

indicativo presente
colgo	cogliamo		
cogli	cogliete		
coglie	colgono		

passato prossimo
ho colto	abbiamo colto
hai colto	avete colto
ha colto	hanno colto

imperfetto
coglievo	coglievamo
coglievi	coglievate
coglieva	coglievano

trapassato prossimo
avevo colto	avevamo colto
avevi colto	avevate colto
aveva colto	avevano colto

passato remoto
colsi	cogliemmo
cogliesti	coglieste
colse	colsero

trapassato remoto
ebbi colto	avemmo colto
avesti colto	aveste colto
ebbe colto	ebbero colto

futuro semplice
coglierò	coglieremo
coglierai	coglierete
coglierà	coglieranno

futuro anteriore
avrò colto	avremo colto
avrai colto	avrete colto
avrà colto	avranno colto

condizionale presente
coglierei	coglieremmo
coglieresti	cogliereste
coglierebbe	coglierebbero

condizionale passato
avrei colto	avremmo colto
avresti colto	avreste colto
avrebbe colto	avrebbero colto

congiuntivo presente
colga	cogliamo
colga	cogliate
colga	colgano

congiuntivo passato
abbia colto	abbiamo colto
abbia colto	abbiate colto
abbia colto	abbiano colto

congiuntivo imperfetto
cogliessi	cogliessimo
cogliessi	coglieste
cogliesse	cogliessero

congiuntivo trapassato
avessi colto	avessimo colto
avessi colto	aveste colto
avesse colto	avessero colto

imperativo
	cogliamo
cogli; non cogliere	cogliete
colga	colgano

C

gerundio **colpendo**   participio passato **colpito**

SINGULAR	PLURAL	SINGULAR	PLURAL
indicativo presente		**passato prossimo**	
colpisco	colpiamo	**ho** colpito	**abbiamo** colpito
colpisci	colpite	**hai** colpito	**avete** colpito
colpisce	colpiscono	**ha** colpito	**hanno** colpito
imperfetto		**trapassato prossimo**	
colpivo	colpivamo	**avevo** colpito	**avevamo** colpito
colpivi	colpivate	**avevi** colpito	**avevate** colpito
colpiva	colpivano	**aveva** colpito	**avevano** colpito
passato remoto		**trapassato remoto**	
colpii	colpimmo	**ebbi** colpito	**avemmo** colpito
colpisti	colpiste	**avesti** colpito	**aveste** colpito
colpì	colpirono	**ebbe** colpito	**ebbero** colpito
futuro semplice		**futuro anteriore**	
colpirò	colpiremo	**avrò** colpito	**avremo** colpito
colpirai	colpirete	**avrai** colpito	**avrete** colpito
colpirà	colpiranno	**avrà** colpito	**avranno** colpito
condizionale presente		**condizionale passato**	
colpirei	colpiremmo	**avrei** colpito	**avremmo** colpito
colpiresti	colpireste	**avresti** colpito	**avreste** colpito
colpirebbe	colpirebbero	**avrebbe** colpito	**avrebbero** colpito
congiuntivo presente		**congiuntivo passato**	
colpisca	colpiamo	**abbia** colpito	**abbiamo** colpito
colpisca	colpiate	**abbia** colpito	**abbiate** colpito
colpisca	colpiscano	**abbia** colpito	**abbiano** colpito
congiuntivo imperfetto		**congiuntivo trapassato**	
colpissi	colpissimo	**avessi** colpito	**avessimo** colpito
colpissi	colpiste	**avessi** colpito	**aveste** colpito
colpisse	colpissero	**avesse** colpito	**avessero** colpito
imperativo			
	colpiamo		
colpisci; non colpire	colpite		
colpisca	colpiscano		

to begin   cominciare

SINGULAR	PLURAL	SINGULAR	PLURAL

indicativo presente

		passato prossimo	
comincio	cominciamo	**ho** cominciato	**abbiamo** cominciato
cominci	cominciate	**hai** cominciato	**avete** cominciato
comincia	cominciano	**ha** cominciato	**hanno** cominciato

imperfetto / **trapassato prossimo**

cominciavo	cominciavamo	**avevo** cominciato	**avevamo** cominciato
cominciavi	cominciavate	**avevi** cominciato	**avevate** cominciato
cominciava	cominciavano	**aveva** cominciato	**avevano** cominciato

passato remoto / **trapassato remoto**

cominciai	cominciammo	**ebbi** cominciato	**avemmo** cominciato
cominciasti	cominciaste	**avesti** cominciato	**aveste** cominciato
cominciò	cominciarono	**ebbe** cominciato	**ebbero** cominciato

futuro semplice / **futuro anteriore**

comincerò	cominceremo	**avrò** cominciato	**avremo** cominciato
comincerai	comincerete	**avrai** cominciato	**avrete** cominciato
comincerà	cominceranno	**avrà** cominciato	**avranno** cominciato

condizionale presente / **condizionale passato**

comincerei	cominceremmo	**avrei** cominciato	**avremmo** cominciato
cominceresti	comincereste	**avresti** cominciato	**avreste** cominciato
comincerebbe	comincerebbero	**avrebbe** cominciato	**avrebbero** cominciato

congiuntivo presente / **congiuntivo passato**

cominci	cominciamo	**abbia** cominciato	**abbiamo** cominciato
cominci	cominciate	**abbia** cominciato	**abbiate** cominciato
cominci	comincino	**abbia** cominciato	**abbiano** cominciato

congiuntivo imperfetto / **congiuntivo trapassato**

cominciassi	cominciassimo	**avessi** cominciato	**avessimo** cominciato
cominciassi	cominciaste	**avessi** cominciato	**aveste** cominciato
cominciasse	cominciassero	**avesse** cominciato	**avessero** cominciato

imperativo

	cominciamo
comincia; non cominciare	cominciate
cominci	comincino

C

MUST KNOW VERB

commettere   to commit

SINGULAR	PLURAL	SINGULAR	PLURAL

indicativo presente

		passato prossimo	
commett**o**	commett**iamo**	**ho** commesso	**abbiamo** commesso
commett**i**	commett**ete**	**hai** commesso	**avete** commesso
commett**e**	commett**ono**	**ha** commesso	**hanno** commesso

imperfetto

		trapassato prossimo	
commette**vo**	commette**vamo**	**avevo** commesso	**avevamo** commesso
commette**vi**	commette**vate**	**avevi** commesso	**avevate** commesso
commette**va**	commette**vano**	**aveva** commesso	**avevano** commesso

passato remoto

		trapassato remoto	
commis**i**	commett**emmo**	**ebbi** commesso	**avemmo** commesso
commett**esti**	commett**este**	**avesti** commesso	**aveste** commesso
commis**e**	commis**ero**	**ebbe** commesso	**ebbero** commesso

futuro semplice

		futuro anteriore	
commetter**ò**	commetter**emo**	**avrò** commesso	**avremo** commesso
commetter**ai**	commetter**ete**	**avrai** commesso	**avrete** commesso
commetter**à**	commetter**anno**	**avrà** commesso	**avranno** commesso

condizionale presente

		condizionale passato	
commetter**ei**	commetter**emmo**	**avrei** commesso	**avremmo** commesso
commetter**esti**	commetter**este**	**avresti** commesso	**avreste** commesso
commetter**ebbe**	commetter**ebbero**	**avrebbe** commesso	**avrebbero** commesso

congiuntivo presente

		congiuntivo passato	
commett**a**	commett**iamo**	**abbia** commesso	**abbiamo** commesso
commett**a**	commett**iate**	**abbia** commesso	**abbiate** commesso
commett**a**	commett**ano**	**abbia** commesso	**abbiano** commesso

congiuntivo imperfetto

		congiuntivo trapassato	
commett**essi**	commett**essimo**	**avessi** commesso	**avessimo** commesso
commett**essi**	commett**este**	**avessi** commesso	**aveste** commesso
commett**esse**	commett**essero**	**avesse** commesso	**avessero** commesso

imperativo

	commettiamo
commetti; non	commettete
commettere	
commetta	commettano

MEMORY TIP

You **committed** a serious error
in your analysis.

to move, to touch, to affect   commuovere

gerundio **commuovendo**   participio passato **commosso**

SINGULAR	PLURAL	SINGULAR	PLURAL
indicativo presente		**passato prossimo**	
commuovo	commuoviamo	**ho** commosso	**abbiamo** commosso
commuovi	commuovete	**hai** commosso	**avete** commosso
commuove	commuovono	**ha** commosso	**hanno** commosso
imperfetto		**trapassato prossimo**	
commuovevo	commuovevamo	**avevo** commosso	**avevamo** commosso
commuovevi	commuovevate	**avevi** commosso	**avevate** commosso
commuoveva	commuovevano	**aveva** commosso	**avevano** commosso
passato remoto		**trapassato remoto**	
commossi	commuovemmo	**ebbi** commosso	**avemmo** commosso
commuovesti	commuoveste	**avesti** commosso	**aveste** commosso
commosse	commossero	**ebbe** commosso	**ebbero** commosso
futuro semplice		**futuro anteriore**	
commuoverò	commuoveremo	**avrò** commosso	**avremo** commosso
commuoverai	commuoverete	**avrai** commosso	**avrete** commosso
commuoverà	commuoveranno	**avrà** commosso	**avranno** commosso
condizionale presente		**condizionale passato**	
commuoverei	commuoveremmo	**avrei** commosso	**avremmo** commosso
commuoveresti	commuovereste	**avresti** commosso	**avreste** commosso
commuoverebbe	commuoverebbero	**avrebbe** commosso	**avrebbero** commosso
congiuntivo presente		**congiuntivo passato**	
commuova	commuoviamo	**abbia** commosso	**abbiamo** commosso
commuova	commuoviate	**abbia** commosso	**abbiate** commosso
commuova	commuovano	**abbia** commosso	**abbiano** commosso
congiuntivo imperfetto		**congiuntivo trapassato**	
commuovessi	commuovessimo	**avessi** commosso	**avessimo** commosso
commuovessi	commuoveste	**avessi** commosso	**aveste** commosso
commuovesse	commuovessero	**avesse** commosso	**avessero** commosso

imperativo

	commuoviamo
commuovi; non	commuovete
commuovere	
commuova	commuovano

C

comparire   to appear, to turn up

SINGULAR	PLURAL	SINGULAR	PLURAL

indicativo presente

		passato prossimo	
compaio	compariamo	sono comparso(a)	siamo comparsi(e)
compari	comparite	sei comparso(a)	siete comparsi(e)
compare	compaiono	è comparso(a)	sono comparsi(e)

imperfetto

		trapassato prossimo	
comparivo	comparivamo	ero comparso(a)	eravamo comparsi(e)
comparivi	comparivate	eri comparso(a)	eravate comparsi(e)
compariva	comparivano	era comparso(a)	erano comparsi(e)

passato remoto

		trapassato remoto	
comparvi, comparii	comparimmo	fui comparso(a)	fummo comparsi(e)
comparisti	compariste	fosti comparso(a)	foste comparsi(e)
comparve, comparì	comparvero, comparirono	fu comparso(a)	furono comparsi(e)

futuro semplice

		futuro anteriore	
comparirò	compariremo	sarò comparso(a)	saremo comparsi(e)
comparirai	comparirete	sarai comparso(a)	sarete comparsi(e)
comparirà	compariranno	sarà comparso(a)	saranno comparsi(e)

condizionale presente

		condizionale passato	
comparirei	compariremmo	sarei comparso(a)	saremmo comparsi(e)
compariresti	comparireste	saresti comparso(a)	sareste comparsi(e)
comparirebbe	comparirebbero	sarebbe comparso(a)	sarebbero comparsi(e)

congiuntivo presente

		congiuntivo passato	
compaia	compariamo	sia comparso(a)	siamo comparsi(e)
compaia	compariate	sia comparso(a)	siate comparsi(e)
compaia	compaiano	sia comparso(a)	siano comparsi(e)

congiuntivo imperfetto

		congiuntivo trapassato	
comparissi	comparissimo	fossi comparso(a)	fossimo comparsi(e)
comparissi	compariste	fossi comparso(a)	foste comparsi(e)
comparisse	comparissero	fosse comparso(a)	fossero comparsi(e)

imperativo

	compariamo
compari; non comparire	comparite
compaia	compaiano

to please, to humor, to gratify   compiacere

gerundio compiacendo   participio passato compiaciuto

SINGULAR	PLURAL	SINGULAR	PLURAL
indicativo presente		**passato prossimo**	
compiacc**io**	compiacc**iamo**	**ho** compiaciuto	**abbiamo** compiaciuto
compiac**i**	compiac**ete**	**hai** compiaciuto	**avete** compiaciuto
compiac**e**	compiacc**iono**	**ha** compiaciuto	**hanno** compiaciuto
imperfetto		**trapassato prossimo**	
compiace**vo**	compiace**vamo**	**avevo** compiaciuto	**avevamo** compiaciuto
compiace**vi**	compiace**vate**	**avevi** compiaciuto	**avevate** compiaciuto
compiace**va**	compiace**vano**	**aveva** compiaciuto	**avevano** compiaciuto
passato remoto		**trapassato remoto**	
compiacqu**i**	compiac**emmo**	**ebbi** compiaciuto	**avemmo** compiaciuto
compiac**esti**	compiac**este**	**avesti** compiaciuto	**aveste** compiaciuto
compiacqu**e**	compiacqu**ero**	**ebbe** compiaciuto	**ebbero** compiaciuto
futuro semplice		**futuro anteriore**	
compiacer**ò**	compiacer**emo**	**avrò** compiaciuto	**avremo** compiaciuto
compiacer**ai**	compiacer**ete**	**avrai** compiaciuto	**avrete** compiaciuto
compiacer**à**	compiacer**anno**	**avrà** compiaciuto	**avranno** compiaciuto
condizionale presente		**condizionale passato**	
compiacer**ei**	compiacer**emmo**	**avrei** compiaciuto	**avremmo** compiaciuto
compiacer**esti**	compiacer**este**	**avresti** compiaciuto	**avreste** compiaciuto
compiacer**ebbe**	compiacer**ebbero**	**avrebbe** compiaciuto	**avrebbero** compiaciuto
congiuntivo presente		**congiuntivo passato**	
compiacc**ia**	compiacc**iamo**	**abbia** compiaciuto	**abbiamo** compiaciuto
compiacc**ia**	compiacc**iate**	**abbia** compiaciuto	**abbiate** compiaciuto
compiacc**ia**	compiacc**iano**	**abbia** compiaciuto	**abbiano** compiaciuto
congiuntivo imperfetto		**congiuntivo trapassato**	
compiac**essi**	compiac**essimo**	**avessi** compiaciuto	**avessimo** compiaciuto
compiac**essi**	compiac**este**	**avessi** compiaciuto	**aveste** compiaciuto
compiac**esse**	compiac**essero**	**avesse** compiaciuto	**avessero** compiaciuto
imperativo			
	compiacc**iamo**		
compiac**i**; non	compiac**ete**		
compiacere			
compiacc**ia**	compiacc**iano**		

C

comporre   to compose

gerundio **componendo**   participio passato **composto**

SINGULAR	PLURAL	SINGULAR	PLURAL
indicativo presente		**passato prossimo**	
compong**o**	compon**iamo**	**ho** composto	**abbiamo** composto
compon**i**	compon**ete**	**hai** composto	**avete** composto
compon**e**	compong**ono**	**ha** composto	**hanno** composto
imperfetto		**trapassato prossimo**	
compone**vo**	compone**vamo**	**avevo** composto	**avevamo** composto
compone**vi**	compone**vate**	**avevi** composto	**avevate** composto
compone**va**	compone**vano**	**aveva** composto	**avevano** composto
passato remoto		**trapassato remoto**	
compos**i**	compon**emmo**	**ebbi** composto	**avemmo** composto
compon**esti**	compon**este**	**avesti** composto	**aveste** composto
compos**e**	compos**ero**	**ebbe** composto	**ebbero** composto
futuro semplice		**futuro anteriore**	
comporr**ò**	comporr**emo**	**avrò** composto	**avremo** composto
comporr**ai**	comporr**ete**	**avrai** composto	**avrete** composto
comporr**à**	comporr**anno**	**avrà** composto	**avranno** composto
condizionale presente		**condizionale passato**	
comporr**ei**	comporr**emmo**	**avrei** composto	**avremmo** composto
comporr**esti**	comporr**este**	**avresti** composto	**avreste** composto
comporr**ebbe**	comporr**ebbero**	**avrebbe** composto	**avrebbero** composto
congiuntivo presente		**congiuntivo passato**	
compong**a**	compon**iamo**	**abbia** composto	**abbiamo** composto
compong**a**	compon**iate**	**abbia** composto	**abbiate** composto
compong**a**	compong**ano**	**abbia** composto	**abbiano** composto
congiuntivo imperfetto		**congiuntivo trapassato**	
compon**essi**	compon**essimo**	**avessi** composto	**avessimo** composto
compon**essi**	compon**este**	**avessi** composto	**aveste** composto
compon**esse**	compon**essero**	**avesse** composto	**avessero** composto
imperativo			
	compon**iamo**		
compon**i**; non	compon**ete**		
comporre			
compong**a**	compong**ano**		

to behave   comportarsi

SINGULAR	PLURAL	SINGULAR	PLURAL

indicativo presente
mi comport**o**	**ci** comport**iamo**
ti comport**i**	**vi** comport**ate**
si comport**a**	**si** comport**ano**

passato prossimo
mi sono comportato(a)	**ci siamo** comportati(e)
ti sei comportato(a)	**vi siete** comportati(e)
si è comportato(a)	**si sono** comportati(e)

imperfetto
mi comporta**vo**	**ci** comporta**vamo**
ti comporta**vi**	**vi** comporta**vate**
si comporta**va**	**si** comporta**vano**

trapassato prossimo
mi ero comportato(a)	**ci eravamo** comportati(e)
ti eri comportato(a)	**vi eravate** comportati(e)
si era comportato(a)	**si erano** comportati(e)

C

passato remoto
mi comport**ai**	**ci** comport**ammo**
ti comport**asti**	**vi** comport**aste**
si comport**ò**	**si** comport**arono**

trapassato remoto
mi fui comportato(a)	**ci fummo** comportati(e)
ti fosti comportato(a)	**vi foste** comportati(e)
si fu comportato(a)	**si furono** comportati(e)

futuro semplice
mi comporter**ò**	**ci** comporter**emo**
ti comporter**ai**	**vi** comporter**ete**
si comporter**à**	**si** comporter**anno**

futuro anteriore
mi sarò comportato(a)	**ci saremo** comportati(e)
ti sarai comportato(a)	**vi sarete** comportati(e)
si sarà comportato(a)	**si saranno** comportati(e)

condizionale presente
mi comporter**ei**	**ci** comporter**emmo**
ti comporter**esti**	**vi** comporter**este**
si comporter**ebbe**	**si** comporter**ebbero**

condizionale passato
mi sarei comportato(a)	**ci saremmo** comportati(e)
ti saresti comportato(a)	**vi sareste** comportati(e)
si sarebbe comportato(a)	**si sarebbero** comportati(e)

congiuntivo presente
mi comport**i**	**ci** comport**iamo**
ti comport**i**	**vi** comport**iate**
si comport**i**	**si** comport**ino**

congiuntivo passato
mi sia comportato(a)	**ci siamo** comportati(e)
ti sia comportato(a)	**vi siate** comportati(e)
si sia comportato(a)	**si siano** comportati(e)

congiuntivo imperfetto
mi comport**assi**	**ci** comport**assimo**
ti comport**assi**	**vi** comport**aste**
si comport**asse**	**si** comport**assero**

congiuntivo trapassato
mi fossi comportato(a)	**ci fossimo** comportati(e)
ti fossi comportato(a)	**vi foste** comportati(e)
si fosse comportato(a)	**si fossero** comportati(e)

imperativo
	comportiamoci
comportati; non	comportatevi
comportarti/non	
ti comportare	
si comporti	si comportino

comprare

to buy

participio passato **comprato**

SINGULAR	PLURAL	SINGULAR	PLURAL
indicativo presente		**passato prossimo**	
compr**o**	compr**iamo**	**ho** comprato	**abbiamo** comprato
compr**i**	compr**ate**	**hai** comprato	**avete** comprato
compr**a**	compr**ano**	**ha** comprato	**hanno** comprato
imperfetto		**trapassato prossimo**	
compra**vo**	compra**vamo**	**avevo** comprato	**avevamo** comprato
compra**vi**	compra**vate**	**avevi** comprato	**avevate** comprato
compra**va**	compra**vano**	**aveva** comprato	**avevano** comprato
passato remoto		**trapassato remoto**	
compra**i**	compr**ammo**	**ebbi** comprato	**avemmo** comprato
compr**asti**	compr**aste**	**avesti** comprato	**aveste** comprato
compr**ò**	compr**arono**	**ebbe** comprato	**ebbero** comprato
futuro semplice		**futuro anteriore**	
comprer**ò**	comprer**emo**	**avrò** comprato	**avremo** comprato
comprer**ai**	comprer**ete**	**avrai** comprato	**avrete** comprato
comprer**à**	comprer**anno**	**avrà** comprato	**avranno** comprato
condizionale presente		**condizionale passato**	
comprer**ei**	comprer**emmo**	**avrei** comprato	**avremmo** comprato
comprer**esti**	comprer**este**	**avresti** comprato	**avreste** comprato
comprer**ebbe**	comprer**ebbero**	**avrebbe** comprato	**avrebbero** comprato
congiuntivo presente		**congiuntivo passato**	
compr**i**	compr**iamo**	**abbia** comprato	**abbiamo** comprato
compr**i**	compr**iate**	**abbia** comprato	**abbiate** comprato
compr**i**	compr**ino**	**abbia** comprato	**abbiano** comprato
congiuntivo imperfetto		**congiuntivo trapassato**	
compr**assi**	compr**assimo**	**avessi** comprato	**avessimo** comprato
compr**assi**	compr**aste**	**avessi** comprato	**aveste** comprato
compr**asse**	compr**assero**	**avesse** comprato	**avessero** comprato
imperativo			
	compr**iamo**		
compr**a**; non comprare	compr**ate**		
compr**i**	compr**ino**		

MUST KNOW VERB

to include, to understand   comprendere

SINGULAR	PLURAL	SINGULAR	PLURAL
indicativo presente		passato prossimo	
comprend**o**	comprend**iamo**	**ho** compreso	**abbiamo** compreso
comprend**i**	comprend**ete**	**hai** compreso	**avete** compreso
comprend**e**	comprend**ono**	**ha** compreso	**hanno** compreso
imperfetto		trapassato prossimo	
comprend**evo**	comprend**evamo**	**avevo** compreso	**avevamo** compreso
comprend**evi**	comprend**evate**	**avevi** compreso	**avevate** compreso
comprend**eva**	comprend**evano**	**aveva** compreso	**avevano** compreso
passato remoto		trapassato remoto	
compres**i**	comprend**emmo**	**ebbi** compreso	**avemmo** compreso
comprend**esti**	comprend**este**	**avesti** compreso	**aveste** compreso
compres**e**	compres**ero**	**ebbe** compreso	**ebbero** compreso
futuro semplice		futuro anteriore	
comprender**ò**	comprender**emo**	**avrò** compreso	**avremo** compreso
comprender**ai**	comprender**ete**	**avrai** compreso	**avrete** compreso
comprender**à**	comprender**anno**	**avrà** compreso	**avranno** compreso
condizionale presente		condizionale passato	
comprender**ei**	comprender**emmo**	**avrei** compreso	**avremmo** compreso
comprender**esti**	comprender**este**	**avresti** compreso	**avreste** compreso
comprender**ebbe**	comprender**ebbero**	**avrebbe** compreso	**avrebbero** compreso
congiuntivo presente		congiuntivo passato	
comprend**a**	comprend**iamo**	**abbia** compreso	**abbiamo** compreso
comprend**a**	comprend**iate**	**abbia** compreso	**abbiate** compreso
comprend**a**	comprend**ano**	**abbia** compreso	**abbiano** compreso
congiuntivo imperfetto		congiuntivo trapassato	
comprend**essi**	comprend**essimo**	**avessi** compreso	**avessimo** compreso
comprend**essi**	comprend**este**	**avessi** compreso	**aveste** compreso
comprend**esse**	comprend**essero**	**avesse** compreso	**avessero** compreso
imperativo			
	comprend**iamo**		
comprend**i**; non	comprend**ete**		
comprend**ere**			
comprend**a**	comprend**ano**		

C

comunicare

to communicate

SINGULAR	PLURAL	SINGULAR	PLURAL

indicativo presente

comunic**o**	comunic**hiamo**
comunic**hi**	comunic**ate**
comunic**a**	comunic**ano**

passato prossimo

ho comunicato	**abbiamo** comunicato
hai comunicato	**avete** comunicato
ha comunicato	**hanno** comunicato

imperfetto

comunic**avo**	comunic**avamo**
comunic**avi**	comunic**avate**
comunic**ava**	comunic**avano**

trapassato prossimo

avevo comunicato	**avevamo** comunicato
avevi comunicato	**avevate** comunicato
aveva comunicato	**avevano** comunicato

passato remoto

comunic**ai**	comunic**ammo**
comunic**asti**	comunic**aste**
comunic**ò**	comunic**arono**

trapassato remoto

ebbi comunicato	**avemmo** comunicato
avesti comunicato	**aveste** comunicato
ebbe comunicato	**ebbero** comunicato

futuro semplice

comunic**herò**	comunic**heremo**
comunic**herai**	comunic**herete**
comunic**herà**	comunic**heranno**

futuro anteriore

avrò comunicato	**avremo** comunicato
avrai comunicato	**avrete** comunicato
avrà comunicato	**avranno** comunicato

condizionale presente

comunic**herei**	comunic**heremmo**
comunic**heresti**	comunic**hereste**
comunic**herebbe**	comunic**herebbero**

condizionale passato

avrei comunicato	**avremmo** comunicato
avresti comunicato	**avreste** comunicato
avrebbe comunicato	**avrebbero** comunicato

congiuntivo presente

comunic**hi**	comunic**hiamo**
comunic**hi**	comunic**hiate**
comunic**hi**	comunic**hino**

congiuntivo passato

abbia comunicato	**abbiamo** comunicato
abbia comunicato	**abbiate** comunicato
abbia comunicato	**abbiano** comunicato

congiuntivo imperfetto

comunic**assi**	comunic**assimo**
comunic**assi**	comunic**aste**
comunic**asse**	comunic**assero**

congiuntivo trapassato

avessi comunicato	**avessimo** comunicato
avessi comunicato	**aveste** comunicato
avesse comunicato	**avessero** comunicato

imperativo

	comunichiamo
comunica; non	comunicate
comunicare	
comunichi	comunichino

to concede, to grant, to award   concedere

gerundio concedendo   participio passato concesso

SINGULAR	PLURAL	SINGULAR	PLURAL
indicativo presente		**passato prossimo**	
concedo	concediamo	ho concesso	abbiamo concesso
concedi	concedete	hai concesso	avete concesso
concede	concedono	ha concesso	hanno concesso
imperfetto		**trapassato prossimo**	
concedevo	concedevamo	avevo concesso	avevamo concesso
concedevi	concedevate	avevi concesso	avevate concesso
concedeva	concedevano	aveva concesso	avevano concesso
passato remoto		**trapassato remoto**	
concessi	concedemmo	ebbi concesso	avemmo concesso
concedesti	concedeste	avesti concesso	aveste concesso
concesse	concessero	ebbe concesso	ebbero concesso
futuro semplice		**futuro anteriore**	
concederò	concederemo	avrò concesso	avremo concesso
concederai	concederete	avrai concesso	avrete concesso
concederà	concederanno	avrà concesso	avranno concesso
condizionale presente		**condizionale passato**	
concederei	concederemmo	avrei concesso	avremmo concesso
concederesti	concedereste	avresti concesso	avreste concesso
concederebbe	concederebbero	avrebbe concesso	avrebbero concesso
congiuntivo presente		**congiuntivo passato**	
conceda	concediamo	abbia concesso	abbiamo concesso
conceda	concediate	abbia concesso	abbiate concesso
conceda	concedano	abbia concesso	abbiano concesso
congiuntivo imperfetto		**congiuntivo trapassato**	
concedessi	concedessimo	avessi concesso	avessimo concesso
concedessi	concedeste	avessi concesso	aveste concesso
concedesse	concedessero	avesse concesso	avessero concesso
imperativo			
	concediamo		
concedi; non concedere	concedete		
conceda	concedano		

C

173

concludere

to conclude, to end

gerundio **concludendo**

participio passato **concluso**

SINGULAR	PLURAL	SINGULAR	PLURAL
indicativo presente		**passato prossimo**	
conclud**o**	conclud**iamo**	**ho** concluso	**abbiamo** concluso
conclud**i**	conclud**ete**	**hai** concluso	**avete** concluso
conclud**e**	conclud**ono**	**ha** concluso	**hanno** concluso
imperfetto		**trapassato prossimo**	
conclude**vo**	conclude**vamo**	**avevo** concluso	**avevamo** concluso
conclude**vi**	conclude**vate**	**avevi** concluso	**avevate** concluso
conclude**va**	conclude**vano**	**aveva** concluso	**avevano** concluso
passato remoto		**trapassato remoto**	
conclus**i**	conclud**emmo**	**ebbi** concluso	**avemmo** concluso
conclud**esti**	conclud**este**	**avesti** concluso	**aveste** concluso
conclus**e**	conclus**ero**	**ebbe** concluso	**ebbero** concluso
futuro semplice		**futuro anteriore**	
concluder**ò**	concluder**emo**	**avrò** concluso	**avremo** concluso
concluder**ai**	concluder**ete**	**avrai** concluso	**avrete** concluso
concluder**à**	concluder**anno**	**avrà** concluso	**avranno** concluso
condizionale presente		**condizionale passato**	
concluder**ei**	concluder**emmo**	**avrei** concluso	**avremmo** concluso
concluder**esti**	concluder**este**	**avresti** concluso	**avreste** concluso
concluder**ebbe**	concluder**ebbero**	**avrebbe** concluso	**avrebbero** concluso
congiuntivo presente		**congiuntivo passato**	
conclud**a**	conclud**iamo**	**abbia** concluso	**abbiamo** concluso
conclud**a**	conclud**iate**	**abbia** concluso	**abbiate** concluso
conclud**a**	conclud**ano**	**abbia** concluso	**abbiano** concluso
congiuntivo imperfetto		**congiuntivo trapassato**	
conclud**essi**	conclud**essimo**	**avessi** concluso	**avessimo** concluso
conclud**essi**	conclud**este**	**avessi** concluso	**aveste** concluso
conclud**esse**	conclud**essero**	**avesse** concluso	**avessero** concluso
imperativo			
	conclud**iamo**		
conclud**i**; non	conclud**ete**		
conclud**ere**			
conclud**a**	conclud**ano**		

MEMORY TIP

The jury **concluded** that there was enough evidence for a conviction.

to season, to dress   condire

SINGULAR	PLURAL	SINGULAR	PLURAL

indicativo presente

		passato prossimo	
condisc**o**	cond**iamo**	**ho** condito	**abbiamo** condito
condisc**i**	cond**ite**	**hai** condito	**avete** condito
condisc**e**	condisc**ono**	**ha** condito	**hanno** condito

imperfetto

		trapassato prossimo	
condi**vo**	condi**vamo**	**avevo** condito	**avevamo** condito
condi**vi**	condi**vate**	**avevi** condito	**avevate** condito
condi**va**	condi**vano**	**aveva** condito	**avevano** condito

passato remoto

		trapassato remoto	
condi**i**	condi**mmo**	**ebbi** condito	**avemmo** condito
condi**sti**	condi**ste**	**avesti** condito	**aveste** condito
condi**ì**	condi**rono**	**ebbe** condito	**ebbero** condito

futuro semplice

		futuro anteriore	
condir**ò**	condir**emo**	**avrò** condito	**avremo** condito
condir**ai**	condir**ete**	**avrai** condito	**avrete** condito
condir**à**	condir**anno**	**avrà** condito	**avranno** condito

condizionale presente

		condizionale passato	
condir**ei**	condir**emmo**	**avrei** condito	**avremmo** condito
condir**esti**	condir**este**	**avresti** condito	**avreste** condito
condir**ebbe**	condir**ebbero**	**avrebbe** condito	**avrebbero** condito

congiuntivo presente

		congiuntivo passato	
condisc**a**	cond**iamo**	**abbia** condito	**abbiamo** condito
condisc**a**	cond**iate**	**abbia** condito	**abbiate** condito
condisc**a**	condisc**ano**	**abbia** condito	**abbiano** condito

congiuntivo imperfetto

		congiuntivo trapassato	
condi**ssi**	condi**ssimo**	**avessi** condito	**avessimo** condito
condi**ssi**	condi**ste**	**avessi** condito	**aveste** condito
condi**sse**	condi**ssero**	**avesse** condito	**avessero** condito

imperativo

	condiamo
condisci; non condire	condite
condisca	condiscano

C

175

gerundio **conducendo**   participio passato **condotto**

C

SINGULAR	PLURAL	SINGULAR	PLURAL
indicativo presente		passato prossimo	
conduco	conduciamo	ho condotto	abbiamo condotto
conduci	conducete	hai condotto	avete condotto
conduce	conducono	ha condotto	hanno condotto
imperfetto		trapassato prossimo	
conducevo	conducevamo	avevo condotto	avevamo condotto
conducevi	conducevate	avevi condotto	avevate condotto
conduceva	conducevano	aveva condotto	avevano condotto
passato remoto		trapassato remoto	
condussi	conducemmo	ebbi condotto	avemmo condotto
conducesti	conduceste	avesti condotto	aveste condotto
condusse	condussero	ebbe condotto	ebbero condotto
futuro semplice		futuro anteriore	
condurrò	condurremo	avrò condotto	avremo condotto
condurrai	condurrete	avrai condotto	avrete condotto
condurrà	condurranno	avrà condotto	avranno condotto
condizionale presente		condizionale passato	
condurrei	condurremmo	avrei condotto	avremmo condotto
condurresti	condurreste	avresti condotto	avreste condotto
condurrebbe	condurrebbero	avrebbe condotto	avrebbero condotto
congiuntivo presente		congiuntivo passato	
conduca	conduciamo	abbia condotto	abbiamo condotto
conduca	conduciate	abbia condotto	abbiate condotto
conduca	conducano	abbia condotto	abbiano condotto
congiuntivo imperfetto		congiuntivo trapassato	
conducessi	conducessimo	avessi condotto	avessimo condotto
conducessi	conduceste	avessi condotto	aveste condotto
conducesse	conducessero	avesse condotto	avessero condotto
imperativo			
	conduciamo		
conduci; non	conducete		
condurre			
conduca	conducano		

to confuse
confondere

gerundio **confondendo**   participio passato **confuso**

SINGULAR	PLURAL	SINGULAR	PLURAL

indicativo presente

confond**o**	confond**iamo**		
confond**i**	confond**ete**		
confond**e**	confond**ono**		

passato prossimo

ho confuso	**abbiamo** confuso
hai confuso	**avete** confuso
ha confuso	**hanno** confuso

imperfetto

confonde**vo**	confonde**vamo**
confonde**vi**	confonde**vate**
confonde**va**	confonde**vano**

trapassato prossimo

avevo confuso	**avevamo** confuso
avevi confuso	**avevate** confuso
aveva confuso	**avevano** confuso

passato remoto

confus**i**	confond**emmo**
confond**esti**	confond**este**
confus**e**	confus**ero**

trapassato remoto

ebbi confuso	**avemmo** confuso
avesti confuso	**aveste** confuso
ebbe confuso	**ebbero** confuso

futuro semplice

confonder**ò**	confonder**emo**
confonder**ai**	confonder**ete**
confonder**à**	confonder**anno**

futuro anteriore

avrò confuso	**avremo** confuso
avrai confuso	**avrete** confuso
avrà confuso	**avranno** confuso

condizionale presente

confonder**ei**	confonder**emmo**
confonder**esti**	confonder**este**
confonder**ebbe**	confonder**ebbero**

condizionale passato

avrei confuso	**avremmo** confuso
avresti confuso	**avreste** confuso
avrebbe confuso	**avrebbero** confuso

congiuntivo presente

confond**a**	confond**iamo**
confond**a**	confond**iate**
confond**a**	confond**ano**

congiuntivo passato

abbia confuso	**abbiamo** confuso
abbia confuso	**abbiate** confuso
abbia confuso	**abbiano** confuso

congiuntivo imperfetto

confond**essi**	confond**essimo**
confond**essi**	confond**este**
confond**esse**	confond**essero**

congiuntivo trapassato

avessi confuso	**avessimo** confuso
avessi confuso	**aveste** confuso
avesse confuso	**avessero** confuso

imperativo

	confondiamo
confondi; non	confondete
confondere	
confonda	confondano

MEMORY TIP

Never **confuse** right
and wrong.

conoscere

to know, to meet

gerundio **conoscendo**   participio passato **conosciuto**

SINGULAR	PLURAL	SINGULAR	PLURAL

indicativo presente

conosc**o**	conosc**iamo**	**ho** conosciuto	**abbiamo** conosciuto
conosc**i**	conosc**ete**	**hai** conosciuto	**avete** conosciuto
conosc**e**	conosc**ono**	**ha** conosciuto	**hanno** conosciuto

imperfetto — **trapassato prossimo**

conosce**vo**	conosce**vamo**	**avevo** conosciuto	**avevamo** conosciuto
conosce**vi**	conosce**vate**	**avevi** conosciuto	**avevate** conosciuto
conosce**va**	conosce**vano**	**aveva** conosciuto	**avevano** conosciuto

passato remoto — **trapassato remoto**

conobb**i**	conosc**emmo**	**ebbi** conosciuto	**avemmo** conosciuto
conosc**esti**	conosc**este**	**avesti** conosciuto	**aveste** conosciuto
conobb**e**	conobb**ero**	**ebbe** conosciuto	**ebbero** conosciuto

futuro semplice — **futuro anteriore**

conoscer**ò**	conoscer**emo**	**avrò** conosciuto	**avremo** conosciuto
conoscer**ai**	conoscer**ete**	**avrai** conosciuto	**avrete** conosciuto
conoscer**à**	conoscer**anno**	**avrà** conosciuto	**avranno** conosciuto

condizionale presente — **condizionale passato**

conoscer**ei**	conoscer**emmo**	**avrei** conosciuto	**avremmo** conosciuto
conoscer**esti**	conoscer**este**	**avresti** conosciuto	**avreste** conosciuto
conoscer**ebbe**	conoscer**ebbero**	**avrebbe** conosciuto	**avrebbero** conosciuto

congiuntivo presente — **congiuntivo passato**

conosc**a**	conosc**iamo**	**abbia** conosciuto	**abbiamo** conosciuto
conosc**a**	conosc**iate**	**abbia** conosciuto	**abbiate** conosciuto
conosc**a**	conosc**ano**	**abbia** conosciuto	**abbiano** conosciuto

congiuntivo imperfetto — **congiuntivo trapassato**

conosc**essi**	conosc**essimo**	**avessi** conosciuto	**avessimo** conosciuto
conosc**essi**	conosc**este**	**avessi** conosciuto	**aveste** conosciuto
conosc**esse**	conosc**essero**	**avesse** conosciuto	**avessero** conosciuto

imperativo

	conosc**iamo**
conosc**i**; non conoscere	conosc**ete**
conosc**a**	conosc**ano**

MUST KNOW VERB

to consist   consistere

SINGULAR	PLURAL	SINGULAR	PLURAL

indicativo presente

		passato prossimo	
consist**o**	consist**iamo**	**sono** consistito(a)	**siamo** consistiti(e)
consist**i**	consist**ete**	**sei** consistito(a)	**siete** consistiti(e)
consist**e**	consist**ono**	**è** consistito(a)	**sono** consistiti(e)

imperfetto

		trapassato prossimo	
consiste**vo**	consiste**vamo**	**ero** consistito(a)	**eravamo** consistiti(e)
consiste**vi**	consiste**vate**	**eri** consistito(a)	**eravate** consistiti(e)
consiste**va**	consiste**vano**	**era** consistito(a)	**erano** consistiti(e)

passato remoto

		trapassato remoto	
consist**ei**, consist**etti**	consist**emmo**	**fui** consistito(a)	**fummo** consistiti(e)
consist**esti**	consist**este**	**fosti** consistito(a)	**foste** consistiti(e)
consist**é**, consist**ette**	consist**erono**, consist**ettero**	**fu** consistito(a)	**furono** consistiti(e)

futuro semplice

		futuro anteriore	
consister**ò**	consister**emo**	**sarò** consistito(a)	**saremo** consistiti(e)
consister**ai**	consister**ete**	**sarai** consistito(a)	**sarete** consistiti(e)
consister**à**	consister**anno**	**sarà** consistito(a)	**saranno** consistiti(e)

condizionale presente

		condizionale passato	
consister**ei**	consister**emmo**	**sarei** consistito(a)	**saremmo** consistiti(e)
consister**esti**	consister**este**	**saresti** consistito(a)	**sareste** consistiti(e)
consister**ebbe**	consister**ebbero**	**sarebbe** consistito(a)	**sarebbero** consistiti(e)

congiuntivo presente

		congiuntivo passato	
consist**a**	consist**iamo**	**sia** consistito(a)	**siamo** consistiti(e)
consist**a**	consist**iate**	**sia** consistito(a)	**siate** consistiti(e)
consist**a**	consist**ano**	**sia** consistito(a)	**siano** consistiti(e)

congiuntivo imperfetto

		congiuntivo trapassato	
consist**essi**	consist**essimo**	**fossi** consistito(a)	**fossimo** consistiti(e)
consist**essi**	consist**este**	**fossi** consistito(a)	**foste** consistiti(e)
consist**esse**	consist**essero**	**fosse** consistito(a)	**fossero** consistiti(e)

imperativo

	consist**iamo**
consist**i**; non consist**ere**	consist**ete**
consist**a**	consist**ano**

C

consumare to consume, to use up, to wear out

gerundio consumando   participio passato consumato

SINGULAR	PLURAL	SINGULAR	PLURAL

indicativo presente

consumo	consumiamo		
consumi	consumate		
consuma	consumano		

passato prossimo

ho consumato	abbiamo consumato
hai consumato	avete consumato
ha consumato	hanno consumato

imperfetto

consumavo	consumavamo
consumavi	consumavate
consumava	consumavano

trapassato prossimo

avevo consumato	avevamo consumato
avevi consumato	avevate consumato
aveva consumato	avevano consumato

passato remoto

consumai	consumammo
consumasti	consumaste
consumò	consumarono

trapassato remoto

ebbi consumato	avemmo consumato
avesti consumato	aveste consumato
ebbe consumato	ebbero consumato

futuro semplice

consumerò	consumeremo
consumerai	consumerete
consumerà	consumeranno

futuro anteriore

avrò consumato	avremo consumato
avrai consumato	avrete consumato
avrà consumato	avranno consumato

condizionale presente

consumerei	consumeremmo
consumeresti	consumereste
consumerebbe	consumerebbero

condizionale passato

avrei consumato	avremmo consumato
avresti consumato	avreste consumato
avrebbe consumato	avrebbero consumato

congiuntivo presente

consumi	consumiamo
consumi	consumiate
consumi	consumino

congiuntivo passato

abbia consumato	abbiamo consumato
abbia consumato	abbiate consumato
abbia consumato	abbiano consumato

congiuntivo imperfetto

consumassi	consumassimo
consumassi	consumaste
consumasse	consumassero

congiuntivo trapassato

avessi consumato	avessimo consumato
avessi consumato	aveste consumato
avesse consumato	avessero consumato

imperativo

	consumiamo
consuma; non consumare	consumate
consumi	consumino

to count   contare

SINGULAR	PLURAL	SINGULAR	PLURAL

indicativo presente

cont**o**	cont**iamo**	
cont**i**	cont**ate**	
cont**a**	cont**ano**	

passato prossimo

ho contato	**abbiamo** contato
hai contato	**avete** contato
ha contato	**hanno** contato

imperfetto

cont**avo**	cont**avamo**
cont**avi**	cont**avate**
cont**ava**	cont**avano**

trapassato prossimo

avevo contato	**avevamo** contato
avevi contato	**avevate** contato
aveva contato	**avevano** contato

passato remoto

cont**ai**	cont**ammo**
cont**asti**	cont**aste**
cont**ò**	cont**arono**

trapassato remoto

ebbi contato	**avemmo** contato
avesti contato	**aveste** contato
ebbe contato	**ebbero** contato

futuro semplice

cont**erò**	cont**eremo**
cont**erai**	cont**erete**
cont**erà**	cont**eranno**

futuro anteriore

avrò contato	**avremo** contato
avrai contato	**avrete** contato
avrà contato	**avranno** contato

condizionale presente

cont**erei**	cont**eremmo**
cont**eresti**	cont**ereste**
cont**erebbe**	cont**erebbero**

condizionale passato

avrei contato	**avremmo** contato
avresti contato	**avreste** contato
avrebbe contato	**avrebbero** contato

congiuntivo presente

cont**i**	cont**iamo**
cont**i**	cont**iate**
cont**i**	cont**ino**

congiuntivo passato

abbia contato	**abbiamo** contato
abbia contato	**abbiate** contato
abbia contato	**abbiano** contato

congiuntivo imperfetto

cont**assi**	cont**assimo**
cont**assi**	cont**aste**
cont**asse**	cont**assero**

congiuntivo trapassato

avessi contato	**avessimo** contato
avessi contato	**aveste** contato
avesse contato	**avessero** contato

imperativo

	cont**iamo**
cont**a**; non cont**are**	cont**ate**
cont**i**	cont**ino**

C

contendere   to contend, to contest, to dispute

gerundio   **contendendo**   participio passato   **conteso**

SINGULAR	PLURAL	SINGULAR	PLURAL
indicativo presente		**passato prossimo**	
contend**o**	contend**iamo**	**ho** conteso	**abbiamo** conteso
contend**i**	contend**ete**	**hai** conteso	**avete** conteso
contend**e**	contend**ono**	**ha** conteso	**hanno** conteso
imperfetto		**trapassato prossimo**	
contende**vo**	contende**vamo**	**avevo** conteso	**avevamo** conteso
contende**vi**	contende**vate**	**avevi** conteso	**avevate** conteso
contende**va**	contende**vano**	**aveva** conteso	**avevano** conteso
passato remoto		**trapassato remoto**	
contes**i**	contend**emmo**	**ebbi** conteso	**avemmo** conteso
contend**esti**	contend**este**	**avesti** conteso	**aveste** conteso
contes**e**	contes**ero**	**ebbe** conteso	**ebbero** conteso
futuro semplice		**futuro anteriore**	
contender**ò**	contender**emo**	**avrò** conteso	**avremo** conteso
contender**ai**	contender**ete**	**avrai** conteso	**avrete** conteso
contender**à**	contender**anno**	**avrà** conteso	**avranno** conteso
condizionale presente		**condizionale passato**	
contender**ei**	contender**emmo**	**avrei** conteso	**avremmo** conteso
contender**esti**	contender**este**	**avresti** conteso	**avreste** conteso
contender**ebbe**	contender**ebbero**	**avrebbe** conteso	**avrebbero** conteso
congiuntivo presente		**congiuntivo passato**	
contend**a**	contend**iamo**	**abbia** conteso	**abbiamo** conteso
contend**a**	contend**iate**	**abbia** conteso	**abbiate** conteso
contend**a**	contend**ano**	**abbia** conteso	**abbiano** conteso
congiuntivo imperfetto		**congiuntivo trapassato**	
contend**essi**	contend**essimo**	**avessi** conteso	**avessimo** conteso
contend**essi**	contend**este**	**avessi** conteso	**aveste** conteso
contend**esse**	contend**essero**	**avesse** conteso	**avessero** conteso
imperativo			
	contendiamo		
contendi; non	contendete		
contendere			
contenda	contendano		

to contain   contenere

SINGULAR	PLURAL	SINGULAR	PLURAL

indicativo presente

		passato prossimo	
conteng**o**	conten**iamo**	**ho** contenuto	**abbiamo** contenuto
contien**i**	conten**ete**	**hai** contenuto	**avete** contenuto
contien**e**	conteng**ono**	**ha** contenuto	**hanno** contenuto

imperfetto

		trapassato prossimo	
contene**vo**	contene**vamo**	**avevo** contenuto	**avevamo** contenuto
contene**vi**	contene**vate**	**avevi** contenuto	**avevate** contenuto
contene**va**	contene**vano**	**aveva** contenuto	**avevano** contenuto

passato remoto

		trapassato remoto	
contenn**i**	conten**emmo**	**ebbi** contenuto	**avemmo** contenuto
conten**esti**	conten**este**	**avesti** contenuto	**aveste** contenuto
contenn**e**	contenn**ero**	**ebbe** contenuto	**ebbero** contenuto

futuro semplice

		futuro anteriore	
conterr**ò**	conterr**emo**	**avrò** contenuto	**avremo** contenuto
conterr**ai**	conterr**ete**	**avrai** contenuto	**avrete** contenuto
conterr**à**	conterr**anno**	**avrà** contenuto	**avranno** contenuto

condizionale presente

		condizionale passato	
conterr**ei**	conterr**emmo**	**avrei** contenuto	**avremmo** contenuto
conterr**esti**	conterr**este**	**avresti** contenuto	**avreste** contenuto
conterr**ebbe**	conterr**ebbero**	**avrebbe** contenuto	**avrebbero** contenuto

congiuntivo presente

		congiuntivo passato	
conteng**a**	conten**iamo**	**abbia** contenuto	**abbiamo** contenuto
conteng**a**	conten**iate**	**abbia** contenuto	**abbiate** contenuto
conteng**a**	conteng**ano**	**abbia** contenuto	**abbiano** contenuto

congiuntivo imperfetto

		congiuntivo trapassato	
conten**essi**	conten**essimo**	**avessi** contenuto	**avessimo** contenuto
conten**essi**	conten**este**	**avessi** contenuto	**aveste** contenuto
conten**esse**	conten**essero**	**avesse** contenuto	**avessero** contenuto

imperativo

	conten**iamo**
contien**i**; non	conten**ete**
conten**ere**	
conteng**a**	conteng**ano**

C

gerundio **continuando**   participio passato **continuato**

SINGULAR	PLURAL	SINGULAR	PLURAL
indicativo presente		**passato prossimo**	
continu**o**	continu**iamo**	**ho** continuato	**abbiamo** continuato
continu**i**	continu**ate**	**hai** continuato	**avete** continuato
continu**a**	continu**ano**	**ha** continuato	**hanno** continuato
imperfetto		**trapassato prossimo**	
continua**vo**	continua**vamo**	**avevo** continuato	**avevamo** continuato
continua**vi**	continua**vate**	**avevi** continuato	**avevate** continuato
continua**va**	continua**vano**	**aveva** continuato	**avevano** continuato
passato remoto		**trapassato remoto**	
continu**ai**	continu**ammo**	**ebbi** continuato	**avemmo** continuato
continu**asti**	continu**aste**	**avesti** continuato	**aveste** continuato
continu**ò**	continu**arono**	**ebbe** continuato	**ebbero** continuato
futuro semplice		**futuro anteriore**	
continuer**ò**	continuer**emo**	**avrò** continuato	**avremo** continuato
continuer**ai**	continuer**ete**	**avrai** continuato	**avrete** continuato
continuer**à**	continuer**anno**	**avrà** continuato	**avranno** continuato
condizionale presente		**condizionale passato**	
continuer**ei**	continuer**emmo**	**avrei** continuato	**avremmo** continuato
continuer**esti**	continuer**este**	**avresti** continuato	**avreste** continuato
continuer**ebbe**	continuer**ebbero**	**avrebbe** continuato	**avrebbero** continuato
congiuntivo presente		**congiuntivo passato**	
continu**i**	continu**iamo**	**abbia** continuato	**abbiamo** continuato
continu**i**	continu**iate**	**abbia** continuato	**abbiate** continuato
continu**i**	continu**ino**	**abbia** continuato	**abbiano** continuato
congiuntivo imperfetto		**congiuntivo trapassato**	
continu**assi**	continu**assimo**	**avessi** continuato	**avessimo** continuato
continu**assi**	continu**aste**	**avessi** continuato	**aveste** continuato
continu**asse**	continu**assero**	**avesse** continuato	**avessero** continuato
imperativo			
	continu**iamo**		
continu**a**; non	continu**ate**		
continu**are**			
continu**i**	continu**ino**		

to contradict

contraddire

SINGULAR	PLURAL	SINGULAR	PLURAL

indicativo presente

contraddic**o**	contraddic**iamo**		
contraddic**i**	contradd**ite**		
contraddic**e**	contraddic**ono**		

passato prossimo

ho contraddetto	**abbiamo** contraddetto
hai contraddetto	**avete** contraddetto
ha contraddetto	**hanno** contraddetto

imperfetto

contraddice**vo**	contraddice**vamo**
contraddice**vi**	contraddice**vate**
contraddice**va**	contraddice**vano**

trapassato prossimo

avevo contraddetto	**avevamo** contraddetto
avevi contraddetto	**avevate** contraddetto
aveva contraddetto	**avevano** contraddetto

passato remoto

contraddiss**i**	contraddic**emmo**
contraddic**esti**	contraddic**este**
contraddiss**e**	contraddiss**ero**

trapassato remoto

ebbi contraddetto	**avemmo** contraddetto
avesti contraddetto	**aveste** contraddetto
ebbe contraddetto	**ebbero** contraddetto

futuro semplice

contraddir**ò**	contraddir**emo**
contraddir**ai**	contraddir**ete**
contraddir**à**	contraddir**anno**

futuro anteriore

avrò contraddetto	**avremo** contraddetto
avrai contraddetto	**avrete** contraddetto
avrà contraddetto	**avranno** contraddetto

condizionale presente

contraddir**ei**	contraddir**emmo**
contraddir**esti**	contraddir**este**
contraddir**ebbe**	contraddir**ebbero**

condizionale passato

avrei contraddetto	**avremmo** contraddetto
avresti contraddetto	**avreste** contraddetto
avrebbe contraddetto	**avrebbero** contraddetto

congiuntivo presente

contraddic**a**	contraddic**iamo**
contraddic**a**	contraddic**iate**
contraddic**a**	contraddic**ano**

congiuntivo passato

abbia contraddetto	**abbiamo** contraddetto
abbia contraddetto	**abbiate** contraddetto
abbia contraddetto	**abbiano** contraddetto

congiuntivo imperfetto

contraddic**essi**	contraddic**essimo**
contraddic**essi**	contraddic**este**
contraddic**esse**	contraddic**essero**

congiuntivo trapassato

avessi contraddetto	**avessimo** contraddetto
avessi contraddetto	**aveste** contraddetto
avesse contraddetto	**avessero** contraddetto

imperativo

	contraddiciamo
contraddici; non	contraddite
contraddire	
contraddica	contraddicano

C

contrarre — to contract, to incur, to catch

gerundio contraendo   participio passato contratto

SINGULAR	PLURAL	SINGULAR	PLURAL
indicativo presente		**passato prossimo**	
contraggo	contraiamo	ho contratto	abbiamo contratto
contrai	contraete	hai contratto	avete contratto
contrae	contraggono	ha contratto	hanno contratto
imperfetto		**trapassato prossimo**	
contraevo	contraevamo	avevo contratto	avevamo contratto
contraevi	contraevate	avevi contratto	avevate contratto
contraeva	contraevano	aveva contratto	avevano contratto
passato remoto		**trapassato remoto**	
contrassi	contraemmo	ebbi contratto	avemmo contratto
contraesti	contraeste	avesti contratto	aveste contratto
contrasse	contrassero	ebbe contratto	ebbero contratto
futuro semplice		**futuro anteriore**	
contrarrò	contrarremo	avrò contratto	avremo contratto
contrarrai	contrarrete	avrai contratto	avrete contratto
contrarrà	contrarranno	avrà contratto	avranno contratto
condizionale presente		**condizionale passato**	
contrarrei	contrarremmo	avrei contratto	avremmo contratto
contrarresti	contrarreste	avresti contratto	avreste contratto
contrarrebbe	contrarrebbero	avrebbe contratto	avrebbero contratto
congiuntivo presente		**congiuntivo passato**	
contragga	contraiamo	abbia contratto	abbiamo contratto
contragga	contraiate	abbia contratto	abbiate contratto
contragga	contraggano	abbia contratto	abbiano contratto
congiuntivo imperfetto		**congiuntivo trapassato**	
contraessi	contraessimo	avessi contratto	avessimo contratto
contraessi	contraeste	avessi contratto	aveste contratto
contraesse	contraessero	avesse contratto	avessero contratto

imperativo

	contraiamo
contrai; non contrarre	contraete
contragga	contraggano

to be convenient, to suit

gerundio **convenendo**   participio passato **convenuto**

SINGULAR	PLURAL	SINGULAR	PLURAL

indicativo presente
conviene   convengono

passato prossimo
è convenuto(a)   **sono** convenuti(e)

imperfetto
conveniva   convenivano

trapassato prossimo
era convenuto(a)   **erano** convenuti(e)

passato remoto
convenne   convennero

trapassato remoto
fu convenuto(a)   **furono** convenuti(e)

futuro semplice
converrà   converranno

futuro anteriore
sarà convenuto(a)   **saranno** convenuti(e)

condizionale presente
converrebbe   converrebbero

condizionale passato
sarebbe convenuto(a) **sarebbero** convenuti(e)

congiuntivo presente
convenga   convengano

congiuntivo passato
sia convenuto(a)   **siano** convenuti(e)

congiuntivo imperfetto
convenisse   convenissero

congiuntivo trapassato
fosse convenuto(a)   **fossero** convenuti(e)

C

gerundio **convertendo**   participio passato **convertito**

SINGULAR	PLURAL	SINGULAR	PLURAL

indicativo presente

converto	convertiamo		
converti	convertite		
converte	convertono		

passato prossimo

ho convertito	**abbiamo** convertito
hai convertito	**avete** convertito
ha convertito	**hanno** convertito

imperfetto

convertivo	convertivamo
convertivi	convertivate
convertiva	convertivano

trapassato prossimo

avevo convertito	**avevamo** convertito
avevi convertito	**avevate** convertito
aveva convertito	**avevano** convertito

passato remoto

convertii	convertimmo
convertisti	convertiste
convertì	convertirono

trapassato remoto

ebbi convertito	**avemmo** convertito
avesti convertito	**aveste** convertito
ebbe convertito	**ebbero** convertito

futuro semplice

convertirò	convertiremo
convertirai	convertirete
convertirà	convertiranno

futuro anteriore

avrò convertito	**avremo** convertito
avrai convertito	**avrete** convertito
avrà convertito	**avranno** convertito

condizionale presente

convertirei	convertiremmo
convertiresti	convertireste
convertirebbe	convertirebbero

condizionale passato

avrei convertito	**avremmo** convertito
avresti convertito	**avreste** convertito
avrebbe convertito	**avrebbero** convertito

congiuntivo presente

converta	convertiamo
converta	convertiate
converta	convertano

congiuntivo passato

abbia convertito	**abbiamo** convertito
abbia convertito	**abbiate** convertito
abbia convertito	**abbiano** convertito

congiuntivo imperfetto

convertissi	convertissimo
convertissi	convertiste
convertisse	convertissero

congiuntivo trapassato

avessi convertito	**avessimo** convertito
avessi convertito	**aveste** convertito
avesse convertito	**avessero** convertito

imperativo

	convertiamo
converti; non convertire	convertite
converta	convertano

to convince, to persuade   convincere

SINGULAR	PLURAL	SINGULAR	PLURAL

indicativo presente

convinco	convinciamo
convinci	convincete
convince	convincono

passato prossimo

ho convinto	abbiamo convinto
hai convinto	avete convinto
ha convinto	hanno convinto

imperfetto

convincevo	convincevamo
convincevi	convincevate
convinceva	convincevano

trapassato prossimo

avevo convinto	avevamo convinto
avevi convinto	avevate convinto
aveva convinto	avevano convinto

passato remoto

convinsi	convincemmo
convincesti	convinceste
convinse	convinsero

trapassato remoto

ebbi convinto	avemmo convinto
avesti convinto	aveste convinto
ebbe convinto	ebbero convinto

futuro semplice

convincerò	convinceremo
convincerai	convincerete
convincerà	convinceranno

futuro anteriore

avrò convinto	avremo convinto
avrai convinto	avrete convinto
avrà convinto	avranno convinto

condizionale presente

convincerei	convinceremmo
convinceresti	convincereste
convincerebbe	convincerebbero

condizionale passato

avrei convinto	avremmo convinto
avresti convinto	avreste convinto
avrebbe convinto	avrebbero convinto

congiuntivo presente

convinca	convinciamo
convinca	convinciate
convinca	convincano

congiuntivo passato

abbia convinto	abbiamo convinto
abbia convinto	abbiate convinto
abbia convinto	abbiano convinto

congiuntivo imperfetto

convincessi	convincessimo
convincessi	convinceste
convincesse	convincessero

congiuntivo trapassato

avessi convinto	avessimo convinto
avessi convinto	aveste convinto
avesse convinto	avessero convinto

imperativo

	convinciamo
convinci; non convincere	convincete
convinca	convincano

C

copiare   to copy

gerundio **copiando**   participio passato **copiato**

SINGULAR	PLURAL	SINGULAR	PLURAL

indicativo presente

copi**o**	copi**amo**
copi**i**	copi**ate**
copi**a**	copi**ano**

passato prossimo

ho copiato	**abbiamo** copiato
hai copiato	**avete** copiato
ha copiato	**hanno** copiato

imperfetto

copia**vo**	copia**vamo**
copia**vi**	copia**vate**
copia**va**	copia**vano**

trapassato prossimo

avevo copiato	**avevamo** copiato
avevi copiato	**avevate** copiato
aveva copiato	**avevano** copiato

passato remoto

copia**i**	copi**ammo**
copi**asti**	copi**aste**
copi**ò**	copi**arono**

trapassato remoto

ebbi copiato	**avemmo** copiato
avesti copiato	**aveste** copiato
ebbe copiato	**ebbero** copiato

futuro semplice

copier**ò**	copier**emo**
copier**ai**	copier**ete**
copier**à**	copier**anno**

futuro anteriore

avrò copiato	**avremo** copiato
avrai copiato	**avrete** copiato
avrà copiato	**avranno** copiato

condizionale presente

copier**ei**	copier**emmo**
copier**esti**	copier**este**
copier**ebbe**	copier**ebbero**

condizionale passato

avrei copiato	**avremmo** copiato
avresti copiato	**avreste** copiato
avrebbe copiato	**avrebbero** copiato

congiuntivo presente

copi**i**	copi**amo**
copi**i**	copi**ate**
copi**i**	copi**no**

congiuntivo passato

abbia copiato	**abbiamo** copiato
abbia copiato	**abbiate** copiato
abbia copiato	**abbiano** copiato

congiuntivo imperfetto

copi**assi**	copi**assimo**
copi**assi**	copi**aste**
copi**asse**	copi**assero**

congiuntivo trapassato

avessi copiato	**avessimo** copiato
avessi copiato	**aveste** copiato
avesse copiato	**avessero** copiato

imperativo

	copiamo
copia; non copiare	copiate
copi	copino

gerundio **coprendo**   participio passato **coperto**

SINGULAR	PLURAL	SINGULAR	PLURAL

indicativo presente

		passato prossimo	
copro	copriamo	**ho** coperto	**abbiamo** coperto
copri	coprite	**hai** coperto	**avete** coperto
copre	coprono	**ha** coperto	**hanno** coperto

imperfetto

		trapassato prossimo	
coprivo	coprivamo	**avevo** coperto	**avevamo** coperto
coprivi	coprivate	**avevi** coperto	**avevate** coperto
copriva	coprivano	**aveva** coperto	**avevano** coperto

passato remoto

		trapassato remoto	
coprii	coprimmo	**ebbi** coperto	**avemmo** coperto
copristi	copriste	**avesti** coperto	**aveste** coperto
coprì	coprirono	**ebbe** coperto	**ebbero** coperto

futuro semplice

		futuro anteriore	
coprirò	copriremo	**avrò** coperto	**avremo** coperto
coprirai	coprirete	**avrai** coperto	**avrete** coperto
coprirà	copriranno	**avrà** coperto	**avranno** coperto

condizionale presente

		condizionale passato	
coprirei	copriremmo	**avrei** coperto	**avremmo** coperto
copriresti	coprireste	**avresti** coperto	**avreste** coperto
coprirebbe	coprirebbero	**avrebbe** coperto	**avrebbero** coperto

congiuntivo presente

		congiuntivo passato	
copra	copriamo	**abbia** coperto	**abbiamo** coperto
copra	copriate	**abbia** coperto	**abbiate** coperto
copra	coprano	**abbia** coperto	**abbiano** coperto

congiuntivo imperfetto

		congiuntivo trapassato	
coprissi	coprissimo	**avessi** coperto	**avessimo** coperto
coprissi	copriste	**avessi** coperto	**aveste** coperto
coprisse	coprissero	**avesse** coperto	**avessero** coperto

imperativo

	copriamo
copri; non coprire	coprite
copra	coprano

C

gerundio **correggendo**   participio passato **corretto**

SINGULAR	PLURAL	SINGULAR	PLURAL

indicativo presente
		passato prossimo	
correggo	correggiamo	**ho** corretto	**abbiamo** corretto
correggi	correggete	**hai** corretto	**avete** corretto
corregge	correggono	**ha** corretto	**hanno** corretto

imperfetto
		trapassato prossimo	
correggevo	correggevamo	**avevo** corretto	**avevamo** corretto
correggevi	correggevate	**avevi** corretto	**avevate** corretto
correggeva	correggevano	**aveva** corretto	**avevano** corretto

passato remoto
		trapassato remoto	
corressi	correggemmo	**ebbi** corretto	**avemmo** corretto
correggesti	correggeste	**avesti** corretto	**aveste** corretto
corresse	corressero	**ebbe** corretto	**ebbero** corretto

futuro semplice
		futuro anteriore	
correggerò	correggeremo	**avrò** corretto	**avremo** corretto
correggerai	correggerete	**avrai** corretto	**avrete** corretto
correggerà	correggeranno	**avrà** corretto	**avranno** corretto

condizionale presente
		condizionale passato	
correggerei	correggeremmo	**avrei** corretto	**avremmo** corretto
correggeresti	correggereste	**avresti** corretto	**avreste** corretto
correggerebbe	correggerebbero	**avrebbe** corretto	**avrebbero** corretto

congiuntivo presente
		congiuntivo passato	
corregga	correggiamo	**abbia** corretto	**abbiamo** corretto
corregga	correggiate	**abbia** corretto	**abbiate** corretto
corregga	correggano	**abbia** corretto	**abbiano** corretto

congiuntivo imperfetto
		congiuntivo trapassato	
correggessi	correggessimo	**avessi** corretto	**avessimo** corretto
correggessi	correggeste	**avessi** corretto	**aveste** corretto
correggesse	correggessero	**avesse** corretto	**avessero** corretto

imperativo
	correggiamo
correggi; non correggere	correggete
corregga	correggano

to run   corsere

SINGULAR	PLURAL	SINGULAR	PLURAL

indicativo presente

		passato prossimo	
corr**o**	corr**iamo**	**ho** corso	**abbiamo** corso
corr**i**	corr**ete**	**hai** corso	**avete** corso
corr**e**	corr**ono**	**ha** corso	**hanno** corso

imperfetto

		trapassato prossimo	
corre**vo**	corre**vamo**	**avevo** corso	**avevamo** corso
corre**vi**	corre**vate**	**avevi** corso	**avevate** corso
corre**va**	corre**vano**	**aveva** corso	**avevano** corso

passato remoto

		trapassato remoto	
cors**i**	corr**emmo**	**ebbi** corso	**avemmo** corso
corr**esti**	corr**este**	**avesti** corso	**aveste** corso
cors**e**	cors**ero**	**ebbe** corso	**ebbero** corso

futuro semplice

		futuro anteriore	
correr**ò**	correr**emo**	**avrò** corso	**avremo** corso
correr**ai**	correr**ete**	**avrai** corso	**avrete** corso
correr**à**	correr**anno**	**avrà** corso	**avranno** corso

condizionale presente

		condizionale passato	
correr**ei**	correr**emmo**	**avrei** corso	**avremmo** corso
correr**esti**	correr**este**	**avresti** corso	**avreste** corso
correr**ebbe**	correr**ebbero**	**avrebbe** corso	**avrebbero** corso

congiuntivo presente

		congiuntivo passato	
corr**a**	corr**iamo**	**abbia** corso	**abbiamo** corso
corr**a**	corr**iate**	**abbia** corso	**abbiate** corso
corr**a**	corr**ano**	**abbia** corso	**abbiano** corso

congiuntivo imperfetto

		congiuntivo trapassato	
corr**essi**	corr**essimo**	**avessi** corso	**avessimo** corso
corr**essi**	corr**este**	**avessi** corso	**aveste** corso
corr**esse**	corr**essero**	**avesse** corso	**avessero** corso

imperativo

	corriamo
corri; non correre	correte
corra	corrano

C

corrispondere

gerundio **corrispondendo**   participio passato **corrisposto**

SINGULAR	PLURAL	SINGULAR	PLURAL
indicativo presente		**passato prossimo**	
corrispond**o**	corrispond**iamo**	**ho** corrisposto	**abbiamo** corrisposto
corrispond**i**	corrispond**ete**	**hai** corrisposto	**avete** corrisposto
corrispond**e**	corrispond**ono**	**ha** corrisposto	**hanno** corrisposto
imperfetto		**trapassato prossimo**	
corrisponde**vo**	corrisponde**vamo**	**avevo** corrisposto	**avevamo** corrisposto
corrisponde**vi**	corrisponde**vate**	**avevi** corrisposto	**avevate** corrisposto
corrisponde**va**	corrisponde**vano**	**aveva** corrisposto	**avevano** corrisposto
passato remoto		**trapassato remoto**	
corrispos**i**	corrispond**emmo**	**ebbi** corrisposto	**avemmo** corrisposto
corrispond**esti**	corrispond**este**	**avesti** corrisposto	**aveste** corrisposto
corrispos**e**	corrispos**ero**	**ebbe** corrisposto	**ebbero** corrisposto
futuro semplice		**futuro anteriore**	
corrisponder**ò**	corrisponder**emo**	**avrò** corrisposto	**avremo** corrisposto
corrisponder**ai**	corrisponder**ete**	**avrai** corrisposto	**avrete** corrisposto
corrisponder**à**	corrisponder**anno**	**avrà** corrisposto	**avranno** corrisposto
condizionale presente		**condizionale passato**	
corrisponder**ei**	corrisponder**emmo**	**avrei** corrisposto	**avremmo** corrisposto
corrisponder**esti**	corrisponder**este**	**avresti** corrisposto	**avreste** corrisposto
corrisponder**ebbe**	corrisponder**ebbero**	**avrebbe** corrisposto	**avrebbero** corrisposto
congiuntivo presente		**congiuntivo passato**	
corrispond**a**	corrispond**iamo**	**abbia** corrisposto	**abbiamo** corrisposto
corrispond**a**	corrispond**iate**	**abbia** corrisposto	**abbiate** corrisposto
corrispond**a**	corrispond**ano**	**abbia** corrisposto	**abbiano** corrisposto
congiuntivo imperfetto		**congiuntivo trapassato**	
corrispond**essi**	corrispond**essimo**	**avessi** corrisposto	**avessimo** corrisposto
corrispond**essi**	corrispond**este**	**avessi** corrisposto	**aveste** corrisposto
corrispond**esse**	corrispond**essero**	**avesse** corrisposto	**avessero** corrisposto
imperativo			
	corrispond**iamo**		
corrispond**i**; non	corrispond**ete**		
corrispond**ere**			
corrispond**a**	corrispond**ano**		

to corrupt   corrompere

SINGULAR	PLURAL	SINGULAR	PLURAL

indicativo presente
corromp**o**	corromp**iamo**		
corromp**i**	corromp**ete**		
corromp**e**	corromp**ono**		

passato prossimo
ho corrotto	**abbiamo** corrotto
hai corrotto	**avete** corrotto
ha corrotto	**hanno** corrotto

imperfetto
corromp**evo**	corromp**evamo**
corromp**evi**	corromp**evate**
corromp**eva**	corromp**evano**

trapassato prossimo
avevo corrotto	**avevamo** corrotto
avevi corrotto	**avevate** corrotto
aveva corrotto	**avevano** corrotto

passato remoto
corrupp**i**	corromp**emmo**
corromp**esti**	corromp**este**
corrupp**e**	corrupp**ero**

trapassato remoto
ebbi corrotto	**avemmo** corrotto
avesti corrotto	**aveste** corrotto
ebbe corrotto	**ebbero** corrotto

futuro semplice
corromper**ò**	corromper**emo**
corromper**ai**	corromper**ete**
corromper**à**	corromper**anno**

futuro anteriore
avrò corrotto	**avremo** corrotto
avrai corrotto	**avrete** corrotto
avrà corrotto	**avranno** corrotto

condizionale presente
corromper**ei**	corromper**emmo**
corromper**esti**	corromper**este**
corromper**ebbe**	corromper**ebbero**

condizionale passato
avrei corrotto	**avremmo** corrotto
avresti corrotto	**avreste** corrotto
avrebbe corrotto	**avrebbero** corrotto

congiuntivo presente
corromp**a**	corromp**iamo**
corromp**a**	corromp**iate**
corromp**a**	corromp**ano**

congiuntivo passato
abbia corrotto	**abbiamo** corrotto
abbia corrotto	**abbiate** corrotto
abbia corrotto	**abbiano** corrotto

congiuntivo imperfetto
corromp**essi**	corromp**essimo**
corromp**essi**	corromp**este**
corromp**esse**	corromp**essero**

congiuntivo trapassato
avessi corrotto	**avessimo** corrotto
avessi corrotto	**aveste** corrotto
avesse corrotto	**avessero** corrotto

imperativo
	corromp**iamo**
corromp**i**; non	corromp**ete**
corromp**ere**	
corromp**a**	corromp**ano**

C

gerundio **cospargendo**   participio passato **cosparso**

SINGULAR	PLURAL	SINGULAR	PLURAL
indicativo presente		**passato prossimo**	
cospargo	cospargiamo	**ho** cosparso	**abbiamo** cosparso
cospargi	cospargete	**hai** cosparso	**avete** cosparso
cosparge	cospargono	**ha** cosparso	**hanno** cosparso
imperfetto		**trapassato prossimo**	
cospargevo	cospargevamo	**avevo** cosparso	**avevamo** cosparso
cospargevi	cospargevate	**avevi** cosparso	**avevate** cosparso
cospargeva	cospargevano	**aveva** cosparso	**avevano** cosparso
passato remoto		**trapassato remoto**	
cosparsi	cospargemmo	**ebbi** cosparso	**avemmo** cosparso
cospargesti	cospargeste	**avesti** cosparso	**aveste** cosparso
cosparse	cosparsero	**ebbe** cosparso	**ebbero** cosparso
futuro semplice		**futuro anteriore**	
cospargerò	cospargeremo	**avrò** cosparso	**avremo** cosparso
cospargerai	cospargerete	**avrai** cosparso	**avrete** cosparso
cospargerà	cospargeranno	**avrà** cosparso	**avranno** cosparso
condizionale presente		**condizionale passato**	
cospargerei	cospargeremmo	**avrei** cosparso	**avremmo** cosparso
cospargeresti	cospargereste	**avresti** cosparso	**avreste** cosparso
cospargerebbe	cospargerebbero	**avrebbe** cosparso	**avrebbero** cosparso
congiuntivo presente		**congiuntivo passato**	
cosparga	cospargiamo	**abbia** cosparso	**abbiamo** cosparso
cosparga	cospargiate	**abbia** cosparso	**abbiate** cosparso
cosparga	cospargano	**abbia** cosparso	**abbiano** cosparso
congiuntivo imperfetto		**congiuntivo trapassato**	
cospargessi	cospargessimo	**avessi** cosparso	**avessimo** cosparso
cospargessi	cospargeste	**avessi** cosparso	**aveste** cosparso
cospargesse	cospargessero	**avesse** cosparso	**avessero** cosparso
imperativo			
	cospargiamo		
cospargi; non	cospargete		
cospargere			
cosparga	cospargano		

to cost   costare

SINGULAR	PLURAL		SINGULAR	PLURAL

indicativo presente
cost**a**   cost**ano**

passato prossimo
è costato(a)   **sono** costati(e)

C

imperfetto
costa**va**   costa**vano**

trapassato prossimo
era costato(a)   **erano** costati(e)

passato remoto
cost**ò**   cost**arono**

trapassato remoto
fu costato(a)   **furono** costati(e)

futuro semplice
coster**à**   coster**anno**

futuro anteriore
sarà costato(a)   **saranno** costati(e)

condizionale presente
coster**ebbe**   coster**ebbero**

condizionale passato
sarebbe costato(a)   **sarebbero** costati(e)

congiuntivo presente
cost**i**   cost**ino**

congiuntivo passato
sia costato(a)   **siano** costati(e)

congiuntivo imperfetto
cost**asse**   cost**assero**

congiuntivo trapassato
fosse costato(a)   **fossero** costati(e)

gerundio **costringendo**   participio passato **costretto**

SINGULAR	PLURAL	SINGULAR	PLURAL

indicativo presente
		### passato prossimo	
costring**o**	costring**iamo**	**ho** costretto	**abbiamo** costretto
costring**i**	costring**ete**	**hai** costretto	**avete** costretto
costring**e**	costring**ono**	**ha** costretto	**hanno** costretto

imperfetto
		### trapassato prossimo	
costring**evo**	costring**evamo**	**avevo** costretto	**avevamo** costretto
costring**evi**	costring**evate**	**avevi** costretto	**avevate** costretto
costring**eva**	costring**evano**	**aveva** costretto	**avevano** costretto

passato remoto
		### trapassato remoto	
costrins**i**	costring**emmo**	**ebbi** costretto	**avemmo** costretto
costring**esti**	costring**este**	**avesti** costretto	**aveste** costretto
costrins**e**	costrins**ero**	**ebbe** costretto	**ebbero** costretto

futuro semplice
		### futuro anteriore	
costringer**ò**	costringer**emo**	**avrò** costretto	**avremo** costretto
costringer**ai**	costringer**ete**	**avrai** costretto	**avrete** costretto
costringer**à**	costringer**anno**	**avrà** costretto	**avranno** costretto

condizionale presente
		### condizionale passato	
costringer**ei**	costringer**emmo**	**avrei** costretto	**avremmo** costretto
costringer**esti**	costringer**este**	**avresti** costretto	**avreste** costretto
costringer**ebbe**	costringer**ebbero**	**avrebbe** costretto	**avrebbero** costretto

congiuntivo presente
		### congiuntivo passato	
costring**a**	costring**iamo**	**abbia** costretto	**abbiamo** costretto
costring**a**	costring**iate**	**abbia** costretto	**abbiate** costretto
costring**a**	costring**ano**	**abbia** costretto	**abbiano** costretto

congiuntivo imperfetto
		### congiuntivo trapassato	
costring**essi**	costring**essimo**	**avessi** costretto	**avessimo** costretto
costring**essi**	costring**este**	**avessi** costretto	**aveste** costretto
costring**esse**	costring**essero**	**avesse** costretto	**avessero** costretto

imperativo
	costring**iamo**
costring**i**; non costringere	costring**ete**
costring**a**	costring**ano**

gerundio **costruendo** participio passato **costruito**

SINGULAR	PLURAL	SINGULAR	PLURAL
indicativo presente		passato prossimo	
costruisc**o**	costru**iamo**	**ho** costruito	**abbiamo** costruito
costruisc**i**	costru**ite**	**hai** costruito	**avete** costruito
costruisc**e**	costruisc**ono**	**ha** costruito	**hanno** costruito
imperfetto		trapassato prossimo	
costrui**vo**	costrui**vamo**	**avevo** costruito	**avevamo** costruito
costrui**vi**	costrui**vate**	**avevi** costruito	**avevate** costruito
costrui**va**	costrui**vano**	**aveva** costruito	**avevano** costruito
passato remoto		trapassato remoto	
costru**ii**	costru**immo**	**ebbi** costruito	**avemmo** costruito
costru**isti**	costru**iste**	**avesti** costruito	**aveste** costruito
costru**ì**	costrui**rono**	**ebbe** costruito	**ebbero** costruito
futuro semplice		futuro anteriore	
costrui**rò**	costrui**remo**	**avrò** costruito	**avremo** costruito
costrui**rai**	costrui**rete**	**avrai** costruito	**avrete** costruito
costrui**rà**	costrui**ranno**	**avrà** costruito	**avranno** costruito
condizionale presente		condizionale passato	
costruir**ei**	costruir**emmo**	**avrei** costruito	**avremmo** costruito
costruir**esti**	costruir**este**	**avresti** costruito	**avreste** costruito
costruir**ebbe**	costruir**ebbero**	**avrebbe** costruito	**avrebbero** costruito
congiuntivo presente		congiuntivo passato	
costruisc**a**	costru**iamo**	**abbia** costruito	**abbiamo** costruito
costruisc**a**	costru**iate**	**abbia** costruito	**abbiate** costruito
costruisc**a**	costruisc**ano**	**abbia** costruito	**abbiano** costruito
congiuntivo imperfetto		congiuntivo trapassato	
costru**issi**	costru**issimo**	**avessi** costruito	**avessimo** costruito
costru**issi**	costru**iste**	**avessi** costruito	**aveste** costruito
costru**isse**	costru**issero**	**avesse** costruito	**avessero** costruito
imperativo			
	costruiamo		
costruisci; non costruire	costruite		
costruisca	costruiscano		

C

credere

to believe

SINGULAR	PLURAL	SINGULAR	PLURAL

C

indicativo presente
cred**o**	cred**iamo**
cred**i**	cred**ete**
cred**e**	cred**ono**

passato prossimo
ho creduto	**abbiamo** creduto
hai creduto	**avete** creduto
ha creduto	**hanno** creduto

imperfetto
crede**vo**	crede**vamo**
crede**vi**	crede**vate**
crede**va**	crede**vano**

trapassato prossimo
avevo creduto	**avevamo** creduto
avevi creduto	**avevate** creduto
aveva creduto	**avevano** creduto

passato remoto
cred**ei**, cred**etti**	cred**emmo**
cred**esti**	cred**este**
cred**é**, cred**ette**	cred**erono**, cred**ettero**

trapassato remoto
ebbi creduto	**avemmo** creduto
avesti creduto	**aveste** creduto
ebbe creduto	**ebbero** creduto

futuro semplice
cred**erò**	cred**eremo**
cred**erai**	cred**erete**
cred**erà**	cred**eranno**

futuro anteriore
avrò creduto	**avremo** creduto
avrai creduto	**avrete** creduto
avrà creduto	**avranno** creduto

condizionale presente
cred**erei**	cred**eremmo**
cred**eresti**	cred**ereste**
cred**erebbe**	cred**erebbero**

condizionale passato
avrei creduto	**avremmo** creduto
avresti creduto	**avreste** creduto
avrebbe creduto	**avrebbero** creduto

congiuntivo presente
cred**a**	cred**iamo**
cred**a**	cred**iate**
cred**a**	cred**ano**

congiuntivo passato
abbia creduto	**abbiamo** creduto
abbia creduto	**abbiate** creduto
abbia creduto	**abbiano** creduto

congiuntivo imperfetto
cred**essi**	cred**essimo**
cred**essi**	cred**este**
cred**esse**	cred**essero**

congiuntivo trapassato
avessi creduto	**avessimo** creduto
avessi creduto	**aveste** creduto
avesse creduto	**avessero** creduto

imperativo
	crediamo
credi; non credere	credete
creda	credano

to grow

crescere

SINGULAR	PLURAL	SINGULAR	PLURAL

indicativo presente
cresc**o**	cresc**iamo**
cresc**i**	cresc**ete**
cresc**e**	cresc**ono**

passato prossimo
sono cresciuto(a)	**siamo** cresciuti(e)
sei cresciuto(a)	**siete** cresciuti(e)
è cresciuto(a)	**sono** cresciuti(e)

imperfetto
cresce**vo**	cresce**vamo**
cresce**vi**	cresce**vate**
cresce**va**	cresce**vano**

trapassato prossimo
ero cresciuto(a)	**eravamo** cresciuti(e)
eri cresciuto(a)	**eravate** cresciuti(e)
era cresciuto(a)	**erano** cresciuti(e)

passato remoto
crebb**i**	cresc**emmo**
cresc**esti**	cresc**este**
crebb**e**	crebb**ero**

trapassato remoto
fui cresciuto(a)	**fummo** cresciuti(e)
fosti cresciuto(a)	**foste** cresciuti(e)
fu cresciuto(a)	**furono** cresciuti(e)

futuro semplice
crescer**ò**	crescer**emo**
crescer**ai**	crescer**ete**
crescer**à**	crescer**anno**

futuro anteriore
sarò cresciuto(a)	**saremo** cresciuti(e)
sarai cresciuto(a)	**sarete** cresciuti(e)
sarà cresciuto(a)	**saranno** cresciuti(e)

condizionale presente
crescer**ei**	crescer**emmo**
crescer**esti**	crescer**este**
crescer**ebbe**	crescer**ebbero**

condizionale passato
sarei cresciuto(a)	**saremmo** cresciuti(e)
saresti cresciuto(a)	**sareste** cresciuti(e)
sarebbe cresciuto(a)	**sarebbero** cresciuti(e)

congiuntivo presente
cresc**a**	cresc**iamo**
cresc**a**	cresc**iate**
cresc**a**	cresc**ano**

congiuntivo passato
sia cresciuto(a)	**siamo** cresciuti(e)
sia cresciuto(a)	**siate** cresciuti(e)
sia cresciuto(a)	**siano** cresciuti(e)

congiuntivo imperfetto
cresc**essi**	cresc**essimo**
cresc**essi**	cresc**este**
cresc**esse**	cresc**essero**

congiuntivo trapassato
fossi cresciuto(a)	**fossimo** cresciuti(e)
fossi cresciuto(a)	**foste** cresciuti(e)
fosse cresciuto(a)	**fossero** cresciuti(e)

imperativo
	cresciamo
cresci; non crescere	crescete
cresca	crescano

C

gerundio **cucinando**   participio passato **cucinato**

SINGULAR	PLURAL	SINGULAR	PLURAL
indicativo presente		**passato prossimo**	
cucin**o**	cucin**iamo**	**ho** cucinato	**abbiamo** cucinato
cucin**i**	cucin**ate**	**hai** cucinato	**avete** cucinato
cucin**a**	cucin**ano**	**ha** cucinato	**hanno** cucinato
imperfetto		**trapassato prossimo**	
cucina**vo**	cucina**vamo**	**avevo** cucinato	**avevamo** cucinato
cucina**vi**	cucina**vate**	**avevi** cucinato	**avevate** cucinato
cucina**va**	cucina**vano**	**aveva** cucinato	**avevano** cucinato
passato remoto		**trapassato remoto**	
cucin**ai**	cucin**ammo**	**ebbi** cucinato	**avemmo** cucinato
cucin**asti**	cucin**aste**	**avesti** cucinato	**aveste** cucinato
cucin**ò**	cucin**arono**	**ebbe** cucinato	**ebbero** cucinato
futuro semplice		**futuro anteriore**	
cucin**erò**	cucin**eremo**	**avrò** cucinato	**avremo** cucinato
cucin**erai**	cucin**erete**	**avrai** cucinato	**avrete** cucinato
cucin**erà**	cucin**eranno**	**avrà** cucinato	**avranno** cucinato
condizionale presente		**condizionale passato**	
cucin**erei**	cucin**eremmo**	**avrei** cucinato	**avremmo** cucinato
cucin**eresti**	cucin**ereste**	**avresti** cucinato	**avreste** cucinato
cucin**erebbe**	cucin**erebbero**	**avrebbe** cucinato	**avrebbero** cucinato
congiuntivo presente		**congiuntivo passato**	
cucin**i**	cucin**iamo**	**abbia** cucinato	**abbiamo** cucinato
cucin**i**	cucin**iate**	**abbia** cucinato	**abbiate** cucinato
cucin**i**	cucin**ino**	**abbia** cucinato	**abbiano** cucinato
congiuntivo imperfetto		**congiuntivo trapassato**	
cucin**assi**	cucin**assimo**	**avessi** cucinato	**avessimo** cucinato
cucin**assi**	cucin**aste**	**avessi** cucinato	**aveste** cucinato
cucin**asse**	cucin**assero**	**avesse** cucinato	**avessero** cucinato
imperativo			
	cucin**iamo**		
cucin**a**; non cucin**are**	cucin**ate**		
cucin**i**	cucin**ino**		

gerundio **cucendo**

participio passato **cucito**

SINGULAR	PLURAL	SINGULAR	PLURAL

C

indicativo presente

		passato prossimo	
cuci**o**	cuc**iamo**	**ho** cucito	**abbiamo** cucito
cuc**i**	cuc**ite**	**hai** cucito	**avete** cucito
cuc**e**	cuc**iono**	**ha** cucito	**hanno** cucito

imperfetto

		trapassato prossimo	
cuci**vo**	cuci**vamo**	**avevo** cucito	**avevamo** cucito
cuci**vi**	cuci**vate**	**avevi** cucito	**avevate** cucito
cuci**va**	cuci**vano**	**aveva** cucito	**avevano** cucito

passato remoto

		trapassato remoto	
cuc**ii**	cuc**immo**	**ebbi** cucito	**avemmo** cucito
cuc**isti**	cuc**iste**	**avesti** cucito	**aveste** cucito
cuc**ì**	cuc**irono**	**ebbe** cucito	**ebbero** cucito

futuro semplice

		futuro anteriore	
cucir**ò**	cucir**emo**	**avrò** cucito	**avremo** cucito
cucir**ai**	cucir**ete**	**avrai** cucito	**avrete** cucito
cucir**à**	cucir**anno**	**avrà** cucito	**avranno** cucito

condizionale presente

		condizionale passato	
cucir**ei**	cucir**emmo**	**avrei** cucito	**avremmo** cucito
cucir**esti**	cucir**este**	**avresti** cucito	**avreste** cucito
cucir**ebbe**	cucir**ebbero**	**avrebbe** cucito	**avrebbero** cucito

congiuntivo presente

		congiuntivo passato	
cuci**a**	cuc**iamo**	**abbia** cucito	**abbiamo** cucito
cuci**a**	cuci**ate**	**abbia** cucito	**abbiate** cucito
cuci**a**	cuci**ano**	**abbia** cucito	**abbiano** cucito

congiuntivo imperfetto

		congiuntivo trapassato	
cuc**issi**	cuc**issimo**	**avessi** cucito	**avessimo** cucito
cuc**issi**	cuc**iste**	**avessi** cucito	**aveste** cucito
cuc**isse**	cuc**issero**	**avesse** cucito	**avessero** cucito

imperativo

	cuc**iamo**
cuc**i**; non cucire	cuc**ite**
cuc**ia**	cuc**iano**

cuocere   to cook

gerundio **cuocendo**   participio passato **cotto**

SINGULAR	PLURAL	SINGULAR	PLURAL
indicativo presente		**passato prossimo**	
cuoc**io**	cuoc**iamo**	**ho** cotto	**abbiamo** cotto
cuoc**i**	cuoc**ete**	**hai** cotto	**avete** cotto
cuoc**e**	cuoc**iono**	**ha** cotto	**hanno** cotto
imperfetto		**trapassato prossimo**	
cuoce**vo**	cuoce**vamo**	**avevo** cotto	**avevamo** cotto
cuoce**vi**	cuoce**vate**	**avevi** cotto	**avevate** cotto
cuoce**va**	cuoce**vano**	**aveva** cotto	**avevano** cotto
passato remoto		**trapassato remoto**	
coss**i**	cuoc**emmo**	**ebbi** cotto	**avemmo** cotto
cuoc**esti**	cuoc**este**	**avesti** cotto	**aveste** cotto
coss**e**	coss**ero**	**ebbe** cotto	**ebbero** cotto
futuro semplice		**futuro anteriore**	
cuocer**ò**	cuocer**emo**	**avrò** cotto	**avremo** cotto
cuocer**ai**	cuocer**ete**	**avrai** cotto	**avrete** cotto
cuocer**à**	cuocer**anno**	**avrà** cotto	**avranno** cotto
condizionale presente		**condizionale passato**	
cuocer**ei**	cuocer**emmo**	**avrei** cotto	**avremmo** cotto
cuocer**esti**	cuocer**este**	**avresti** cotto	**avreste** cotto
cuocer**ebbe**	cuocer**ebbero**	**avrebbe** cotto	**avrebbero** cotto
congiuntivo presente		**congiuntivo passato**	
cuoc**ia**	cuoc**iamo**	**abbia** cotto	**abbiamo** cotto
cuoc**ia**	cuoc**iate**	**abbia** cotto	**abbiate** cotto
cuoc**ia**	cuoc**iano**	**abbia** cotto	**abbiano** cotto
congiuntivo imperfetto		**congiuntivo trapassato**	
cuoc**essi**	cuoc**essimo**	**avessi** cotto	**avessimo** cotto
cuoc**essi**	cuoc**este**	**avessi** cotto	**aveste** cotto
cuoc**esse**	cuoc**essero**	**avesse** cotto	**avessero** cotto
imperativo			
	cuoc**iamo**		
cuoci; non cuocere	cuoc**ete**		
cuoc**ia**	cuoc**iano**		

to cure, to take care of   curare

gerundio **curando**   participio passato **curato**

SINGULAR	PLURAL	SINGULAR	PLURAL
indicativo presente		**passato prossimo**	
cur**o**	cur**iamo**	**ho** curato	**abbiamo** curato
cur**i**	cur**ate**	**hai** curato	**avete** curato
cur**a**	cur**ano**	**ha** curato	**hanno** curato
imperfetto		**trapassato prossimo**	
cura**vo**	cura**vamo**	**avevo** curato	**avevamo** curato
cura**vi**	cura**vate**	**avevi** curato	**avevate** curato
cura**va**	cura**vano**	**aveva** curato	**avevano** curato
passato remoto		**trapassato remoto**	
cur**ai**	cur**ammo**	**ebbi** curato	**avemmo** curato
cur**asti**	cur**aste**	**avesti** curato	**aveste** curato
cur**ò**	cur**arono**	**ebbe** curato	**ebbero** curato
futuro semplice		**futuro anteriore**	
curer**ò**	curer**emo**	**avrò** curato	**avremo** curato
curer**ai**	curer**ete**	**avrai** curato	**avrete** curato
curer**à**	curer**anno**	**avrà** curato	**avranno** curato
condizionale presente		**condizionale passato**	
curer**ei**	curer**emmo**	**avrei** curato	**avremmo** curato
curer**esti**	curer**este**	**avresti** curato	**avreste** curato
curer**ebbe**	curer**ebbero**	**avrebbe** curato	**avrebbero** curato
congiuntivo presente		**congiuntivo passato**	
cur**i**	cur**iamo**	**abbia** curato	**abbiamo** curato
cur**i**	cur**iate**	**abbia** curato	**abbiate** curato
cur**i**	cur**ino**	**abbia** curato	**abbiano** curato
congiuntivo imperfetto		**congiuntivo trapassato**	
cur**assi**	cur**assimo**	**avessi** curato	**avessimo** curato
cur**assi**	cur**aste**	**avessi** curato	**aveste** curato
cur**asse**	cur**assero**	**avesse** curato	**avessero** curato
imperativo			
	curiamo		
cura; non curare	curate		
curi	curino		

dare

to give

gerundio **dando**

participio passato **dato**

SINGULAR	PLURAL	SINGULAR	PLURAL
indicativo presente		**passato prossimo**	
do	**diamo**	**ho** dato	**abbiamo** dato
dai	**date**	**hai** dato	**avete** dato
dà	**danno**	**ha** dato	**hanno** dato
imperfetto		**trapassato prossimo**	
da**vo**	da**vamo**	**avevo** dato	**avevamo** dato
da**vi**	da**vate**	**avevi** dato	**avevate** dato
da**va**	da**vano**	**aveva** dato	**avevano** dato
passato remoto		**trapassato remoto**	
died**i**, d**etti**	d**emmo**	**ebbi** dato	**avemmo** dato
d**esti**	d**este**	**avesti** dato	**aveste** dato
died**e**, d**ette**	died**ero**, d**ettero**	**ebbe** dato	**ebbero** dato
futuro semplice		**futuro anteriore**	
dar**ò**	dar**emo**	**avrò** dato	**avremo** dato
dar**ai**	dar**ete**	**avrai** dato	**avrete** dato
dar**à**	dar**anno**	**avrà** dato	**avranno** dato
condizionale presente		**condizionale passato**	
dar**ei**	dar**emmo**	**avrei** dato	**avremmo** dato
dar**esti**	dar**este**	**avresti** dato	**avreste** dato
dar**ebbe**	dar**ebbero**	**avrebbe** dato	**avrebbero** dato
congiuntivo presente		**congiuntivo passato**	
d**ia**	d**iamo**	**abbia** dato	**abbiamo** dato
d**ia**	d**iate**	**abbia** dato	**abbiate** dato
d**ia**	d**iano**	**abbia** dato	**abbiano** dato
congiuntivo imperfetto		**congiuntivo trapassato**	
d**essi**	d**essimo**	**avessi** dato	**avessimo** dato
d**essi**	d**este**	**avessi** dato	**aveste** dato
d**esse**	d**essero**	**avesse** dato	**avessero** dato
imperativo			
	diamo		
da'/dai; non dare	date		
dia	diano		

MUST
KNOW
VERB

to decide   decidere

SINGULAR	PLURAL	SINGULAR	PLURAL
indicativo presente		**passato prossimo**	
decid**o**	decid**iamo**	**ho** deciso	**abbiamo** deciso
decid**i**	decid**ete**	**hai** deciso	**avete** deciso
decid**e**	decid**ono**	**ha** deciso	**hanno** deciso
imperfetto		**trapassato prossimo**	
decide**vo**	decide**vamo**	**avevo** deciso	**avevamo** deciso
decide**vi**	decide**vate**	**avevi** deciso	**avevate** deciso
decide**va**	decide**vano**	**aveva** deciso	**avevano** deciso
passato remoto		**trapassato remoto**	
decis**i**	decid**emmo**	**ebbi** deciso	**avemmo** deciso
decid**esti**	decid**este**	**avesti** deciso	**aveste** deciso
decis**e**	decis**ero**	**ebbe** deciso	**ebbero** deciso
futuro semplice		**futuro anteriore**	
decider**ò**	decider**emo**	**avrò** deciso	**avremo** deciso
decider**ai**	decider**ete**	**avrai** deciso	**avrete** deciso
decider**à**	decider**anno**	**avrà** deciso	**avranno** deciso
condizionale presente		**condizionale passato**	
decider**ei**	decider**emmo**	**avrei** deciso	**avremmo** deciso
decider**esti**	decider**este**	**avresti** deciso	**avreste** deciso
decider**ebbe**	decider**ebbero**	**avrebbe** deciso	**avrebbero** deciso
congiuntivo presente		**congiuntivo passato**	
decid**a**	decid**iamo**	**abbia** deciso	**abbiamo** deciso
decid**a**	decid**iate**	**abbia** deciso	**abbiate** deciso
decid**a**	decid**ano**	**abbia** deciso	**abbiano** deciso
congiuntivo imperfetto		**congiuntivo trapassato**	
decid**essi**	decid**essimo**	**avessi** deciso	**avessimo** deciso
decid**essi**	decid**este**	**avessi** deciso	**aveste** deciso
decid**esse**	decid**essero**	**avesse** deciso	**avessero** deciso
imperativo			
	decidiamo		
decidi; non decidere	decidete		
decida	decidano		

D

gerundio **definendo**   participio passato **definito**

SINGULAR	PLURAL	SINGULAR	PLURAL

indicativo presente
defin**isco**	defin**iamo**	
defin**isci**	defin**ite**	
defin**isce**	defin**iscono**	

passato prossimo
ho definito	**abbiamo** definito
hai definito	**avete** definito
ha definito	**hanno** definito

imperfetto
defini**vo**	defini**vamo**
defini**vi**	defini**vate**
defini**va**	defini**vano**

trapassato prossimo
avevo definito	**avevamo** definito
avevi definito	**avevate** definito
aveva definito	**avevano** definito

passato remoto
defin**ii**	defin**immo**
defin**isti**	defin**iste**
defin**ì**	defin**irono**

trapassato remoto
ebbi definito	**avemmo** definito
avesti definito	**aveste** definito
ebbe definito	**ebbero** definito

futuro semplice
defini**rò**	defini**remo**
defini**rai**	defini**rete**
defini**rà**	defini**ranno**

futuro anteriore
avrò definito	**avremo** definito
avrai definito	**avrete** definito
avrà definito	**avranno** definito

condizionale presente
defini**rei**	defini**remmo**
defini**resti**	defini**reste**
defini**rebbe**	defini**rebbero**

condizionale passato
avrei definito	**avremmo** definito
avresti definito	**avreste** definito
avrebbe definito	**avrebbero** definito

congiuntivo presente
defin**isca**	defin**iamo**
defin**isca**	defin**iate**
defin**isca**	defin**iscano**

congiuntivo passato
abbia definito	**abbiamo** definito
abbia definito	**abbiate** definito
abbia definito	**abbiano** definito

congiuntivo imperfetto
defin**issi**	defin**issimo**
defin**issi**	defin**iste**
defin**isse**	defin**issero**

congiuntivo trapassato
avessi definito	**avessimo** definito
avessi definito	**aveste** definito
avesse definito	**avessero** definito

imperativo
	defin**iamo**
defin**isci**; non definire	defin**ite**
defin**isca**	defin**iscano**

to decide, to deliberate   **deliberare**

SINGULAR	PLURAL	SINGULAR	PLURAL
indicativo presente		passato prossimo	
deliber**o**	deliber**iamo**	**ho** deliberato	**abbiamo** deliberato
deliber**i**	deliber**ate**	**hai** deliberato	**avete** deliberato
deliber**a**	deliber**ano**	**ha** deliberato	**hanno** deliberato
imperfetto		trapassato prossimo	
delibera**vo**	delibera**vamo**	**avevo** deliberato	**avevamo** deliberato
delibera**vi**	delibera**vate**	**avevi** deliberato	**avevate** deliberato
delibera**va**	delibera**vano**	**aveva** deliberato	**avevano** deliberato
passato remoto		trapassato remoto	
deliber**ai**	deliber**ammo**	**ebbi** deliberato	**avemmo** deliberato
deliber**asti**	deliber**aste**	**avesti** deliberato	**aveste** deliberato
deliber**ò**	deliber**arono**	**ebbe** deliberato	**ebbero** deliberato
futuro semplice		futuro anteriore	
deliberer**ò**	deliberer**emo**	**avrò** deliberato	**avremo** deliberato
deliberer**ai**	deliberer**ete**	**avrai** deliberato	**avrete** deliberato
deliberer**à**	deliberer**anno**	**avrà** deliberato	**avranno** deliberato
condizionale presente		condizionale passato	
deliberer**ei**	deliberer**emmo**	**avrei** deliberato	**avremmo** deliberato
deliberer**esti**	deliberer**este**	**avresti** deliberato	**avreste** deliberato
deliberer**ebbe**	deliberer**ebbero**	**avrebbe** deliberato	**avrebbero** deliberato
congiuntivo presente		congiuntivo passato	
deliber**i**	deliber**iamo**	**abbia** deliberato	**abbiamo** deliberato
deliber**i**	deliber**iate**	**abbia** deliberato	**abbiate** deliberato
deliber**i**	deliber**ino**	**abbia** deliberato	**abbiano** deliberato
congiuntivo imperfetto		congiuntivo trapassato	
deliber**assi**	deliber**assimo**	**avessi** deliberato	**avessimo** deliberato
deliber**assi**	deliber**aste**	**avessi** deliberato	**aveste** deliberato
deliber**asse**	deliber**assero**	**avesse** deliberato	**avessero** deliberato
imperativo			
	deliber**iamo**		
delibera;	deliber**ate**		
non deliberare			
deliber**i**	deliber**ino**		

D

deludere
to disappoint, to let down

SINGULAR	PLURAL	SINGULAR	PLURAL

indicativo presente

		passato prossimo	
deludo	deludiamo	**ho** deluso	**abbiamo** deluso
deludi	deludete	**hai** deluso	**avete** deluso
delude	deludono	**ha** deluso	**hanno** deluso

imperfetto

		trapassato prossimo	
deludevo	deludevamo	**avevo** deluso	**avevamo** deluso
deludevi	deludevate	**avevi** deluso	**avevate** deluso
deludeva	deludevano	**aveva** deluso	**avevano** deluso

passato remoto

		trapassato remoto	
delusi	deludemmo	**ebbi** deluso	**avemmo** deluso
deludesti	deludeste	**avesti** deluso	**aveste** deluso
deluse	delusero	**ebbe** deluso	**ebbero** deluso

futuro semplice

		futuro anteriore	
deluderò	deluderemo	**avrò** deluso	**avremo** deluso
deluderai	deluderete	**avrai** deluso	**avrete** deluso
deluderà	deluderanno	**avrà** deluso	**avranno** deluso

condizionale presente

		condizionale passato	
deluderei	deluderemmo	**avrei** deluso	**avremmo** deluso
deluderesti	deludereste	**avresti** deluso	**avreste** deluso
deluderebbe	deluderebbero	**avrebbe** deluso	**avrebbero** deluso

congiuntivo presente

		congiuntivo passato	
deluda	deludiamo	**abbia** deluso	**abbiamo** deluso
deluda	deludiate	**abbia** deluso	**abbiate** deluso
deluda	deludano	**abbia** deluso	**abbiano** deluso

congiuntivo imperfetto

		congiuntivo trapassato	
deludessi	deludessimo	**avessi** deluso	**avessimo** deluso
deludessi	deludeste	**avessi** deluso	**aveste** deluso
deludesse	deludessero	**avesse** deluso	**avessero** deluso

imperativo

	deludiamo
deludi; non deludere	deludete
deluda	deludano

to denounce, to sue   denunciare

gerundio **denunciando**   participio passato **denunciato**

SINGULAR	PLURAL	SINGULAR	PLURAL

indicativo presente

SINGULAR	PLURAL
denunc**io**	denunc**iamo**
denunc**i**	denunc**iate**
denunc**ia**	denunc**iano**

passato prossimo

SINGULAR	PLURAL
ho denunciato	**abbiamo** denunciato
hai denunciato	**avete** denunciato
ha denunciato	**hanno** denunciato

imperfetto

denuncia**vo**	denuncia**vamo**
denuncia**vi**	denuncia**vate**
denuncia**va**	denuncia**vano**

trapassato prossimo

avevo denunciato	**avevamo** denunciato
avevi denunciato	**avevate** denunciato
aveva denunciato	**avevano** denunciato

passato remoto

denunc**iai**	denunc**iammo**
denunc**iasti**	denunc**iaste**
denunc**iò**	denunc**iarono**

trapassato remoto

ebbi denunciato	**avemmo** denunciato
avesti denunciato	**aveste** denunciato
ebbe denunciato	**ebbero** denunciato

futuro semplice

denuncer**ò**	denuncer**emo**
denuncer**ai**	denuncer**ete**
denuncer**à**	denuncer**anno**

futuro anteriore

avrò denunciato	**avremo** denunciato
avrai denunciato	**avrete** denunciato
avrà denunciato	**avranno** denunciato

condizionale presente

denuncer**ei**	denuncer**emmo**
denuncer**esti**	denuncer**este**
denuncer**ebbe**	denuncer**ebbero**

condizionale passato

avrei denunciato	**avremmo** denunciato
avresti denunciato	**avreste** denunciato
avrebbe denunciato	**avrebbero** denunciato

congiuntivo presente

denunc**i**	denunc**iamo**
denunc**i**	denunc**iate**
denunc**i**	denunc**ino**

congiuntivo passato

abbia denunciato	**abbiamo** denunciato
abbia denunciato	**abbiate** denunciato
abbia denunciato	**abbiano** denunciato

congiuntivo imperfetto

denuncia**ssi**	denuncia**ssimo**
denuncia**ssi**	denuncia**ste**
denuncia**sse**	denuncia**ssero**

congiuntivo trapassato

avessi denunciato	**avessimo** denunciato
avessi denunciato	**aveste** denunciato
avesse denunciato	**avessero** denunciato

imperativo

	denunciamo
denuncia;	denunciate
non denunciare	
denunci	denuncino

D

gerundio **depositando**   participio passato **depositato**

SINGULAR	PLURAL	SINGULAR	PLURAL

indicativo presente
deposito	depositiamo		
depositi	depositate		
deposita	depositano		

passato prossimo
ho depositato	**abbiamo** depositato
hai depositato	**avete** depositato
ha depositato	**hanno** depositato

imperfetto
depositavo	depositavamo
depositavi	depositavate
depositava	depositavano

trapassato prossimo
avevo depositato	**avevamo** depositato
avevi depositato	**avevate** depositato
aveva depositato	**avevano** depositato

passato remoto
depositai	depositammo
depositasti	depositaste
depositò	depositarono

trapassato remoto
ebbi depositato	**avemmo** depositato
avesti depositato	**aveste** depositato
ebbe depositato	**ebbero** depositato

futuro semplice
depositerò	depositeremo
depositerai	depositerete
depositerà	depositeranno

futuro anteriore
avrò depositato	**avremo** depositato
avrai depositato	**avrete** depositato
avrà depositato	**avranno** depositato

condizionale presente
depositerei	depositeremmo
depositeresti	depositereste
depositerebbe	depositerebbero

condizionale passato
avrei depositato	**avremmo** depositato
avresti depositato	**avreste** depositato
avrebbe depositato	**avrebbero** depositato

congiuntivo presente
depositi	depositiamo
depositi	depositiate
depositi	depositino

congiuntivo passato
abbia depositato	**abbiamo** depositato
abbia depositato	**abbiate** depositato
abbia depositato	**abbiano** depositato

congiuntivo imperfetto
depositassi	depositassimo
depositassi	depositaste
depositasse	depositassero

congiuntivo trapassato
avessi depositato	**avessimo** depositato
avessi depositato	**aveste** depositato
avesse depositato	**avessero** depositato

imperativo
	depositiamo
deposita;	depositate
non depositare	
depositi	depositino

to describe   descrivere

SINGULAR	PLURAL	SINGULAR	PLURAL

indicativo presente

descriv**o**	descriv**iamo**
descriv**i**	descriv**ete**
descriv**e**	descriv**ono**

passato prossimo

ho descritto	**abbiamo** descritto
hai descritto	**avete** descritto
ha descritto	**hanno** descritto

imperfetto

descrive**vo**	descrive**vamo**
descrive**vi**	descrive**vate**
descrive**va**	descrive**vano**

trapassato prossimo

avevo descritto	**avevamo** descritto
avevi descritto	**avevate** descritto
aveva descritto	**avevano** descritto

D

passato remoto

descriss**i**	descriv**emmo**
descriv**esti**	descriv**este**
descriss**e**	descriss**ero**

trapassato remoto

ebbi descritto	**avemmo** descritto
avesti descritto	**aveste** descritto
ebbe descritto	**ebbero** descritto

futuro semplice

descriver**ò**	descriver**emo**
descriver**ai**	descriver**ete**
descriver**à**	descriver**anno**

futuro anteriore

avrò descritto	**avremo** descritto
avrai descritto	**avrete** descritto
avrà descritto	**avranno** descritto

condizionale presente

descriver**ei**	descriver**emmo**
descriver**esti**	descriver**este**
descriver**ebbe**	descriver**ebbero**

condizionale passato

avrei descritto	**avremmo** descritto
avresti descritto	**avreste** descritto
avrebbe descritto	**avrebbero** descritto

congiuntivo presente

descriv**a**	descriv**iamo**
descriv**a**	descriv**iate**
descriv**a**	descriv**ano**

congiuntivo passato

abbia descritto	**abbiamo** descritto
abbia descritto	**abbiate** descritto
abbia descritto	**abbiano** descritto

congiuntivo imperfetto

descriv**essi**	descriv**essimo**
descriv**essi**	descriv**este**
descriv**esse**	descriv**essero**

congiuntivo trapassato

avessi descritto	**avessimo** descritto
avessi descritto	**aveste** descritto
avesse descritto	**avessero** descritto

imperativo

	descriviamo
descrivi;	descrivete
non descrivere	
descriva	descrivano

desiderare

to desire, to wish, to want

gerundio **desiderando**   participio passato **desiderato**

SINGULAR	PLURAL	SINGULAR	PLURAL

indicativo presente

		passato prossimo	
desidero	desideriamo	**ho** desiderato	**abbiamo** desiderato
desideri	desiderate	**hai** desiderato	**avete** desiderato
desidera	desiderano	**ha** desiderato	**hanno** desiderato

imperfetto

		trapassato prossimo	
desideravo	desideravamo	**avevo** desiderato	**avevamo** desiderato
desideravi	desideravate	**avevi** desiderato	**avevate** desiderato
desiderava	desideravano	**aveva** desiderato	**avevano** desiderato

passato remoto

		trapassato remoto	
desiderai	desiderammo	**ebbi** desiderato	**avemmo** desiderato
desiderasti	desideraste	**avesti** desiderato	**aveste** desiderato
desiderò	desiderarono	**ebbe** desiderato	**ebbero** desiderato

futuro semplice

		futuro anteriore	
desidererò	desidereremo	**avrò** desiderato	**avremo** desiderato
desidererai	desidererete	**avrai** desiderato	**avrete** desiderato
desidererà	desidereranno	**avrà** desiderato	**avranno** desiderato

condizionale presente

		condizionale passato	
desidererei	desidereremmo	**avrei** desiderato	**avremmo** desiderato
desidereresti	desiderereste	**avresti** desiderato	**avreste** desiderato
desidererebbe	desidererebbero	**avrebbe** desiderato	**avrebbero** desiderato

congiuntivo presente

		congiuntivo passato	
desideri	desideriamo	**abbia** desiderato	**abbiamo** desiderato
desideri	desideriate	**abbia** desiderato	**abbiate** desiderato
desideri	desiderino	**abbia** desiderato	**abbiano** desiderato

congiuntivo imperfetto

		congiuntivo trapassato	
desiderassi	desiderassimo	**avessi** desiderato	**avessimo** desiderato
desiderassi	desideraste	**avessi** desiderato	**aveste** desiderato
desiderasse	desiderassero	**avesse** desiderato	**avessero** desiderato

imperativo

	desideriamo
desidera;	desiderate
non desiderare	
desideri	desiderino

to determine, to resolve   determinare

gerundio **determinando**   participio passato **determinato**

SINGULAR	PLURAL	SINGULAR	PLURAL
indicativo presente		**passato prossimo**	
determino	determiniamo	**ho** determinato	**abbiamo** determinato
determini	determinate	**hai** determinato	**avete** determinato
determina	determinano	**ha** determinato	**hanno** determinato
imperfetto		**trapassato prossimo**	
determinavo	determinavamo	**avevo** determinato	**avevamo** determinato
determinavi	determinavate	**avevi** determinato	**avevate** determinato
determinava	determinavano	**aveva** determinato	**avevano** determinato
passato remoto		**trapassato remoto**	
determinai	determinammo	**ebbi** determinato	**avemmo** determinato
determinasti	determinaste	**avesti** determinato	**aveste** determinato
determinò	determinarono	**ebbe** determinato	**ebbero** determinato
futuro semplice		**futuro anteriore**	
determinerò	determineremo	**avrò** determinato	**avremo** determinato
determinerai	determinerete	**avrai** determinato	**avrete** determinato
determinerà	determineranno	**avrà** determinato	**avranno** determinato
condizionale presente		**condizionale passato**	
determinerei	determineremmo	**avrei** determinato	**avremmo** determinato
determineresti	determinereste	**avresti** determinato	**avreste** determinato
determinerebbe	determinerebbero	**avrebbe** determinato	**avrebbero** determinato
congiuntivo presente		**congiuntivo passato**	
determini	determiniamo	**abbia** determinato	**abbiamo** determinato
determini	determiniate	**abbia** determinato	**abbiate** determinato
determini	determinino	**abbia** determinato	**abbiano** determinato
congiuntivo imperfetto		**congiuntivo trapassato**	
determinassi	determinassimo	**avessi** determinato	**avessimo** determinato
determinassi	determinaste	**avessi** determinato	**aveste** determinato
determinasse	determinassero	**avesse** determinato	**avessero** determinato
imperativo			
	determiniamo		
determina;	determinate		
non determinare			
determini	determinino		

D

detestare

to hate, to loathe

gerundio **detestando**   participio passato **detestato**

SINGULAR	PLURAL	SINGULAR	PLURAL
indicativo presente		**passato prossimo**	
detesto	detestiamo	**ho** detestato	**abbiamo** detestato
detesti	detestate	**hai** detestato	**avete** detestato
detesta	detestano	**ha** detestato	**hanno** detestato
imperfetto		**trapassato prossimo**	
detestavo	detestavamo	**avevo** detestato	**avevamo** detestato
detestavi	detestavate	**avevi** detestato	**avevate** detestato
detestava	detestavano	**aveva** detestato	**avevano** detestato
passato remoto		**trapassato remoto**	
detestai	detestammo	**ebbi** detestato	**avemmo** detestato
detestasti	detestaste	**avesti** detestato	**aveste** detestato
detestò	detestarono	**ebbe** detestato	**ebbero** detestato
futuro semplice		**futuro anteriore**	
detesterò	detesteremo	**avrò** detestato	**avremo** detestato
detesterai	detesterete	**avrai** detestato	**avrete** detestato
detesterà	detesteranno	**avrà** detestato	**avranno** detestato
condizionale presente		**condizionale passato**	
detesterei	detesteremmo	**avrei** detestato	**avremmo** detestato
detesteresti	detestereste	**avresti** detestato	**avreste** detestato
detesterebbe	detesterebbero	**avrebbe** detestato	**avrebbero** detestato
congiuntivo presente		**congiuntivo passato**	
detesti	detestiamo	**abbia** detestato	**abbiamo** detestato
detesti	detestiate	**abbia** detestato	**abbiate** detestato
detesti	detestino	**abbia** detestato	**abbiano** detestato
congiuntivo imperfetto		**congiuntivo trapassato**	
detestassi	detestassimo	**avessi** detestato	**avessimo** detestato
detestassi	detestaste	**avessi** detestato	**aveste** detestato
detestasse	detestassero	**avesse** detestato	**avessero** detestato
imperativo			
	detestiamo		
detesta; non detestare	detestate		
detesti	detestino		

to dictate   dettare

SINGULAR	PLURAL	SINGULAR	PLURAL

indicativo presente

detto	dettiamo
detti	dettate
detta	dettano

passato prossimo

ho dettato	abbiamo dettato
hai dettato	avete dettato
ha dettato	hanno dettato

imperfetto

dettavo	dettavamo
dettavi	dettavate
dettava	dettavano

trapassato prossimo

avevo dettato	avevamo dettato
avevi dettato	avevate dettato
aveva dettato	avevano dettato

passato remoto

dettai	dettammo
dettasti	dettaste
dettò	dettarono

trapassato remoto

ebbi dettato	avemmo dettato
avesti dettato	aveste dettato
ebbe dettato	ebbero dettato

futuro semplice

detterò	detteremo
detterai	detterete
detterà	detteranno

futuro anteriore

avrò dettato	avremo dettato
avrai dettato	avrete dettato
avrà dettato	avranno dettato

condizionale presente

detterei	detteremmo
detteresti	dettereste
detterebbe	detterebbero

condizionale passato

avrei dettato	avremmo dettato
avresti dettato	avreste dettato
avrebbe dettato	avrebbero dettato

congiuntivo presente

detti	dettiamo
detti	dettiate
detti	dettino

congiuntivo passato

abbia dettato	abbiamo dettato
abbia dettato	abbiate dettato
abbia dettato	abbiano dettato

congiuntivo imperfetto

dettassi	dettassimo
dettassi	dettaste
dettasse	dettassero

congiuntivo trapassato

avessi dettato	avessimo dettato
avessi dettato	aveste dettato
avesse dettato	avessero dettato

imperativo

	dettiamo
detta; non dettare	dettate
detti	dettino

D

difendere   to defend

SINGULAR	PLURAL	SINGULAR	PLURAL

indicativo presente

difend**o**	difend**iamo**
difend**i**	difend**ete**
difend**e**	difend**ono**

passato prossimo

ho difeso	**abbiamo** difeso
hai difeso	**avete** difeso
ha difeso	**hanno** difeso

imperfetto

difende**vo**	difende**vamo**
difende**vi**	difende**vate**
difende**va**	difende**vano**

trapassato prossimo

avevo difeso	**avevamo** difeso
avevi difeso	**avevate** difeso
aveva difeso	**avevano** difeso

passato remoto

dife**si**	difend**emmo**
difend**esti**	difend**este**
dife**se**	dife**sero**

trapassato remoto

ebbi difeso	**avemmo** difeso
avesti difeso	**aveste** difeso
ebbe difeso	**ebbero** difeso

futuro semplice

difender**ò**	difender**emo**
difender**ai**	difender**ete**
difender**à**	difender**anno**

futuro anteriore

avrò difeso	**avremo** difeso
avrai difeso	**avrete** difeso
avrà difeso	**avranno** difeso

condizionale presente

difender**ei**	difender**emmo**
difender**esti**	difender**este**
difender**ebbe**	difender**ebbero**

condizionale passato

avrei difeso	**avremmo** difeso
avresti difeso	**avreste** difeso
avrebbe difeso	**avrebbero** difeso

congiuntivo presente

difend**a**	difend**iamo**
difend**a**	difend**iate**
difend**a**	difend**ano**

congiuntivo passato

abbia difeso	**abbiamo** difeso
abbia difeso	**abbiate** difeso
abbia difeso	**abbiano** difeso

congiuntivo imperfetto

difend**essi**	difend**essimo**
difend**essi**	difend**este**
difend**esse**	difend**essero**

congiuntivo trapassato

avessi difeso	**avessimo** difeso
avessi difeso	**aveste** difeso
avesse difeso	**avessero** difeso

imperativo

	difend**iamo**
difend**i**; non difend**ere**	difend**ete**
difend**a**	difend**ano**

to spread, to diffuse   diffondere

SINGULAR	PLURAL	SINGULAR	PLURAL
indicativo presente		**passato prossimo**	
diffond**o**	diffond**iamo**	**ho** diffuso	**abbiamo** diffuso
diffond**i**	diffond**ete**	**hai** diffuso	**avete** diffuso
diffond**e**	diffond**ono**	**ha** diffuso	**hanno** diffuso
imperfetto		**trapassato prossimo**	
diffonde**vo**	diffonde**vamo**	**avevo** diffuso	**avevamo** diffuso
diffonde**vi**	diffonde**vate**	**avevi** diffuso	**avevate** diffuso
diffonde**va**	diffonde**vano**	**aveva** diffuso	**avevano** diffuso
passato remoto		**trapassato remoto**	
diffus**i**	diffond**emmo**	**ebbi** diffuso	**avemmo** diffuso
diffond**esti**	diffond**este**	**avesti** diffuso	**aveste** diffuso
diffus**e**	diffus**ero**	**ebbe** diffuso	**ebbero** diffuso
futuro semplice		**futuro anteriore**	
diffonder**ò**	diffonder**emo**	**avrò** diffuso	**avremo** diffuso
diffonder**ai**	diffonder**ete**	**avrai** diffuso	**avrete** diffuso
diffonder**à**	diffonder**anno**	**avrà** diffuso	**avranno** diffuso
condizionale presente		**condizionale passato**	
diffonder**ei**	diffonder**emmo**	**avrei** diffuso	**avremmo** diffuso
diffonder**esti**	diffonder**este**	**avresti** diffuso	**avreste** diffuso
diffonder**ebbe**	diffonder**ebbero**	**avrebbe** diffuso	**avrebbero** diffuso
congiuntivo presente		**congiuntivo passato**	
diffond**a**	diffond**iamo**	**abbia** diffuso	**abbiamo** diffuso
diffond**a**	diffond**iate**	**abbia** diffuso	**abbiate** diffuso
diffond**a**	diffond**ano**	**abbia** diffuso	**abbiano** diffuso
congiuntivo imperfetto		**congiuntivo trapassato**	
diffond**essi**	diffond**essimo**	**avessi** diffuso	**avessimo** diffuso
diffond**essi**	diffond**este**	**avessi** diffuso	**aveste** diffuso
diffond**esse**	diffond**essero**	**avesse** diffuso	**avessero** diffuso
imperativo			
	diffond**iamo**		
diffond**i**;	diffond**ete**		
non diffond**ere**			
diffond**a**	diffond**ano**		

D

D

SINGULAR	PLURAL	SINGULAR	PLURAL

indicativo presente

digerisco	digeriamo		
digerisci	digerite		
digerisce	digeriscono		

passato prossimo

ho digerito	abbiamo digerito		
hai digerito	avete digerito		
ha digerito	hanno digerito		

imperfetto

digerivo	digerivamo
digerivi	digerivate
digeriva	digerivano

trapassato prossimo

avevo digerito	avevamo digerito
avevi digerito	avevate digerito
aveva digerito	avevano digerito

passato remoto

digerii	digerimmo
digeristi	digeriste
digerì	digerirono

trapassato remoto

ebbi digerito	avemmo digerito
avesti digerito	aveste digerito
ebbe digerito	ebbero digerito

futuro semplice

digerirò	digeriremo
digerirai	digerirete
digerirà	digeriranno

futuro anteriore

avrò digerito	avremo digerito
avrai digerito	avrete digerito
avrà digerito	avranno digerito

condizionale presente

digererei	digereremmo
digereresti	digerereste
digererebbe	digererebbero

condizionale passato

avrei digerito	avremmo digerito
avresti digerito	avreste digerito
avrebbe digerito	avrebbero digerito

congiuntivo presente

digerisca	digeriamo
digerisca	digeriate
digerisca	digeriscano

congiuntivo passato

abbia digerito	abbiamo digerito
abbia digerito	abbiate digerito
abbia digerito	abbiano digerito

congiuntivo imperfetto

digerissi	digerissimo
digerissi	digeriste
digerisse	digerissero

congiuntivo trapassato

avessi digerito	avessimo digerito
avessi digerito	aveste digerito
avesse digerito	avessero digerito

imperativo

	digeriamo
digerisci; non digerire	digerite
digerisca	digeriscano

to forget

dimenticare

gerundio **dimenticando**   participio passato **dimenticato**

SINGULAR	PLURAL	SINGULAR	PLURAL
indicativo presente		**passato prossimo**	
dimentic**o**	dimentic**hiamo**	**ho** dimenticato	**abbiamo** dimenticato
dimentic**hi**	dimentic**ate**	**hai** dimenticato	**avete** dimenticato
dimentic**a**	dimentic**ano**	**ha** dimenticato	**hanno** dimenticato
imperfetto		**trapassato prossimo**	
dimentic**avo**	dimentic**avamo**	**avevo** dimenticato	**avevamo** dimenticato
dimentic**avi**	dimentic**avate**	**avevi** dimenticato	**avevate** dimenticato
dimentic**ava**	dimentic**avano**	**aveva** dimenticato	**avevano** dimenticato
passato remoto		**trapassato remoto**	
dimentic**ai**	dimentic**ammo**	**ebbi** dimenticato	**avemmo** dimenticato
dimentic**asti**	dimentic**aste**	**avesti** dimenticato	**aveste** dimenticato
dimentic**ò**	dimentic**arono**	**ebbe** dimenticato	**ebbero** dimenticato
futuro semplice		**futuro anteriore**	
dimentic**herò**	dimentic**heremo**	**avrò** dimenticato	**avremo** dimenticato
dimentic**herai**	dimentic**herete**	**avrai** dimenticato	**avrete** dimenticato
dimentic**herà**	dimentic**heranno**	**avrà** dimenticato	**avranno** dimenticato
condizionale presente		**condizionale passato**	
dimentic**herei**	dimentic**heremmo**	**avrei** dimenticato	**avremmo** dimenticato
dimentic**heresti**	dimentic**hereste**	**avresti** dimenticato	**avreste** dimenticato
dimentic**herebbe**	dimentic**herebbero**	**avrebbe** dimenticato	**avrebbero** dimenticato
congiuntivo presente		**congiuntivo passato**	
dimentic**hi**	dimentic**hiamo**	**abbia** dimenticato	**abbiamo** dimenticato
dimentic**hi**	dimentic**hiate**	**abbia** dimenticato	**abbiate** dimenticato
dimentic**hi**	dimentic**hino**	**abbia** dimenticato	**abbiano** dimenticato
congiuntivo imperfetto		**congiuntivo trapassato**	
dimentic**assi**	dimentic**assimo**	**avessi** dimenticato	**avessimo** dimenticato
dimentic**assi**	dimentic**aste**	**avessi** dimenticato	**aveste** dimenticato
dimentic**asse**	dimentic**assero**	**avesse** dimenticato	**avessero** dimenticato

imperativo

	dimentic**hiamo**
dimentic**a**;	dimentic**ate**
non dimenticare	
dimentic**hi**	dimentic**hino**

gerundio dimettendosi | **participio passato** dimessosi

SINGULAR	PLURAL	SINGULAR	PLURAL

indicativo presente
		passato prossimo	
mi dimetto	**ci** dimettiamo	**mi sono** dimesso(a)	**ci siamo** dimessi(e)
ti dimetti	**vi** dimettete	**ti sei** dimesso(a)	**vi siete** dimessi(e)
si dimette	**si** dimettono	**si è** dimesso(a)	**si sono** dimessi(e)

imperfetto / trapassato prossimo
mi dimettevo	**ci** dimettevamo	**mi ero** dimesso(a)	**ci eravamo** dimessi(e)
ti dimettevi	**vi** dimettevate	**ti eri** dimesso(a)	**vi eravate** dimessi(e)
si dimetteva	**si** dimettevano	**si era** dimesso(a)	**si erano** dimessi(e)

passato remoto / trapassato remoto
mi dimisi	**ci** dimettemmo	**mi fui** dimesso(a)	**ci fummo** dimessi(e)
ti dimettesti	**vi** dimetteste	**ti fosti** dimesso(a)	**vi foste** dimessi(e)
si dimise	**si** dimisero	**si fu** dimesso(a)	**si furono** dimessi(e)

futuro semplice / futuro anteriore
mi dimetterò	**ci** dimetteremo	**mi sarò** dimesso(a)	**ci saremo** dimessi(e)
ti dimetterai	**vi** dimetterete	**ti sarai** dimesso(a)	**vi sarete** dimessi(e)
si dimetterà	**si** dimetteranno	**si sarà** dimesso(a)	**si saranno** dimessi(e)

condizionale presente / condizionale passato
mi dimetterei	**ci** dimetteremmo	**mi sarei** dimesso(a)	**ci saremmo** dimessi(e)
ti dimetteresti	**vi** dimettereste	**ti saresti** dimesso(a)	**vi sareste** dimessi(e)
si dimetterebbe	**si** dimetterebbero	**si sarebbe** dimesso(a)	**si sarebbero** dimessi(e)

congiuntivo presente / congiuntivo passato
mi dimetta	**ci** dimettiamo	**mi sia** dimesso(a)	**ci siamo** dimessi(e)
ti dimetta	**vi** dimettiate	**ti sia** dimesso(a)	**vi siate** dimessi(e)
si dimetta	**si** dimettano	**si sia** dimesso(a)	**si siano** dimessi(e)

congiuntivo imperfetto / congiuntivo trapassato
mi dimettessi	**ci** dimettessimo	**mi fossi** dimesso(a)	**ci fossimo** dimessi(e)
ti dimettessi	**vi** dimetteste	**ti fossi** dimesso(a)	**vi foste** dimessi(e)
si dimettesse	**si** dimettessero	**si fosse** dimesso(a)	**si fossero** dimessi(e)

imperativo
	dimettiamoci
dimettiti; non dimetterti/	dimettetevi
non ti dimettere	
si dimetta	si dimettano

to show, to demonstrate   dimostrare

SINGULAR	PLURAL	SINGULAR	PLURAL
indicativo presente		**passato prossimo**	
dimostr**o**	dimostr**iamo**	**ho** dimostrato	**abbiamo** dimostrato
dimostr**i**	dimostr**ate**	**hai** dimostrato	**avete** dimostrato
dimostr**a**	dimostr**ano**	**ha** dimostrato	**hanno** dimostrato
imperfetto		**trapassato prossimo**	
dimostra**vo**	dimostra**vamo**	**avevo** dimostrato	**avevamo** dimostrato
dimostra**vi**	dimostra**vate**	**avevi** dimostrato	**avevate** dimostrato
dimostra**va**	dimostra**vano**	**aveva** dimostrato	**avevano** dimostrato
passato remoto		**trapassato remoto**	
dimostr**ai**	dimostr**ammo**	**ebbi** dimostrato	**avemmo** dimostrato
dimostr**asti**	dimostr**aste**	**avesti** dimostrato	**aveste** dimostrato
dimostr**ò**	dimostr**arono**	**ebbe** dimostrato	**ebbero** dimostrato
futuro semplice		**futuro anteriore**	
dimostrer**ò**	dimostrer**emo**	**avrò** dimostrato	**avremo** dimostrato
dimostrer**ai**	dimostrer**ete**	**avrai** dimostrato	**avrete** dimostrato
dimostrer**à**	dimostrer**anno**	**avrà** dimostrato	**avranno** dimostrato
condizionale presente		**condizionale passato**	
dimostrer**ei**	dimostrer**emmo**	**avrei** dimostrato	**avremmo** dimostrato
dimostrer**esti**	dimostrer**este**	**avresti** dimostrato	**avreste** dimostrato
dimostrer**ebbe**	dimostrer**ebbero**	**avrebbe** dimostrato	**avrebbero** dimostrato
congiuntivo presente		**congiuntivo passato**	
dimostr**i**	dimostr**iamo**	**abbia** dimostrato	**abbiamo** dimostrato
dimostr**i**	dimostr**iate**	**abbia** dimostrato	**abbiate** dimostrato
dimostr**i**	dimostr**ino**	**abbia** dimostrato	**abbiano** dimostrato
congiuntivo imperfetto		**congiuntivo trapassato**	
dimostr**assi**	dimostr**assimo**	**avessi** dimostrato	**avessimo** dimostrato
dimostr**assi**	dimostr**aste**	**avessi** dimostrato	**aveste** dimostrato
dimostr**asse**	dimostr**assero**	**avesse** dimostrato	**avessero** dimostrato

imperativo

	dimostr**iamo**
dimostr**a**;	dimostr**ate**
non dimostr**are**	
dimostr**i**	dimostr**ino**

D

dipendere

to depend

SINGULAR	PLURAL	SINGULAR	PLURAL
indicativo presente		**passato prossimo**	
dipend**o**	dipend**iamo**	**sono** dipeso(a)	**siamo** dipesi(e)
dipend**i**	dipend**ete**	**sei** dipeso(a)	**siete** dipesi(e)
dipend**e**	dipend**ono**	**è** dipeso(a)	**sono** dipesi(e)
imperfetto		**trapassato prossimo**	
dipend**evo**	dipend**evamo**	**ero** dipeso(a)	**eravamo** dipesi(e)
dipend**evi**	dipend**evate**	**eri** dipeso(a)	**eravate** dipesi(e)
dipend**eva**	dipend**evano**	**era** dipeso(a)	**erano** dipesi(e)
passato remoto		**trapassato remoto**	
dipes**i**	dipend**emmo**	**fui** dipeso(a)	**fummo** dipesi(e)
dipend**esti**	dipend**este**	**fosti** dipeso(a)	**foste** dipesi(e)
dipes**e**	dipes**ero**	**fu** dipeso(a)	**furono** dipesi(e)
futuro semplice		**futuro anteriore**	
dipender**ò**	dipender**emo**	**sarò** dipeso(a)	**saremo** dipesi(e)
dipender**ai**	dipender**ete**	**sarai** dipeso(a)	**sarete** dipesi(e)
dipender**à**	dipender**anno**	**sarà** dipeso(a)	**saranno** dipesi(e)
condizionale presente		**condizionale passato**	
dipender**ei**	dipender**emmo**	**sarei** dipeso(a)	**saremmo** dipesi(e)
dipender**esti**	dipender**este**	**saresti** dipeso(a)	**sareste** dipesi(e)
dipender**ebbe**	dipender**ebbero**	**sarebbe** dipeso(a)	**sarebbero** dipesi(e)
congiuntivo presente		**congiuntivo passato**	
dipend**a**	dipend**iamo**	**sia** dipeso(a)	**siamo** dipesi(e)
dipend**a**	dipend**iate**	**sia** dipeso(a)	**siate** dipesi(e)
dipend**a**	dipend**ano**	**sia** dipeso(a)	**siano** dipesi(e)
congiuntivo imperfetto		**congiuntivo trapassato**	
dipend**essi**	dipend**essimo**	**fossi** dipeso(a)	**fossimo** dipesi(e)
dipend**essi**	dipend**este**	**fossi** dipeso(a)	**foste** dipesi(e)
dipend**esse**	dipend**essero**	**fosse** dipeso(a)	**fossero** dipesi(e)

imperativo

	dipend**iamo**
dipend**i**;	dipend**ete**
non dipendere	
dipend**a**	dipend**ano**

D

to paint, to depict

dipingere

SINGULAR	PLURAL	SINGULAR	PLURAL
indicativo presente		**passato prossimo**	
diping**o**	diping**iamo**	**ho** dipinto	**abbiamo** dipinto
diping**i**	diping**ete**	**hai** dipinto	**avete** dipinto
diping**e**	diping**ono**	**ha** dipinto	**hanno** dipinto
imperfetto		**trapassato prossimo**	
dipinge**vo**	dipinge**vamo**	**avevo** dipinto	**avevamo** dipinto
dipinge**vi**	dipinge**vate**	**avevi** dipinto	**avevate** dipinto
dipinge**va**	dipinge**vano**	**aveva** dipinto	**avevano** dipinto
passato remoto		**trapassato remoto**	
dipins**i**	diping**emmo**	**ebbi** dipinto	**avemmo** dipinto
diping**esti**	diping**este**	**avesti** dipinto	**aveste** dipinto
dipins**e**	dipins**ero**	**ebbe** dipinto	**ebbero** dipinto
futuro semplice		**futuro anteriore**	
dipinger**ò**	dipinger**emo**	**avrò** dipinto	**avremo** dipinto
dipinger**ai**	dipinger**ete**	**avrai** dipinto	**avrete** dipinto
dipinger**à**	dipinger**anno**	**avrà** dipinto	**avranno** dipinto
condizionale presente		**condizionale passato**	
dipinger**ei**	dipinger**emmo**	**avrei** dipinto	**avremmo** dipinto
dipinger**esti**	dipinger**este**	**avresti** dipinto	**avreste** dipinto
dipinger**ebbe**	dipinger**ebbero**	**avrebbe** dipinto	**avrebbero** dipinto
congiuntivo presente		**congiuntivo passato**	
diping**a**	diping**iamo**	**abbia** dipinto	**abbiamo** dipinto
diping**a**	diping**iate**	**abbia** dipinto	**abbiate** dipinto
diping**a**	diping**ano**	**abbia** dipinto	**abbiano** dipinto
congiuntivo imperfetto		**congiuntivo trapassato**	
diping**essi**	diping**essimo**	**avessi** dipinto	**avessimo** dipinto
diping**essi**	diping**este**	**avessi** dipinto	**aveste** dipinto
diping**esse**	diping**essero**	**avesse** dipinto	**avessero** dipinto
imperativo			
	diping**iamo**		
diping**i**; non dipingere	diping**ete**		
diping**a**	diping**ano**		

D

dire

to tell, to say

gerundio **dicendo**   participio passato **detto**

SINGULAR	PLURAL	SINGULAR	PLURAL

indicativo presente

dico	diciamo		
dici	dite		
dice	dicono		

passato prossimo

ho detto	abbiamo detto		
hai detto	avete detto		
ha detto	hanno detto		

imperfetto

dicevo	dicevamo
dicevi	dicevate
diceva	dicevano

trapassato prossimo

avevo detto	avevamo detto
avevi detto	avevate detto
aveva detto	avevano detto

passato remoto

dissi	dicemmo
dicesti	diceste
disse	dissero

trapassato remoto

ebbi detto	avemmo detto
avesti detto	aveste detto
ebbe detto	ebbero detto

futuro semplice

dirò	diremo
dirai	direte
dirà	diranno

futuro anteriore

avrò detto	avremo detto
avrai detto	avrete detto
avrà detto	avranno detto

condizionale presente

direi	diremmo
diresti	direste
direbbe	direbbero

condizionale passato

avrei detto	avremmo detto
avresti detto	avreste detto
avrebbe detto	avrebbero detto

congiuntivo presente

dica	diciamo
dica	diciate
dica	dicano

congiuntivo passato

abbia detto	abbiamo detto
abbia detto	abbiate detto
abbia detto	abbiano detto

congiuntivo imperfetto

dicessi	dicessimo
dicessi	diceste
dicesse	dicessero

congiuntivo trapassato

avessi detto	avessimo detto
avessi detto	aveste detto
avesse detto	avessero detto

imperativo

	diciamo
di'; non dire	dite
dica	dicano

D

MUST KNOW VERB

to direct   dirigere

SINGULAR	PLURAL	SINGULAR	PLURAL

indicativo presente

		passato prossimo	
dirig**o**	dirig**iamo**	**ho** diretto	**abbiamo** diretto
dirig**i**	dirig**ete**	**hai** diretto	**avete** diretto
dirig**e**	dirig**ono**	**ha** diretto	**hanno** diretto

imperfetto

		trapassato prossimo	
dirige**vo**	dirige**vamo**	**avevo** diretto	**avevamo** diretto
dirige**vi**	dirige**vate**	**avevi** diretto	**avevate** diretto
dirige**va**	dirige**vano**	**aveva** diretto	**avevano** diretto

passato remoto

		trapassato remoto	
diress**i**	dirig**emmo**	**ebbi** diretto	**avemmo** diretto
dirig**esti**	dirig**este**	**avesti** diretto	**aveste** diretto
diress**e**	diress**ero**	**ebbe** diretto	**ebbero** diretto

futuro semplice

		futuro anteriore	
dirig**erò**	dirig**eremo**	**avrò** diretto	**avremo** diretto
dirig**erai**	dirig**erete**	**avrai** diretto	**avrete** diretto
dirig**erà**	dirig**eranno**	**avrà** diretto	**avranno** diretto

condizionale presente

		condizionale passato	
dirig**erei**	dirig**eremmo**	**avrei** diretto	**avremmo** diretto
dirig**eresti**	dirig**ereste**	**avresti** diretto	**avreste** diretto
dirig**erebbe**	dirig**erebbero**	**avrebbe** diretto	**avrebbero** diretto

congiuntivo presente

		congiuntivo passato	
dirig**a**	dirig**iamo**	**abbia** diretto	**abbiamo** diretto
dirig**a**	dirig**iate**	**abbia** diretto	**abbiate** diretto
dirig**a**	dirig**ano**	**abbia** diretto	**abbiano** diretto

congiuntivo imperfetto

		congiuntivo trapassato	
dirig**essi**	dirig**essimo**	**avessi** diretto	**avessimo** diretto
dirig**essi**	dirig**este**	**avessi** diretto	**aveste** diretto
dirig**esse**	dirig**essero**	**avesse** diretto	**avessero** diretto

imperativo

	dirigiamo
dirigi; non dirigere	dirigete
diriga	dirigano

D

gerundio **disarmando**   participio passato **disarmato**

SINGULAR	PLURAL	SINGULAR	PLURAL

indicativo presente

disarm**o**	disarm**iamo**
disarm**i**	disarm**ate**
disarm**a**	disarm**ano**

passato prossimo

ho disarmato	**abbiamo** disarmato
hai disarmato	**avete** disarmato
ha disarmato	**hanno** disarmato

imperfetto

disarma**vo**	disarma**vamo**
disarma**vi**	disarma**vate**
disarma**va**	disarma**vano**

trapassato prossimo

avevo disarmato	**avevamo** disarmato
avevi disarmato	**avevate** disarmato
aveva disarmato	**avevano** disarmato

passato remoto

disarm**ai**	disarm**ammo**
disarm**asti**	disarm**aste**
disarm**ò**	disarm**arono**

trapassato remoto

ebbi disarmato	**avemmo** disarmato
avesti disarmato	**aveste** disarmato
ebbe disarmato	**ebbero** disarmato

futuro semplice

disarmer**ò**	disarmer**emo**
disarmer**ai**	disarmer**ete**
disarmer**à**	disarmer**anno**

futuro anteriore

avrò disarmato	**avremo** disarmato
avrai disarmato	**avrete** disarmato
avrà disarmato	**avranno** disarmato

condizionale presente

disarmer**ei**	disarmer**emmo**
disarmer**esti**	disarmer**este**
disarmer**ebbe**	disarmer**ebbero**

condizionale passato

avrei disarmato	**avremmo** disarmato
avresti disarmato	**avreste** disarmato
avrebbe disarmato	**avrebbero** disarmato

congiuntivo presente

disarm**i**	disarm**iamo**
disarm**i**	disarm**iate**
disarm**i**	disarm**ino**

congiuntivo passato

abbia disarmato	**abbiamo** disarmato
abbia disarmato	**abbiate** disarmato
abbia disarmato	**abbiano** disarmato

congiuntivo imperfetto

disarm**assi**	disarm**assimo**
disarm**assi**	disarm**aste**
disarm**asse**	disarm**assero**

congiuntivo trapassato

avessi disarmato	**avessimo** disarmato
avessi disarmato	**aveste** disarmato
avesse disarmato	**avessero** disarmato

imperativo

	disarm**iamo**
disarm**a**;	disarm**ate**
non disarm**are**	
disarm**i**	disarm**ino**

gerundio **discendendo**   participio passato **disceso**

SINGULAR	PLURAL	SINGULAR	PLURAL

indicativo presente

discend**o**	discend**iamo**
discend**i**	discend**ete**
discend**e**	discend**ono**

passato prossimo

sono disceso(a)	**siamo** discesi(e)
sei disceso(a)	**siete** discesi(e)
è disceso(a)	**sono** discesi(e)

imperfetto

discende**vo**	discende**vamo**
discende**vi**	discende**vate**
discende**va**	discende**vano**

trapassato prossimo

ero disceso(a)	**eravamo** discesi(e)
eri disceso(a)	**eravate** discesi(e)
era disceso(a)	**erano** discesi(e)

D

passato remoto

disces**i**	discend**emmo**
discend**esti**	discend**este**
disces**e**	disces**ero**

trapassato remoto

fui disceso(a)	**fummo** discesi(e)
fosti disceso(a)	**foste** discesi(e)
fu disceso(a)	**furono** discesi(e)

futuro semplice

discender**ò**	discender**emo**
discender**ai**	discender**ete**
discender**à**	discender**anno**

futuro anteriore

sarò disceso(a)	**saremo** discesi(e)
sarai disceso(a)	**sarete** discesi(e)
sarà disceso(a)	**saranno** discesi(e)

condizionale presente

discender**ei**	discender**emmo**
discender**esti**	discender**este**
discender**ebbe**	discender**ebbero**

condizionale passato

sarei disceso(a)	**saremmo** discesi(e)
saresti disceso(a)	**sareste** discesi(e)
sarebbe disceso(a)	**sarebbero** discesi(e)

congiuntivo presente

discend**a**	discend**iamo**
discend**a**	discend**iate**
discend**a**	discend**ano**

congiuntivo passato

sia disceso(a)	**siamo** discesi(e)
sia disceso(a)	**siate** discesi(e)
sia disceso(a)	**siano** discesi(e)

congiuntivo imperfetto

discend**essi**	discend**essimo**
discend**essi**	discend**este**
discend**esse**	discend**essero**

congiuntivo trapassato

fossi disceso(a)	**fossimo** discesi(e)
fossi disceso(a)	**foste** discesi(e)
fosse disceso(a)	**fossero** discesi(e)

imperativo

	discend**iamo**
discend**i**;	discend**ete**
non discendere	
discend**a**	discend**ano**

gerundio **discorrendo**   participio passato **discusso**

SINGULAR	PLURAL	SINGULAR	PLURAL

indicativo presente

		passato prossimo	
discut**o**	discut**iamo**	**ho** discusso	**abbiamo** discusso
discut**i**	discut**ete**	**hai** discusso	**avete** discusso
discut**e**	discut**ono**	**ha** discusso	**hanno** discusso

imperfetto

		trapassato prossimo	
discute**vo**	discute**vamo**	**avevo** discusso	**avevamo** discusso
discute**vi**	discute**vate**	**avevi** discusso	**avevate** discusso
discute**va**	discute**vano**	**aveva** discusso	**avevano** discusso

passato remoto

		trapassato remoto	
discuss**i**	discut**emmo**	**ebbi** discusso	**avemmo** discusso
discut**esti**	discut**este**	**avesti** discusso	**aveste** discusso
discuss**e**	discuss**ero**	**ebbe** discusso	**ebbero** discusso

futuro semplice

		futuro anteriore	
discuter**ò**	discuter**emo**	**avrò** discusso	**avremo** discusso
discuter**ai**	discuter**ete**	**avrai** discusso	**avrete** discusso
discuter**à**	discuter**anno**	**avrà** discusso	**avranno** discusso

condizionale presente

		condizionale passato	
discuter**ei**	discuter**emmo**	**avrei** discusso	**avremmo** discusso
discuter**esti**	discuter**este**	**avresti** discusso	**avreste** discusso
discuter**ebbe**	discuter**ebbero**	**avrebbe** discusso	**avrebbero** discusso

congiuntivo presente

		congiuntivo passato	
discut**a**	discut**iamo**	**abbia** discusso	**abbiamo** discusso
discut**a**	discut**iate**	**abbia** discusso	**abbiate** discusso
discut**a**	discut**ano**	**abbia** discusso	**abbiano** discusso

congiuntivo imperfetto

		congiuntivo trapassato	
discut**essi**	discut**essimo**	**avessi** discusso	**avessimo** discusso
discut**essi**	discut**este**	**avessi** discusso	**aveste** discusso
discut**esse**	discut**essero**	**avesse** discusso	**avessero** discusso

imperativo

	discut**iamo**
discut**i**; non discut**ere**	discut**ete**
discut**a**	discut**ano**

gerundio **disfacendo**   participio passato **disfatto**

SINGULAR	PLURAL

indicativo presente
disfacc**io**, disf**o**	disfacc**iamo**
disf**ai**	disf**ate**
disf**a**	disf**ano**

imperfetto
disface**vo**	disface**vamo**
disface**vi**	disface**vate**
disface**va**	disface**vano**

passato remoto
disfec**i**	disfac**emmo**
disfac**esti**	disfac**este**
disfec**e**	disfec**ero**

futuro semplice
disfar**ò**	disfar**emo**
disfar**ai**	disfar**ete**
disfar**à**	disfar**anno**

condizionale presente
disfar**ei**	disfar**emmo**
disfar**esti**	disfar**este**
disfar**ebbe**	disfar**ebbero**

congiuntivo presente
disfacc**ia**	disfacc**iamo**
disfacc**ia**	disfacc**iate**
disfacc**ia**	disfacc**iano**

congiuntivo imperfetto
disfac**essi**	disfac**essimo**
disfac**essi**	disfac**este**
disfac**esse**	disfac**essero**

imperativo
	disfacc**iamo**
disf**ai**; non disf**are**	disf**ate**
disfacc**ia**	disfacc**iano**

SINGULAR	PLURAL

passato prossimo
ho disfatto	**abbiamo** disfatto
hai disfatto	**avete** disfatto
ha disfatto	**hanno** disfatto

trapassato prossimo
avevo disfatto	**avevamo** disfatto
avevi disfatto	**avevate** disfatto
aveva disfatto	**avevano** disfatto

trapassato remoto
ebbi disfatto	**avemmo** disfatto
avesti disfatto	**aveste** disfatto
ebbe disfatto	**ebbero** disfatto

futuro anteriore
avrò disfatto	**avremo** disfatto
avrai disfatto	**avrete** disfatto
avrà disfatto	**avranno** disfatto

condizionale passato
avrei disfatto	**avremmo** disfatto
avresti disfatto	**avreste** disfatto
avrebbe disfatto	**avrebbero** disfatto

congiuntivo passato
abbia disfatto	**abbiamo** disfatto
abbia disfatto	**abbiate** disfatto
abbia disfatto	**abbiano** disfatto

congiuntivo trapassato
avessi disfatto	**avessimo** disfatto
avessi disfatto	**aveste** disfatto
avesse disfatto	**avessero** disfatto

D

gerundio **disgustando**　　　　participio passato **disgustato**

D

SINGULAR	PLURAL	SINGULAR	PLURAL

indicativo presente

		passato prossimo	
disgust**o**	disgust**iamo**	**ho** disgustato	**abbiamo** disgustato
disgust**i**	disgust**ate**	**hai** disgustato	**avete** disgustato
disgust**a**	disgust**ano**	**ha** disgustato	**hanno** disgustato

imperfetto

		trapassato prossimo	
disgusta**vo**	disgusta**vamo**	**avevo** disgustato	**avevamo** disgustato
disgusta**vi**	disgusta**vate**	**avevi** disgustato	**avevate** disgustato
disgusta**va**	disgusta**vano**	**aveva** disgustato	**avevano** disgustato

passato remoto

		trapassato remoto	
disgust**ai**	disgust**ammo**	**ebbi** disgustato	**avemmo** disgustato
disgust**asti**	disgust**aste**	**avesti** disgustato	**aveste** disgustato
disgust**ò**	disgust**arono**	**ebbe** disgustato	**ebbero** disgustato

futuro semplice

		futuro anteriore	
disguster**ò**	disguster**emo**	**avrò** disgustato	**avremo** disgustato
disguster**ai**	disguster**ete**	**avrai** disgustato	**avrete** disgustato
disguster**à**	disguster**anno**	**avrà** disgustato	**avranno** disgustato

condizionale presente

		condizionale passato	
disguster**ei**	disguster**emmo**	**avrei** disgustato	**avremmo** disgustato
disguster**esti**	disguster**este**	**avresti** disgustato	**avreste** disgustato
disguster**ebbe**	disguster**ebbero**	**avrebbe** disgustato	**avrebbero** disgustato

congiuntivo presente

		congiuntivo passato	
disgust**i**	disgust**iamo**	**abbia** disgustato	**abbiamo** disgustato
disgust**i**	disgust**iate**	**abbia** disgustato	**abbiate** disgustato
disgust**i**	disgust**ino**	**abbia** disgustato	**abbiano** disgustato

congiuntivo imperfetto

		congiuntivo trapassato	
disgust**assi**	disgust**assimo**	**avessi** disgustato	**avessimo** disgustato
disgust**assi**	disgust**aste**	**avessi** disgustato	**aveste** disgustato
disgust**asse**	disgust**assero**	**avesse** disgustato	**avessero** disgustato

imperativo

	disgust**iamo**
disgust**a**;	disgust**ate**
non disgust**are**	
disgust**i**	disgust**ino**

to despair   disperare

gerundio **disperando**   participio passato **disperato**

SINGULAR	PLURAL	SINGULAR	PLURAL

indicativo presente
dispero / disperiamo
disperi / disperate
dispera / disperano

passato prossimo
ho disperato / abbiamo disperato
hai disperato / avete disperato
ha disperato / hanno disperato

imperfetto
disperavo / disperavamo
disperavi / disperavate
disperava / disperavano

trapassato prossimo
avevo disperato / avevamo disperato
avevi disperato / avevate disperato
aveva disperato / avevano disperato

passato remoto
disperai / disperammo
disperasti / disperaste
disperò / disperarono

trapassato remoto
ebbi disperato / avemmo disperato
avesti disperato / aveste disperato
ebbe disperato / ebbero disperato

futuro semplice
dispererò / dispereremo
dispererai / dispererete
dispererà / dispereranno

futuro anteriore
avrò disperato / avremo disperato
avrai disperato / avrete disperato
avrà disperato / avranno disperato

condizionale presente
dispererei / dispereremmo
dispereresti / dispererete
dispererebbe / dispererebbero

condizionale passato
avrei disperato / avremmo disperato
avresti disperato / avreste disperato
avrebbe disperato / avrebbero disperato

congiuntivo presente
disperi / disperiamo
disperi / disperiate
disperi / disperino

congiuntivo passato
abbia disperato / abbiamo disperato
abbia disperato / abbiate disperato
abbia disperato / abbiano disperato

congiuntivo imperfetto
disperassi / disperassimo
disperassi / disperaste
disperasse / disperassero

congiuntivo trapassato
avessi disperato / avessimo disperato
avessi disperato / aveste disperato
avesse disperato / avessero disperato

imperativo
— / disperiamo
dispera; non disperare / disperate
disperi / disperino

D

233

gerundio **dispiacendo**   participio passato **dispiaciuto**

D

SINGULAR	PLURAL	SINGULAR	PLURAL

indicativo presente | | passato prossimo |
dispiace | dispiacc**iono** | **è** dispiaciuto(a) | **sono** dispiaciuti(e)

imperfetto | | trapassato prossimo |
dispiac**eva** | dispiac**evano** | **era** dispiaciuto(a) | **erano** dispiaciuti(e)

passato remoto | | trapassato remoto |
dispiacqu**e** | dispiacqu**ero** | **fu** dispiaciuto(a) | **furono** dispiaciuti(e)

futuro semplice | | futuro anteriore |
dispiac**erà** | dispiac**eranno** | **sarà** dispiaciuto(a) | **saranno** dispiaciuti(e)

condizionale presente | | condizionale passato |
dispiac**erebbe** | dispiac**erebbero** | **sarebbe** dispiaciuto(a) | **sarebbero** dispiaciuti(e)

congiuntivo presente | | congiuntivo passato |
dispiacc**ia** | dispiacc**iano** | **sia** dispiaciuto(a) | **siano** dispiaciuti(e)

congiuntivo imperfetto | | congiuntivo trapassato |
dispiac**esse** | dispiac**essero** | **fosse** dispiaciuto(a) | **fossero** dispiaciuti(e)

imperativo

gerundio **dispiacendosi**   participio passato **dispiaciutosi**

SINGULAR	PLURAL	SINGULAR	PLURAL

indicativo presente

mi dispiac**cio**	**ci** dispiac**ciamo**	
ti dispia**ci**	**vi** dispiac**ete**	
si dispiac**e**	**si** dispiac**ciono**	

passato prossimo

mi sono dispiaciuto(a)	**ci siamo** dispiaciuti(e)
ti sei dispiaciuto(a)	**vi siete** dispiaciuti(e)
si è dispiaciuto(a)	**si sono** dispiaciuti(e)

imperfetto

mi dispiace**vo**	**ci** dispiace**vamo**
ti dispiace**vi**	**vi** dispiace**vate**
si dispiace**va**	**si** dispiace**vano**

trapassato prossimo

mi ero dispiaciuto(a)	**ci eravamo** dispiaciuti(e)
ti eri dispiaciuto(a)	**vi eravate** dispiaciuti(e)
si era dispiaciuto(a)	**si erano** dispiaciuti(e)

D

passato remoto

mi dispiac**qui**	**ci** dispiac**emmo**
ti dispiac**esti**	**vi** dispiac**este**
si dispiac**que**	**si** dispiac**quero**

trapassato remoto

mi fui dispiaciuto(a)	**ci fummo** dispiaciuti(e)
ti fosti dispiaciuto(a)	**vi foste** dispiaciuti(e)
si fu dispiaciuto(a)	**si furono** dispiaciuti(e)

futuro semplice

mi dispiacer**ò**	**ci** dispiacer**emo**
ti dispiacer**ai**	**vi** dispiacer**ete**
si dispiacer**à**	**si** dispiacer**anno**

futuro anteriore

mi sarò dispiaciuto(a)	**ci saremo** dispiaciuti(e)
ti sarai dispiaciuto(a)	**vi sarete** dispiaciuti(e)
si sarà dispiaciuto(a)	**si saranno** dispiaciuti(e)

condizionale presente

mi dispiacer**ei**	**ci** dispiacer**emmo**
ti dispiacer**esti**	**vi** dispiacer**este**
si dispiacer**ebbe**	**si** dispiacer**ebbero**

condizionale passato

mi sarei dispiaciuto(a)	**ci saremmo** dispiaciuti(e)
ti saresti dispiaciuto(a)	**vi sareste** dispiaciuti(e)
si sarebbe dispiaciuto(a)	**si sarebbero** dispiaciuti(e)

congiuntivo presente

mi dispiac**cia**	**ci** dispiac**ciamo**
ti dispiac**cia**	**vi** dispiac**ciate**
si dispiac**cia**	**si** dispiac**ciano**

congiuntivo passato

mi sia dispiaciuto(a)	**ci siamo** dispiaciuti(e)
ti sia dispiaciuto(a)	**vi siate** dispiaciuti(e)
si sia dispiaciuto(a)	**si siano** dispiaciuti(e)

congiuntivo imperfetto

mi dispiac**essi**	**ci** dispiac**essimo**
ti dispiac**essi**	**vi** dispiac**este**
si dispiac**esse**	**si** dispiac**essero**

congiuntivo trapassato

mi fossi dispiaciuto(a)	**ci fossimo** dispiaciuti(e)
ti fossi dispiaciuto(a)	**vi foste** dispiaciuti(e)
si fosse dispiaciuto(a)	**si fossero** dispiaciuti(e)

imperativo

	dispiacciamoci
dispiaciti;	dispiacetevi
non dispiacerti/	
non ti dispiacere	
si dispiaccia	si dispiacciano

disporre

to arrange, to dispose

gerundio **disponendo**   participio passato **disposto**

SINGULAR	PLURAL	SINGULAR	PLURAL
indicativo presente		**passato prossimo**	
dispong**o**	dispon**iamo**	**ho** disposto	**abbiamo** disposto
dispon**i**	dispon**ete**	**hai** disposto	**avete** disposto
dispon**e**	dispong**ono**	**ha** disposto	**hanno** disposto
imperfetto		**trapassato prossimo**	
dispone**vo**	dispone**vamo**	**avevo** disposto	**avevamo** disposto
dispone**vi**	dispone**vate**	**avevi** disposto	**avevate** disposto
dispone**va**	dispone**vano**	**aveva** disposto	**avevano** disposto
passato remoto		**trapassato remoto**	
dispos**i**	dispon**emmo**	**ebbi** disposto	**avemmo** disposto
dispon**esti**	dispon**este**	**avesti** disposto	**aveste** disposto
dispos**e**	dispos**ero**	**ebbe** disposto	**ebbero** disposto
futuro semplice		**futuro anteriore**	
disporr**ò**	disporr**emo**	**avrò** disposto	**avremo** disposto
disporr**ai**	disporr**ete**	**avrai** disposto	**avrete** disposto
disporr**à**	disporr**anno**	**avrà** disposto	**avranno** disposto
condizionale presente		**condizionale passato**	
disporr**ei**	disporr**emmo**	**avrei** disposto	**avremmo** disposto
disporr**esti**	disporr**este**	**avresti** disposto	**avreste** disposto
disporr**ebbe**	disporr**ebbero**	**avrebbe** disposto	**avrebbero** disposto
congiuntivo presente		**congiuntivo passato**	
dispong**a**	dispon**iamo**	**abbia** disposto	**abbiamo** disposto
dispong**a**	dispon**iate**	**abbia** disposto	**abbiate** disposto
dispong**a**	dispong**ano**	**abbia** disposto	**abbiano** disposto
congiuntivo imperfetto		**congiuntivo trapassato**	
dispon**essi**	dispon**essimo**	**avessi** disposto	**avessimo** disposto
dispon**essi**	dispon**este**	**avessi** disposto	**aveste** disposto
dispon**esse**	dispon**essero**	**avesse** disposto	**avessero** disposto
imperativo			
	disponiamo		
disponi; non disporre	disponete		
disponga	dispongano		

to dissolve   dissolvere

SINGULAR	PLURAL	SINGULAR	PLURAL

indicativo presente
		passato prossimo	
dissolv**o**	dissolv**iamo**	**ho** dissolto	**abbiamo** dissolto
dissolv**i**	dissolv**ete**	**hai** dissolto	**avete** dissolto
dissolv**e**	dissolv**ono**	**ha** dissolto	**hanno** dissolto

imperfetto
		trapassato prossimo	
dissolve**vo**	dissolve**vamo**	**avevo** dissolto	**avevamo** dissolto
dissolve**vi**	dissolve**vate**	**avevi** dissolto	**avevate** dissolto
dissolve**va**	dissolve**vano**	**aveva** dissolto	**avevano** dissolto

passato remoto
		trapassato remoto	
dissol**si**	dissolv**emmo**	**ebbi** dissolto	**avemmo** dissolto
dissolv**esti**	dissolv**este**	**avesti** dissolto	**aveste** dissolto
dissol**se**	dissol**sero**	**ebbe** dissolto	**ebbero** dissolto

futuro semplice
		futuro anteriore	
dissolver**ò**	dissolver**emo**	**avrò** dissolto	**avremo** dissolto
dissolver**ai**	dissolver**ete**	**avrai** dissolto	**avrete** dissolto
dissolver**à**	dissolver**anno**	**avrà** dissolto	**avranno** dissolto

condizionale presente
		condizionale passato	
dissolver**ei**	dissolver**emmo**	**avrei** dissolto	**avremmo** dissolto
dissolver**esti**	dissolver**este**	**avresti** dissolto	**avreste** dissolto
dissolver**ebbe**	dissolver**ebbero**	**avrebbe** dissolto	**avrebbero** dissolto

congiuntivo presente
		congiuntivo passato	
dissolv**a**	dissolv**iamo**	**abbia** dissolto	**abbiamo** dissolto
dissolv**a**	dissolv**iate**	**abbia** dissolto	**abbiate** dissolto
dissolv**a**	dissolv**ano**	**abbia** dissolto	**abbiano** dissolto

congiuntivo imperfetto
		congiuntivo trapassato	
dissolv**essi**	dissolv**essimo**	**avessi** dissolto	**avessimo** dissolto
dissolv**essi**	dissolv**este**	**avessi** dissolto	**aveste** dissolto
dissolv**esse**	dissolv**essero**	**avesse** dissolto	**avessero** dissolto

imperativo
	dissolv**iamo**
dissolvi;	dissolv**ete**
non dissolvere	
dissolv**a**	dissolv**ano**

D

237

distinguere

to distinguish

gerundio **distinguendo**   participio passato **distinto**

SINGULAR	PLURAL	SINGULAR	PLURAL
indicativo presente		**passato prossimo**	
distinguo	distinguiamo	ho distinto	abbiamo distinto
distingui	distinguete	hai distinto	avete distinto
distingue	distinguono	ha distinto	hanno distinto
imperfetto		**trapassato prossimo**	
distinguevo	distinguevamo	avevo distinto	avevamo distinto
distinguevi	distinguevate	avevi distinto	avevate distinto
distingueva	distinguevano	aveva distinto	avevano distinto
passato remoto		**trapassato remoto**	
distinsi	distinguemmo	ebbi distinto	avemmo distinto
distinguesti	distingueste	avesti distinto	aveste distinto
distinse	distinsero	ebbe distinto	ebbero distinto
futuro semplice		**futuro anteriore**	
distinguerò	distingueremo	avrò distinto	avremo distinto
distinguerai	distinguerete	avrai distinto	avrete distinto
distinguerà	distingueranno	avrà distinto	avranno distinto
condizionale presente		**condizionale passato**	
distinguerei	distingueremmo	avrei distinto	avremmo distinto
distingueresti	distinguereste	avresti distinto	avreste distinto
distinguerebbe	distinguerebbero	avrebbe distinto	avrebbero distinto
congiuntivo presente		**congiuntivo passato**	
distingua	distinguiamo	abbia distinto	abbiamo distinto
distingua	distinguiate	abbia distinto	abbiate distinto
distingua	distinguano	abbia distinto	abbiano distinto
congiuntivo imperfetto		**congiuntivo trapassato**	
distinguessi	distinguessimo	avessi distinto	avessimo distinto
distinguessi	distingueste	avessi distinto	aveste distinto
distinguesse	distinguessero	avesse distinto	avessero distinto
imperativo			
	distinguiamo		
distingui;	distinguete		
non distinguere			
distingua	distinguano		

to distract   distrarre

SINGULAR	PLURAL	SINGULAR	PLURAL

indicativo presente

		passato prossimo	
distra**ggo**	distra**iamo**	**ho** distratto	**abbiamo** distratto
distra**i**	distra**ete**	**hai** distratto	**avete** distratto
distra**e**	distra**ggono**	**ha** distratto	**hanno** distratto

imperfetto

		trapassato prossimo	
distrae**vo**	distrae**vamo**	**avevo** distratto	**avevamo** distratto
distrae**vi**	distrae**vate**	**avevi** distratto	**avevate** distratto
distrae**va**	distrae**vano**	**aveva** distratto	**avevano** distratto

passato remoto

		trapassato remoto	
distr**assi**	distra**emmo**	**ebbi** distratto	**avemmo** distratto
distra**esti**	distra**este**	**avesti** distratto	**aveste** distratto
distr**asse**	distr**assero**	**ebbe** distratto	**ebbero** distratto

futuro semplice

		futuro anteriore	
distrarr**ò**	distrarr**emo**	**avrò** distratto	**avremo** distratto
distrarr**ai**	distrarr**ete**	**avrai** distratto	**avrete** distratto
distrarr**à**	distrarr**anno**	**avrà** distratto	**avranno** distratto

condizionale presente

		condizionale passato	
distrarr**ei**	distrarr**emmo**	**avrei** distratto	**avremmo** distratto
distrarr**esti**	distrarr**este**	**avresti** distratto	**avreste** distratto
distrarr**ebbe**	distrarr**ebbero**	**avrebbe** distratto	**avrebbero** distratto

congiuntivo presente

		congiuntivo passato	
distr**agga**	distra**iamo**	**abbia** distratto	**abbiamo** distratto
distr**agga**	distra**iate**	**abbia** distratto	**abbiate** distratto
distr**agga**	distra**ggano**	**abbia** distratto	**abbiano** distratto

congiuntivo imperfetto

		congiuntivo trapassato	
distra**essi**	distra**essimo**	**avessi** distratto	**avessimo** distratto
distra**essi**	distra**este**	**avessi** distratto	**aveste** distratto
distra**esse**	distra**essero**	**avesse** distratto	**avessero** distratto

imperativo

	distraiamo
distrai; non distrarre	distraete
distragga	distraggano

D

distrarsi   to amuse oneself, to divert one's mind

gerundio **distraendosi**   participio passato **distrattosi**

SINGULAR	PLURAL	SINGULAR	PLURAL
indicativo presente		**passato prossimo**	
mi distra**ggo**	**ci** distra**iamo**	**mi sono** distratto(ao)	**ci siamo** distratti(e)
ti distra**i**	**vi** distra**ete**	**ti sei** distratto(a)	**vi siete** distratti(e)
si distra**e**	**si** distra**ggono**	**si è** distratto(a)	**si sono** distratto
imperfetto		**trapassato prossimo**	
mi distrae**vo**	**ci** distrae**vamo**	**mi ero** distratto(a)	**ci eravamo** distratti(e)
ti distrae**vi**	**vi** distrae**vate**	**ti eri** distratto(a)	**vi eravate** distratti(e)
si distrae**va**	**si** distrae**vano**	**si era** distratto(a)	**si erano** distratti(e)
passato remoto		**trapassato remoto**	
mi distra**ssi**	**ci** distra**emmo**	**mi fui** distratto(a)	**ci fummo** distratti(e)
ti distra**esti**	**vi** distra**este**	**ti fosti** distratto(a)	**vi foste** distratti(e)
si dıstra**sse**	**si** distra**ssero**	**si fu** distratto(a)	**si furono** distratti(e)
futuro semplice		**futuro anteriore**	
mi distrar**rò**	**ci** distrar**remo**	**mi sarò** distratto(a)	**ci saremo** distratti(e)
ti distrar**rai**	**vi** distrar**rete**	**ti sarai** distratto(a)	**vi sarete** distratti(e)
si distrar**rà**	**si** distrar**ranno**	**si sarà** distratto(a)	**si saranno** distratti(e)
condizionale presente		**condizionale passato**	
mi distrar**rei**	**ci** distrar**remmo**	**mi sarei** distratto(a)	**ci saremmo** distratti(e)
ti distrar**resti**	**vi** distrar**reste**	**ti saresti** distratto(a)	**vi sareste** distratti(e)
si distrar**rebbe**	**si** distrar**rebbero**	**si sarebbe** distratto(a)	**si sarebbero** distratti(e)
congiuntivo presente		**congiuntivo passato**	
mi distra**gga**	**ci** distra**iamo**	**mi sia** distratto	**ci siamo** distratti(e)
ti distra**gga**	**vi** distra**iate**	**ti sia** distratto	**vi siate** distratti(e)
si distra**gga**	**si** distra**ggano**	**si sia** distratto	**si siano** distratti(e)
congiuntivo imperfetto		**congiuntivo trapassato**	
mi distra**essi**	**ci** distra**essimo**	**mi fossi** distratto(a)	**ci fossimo** distratti(e)
ti distra**essi**	**vi** distra**este**	**ti fossi** distratto(a)	**vi foste** distratti(e)
si distra**esse**	**si** distra**essero**	**si fosse** distratto(a)	**si fossero** distratti(e)

imperativo

	distraiamoci
distraiti; non distraerti/	distraetevi
non ti distrarre	
si distragga	si distraggano

to destroy   distruggere

SINGULAR	PLURAL	SINGULAR	PLURAL

indicativo presente

distrugg**o**	distrugg**iamo**
distrugg**i**	distrugg**ete**
distrugg**e**	distrugg**ono**

passato prossimo

ho distrutto	**abbiamo** distrutto
hai distrutto	**avete** distrutto
ha distrutto	**hanno** distrutto

imperfetto

distrugge**vo**	distrugge**vamo**
distrugge**vi**	distrugge**vate**
distrugge**va**	distrugge**vano**

trapassato prossimo

avevo distrutto	**avevamo** distrutto
avevi distrutto	**avevate** distrutto
aveva distrutto	**avevano** distrutto

D

passato remoto

distruss**i**	distrugg**emmo**
distrugg**esti**	distrugg**este**
distruss**e**	distruss**ero**

trapassato remoto

ebbi distrutto	**avemmo** distrutto
avesti distrutto	**aveste** distrutto
ebbe distrutto	**ebbero** distrutto

futuro semplice

distrugger**ò**	distrugger**emo**
distrugger**ai**	distrugger**ete**
distrugger**à**	distrugger**anno**

futuro anteriore

avrò distrutto	**avremo** distrutto
avrai distrutto	**avrete** distrutto
avrà distrutto	**avranno** distrutto

condizionale presente

distrugger**ei**	distrugger**emmo**
distrugger**esti**	distrugger**este**
distrugger**ebbe**	distrugger**ebbero**

condizionale passato

avrei distrutto	**avremmo** distrutto
avresti distrutto	**avreste** distrutto
avrebbe distrutto	**avrebbero** distrutto

congiuntivo presente

distrugg**a**	distrugg**iamo**
distrugg**a**	distrugg**iate**
distrugg**a**	distrugg**ano**

congiuntivo passato

abbia distrutto	**abbiamo** distrutto
abbia distrutto	**abbiate** distrutto
abbia distrutto	**abbiano** distrutto

congiuntivo imperfetto

distrugg**essi**	distrugg**essimo**
distrugg**essi**	distrugg**este**
distrugg**esse**	distrugg**essero**

congiuntivo trapassato

avessi distrutto	**avessimo** distrutto
avessi distrutto	**aveste** distrutto
avesse distrutto	**avessero** distrutto

imperativo

	distruggiamo
distruggi;	distruggete
non distruggere	
distrugga	distruggano

divenire

to become

SINGULAR	PLURAL	SINGULAR	PLURAL

indicativo presente

		passato prossimo	
diveng**o**	diven**iamo**	**sono** divenuto(a)	**siamo** divenuti(e)
divien**i**	diven**ite**	**sei** divenuto(a)	**siete** divenuti(e)
divien**e**	diveng**ono**	**è** divenuto(a)	**sono** divenuti(e)

imperfetto

		trapassato prossimo	
diven**ivo**	diven**ivamo**	**ero** divenuto(a)	**eravamo** divenuti(e)
diven**ivi**	diven**ivate**	**eri** divenuto(a)	**eravate** divenuti(e)
diven**iva**	diven**ivano**	**era** divenuto(a)	**erano** divenuti(e)

passato remoto

		trapassato remoto	
divenn**i**	diven**immo**	**fui** divenuto(a)	**fummo** divenuti(e)
diven**isti**	diven**iste**	**fosti** divenuto(a)	**foste** divenuti(e)
divenn**e**	divenn**ero**	**fu** divenuto(a)	**furono** divenuti(e)

futuro semplice

		futuro anteriore	
diverr**ò**	diverr**emo**	**sarò** divenuto(a)	**saremo** divenuti(e)
diverr**ai**	diverr**ete**	**sarai** divenuto(a)	**sarete** divenuti(e)
diverr**à**	diverr**anno**	**sarà** divenuto(a)	**saranno** divenuti(e)

condizionale presente

		condizionale passato	
diverr**ei**	diverr**emmo**	**sarei** divenuto(a)	**saremmo** divenuti(e)
diverr**esti**	diverr**este**	**saresti** divenuto(a)	**sareste** divenuti(e)
diverr**ebbe**	diverr**ebbero**	**sarebbe** divenuto(a)	**sarebbero** divenuti(e)

congiuntivo presente

		congiuntivo passato	
diveng**a**	diven**iamo**	**sia** divenuto(a)	**siamo** divenuti(e)
diveng**a**	diven**iate**	**sia** divenuto(a)	**siate** divenuti(e)
diveng**a**	diveng**ano**	**sia** divenuto(a)	**siano** divenuti(e)

congiuntivo imperfetto

		congiuntivo trapassato	
diven**issi**	diven**issimo**	**fossi** divenuto(a)	**fossimo** divenuti(e)
diven**issi**	diven**iste**	**fossi** divenuto(a)	**foste** divenuti(e)
diven**isse**	diven**issero**	**fosse** divenuto(a)	**fossero** divenuti(e)

imperativo

	diven**iamo**
divieni; non divenire	diven**ite**
diveng**a**	diveng**ano**

to become   diventare

SINGULAR	PLURAL	SINGULAR	PLURAL

indicativo presente

		passato prossimo	
divento	diventiamo	**sono** diventato(a)	**siamo** diventati(e)
diventi	diventate	**sei** diventato(a)	**siete** diventati(e)
diventa	diventano	**è** diventato(a)	**sono** diventati(e)

imperfetto

		trapassato prossimo	
diventavo	diventavamo	**ero** diventato(a)	**eravamo** diventati(e)
diventavi	diventavate	**eri** diventato(a)	**eravate** diventati(e)
diventava	diventavano	**era** diventato(a)	**erano** diventati(e)

D

passato remoto

		trapassato remoto	
diventai	diventammo	**fui** diventato(a)	**fummo** diventati(e)
diventasti	diventaste	**fosti** diventato(a)	**foste** diventati(e)
diventò	diventarono	**fu** diventato(a)	**furono** diventati(e)

futuro semplice

		futuro anteriore	
diventerò	diventeremo	**sarò** diventato(a)	**saremo** diventati(e)
diventerai	diventerete	**sarai** diventato(a)	**sarete** diventati(e)
diventerà	diventeranno	**sarà** diventato(a)	**saranno** diventati(e)

condizionale presente

		condizionale passato	
diventerei	diventeremmo	**sarei** diventato(a)	**saremmo** diventati(e)
diventeresti	diventereste	**saresti** diventato(a)	**sareste** diventati(e)
diventerebbe	diventerebbero	**sarebbe** diventato(a)	**sarebbero** diventati(e)

congiuntivo presente

		congiuntivo passato	
diventi	diventiamo	**sia** diventato(a)	**siamo** diventati(e)
diventi	diventiate	**sia** diventato(a)	**siate** diventati(e)
diventi	diventino	**sia** diventato(a)	**siano** diventati(e)

congiuntivo imperfetto

		congiuntivo trapassato	
diventassi	diventassimo	**fossi** diventato(a)	**fossimo** diventati(e)
diventassi	diventaste	**fossi** diventato(a)	**foste** diventati(e)
diventasse	diventassero	**fosse** diventato(a)	**fossero** diventati(e)

imperativo

	diventiamo
diventa; non diventare	diventate
diventi	diventino

MUST KNOW VERB

divertirsi
to have fun, to enjoy oneself

gerundio **divertendosi**   participio passato **divertitosi**

SINGULAR	PLURAL	SINGULAR	PLURAL

indicativo presente

mi divert**o**	**ci** divert**iamo**
ti divert**i**	**vi** divert**ite**
si divert**e**	**si** divert**ono**

passato prossimo

mi sono divertito(a)	**ci siamo** divertiti(e)
ti sei divertito(a)	**vi siete** divertiti(e)
si è divertito(a)	**si sono** divertiti(e)

imperfetto

mi divert**ivo**	**ci** divert**ivamo**
ti divert**ivi**	**vi** divert**ivate**
si divert**iva**	**si** divert**ivano**

trapassato prossimo

mi ero divertito(a)	**ci eravamo** divertiti(e)
ti eri divertito(a)	**vi eravate** divertiti(e)
si era divertito(a)	**si erano** divertiti(e)

passato remoto

mi divert**ii**	**ci** divert**immo**
ti divert**isti**	**vi** divert**iste**
si divert**ì**	**si** divert**irono**

trapassato remoto

mi fui divertito(a)	**ci fummo** divertiti(e)
ti fosti divertito(a)	**vi foste** divertiti(e)
si fu divertito(a)	**si furono** divertiti(e)

futuro semplice

mi divert**irò**	**ci** divert**iremo**
ti divert**irai**	**vi** divert**irete**
si divert**irà**	**si** divert**iranno**

futuro anteriore

mi sarò divertito(a)	**ci saremo** divertiti(e)
ti sarai divertito(a)	**vi sarete** divertiti(e)
si sarà divertito(a)	**si saranno** divertiti(e)

condizionale presente

mi divert**irei**	**ci** divert**iremmo**
ti divert**iresti**	**vi** divert**ireste**
si divert**irebbe**	**si** divert**irebbero**

condizionale passato

mi sarei divertito(a)	**ci saremmo** divertiti(e)
ti saresti divertito(a)	**vi sareste** divertiti(e)
si sarebbe divertito(a)	**si sarebbero** divertiti(e)

congiuntivo presente

mi divert**a**	**ci** divert**iamo**
ti divert**a**	**vi** divert**iate**
si divert**a**	**si** divert**ano**

congiuntivo passato

mi sia divertito(a)	**ci siamo** divertiti(e)
ti sia divertito(a)	**vi siate** divertiti(e)
si sia divertito(a)	**si siano** divertati(e)

congiuntivo imperfetto

mi divert**issi**	**ci** divert**issimo**
ti divert**issi**	**vi** divert**iste**
si divert**isse**	**si** divert**issero**

congiuntivo trapassato

mi fossi divertato(a)	**ci fossimo** divertiti(e)
ti fossi divertato(a)	**vi foste** divertiti(e)
si fosse divertito(a)	**si fossero** divertiti(e)

imperativo

	divertiamoci
divertiti; non divertirti/	divertitevi
non ti divertire	
si diverta	si divertano

D

MUST
KNOW
VERB

244

to divide   dividere

gerundio **dividendo**   participio passato **diviso**

SINGULAR	PLURAL	SINGULAR	PLURAL

indicativo presente

		passato prossimo	
divid**o**	divid**iamo**	**ho** diviso	**abbiamo** diviso
divid**i**	divid**ete**	**hai** diviso	**avete** diviso
divid**e**	divid**ono**	**ha** diviso	**hanno** diviso

imperfetto

		trapassato prossimo	
divide**vo**	divide**vamo**	**avevo** diviso	**avevamo** diviso
divide**vi**	divide**vate**	**avevi** diviso	**avevate** diviso
divide**va**	divide**vano**	**aveva** diviso	**avevano** diviso

passato remoto

		trapassato remoto	
divi**si**	divid**emmo**	**ebbi** diviso	**avemmo** diviso
divid**esti**	divid**este**	**avesti** diviso	**aveste** diviso
divi**se**	divi**sero**	**ebbe** diviso	**ebbero** diviso

futuro semplice

		futuro anteriore	
divider**ò**	divider**emo**	**avrò** diviso	**avremo** diviso
divider**ai**	divider**ete**	**avrai** diviso	**avrete** diviso
divider**à**	divider**anno**	**avrà** diviso	**avranno** diviso

condizionale presente

		condizionale passato	
divider**ei**	divider**emmo**	**avrei** diviso	**avremmo** diviso
divider**esti**	divider**este**	**avresti** diviso	**avreste** diviso
divider**ebbe**	divider**ebbero**	**avrebbe** diviso	**avrebbero** diviso

congiuntivo presente

		congiuntivo passato	
divid**a**	divid**iamo**	**abbia** diviso	**abbiamo** diviso
divid**a**	divid**iate**	**abbia** diviso	**abbiate** diviso
divid**a**	divid**ano**	**abbia** diviso	**abbiano** diviso

congiuntivo imperfetto

		congiuntivo trapassato	
divid**essi**	divid**essimo**	**avessi** diviso	**avessimo** diviso
divid**essi**	divid**este**	**avessi** diviso	**aveste** diviso
divid**esse**	divid**essero**	**avesse** diviso	**avessero** diviso

imperativo

	dividiamo
dividi; non dividere	dividete
divida	dividano

D

gerundio **domandando**   participio passato **domandato**

D

SINGULAR	PLURAL	SINGULAR	PLURAL

indicativo presente

		passato prossimo	
domand**o**	domand**iamo**	**ho** domandato	**abbiamo** domandato
domand**i**	domand**ate**	**hai** domandato	**avete** domandato
domand**a**	domand**ano**	**ha** domandato	**hanno** domandato

imperfetto

		trapassato prossimo	
domanda**vo**	domanda**vamo**	**avevo** domandato	**avevamo** domandato
domanda**vi**	domanda**vate**	**avevi** domandato	**avevate** domandato
domanda**va**	domanda**vano**	**aveva** domandato	**avevano** domandato

passato remoto

		trapassato remoto	
domand**ai**	domand**ammo**	**ebbi** domandato	**avemmo** domandato
domand**asti**	domand**aste**	**avesti** domandato	**aveste** domandato
domand**ò**	domand**arono**	**ebbe** domandato	**ebbero** domandato

futuro semplice

		futuro anteriore	
domander**ò**	domander**emo**	**avrò** domandato	**avremo** domandato
domander**ai**	domander**ete**	**avrai** domandato	**avrete** domandato
domander**à**	domander**anno**	**avrà** domandato	**avranno** domandato

condizionale presente

		condizionale passato	
domander**ei**	domander**emmo**	**avrei** domandato	**avremmo** domandato
domander**esti**	domander**este**	**avresti** domandato	**avreste** domandato
domander**ebbe**	domander**ebbero**	**avrebbe** domandato	**avrebbero** domandato

congiuntivo presente

		congiuntivo passato	
domand**i**	domand**iamo**	**abbia** domandato	**abbiamo** domandato
domand**i**	domand**iate**	**abbia** domandato	**abbiate** domandato
domand**i**	domand**ino**	**abbia** domandato	**abbiano** domandato

congiuntivo imperfetto

		congiuntivo trapassato	
domand**assi**	domand**assimo**	**avessi** domandato	**avessimo** domandato
domand**assi**	domand**aste**	**avessi** domandato	**aveste** domandato
domand**asse**	domand**assero**	**avesse** domandato	**avessero** domandato

imperativo

	domandiamo
domanda;	domandate
non domandare	
domandi	domandino

to sleep   dormire

SINGULAR	PLURAL	SINGULAR	PLURAL

indicativo presente

		passato prossimo	
dormo	dormiamo	ho dormito	abbiamo dormito
dormi	dormite	hai dormito	avete dormito
dorme	dormono	ha dormito	hanno dormito

imperfetto

		trapassato prossimo	
dormivo	dormivamo	avevo dormito	avevamo dormito
dormivi	dormivate	avevi dormito	avevate dormito
dormiva	dormivano	aveva dormito	avevano dormito

passato remoto

		trapassato remoto	
dormii	dormimmo	ebbi dormito	avemmo dormito
dormisti	dormiste	avesti dormito	aveste dormito
dormì	dormirono	ebbe dormito	ebbero dormito

futuro semplice

		futuro anteriore	
dormirò	dormiremo	avrò dormito	avremo dormito
dormirai	dormirete	avrai dormito	avrete dormito
dormirà	dormiranno	avrà dormito	avranno dormito

condizionale presente

		condizionale passato	
dormirei	dormiremmo	avrei dormito	avremmo dormito
dormiresti	dormireste	avresti dormito	avreste dormito
dormirebbe	dormirebbero	avrebbe dormito	avrebbero dormito

congiuntivo presente

		congiuntivo passato	
dorma	dormiamo	abbia dormito	abbiamo dormito
dorma	dormiate	abbia dormito	abbiate dormito
dorma	dormano	abbia dormito	abbiano dormito

congiuntivo imperfetto

		congiuntivo trapassato	
dormissi	dormissimo	avessi dormito	avessimo dormito
dormissi	dormiste	avessi dormito	aveste dormito
dormisse	dormissero	avesse dormito	avessero dormito

imperativo

	dormiamo
dormi; non dormire	dormite
dorma	dormano

D

MUST
KNOW
VERB

dovere
must, to have to, should, to owe

gerundio **dovendo**   participio passato **dovuto**

SINGULAR	PLURAL	SINGULAR	PLURAL

indicativo presente

		passato prossimo	
dev**o (debbo)**	dobb**iamo**	**ho** dovuto	**abbiamo** dovuto
dev**i**	dov**ete**	**hai** dovuto	**avete** dovuto
dev**e**	dev**ono (debbono)**	**ha** dovuto	**hanno** dovuto

imperfetto

		trapassato prossimo	
dove**vo**	dove**vamo**	**avevo** dovuto	**avevamo** dovuto
dove**vi**	dove**vate**	**avevi** dovuto	**avevate** dovuto
dove**va**	dove**vano**	**aveva** dovuto	**avevano** dovuto

passato remoto

		trapassato remoto	
dov**ei (dovetti)**	dov**emmo**	**ebbi** dovuto	**avemmo** dovuto
dov**esti**	dov**este**	**avesti** dovuto	**aveste** dovuto
dov**ette**	dov**ettero**	**ebbe** dovuto	**ebbero** dovuto

futuro semplice

		futuro anteriore	
dovr**ò**	dovr**emo**	**avrò** dovuto	**avremo** dovuto
dovr**ai**	dovr**ete**	**avrai** dovuto	**avrete** dovuto
dovr**à**	dovr**anno**	**avrà** dovuto	**avranno** dovuto

condizionale presente

		condizionale passato	
dovr**ei**	dovr**emmo**	**avrei** dovuto	**avremmo** dovuto
dovr**esti**	dovr**este**	**avresti** dovuto	**avreste** dovuto
dovr**ebbe**	dovr**ebbero**	**avrebbe** dovuto	**avrebbero** dovuto

congiuntivo presente

		congiuntivo passato	
dev**a (debba)**	dobb**iamo**	**abbia** dovuto	**abbiamo** dovuto
dev**a (debba)**	dobb**iate**	**abbia** dovuto	**abbiate** dovuto
dev**a (debba)**	dev**ano (debbano)**	**abbia** dovuto	**abbiano** dovuto

congiuntivo imperfetto

		congiuntivo trapassato	
dov**essi**	dov**essimo**	**avessi** dovuto	**avessimo** dovuto
dov**essi**	dov**este**	**avessi** dovuto	**aveste** dovuto
dov**esse**	dov**essero**	**avesse** dovuto	**avessero** dovuto

imperativo

MUST
KNOW
VERB

to elect, to choose   eleggere

SINGULAR	PLURAL	SINGULAR	PLURAL
indicativo presente		**passato prossimo**	
eleggo	eleggiamo	ho eletto	abbiamo eletto
eleggi	eleggete	hai eletto	avete eletto
elegge	eleggono	ha eletto	hanno eletto
imperfetto		**trapassato prossimo**	
eleggevo	eleggevamo	avevo eletto	avevamo eletto
eleggevi	eleggevate	avevi eletto	avevate eletto
eleggeva	eleggevano	aveva eletto	avevano eletto
passato remoto		**trapassato remoto**	
elessi	eleggemmo	ebbi eletto	avemmo eletto
eleggesti	eleggeste	avesti eletto	aveste eletto
elesse	elessero	ebbe eletto	ebbero eletto
futuro semplice		**futuro anteriore**	
eleggerò	eleggeremo	avrò eletto	avremo eletto
eleggerai	eleggerete	avrai eletto	avrete eletto
eleggerà	eleggeranno	avrà eletto	avranno eletto
condizionale presente		**condizionale passato**	
eleggerei	eleggeremmo	avrei eletto	avremmo eletto
eleggeresti	eleggereste	avresti eletto	avreste eletto
eleggerebbe	eleggerebbero	avrebbe eletto	avrebbero eletto
congiuntivo presente		**congiuntivo passato**	
elegga	eleggiamo	abbia eletto	abbiamo eletto
elegga	eleggiate	abbia eletto	abbiate eletto
elegga	eleggano	abbia eletto	abbiano eletto
congiuntivo imperfetto		**congiuntivo trapassato**	
eleggessi	eleggessimo	avessi eletto	avessimo eletto
eleggessi	eleggeste	avessi eletto	aveste eletto
eleggesse	eleggessero	avesse eletto	avessero eletto
imperativo			
	eleggiamo		
eleggi; non eleggere	eleggete		
elegga	eleggano		

E

E

SINGULAR	PLURAL	SINGULAR	PLURAL

indicativo presente

elev**o**	elev**iamo**
elev**i**	elev**ate**
elev**a**	elev**ano**

passato prossimo

ho elevato	**abbiamo** elevato
hai elevato	**avete** elevato
ha elevato	**hanno** elevato

imperfetto

eleva**vo**	eleva**vamo**
eleva**vi**	eleva**vate**
eleva**va**	eleva**vano**

trapassato prossimo

avevo elevato	**avevamo** elevato
avevi elevato	**avevate** elevato
aveva elevato	**avevano** elevato

passato remoto

elev**ai**	elev**ammo**
elev**asti**	elev**aste**
elev**ò**	elev**arono**

trapassato remoto

ebbi elevato	**avemmo** elevato
avesti elevato	**aveste** elevato
ebbe elevato	**ebbero** elevato

futuro semplice

elev**erò**	elev**eremo**
elev**erai**	elev**erete**
elev**erà**	elev**eranno**

futuro anteriore

avrò elevato	**avremo** elevato
avrai elevato	**avrete** elevato
avrà elevato	**avranno** elevato

condizionale presente

elev**erei**	elev**eremmo**
elev**eresti**	elev**ereste**
elev**erebbe**	elev**erebbero**

condizionale passato

avrei elevato	**avremmo** elevato
avresti elevato	**avreste** elevato
avrebbe elevato	**avrebbero** elevato

congiuntivo presente

elev**i**	elev**iamo**
elev**i**	elev**iate**
elev**i**	elev**ino**

congiuntivo passato

abbia elevato	**abbiamo** elevato
abbia elevato	**abbiate** elevato
abbia elevato	**abbiano** elevato

congiuntivo imperfetto

elev**assi**	elev**assimo**
elev**assi**	elev**aste**
elev**asse**	elev**assero**

congiuntivo trapassato

avessi elevato	**avessimo** elevato
avessi elevato	**aveste** elevato
avesse elevato	**avessero** elevato

imperativo

	eleviamo
eleva; non elevare	elevate
elevi	elevino

to eliminate, to delete — eliminare

SINGULAR	PLURAL	SINGULAR	PLURAL
indicativo presente		**passato prossimo**	
elimino	eliminiamo	ho eliminato	abbiamo eliminato
elimini	eliminate	hai eliminato	avete eliminato
elimina	eliminano	ha eliminato	hanno eliminato
imperfetto		**trapassato prossimo**	
eliminavo	eliminavamo	avevo eliminato	avevamo eliminato
eliminavi	eliminavate	avevi eliminato	avevate eliminato
eliminava	eliminavano	aveva eliminato	avevano eliminato
passato remoto		**trapassato remoto**	
eliminai	eliminammo	ebbi eliminato	avemmo eliminato
eliminasti	eliminaste	avesti eliminato	aveste eliminato
eliminò	eliminarono	ebbe eliminato	ebbero eliminato
futuro semplice		**futuro anteriore**	
eliminerò	elimineremo	avrò eliminato	avremo eliminato
eliminerai	eliminerete	avrai eliminato	avrete eliminato
eliminerà	elimineranno	avrà eliminato	avranno eliminato
condizionale presente		**condizionale passato**	
eliminerei	elimineremmo	avrei eliminato	avremmo eliminato
elimineresti	eliminereste	avresti eliminato	avreste eliminato
eliminerebbe	eliminerebbero	avrebbe eliminato	avrebbero eliminato
congiuntivo presente		**congiuntivo passato**	
elimini	eliminiamo	abbia eliminato	abbiamo eliminato
elimini	eliminiate	abbia eliminato	abbiate eliminato
elimini	eliminino	abbia eliminato	abbiano eliminato
congiuntivo imperfetto		**congiuntivo trapassato**	
eliminassi	eliminassimo	avessi eliminato	avessimo eliminato
eliminassi	eliminaste	avessi eliminato	aveste eliminato
eliminasse	eliminassero	avesse eliminato	avessero eliminato
imperativo			
	eliminiamo		
elimina; non eliminare	eliminate		
elimini	eliminino		

E

gerundio **eludendo** participio passato **eluso**

SINGULAR	PLURAL	SINGULAR	PLURAL
indicativo presente		**passato prossimo**	
eludo	eludiamo	ho eluso	abbiamo eluso
eludi	eludete	hai eluso	avete eluso
elude	eludono	ha eluso	hanno eluso
imperfetto		**trapassato prossimo**	
eludevo	eludevamo	avevo eluso	avevamo eluso
eludevi	eludevate	avevi eluso	avevate eluso
eludeva	eludevano	aveva eluso	avevano eluso
passato remoto		**trapassato remoto**	
elusi	eludemmo	ebbi eluso	avemmo eluso
eludesti	eludeste	avesti eluso	aveste eluso
eluse	elusero	ebbe eluso	ebbero eluso
futuro semplice		**futuro anteriore**	
eluderò	eluderemo	avrò eluso	avremo eluso
eluderai	eluderete	avrai eluso	avrete eluso
eluderà	eluderanno	avrà eluso	avranno eluso
condizionale presente		**condizionale passato**	
eluderei	eluderemmo	avrei eluso	avremmo eluso
eluderesti	eludereste	avresti eluso	avreste eluso
eluderebbe	eluderebbero	avrebbe eluso	avrebbero eluso
congiuntivo presente		**congiuntivo passato**	
eluda	eludiamo	abbia eluso	abbiamo eluso
eluda	eludiate	abbia eluso	abbiate eluso
eluda	eludano	abbia eluso	abbiano eluso
congiuntivo imperfetto		**congiuntivo trapassato**	
eludessi	eludessimo	avessi eluso	avessimo eluso
eludessi	eludeste	avessi eluso	aveste eluso
eludesse	eludessero	avesse eluso	avessero eluso
imperativo			
	eludiamo		
eludi; non eludere	eludete		
eluda	eludano		

E

to emerge, to appear　　　　　emergere

gerundio **emergendo**　　　　participio passato **emerso**

SINGULAR	PLURAL	SINGULAR	PLURAL

indicativo presente

		passato prossimo	
emerg**o**	emerg**iamo**	**sono** emerso(a)	**siamo** emersi(e)
emerg**i**	emerg**ete**	**sei** emerso(a)	**siete** emersi(e)
emerg**e**	emerg**ono**	**è** emerso(a)	**sono** emersi(e)

imperfetto

		trapassato prossimo	
emerge**vo**	emerge**vamo**	**ero** emerso(a)	**eravamo** emersi(e)
emerge**vi**	emerge**vate**	**eri** emerso(a)	**eravate** emersi(e)
emerge**va**	emerge**vano**	**era** emerso(a)	**erano** emersi(e)

passato remoto

		trapassato remoto	
emers**i**	emerg**emmo**	**fui** emerso(a)	**fummo** emersi(e)
emerg**esti**	emerg**este**	**fosti** emerso(a)	**foste** emersi(e)
emers**e**	emers**ero**	**fu** emerso(a)	**furono** emersi(e)

futuro semplice

		futuro anteriore	
emerger**ò**	emerger**emo**	**sarò** emerso(a)	**saremo** emersi(e)
emerger**ai**	emerger**ete**	**sarai** emerso(a)	**sarete** emersi(e)
emerger**à**	emerger**anno**	**sarà** emerso(a)	**saranno** emersi(e)

condizionale presente

		condizionale passato	
emerger**ei**	emerger**emmo**	**sarei** emerso(a)	**saremmo** emersi(e)
emerger**esti**	emerger**este**	**saresti** emerso(a)	**sareste** emersi(e)
emerger**ebbe**	emerger**ebbero**	**sarebbe** emerso(a)	**sarebbero** emersi(e)

congiuntivo presente

		congiuntivo passato	
emerg**a**	emerg**iamo**	**sia** emerso(a)	**siamo** emersi(e)
emerg**a**	emerg**iate**	**sia** emerso(a)	**siate** emersi(e)
emerg**a**	emerg**ano**	**sia** emerso(a)	**siano** emersi(e)

congiuntivo imperfetto

		congiuntivo trapassato	
emerg**essi**	emerg**essimo**	**fossi** emerso(a)	**fossimo** emersi(e)
emerg**essi**	emerg**este**	**fossi** emerso(a)	**foste** emersi(e)
emerg**esse**	emerg**essero**	**fosse** emerso(a)	**fossero** emersi(e)

imperativo

	emerg**iamo**
emerg**i**; non emerg**ere**	emerg**ete**
emerg**a**	emerg**ano**

E

emettere

to emit, to give out

gerundio **emettendo**   participio passato **emesso**

SINGULAR	PLURAL	SINGULAR	PLURAL

indicativo presente

		passato prossimo	
emett**o**	emett**iamo**	**ho** emesso	**abbiamo** emesso
emett**i**	emett**ete**	**hai** emesso	**avete** emesso
emett**e**	emett**ono**	**ha** emesso	**hanno** emesso

imperfetto

		trapassato prossimo	
emette**vo**	emette**vamo**	**avevo** emesso	**avevamo** emesso
emette**vi**	emette**vate**	**avevi** emesso	**avevate** emesso
emette**va**	emette**vano**	**aveva** emesso	**avevano** emesso

passato remoto

		trapassato remoto	
emis**i**	emett**emmo**	**ebbi** emesso	**avemmo** emesso
emett**esti**	emett**este**	**avesti** emesso	**aveste** emesso
emis**e**	emis**ero**	**ebbe** emesso	**ebbero** emesso

futuro semplice

		futuro anteriore	
emetter**ò**	emetter**emo**	**avrò** emesso	**avremo** emesso
emetter**ai**	emetter**ete**	**avrai** emesso	**avrete** emesso
emetter**à**	emetter**anno**	**avrà** emesso	**avranno** emesso

condizionale presente

		condizionale passato	
emetter**ei**	emetter**emmo**	**avrei** emesso	**avremmo** emesso
emetter**esti**	emetter**este**	**avresti** emesso	**avreste** emesso
emetter**ebbe**	emetter**ebbero**	**avrebbe** emesso	**avrebbero** emesso

congiuntivo presente

		congiuntivo passato	
emett**a**	emett**iamo**	**abbia** emesso	**abbiamo** emesso
emett**a**	emett**iate**	**abbia** emesso	**abbiate** emesso
emett**a**	emett**ano**	**abbia** emesso	**abbiano** emesso

congiuntivo imperfetto

		congiuntivo trapassato	
emett**essi**	emett**essimo**	**avessi** emesso	**avessimo** emesso
emett**essi**	emett**este**	**avessi** emesso	**aveste** emesso
emett**esse**	emett**essero**	**avesse** emesso	**avessero** emesso

imperativo

	emettiamo
emetti; non emettere	emettete
emetta	emettano

to get excited   emozionarsi

SINGULAR	PLURAL	SINGULAR	PLURAL

indicativo presente
mi emozion**o**	**ci** emozion**iamo**		
ti emozion**i**	**vi** emozion**ate**		
si emozion**a**	**si** emozion**ano**		

passato prossimo
mi sono emozionato(a)	**ci siamo** emozionati(e)
ti sei emozionato(a)	**vi siete** emozionati(e)
si è emozionato(a)	**si sono** emozionati(e)

imperfetto
mi emozion**avo**	**ci** emozion**avamo**
ti emozion**avi**	**vi** emozion**avate**
si emozion**ava**	**si** emozion**avano**

trapassato prossimo
mi ero emozionato(a)	**ci eravamo** emozionati(e)
ti eri emozionato(a)	**vi eravate** emozionati(e)
si era emozionato(a)	**si erano** emozionati(e)

passato remoto
mi emozion**ai**	**ci** emozion**ammo**
ti emozion**asti**	**vi** emozion**aste**
si emozion**ò**	**si** emozion**arono**

trapassato remoto
mi fui emozionato(a)	**ci fummo** emozionati(e)
ti fosti emozionato(a)	**vi foste** emozionati(e)
si fu emozionato(a)	**si furono** emozionati(e)

E

futuro semplice
mi emozion**erò**	**ci** emozion**eremo**
ti emozion**erai**	**vi** emozion**erete**
si emozion**erà**	**si** emozion**eranno**

futuro anteriore
mi sarò emozionato(a)	**ci saremo** emozionati(e)
ti sarai emozionato(a)	**vi sarete** emozionati(e)
si sarà emozionato(a)	**si saranno** emozionati(e)

condizionale presente
mi emozion**erei**	**ci** emozion**eremmo**
ti emozion**eresti**	**vi** emozion**ereste**
si emozion**erebbe**	**si** emozion**erebbero**

condizionale passato
mi sarei emozionato(a)	**ci saremmo** emozionati(e)
ti saresti emozionato(a)	**vi sareste** emozionati(e)
si sarebbe emozionato(a)	**si sarebbero** emozionati(e)

congiuntivo presente
mi emozion**i**	**ci** emozion**iamo**
ti emozion**i**	**vi** emozion**iate**
si emozion**i**	**si** emozion**ino**

congiuntivo passato
mi sia emozionato(a)	**ci siamo** emozionati(e)
ti sia emozionato(a)	**vi siate** emozionati(e)
si sia emozionato(a)	**si siano** emozionati(e)

congiuntivo imperfetto
mi emozion**assi**	**ci** emozion**assimo**
ti emozion**assi**	**vi** emozion**aste**
si emozion**asse**	**si** emozion**assero**

congiuntivo trapassato
mi fossi emozionato(a)	**ci fossimo** emozionati(e)
ti fossi emozionato(a)	**vi foste** emozionati(e)
si fosse emozionato(a)	**si fossero** emozionati(e)

imperativo
	emozion**iamoci**
emozion**ati**;	emozion**atevi**
non emozion**arti**/	
non ti emozion**are**	
si emozion**i**	**si** emozion**ino**

gerundio **entrando**   participio passato **entrato**

SINGULAR	PLURAL	SINGULAR	PLURAL

indicativo presente

		passato prossimo	
entro	entriamo	**sono** entrato(a)	**siamo** entrati(e)
entri	entrate	**sei** entrato(a)	**siete** entrati(e)
entra	entrano	**è** entrato(a)	**sono** entrati(e)

imperfetto

		trapassato prossimo	
entravo	entravamo	**ero** entrato(a)	**eravamo** entrati(e)
entravi	entravate	**eri** entrato(a)	**eravate** entrati(e)
entrava	entravano	**era** entrato(a)	**erano** entrati(e)

passato remoto

		trapassato remoto	
entrai	entrammo	**fui** entrato(a)	**fummo** entrati(e)
entrasti	entraste	**fosti** entrato(a)	**foste** entrati(e)
entrò	entrarono	**fu** entrato(a)	**furono** entrati(e)

futuro semplice

		futuro anteriore	
entrerò	entreremo	**sarò** entrato(a)	**saremo** entrati(e)
entrerai	entrerete	**sarai** entrato(a)	**sarete** entrati(e)
entrerà	entreranno	**sarà** entrato(a)	**saranno** entrati(e)

condizionale presente

		condizionale passato	
entrerei	entreremmo	**sarei** entrato(a)	**saremmo** entrati(e)
entreresti	entrereste	**saresti** entrato(a)	**sareste** entrati(e)
entrerebbe	entrerebbero	**sarebbe** entrato(a)	**sarebbero** entrati(e)

congiuntivo presente

		congiuntivo passato	
entri	entriamo	**sia** entrato(a)	**siamo** entrati(e)
entri	entriate	**sia** entrato(a)	**siate** entrati(e)
entri	entrino	**sia** entrato(a)	**siano** entrati(e)

congiuntivo imperfetto

		congiuntivo trapassato	
entrassi	entrassimo	**fossi** entrato(a)	**fossimo** entrati(e)
entrassi	entraste	**fossi** entrato(a)	**foste** entrati(e)
entrasse	entrassero	**fosse** entrato(a)	**fossero** entrati(e)

imperativo

	entriamo
entra; non entrare	entrate
entri	entrino

MUST KNOW VERB

gerundio **esagerando**   participio passato **esagerato**

SINGULAR	PLURAL	SINGULAR	PLURAL
indicativo presente		passato prossimo	
esager**o**	esager**iamo**	**ho** esagerato	**abbiamo** esagerato
esager**i**	esager**ate**	**hai** esagerato	**avete** esagerato
esager**a**	esager**ano**	**ha** esagerato	**hanno** esagerato
imperfetto		trapassato prossimo	
esagera**vo**	esagera**vamo**	**avevo** esagerato	**avevamo** esagerato
esagera**vi**	esagera**vate**	**avevi** esagerato	**avevate** esagerato
esagera**va**	esagera**vano**	**aveva** esagerato	**avevano** esagerato
passato remoto		trapassato remoto	
esager**ai**	esager**ammo**	**ebbi** esagerato	**avemmo** esagerato
esager**asti**	esager**aste**	**avesti** esagerato	**aveste** esagerato
esager**ò**	esager**arono**	**ebbe** esagerato	**ebbero** esagerato
futuro semplice		futuro anteriore	
esagerer**ò**	esagerer**emo**	**avrò** esagerato	**avremo** esagerato
esagerer**ai**	esagerer**ete**	**avrai** esagerato	**avrete** esagerato
esagerer**à**	esagerer**anno**	**avrà** esagerato	**avranno** esagerato
condizionale presente		condizionale passato	
esagerer**ei**	esagerer**emmo**	**avrei** esagerato	**avremmo** esagerato
esagerer**esti**	esagerer**este**	**avresti** esagerato	**avreste** esagerato
esagerer**ebbe**	esagerer**ebbero**	**avrebbe** esagerato	**avrebbero** esagerato
congiuntivo presente		congiuntivo passato	
esager**i**	esager**iamo**	**abbia** esagerato	**abbiamo** esagerato
esager**i**	esager**iate**	**abbia** esagerato	**abbiate** esagerato
esager**i**	esager**ino**	**abbia** esagerato	**abbiano** esagerato
congiuntivo imperfetto		congiuntivo trapassato	
esager**assi**	esager**assimo**	**avessi** esagerato	**avessimo** esagerato
esager**assi**	esager**aste**	**avessi** esagerato	**aveste** esagerato
esager**asse**	esager**assero**	**avesse** esagerato	**avessero** esagerato

E

imperativo

	esageriamo
esagera;	esagerate
non esagerare	
esageri	esagerino

esaminare

to examine, to consider

gerundio esaminando

participio passato esaminato

SINGULAR	PLURAL	SINGULAR	PLURAL

indicativo presente

esamino	esaminiamo	**ho** esaminato	**abbiamo** esaminato
esamini	esaminate	**hai** esaminato	**avete** esaminato
esamina	esaminano	**ha** esaminato	**hanno** esaminato

imperfetto — **trapassato prossimo**

esaminavo	esaminavamo	**avevo** esaminato	**avevamo** esaminato
esaminavi	esaminavate	**avevi** esaminato	**avevate** esaminato
esaminava	esaminavano	**aveva** esaminato	**avevano** esaminato

passato remoto — **trapassato remoto**

esaminai	esaminammo	**ebbi** esaminato	**avemmo** esaminato
esaminasti	esaminaste	**avesti** esaminato	**aveste** esaminato
esaminò	esaminarono	**ebbe** esaminato	**ebbero** esaminato

futuro semplice — **futuro anteriore**

esaminerò	esamineremo	**avrò** esaminato	**avremo** esaminato
esaminerai	esaminerete	**avrai** esaminato	**avrete** esaminato
esaminerà	esamineranno	**avrà** esaminato	**avranno** esaminato

condizionale presente — **condizionale passato**

esaminerei	esamineremmo	**avrei** esaminato	**avremmo** esaminato
esamineresti	esaminereste	**avresti** esaminato	**avreste** esaminato
esaminerebbe	esaminerebbero	**avrebbe** esaminato	**avrebbero** esaminato

congiuntivo presente — **congiuntivo passato**

esamini	esaminiamo	**abbia** esaminato	**abbiamo** esaminato
esamini	esaminiate	**abbia** esaminato	**abbiate** esaminato
esamini	esaminino	**abbia** esaminato	**abbiano** esaminato

congiuntivo imperfetto — **congiuntivo trapassato**

esaminassi	esaminassimo	**avessi** esaminato	**avessimo** esaminato
esaminassi	esaminaste	**avessi** esaminato	**aveste** esaminato
esaminasse	esaminassero	**avesse** esaminato	**avessero** esaminato

imperativo

	esaminiamo
esamina;	esaminate
non esaminare	
esamini	esaminino

E

gerundio **esasperando**   participio passato **esasperato**

SINGULAR	PLURAL	SINGULAR	PLURAL
indicativo presente		**passato prossimo**	
esasper**o**	esasper**iamo**	**ho** esasperato	**abbiamo** esasperato
esasper**i**	esasper**ate**	**hai** esasperato	**avete** esasperato
esasper**a**	esasper**ano**	**ha** esasperato	**hanno** esasperato
imperfetto		**trapassato prossimo**	
esaspera**vo**	esaspera**vamo**	**avevo** esasperato	**avevamo** esasperato
esaspera**vi**	esaspera**vate**	**avevi** esasperato	**avevate** esasperato
esaspera**va**	esaspera**vano**	**aveva** esasperato	**avevano** esasperato
passato remoto		**trapassato remoto**	
esasper**ai**	esasper**ammo**	**ebbi** esasperato	**avemmo** esasperato
esasper**asti**	esasper**aste**	**avesti** esasperato	**aveste** esasperato
esasper**ò**	esasper**arono**	**ebbe** esasperato	**ebbero** esasperato
futuro semplice		**futuro anteriore**	
esasperer**ò**	esasperer**emo**	**avrò** esasperato	**avremo** esasperato
esasperer**ai**	esasperer**ete**	**avrai** esasperato	**avrete** esasperato
esasperer**à**	esasperer**anno**	**avrà** esasperato	**avranno** esasperato
condizionale presente		**condizionale passato**	
esasperer**ei**	esasperer**emmo**	**avrei** esasperato	**avremmo** esasperato
esasperer**esti**	esasperer**este**	**avresti** esasperato	**avreste** esasperato
esasperer**ebbe**	esasperer**ebbero**	**avrebbe** esasperato	**avrebbero** esasperato
congiuntivo presente		**congiuntivo passato**	
esasper**i**	esasper**iamo**	**abbia** esasperato	**abbiamo** esasperato
esasper**i**	esasper**iate**	**abbia** esasperato	**abbiate** esasperato
esasper**i**	esasper**ino**	**abbia** esasperato	**abbiano** esasperato
congiuntivo imperfetto		**congiuntivo trapassato**	
esasper**assi**	esasper**assimo**	**avessi** esasperato	**avessimo** esasperato
esasper**assi**	esasper**aste**	**avessi** esasperato	**aveste** esasperato
esasper**asse**	esasper**assero**	**avesse** esasperato	**avessero** esasperato

imperativo

	esasper**iamo**
esasper**a**;	esasper**ate**
non esasper**are**	
esasper**i**	esasper**ino**

E

gerundio **esaurendo**   participio passato **esaurito**

SINGULAR	PLURAL	SINGULAR	PLURAL
indicativo presente		**passato prossimo**	
esaur**isco**	esaur**iamo**	**ho** esaurito	**abbiamo** esaurito
esaur**isci**	esaur**ite**	**hai** esaurito	**avete** esaurito
esaur**isce**	esaur**iscono**	**ha** esaurito	**hanno** esaurito
imperfetto		**trapassato prossimo**	
esauri**vo**	esauri**vamo**	**avevo** esaurito	**avevamo** esaurito
esauri**vi**	esauri**vate**	**avevi** esaurito	**avevate** esaurito
esauri**va**	esauri**vano**	**aveva** esaurito	**avevano** esaurito
passato remoto		**trapassato remoto**	
esaur**ii**	esaur**immo**	**ebbi** esaurito	**avemmo** esaurito
esaur**isti**	esaur**iste**	**avesti** esaurito	**aveste** esaurito
esaur**ì**	esaur**irono**	**ebbe** esaurito	**ebbero** esaurito
futuro semplice		**futuro anteriore**	
esaurir**ò**	esaurir**emo**	**avrò** esaurito	**avremo** esaurito
esaurir**ai**	esaurir**ete**	**avrai** esaurito	**avrete** esaurito
esaurir**à**	esaurir**anno**	**avrà** esaurito	**avranno** esaurito
condizionale presente		**condizionale passato**	
esaurir**ei**	esaurir**emmo**	**avrei** esaurito	**avremmo** esaurito
esaurir**esti**	esaurir**este**	**avresti** esaurito	**avreste** esaurito
esaurir**ebbe**	esaurir**ebbero**	**avrebbe** esaurito	**avrebbero** esaurito
congiuntivo presente		**congiuntivo passato**	
esaur**isca**	esaur**iamo**	**abbia** esaurito	**abbiamo** esaurito
esaur**isca**	esaur**iate**	**abbia** esaurito	**abbiate** esaurito
esaur**isca**	esaur**iscano**	**abbia** esaurito	**abbiano** esaurito
congiuntivo imperfetto		**congiuntivo trapassato**	
esaur**issi**	esaur**issimo**	**avessi** esaurito	**avessimo** esaurito
esaur**issi**	esaur**iste**	**avessi** esaurito	**aveste** esaurito
esaur**isse**	esaur**issero**	**avesse** esaurito	**avessero** esaurito

imperativo

	esauriamo
esaurisci; non esaurire	esaurite
esaurisca	esauriscano

to exclude

escludere

SINGULAR	PLURAL	SINGULAR	PLURAL
indicativo presente		**passato prossimo**	
escludo	escludiamo	ho escluso	abbiamo escluso
escludi	escludete	hai escluso	avete escluso
esclude	escludono	ha escluso	hanno escluso
imperfetto		**trapassato prossimo**	
escludevo	escludevamo	avevo escluso	avevamo escluso
escludevi	escludevate	avevi escluso	avevate escluso
escludeva	escludevano	aveva escluso	avevano escluso
passato remoto		**trapassato remoto**	
esclusi	escludemmo	ebbi escluso	avemmo escluso
escludesti	escludeste	avesti escluso	aveste escluso
escluse	esclusero	ebbe escluso	ebbero escluso
futuro semplice		**futuro anteriore**	
escluderò	escluderemo	avrò escluso	avremo escluso
escluderai	escluderete	avrai escluso	avrete escluso
escluderà	escluderanno	avrà escluso	avranno escluso
condizionale presente		**condizionale passato**	
escluderei	escluderemmo	avrei escluso	avremmo escluso
escluderesti	escludereste	avresti escluso	avreste escluso
escluderebbe	escluderebbero	avrebbe escluso	avrebbero escluso
congiuntivo presente		**congiuntivo passato**	
escluda	escludiamo	abbia escluso	abbiamo escluso
escluda	escludiate	abbia escluso	abbiate escluso
escluda	escludano	abbia escluso	abbiano escluso
congiuntivo imperfetto		**congiuntivo trapassato**	
escludessi	escludessimo	avessi escluso	avessimo escluso
escludessi	escludeste	avessi escluso	aveste escluso
escludesse	escludessero	avesse escluso	avessero escluso
imperativo			
	escludiamo		
escludi; non escludere	escludete		
escluda	escludano		

E

MEMORY TiP

I am sorry I **excluded**
you from the party.

gerundio **esibendo** participio passato **esibito**

SINGULAR	PLURAL	SINGULAR	PLURAL

indicativo presente

		passato prossimo	
esibisco	esibiamo	**ho** esibito	**abbiamo** esibito
esibisci	esibite	**hai** esibito	**avete** esibito
esibisce	esibiscono	**ha** esibito	**hanno** esibito

imperfetto

		trapassato prossimo	
esibivo	esibivamo	**avevo** esibito	**avevamo** esibito
esibivi	esibivate	**avevi** esibito	**avevate** esibito
esibiva	esibivano	**aveva** esibito	**avevano** esibito

E

passato remoto

		trapassato remoto	
esibii	esibimmo	**ebbi** esibito	**avemmo** esibito
esibisti	esibiste	**avesti** esibito	**aveste** esibito
esibì	esibirono	**ebbe** esibito	**ebbero** esibito

futuro semplice

		futuro anteriore	
esibirò	esibiremo	**avrò** esibito	**avremo** esibito
esibirai	esibirete	**avrai** esibito	**avrete** esibito
esibirà	esibiranno	**avrà** esibito	**avranno** esibito

condizionale presente

		condizionale passato	
esibirei	esibiremmo	**avrei** esibito	**avremmo** esibito
esibiresti	esibireste	**avresti** esibito	**avreste** esibito
esibirebbe	esibirebbero	**avrebbe** esibito	**avrebbero** esibito

congiuntivo presente

		congiuntivo passato	
esibisca	esibiamo	**abbia** esibito	**abbiamo** esibito
esibisca	esibiate	**abbia** esibito	**abbiate** esibito
esibisca	esibiscano	**abbia** esibito	**abbiano** esibito

congiuntivo imperfetto

		congiuntivo trapassato	
esibissi	esibissimo	**avessi** esibito	**avessimo** esibito
esibissi	esibiste	**avessi** esibito	**aveste** esibito
esibisse	esibissero	**avesse** esibito	**avessero** esibito

imperativo

	esibiamo
esibisci; non esibire	esibite
esibisca	esibiscano

to exist, to be   esistere

SINGULAR	PLURAL	SINGULAR	PLURAL

indicativo presente

		passato prossimo	
esist**o**	esist**iamo**	**sono** esistito(a)	**siamo** esistiti(e)
esist**i**	esist**ete**	**sei** esistito(a)	**siete** esistiti(e)
esist**e**	esist**ono**	**è** esistito(a)	**sono** esistiti(e)

imperfetto

		trapassato prossimo	
esiste**vo**	esiste**vamo**	**ero** esistito(a)	**eravamo** esistiti(e)
esiste**vi**	esiste**vate**	**eri** esistito(a)	**eravate** esistiti(e)
esiste**va**	esiste**vano**	**era** esistito(a)	**erano** esistiti(e)

passato remoto

		trapassato remoto	
esist**ei**, esist**etti**	esist**emmo**	**fui** esistito(a)	**fummo** esistiti(e)
esist**esti**	esist**este**	**fosti** esistito(a)	**foste** esistiti(e)
esist**é**, esist**ette**	esist**erono**, esist**ettero**	**fu** esistito(a)	**furono** esistiti(e)

futuro semplice

		futuro anteriore	
esister**ò**	esister**emo**	**sarò** esistito(a)	**saremo** esistiti(e)
esister**ai**	esister**ete**	**sarai** esistito(a)	**sarete** esistiti(e)
esister**à**	esister**anno**	**sarà** esistito(a)	**saranno** esistiti(e)

condizionale presente

		condizionale passato	
esister**ei**	esister**emmo**	**sarei** esistito(a)	**saremmo** esistiti(e)
esister**esti**	esister**este**	**saresti** esistito(a)	**sareste** esistiti(e)
esister**ebbe**	esister**ebbero**	**sarebbe** esistito(a)	**sarebbero** esistiti(e)

congiuntivo presente

		congiuntivo passato	
esist**a**	esist**iamo**	**sia** esistito(a)	**siamo** esistiti(e)
esist**a**	esist**iate**	**sia** esistito(a)	**siate** esistiti(e)
esist**a**	esist**ano**	**sia** esistito(a)	**siano** esistiti(e)

congiuntivo imperfetto

		congiuntivo trapassato	
esist**essi**	esist**essimo**	**fossi** esistito(a)	**fossimo** esistiti(e)
esist**essi**	esist**este**	**fossi** esistito(a)	**foste** esistiti(e)
esist**esse**	esist**essero**	**fosse** esistito(a)	**fossero** esistiti(e)

imperativo

	esist**iamo**
esist**i**; non esist**ere**	esist**ete**
esist**a**	esist**ano**

E

SINGULAR	PLURAL	SINGULAR	PLURAL

indicativo presente

		passato prossimo	
esprim**o**	esprim**iamo**	**ho** espresso	**abbiamo** espresso
esprim**i**	esprim**ete**	**hai** espresso	**avete** espresso
esprim**e**	esprim**ono**	**ha** espresso	**hanno** espresso

imperfetto

		trapassato prossimo	
esprime**vo**	esprime**vamo**	**avevo** espresso	**avevamo** espresso
esprime**vi**	esprime**vate**	**avevi** espresso	**avevate** espresso
esprime**va**	esprime**vano**	**aveva** espresso	**avevano** espresso

passato remoto

		trapassato remoto	
espress**i**	esprim**emmo**	**ebbi** espresso	**avemmo** espresso
esprim**esti**	esprim**este**	**avesti** espresso	**aveste** espresso
espress**e**	espress**ero**	**ebbe** espresso	**ebbero** espresso

futuro semplice

		futuro anteriore	
esprimer**ò**	esprimer**emo**	**avrò** espresso	**avremo** espresso
esprimer**ai**	esprimer**ete**	**avrai** espresso	**avrete** espresso
esprimer**à**	esprimer**anno**	**avrà** espresso	**avranno** espresso

condizionale presente

		condizionale passato	
esprimer**ei**	esprimer**emmo**	**avrei** espresso	**avremmo** espresso
esprimer**esti**	esprimer**este**	**avresti** espresso	**avreste** espresso
esprimer**ebbe**	esprimer**ebbero**	**avrebbe** espresso	**avrebbero** espresso

congiuntivo presente

		congiuntivo passato	
esprim**a**	esprim**iamo**	**abbia** espresso	**abbiamo** espresso
esprim**a**	esprim**iate**	**abbia** espresso	**abbiate** espresso
esprim**a**	esprim**ano**	**abbia** espresso	**abbiano** espresso

congiuntivo imperfetto

		congiuntivo trapassato	
esprim**essi**	esprim**essimo**	**avessi** espresso	**avessimo** espresso
esprim**essi**	esprim**este**	**avessi** espresso	**aveste** espresso
esprim**esse**	esprim**essero**	**avesse** espresso	**avessero** espresso

imperativo

	esprimiamo
esprimi; non esprimere	esprimete
esprima	esprimano

E

gerundio **essendo**   participio passato **stato**

SINGULAR	PLURAL	SINGULAR	PLURAL

indicativo presente

SINGULAR	PLURAL
son**o**	si**amo**
se**i**	si**ete**
è	son**o**

passato prossimo

SINGULAR	PLURAL
sono stato(a)	**siamo** stati(e)
sei stato(a)	**siete** stati(e)
è stato(a)	**sono** stati(e)

imperfetto

SINGULAR	PLURAL
er**o**	er**avamo**
er**i**	er**avate**
er**a**	er**ano**

trapassato prossimo

SINGULAR	PLURAL
ero stato(a)	**eravamo** stati(e)
eri stato(a)	**eravate** stati(e)
era stato(a)	**erano** stati(e)

passato remoto

SINGULAR	PLURAL
fu**i**	fu**mmo**
fo**sti**	fo**ste**
fu	fur**ono**

trapassato remoto

SINGULAR	PLURAL
fui stato(a)	**fummo** stati(e)
fosti stato(a)	**foste** stati(e)
fu stato(a)	**furono** stati(e)

E

futuro semplice

SINGULAR	PLURAL
sar**ò**	sar**emo**
sar**ai**	sar**ete**
sar**à**	sar**anno**

futuro anteriore

SINGULAR	PLURAL
sarò stato(a)	**saremo** stati(e)
sarai stato(a)	**sarete** stati(e)
sarà stato(a)	**saranno** stati(e)

condizionale presente

SINGULAR	PLURAL
sar**ei**	sar**emmo**
sar**esti**	sar**este**
sar**ebbe**	sar**ebbero**

condizionale passato

SINGULAR	PLURAL
sarei stato(a)	**saremmo** stati(e)
saresti stato(a)	**sareste** stati(e)
sarebbe stato(a)	**sarebbero** stati(e)

congiuntivo presente

SINGULAR	PLURAL
si**a**	si**amo**
si**a**	si**ate**
si**a**	si**ano**

congiuntivo passato

SINGULAR	PLURAL
sia stato(a)	**siamo** stati(e)
sia stato(a)	**siate** stati(e)
sia stato(a)	**siano** stati(e)

congiuntivo imperfetto

SINGULAR	PLURAL
fo**ssi**	fo**ssimo**
fo**ssi**	fo**ste**
fo**sse**	fo**ssero**

congiuntivo trapassato

SINGULAR	PLURAL
fossi stato(a)	**fossimo** stati(e)
fossi stato(a)	**foste** stati(e)
fosse stato(a)	**fossero** stati(e)

imperativo

SINGULAR	PLURAL
	siamo
sii; non essere	siate
sia	siano

MUST KNOW VERB

gerundio **estendendo**   participio passato **esteso**

SINGULAR	PLURAL	SINGULAR	PLURAL

indicativo presente

estend**o**	estend**iamo**		
estend**i**	estend**ete**		
estend**e**	estend**ono**		

passato prossimo

ho esteso	**abbiamo** esteso		
hai esteso	**avete** esteso		
ha esteso	**hanno** esteso		

imperfetto

estende**vo**	estende**vamo**
estende**vi**	estende**vate**
estende**va**	estende**vano**

trapassato prossimo

avevo esteso	**avevamo** esteso
avevi esteso	**avevate** esteso
aveva esteso	**avevano** esteso

E

passato remoto

este**si**	estend**emmo**
estend**esti**	estend**este**
este**se**	este**sero**

trapassato remoto

ebbi esteso	**avemmo** esteso
avesti esteso	**aveste** esteso
ebbe esteso	**ebbero** esteso

futuro semplice

estender**ò**	estender**emo**
estender**ai**	estender**ete**
estender**à**	estender**anno**

futuro anteriore

avrò esteso	**avremo** esteso
avrai esteso	**avrete** esteso
avrà esteso	**avranno** esteso

condizionale presente

estender**ei**	estender**emmo**
estender**esti**	estender**este**
estender**ebbe**	estender**ebbero**

condizionale passato

avrei esteso	**avremmo** esteso
avresti esteso	**avreste** esteso
avrebbe esteso	**avrebbero** esteso

congiuntivo presente

estend**a**	estend**iamo**
estend**a**	estend**iate**
estend**a**	estend**ano**

congiuntivo passato

abbia esteso	**abbiamo** esteso
abbia esteso	**abbiate** esteso
abbia esteso	**abbiano** esteso

congiuntivo imperfetto

estend**essi**	estend**essimo**
estend**essi**	estend**este**
estend**esse**	estend**essero**

congiuntivo trapassato

avessi esteso	**avessimo** esteso
avessi esteso	**aveste** esteso
avesse esteso	**avessero** esteso

imperativo

	estendiamo
estendi; non estendere	estendete
estenda	estendano

to avoid, to evade
evitare

SINGULAR	PLURAL	SINGULAR	PLURAL
indicativo presente		**passato prossimo**	
evit**o**	evit**iamo**	**ho** evitato	**abbiamo** evitato
evit**i**	evit**ate**	**hai** evitato	**avete** evitato
evit**a**	evit**ano**	**ha** evitato	**hanno** evitato
imperfetto		**trapassato prossimo**	
evita**vo**	evita**vamo**	**avevo** evitato	**avevamo** evitato
evita**vi**	evita**vate**	**avevi** evitato	**avevate** evitato
evita**va**	evita**vano**	**aveva** evitato	**avevano** evitato
passato remoto		**trapassato remoto**	
evit**ai**	evit**ammo**	**ebbi** evitato	**avemmo** evitato
evit**asti**	evit**aste**	**avesti** evitato	**aveste** evitato
evit**ò**	evit**arono**	**ebbe** evitato	**ebbero** evitato
futuro semplice		**futuro anteriore**	
eviter**ò**	eviter**emo**	**avrò** evitato	**avremo** evitato
eviter**ai**	eviter**ete**	**avrai** evitato	**avrete** evitato
eviter**à**	eviter**anno**	**avrà** evitato	**avranno** evitato
condizionale presente		**condizionale passato**	
eviter**ei**	eviter**emmo**	**avrei** evitato	**avremmo** evitato
eviter**esti**	eviter**este**	**avresti** evitato	**avreste** evitato
eviter**ebbe**	eviter**ebbero**	**avrebbe** evitato	**avrebbero** evitato
congiuntivo presente		**congiuntivo passato**	
evit**i**	evit**iamo**	**abbia** evitato	**abbiamo** evitato
evit**i**	evit**iate**	**abbia** evitato	**abbiate** evitato
evit**i**	evit**ino**	**abbia** evitato	**abbiano** evitato
congiuntivo imperfetto		**congiuntivo trapassato**	
evit**assi**	evit**assimo**	**avessi** evitato	**avessimo** evitato
evit**assi**	evit**aste**	**avessi** evitato	**aveste** evitato
evit**asse**	evit**assero**	**avesse** evitato	**avessero** evitato
imperativo			
	evit**iamo**		
evita; non evitare	evit**ate**		
eviti	evit**ino**		

E

F

SINGULAR	PLURAL	SINGULAR	PLURAL
indicativo presente		**passato prossimo**	
facilito	facilitiamo	ho facilitato	abbiamo facilitato
faciliti	facilitate	hai facilitato	avete facilitato
facilita	facilitano	ha facilitato	hanno facilitato
imperfetto		**trapassato prossimo**	
facilitavo	facilitavamo	avevo facilitato	avevamo facilitato
facilitavi	facilitavate	avevi facilitato	avevate facilitato
facilitava	facilitavano	aveva facilitato	avevano facilitato
passato remoto		**trapassato remoto**	
facilitai	facilitammo	ebbi facilitato	avemmo facilitato
facilitasti	facilitaste	avesti facilitato	aveste facilitato
facilitò	facilitarono	ebbe facilitato	ebbero facilitato
futuro semplice		**futuro anteriore**	
faciliterò	faciliteremo	avrò facilitato	avremo facilitato
faciliterai	faciliterete	avrai facilitato	avrete facilitato
faciliterà	faciliteranno	avrà facilitato	avranno facilitato
condizionale presente		**condizionale passato**	
faciliterei	faciliteremmo	avrei facilitato	avremmo facilitato
faciliteresti	facilitereste	avresti facilitato	avreste facilitato
faciliterebbe	faciliterebbero	avrebbe facilitato	avrebbero facilitato
congiuntivo presente		**congiuntivo passato**	
faciliti	facilitiamo	abbia facilitato	abbiamo facilitato
faciliti	facilitiate	abbia facilitato	abbiate facilitato
faciliti	facilitino	abbia facilitato	abbiano facilitato
congiuntivo imperfetto		**congiuntivo trapassato**	
facilitassi	facilitassimo	avessi facilitato	avessimo facilitato
facilitassi	facilitaste	avessi facilitato	aveste facilitato
facilitasse	facilitassero	avesse facilitato	avessero facilitato
imperativo			
	facilitiamo		
facilita;	facilitate		
non facilitare			
faciliti	facilitino		

gerundio **fallendo**   participio passato **fallito**

SINGULAR	PLURAL	SINGULAR	PLURAL

indicativo presente

		passato prossimo	
fallisco	falliamo	**sono** fallito(a)	**siamo** falliti(e)
fallisci	fallite	**sei** fallito(a)	**siete** falliti(e)
fallisce	falliscono	**è** fallito(a)	**sono** falliti(e)

imperfetto

		trapassato prossimo	
fallivo	fallivamo	**ero** fallito(a)	**eravamo** falliti(e)
fallivi	fallivate	**eri** fallito(a)	**eravate** falliti(e)
falliva	fallivano	**era** fallito(a)	**erano** falliti(e)

passato remoto

		trapassato remoto	
fallii	fallimmo	**fui** fallito(a)	**fummo** falliti(e)
fallisti	falliste	**fosti** fallito(a)	**foste** falliti(e)
fallì	fallirono	**fu** fallito(a)	**furono** falliti(e)

futuro semplice

		futuro anteriore	
fallirò	falliremo	**sarò** fallito(a)	**saremo** falliti(e)
fallirai	fallirete	**sarai** fallito(a)	**sarete** falliti(e)
fallirà	falliranno	**sarà** fallito(a)	**saranno** falliti(e)

condizionale presente

		condizionale passato	
fallirei	falliremmo	**sarei** fallito(a)	**saremmo** falliti(e)
falliresti	fallireste	**saresti** fallito(a)	**sareste** falliti(e)
fallirebbe	fallirebbero	**sarebbe** fallito(a)	**sarebbero** falliti(e)

congiuntivo presente

		congiuntivo passato	
fallisca	falliamo	**sia** fallito(a)	**siamo** falliti(e)
fallisca	falliate	**sia** fallito(a)	**siate** falliti(e)
fallisca	falliscano	**sia** fallito(a)	**siano** falliti(e)

congiuntivo imperfetto

		congiuntivo trapassato	
fallissi	fallissimo	**fossi** fallito(a)	**fossimo** falliti(e)
fallissi	falliste	**fossi** fallito(a)	**foste** falliti(e)
fallisse	fallissero	**fosse** fallito(a)	**fossero** falliti(e)

imperativo

	falliamo
fallisci; non fallire	fallite
fallisca	falliscano

F

gerundio falsificando   participio passato falsificato

SINGULAR	PLURAL	SINGULAR	PLURAL

indicativo presente
		passato prossimo	
falsifico	falsifichiamo	ho falsificato	abbiamo falsificato
falsifichi	falsificate	hai falsificato	avete falsificato
falsifica	falsificano	ha falsificato	hanno falsificato

imperfetto
		trapassato prossimo	
falsificavo	falsificavamo	avevo falsificato	avevamo falsificato
falsificavi	falsificavate	avevi falsificato	avevate falsificato
falsificava	falsificavano	aveva falsificato	avevano falsificato

passato remoto
		trapassato remoto	
falsificai	falsificammo	ebbi falsificato	avemmo falsificato
falsificasti	falsificaste	avesti falsificato	aveste falsificato
falsificò	falsificarono	ebbe falsificato	ebbero falsificato

futuro semplice
		futuro anteriore	
falsificherò	falsificheremo	avrò falsificato	avremo falsificato
falsificherai	falsificherete	avrai falsificato	avrete falsificato
falsificherà	falsificheranno	avrà falsificato	avranno falsificato

condizionale presente
		condizionale passato	
falsificherei	falsificheremmo	avrei falsificato	avremmo falsificato
falsificheresti	falsifichereste	avresti falsificato	avreste falsificato
falsificherebbe	falsificherebbero	avrebbe falsificato	avrebbero falsificato

congiuntivo presente
		congiuntivo passato	
falsifichi	falsifichiamo	abbia falsificato	abbiamo falsificato
falsifichi	falsifichiate	abbia falsificato	abbiate falsificato
falsifichi	falsifichino	abbia falsificato	abbiano falsificato

congiuntivo imperfetto
		congiuntivo trapassato	
falsificassi	falsificassimo	avessi falsificato	avessimo falsificato
falsificassi	falsificaste	avessi falsificato	aveste falsificato
falsificasse	falsificassero	avesse falsificato	avessero falsificato

imperativo
	falsifichiamo
falsifica;	falsificate
non falsificare	
falsifichi	falsifichino

F

to do, to make

gerundio **facendo**   participio passato **fatto**

SINGULAR	PLURAL	SINGULAR	PLURAL
indicativo presente		**passato prossimo**	
faccio	**facciamo**	**ho** fatto	**abbiamo** fatto
fai	**fate**	**hai** fatto	**avete** fatto
fa	**fanno**	**ha** fatto	**hanno** fatto
imperfetto		**trapassato prossimo**	
facevo	**facevamo**	**avevo** fatto	**avevamo** fatto
facevi	**facevate**	**avevi** fatto	**avevate** fatto
faceva	**facevano**	**aveva** fatto	**avevano** fatto
passato remoto		**trapassato remoto**	
feci	**facemmo**	**ebbi** fatto	**avemmo** fatto
facesti	**faceste**	**avesti** fatto	**aveste** fatto
fece	**fecero**	**ebbe** fatto	**ebbero** fatto
futuro semplice		**futuro anteriore**	
farò	**faremo**	**avrò** fatto	**avremo** fatto
farai	**farete**	**avrai** fatto	**avrete** fatto
farà	**faranno**	**avrà** fatto	**avranno** fatto
condizionale presente		**condizionale passato**	
farei	**faremmo**	**avrei** fatto	**avremmo** fatto
faresti	**fareste**	**avresti** fatto	**avreste** fatto
farebbe	**farebbero**	**avrebbe** fatto	**avrebbero** fatto
congiuntivo presente		**congiuntivo passato**	
faccia	**facciamo**	**abbia** fatto	**abbiamo** fatto
faccia	**facciate**	**abbia** fatto	**abbiate** fatto
faccia	**facciano**	**abbia** fatto	**abbiano** fatto
congiuntivo imperfetto		**congiuntivo trapassato**	
facessi	**facessimo**	**avessi** fatto	**avessimo** fatto
facessi	**faceste**	**avessi** fatto	**aveste** fatto
facesse	**facessero**	**avesse** fatto	**avessero** fatto

imperativo

	facciamo
fa'/fai; non fare	fate
faccia	facciano

F

MUST
KNOW
VERB

favorire

to favor

gerundio **favorendo** participio passato **favorito**

SINGULAR	PLURAL	SINGULAR	PLURAL
indicativo presente		**passato prossimo**	
favorisc**o**	favor**iamo**	**ho** favorito	**abbiamo** favorito
favorisc**i**	favor**ite**	**hai** favorito	**avete** favorito
favorisc**e**	favorisc**ono**	**ha** favorito	**hanno** favorito
imperfetto		**trapassato prossimo**	
favori**vo**	favori**vamo**	**avevo** favorito	**avevamo** favorito
favori**vi**	favori**vate**	**avevi** favorito	**avevate** favorito
favori**va**	favori**vano**	**aveva** favorito	**avevano** favorito
passato remoto		**trapassato remoto**	
favor**ii**	favor**immo**	**ebbi** favorito	**avemmo** favorito
favor**isti**	favor**iste**	**avesti** favorito	**aveste** favorito
favor**ì**	favor**irono**	**ebbe** favorito	**ebbero** favorito
futuro semplice		**futuro anteriore**	
favorir**ò**	favorir**emo**	**avrò** favorito	**avremo** favorito
favorir**ai**	favorir**ete**	**avrai** favorito	**avrete** favorito
favorir**à**	favorir**anno**	**avrà** favorito	**avranno** favorito
condizionale presente		**condizionale passato**	
favorir**ei**	favorir**emmo**	**avrei** favorito	**avremmo** favorito
favorir**esti**	favorir**este**	**avresti** favorito	**avreste** favorito
favorir**ebbe**	favorir**ebbero**	**avrebbe** favorito	**avrebbero** favorito
congiuntivo presente		**congiuntivo passato**	
favorisc**a**	favor**iamo**	**abbia** favorito	**abbiamo** favorito
favorisc**a**	favor**iate**	**abbia** favorito	**abbiate** favorito
favorisc**a**	favorisc**ano**	**abbia** favorito	**abbiano** favorito
congiuntivo imperfetto		**congiuntivo trapassato**	
favor**issi**	favor**issimo**	**avessi** favorito	**avessimo** favorito
favor**issi**	favor**iste**	**avessi** favorito	**aveste** favorito
favor**isse**	favor**issero**	**avesse** favorito	**avessero** favorito
imperativo			
	favor**iamo**		
favorisc**i**; non favorire	favor**ite**		
favorisc**a**	favorisc**ano**		

to wound   ferire

SINGULAR	PLURAL	SINGULAR	PLURAL

indicativo presente

ferisco	feriamo		
ferisci	ferite		
ferisce	feriscono		

passato prossimo

		ho ferito	abbiamo ferito
		hai ferito	avete ferito
		ha ferito	hanno ferito

imperfetto

ferivo	ferivamo		
ferivi	ferivate		
feriva	ferivano		

trapassato prossimo

		avevo ferito	avevamo ferito
		avevi ferito	avevate ferito
		aveva ferito	avevano ferito

passato remoto

ferii	ferimmo		
feristi	feriste		
ferì	ferirono		

trapassato remoto

		ebbi ferito	avemmo ferito
		avesti ferito	aveste ferito
		ebbe ferito	ebbero ferito

futuro semplice

ferirò	feriremo		
ferirai	ferirete		
ferirà	feriranno		

futuro anteriore

		avrò ferito	avremo ferito
		avrai ferito	avrete ferito
		avrà ferito	avranno ferito

condizionale presente

ferirei	feriremmo		
feriresti	ferireste		
ferirebbe	ferirebbero		

condizionale passato

		avrei ferito	avremmo ferito
		avresti ferito	avreste ferito
		avrebbe ferito	avrebbero ferito

congiuntivo presente

ferisca	feriamo		
ferisca	feriate		
ferisca	feriscano		

congiuntivo passato

		abbia ferito	abbiamo ferito
		abbia ferito	abbiate ferito
		abbia ferito	abbiano ferito

congiuntivo imperfetto

ferissi	ferissimo		
ferissi	feriste		
ferisse	ferissero		

congiuntivo trapassato

		avessi ferito	avessimo ferito
		avessi ferito	aveste ferito
		avesse ferito	avessero ferito

imperativo

	feriamo
ferisci; non ferire	ferite
ferisca	feriscano

F

fermare
to stop, to hold

SINGULAR	PLURAL	SINGULAR	PLURAL
indicativo presente		**passato prossimo**	
fermo	fermiamo	ho fermato	abbiamo fermato
fermi	fermate	hai fermato	avete fermato
ferma	fermano	ha fermato	hanno fermato
imperfetto		**trapassato prossimo**	
fermavo	fermavamo	avevo fermato	avevamo fermato
fermavi	fermavate	avevi fermato	avevate fermato
fermava	fermavano	aveva fermato	avevano fermato
passato remoto		**trapassato remoto**	
fermai	fermammo	ebbi fermato	avemmo fermato
fermasti	fermaste	avesti fermato	aveste fermato
fermò	fermarono	ebbe fermato	ebbero fermato
futuro semplice		**futuro anteriore**	
fermerò	fermeremo	avrò fermato	avremo fermato
fermerai	fermerete	avrai fermato	avrete fermato
fermerà	fermeranno	avrà fermato	avranno fermato
condizionale presente		**condizionale passato**	
fermerei	fermeremmo	avrei fermato	avremmo fermato
fermeresti	fermereste	avresti fermato	avreste fermato
fermerebbe	fermerebbero	avrebbe fermato	avrebbero fermato
congiuntivo presente		**congiuntivo passato**	
fermi	fermiamo	abbia fermato	abbiamo fermato
fermi	fermiate	abbia fermato	abbiate fermato
fermi	fermino	abbia fermato	abbiano fermato
congiuntivo imperfetto		**congiuntivo trapassato**	
fermassi	fermassimo	avessi fermato	avessimo fermato
fermassi	fermaste	avessi fermato	aveste fermato
fermasse	fermassero	avesse fermato	avessero fermato
imperativo			
	fermiamo		
ferma; non fermare	fermate		
fermi	fermino		

F

gerundio **fermandosi**   participio passato **fermatosi**

SINGULAR	PLURAL	SINGULAR	PLURAL

indicativo presente

mi fermo	**ci** fermiamo	
ti fermi	**vi** fermate	
si ferma	**si** fermano	

passato prossimo

mi sono fermato(a)	**ci siamo** fermati(e)
ti sei fermato(a)	**vi siete** fermati(e)
si è fermato(a)	**si sono** fermati(e)

imperfetto

mi fermavo	**ci** fermavamo
ti fermavi	**vi** fermavate
si fermava	**si** fermavano

trapassato prossimo

mi ero fermato(a)	**ci eravamo** fermati(e)
ti eri fermato(a)	**vi eravate** fermati(e)
si era fermato(a)	**si erano** fermati(e)

passato remoto

mi fermai	**ci** fermammo
ti fermasti	**vi** fermaste
si fermò	**si** fermarono

trapassato remoto

mi fui fermato(a)	**ci fummo** fermati(e)
ti fosti fermato(a)	**vi foste** fermati(e)
si fu fermato(a)	**si furono** fermati(e)

F

futuro semplice

mi fermerò	**ci** fermeremo
ti fermerai	**vi** fermerete
si fermerà	**si** fermeranno

futuro anteriore

mi sarò fermato(a)	**ci saremo** fermati(e)
ti sarai fermato(a)	**vi sarete** fermati(e)
si sarà fermato(a)	**si saranno** fermati(e)

condizionale presente

mi fermerei	**ci** fermeremmo
ti fermeresti	**vi** fermereste
si fermerebbe	**si** fermerebbero

condizionale passato

mi sarei fermato(a)	**ci saremmo** fermati(e)
ti saresti fermato(a)	**vi sareste** fermati(e)
si sarebbe fermato(a)	**si sarebbero** fermati(e)

congiuntivo presente

mi fermi	**ci** fermiamo
ti fermi	**vi** fermiate
si fermi	**si** fermino

congiuntivo passato

mi sia fermato(a)	**ci siamo** fermati(e)
ti sia fermato(a)	**vi siate** fermati(e)
si sia fermato(a)	**si siano** fermati(e)

congiuntivo imperfetto

mi fermassi	**ci** fermassimo
ti fermassi	**vi** fermaste
si fermasse	**si** fermassero

congiuntivo trapassato

mi fossi fermato(a)	**ci fossimo** fermati(e)
ti fossi fermato(a)	**vi foste** fermati(e)
si fosse fermato(a)	**si fossero** fermati(e)

imperativo

	fermiamoci
fermati;	fermatevi
non fermarti/	
non ti fermare	
si fermi	si fermino

festeggiare

to celebrate

gerundio **festeggiando**   participio passato **festeggiato**

SINGULAR	PLURAL	SINGULAR	PLURAL
indicativo presente		**passato prossimo**	
festegg**io**	festegg**iamo**	**ho** festeggiato	**abbiamo** festeggiato
festegg**i**	festegg**iate**	**hai** festeggiato	**avete** festeggiato
festegg**ia**	festegg**iano**	**ha** festeggiato	**hanno** festeggiato
imperfetto		**trapassato prossimo**	
festeggia**vo**	festeggia**vamo**	**avevo** festeggiato	**avevamo** festeggiato
festeggia**vi**	festeggia**vate**	**avevi** festeggiato	**avevate** festeggiato
festeggia**va**	festeggia**vano**	**aveva** festeggiato	**avevano** festeggiato
passato remoto		**trapassato remoto**	
festegg**iai**	festegg**iammo**	**ebbi** festeggiato	**avemmo** festeggiato
festegg**iasti**	festegg**iaste**	**avesti** festeggiato	**aveste** festeggiato
festegg**iò**	festegg**iarono**	**ebbe** festeggiato	**ebbero** festeggiato
futuro semplice		**futuro anteriore**	
festegger**ò**	festegger**emo**	**avrò** festeggiato	**avremo** festeggiato
festegger**ai**	festegger**ete**	**avrai** festeggiato	**avrete** festeggiato
festegger**à**	festegger**anno**	**avrà** festeggiato	**avranno** festeggiato
condizionale presente		**condizionale passato**	
festegger**ei**	festegger**emmo**	**avrei** festeggiato	**avremmo** festeggiato
festegger**esti**	festegger**este**	**avresti** festeggiato	**avreste** festeggiato
festegger**ebbe**	festegger**ebbero**	**avrebbe** festeggiato	**avrebbero** festeggiato
congiuntivo presente		**congiuntivo passato**	
festegg**i**	festegg**iamo**	**abbia** festeggiato	**abbiamo** festeggiato
festegg**i**	festegg**iate**	**abbia** festeggiato	**abbiate** festeggiato
festegg**i**	festegg**ino**	**abbia** festeggiato	**abbiano** festeggiato
congiuntivo imperfetto		**congiuntivo trapassato**	
festegg**iassi**	festegg**iassimo**	**avessi** festeggiato	**avessimo** festeggiato
festegg**iassi**	festegg**iaste**	**avessi** festeggiato	**aveste** festeggiato
festegg**iasse**	festegg**iassero**	**avesse** festeggiato	**avessero** festeggiato
imperativo			
	festegg**iamo**		
festegg**ia**;	festegg**iate**		
non festeggiare			
festegg**i**	festegg**ino**		

to trust   fidarsi

SINGULAR	PLURAL	SINGULAR	PLURAL

indicativo presente

		passato prossimo	
mi fido	ci fidiamo	mi sono fidato(a)	ci siamo fidati(e)
ti fidi	vi fidate	ti sei fidato(a)	vi siete fidati(e)
si fida	si fidano	si è fidato(a)	si sono fidati(e)

imperfetto / **trapassato prossimo**

mi fidavo	ci fidavamo	mi ero fidato(a)	ci eravamo fidati(e)
ti fidavi	vi fidavate	ti eri fidato(a)	vi eravate fidati(e)
si fidava	si fidavano	si era fidato(a)	si erano fidati(e)

passato remoto / **trapassato remoto**

mi fidai	ci fidammo	mi fui fidato(a)	ci fummo fidati(e)
ti fidasti	vi fidaste	ti fosti fidato(a)	vi foste fidati(e)
si fidò	si fidarono	si fu fidato(a)	si furono fidati(e)

futuro semplice / **futuro anteriore**

mi fiderò	ci fideremo	mi sarò fidato(a)	ci saremo fidati(e)
ti fiderai	vi fiderete	ti sarai fidato(a)	vi sarete fidati(e)
si fiderà	si fideranno	si sarà fidato(a)	si saranno fidati(e)

condizionale presente / **condizionale passato**

mi fiderei	ci fideremmo	mi sarei fidato(a)	ci saremmo fidati(e)
ti fideresti	vi fidereste	ti saresti fidato(a)	vi sareste fidati(e)
si fiderebbe	si fiderebbero	si sarebbe fidato(a)	si sarebbero fidati(e)

congiuntivo presente / **congiuntivo passato**

mi fidi	ci fidiamo	mi sia fidato(a)	ci siamo fidati(e)
ti fidi	vi fidiate	ti sia fidato(a)	vi siate fidati(e)
si fidi	si fidino	si sia fidato(a)	si siano fidati(e)

congiuntivo imperfetto / **congiuntivo trapassato**

mi fidassi	ci fidassimo	mi fossi fidato(a)	ci fossimo fidati(e)
ti fidassi	vi fidaste	ti fossi fidato(a)	vi foste fidati(e)
si fidasse	si fidassero	si fosse fidato(a)	si fossero fidati(e)

imperativo

	fidiamoci
fidati; non fidarti/ non ti fidare	fidatevi
si fidi	si fidino

F

SINGULAR	PLURAL	SINGULAR	PLURAL

indicativo presente
figg**o**	figg**iamo**		
figg**i**	figg**ete**		
figg**e**	figg**ono**		

passato prossimo
ho fitto	**abbiamo** fitto
hai fitto	**avete** fitto
ha fitto	**hanno** fitto

imperfetto
figge**vo**	figge**vamo**
figge**vi**	figge**vate**
figge**va**	figge**vano**

trapassato prossimo
avevo fitto	**avevamo** fitto
avevi fitto	**avevate** fitto
aveva fitto	**avevano** fitto

passato remoto
fiss**i**	figg**emmo**
figg**esti**	figg**este**
fiss**e**	fiss**ero**

trapassato remoto
ebbi fitto	**avemmo** fitto
avesti fitto	**aveste** fitto
ebbe fitto	**ebbero** fitto

futuro semplice
figger**ò**	figger**emo**
figger**ai**	figger**ete**
figger**à**	figger**anno**

futuro anteriore
avrò fitto	**avremo** fitto
avrai fitto	**avrete** fitto
avrà fitto	**avranno** fitto

condizionale presente
figger**ei**	figger**emmo**
figger**esti**	figger**este**
figger**ebbe**	figger**ebbero**

condizionale passato
avrei fitto	**avremmo** fitto
avresti fitto	**avreste** fitto
avrebbe fitto	**avrebbero** fitto

congiuntivo presente
figg**a**	figg**iamo**
figg**a**	figg**iate**
figg**a**	figg**ano**

congiuntivo passato
abbia fitto	**abbiamo** fitto
abbia fitto	**abbiate** fitto
abbia fitto	**abbiano** fitto

congiuntivo imperfetto
figg**essi**	figg**essimo**
figg**essi**	figg**este**
figg**esse**	figg**essero**

congiuntivo trapassato
avessi fitto	**avessimo** fitto
avessi fitto	**aveste** fitto
avesse fitto	**avessero** fitto

imperativo
	figgiamo
figgi; non figgere	figgete
figga	figgano

F

to pretend   fingere

SINGULAR	PLURAL	SINGULAR	PLURAL

indicativo presente

		passato prossimo	
fingo	fingiamo	ho finto	abbiamo finto
fingi	fingete	hai finto	avete finto
finge	fingono	ha finto	hanno finto

imperfetto / **trapassato prossimo**

fingevo	fingevamo	avevo finto	avevamo finto
fingevi	fingevate	avevi finto	avevate finto
fingeva	fingevano	aveva finto	avevano finto

passato remoto / **trapassato remoto**

finsi	fingemmo	ebbi finto	avemmo finto
fingesti	fingeste	avesti finto	aveste finto
finse	finsero	ebbe finto	ebbero finto

futuro semplice / **futuro anteriore**

fingerò	fingeremo	avrò finto	avremo finto
fingerai	fingerete	avrai finto	avrete finto
fingerà	fingeranno	avrà finto	avranno finto

condizionale presente / **condizionale passato**

fingerei	fingeremmo	avrei finto	avremmo finto
fingeresti	fingereste	avresti finto	avreste finto
fingerebbe	fingerebbero	avrebbe finto	avrebbero finto

congiuntivo presente / **congiuntivo passato**

finga	fingiamo	abbia finto	abbiamo finto
finga	fingiate	abbia finto	abbiate finto
finga	fingano	abbia finto	abbiano finto

congiuntivo imperfetto / **congiuntivo trapassato**

fingessi	fingessimo	avessi finto	avessimo finto
fingessi	fingeste	avessi finto	aveste finto
fingesse	fingessero	avesse finto	avessero finto

imperativo

	fingiamo
fingi; non fingere	fingete
finga	fingano

F

gerundio **finendo**　　　　participio passato **finito**

SINGULAR	PLURAL	SINGULAR	PLURAL

indicativo presente

		passato prossimo	
finisc**o**	fin**iamo**	**ho** finito	**abbiamo** finito
finisc**i**	fin**ite**	**hai** finito	**avete** finito
finisc**e**	finisc**ono**	**ha** finito	**hanno** finito

imperfetto

		trapassato prossimo	
fini**vo**	fini**vamo**	**avevo** finito	**avevamo** finito
fini**vi**	fini**vate**	**avevi** finito	**avevate** finito
fini**va**	fini**vano**	**aveva** finito	**avevano** finito

passato remoto

		trapassato remoto	
fin**ii**	fin**immo**	**ebbi** finito	**avemmo** finito
fin**isti**	fin**iste**	**avesti** finito	**aveste** finito
fin**ì**	fin**irono**	**ebbe** finito	**ebbero** finito

futuro semplice

		futuro anteriore	
finir**ò**	finir**emo**	**avrò** finito	**avremo** finito
finir**ai**	finir**ete**	**avrai** finito	**avrete** finito
finir**à**	finir**anno**	**avrà** finito	**avranno** finito

condizionale presente

		condizionale passato	
finir**ei**	finir**emmo**	**avrei** finito	**avremmo** finito
finir**esti**	finir**este**	**avresti** finito	**avreste** finito
finir**ebbe**	finir**ebbero**	**avrebbe** finito	**avrebbero** finito

congiuntivo presente

		congiuntivo passato	
finisc**a**	fin**iamo**	**abbia** finito	**abbiamo** finito
finisc**a**	fin**iate**	**abbia** finito	**abbiate** finito
finisc**a**	finisc**ano**	**abbia** finito	**abbiano** finito

congiuntivo imperfetto

		congiuntivo trapassato	
fin**issi**	fin**issimo**	**avessi** finito	**avessimo** finito
fin**issi**	fin**iste**	**avessi** finito	**aveste** finito
fin**isse**	fin**issero**	**avesse** finito	**avessero** finito

imperativo

	finiamo
finisci; non finire	finite
finisca	finiscano

F

MUST
KNOW
VERB

gerundio **firmando**   participio passato **firmato**

SINGULAR	PLURAL	SINGULAR	PLURAL

indicativo presente

		passato prossimo	
firm**o**	firm**iamo**	**ho** firmato	**abbiamo** firmato
firm**i**	firm**ate**	**hai** firmato	**avete** firmato
firm**a**	firm**ano**	**ha** firmato	**hanno** firmato

imperfetto

		trapassato prossimo	
firma**vo**	firma**vamo**	**avevo** firmato	**avevamo** firmato
firma**vi**	firma**vate**	**avevi** firmato	**avevate** firmato
firma**va**	firma**vano**	**aveva** firmato	**avevano** firmato

passato remoto

		trapassato remoto	
firm**ai**	firm**ammo**	**ebbi** firmato	**avemmo** firmato
firm**asti**	firm**aste**	**avesti** firmato	**aveste** firmato
firm**ò**	firm**arono**	**ebbe** firmato	**ebbero** firmato

futuro semplice

		futuro anteriore	
firmer**ò**	firmer**emo**	**avrò** firmato	**avremo** firmato
firmer**ai**	firmer**ete**	**avrai** firmato	**avrete** firmato
firmer**à**	firemer**anno**	**avrà** firmato	**avranno** firmato

condizionale presente

		condizionale passato	
firmer**ei**	firmer**emmo**	**avrei** firmato	**avremmo** firmato
firmer**esti**	firmer**este**	**avresti** firmato	**avreste** firmato
firmer**ebbe**	firmer**ebbero**	**avrebbe** firmato	**avrebbero** firmato

congiuntivo presente

		congiuntivo passato	
firm**i**	firm**iamo**	**abbia** firmato	**abbiamo** firmato
firm**i**	firm**iate**	**abbia** firmato	**abbiate** firmato
firm**i**	firm**ino**	**abbia** firmato	**abbiano** firmato

congiuntivo imperfetto

		congiuntivo trapassato	
firm**assi**	firm**assimo**	**avessi** firmato	**avessimo** firmato
firm**assi**	firm**aste**	**avessi** firmato	**aveste** firmato
firm**asse**	firm**assero**	**avesse** firmato	**avessero** firmato

imperativo

	firmiamo
firma; non firmare	firmate
firmi	firmino

F

MUST KNOW VERB

fondere

to melt

gerundio **fondendo**

participio passato **fuso**

SINGULAR	PLURAL	SINGULAR	PLURAL
indicativo presente		**passato prossimo**	
fond**o**	fond**iamo**	**ho** fuso	**abbiamo** fuso
fond**i**	fond**ete**	**hai** fuso	**avete** fuso
fond**e**	fond**ono**	**ha** fuso	**hanno** fuso
imperfetto		**trapassato prossimo**	
fond**evo**	fond**evamo**	**avevo** fuso	**avevamo** fuso
fond**evi**	fond**evate**	**avevi** fuso	**avevate** fuso
fond**eva**	fond**evano**	**aveva** fuso	**avevano** fuso
passato remoto		**trapassato remoto**	
fus**i**	fond**emmo**	**ebbi** fuso	**avemmo** fuso
fond**esti**	fond**este**	**avesti** fuso	**aveste** fuso
tus**e**	fus**ero**	**ebbe** fuso	**ebbero** fuso
futuro semplice		**futuro anteriore**	
fond**erò**	fond**eremo**	**avrò** fuso	**avremo** fuso
fond**erai**	fond**erete**	**avrai** fuso	**avrete** fuso
fond**erà**	fond**eranno**	**avrà** fuso	**avranno** fuso
condizionale presente		**condizionale passato**	
fond**erei**	fond**eremmo**	**avrei** fuso	**avremmo** fuso
fond**eresti**	fond**ereste**	**avresti** fuso	**avreste** fuso
fond**erebbe**	fond**erebbero**	**avrebbe** fuso	**avrebbero** fuso
congiuntivo presente		**congiuntivo passato**	
fond**a**	fond**iamo**	**abbia** fuso	**abbiamo** fuso
fond**a**	fond**iate**	**abbia** fuso	**abbiate** fuso
fond**a**	fond**ano**	**abbia** fuso	**abbiano** fuso
congiuntivo imperfetto		**congiuntivo trapassato**	
fond**essi**	fond**essimo**	**avessi** fuso	**avessimo** fuso
fond**essi**	fond**este**	**avessi** fuso	**aveste** fuso
fond**esse**	fond**essero**	**avesse** fuso	**avessero** fuso
imperativo			
	fond**iamo**		
fondi; non fondere	fond**ate**		
fond**a**	fond**ano**		

to create, to form   formare

gerundio formando   participio passato formato

SINGULAR	PLURAL	SINGULAR	PLURAL
indicativo presente		**passato prossimo**	
formo	formiamo	ho formato	abbiamo formato
formi	formate	hai formato	avete formato
forma	formano	ha formato	hanno formato
imperfetto		**trapassato prossimo**	
formavo	formavamo	avevo formato	avevamo formato
formavi	formavate	avevi formato	avevate formato
formava	formavano	aveva formato	avevano formato
passato remoto		**trapassato remoto**	
formai	formammo	ebbi formato	avemmo formato
formasti	formaste	avesti formato	aveste formato
formò	formarono	ebbe formato	ebbero formato
futuro semplice		**futuro anteriore**	
formerò	formeremo	avrò formato	avremo formato
formerai	formerete	avrai formato	avrete formato
formerà	formeranno	avrà formato	avranno formato
condizionale presente		**condizionale passato**	
formerei	formeremmo	avrei formato	avremmo formato
formeresti	formereste	avresti formato	avreste formato
formerebbe	formerebbero	avrebbe formato	avrebbero formato
congiuntivo presente		**congiuntivo passato**	
formi	formiamo	abbia formato	abbiamo formato
formi	formiate	abbia formato	abbiate formato
formi	formino	abbia formato	abbiano formato
congiuntivo imperfetto		**congiuntivo trapassato**	
formassi	formassimo	avessi formato	avessimo formato
formassi	formaste	avessi formato	aveste formato
formasse	formassero	avesse formato	avessero formato
imperativo			
	formiamo		
forma;	formate		
non formare			
formi	formino		

F

fornire

to provide, to supply

gerundio **fornendo**

participio passato **fornito**

SINGULAR	PLURAL	SINGULAR	PLURAL

indicativo presente

		passato prossimo	
fornisco	forniamo	**ho** fornito	**abbiamo** fornito
fornisci	fornite	**hai** fornito	**avete** fornito
fornisce	forniscono	**ha** fornito	**hanno** fornito

imperfetto

		trapassato prossimo	
fornivo	fornivamo	**avevo** fornito	**avevamo** fornito
fornivi	fornivate	**avevi** fornito	**avevate** fornito
forniva	fornivano	**aveva** fornito	**avevano** fornito

passato remoto

		trapassato remoto	
fornii	fornimmo	**ebbi** fornito	**avemmo** fornito
fornisti	forniste	**avesti** fornito	**aveste** fornito
fornì	fornirono	**ebbe** fornito	**ebbero** fornito

futuro semplice

		futuro anteriore	
fornirò	forniremo	**avrò** fornito	**avremo** fornito
fornirai	fornirete	**avrai** fornito	**avrete** fornito
fornirà	forniranno	**avrà** fornito	**avranno** fornito

condizionale presente

		condizionale passato	
fornirei	forniremmo	**avrei** fornito	**avremmo** fornito
forniresti	fornireste	**avresti** fornito	**avreste** fornito
fornirebbe	fornirebbero	**avrebbe** fornito	**avrebbero** fornito

congiuntivo presente

		congiuntivo passato	
fornisca	forniamo	**abbia** fornito	**abbiamo** fornito
fornisca	forniate	**abbia** fornito	**abbiate** fornito
fornisca	forniscano	**abbia** fornito	**abbiano** fornito

congiuntivo imperfetto

		congiuntivo trapassato	
fornissi	fornissimo	**avessi** fornito	**avessimo** fornito
fornissi	forniste	**avessi** fornito	**aveste** fornito
fornisse	fornissero	**avesse** fornito	**avessero** fornito

imperativo

	forniamo
fornisci; non fornire	fornite
fornisca	forniscano

to associate with, to attend   frequentare

gerundio **frequentando**   participio passato **frequentato**

SINGULAR	PLURAL	SINGULAR	PLURAL

indicativo presente

		passato prossimo	
frequent**o**	frequent**iamo**	**ho** frequentato	**abbiamo** frequentato
frequent**i**	frequent**ate**	**hai** frequentato	**avete** frequentato
frequent**a**	frequent**ano**	**ha** frequentato	**hanno** frequentato

imperfetto

		trapassato prossimo	
frequenta**vo**	frequenta**vamo**	**avevo** frequentato	**avevamo** frequentato
frequenta**vi**	frequenta**vate**	**avevi** frequentato	**avevate** frequentato
frequenta**va**	frequenta**vano**	**aveva** frequentato	**avevano** frequentato

passato remoto

		trapassato remoto	
frequent**ai**	frequent**ammo**	**ebbi** frequentato	**avemmo** frequentato
frequent**asti**	frequent**aste**	**avesti** frequentato	**aveste** frequentato
frequent**ò**	frequent**arono**	**ebbe** frequentato	**ebbero** frequentato

futuro semplice

		futuro anteriore	
frequenter**ò**	frequenter**emo**	**avrò** frequentato	**avremo** frequentato
frequenter**ai**	frequenter**ete**	**avrai** frequentato	**avrete** frequentato
frequenter**à**	frequenter**anno**	**avrà** frequentato	**avranno** frequentato

condizionale presente

		condizionale passato	
frequenter**ei**	frequenter**emmo**	**avrei** frequentato	**avremmo** frequentato
frequenter**esti**	frequenter**este**	**avresti** frequentato	**avreste** frequentato
frequenter**ebbe**	frequenter**ebbero**	**avrebbe** frequentato	**avrebbero** frequentato

congiuntivo presente

		congiuntivo passato	
frequent**i**	frequent**iamo**	**abbia** frequentato	**abbiamo** frequentato
frequient**i**	frequent**iate**	**abbia** frequentato	**abbiate** frequentato
frequent**i**	frequent**ino**	**abbia** frequentato	**abbiano** frequentato

congiuntivo imperfetto

		congiuntivo trapassato	
frequent**assi**	frequent**assimo**	**avessi** frequentato	**avessimo** frequentato
frequent**assi**	frequent**aste**	**avessi** frequentato	**aveste** frequentato
frequent**asse**	frequent**assero**	**avesse** frequentato	**avessero** frequentato

imperativo

	frequent**iamo**
frequent**a**;	frequent**ate**
non frequent**are**	
frequent**i**	frequent**ino**

F

gerundio **friggendo**   participio passato **fritto**

SINGULAR	PLURAL	SINGULAR	PLURAL

indicativo presente

		passato prossimo	
friggo	friggiamo	ho fritto	abbiamo fritto
friggi	friggete	hai fritto	avete fritto
frigge	friggono	ha fritto	hanno fritto

imperfetto

		trapassato prossimo	
friggevo	friggevamo	avevo fritto	avevamo fritto
friggevi	friggevate	avevi fritto	avevate fritto
friggeva	friggevano	aveva fritto	avevano fritto

passato remoto

		trapassato remoto	
frissi	friggemmo	ebbi fritto	avemmo fritto
friggesti	friggeste	avesti fritto	aveste fritto
frisse	frissero	ebbe fritto	ebbero fritto

futuro semplice

		futuro anteriore	
friggerò	friggeremo	avrò fritto	avremo fritto
friggerai	friggerete	avrai fritto	avrete fritto
friggerà	friggeranno	avrà fritto	avranno fritto

condizionale presente

		condizionale passato	
friggerei	friggeremmo	avrei fritto	avremmo fritto
friggeresti	friggereste	avresti fritto	avreste fritto
friggerebbe	friggerebbero	avrebbe fritto	avrebbero fritto

congiuntivo presente

		congiuntivo passato	
frigga	friggiamo	abbia fritto	abbiamo fritto
frigga	friggiate	abbia fritto	abbiate fritto
frigga	friggano	abbia fritto	abbiano fritto

congiuntivo imperfetto

		congiuntivo trapassato	
friggessi	friggessimo	avessi fritto	avessimo fritto
friggessi	friggeste	avessi fritto	aveste fritto
friggesse	friggessero	avesse fritto	avessero fritto

imperativo

	friggiamo
friggi;	friggete
non friggere	
frigga	friggano

F

to escape, to flee | fuggire

SINGULAR	PLURAL	SINGULAR	PLURAL

indicativo presente
		passato prossimo	
fugg**o**	fugg**iamo**	**sono** fuggito(a)	**siamo** fuggiti(e)
fugg**i**	fugg**ite**	**sei** fuggito(a)	**siete** fuggiti(e)
fugg**e**	fugg**ono**	**è** fuggito(a)	**sono** fuggiti(e)

imperfetto
		trapassato prossimo	
fugg**ivo**	fugg**ivamo**	**ero** fuggito(a)	**eravamo** fuggiti(e)
fugg**ivi**	fugg**ivate**	**eri** fuggito(a)	**eravate** fuggiti(e)
fugg**iva**	fugg**ivano**	**era** fuggito(a)	**erano** fuggiti(e)

passato remoto
		trapassato remoto	
fugg**ii**	fugg**immo**	**fui** fuggito(a)	**fummo** fuggiti(e)
fugg**isti**	fugg**iste**	**fosti** fuggito(a)	**foste** fuggiti(e)
fugg**ì**	fugg**irono**	**fu** fuggito(a)	**furono** fuggiti(e)

futuro semplice
		futuro anteriore	
fugg**irò**	fugg**iremo**	**sarò** fuggito(a)	**saremo** fuggiti(e)
fugg**irai**	fugg**irete**	**sarai** fuggito(a)	**sarete** fuggiti(e)
fugg**irà**	fugg**iranno**	**sarà** fuggito(a)	**saranno** fuggiti(e)

condizionale presente
		condizionale passato	
fugg**irei**	fugg**iremmo**	**sarei** fuggito(a)	**saremmo** fuggiti(e)
fugg**iresti**	fugg**ireste**	**saresti** fuggito(a)	**sareste** fuggiti(e)
fugg**irebbe**	fugg**irebbero**	**sarebbe** fuggito(a)	**sarebbero** fuggiti(e)

congiuntivo presente
		congiuntivo passato	
fugg**a**	fugg**iamo**	**sia** fuggito(a)	**siamo** fuggiti(e)
fugg**a**	fugg**iate**	**sia** fuggito(a)	**siate** fuggiti(e)
fugg**a**	fugg**ano**	**sia** fuggito(a)	**siano** fuggiti(e)

congiuntivo imperfetto
		congiuntivo trapassato	
fugg**issi**	fugg**issimo**	**fossi** fuggito(a)	**fossimo** fuggiti(e)
fugg**issi**	fugg**iste**	**fossi** fuggito(a)	**foste** fuggiti(e)
fugg**isse**	fugg**issero**	**fosse** fuggito(a)	**fossero** fuggiti(e)

imperativo
	fuggiamo
fuggi; non fuggire	fuggite
fugga	fuggano

F

fumare

to smoke

gerundio **fumando**   participio passato **fumato**

SINGULAR	PLURAL	SINGULAR	PLURAL

indicativo presente

fum**o**	fum**iamo**		
fum**i**	fum**ate**		
fum**a**	fum**ano**		

passato prossimo

ho fumato	**abbiamo** fumato
hai fumato	**avete** fumato
ha fumato	**hanno** fumato

imperfetto

fum**avo**	fum**avamo**
fum**avi**	fum**avate**
fum**ava**	fum**avano**

trapassato prossimo

avevo fumato	**avevamo** fumato
avevi fumato	**avevate** fumato
aveva fumato	**avevano** fumato

passato remoto

fum**ai**	fum**ammo**
fum**asti**	fum**aste**
fum**ò**	fum**arono**

trapassato remoto

ebbi fumato	**avemmo** fumato
avesti fumato	**aveste** fumato
ebbe fumato	**ebbero** fumato

futuro semplice

fumer**ò**	fumer**emo**
fumer**ai**	fumer**ete**
fumer**à**	fumer**anno**

futuro anteriore

avrò fumato	**avremo** fumato
avrai fumato	**avrete** fumato
avrà fumato	**avranno** fumato

condizionale presente

fumer**ei**	fumer**emmo**
fumer**esti**	fumer**este**
fumer**ebbe**	fumer**ebbero**

condizionale passato

avrei fumato	**avremmo** fumato
avresti fumato	**avreste** fumato
avrebbe fumato	**avrebbero** fumato

congiuntivo presente

fum**i**	fum**iamo**
fum**i**	fum**iate**
fum**i**	fum**ino**

congiuntivo passato

abbia fumato	**abbiamo** fumato
abbia fumato	**abbiate** fumato
abbia fumato	**abbiano** fumato

congiuntivo imperfetto

fum**assi**	fum**assimo**
fum**assi**	fum**aste**
fum**asse**	fum**assero**

congiuntivo trapassato

avessi fumato	**avessimo** fumato
avessi fumato	**aveste** fumato
avesse fumato	**avessero** fumato

imperativo

	fumiamo
fuma; non fumare	fumate
fumi	fumino

to act, to function   **funzionare**

SINGULAR	PLURAL	SINGULAR	PLURAL

indicativo presente
funziono	funzioniamo		
funzioni	funzionate		
funziona	funzionano		

passato prossimo
ho funzionato	abbiamo funzionato
hai funzionato	avete funzionato
ha funzionato	hanno funzionato

imperfetto
funzionavo	funzionavamo
funzionavi	funzionavate
funzionava	funzionavano

trapassato prossimo
avevo funzionato	avevamo funzionato
avevi funzionato	avevate funzionato
aveva funzionato	avevano funzionato

passato remoto
funzionai	funzionammo
funzionasti	funzionaste
funzionò	funzionarono

trapassato remoto
ebbi funzionato	avemmo funzionato
avesti funzionato	aveste funzionato
ebbe funzionato	ebbero funzionato

F

futuro semplice
funzionerò	funzioneremo
funzionerai	funzionerete
funzionerà	funzioneranno

futuro anteriore
avrò funzionato	avremo funzionato
avrai funzionato	avrete funzionato
avrà funzionato	avranno funzionato

condizionale presente
funzionerei	funzioneremmo
funzioneresti	funzionereste
funzionerebbe	funzionerebbero

condizionale passato
avrei funzionato	avremmo funzionato
avresti funzionato	avreste funzionato
avrebbe funzionato	avrebbero funzionato

congiuntivo presente
funzioni	funzioniamo
funzioni	funzioniate
funzioni	funzionino

congiuntivo passato
abbia funzionato	abbiano funzionato
abbia funzionato	abbiate funzionato
abbia funzionato	abbiano funzionato

congiuntivo imperfetto
funzionassi	funzionassimo
funzionassi	funzionaste
frunzionasse	funzionassero

congiuntivo trapassato
avessi funzionato	avessimo funzionato
avessi funzionato	aveste funzionato
avesse funzionato	avessero funzionato

imperativo
	funzioniamo
funziona; non funzionare	funzionate
funzioni	funzionino

garantire

to guarantee

gerundio **garantendo** participio passato **garantito**

SINGULAR	PLURAL	SINGULAR	PLURAL

indicativo presente
garantisc**o**	garant**iamo**
garantisc**i**	garant**ite**
garantisc**e**	garantisc**ono**

passato prossimo
ho garantito	**abbiamo** garantito
hai garantito	**avete** garantito
ha garantito	**hanno** garantito

imperfetto
garant**ivo**	garant**ivamo**
garant**ivi**	garant**ivate**
garant**iva**	garant**ivano**

trapassato prossimo
avevo garantito	**avevamo** garantito
avevi garantito	**avevate** garantito
aveva garantito	**avevano** garantito

passato remoto
garant**ii**	garant**immo**
garant**isti**	garant**iste**
garant**ì**	garant**irono**

trapassato remoto
ebbi garantito	**avemmo** garantito
avesti garantito	**aveste** garantito
ebbe garantito	**ebbero** garantito

futuro semplice
garantir**ò**	garantir**emo**
garantir**ai**	garantir**ete**
garantir**à**	garantir**anno**

futuro anteriore
avrò garantito	**avremo** garantito
avrai garantito	**avrete** garantito
avrà garantito	**avranno** garantito

condizionale presente
garantir**ei**	garantir**emmo**
garantir**esti**	garantir**este**
garantir**ebbe**	garantir**ebbero**

condizionale passato
avrei garantito	**avremmo** garantito
avresti garantito	**avreste** garantito
avrebbe garantito	**avrebbero** garantito

congiuntivo presente
garantisc**a**	garant**iamo**
garantisc**a**	garant**iate**
garantisc**a**	garantisc**ano**

congiuntivo passato
abbia garantito	**abbiamo** garantito
abbia garantito	**abbiate** garantito
abbia garantito	**abbiano** garantito

congiuntivo imperfetto
garant**issi**	garant**issimo**
garant**issi**	garant**iste**
garant**isse**	garant**issero**

congiuntivo trapassato
avessi garantito	**avessimo** garantito
avessi garantito	**aveste** garantito
avesse garantito	**avessero** garantito

imperativo
	garant**iamo**
garantisc**i**;	garant**ite**
non garantire	
garantisc**a**	garantisc**ano**

to generate   generare

SINGULAR	PLURAL	SINGULAR	PLURAL

indicativo presente
gener**o**	gener**iamo**	
gener**i**	gener**ate**	
gener**a**	gener**ano**	

passato prossimo
ho generato	**abbiamo** generato
hai generato	**avete** generato
ha generato	**hanno** generato

imperfetto
genera**vo**	genera**vamo**
genera**vi**	genera**vate**
genera**va**	genera**vano**

trapassato prossimo
avevo generato	**avevamo** generato
avevi generato	**avevate** generato
aveva generato	**avevano** generato

passato remoto
genera**i**	genera**mmo**
genera**sti**	genera**ste**
gener**ò**	genera**rono**

trapassato remoto
ebbi generato	**avemmo** generato
avesti generato	**aveste** generato
ebbe generato	**ebbero** generato

futuro semplice
generer**ò**	generer**emo**
generer**ai**	generer**ete**
generer**à**	generer**anno**

futuro anteriore
avrò generato	**avremo** generato
avrai generato	**avrete** generato
avrà generato	**avranno** generato

condizionale presente
generer**ei**	generer**emmo**
generer**esti**	generer**este**
generer**ebbe**	generer**ebbero**

condizionale passato
avrei generato	**avremmo** generato
avresti generato	**avreste** generato
avrebbe generato	**avrebbero** generato

congiuntivo presente
gener**i**	gener**iamo**
gener**i**	gener**iate**
gener**i**	gener**ino**

congiuntivo passato
abbia generato	**abbiamo** generato
abbia generato	**abbiate** generato
abbia generato	**abbiano** generato

congiuntivo imperfetto
genera**ssi**	genera**ssimo**
genera**ssi**	genera**ste**
genera**sse**	genera**ssero**

congiuntivo trapassato
avessi generato	**avessimo** generato
avessi generato	**aveste** generato
avesse generato	**avessero** generato

imperativo
	generiamo
genera;	generate
non generare	
generi	generino

G

gestire

to manage

SINGULAR	PLURAL	SINGULAR	PLURAL

indicativo presente

gestisco	gestiamo		
gestisci	gestite		
gestisce	gestiscono		

passato prossimo

ho gestito	**abbiamo** gestito		
hai gestito	**avete** gestito		
ha gestito	**hanno** gestito		

imperfetto

gestivo	gestivamo
gestivi	gestivate
gestiva	gestivano

trapassato prossimo

avevo gestito	**avevamo** gestito
avevi gestito	**avevate** gestito
aveva gestito	**avevano** gestito

passato remoto

gestii	gestimmo
gestisti	gestiste
gestì	gestirono

trapassato remoto

ebbi gestito	**avemmo** gestito
avesti gestito	**aveste** gestito
ebbe gestito	**ebbero** gestito

G

futuro semplice

gestirò	gestiremo
gestirai	gestirete
gestirà	gestiranno

futuro anteriore

avrò gestito	**avremo** gestito
avrai gestito	**avrete** gestito
avrà gestito	**avranno** gestito

condizionale presente

gestirei	gestiremmo
gestiresti	gestireste
gestirebbe	gestirebbero

condizionale passato

avrei gestito	**avremmo** gestito
avresti gestito	**avreste** gestito
avrebbe gestito	**avrebbero** gestito

congiuntivo presente

gestisca	gestiamo
gestisca	gestiate
gestisca	gestiscano

congiuntivo passato

abbia gestito	**abbiamo** gestito
abbia gestito	**abbiate** gestito
abbia gestito	**abbiano** gestito

congiuntivo imperfetto

gestissi	gestissimo
gestissi	gestiste
gestisse	gestissero

congiuntivo trapassato

avessi gestito	**avessimo** gestito
avessi gestito	**aveste** gestito
avesse gestito	**avessero** gestito

imperativo

	gestiamo
gestisci; non gestire	gestite
gestisca	gestiscano

to throw

gerundio **gettando**   participio passato **gettato**

SINGULAR	PLURAL	SINGULAR	PLURAL
indicativo presente		**passato prossimo**	
gett**o**	gett**iamo**	**ho** gettato	**abbiamo** gettato
gett**i**	gett**ate**	**hai** gettato	**avete** gettato
gett**a**	gett**ano**	**ha** gettato	**hanno** gettato
imperfetto		**trapassato prossimo**	
getta**vo**	getta**vamo**	**avevo** gettato	**avevamo** gettato
getta**vi**	getta**vate**	**avevi** gettato	**avevate** gettato
getta**va**	getta**vano**	**aveva** gettato	**avevano** gettato
passato remoto		**trapassato remoto**	
gett**ai**	gett**ammo**	**ebbi** gettato	**avemmo** gettato
gett**asti**	gett**aste**	**avesti** gettato	**aveste** gettato
gett**ò**	gett**arono**	**ebbe** gettato	**ebbero** gettato
futuro semplice		**futuro anteriore**	
getter**ò**	getter**emo**	**avrò** gettato	**avremo** gettato
getter**ai**	getter**ete**	**avrai** gettato	**avrete** gettato
getter**à**	getter**anno**	**avrà** gettato	**avranno** gettato
condizionale presente		**condizionale passato**	
getter**ei**	getter**emmo**	**avrei** gettato	**avremmo** gettato
getter**esti**	getter**este**	**avresti** gettato	**avreste** gettato
getter**ebbe**	getter**ebbero**	**avrebbe** gettato	**avrebbero** gettato
congiuntivo presente		**congiuntivo passato**	
gett**i**	gett**iamo**	**abbia** gettato	**abbiamo** gettato
gett**i**	gett**iate**	**abbia** gettato	**abbiate** gettato
gett**i**	gett**ino**	**abbia** gettato	**abbiano** gettato
congiuntivo imperfetto		**congiuntivo trapassato**	
getta**ssi**	getta**ssimo**	**avessi** gettato	**avessimo** gettato
getta**ssi**	getta**ste**	**avessi** gettato	**aveste** gettato
getta**sse**	getta**ssero**	**avesse** gettato	**avessero** gettato

imperativo

	gettiamo
getta; non gettare	gettate
getti	gettino

G

293

giacere

to lie

gerundio **giacendo**   participio passato **giaciuto**

SINGULAR	PLURAL	SINGULAR	PLURAL

indicativo presente

giac**cio**	giac(c)**iamo**	
giac**i**	giac**ete**	
giac**e**	giac**ciono**	

passato prossimo

sono giaciuto(a)	**siamo** giaciuti(e)
sei giaciuto(a)	**siete** giaciuti(e)
è giaciuto(a)	**sono** giaciuti(e)

imperfetto

giace**vo**	giace**vamo**
giace**vi**	giace**vate**
giace**va**	giace**vano**

trapassato prossimo

ero giaciuto(a)	**eravamo** giaciuti(e)
eri giaciuto(a)	**eravate** giaciuti(e)
era giaciuto(a)	**erano** giaciuti(e)

passato remoto

giac**qui**	giac**emmo**
giac**esti**	giac**este**
giac**que**	giac**quero**

trapassato remoto

fui giaciuto(a)	**fummo** giaciuti(e)
fosti giaciuto(a)	**foste** giaciuti(e)
fu giaciuto(a)	**furono** giaciuti(e)

futuro semplice

giacer**ò**	giacer**emo**
giacer**ai**	giacer**ete**
giacer**à**	giacer**anno**

futuro anteriore

sarò giaciuto(a)	**saremo** giaciuti(e)
sarai giaciuto(a)	**sarete** giaciuti(e)
sarà giaciuto(a)	**saranno** giaciuti(e)

condizionale presente

giac**erei**	giac**eremmo**
giac**eresti**	giac**ereste**
giac**erebbe**	giac**erebbero**

condizionale passato

sarei giaciuto(a)	**saremmo** giaciuti(e)
saresti giaciuto(a)	**sareste** giaciuti(e)
sarebbe giaciuto(a)	**sarebbero** giaciuti(e)

congiuntivo presente

giac**cia**	giac(c)**iamo**
giac**cia**	giac(c)**iate**
giac**cia**	giac**ciano**

congiuntivo passato

sia giaciuto(a)	**siamo** giaciuti(e)
sia giaciuto(a)	**siate** giaciuti(e)
sia giaciuto(a)	**siano** giaciuti(e)

congiuntivo imperfetto

giace**ssi**	giace**ssimo**
giace**ssi**	giace**ste**
giace**sse**	giace**ssero**

congiuntivo trapassato

fossi giaciuto(a)	**fossimo** giaciuti(e)
fossi giaciuto(a)	**foste** giaciuti(e)
fosse giaciuto(a)	**fossero** giaciuti(e)

imperativo

	giac(c)iamo
giaci; non giacere	giacete
giaccia	giacciano

G

to play (a game) giocare

SINGULAR	PLURAL	SINGULAR	PLURAL

indicativo presente

		passato prossimo	
gioco	giochiamo	ho giocato	abbiamo giocato
giochi	giocate	hai giocato	avete giocato
gioca	giocano	ha giocato	hanno giocato

imperfetto

		trapassato prossimo	
giocavo	giocavamo	avevo giocato	avevamo giocato
giocavi	giocavate	avevi giocato	avevate giocato
giocava	giocavano	aveva giocato	avevano giocato

passato remoto

		trapassato remoto	
giocai	giocammo	ebbi giocato	avemmo giocato
giocasti	giocaste	avesti giocato	aveste giocato
giocò	giocarono	ebbe giocato	ebbero giocato

G

futuro semplice

		futuro anteriore	
giocherò	giocheremo	avrò giocato	avremo giocato
giocherai	giocherete	avrai giocato	avrete giocato
giocherà	giocheranno	avrà giocato	avranno giocato

condizionale presente

		condizionale passato	
giocherei	giocheremmo	avrei giocato	avremmo giocato
giocheresti	giochereste	avresti giocato	avreste giocato
giocherebbe	giocherebbero	avrebbe giocato	avrebbero giocato

congiuntivo presente

		congiuntivo passato	
giochi	giochiamo	abbia giocato	abbiamo giocato
giochi	giochiate	abbia giocato	abbiate giocato
giochi	giochino	abbia giocato	abbiano giocato

congiuntivo imperfetto

		congiuntivo trapassato	
giocassi	giocassimo	avessi giocato	avessimo giocato
giocassi	giocaste	avessi giocato	aveste giocato
giocasse	giocassero	avesse giocato	avessero giocato

imperativo

	giochiamo
gioca; non giocare	giocate
giochi	giochino

MUST KNOW VERB

girare

to turn

SINGULAR	PLURAL	SINGULAR	PLURAL
indicativo presente		**passato prossimo**	
gir**o**	gir**iamo**	**ho** girato	**abbiamo** girato
gir**i**	gir**ate**	**hai** girato	**avete** girato
gir**a**	gir**ano**	**ha** girato	**hanno** girato
imperfetto		**trapassato prossimo**	
gira**vo**	gira**vamo**	**avevo** girato	**avevamo** girato
gira**vi**	gira**vate**	**avevi** girato	**avevate** girato
gira**va**	gira**vano**	**aveva** girato	**avevano** girato
passato remoto		**trapassato remoto**	
gir**ai**	gir**ammo**	**ebbi** girato	**avemmo** girato
gir**asti**	gir**aste**	**avesti** girato	**aveste** girato
gir**ò**	gir**arono**	**ebbe** girato	**ebbero** girato
futuro semplice		**futuro anteriore**	
girer**ò**	girer**emo**	**avrò** girato	**avremo** girato
girer**ai**	girer**ete**	**avrai** girato	**avrete** girato
girer**à**	girer**anno**	**avrà** girato	**avranno** girato
condizionale presente		**condizionale passato**	
girer**ei**	girer**emmo**	**avrei** girato	**avremmo** girato
girer**esti**	girer**este**	**avresti** girato	**avreste** girato
girer**ebbe**	girer**ebbero**	**avrebbe** girato	**avrebbero** girato
congiuntivo presente		**congiuntivo passato**	
gir**i**	gir**iamo**	**abbia** girato	**abbiamo** girato
gir**i**	gir**iate**	**abbia** girato	**abbiate** girato
gir**i**	gir**ino**	**abbia** girato	**abbiano** girato
congiuntivo imperfetto		**congiuntivo trapassato**	
gira**ssi**	gira**ssimo**	**avessi** girato	**avessimo** girato
gira**ssi**	gira**ste**	**avessi** girato	**aveste** girato
gira**sse**	gira**ssero**	**avesse** girato	**avessero** girato
imperativo			
	gir**iamo**		
gir**a**; non gir**are**	gir**ate**		
gir**i**	gir**ino**		

G

to judge   giudicare

SINGULAR	PLURAL	SINGULAR	PLURAL
indicativo presente		**passato prossimo**	
giudico	giudichiamo	ho giudicato	abbiamo giudicato
giudichi	giudicate	hai giudicato	avete giudicato
giudica	giudicano	ha giudicato	hanno giudicato
imperfetto		**trapassato prossimo**	
giudicavo	giudicavamo	avevo giudicato	avevamo giudicato
giudicavi	giudicavate	avevi giudicato	avevate giudicato
giudicava	giudicavano	aveva giudicato	avevano giudicato
passato remoto		**trapassato remoto**	
giudicai	giudicammo	ebbi giudicato	avemmo giudicato
giudicasti	giudicaste	avesti giudicato	aveste giudicato
giudicò	giudicarono	ebbe giudicato	ebbero giudicato
futuro semplice		**futuro anteriore**	
giudicherò	gudicheremo	avrò giudicato	avremo giudicato
giudicherai	giudicherete	avrai giudicato	avrete giudicato
giudicherà	giudicheranno	avrà giudicato	avranno giudicato
condizionale presente		**condizionale passato**	
giudicherei	giudicheremmo	avrei giudicato	avremmo giudicato
giudicheresti	giudichereste	avresti giudicato	avreste giudicato
giudicherebbe	giudicherebbero	avrebbe giudicato	avrebbero giudicato
congiuntivo presente		**congiuntivo passato**	
giudichi	giudichiamo	abbia giudicato	abbiamo giudicato
giudichi	giudichiate	abbia giudicato	abbiate giudicato
giudichi	giudichino	abbia giudicato	abbiano giudicato
congiuntivo imperfetto		**congiuntivo trapassato**	
giudicassi	giudicassimo	avessi giudicato	avessimo giudicato
giudicassi	giudicaste	avessi giudicato	aveste giudicato
giudicasse	giudicassero	avesse giudicato	avessero giudicato
imperativo			
	giudichiamo		
giudica; non giudicare	giudicate		
giudichi	giudichino		

G

giungere

to arrive

SINGULAR	PLURAL	SINGULAR	PLURAL
indicativo presente		**passato prossimo**	
giungo	giungiamo	sono giunto(a)	siamo giunti(e)
giungi	giungete	sei giunto(a)	siete giunti(e)
giunge	giungono	è giunto(a)	sono giunti(e)
imperfetto		**trapassato prossimo**	
giungevo	giungevamo	ero giunto(a)	eravamo giunti(e)
giungevi	giungevate	eri giunto(a)	eravate giunti(e)
giungeva	giungevano	era giunto(a)	erano giunti(e)
passato remoto		**trapassato remoto**	
giunsi	giungemmo	fui giunto(a)	fummo giunti(e)
giungesti	giungeste	fosti giunto(a)	foste giunti(e)
giunse	giunsero	fu giunto(a)	furono giunti(e)
futuro semplice		**futuro anteriore**	
giungerò	giungeremo	sarò giunto(a)	saremo giunti(e)
giungerai	giungerete	sarai giunto(a)	sarete giunti(e)
giungerà	giungeranno	sarà giunto(a)	saranno giunti(e)
condizionale presente		**condizionale passato**	
giungerei	giungeremmo	sarei giunto(a)	saremmo giunti(e)
giungeresti	giungereste	saresti giunto(a)	sareste giunti(e)
giungerebbe	giungerebbero	sarebbe giunto(a)	sarebbero giunti(e)
congiuntivo presente		**congiuntivo passato**	
giunga	giungiamo	sia giunto(a)	siamo giunti(e)
giunga	giungiate	sia giunto(a)	siate giunti(e)
giunga	giungano	sia giunto(a)	siano giunti(e)
congiuntivo imperfetto		**congiuntivo trapassato**	
giungessi	giungessimo	fossi giunto(a)	fossimo giunti(e)
giungessi	giungeste	fossi giunto(a)	foste giunti(e)
giungesse	giungessero	fosse giunto(a)	fossero giunti(e)
imperativo			
	giungiamo		
giungi; non giungere	giungete		
giunga	giungano		

to swear   giurare

SINGULAR	PLURAL	SINGULAR	PLURAL
indicativo presente		**passato prossimo**	
giuro	giuriamo	ho giurato	abbiamo giurato
giuri	giurate	hai giurato	avete giurato
giura	giurano	ha giurato	hanno giurato
imperfetto		**trapassato prossimo**	
giuravo	giuravamo	avevo giurato	avevamo giurato
giuravi	giuravate	avevi giurato	avevate giurato
giurava	giuravano	aveva giurato	avevano giurato
passato remoto		**trapassato remoto**	
giurai	giurammo	ebbi giurato	avemmo giurato
giurasti	giuraste	avesti giurato	aveste giurato
giurò	giurarono	ebbe giurato	ebbero giurato
futuro semplice		**futuro anteriore**	
giurerò	giureremo	avrò giurato	avremo giurato
giurerai	giurerete	avrai giurato	avrete giurato
giurerà	giureranno	avrà giurato	avranno giurato
condizionale presente		**condizionale passato**	
giurerei	giureremmo	avrei giurato	avremmo giurato
giureresti	giurereste	avresti giurato	avreste giurato
giurerebbe	giurerebbero	avrebbe giurato	avrebbero giurato
congiuntivo presente		**congiuntivo passato**	
giuri	giuriamo	abbia giurato	abbiamo giurato
giuri	giuriate	abbia giurato	abbiate giurato
giuri	giurino	abbia giurato	abbiano giurato
congiuntivo imperfetto		**congiuntivo trapassato**	
giurassi	giurassimo	avessi giurato	avessimo giurato
giurassi	giuraste	avessi giurato	aveste giurato
giurasse	giurassero	avesse giurato	avessero giurato
imperativo			
	giuriamo		
giura; non giurare	giurate		
giuri	giurino		

G

gerundio **giustificando**   participio passato **giustificato**

SINGULAR	PLURAL	SINGULAR	PLURAL
indicativo presente		**passato prossimo**	
giustific**o**	giustifich**iamo**	**ho** giustificato	**abbiamo** giustificato
giustifich**i**	giustific**ate**	**hai** giustificato	**avete** giustificato
giustific**a**	giustific**ano**	**ha** giustificato	**hanno** giustificato
imperfetto		**trapassato prossimo**	
giustifica**vo**	giustifica**vamo**	**avevo** giustificato	**avevamo** giustificato
giustifica**vi**	giustifica**vate**	**avevi** giustificato	**avevate** giustificato
giustifica**va**	giustifica**vano**	**aveva** giustificato	**avevano** giustificato
passato remoto		**trapassato remoto**	
giustific**ai**	giustific**ammo**	**ebbi** giustificato	**avemmo** giustificato
giustific**asti**	giustific**aste**	**avesti** giustificato	**aveste** giustificato
giustific**ò**	giustific**arono**	**ebbe** giustificato	**ebbero** giustificato
futuro semplice		**futuro anteriore**	
giustificher**ò**	giustificher**emo**	**avrò** giustificato	**avremo** giustificato
giustificher**ai**	giustificher**ete**	**avrai** giustificato	**avrete** giustificato
giustificher**à**	giustificher**anno**	**avrà** giustificato	**avranno** giustificato
condizionale presente		**condizionale passato**	
giustifich**erei**	giustifich**eremmo**	**avrei** giustificato	**avremmo** giustificato
giustifich**eresti**	giustifich**ereste**	**avresti** giustificato	**avreste** giustificato
giustifich**erebbe**	giustifich**erebbero**	**avrebbe** giustificato	**avrebbero** giustificato
congiuntivo presente		**congiuntivo passato**	
giustifich**i**	giustifich**iamo**	**abbia** giustificato	**abbiamo** giustificato
giustifich**i**	giustifich**iate**	**abbia** giustificato	**abbiate** giustificato
giustifich**i**	giustifich**ino**	**abbia** giustificato	**abbiano** giustificato
congiuntivo imperfetto		**congiuntivo trapassato**	
giustifica**ssi**	giustifica**ssimo**	**avessi** giustificato	**avessimo** giustificato
giustifica**ssi**	giustifica**ste**	**avessi** giustificato	**aveste** giustificato
giustifica**sse**	giustifica**ssero**	**avesse** giustificato	**avessero** giustificato
imperativo			
	giustifich**iamo**		
giustifica;	giustific**ate**		
non giustificare			
giustifich**i**	giustifich**ino**		

G

gerundio **glorificando** participio passato **glorificato**

SINGULAR	PLURAL	SINGULAR	PLURAL

indicativo presente

		passato prossimo	
glorific**o**	glorific**hiamo**	**ho** glorificato	**abbiamo** glorificato
glorifich**i**	glorific**ate**	**hai** glorificato	**avete** glorificato
glorific**a**	glorific**ano**	**ha** glorificato	**hanno** glorificato

imperfetto

		trapassato prossimo	
glorifica**vo**	glorifica**vamo**	**avevo** glorificato	**avevamo** glorificato
glorifica**vi**	glorifica**vate**	**avevi** glorificato	**avevate** glorificato
glorifica**va**	glorifica**vano**	**aveva** glorificato	**avevano** glorificato

passato remoto

		trapassato remoto	
glorific**ai**	glorific**ammo**	**ebbi** glorificato	**avemmo** glorificato
glorific**asti**	glorific**aste**	**avesti** glorificato	**aveste** glorificato
glorific**ò**	glorific**arono**	**ebbe** glorificato	**ebbero** glorificato

futuro semplice

		futuro anteriore	
glorifich**erò**	glorifich**eremo**	**avrò** glorificato	**avremo** glorificato
glorifich**erai**	glorifich**erete**	**avrai** glorificato	**avrete** glorificato
glorifich**erà**	glorifich**eranno**	**avrà** glorificato	**avranno** glorificato

condizionale presente

		condizionale passato	
glorifich**erei**	glorifich**eremmo**	**avrei** glorificato	**avremmo** glorificato
glorifich**eresti**	glorifich**ereste**	**avresti** glorificato	**avreste** glorificato
glorifich**erebbe**	glorifich**erebbero**	**avrebbe** glorificato	**avrebbero** glorificato

congiuntivo presente

		congiuntivo passato	
glorifich**i**	glorific**hiamo**	**abbia** glorificato	**abbiamo** glorificato
glorifich**i**	glorifich**iate**	**abbia** glorificato	**abbiate** glorificato
glorifich**i**	glorifich**ino**	**abbia** glorificato	**abbiano** glorificato

congiuntivo imperfetto

		congiuntivo trapassato	
glorifica**ssi**	glorifica**ssimo**	**avessi** glorificato	**avessimo** glorificato
glorifica**ssi**	glorifica**ste**	**avessi** glorificato	**aveste** glorificato
glorifica**sse**	glorifica**ssero**	**avesse** glorificato	**avessero** glorificato

imperativo

	glorifichiamo
glorifica;	glorificate
non glorificare	
glorifichi	glorifichino

G

godere   to enjoy

SINGULAR	PLURAL	SINGULAR	PLURAL
indicativo presente		**passato prossimo**	
godo	godiamo	**ho** goduto	**abbiamo** goduto
godi	godete	**hai** goduto	**avete** goduto
gode	godono	**ha** goduto	**hanno** goduto
imperfetto		**trapassato prossimo**	
godevo	godevamo	**avevo** goduto	**avevamo** goduto
godevi	godevate	**avevi** goduto	**avevate** goduto
godeva	godevano	**aveva** goduto	**avevano** goduto
passato remoto		**trapassato remoto**	
godei, godetti	godemmo	**ebbi** goduto	**avemmo** goduto
godesti	godeste	**avesti** goduto	**aveste** goduto
godé, godette	goderono, godettero	**ebbe** goduto	**ebbero** goduto
futuro semplice		**futuro anteriore**	
godrò	godremo	**avrò** goduto	**avremo** goduto
godrai	godrete	**avrai** goduto	**avrete** goduto
godrà	godranno	**avrà** goduto	**avranno** goduto
condizionale presente		**condizionale passato**	
godrei	godremmo	**avrei** goduto	**avremmo** goduto
godresti	godreste	**avresti** goduto	**avreste** goduto
godrebbe	godrebbero	**avrebbe** goduto	**avrebbero** goduto
congiuntivo presente		**congiuntivo passato**	
goda	godiamo	**abbia** goduto	**abbiamo** goduto
goda	godiate	**abbia** goduto	**abbiate** goduto
goda	godano	**abbia** goduto	**abbiano** goduto
congiuntivo imperfetto		**congiuntivo trapassato**	
godessi	godessimo	**avessi** goduto	**avessimo** goduto
godessi	godeste	**avessi** goduto	**aveste** goduto
godesse	godessero	**avesse** goduto	**avessero** goduto
imperativo			
	godiamo		
godi; non godere	godete		
goda	godano		

G

to govern, to rule

gerundio **governando**   participio passato **governato**

SINGULAR	PLURAL	SINGULAR	PLURAL
indicativo presente		passato prossimo	
governo	governiamo	ho governato	abbiamo governato
governi	governate	hai governato	avete governato
governa	governano	ha governato	hanno governato
imperfetto		trapassato prossimo	
governavo	governavamo	avevo governato	avevamo governato
governavi	governavate	avevi governato	avevate governato
governava	governavano	aveva governato	avevano governato
passato remoto		trapassato remoto	
governai	governammo	ebbi governato	avemmo governato
governasti	governaste	avesti governato	aveste governato
governò	governarono	ebbe governato	ebbero governato
futuro semplice		futuro anteriore	
governerò	governeremo	avrò governato	avremo governato
governerai	governerete	avrai governato	avrete governato
governerà	governeranno	avrà governato	avranno governato
condizionale presente		condizionale passato	
governerei	governeremmo	avrei governato	avremmo governato
governeresti	governereste	avresti governato	avreste governato
governerebbe	governerebbero	avrebbe governato	avrebbero governato
congiuntivo presente		congiuntivo passato	
governi	governiamo	abbia governato	abbiamo governato
governi	governiate	abbia governato	abbiate governato
governi	governino	abbia governato	abbiano governato
congiuntivo imperfetto		congiuntivo trapassato	
governassi	governassimo	avessi governato	avessimo governato
governassi	governaste	avessi governato	aveste governato
governasse	governassero	avesse governato	avessero governato

G

imperativo

	governiamo
governa;	governate
non governare	
governi	governino

gridare

to shout, to scream

gerundio **gridando**   participio passato **gridato**

SINGULAR	PLURAL	SINGULAR	PLURAL
indicativo presente		**passato prossimo**	
grido	gridiamo	**ho** gridato	**abbiamo** gridato
gridi	gridate	**hai** gridato	**avete** gridato
grida	gridano	**ha** gridato	**hanno** gridato
imperfetto		**trapassato prossimo**	
gridavo	gridavamo	**avevo** gridato	**avevamo** gridato
gridavi	gridavate	**avevi** gridato	**avevate** gridato
gridava	gridavano	**aveva** gridato	**avevano** gridato
passato remoto		**trapassato remoto**	
gridai	gridammo	**ebbi** gridato	**avemmo** gridato
gridasti	gridaste	**avesti** gridato	**aveste** gridato
gridò	gridarono	**ebbe** gridato	**ebbero** gridato
futuro semplice		**futuro anteriore**	
griderò	grideremo	**avrò** gridato	**avremo** gridato
griderai	griderete	**avrai** gridato	**avrete** gridato
griderà	grideranno	**avrà** gridato	**avranno** gridato
condizionale presente		**condizionale passato**	
griderei	grideremmo	**avrei** gridato	**avremmo** gridato
grideresti	gridereste	**avresti** gridato	**avreste** gridato
griderebbe	griderebbero	**avrebbe** gridato	**avrebbero** gridato
congiuntivo presente		**congiuntivo passato**	
gridi	gridiamo	**abbia** gridato	**abbiamo** gridato
gridi	gridiate	**abbia** gridato	**abbiate** gridato
gridi	gridino	**abbia** gridato	**abbiano** gridato
congiuntivo imperfetto		**congiuntivo trapassato**	
gridassi	gridassimo	**avessi** gridato	**avessimo** gridato
gridassi	gridaste	**avessi** gridato	**aveste** gridato
gridasse	gridassero	**avesse** gridato	**avessero** gridato
imperativo			
	gridiamo		
grida; non gridare	gridate		
gridi	gridino		

G

to gain, to earn   guadagnare

SINGULAR	PLURAL	SINGULAR	PLURAL

indicativo presente
guadagn**o**	guadagn**iamo**
guadagn**i**	guadagn**ate**
guadagn**a**	guadagn**ano**

passato prossimo
ho guadagnato	**abbiamo** guadagnato
hai guadagnato	**avete** guadagnato
ha guadagnato	**hanno** guadagnato

imperfetto
guadagna**vo**	guadagna**vamo**
guadagna**vi**	guadagna**vate**
guadagna**va**	guadagna**vano**

trapassato prossimo
avevo guadagnato	**avevamo** guadagnato
avevi guadagnato	**avevate** guadagnato
aveva guadagnato	**avevano** guadagnato

passato remoto
guadagn**ai**	guadagn**ammo**
guadagn**asti**	guadagn**aste**
guadagn**ò**	guadagn**arono**

trapassato remoto
ebbi guadagnato	**avemmo** guadagnato
avesti guadagnato	**aveste** guadagnato
ebbe guadagnato	**ebbero** guadagnato

futuro semplice
guadagner**ò**	guadagner**emo**
guadagner**ai**	guadagner**ete**
guadagner**à**	guadagner**anno**

futuro anteriore
avrò guadagnato	**avremo** guadagnato
avrai guadagnato	**avrete** guadagnato
avrà guadagnato	**avranno** guadagnato

G

condizionale presente
guadagn**erei**	guadagn**eremmo**
guadagn**eresti**	guadagn**ereste**
guadagn**erebbe**	guadagn**erebbero**

condizionale passato
avrei guadagnato	**avremmo** guadagnato
avresti guadagnato	**avreste** guadagnato
avrebbe guadagnato	**avrebbero** guadagnato

congiuntivo presente
guadagn**i**	guadagn**iamo**
guadagn**i**	guadagn**iate**
guadagn**i**	guadagn**ino**

congiuntivo passato
abbia guadagnato	**abbiamo** guadagnato
abbia guadagnato	**abbiate** guadagnato
abbia guadagnato	**abbiano** guadagnato

congiuntivo imperfetto
guadagna**ssi**	guadagna**ssimo**
guadagna**ssi**	guadagna**ste**
guadagna**sse**	guadagna**ssero**

congiuntivo trapassato
avessi guadagnato	**avessimo** guadagnato
avessi guadagnato	**aveste** guadagnato
avesse guadagnato	**avessero** guadagnato

imperativo
	guadagn**iamo**
guadagn**a**; non	guadagn**ate**
guadagn**are**	
guadagn**i**	guadagn**ino**

guardare
to look at, to watch

gerundio **guardando**   participio passato **guardato**

SINGULAR	PLURAL	SINGULAR	PLURAL

indicativo presente

guard**o**	guard**iamo**		
guard**i**	guard**ate**		
guard**a**	guard**ano**		

passato prossimo

ho guardato	**abbiamo** guardato		
hai guardato	**avete** guardato		
ha guardato	**hanno** guardato		

imperfetto

guarda**vo**	guarda**vamo**
guarda**vi**	guarda**vate**
guarda**va**	guarda**vano**

trapassato prossimo

avevo guardato	**avevamo** guardato
avevi guardato	**avevate** guardato
aveva guardato	**avevano** guardato

passato remoto

guard**ai**	guard**ammo**
guard**asti**	guard**aste**
guard**ò**	guard**arono**

trapassato remoto

ebbi guardato	**avemmo** guardato
avesti guardato	**aveste** guardato
ebbe guardato	**ebbero** guardato

futuro semplice

guarder**ò**	guarder**emo**
guarder**ai**	guarder**ete**
guarder**à**	guarder**anno**

futuro anteriore

avrò guardato	**avremo** guardato
avrai guardato	**avrete** guardato
avrà guardato	**avranno** guardato

condizionale presente

guard**erei**	guard**eremmo**
guard**eresti**	guard**ereste**
guard**erebbe**	guard**erebbero**

condizionale passato

avrei guardato	**avremmo** guardato
avresti guardato	**avreste** guardato
avrebbe guardato	**avrebbero** guardato

congiuntivo presente

guard**i**	guard**iamo**
guard**i**	guard**iate**
guard**i**	guard**ino**

congiuntivo passato

abbia guardato	**abbiamo** guardato
abbia guardato	**abbiate** guardato
abbia guardato	**abbiano** guardato

congiuntivo imperfetto

guarda**ssi**	guarda**ssimo**
guarda**ssi**	guarda**ste**
guarda**sse**	guarda**ssero**

congiuntivo trapassato

avessi guardato	**avessimo** guardato
avessi guardato	**aveste** guardato
avesse guardato	**avessero** guardato

imperativo

	guardiamo
guarda; non guardare	guardate
guardi	guardino

MUST KNOW VERB

to heal, to recover   guarire

gerundio **guarendo**   participio passato **guarito**

SINGULAR	PLURAL	SINGULAR	PLURAL
indicativo presente		**passato prossimo**	
guaris**co**	guar**iamo**	**sono** guarito(a)	**siamo** guariti(e)
guaris**ci**	guar**ite**	**sei** guarito(a)	**siete** guariti(e)
guaris**ce**	guaris**cono**	**è** guarito(a)	**sono** guariti(e)
imperfetto		**trapassato prossimo**	
guari**vo**	guari**vamo**	**ero** guarito(a)	**eravamo** guariti(e)
guari**vi**	guari**vate**	**eri** guarito(a)	**eravate** guariti(e)
guari**va**	guari**vano**	**era** guarito(a)	**erano** guariti(e)
passato remoto		**trapassato remoto**	
guar**ii**	guar**immo**	**fui** guarito(a)	**fummo** guariti(e)
guar**isti**	guar**iste**	**fosti** guarito(a)	**foste** guariti(e)
guar**ì**	guar**irono**	**fu** guarito(a)	**furono** guariti(e)
futuro semplice		**futuro anteriore**	
guarir**ò**	guarir**emo**	**sarò** guarito(a)	**saremo** guariti(e)
guarir**ai**	guarir**ete**	**sarai** guarito(a)	**sarete** guariti(e)
guarir**à**	guarir**anno**	**sarà** guarito(a)	**saranno** guariti(e)
condizionale presente		**condizionale passato**	
guar**irei**	guar**iremmo**	**sarei** guarito(a)	**saremmo** guariti(e)
guar**iresti**	guar**ireste**	**saresti** guarito(a)	**sareste** guariti(e)
guar**irebbe**	guar**irebbero**	**sarebbe** guarito(a)	**sarebbero** guariti(e)
congiuntivo presente		**congiuntivo passato**	
guaris**ca**	guar**iamo**	**sia** guarito(a)	**siamo** guariti(e)
guaris**ca**	guar**iate**	**sia** guarito(a)	**siate** guariti(e)
guaris**ca**	guaris**cano**	**sia** guarito(a)	**siano** guariti(e)
congiuntivo imperfetto		**congiuntivo trapassato**	
guar**issi**	guar**issimo**	**fossi** guarito(a)	**fossimo** guariti(e)
guar**issi**	guar**iste**	**fossi** guarito(a)	**foste** guariti(e)
guar**isse**	guar**issero**	**fosse** guarito(a)	**fossero** guariti(e)

imperativo

	guariamo
guarisci; non guarire	guarite
guarisca	guariscano

G

guidare

to drive, to guide

gerundio **guidando**   participio passato **guidato**

SINGULAR	PLURAL	SINGULAR	PLURAL

indicativo presente
guid**o**	guid**iamo**
guid**i**	guid**ate**
guid**a**	guid**ano**

passato prossimo
ho guidato	**abbiamo** guidato
hai guidato	**avete** guidato
ha guidato	**hanno** guidato

imperfetto
guida**vo**	guida**vamo**
guida**vi**	guida**vate**
guida**va**	guida**vano**

trapassato prossimo
avevo guidato	**avevamo** guidato
avevi guidato	**avevate** guidato
aveva guidato	**avevano** guidato

passato remoto
guid**ai**	guid**ammo**
guid**asti**	guid**aste**
guid**ò**	guid**arono**

trapassato remoto
ebbi guidato	**avemmo** guidato
avesti guidato	**aveste** guidato
ebbe guidato	**ebbero** guidato

G

futuro semplice
guider**ò**	guider**emo**
guider**ai**	guider**ete**
guider**à**	guider**anno**

futuro anteriore
avrò guidato	**avremo** guidato
avrai guidato	**avrete** guidato
avrà guidato	**avranno** guidato

condizionale presente
guid**erei**	guid**eremmo**
guid**eresti**	guid**ereste**
guid**erebbe**	guid**erebbero**

condizionale passato
avrei guidato	**avremmo** guidato
avresti guidato	**avreste** guidato
avrebbe guidato	**avrebbero** guidato

congiuntivo presente
guid**i**	guid**iamo**
guid**i**	guid**iate**
guid**i**	guid**ino**

congiuntivo passato
abbia guidato	**abbiamo** guidato
abbia guidato	**abbiate** guidato
abbia guidato	**abbiano** guidato

congiuntivo imperfetto
guida**ssi**	guida**ssimo**
guida**ssi**	guida**ste**
guida**sse**	guida**ssero**

congiuntivo trapassato
avessi guidato	**avessimo** guidato
avessi guidato	**aveste** guidato
avesse guidato	**avessero** guidato

imperativo
	guidiamo
guida; non guidare	guidate
guidi	guidino

MUST
KNOW
VERB

to taste, to enjoy   gustare

SINGULAR	PLURAL	SINGULAR	PLURAL
indicativo presente		**passato prossimo**	
gusto	gustiamo	ho gustato	abbiamo gustato
gusti	gustate	hai gustato	avete gustato
gusta	gustano	ha gustato	hanno gustato
imperfetto		**trapassato prossimo**	
gustavo	gustavamo	avevo gustato	avevamo gustato
gustavi	gustavate	avevi gustato	avevate gustato
gustava	gustavano	aveva gustato	avevano gustato
passato remoto		**trapassato remoto**	
gustai	gustammo	ebbi gustato	avemmo gustato
gustasti	gustaste	avesti gustato	aveste gustato
gustò	gustarono	ebbe gustato	ebbero gustato
futuro semplice		**futuro anteriore**	
gusterò	gusteremo	avrò gustato	avremo gustato
gusterai	gusterete	avrai gustato	avrete gustato
gusterà	gusteranno	avrà gustato	avranno gustato
condizionale presente		**condizionale passato**	
gusterei	gusteremmo	avrei gustato	avremmo gustato
gusteresti	gustereste	avresti gustato	avreste gustato
gusterebbe	gusterebbero	avrebbe gustato	avrebbero gustato
congiuntivo presente		**congiuntivo passato**	
gusti	gustiamo	abbia gustato	abbiamo gustato
gusti	gustiate	abbia gustato	abbiate gustato
gusti	gustino	abbia gustato	abbiano gustato
congiuntivo imperfetto		**congiuntivo trapassato**	
gustassi	gustassimo	avessi gustato	avessimo gustato
gustassi	gustaste	avessi gustato	aveste gustato
gustasse	gustassero	avesse gustato	avessero gustato
imperativo			
	gustiamo		
gusta; non gustare	gustate		
gusti	gustino		

G

illudere

to deceive, to delude

gerundio **illudendo**   participio passato   **illuso**

SINGULAR	PLURAL	SINGULAR	PLURAL
indicativo presente		**passato prossimo**	
illud**o**	illud**iamo**	**ho** illuso	**abbiamo** illuso
illud**i**	illud**ete**	**hai** illuso	**avete** illuso
illud**e**	illud**ono**	**ha** illuso	**hanno** illuso
imperfetto		**trapassato prossimo**	
illude**vo**	illude**vamo**	**avevo** illuso	**avevamo** illuso
illude**vi**	illude**vate**	**avevi** illuso	**avevate** illuso
illude**va**	illude**vano**	**aveva** illuso	**avevano** illuso
passato remoto		**trapassato remoto**	
illu**si**	illud**emmo**	**ebbi** illuso	**avemmo** illuso
illud**esti**	illud**este**	**avesti** illuso	**aveste** illuso
illu**se**	illu**sero**	**ebbe** illuso	**ebbero** illuso
futuro semplice		**futuro anteriore**	
illude**rò**	illude**remo**	**avrò** illuso	**avremo** illuso
illude**rai**	illude**rete**	**avrai** illuso	**avrete** illuso
illude**rà**	illude**ranno**	**avrà** illuso	**avranno** illuso
condizionale presente		**condizionale passato**	
illude**rei**	illude**remmo**	**avrei** illuso	**avremmo** illuso
illude**resti**	illude**reste**	**avresti** illuso	**avreste** illuso
illude**rebbe**	illude**rebbero**	**avrebbe** illuso	**avrebbero** illuso
congiuntivo presente		**congiuntivo passato**	
illud**a**	illud**iamo**	**abbia** illuso	**abbiamo** illuso
illud**a**	illud**iate**	**abbia** illuso	**abbiate** illuso
illud**a**	illud**ano**	**abbia** illuso	**abbiano** illuso
congiuntivo imperfetto		**congiuntivo trapassato**	
illude**ssi**	illude**ssimo**	**avessi** illuso	**avessimo** illuso
illude**ssi**	illude**ste**	**avessi** illuso	**aveste** illuso
illude**sse**	illude**ssero**	**avesse** illuso	**avessero** illuso
imperativo			
	illud**iamo**		
illud**i**; non illud**ere**	illud**ete**		
illud**a**	illud**ano**		

to mail a letter   imbucare

SINGULAR	PLURAL	SINGULAR	PLURAL

indicativo presente
		passato prossimo	
imbuc**o**	imbuch**iamo**	**ho** imbucato	**abbiamo** imbucato
imbuch**i**	imbuc**ate**	**hai** imbucato	**avete** imbucato
imbuc**a**	imbuc**ano**	**ha** imbucato	**hanno** imbucato

imperfetto
		trapassato prossimo	
imbuca**vo**	imbuca**vamo**	**avevo** imbucato	**avevamo** imbucato
imbuca**vi**	imbuca**vate**	**avevi** imbucato	**avevate** imbucato
imbuca**va**	imbuca**vano**	**aveva** imbucato	**avevano** imbucato

passato remoto
		trapassato remoto	
imbuc**ai**	imbuc**ammo**	**ebbi** imbucato	**avemmo** imbucato
imbuc**asti**	imbuc**aste**	**avesti** imbucato	**aveste** imbucato
imbuc**ò**	imbuc**arono**	**ebbe** imbucato	**ebbero** imbucato

futuro semplice
		futuro anteriore	
imbucher**ò**	imbucher**emo**	**avrò** imbucato	**avremo** imbucato
imbucher**ai**	imbucher**ete**	**avrai** imbucato	**avrete** imbucato
imbucher**à**	imbucher**anno**	**avrà** imbucato	**avranno** imbucato

condizionale presente
		condizionale passato	
imbucher**ei**	imbucher**emmo**	**avrei** imbucato	**avremmo** imbucato
imbucher**esti**	imbucher**este**	**avresti** imbucato	**avreste** imbucato
imbucher**ebbe**	imbucher**ebbero**	**avrebbe** imbucato	**avrebbero** imbucato

congiuntivo presente
		congiuntivo passato	
imbuch**i**	imbuch**iamo**	**abbia** imbucato	**abbiamo** imbucato
imbuch**i**	imbuch**iate**	**abbia** imbucato	**abbiate** imbucato
imbuch**i**	imbuch**ino**	**abbia** imbucato	**abbiano** imbucato

congiuntivo imperfetto
		congiuntivo trapassato	
imbuca**ssi**	imbuca**ssimo**	**avessi** imbucato	**avessimo** imbucato
imbuca**ssi**	imbuca**ste**	**avessi** imbucato	**aveste** imbucato
imbuca**sse**	imbuca**ssero**	**avesse** imbucato	**avessero** imbucato

imperativo
	imbuchiamo
imbuca;	imbucate
non imbucare	
imbuchi	imbuchino

I

immaginare   to imagine

gerundio **immaginando**   participio passato **immaginato**

SINGULAR	PLURAL	SINGULAR	PLURAL

indicativo presente

		passato prossimo	
immagino	immaginiamo	**ho** immaginato	**abbiamo** immaginato
immagini	immaginate	**hai** immaginato	**avete** immaginato
immagina	immaginano	**ha** immaginato	**hanno** immaginato

imperfetto

		trapassato prossimo	
immaginavo	immaginavamo	**avevo** immaginato	**avevamo** immaginato
immaginavi	immaginavate	**avevi** immaginato	**avevate** immaginato
immaginava	immaginavano	**aveva** immaginato	**avevano** immaginato

passato remoto

		trapassato remoto	
immaginai	immaginammo	**ebbi** immaginato	**avemmo** immaginato
immaginasti	immaginaste	**avesti** immaginato	**aveste** immaginato
immaginò	immaginarono	**ebbe** immaginato	**ebbero** immaginato

futuro semplice

		futuro anteriore	
immaginerò	immagineremo	**avrò** immaginato	**avremo** immaginato
immaginerai	immaginerete	**avrai** immaginato	**avrete** immaginato
immaginerà	immagineranno	**avrà** immaginato	**avranno** immaginato

condizionale presente

		condizionale passato	
immaginerei	immagineremmo	**avrei** immaginato	**avremmo** immaginato
immagineresti	immaginereste	**avresti** immaginato	**avreste** immaginato
immaginerebbe	immaginerebbero	**avrebbe** immaginato	**avrebbero** immaginato

congiuntivo presente

		congiuntivo passato	
immagini	immaginiamo	**abbia** immaginato	**abbiamo** immaginato
immagini	immaginiate	**abbia** immaginato	**abbiate** immaginato
immagini	immaginino	**abbia** immaginato	**abbiano** immaginato

congiuntivo imperfetto

		congiuntivo trapassato	
immaginassi	immaginassimo	**avessi** immaginato	**avessimo** immaginato
immaginassi	immaginaste	**avessi** immaginato	**aveste** immaginato
immaginasse	immaginassero	**avesse** immaginato	**avessero** immaginato

imperativo

	immaginiamo
immagina;	immaginate
non immaginare	
immagini	immaginino

to immerse   immergere

SINGULAR	PLURAL	SINGULAR	PLURAL
indicativo presente		**passato prossimo**	
immerg**o**	immerg**iamo**	**ho** immerso	**abbiamo** immerso
immerg**i**	immerg**ete**	**hai** immerso	**avete** immerso
immerg**e**	immerg**ono**	**ha** immerso	**hanno** immerso
imperfetto		**trapassato prossimo**	
immerge**vo**	immerge**vamo**	**avevo** immerso	**avevamo** immerso
immerge**vi**	immerge**vate**	**avevi** immerso	**avevate** immerso
immerge**va**	immerge**vano**	**aveva** immerso	**avevano** immerso
passato remoto		**trapassato remoto**	
immer**si**	immerg**emmo**	**ebbi** immerso	**avemmo** immerso
immerg**esti**	immerg**este**	**avesti** immerso	**aveste** immerso
immer**se**	immer**sero**	**ebbe** immerso	**ebbero** immerso
futuro semplice		**futuro anteriore**	
immerger**ò**	immerger**emo**	**avrò** immerso	**avremo** immerso
immerger**ai**	immerger**ete**	**avrai** immerso	**avrete** immerso
immerger**à**	immerger**anno**	**avrà** immerso	**avranno** immerso
condizionale presente		**condizionale passato**	
immerg**erei**	immerg**eremmo**	**avrei** immerso	**avremmo** immerso
immerg**eresti**	immerg**ereste**	**avresti** immerso	**avreste** immerso
immerg**erebbe**	immerg**erebbero**	**avrebbe** immerso	**avrebbero** immerso
congiuntivo presente		**congiuntivo passato**	
immerg**a**	immerg**iamo**	**abbia** immerso	**abbiamo** immerso
immerg**a**	immerg**iate**	**abbia** immerso	**abbiate** immerso
immerg**a**	immerg**ano**	**abbia** immerso	**abbiano** immerso
congiuntivo imperfetto		**congiuntivo trapassato**	
immerge**ssi**	immerge**ssimo**	**avessi** immerso	**avessimo** immerso
immerge**ssi**	immerge**ste**	**avessi** immerso	**aveste** immerso
immerge**sse**	immerge**ssero**	**avesse** immerso	**avessero** immerso

imperativo

	immergiamo
immergi;	immergete
non immergere	
immerga	immergano

I

imparare   to learn

SINGULAR	PLURAL	SINGULAR	PLURAL
indicativo presente		**passato prossimo**	
impar**o**	impar**iamo**	**ho** imparato	**abbiamo** imparato
impar**i**	impar**ate**	**hai** imparato	**avete** imparato
impar**a**	impar**ano**	**ha** imparato	**hanno** imparato
imperfetto		**trapassato prossimo**	
impara**vo**	impara**vamo**	**avevo** imparato	**avevamo** imparato
impara**vi**	impara**vate**	**avevi** imparato	**avevate** imparato
impara**va**	impara**vano**	**aveva** imparato	**avevano** imparato
passato remoto		**trapassato remoto**	
impar**ai**	impar**ammo**	**ebbi** imparato	**avemmo** imparato
impar**asti**	impar**aste**	**avesti** imparato	**aveste** imparato
impar**ò**	impar**arono**	**ebbe** imparato	**ebbero** imparato
futuro semplice		**futuro anteriore**	
imparer**ò**	imparer**emo**	**avrò** imparato	**avremo** imparato
imparer**ai**	imparer**ete**	**avrai** imparato	**avrete** imparato
imparer**à**	imparer**anno**	**avrà** imparato	**avranno** imparato
condizionale presente		**condizionale passato**	
impar**erei**	impar**eremmo**	**avrei** imparato	**avremmo** imparato
impar**eresti**	impar**ereste**	**avresti** imparato	**avreste** imparato
impar**erebbe**	impar**erebbero**	**avrebbe** imparato	**avrebbero** imparato
congiuntivo presente		**congiuntivo passato**	
impar**i**	impar**iamo**	**abbia** imparato	**abbiamo** imparato
impar**i**	impar**iate**	**abbia** imparato	**abbiate** imparato
impar**i**	impar**ino**	**abbia** imparato	**abbiano** imparato
congiuntivo imperfetto		**congiuntivo trapassato**	
impara**ssi**	impara**ssimo**	**avessi** imparato	**avessimo** imparato
impara**ssi**	impara**ste**	**avessi** imparato	**aveste** imparato
impara**sse**	impara**ssero**	**avesse** imparato	**avessero** imparato

imperativo

	impariamo
impara;	imparate
non imparare	
impari	imparino

to get frightened

impaurirsi

SINGULAR	PLURAL	SINGULAR	PLURAL

indicativo presente
mi impaurisc**o**	**ci** impaur**iamo**		
ti impaurisc**i**	**vi** impaur**ite**		
si impaurisc**e**	**si** impaurisc**ono**		

passato prossimo
mi sono impaurito(a)	**ci siamo** impauriti(e)
ti sei impaurito(a)	**vi siete** impauriti(e)
si è impaurito(a)	**si sono** impauriti(e)

imperfetto
mi impauri**vo**	**ci** impauri**vamo**
ti impauri**vi**	**vi** impauri**vate**
si impauri**va**	**si** impauri**vano**

trapassato prossimo
mi ero impaurito(a)	**ci eravamo** impauriti(e)
ti eri impaurito(a)	**vi eravate** impauriti(e)
si era impaurito(a)	**si erano** impauriti(e)

passato remoto
mi impaur**ii**	**ci** impaur**immo**
ti impaur**isti**	**vi** impaur**iste**
si impaur**ì**	**si** impaur**irono**

trapassato remoto
mi fui impaurito(a)	**ci fummo** impauriti(e)
ti fosti impaurito(a)	**vi foste** impauriti(e)
si fu impaurito(a)	**si furono** impauriti(e)

futuro semplice
mi impaurir**ò**	**ci** impaurir**emo**
ti impaurir**ai**	**vi** impaurir**ete**
si impaurir**à**	**si** impaurir**anno**

futuro anteriore
mi sarò impaurito(a)	**ci saremo** impauriti(e)
ti sarai impaurito(a)	**vi sarete** impauriti(e)
si sarà impaurito(a)	**si saranno** impauriti(e)

condizionale presente
mi impaur**irei**	**ci** impaur**iremmo**
ti impaur**iresti**	**vi** impaur**ireste**
si impaur**irebbe**	**si** impaur**irebbero**

condizionale passato
mi sarei impaurito(a)	**ci saremmo** impauriti(e)
ti saresti impaurito(a)	**vi sareste** impauriti(e)
si sarebbe impaurito(a)	**si sarebbero** impauriti(e)

congiuntivo presente
mi impaurisc**a**	**ci** impaur**iamo**
ti impaurisc**a**	**vi** impaur**iate**
si impaurisc**a**	**si** impaurisc**ano**

congiuntivo passato
mi sia impaurito(a)	**ci siamo** impauriti(e)
ti sia impaurito(a)	**vi siate** impauriti(e)
si sia impaurito(a)	**si siano** impauriti(e)

congiuntivo imperfetto
mi impauri**ssi**	**ci** impauri**ssimo**
ti impauri**ssi**	**vi** impauri**ste**
si impauri**sse**	**si** impauri**ssero**

congiuntivo trapassato
mi fossi impaurito(a)	**ci fossimo** impauriti(e)
ti fossi impaurito(a)	**vi foste** impauriti(e)
si fosse impaurito(a)	**si fossero** impauriti(e)

imperativo
	impauriamoci
impaurisciti;	impauritevi
non impaurirti/	
non ti impaurire	
si impaurisca	si impauriscano

impazzire

to go insane

SINGULAR	PLURAL	SINGULAR	PLURAL

indicativo presente
impazzisco	impazziamo		
impazzisci	impazzite		
impazzisce	impazziscono		

passato prossimo
sono impazzito(a)	siamo impazziti(e)
sei impazzito(a)	siete impazziti(e)
è impazzito(a)	sono impazziti(e)

imperfetto
impazzivo	impazzivamo
impazzivi	impazzivate
impazziva	impazzivano

trapassato prossimo
ero impazzito(a)	eravamo impazziti(e)
eri impazzito(a)	eravate impazziti(e)
era impazzito(a)	erano impazziti(e)

passato remoto
impazzii	impazzimmo
impazzisti	impazziste
impazzì	impazzirono

trapassato remoto
fui impazzito(a)	fummo impazziti(e)
fosti impazzito(a)	foste impazziti(e)
fu impazzito(a)	furono impazziti(e)

futuro semplice
impazzirò	impazziremo
impazzirai	impazzirete
impazzirà	impazziranno

futuro anteriore
sarò impazzito(a)	saremo impazziti(e)
sarai impazzito(a)	sarete impazziti(e)
sarà impazzito(a)	saranno impazziti(e)

condizionale presente
impazzirei	impazziremmo
impazziresti	impazzireste
impazzirebbe	impazzirebbero

condizionale passato
sarei impazzito(a)	saremmo impazziti(e)
saresti impazzito(a)	sareste impazziti(e)
sarebbe impazzito(a)	sarebbero impazziti(e)

congiuntivo presente
impazzisca	impazziamo
impazzisca	impazziate
impazzisca	impazziscano

congiuntivo passato
sia impazzito(a)	siamo impazziti(e)
sia impazzito(a)	siate impazziti(e)
sia impazzito(a)	siano impazziti(e)

congiuntivo imperfetto
impazzissi	impazzissimo
impazzissi	impazziste
impazzisse	impazzissero

congiuntivo trapassato
fossi impazzito(a)	fossimo impazziti(e)
fossi impazzito(a)	foste impazziti(e)
fosse impazzito(a)	fossero impazziti(e)

imperativo
	impazziamo
impazzisci;	impazzite
non impazzire	
impazzisca	impazziscano

to impersonate

gerundio **impersonando**   participio passato **impersonato**

SINGULAR	PLURAL	SINGULAR	PLURAL
indicativo presente		**passato prossimo**	
impersono	impersoniamo	**ho** impersonato	**abbiamo** impersonato
impersoni	impersonate	**hai** impersonato	**avete** impersonato
impersona	impersonano	**ha** impersonato	**hanno** impersonato
imperfetto		**trapassato prossimo**	
impersonavo	impersonavamo	**avevo** impersonato	**avevamo** impersonato
impersonavi	impersonavate	**avevi** impersonato	**avevate** impersonato
impersonava	impersonavano	**aveva** impersonato	**avevano** impersonato
passato remoto		**trapassato remoto**	
impersonai	impersonammo	**ebbi** impersonato	**avemmo** impersonato
impersonasti	impersonaste	**avesti** impersonato	**aveste** impersonato
impersonò	impersonarono	**ebbe** impersonato	**ebbero** impersonato
futuro semplice		**futuro anteriore**	
impersonerò	impersoneremo	**avrò** impersonato	**avremo** impersonato
impersonerai	impersonerete	**avrai** impersonato	**avrete** impersonato
impersonerà	impersoneranno	**avrà** impersonato	**avranno** impersonato
condizionale presente		**condizionale passato**	
impersonerei	impersoneremmo	**avrei** impersonato	**avremmo** impersonato
impersoneresti	impersonereste	**avresti** impersonato	**avreste** impersonato
impersonerebbe	impersonerebbero	**avresti** impersonato	**avrebbero** impersonato
congiuntivo presente		**congiuntivo passato**	
impersoni	impersoniamo	**abbia** impersonato	**abbiamo** impersonato
impersoni	impersoniate	**abbia** impersonato	**abbiate** impersonato
impersoni	impersonino	**abbia** impersonato	**abbiano** impersonato
congiuntivo imperfetto		**congiuntivo trapassato**	
impersonassi	impersonassimo	**avessi** impersonato	**avessimo** impersonato
impersonassi	impersonaste	**avessi** impersonato	**aveste** impersonato
impersonasse	impersonassero	**avesse** impersonato	**avessero** impersonato

imperativo

	impersoniamo
impersona;	impersonate
non impersonare	
impersoni	impersonino

I

impiegare

to employ, to engage

gerundio **impiegando**   participio passato **impiegato**

SINGULAR	PLURAL	SINGULAR	PLURAL

indicativo presente

		passato prossimo	
impieg**o**	impiegh**iamo**	**ho** impiegato	**abbiamo** impiegato
impiegh**i**	impieg**ate**	**hai** impiegato	**avete** impiegato
impieg**a**	impieg**ano**	**ha** impiegato	**hanno** impiegato

imperfetto

		trapassato prossimo	
impiega**vo**	impiega**vamo**	**avevo** impiegato	**avevamo** impiegato
impiega**vi**	impiega**vate**	**avevi** impiegato	**avevate** impiegato
impiega**va**	impiega**vano**	**aveva** impiegato	**avevano** impiegato

passato remoto

		trapassato remoto	
impieg**ai**	impieg**ammo**	**ebbi** impiegato	**avemmo** impiegato
impieg**asti**	impieg**aste**	**avesti** impiegato	**aveste** impiegato
impieg**ò**	impieg**arono**	**ebbe** impiegato	**ebbero** impiegato

futuro semplice

		futuro anteriore	
impiegher**ò**	impiegher**emo**	**avrò** impiegato	**avremo** impiegato
impiegher**ai**	impiegher**ete**	**avrai** impiegato	**avrete** impiegato
impiegher**à**	impiegher**anno**	**avrà** impiegato	**avranno** impiegato

condizionale presente

		condizionale passato	
impiegh**erei**	impiegh**eremmo**	**avrei** impiegato	**avremmo** impiegato
impiegh**eresti**	impiegh**ereste**	**avresti** impiegato	**avreste** impiegato
impiegh**erebbe**	impiegh**erebbero**	**avrebbe** impiegato	**avrebbero** impiegato

congiuntivo presente

		congiuntivo passato	
impiegh**i**	impiegh**iamo**	**abbia** impiegato	**abbiamo** impiegato
impiegh**i**	impiegh**iate**	**abbia** impiegato	**abbiate** impiegato
impiegh**i**	impiegh**ino**	**abbia** impiegato	**abbiano** impiegato

congiuntivo imperfetto

		congiuntivo trapassato	
impiega**ssi**	impiega**ssimo**	**avessi** impiegato	**avessimo** impiegato
impiega**ssi**	impiega**ste**	**avessi** impiegato	**aveste** impiegato
impiega**sse**	impiega**ssero**	**avesse** impiegato	**avessero** impiegato

imperativo

	impieghiamo
impiega;	impiegate
non impiegare	
impieghi	impieghino

gerundio implicando　　　　participio passato implicato

SINGULAR	PLURAL	SINGULAR	PLURAL
indicativo presente		**passato prossimo**	
implico	implichiamo	ho implicato	abbiamo implicato
implichi	implicate	hai implicato	avete implicato
implica	implicano	ha implicato	hanno implicato
imperfetto		**trapassato prossimo**	
implicavo	implicavamo	avevo implicato	avevamo implicato
implicavi	implicavate	avevi implicato	avevate implicato
implicava	implicavano	aveva implicato	avevano implicato
passato remoto		**trapassato remoto**	
implicai	implicammo	ebbi implicato	avemmo implicato
implicasti	implicaste	avesti implicato	aveste implicato
implicò	implicarono	ebbe implicato	ebbero implicato
futuro semplice		**futuro anteriore**	
implicherò	implicheremo	avrò implicato	avremo implicato
implicherai	implicherete	avrai implicato	avrete implicato
implicherà	implicheranno	avrà implicato	avranno implicato
condizionale presente		**condizionale passato**	
implicherei	implicheremmo	avrei implicato	avremmo implicato
implicheresti	implichereste	avresti implicato	avreste implicato
implicherebbe	implicherebbero	avrebbe implicato	avrebbero implicato
congiuntivo presente		**congiuntivo passato**	
implichi	implichiamo	abbia implicato	abbiamo implicato
implichi	implichiate	abbia implicato	abbiate implicato
implichi	implichino	abbia implicato	abbiano implicato
congiuntivo imperfetto		**congiuntivo trapassato**	
implicassi	implicassimo	avessi implicato	avessimo implicato
implicassi	implicaste	avessi implicato	aveste implicato
implicasse	implicassero	avesse implicato	avessero implicato
imperativo			
	implichiamo		
implica; non implicare	implicate		
implichi	implichino		

I

imporre   to impose

gerundio **imponendo**   participio passato **imposto**

SINGULAR	PLURAL	SINGULAR	PLURAL

indicativo presente
impong**o**	impon**iamo**
impon**i**	impon**ete**
impon**e**	impong**ono**

passato prossimo
ho imposto	**abbiamo** imposto
hai imposto	**avete** imposto
ha imposto	**hanno** imposto

imperfetto
impone**vo**	impone**vamo**
impone**vi**	impone**vate**
impone**va**	impone**vano**

trapassato prossimo
avevo imposto	**avevamo** imposto
avevi imposto	**avevate** imposto
aveva imposto	**avevano** imposto

passato remoto
impos**i**	impon**emmo**
impon**esti**	impon**este**
impos**e**	impos**ero**

trapassato remoto
ebbi imposto	**avemmo** imposto
avesti imposto	**aveste** imposto
ebbe imposto	**ebbero** imposto

futuro semplice
imporr**ò**	imporr**emo**
imporr**ai**	imporr**ete**
imporr**à**	imporr**anno**

futuro anteriore
avrò imposto	**avremo** imposto
avrai imposto	**avrete** imposto
avrà imposto	**avranno** imposto

condizionale presente
imporr**ei**	imporr**emmo**
imporr**esti**	imporr**este**
imporr**ebbe**	imporr**ebbero**

condizionale passato
avrei imposto	**avremmo** imposto
avresti imposto	**avreste** imposto
avrebbe imposto	**avrebbero** imposto

congiuntivo presente
impong**a**	impon**iamo**
impong**a**	impon**iate**
impong**a**	impong**ano**

congiuntivo passato
abbia imposto	**abbiamo** imposto
abbia imposto	**abbiate** imposto
abbia imposto	**abbiano** imposto

congiuntivo imperfetto
impon**essi**	impon**essimo**
impon**essi**	impon**este**
impon**esse**	impon**essero**

congiuntivo trapassato
avessi imposto	**avessimo** imposto
avessi imposto	**aveste** imposto
avesse imposto	**avessero** imposto

imperativo
	impon**iamo**
impon**i**;	impon**ete**
non imporre	
impong**a**	impong**ano**

to impress, to print

imprimere

SINGULAR	PLURAL	SINGULAR	PLURAL
indicativo presente		**passato prossimo**	
imprim**o**	imprim**iamo**	**ho** impresso	**abbiamo** impresso
imprim**i**	imprim**ete**	**hai** impresso	**avete** impresso
imprim**e**	imprim**ono**	**ha** impresso	**hanno** impresso
imperfetto		**trapassato prossimo**	
imprime**vo**	imprime**vamo**	**avevo** impresso	**avevamo** impresso
imprime**vi**	imprime**vate**	**avevi** impresso	**avevate** impresso
imprime**va**	imprime**vano**	**aveva** impresso	**avevano** impresso
passato remoto		**trapassato remoto**	
impress**i**	imprim**emmo**	**ebbi** impresso	**avemmo** impresso
imprim**esti**	imprim**este**	**avesti** impresso	**aveste** impresso
impress**e**	impress**ero**	**ebbe** impresso	**ebbero** impresso
futuro semplice		**futuro anteriore**	
imprimer**ò**	imprimer**emo**	**avrò** impresso	**avremo** impresso
imprimer**ai**	imprimer**ete**	**avrai** impresso	**avrete** impresso
imprimer**à**	imprimer**anno**	**avrà** impresso	**avranno** impresso
condizionale presente		**condizionale passato**	
imprim**erei**	imprim**eremmo**	**avrei** impresso	**avremmo** impresso
imprim**eresti**	imprim**ereste**	**avresti** impresso	**avreste** impresso
imprim**erebbe**	imprim**erebbero**	**avrebbe** impresso	**avrebbero** impresso
congiuntivo presente		**congiuntivo passato**	
imprim**a**	imprim**iamo**	**abbia** impresso	**abbiamo** impresso
imprim**a**	imprim**iate**	**abbia** impresso	**abbiate** impresso
imprim**a**	imprim**ano**	**abbia** impresso	**abbiano** impresso
congiuntivo imperfetto		**congiuntivo trapassato**	
imprime**ssi**	imprime**ssimo**	**avessi** impresso	**avessimo** impresso
imprime**ssi**	imprime**ste**	**avessi** impresso	**aveste** impresso
imprime**sse**	imprime**ssero**	**avesse** impresso	**avessero** impresso
imperativo			
	imprim**iamo**		
imprim**i**;	imprim**ete**		
non imprimere			
imprim**a**	imprim**ano**		

I

incassare

to cash, to take in

gerundio incassando

participio passato incassato

SINGULAR	PLURAL	SINGULAR	PLURAL
indicativo presente		**passato prossimo**	
incasso	incassiamo	ho incassato	abbiamo incassato
incassi	incassate	hai incassato	avete incassato
incassa	incassano	ha incassato	hanno incassato
imperfetto		**trapassato prossimo**	
incassavo	incassavamo	avevo incassato	avevamo incassato
incassavi	incassavate	avevi incassato	avevate incassato
incassava	incassavano	aveva incassato	avevano incassato
passato remoto		**trapassato remoto**	
incassai	incassammo	ebbi incassato	avemmo incassato
incassasti	incassaste	avesti incassato	aveste incassato
incassò	incassarono	ebbe incassato	ebbero incassato
futuro semplice		**futuro anteriore**	
incasserò	incasseremo	avrò incassato	avremo incassato
incasserai	incasserete	avrai incassato	avrete incassato
incasserà	incasseranno	avrà incassato	avranno incassato
condizionale presente		**condizionale passato**	
incasserei	incasseremmo	avrei incassato	avremmo incassato
incasseresti	incassereste	avresti incassato	avreste incassato
incasserebbe	incasserebbero	avrebbe incassato	avrebbero incassato
congiuntivo presente		**congiuntivo passato**	
incassi	incassiamo	abbia incassato	abbiamo incassato
incassi	incassiate	abbia incassato	abbiate incassato
incassi	incassino	abbia incassato	abbiano incassato
congiuntivo imperfetto		**congiuntivo trapassato**	
incassassi	incassassimo	avessi incassato	avessimo incassato
incassassi	incassaste	avessi incassato	aveste incassato
incassasse	incassassero	avesse incassato	avessero incassato
imperativo			
	incassiamo		
incassa; non incassare	incassate		
incassi	incassino		

to include   includere

SINGULAR	PLURAL	SINGULAR	PLURAL
indicativo presente		**passato prossimo**	
includo	includiamo	ho incluso	abbiamo incluso
includi	includete	hai incluso	avete incluso
include	includono	ha incluso	hanno incluso
imperfetto		**trapassato prossimo**	
includevo	includevamo	avevo incluso	avevamo incluso
includevi	includevate	avevi incluso	avevate incluso
includeva	includevano	aveva incluso	avevano incluso
passato remoto		**trapassato remoto**	
inclusi	includemmo	ebbi incluso	avemmo incluso
includesti	includeste	avesti incluso	aveste incluso
incluse	inclusero	ebbe incluso	ebbero incluso
futuro semplice		**futuro anteriore**	
includerò	includeremo	avrò incluso	avremo incluso
includerai	includerete	avrai incluso	avrete incluso
includerà	includeranno	avrà incluso	avranno incluso
condizionale presente		**condizionale passato**	
includerei	includeremmo	avrei incluso	avremmo incluso
includeresti	includereste	avresti incluso	avreste incluso
includerebbe	includerebbero	avrebbe incluso	avrebbero incluso
congiuntivo presente		**congiuntivo passato**	
includa	includiamo	abbia incluso	abbiamo incluso
includa	includiate	abbia incluso	abbiate incluso
includa	includano	abbia incluso	abbiano incluso
congiuntivo imperfetto		**congiuntivo trapassato**	
includessi	includessimo	avessi incluso	avessimo incluso
includessi	includeste	avessi incluso	aveste incluso
includesse	includessero	avesse incluso	avessero incluso
imperativo			
	includiamo		
includi; non includere	includete		
includa	includano		

I

incomodare   to inconvenience, to annoy

gerundio **incomodando**   participio passato **incomodato**

SINGULAR	PLURAL	SINGULAR	PLURAL

indicativo presente

		passato prossimo	
incomod**o**	incomod**iamo**	**ho** incomodato	**abbiamo** incomodato
incomod**i**	incomod**ate**	**hai** incomodato	**avete** incomodato
incomod**a**	incomod**ano**	**ha** incomodato	**hanno** incomodato

imperfetto

		trapassato prossimo	
incomoda**vo**	incomoda**vamo**	**avevo** incomodato	**avevamo** incomodato
incomoda**vi**	incomoda**vate**	**avevi** incomodato	**avevate** incomodato
incomoda**va**	incomoda**vano**	**aveva** incomodato	**avevano** incomodato

passato remoto

		trapassato remoto	
incomod**ai**	incomod**ammo**	**ebbi** incomodato	**avemmo** incomodato
incomod**asti**	incomod**aste**	**avesti** incomodato	**aveste** incomodato
incomod**ò**	incomod**arono**	**ebbe** incomodato	**ebbero** incomodato

futuro semplice

		futuro anteriore	
incomod**erò**	incomod**eremo**	**avrò** incomodato	**avremo** incomodato
incomod**erai**	incomod**erete**	**avrai** incomodato	**avrete** incomodato
incomod**erà**	incomod**eranno**	**avrà** incomodato	**avranno** incomodato

condizionale presente

		condizionale passato	
incomod**erei**	incomod**eremmo**	**avrei** incomodato	**avremmo** incomodato
incomod**eresti**	incomod**ereste**	**avresti** incomodato	**avreste** incomodato
incomod**erebbe**	incomod**erebbero**	**avrebbe** incomodato	**avrebbero** incomodato

congiuntivo presente

		congiuntivo passato	
incomod**i**	incomod**iamo**	**abbia** incomodato	**abbiamo** incomodato
incomod**i**	incomod**iate**	**abbia** incomodato	**abbiate** incomodato
incomod**i**	incomod**ino**	**abbia** incomodato	**abbiano** incomodato

congiuntivo imperfetto

		congiuntivo trapassato	
incomoda**ssi**	incomoda**ssimo**	**avessi** incomodato	**avessimo** incomodato
incomoda**ssi**	incomoda**ste**	**avessi** incomodato	**aveste** incomodato
incomoda**sse**	incomoda**ssero**	**avesse** incomodato	**avessero** incomodato

imperativo

	incomod**iamo**
incomod**a**;	incomod**ate**
non incomodare	
incomod**i**	incomod**ino**

to meet, to encounter

incontrare

gerundio **incontrando**   participio passato **incontrato**

SINGULAR	PLURAL	SINGULAR	PLURAL

indicativo presente
incontro — incontriamo
incontri — incontrate
incontra — incontrano

passato prossimo
ho incontrato — abbiamo incontrato
hai incontrato — avete incontrato
ha incontrato — hanno incontrato

imperfetto
incontravo — incontravamo
incontravi — incontravate
incontrava — incontravano

trapassato prossimo
avevo incontrato — avevamo incontrato
avevi incontrato — avevate incontrato
aveva incontrato — avevano incontrato

passato remoto
incontrai — incontrammo
incontrasti — incontraste
incontrò — incontrarono

trapassato remoto
ebbi incontrato — avemmo incontrato
avesti incontrato — aveste incontrato
ebbe incontrato — ebbero incontrato

futuro semplice
incontrerò — incontreremo
incontrerai — incontrerete
incontrerà — incontreranno

futuro anteriore
avrò incontrato — avremo incontrato
avrai incontrato — avrete incontrato
avrà incontrato — avranno incontrato

condizionale presente
incontrerei — incontreremmo
incontreresti — incontrereste
incontrerebbe — incontrerebbero

condizionale passato
avrei incontrato — avremmo incontrato
avresti incontrato — avreste incontrato
avrebbe incontrato — avrebbero incontrato

congiuntivo presente
incontri — incontriamo
incontri — incontriate
incontri — incontrino

congiuntivo passato
abbia incontrato — abbiamo incontrato
abbia incontrato — abbiate incontrato
abbia incontrato — abbiano incontrato

congiuntivo imperfetto
incontrassi — incontrassimo
incontrassi — incontraste
incontrasse — incontrassero

congiuntivo trapassato
avessi incontrato — avessimo incontrato
avessi incontrato — aveste incontrato
avesse incontrato — avessero incontrato

imperativo
— incontriamo
incontra; non incontrare — incontrate
incontri — incontrino

I

indagare

to investigate, to inquire

gerundio **indagando**   participio passato **indagato**

SINGULAR	PLURAL	SINGULAR	PLURAL

indicativo presente
indago	indaghiamo		
indaghi	indagate		
indaga	indagano		

passato prossimo
ho indagato	**abbiamo** indagato
hai indagato	**avete** indagato
ha indagato	**hanno** indagato

imperfetto
indagavo	indagavamo
indagavi	indagavate
indagava	indagavano

trapassato prossimo
avevo indagato	**avevamo** indagato
avevi indagato	**avevate** indagato
aveva indagato	**avevano** indagato

passato remoto
indagai	indagammo
indagasti	indagaste
indagò	indagarono

trapassato remoto
ebbi indagato	**avemmo** indagato
avesti indagato	**aveste** indagato
ebbe indagato	**ebbero** indagato

futuro semplice
indagherò	indagheremo
indagherai	indagherete
indagherà	indagheranno

futuro anteriore
avrò indagato	**avremo** indagato
avrai indagato	**avrete** indagato
avrà indagato	**avranno** indagato

condizionale presente
indagherei	indagheremmo
indagheresti	indaghereste
indagherebbe	indagherebbero

condizionale passato
avrei indagato	**avremmo** indagato
avresti indagato	**aveste** indagato
avrebbe indagato	**avrebbero** indagato

congiuntivo presente
indaghi	indaghiamo
indaghi	indaghiate
indaghi	indaghino

congiuntivo passato
abbia indagato	**abbiamo** indagato
abbia indagato	**abbiate** indagato
abbia indagato	**abbiano** indagato

congiuntivo imperfetto
indagassi	indagassimo
indagassi	indagaste
indagasse	indagassero

congiuntivo trapassato
avessi indagato	**avessimo** indagato
avessi indagato	**aveste** indagato
avesse indagato	**avessero** indagato

imperativo
	indaghiamo
indaga; non indagare	indagate
indaghi	indaghino

to point out, to indicate   indicare

gerundio **indicando**   participio passato **indicato**

SINGULAR	PLURAL	SINGULAR	PLURAL

indicativo presente

		passato prossimo	
indic**o**	indich**iamo**	**ho** indicato	**abbiamo** indicato
indich**i**	indic**ate**	**hai** indicato	**avete** indicato
indic**a**	indic**ano**	**ha** indicato	**hanno** indicato

imperfetto

		trapassato prossimo	
indica**vo**	indica**vamo**	**avevo** indicato	**avevamo** indicato
indica**vi**	indica**vate**	**avevi** indicato	**avevate** indicato
indica**va**	indica**vano**	**aveva** indicato	**avevano** indicato

passato remoto

		trapassato remoto	
indic**ai**	indic**ammo**	**ebbi** indicato	**avemmo** indicato
indic**asti**	indic**aste**	**avesti** indicato	**aveste** indicato
indic**ò**	indic**arono**	**ebbe** indicato	**ebbero** indicato

futuro semplice

		futuro anteriore	
indicher**ò**	indicher**emo**	**avrò** indicato	**avremo** indicato
indicher**ai**	indicher**ete**	**avrai** indicato	**avrete** indicato
indicher**à**	indicher**anno**	**avrà** indicato	**avranno** indicato

condizionale presente

		condizionale passato	
indicher**ei**	indicher**emmo**	**avrei** indicato	**avremmo** indicato
indicher**esti**	indicher**este**	**avresti** indicato	**avreste** indicato
indicher**ebbe**	indicher**ebbero**	**avrebbe** indicato	**avrebbero** indicato

congiuntivo presente

		congiuntivo passato	
indich**i**	indich**iamo**	**abbia** indicato	**abbiamo** indicato
indich**i**	indich**iate**	**abbia** indicato	**abbiate** indicato
indich**i**	indich**ino**	**abbia** indicato	**abbiano** indicato

congiuntivo imperfetto

		congiuntivo trapassato	
indica**ssi**	indica**ssimo**	**avessi** indicato	**avessimo** indicato
indica**ssi**	indica**ste**	**avessi** indicato	**aveste** indicato
indica**sse**	indica**ssero**	**avesse** indicato	**avessero** indicato

imperativo

	indichiamo
indica; non indicare	indicate
indichi	indichino

I

gerundio **infliggendo**   participio passato **inflitto**

SINGULAR	PLURAL	SINGULAR	PLURAL

indicativo presente

		passato prossimo	
infliggo	infliggiamo	ho inflitto	abbiamo inflitto
infliggi	infliggete	hai inflitto	avete inflitto
infligge	infliggono	ha inflitto	hanno inflitto

imperfetto

		trapassato prossimo	
infliggevo	infliggevamo	avevo inflitto	avevamo inflitto
infliggevi	infliggevate	avevi inflitto	avevate inflitto
infliggeva	infliggevano	aveva inflitto	avevano inflitto

passato remoto

		trapassato remoto	
inflissi	infliggemmo	ebbi inflitto	avemmo inflitto
infliggesti	infliggeste	avesti inflitto	aveste inflitto
inflisse	inflissero	ebbe inflitto	ebbero inflitto

futuro semplice

		futuro anteriore	
infliggerò	infliggeremo	avrò inflitto	avremo inflitto
infliggerai	infliggerete	avrai inflitto	avrete inflitto
infliggerà	infliggeranno	avrà inflitto	avranno inflitto

condizionale presente

		condizionale passato	
infliggerei	infliggeremmo	avrei inflitto	avremmo inflitto
infliggeresti	infliggereste	avresti inflitto	avreste inflitto
infliggerebbe	infliggerebbero	avrebbe inflitto	avrebbero inflitto

congiuntivo presente

		congiuntivo passato	
infligga	infliggiamo	abbia inflitto	abbiamo inflitto
infligga	infliggiate	abbia inflitto	abbiate inflitto
infligga	infliggano	abbia inflitto	abbiano inflitto

congiuntivo imperfetto

		congiuntivo trapassato	
infliggessi	infliggessimo	avessi inflitto	avessimo inflitto
infliggessi	infliggeste	avessi inflitto	aveste inflitto
infliggesse	infliggessero	avesse inflitto	avessero inflitto

imperativo

	infliggiamo
infliggi; non infliggere	infliggete
infligga	infliggano

to inform, to notify

informare

SINGULAR	PLURAL	SINGULAR	PLURAL

indicativo presente

		passato prossimo	
informo	informiamo	ho informato	abbiamo informato
informi	informate	hai informato	avete informato
informa	informano	ha informato	hanno informato

imperfetto

		trapassato prossimo	
informavo	informavamo	avevo informato	avevamo informato
informavi	informavate	avevi informato	avevate informato
informava	informavano	aveva informato	avevano informato

passato remoto

		trapassato remoto	
informai	informammo	ebbi informato	avemmo informato
informasti	informaste	avesti informato	aveste informato
informò	informarono	ebbe informato	ebbero informato

futuro semplice

		futuro anteriore	
informerò	informeremo	avrò informato	avremo informato
informerai	informerete	avrai informato	avrete informato
informerà	informeranno	avrà informato	avranno informato

I

condizionale presente

		condizionale passato	
informerei	informeremmo	avrei informato	avremmo informato
informeresti	informereste	avresti informato	avreste informato
informerebbe	informerebbero	avrebbe informato	avrebbero informato

congiuntivo presente

		congiuntivo passato	
informi	informiamo	abbia informato	abbiamo informato
informi	informiate	abbia informato	abbiate informato
informi	informino	abbia informato	abbiano informato

congiuntivo imperfetto

		congiuntivo trapassato	
informassi	informassimo	avessi informato	avessimo informato
informassi	informaste	avessi informato	aveste informato
informasse	informassero	avesse informato	avessero informato

imperativo

	informiamo
informa;	informate
non informare	
informi	informino

MUST KNOW VERB

gerundio **iniziando**　　　participio passato **iniziato**

SINGULAR	PLURAL	SINGULAR	PLURAL
indicativo presente		**passato prossimo**	
inizi**o**	inizi**amo**	**ho** iniziato	**abbiamo** iniziato
inizi**i**	inizi**ate**	**hai** iniziato	**avete** iniziato
inizi**a**	inizi**ano**	**ha** iniziato	**hanno** iniziato
imperfetto		**trapassato prossimo**	
inizia**vo**	inizia**vamo**	**avevo** iniziato	**avevamo** iniziato
inizia**vi**	inizia**vate**	**avevi** iniziato	**avevate** iniziato
inizia**va**	inizia**vano**	**aveva** iniziato	**avevano** iniziato
passato remoto		**trapassato remoto**	
inizi**ai**	inizi**ammo**	**ebbi** iniziato	**avemmo** iniziato
inizi**asti**	inizi**aste**	**avesti** iniziato	**aveste** iniziato
inizi**ò**	inizi**arono**	**ebbe** iniziato	**ebbero** iniziato
futuro semplice		**futuro anteriore**	
inizier**ò**	inizier**emo**	**avrò** iniziato	**avremo** iniziato
inizier**ai**	inizier**ete**	**avrai** iniziato	**avrete** iniziato
inizier**à**	inizier**anno**	**avrà** iniziato	**avranno** iniziato
condizionale presente		**condizionale passato**	
inizier**ei**	inizier**emmo**	**avrei** iniziato	**avremmo** iniziato
inizier**esti**	inizier**este**	**avresti** iniziato	**avreste** iniziato
inizier**ebbe**	inizier**ebbero**	**avrebbe** iniziato	**avrebbero** iniziato
congiuntivo presente		**congiuntivo passato**	
inizi**i**	inizi**amo**	**abbia** iniziato	**abbiamo** iniziato
inizi**i**	inizi**ate**	**abbia** iniziato	**abbiate** iniziato
inizi**i**	inizi**no**	**abbia** iniziato	**abbiano** iniziato
congiuntivo imperfetto		**congiuntivo trapassato**	
inizia**ssi**	inizia**ssimo**	**avessi** iniziato	**avessimo** iniziato
inizia**ssi**	inizia**ste**	**avessi** iniziato	**aveste** iniziato
inizia**sse**	inizia**ssero**	**avesse** iniziato	**avessero** iniziato
imperativo			
	iniziamo		
inizia; non iniziare	iniziate		
inizi	inizino		

to fall in love with

gerundio **innamorandosi**   participio passato **innamoratosi**

SINGULAR   PLURAL   SINGULAR   PLURAL

indicativo presente
mi innamor**o**   **ci** innamor**iamo**   **mi sono** innamorato(a)   **ci siamo** innamorati(e)
ti innamor**i**   **vi** innamor**ate**   **ti sei** innamorato(a)   **vi siete** innamorati(e)
si innamor**a**   **si** innamor**ano**   **si è** innamorato(a)   **si sono** innamorati(e)

imperfetto   passato prossimo

trapassato prossimo
mi innamor**avo**   **ci** innamor**avamo**   **mi ero** innamorato(a)   **ci eravamo** innamorati(e)
ti innamor**avi**   **vi** innamor**avate**   **ti eri** innamorato(a)   **vi eravate** innamorati(e)
si innamor**ava**   **si** innamor**avano**   **si era** innamorato(a)   **si erano** innamorati(e)

passato remoto   trapassato remoto
mi innamor**ai**   **ci** innamor**ammo**   **mi fui** innamorato(a)   **ci fummo** innamorati(e)
ti innamor**asti**   **vi** innamor**aste**   **ti fosti** innamorato(a)   **vi foste** innamorati(e)
si innamor**ò**   **si** innamor**arono**   **si fu** innamorato(a)   **si furono** innamorati(e)

futuro semplice   futuro anteriore
mi innamorer**ò**   **ci** innamorer**emo**   **mi sarò** innamorato(a)   **ci saremo** innamorati(e)
ti innamorer**ai**   **vi** innamorer**ete**   **ti sarai** innamorato(a)   **vi sarete** innamorati(e)
si innamorer**à**   **si** innamorer**anno**   **si sarà** innamorato(a)   **si saranno** innamorati(e)

condizionale presente   condizionale passato
mi innamor**erei**   **ci** innamor**eremmo**   **mi sarei** innamorato(a)   **ci saremmo** innamorati(e)
ti innamor**eresti** **vi** innamor**ereste**   **ti saresti** innamorato(a) **vi sareste** innamorati(e)
si innamor**erebbe** **si** innamor**erebbero**   **si sarebbe** innamorato(a) **si sarebbero** innamorati(e)

congiuntivo presente   congiuntivo passato
mi innamor**i**   **ci** innamor**iamo**   **mi sia** innamorato(a)   **ci siamo** innamorati(e)
ti innamor**i**   **vi** innamor**iate**   **ti sia** innamorato(a)   **vi siate** innamorati(e)
si innamor**i**   **si** innamor**ino**   **si sia** innamorato(a)   **si siano** innamorati(e)

congiuntivo imperfetto   congiuntivo trapassato
mi innamor**assi**   **ci** innamor**assimo**   **mi fossi** innamorato(a)   **ci fossimo** innamorati(e)
ti innamor**assi**   **vi** innamor**aste**   **ti fossi** innamorato(a)   **vi foste** innamorati(e)
si innamor**asse**   **si** innamor**assero**   **si fosse** innamorato(a)   **si fossero** innamorati(e)

imperativo
                        innamoriamoci
innamorati;   innamoratevi
non innamorarti/
non ti innamorare
si innamori   si innamorino

inquinare   to pollute

SINGULAR	PLURAL	SINGULAR	PLURAL

indicativo presente
inquino	inquiniamo		
inquini	inquinate		
inquina	inquinano		

passato prossimo
ho inquinato	abbiamo inquinato
hai inquinato	avete inquinato
ha inquinato	hanno inquinato

imperfetto
inquinavo	inquinavamo
inquinavi	inquinavate
inquinava	inquinavano

trapassato prossimo
avevo inquinato	avevamo inquinato
avevi inquinato	avevate inquinato
aveva inquinato	avevano inquinato

passato remoto
inquinai	inquinammo
inquinasti	inquinaste
inquinò	inquinarono

trapassato remoto
ebbi inquinato	avemmo inquinato
avesti inquinato	aveste inquinato
ebbe inquinato	ebbero inquinato

futuro semplice
inquinerò	inquineremo
inquinerai	inquinerete
inquinerà	inquineranno

futuro anteriore
avrò inquinato	avremo inquinato
avrai inquinato	avrete inquinato
avrà inquinato	avranno inquinato

condizionale presente
inquinerei	inquineremmo
inquineresti	inquinereste
inquinerebbe	inquinerebbero

condizionale passato
avrei inquinato	avremmo inquinato
avresti inquinato	avreste inquinato
avrebbe inquinato	avrebbero inquinato

congiuntivo presente
inquini	inquiniamo
inquini	inquiniate
inquini	inquinino

congiuntivo passato
abbia inquinato	abbiamo inquinato
abbia inquinato	abbiate inquinato
abbia inquinato	abbiano inquinato

congiuntivo imperfetto
inquinassi	inquinassimo
inquinassi	inquinaste
inquinasse	inquinassero

congiuntivo trapassato
avessi inquinato	avessimo inquinato
avessi inquinato	aveste inquinato
avesse inquinato	avessero inquinato

imperativo
	inquiniamo
inquina;	inquinate
non inquinare	
inquini	inquinino

to teach   insegnare

SINGULAR	PLURAL	SINGULAR	PLURAL

indicativo presente

		passato prossimo	
insegno	insegniamo	ho insegnato	abbiamo insegnato
insegni	insegnate	hai insegnato	avete insegnato
insegna	insegnano	ha insegnato	hanno insegnato

imperfetto

		trapassato prossimo	
insegnavo	insegnavamo	avevo insegnato	avevamo insegnato
insegnavi	insegnavate	avevi insegnato	avevate insegnato
insegnava	insegnavano	aveva insegnato	avevano insegnato

passato remoto

		trapassato remoto	
insegnai	insegnammo	ebbi insegnato	avemmo insegnato
insegnasti	insegnaste	avesti insegnato	aveste insegnato
insegnò	insegnarono	ebbe insegnato	ebbero insegnato

futuro semplice

		futuro anteriore	
insegnerò	insegneremo	avrò insegnato	avremo insegnato
insegnerai	insegnerete	avrai insegnato	avrete insegnato
insegnerà	insegneranno	avrà insegnato	avranno insegnato

condizionale presente

		condizionale passato	
insegnerei	insegneremmo	avrei insegnato	avremmo insegnato
insegneresti	insegnereste	avresti insegnato	avreste insegnato
insegnerebbe	insegnerebbero	avrebbe insegnato	avrebbero insegnato

congiuntivo presente

		congiuntivo passato	
insegni	insegniamo	abbia insegnato	abbiamo insegnato
insegni	insegniate	abbia insegnato	abbiate insegnato
insegni	insegnino	abbia insegnato	abbiano insegnato

congiuntivo imperfetto

		congiuntivo trapassato	
insegnassi	insegnassimo	avessi insegnato	avessimo insegnato
insegnassi	insegnaste	avessi insegnato	aveste insegnato
insegnasse	insegnassero	avesse insegnato	avessero insegnato

imperativo

	insegniamo
insegna;	insegnate
non insegnare	
insegni	insegnino

I

gerundio **insistendo**   participio passato **insistito**

SINGULAR	PLURAL	SINGULAR	PLURAL

indicativo presente

		passato prossimo	
insisto	insistiamo	**ho** insistito	**abbiamo** insistito
insisti	insistete	**hai** insistito	**avete** insistito
insiste	insistono	**ha** insistito	**hanno** insistito

imperfetto

		trapassato prossimo	
insistevo	insistevamo	**avevo** insistito	**avevamo** insistito
insistevi	insistevate	**avevi** insistito	**avevate** insistito
insisteva	insistevano	**aveva** insistito	**avevano** insistito

passato remoto

		trapassato remoto	
insistei, insistetti	insistemmo	**ebbi** insistito	**avemmo** insistito
insistesti	insisteste	**avesti** insistito	**aveste** insistito
insisté, insistette	insisterono, insistettero	**ebbe** insistito	**ebbero** insistito

futuro semplice

		futuro anteriore	
insisterò	insisteremo	**avrò** insistito	**avremo** insistito
insisterai	insisterete	**avrai** insistito	**avrete** insistito
insisterà	insisteranno	**avrà** insistito	**avranno** insistito

condizionale presente

		condizionale passato	
insisterei	insisteremmo	**avrei** insistito	**avremmo** insistito
insisteresti	insistereste	**avresti** insistito	**avreste** insistito
insisterebbe	insisterebbero	**avrebbe** insistito	**avrebbero** insistito

congiuntivo presente

		congiuntivo passato	
insista	insistiamo	**abbia** insistito	**abbiamo** insistito
insista	insistiate	**abbia** insistito	**abbiate** insistito
insista	insistano	**abbia** insistito	**abbiano** insistito

congiuntivo imperfetto

		congiuntivo trapassato	
insistessi	insistessimo	**avessi** insistito	**avessimo** insistito
insistessi	insisteste	**avessi** insistito	**aveste** insistito
insistesse	insistessero	**avesse** insistito	**avessero** insistito

imperativo

	insistiamo
insisti; non insistere	insistete
insista	insistano

I

to insult   insultare

SINGULAR	PLURAL	SINGULAR	PLURAL

indicativo presente

		passato prossimo	
insulto	insultiamo	ho insultato	abbiamo insultato
insulti	insultate	hai insultato	avete insultato
insulta	insultano	ha insultato	hanno insultato

imperfetto — **trapassato prossimo**

insultavo	insultavamo	avevo insultato	avevamo insultato
insultavi	insultavate	avevi insultato	avevate insultato
insultava	insultavano	aveva insultato	avevano insultato

passato remoto — **trapassato remoto**

insultai	insultammo	ebbi insultato	avemmo insultato
insultasti	insultaste	avesti insultato	aveste insultato
insultò	insultarono	ebbe insultato	ebbero insultato

futuro semplice — **futuro anteriore**

insulterò	insulteremo	avrò insultato	avremo insultato
insulterai	insulterete	avrai insultato	avrete insultato
insulterà	insulteranno	avrà insultato	avranno insultato

condizionale presente — **condizionale passato**

insulterei	insulteremmo	avrei insultato	avremmo insultato
insulteresti	insultereste	avresti insultato	avreste insultato
insulterebbe	insulterebbero	avrebbe insultato	avrebbero insultato

congiuntivo presente — **congiuntivo passato**

insulti	insultiamo	abbia insultato	abbiamo insultato
insulti	insultiate	abbia insultato	abbiate insultato
insulti	insultino	abbia insultato	abbiano insultato

congiuntivo imperfetto — **congiuntivo trapassato**

insultassi	insultassimo	avessi insultato	avessimo insultato
insultassi	insultaste	avessi insultato	aveste insultato
insultasse	insultassero	avesse insultato	avessero insultato

imperativo

	insultiamo
insulta; non insultare	insultate
insulti	insultino

intendere   to understand, to mean, to intend

SINGULAR	PLURAL	SINGULAR	PLURAL
indicativo presente		**passato prossimo**	
intend**o**	intend**iamo**	**ho** inteso	**abbiamo** inteso
intend**i**	intend**ete**	**hai** inteso	**avete** inteso
intend**e**	intend**ono**	**ha** inteso	**hanno** inteso
imperfetto		**trapassato prossimo**	
intende**vo**	intende**vamo**	**avevo** inteso	**avevamo** inteso
intende**vi**	intende**vate**	**avevi** inteso	**avevate** inteso
intende**va**	intende**vano**	**aveva** inteso	**avevano** inteso
passato remoto		**trapassato remoto**	
intes**i**	intend**emmo**	**ebbi** inteso	**avemmo** inteso
intend**esti**	intend**este**	**avesti** inteso	**aveste** inteso
intes**e**	intes**ero**	**ebbe** inteso	**ebbero** inteso
futuro semplice		**futuro anteriore**	
intender**ò**	intender**emo**	**avrò** inteso	**avremo** inteso
intender**ai**	intender**ete**	**avrai** inteso	**avrete** inteso
intender**à**	intender**anno**	**avrà** inteso	**avranno** inteso
condizionale presente		**condizionale passato**	
intender**ei**	intender**emmo**	**avrei** inteso	**avremmo** inteso
intender**esti**	intender**este**	**avresti** inteso	**avreste** inteso
intender**ebbe**	intender**ebbero**	**avrebbe** inteso	**avrebbero** inteso
congiuntivo presente		**congiuntivo passato**	
intend**a**	intend**iamo**	**abbia** inteso	**abbiamo** inteso
intend**a**	intend**iate**	**abbia** inteso	**abbiate** inteso
intend**a**	intend**ano**	**abbia** inteso	**abbiano** inteso
congiuntivo imperfetto		**congiuntivo trapassato**	
intende**ssi**	intende**ssimo**	**avessi** inteso	**avessimo** inteso
intende**ssi**	intende**ste**	**avessi** inteso	**aveste** inteso
intende**sse**	intende**ssero**	**avesse** inteso	**avessero** inteso

imperativo

	intendiamo
intend**i**;	intend**ete**
non intend**ere**	
intend**a**	intend**ano**

I

to interrupt   interrompere

SINGULAR	PLURAL	SINGULAR	PLURAL

indicativo presente

interrompo	interrompiamo
interrompi	interrompete
interrompe	interrompono

imperfetto

interrompevo	interrompevamo
interrompevi	interrompevate
interrompeva	interrompevano

passato remoto

interruppi	interrompemmo
interrompesti	interrompeste
interruppe	interruppero

futuro semplice

interromperò	interromperemo
interromperai	interromperete
interromperà	interromperanno

condizionale presente

interromperei	interromperemmo
interromperesti	interrompereste
interromperebbe	interromperebbero

congiuntivo presente

interrompa	interrompiamo
interrompa	interrompiate
interrompa	interrompano

congiuntivo imperfetto

interrompessi	interrompessimo
interrompessi	interrompeste
interrompesse	interrompessero

imperativo

	interrompiamo
interrompi; non interrompere	interrompete
interrompa	interrompano

passato prossimo

ho interrotto	abbiamo interrotto
hai interrotto	avete interrotto
ha interrotto	hanno interrotto

trapassato prossimo

avevo interrotto	avevamo interrotto
avevi interrotto	avevate interrotto
aveva interrotto	avevano interrotto

trapassato remoto

ebbi interrotto	avemmo interrotto
avesti interrotto	aveste interrotto
ebbe interrotto	ebbero interrotto

futuro anteriore

avrò interrotto	avremo interrotto
avrai interrotto	avrete interrotto
avrà interrotto	avranno interrotto

condizionale passato

avrei interrotto	avremmo interrotto
avresti interrotto	avreste interrotto
avrebbe interrotto	avrebbero interrotto

congiuntivo passato

abbia interrotto	abbiamo interrotto
abbia interrotto	abbiate interrotto
abbia interrotto	abbiano interrotto

congiuntivo trapassato

avessi interrotto	avessimo interrotto
avessi interrotto	aveste interrotto
avesse interrotto	avessero interrotto

I

gerundio **intervenendo**   participio passato **intervenuto**

SINGULAR	PLURAL	SINGULAR	PLURAL

indicativo presente
interveng**o**	interven**iamo**
intervien**i**	interven**ite**
intervien**e**	interveng**ono**

passato prossimo
sono intervenuto(a)	**siamo** intervenuti(e)
sei intervenuto(a)	**siete** intervenuti(e)
è intervenuto(a)	**sono** intervenuti(e)

imperfetto
interveni**vo**	interveni**vamo**
interveni**vi**	interveni**vate**
interveni**va**	interveni**vano**

trapassato prossimo
ero intervenuto(a)	**eravamo** intervenuti(e)
eri intervenuto(a)	**eravate** intervenuti(e)
era intervenuto(a)	**erano** intervenuti(e)

passato remoto
interven**ni**	interven**immo**
interven**isti**	interven**iste**
interven**ne**	interven**nero**

trapassato remoto
fui intervenuto(a)	**fummo** intervenuti(e)
fosti intervenuto(a)	**foste** intervenuti(e)
fu intervenuto(a)	**furono** intervenuti(e)

futuro semplice
interverr**ò**	interverr**emo**
interverr**ai**	interverr**ete**
interverr**à**	interverr**anno**

futuro anteriore
sarò intervenuto(a)	**saremo** intervenuti(e)
sarai intervenuto(a)	**sarete** intervenuti(e)
sarà intervenuto(a)	**saranno** intervenuti(e)

condizionale presente
interverr**ei**	interverr**emmo**
interverr**esti**	interverr**este**
interverr**ebbe**	interverr**ebbero**

condizionale passato
sarei intervenuto(a)	**saremmo** intervenuti(e)
saresti intervenuto(a)	**sareste** intervenuti(e)
sarebbe intervenuto(a)	**sarebbero** intervenuti(e)

congiuntivo presente
interveng**a**	interven**iamo**
interveng**a**	interven**iate**
interveng**a**	interveng**ano**

congiuntivo passato
sia intervenuto(a)	**siamo** intervenuti(e)
sia intervenuto(a)	**siate** intervenuti(e)
sia intervenuto(a)	**siano** intervenuti(e)

congiuntivo imperfetto
interveni**ssi**	interveni**ssimo**
interveni**ssi**	interven**iste**
interveni**sse**	interveni**ssero**

congiuntivo trapassato
fossi intervenuto(a)	**fossimo** intervenuti(e)
fossi intervenuto(a)	**foste** intervenuti(e)
fosse intervenuto(a)	**fossero** intervenuti(e)

imperativo
	interveniamo
intervieni;	intervenite
non intervenire	
intervenga	intervengano

to introduce, to insert
introdurre

gerundio **introducendo**   participio passato **introdotto**

SINGULAR	PLURAL	SINGULAR	PLURAL

indicativo presente
introduco	introduciamo
introduci	introducete
introduce	introducono

passato prossimo
ho introdotto	abbiamo introdotto
hai introdotto	avete introdotto
ha introdotto	hanno introdotto

imperfetto
introducevo	introducevamo
introducevi	introducevate
introduceva	introducevano

trapassato prossimo
avevo introdotto	avevamo introdotto
avevi introdotto	avevate introdotto
aveva introdotto	avevano introdotto

passato remoto
introdussi	introducemmo
introducesti	introduceste
introdusse	introdussero

trapassato remoto
ebbi introdotto	avemmo introdotto
avesti introdotto	aveste introdotto
ebbe introdotto	ebbero introdotto

futuro semplice
introdurrò	introdurremo
introdurrai	introdurrete
introdurrà	introdurranno

futuro anteriore
avrò introdotto	avremo introdotto
avrai introdotto	avrete introdotto
avrà introdotto	avranno introdotto

condizionale presente
introdurrei	introdurremmo
introdurresti	introdurreste
introdurrebbe	introdurrebbero

condizionale passato
avrei introdotto	avremmo introdotto
avresti introdotto	avreste introdotto
avrebbe introdotto	avrebbero introdotto

congiuntivo presente
introduca	introduciamo
introduca	introduciate
introduca	introducano

congiuntivo passato
abbia introdotto	abbiamo introdotto
abbia introdotto	abbiate introdotto
abbia introdotto	abbiano introdotto

congiuntivo imperfetto
introducessi	introducessimo
introducessi	introduceste
introducesse	introducessero

congiuntivo trapassato
avessi introdotto	avessimo introdotto
avessi introdotto	aveste introdotto
avesse introdotto	avessero introdotto

imperativo
	introduciamo
introduci; non introdurre	introducete
introduca	introducano

gerundio **invadendo**   participio passato **invaso**

SINGULAR	PLURAL	SINGULAR	PLURAL

indicativo presente
invad**o**	invad**iamo**		
invad**i**	invad**ete**		
invad**e**	invad**ono**		

passato prossimo
ho invaso	**abbiamo** invaso
hai invaso	**avete** invaso
ha invaso	**hanno** invaso

imperfetto
invade**vo**	invade**vamo**
invade**vi**	invade**vate**
invade**va**	invade**vano**

trapassato prossimo
avevo invaso	**avevamo** invaso
avevi invaso	**avevate** invaso
aveva invaso	**avevano** invaso

passato remoto
invas**i**	invad**emmo**
invad**esti**	invad**este**
invas**e**	invas**ero**

trapassato remoto
ebbi invaso	**avemmo** invaso
avesti invaso	**aveste** invaso
ebbe invaso	**ebbero** invaso

futuro semplice
invader**ò**	invader**emo**
invader**ai**	invader**ete**
invader**à**	invader**anno**

futuro anteriore
avrò invaso	**avremo** invaso
avrai invaso	**avrete** invaso
avrà invaso	**avranno** invaso

condizionale presente
invad**erei**	invad**eremmo**
invad**eresti**	invad**ereste**
invad**erebbe**	invad**erebbero**

condizionale passato
avrei invaso	**avremmo** invaso
avresti invaso	**avreste** invaso
avrebbe invaso	**avrebbero** invaso

congiuntivo presente
invad**a**	invad**iamo**
invad**a**	invad**iate**
invad**a**	invad**ano**

congiuntivo passato
abbia invaso	**abbiamo** invaso
abbia invaso	**abbiate** invaso
abbia invaso	**abbiano** invaso

congiuntivo imperfetto
invade**ssi**	invade**ssimo**
invade**ssi**	invade**ste**
invade**sse**	invade**ssero**

congiuntivo trapassato
avessi invaso	**avessimo** invaso
avessi invaso	**aveste** invaso
avesse invaso	**avessero** invaso

imperativo
	invadiamo
invadi; non invadere	invadete
invada	invadano

I

to send   inviare

SINGULAR	PLURAL	SINGULAR	PLURAL
indicativo presente		**passato prossimo**	
invio	inviamo	ho inviato	abbiamo inviato
invii	inviate	hai inviato	avete inviato
invia	inviano	ha inviato	hanno inviato
imperfetto		**trapassato prossimo**	
inviavo	inviavamo	avevo inviato	avevamo inviato
inviavi	inviavate	avevi inviato	avevate inviato
inviava	inviavano	aveva inviato	avevano inviato
passato remoto		**trapassato remoto**	
inviai	inviammo	ebbi inviato	avemmo inviato
inviasti	inviaste	avesti inviato	aveste inviato
inviò	inviarono	ebbe inviato	ebbero inviato
futuro semplice		**futuro anteriore**	
invierò	invieremo	avrò inviato	avremo inviato
invierai	invierete	avrai inviato	avrete inviato
invierà	invieranno	avrà inviato	avranno inviato
condizionale presente		**condizionale passato**	
invierei	invieremmo	avrei inviato	avremmo inviato
invieresti	inviereste	avresti inviato	avreste inviato
invierebbe	invierebbero	avrebbe inviato	avrebbero inviato
congiuntivo presente		**congiuntivo passato**	
invii	inviamo	abbia inviato	abbiamo inviato
invii	inviate	abbia inviato	abbiate inviato
invii	inviino	abbia inviato	abbiano inviato
congiuntivo imperfetto		**congiuntivo trapassato**	
inviassi	inviassimo	avessi inviato	avessimo inviato
inviassi	inviaste	avessi inviato	aveste inviato
inviasse	inviassero	avesse inviato	avessero inviato
imperativo			
	inviamo		
invia; non invitare	inviate		
invii	inviino		

I

invidiare   to envy

SINGULAR	PLURAL	SINGULAR	PLURAL
indicativo presente		**passato prossimo**	
invidi**o**	invidi**amo**	**ho** invidiato	**abbiamo** invidiato
invid**i**	invidi**ate**	**hai** invidiato	**avete** invidiato
invidi**a**	invidi**ano**	**ha** invidiato	**hanno** invidiato
imperfetto		**trapassato prossimo**	
invidia**vo**	invidia**vamo**	**avevo** invidiato	**avevamo** invidiato
invidia**vi**	invidia**vate**	**avevi** invidiato	**avevate** invidiato
invidia**va**	invidia**vano**	**aveva** invidiato	**avevano** invidiato
passato remoto		**trapassato remoto**	
invidi**ai**	invidi**ammo**	**ebbi** invidiato	**avemmo** invidiato
invidi**asti**	invidi**aste**	**avesti** invidiato	**aveste** invidiato
invidi**ò**	invidi**arono**	**ebbe** invidiato	**ebbero** invidiato
futuro semplice		**futuro anteriore**	
invidier**ò**	invidier**emo**	**avrò** invidiato	**avremo** invidiato
invidier**ai**	invidier**ete**	**avrai** invidiato	**avrete** invidiato
invidier**à**	invidier**anno**	**avrà** invidiato	**avranno** invidiato
condizionale presente		**condizionale passato**	
invidier**ei**	invidier**emmo**	**avrei** invidiato	**avremmo** invidiato
invidier**esti**	invidier**este**	**avresti** invidiato	**avreste** invidiato
invidier**ebbe**	invidier**ebbero**	**avrebbe** invidiato	**avrebbero** invidiato
congiuntivo presente		**congiuntivo passato**	
invid**i**	invidi**amo**	**abbia** invidiato	**abbiamo** invidiato
invid**i**	invidi**ate**	**abbia** invidiato	**abbiate** invidiato
invid**i**	invid**ino**	**abbia** invidiato	**abbiano** invidiato
congiuntivo imperfetto		**congiuntivo trapassato**	
invidia**ssi**	invidia**ssimo**	**avessi** invidiato	**avessimo** invidiato
invidia**ssi**	invidia**ste**	**avessi** invidiato	**aveste** invidiato
invidia**sse**	invidia**ssero**	**avesse** invidiato	**avessero** invidiato
imperativo			
	invidiamo		
invidia; non invidiare	invidiate		
invidi	invidino		

to invite

invitare

SINGULAR	PLURAL	SINGULAR	PLURAL
indicativo presente		**passato prossimo**	
invit**o**	invit**iamo**	**ho** invitato	**abbiamo** invitato
invit**i**	invit**ate**	**hai** invitato	**avete** invitato
invit**a**	invit**ano**	**ha** invitato	**hanno** invitato
imperfetto		**trapassato prossimo**	
invita**vo**	invita**vamo**	**avevo** invitato	**avevamo** invitato
invita**vi**	invita**vate**	**avevi** invitato	**avevate** invitato
invita**va**	invita**vano**	**aveva** invitato	**avevano** invitato
passato remoto		**trapassato remoto**	
invit**ai**	invit**ammo**	**ebbi** invitato	**avemmo** invitato
invit**asti**	invit**aste**	**avesti** invitato	**aveste** invitato
invit**ò**	invit**arono**	**ebbe** invitato	**ebbero** invitato
futuro semplice		**futuro anteriore**	
inviter**ò**	inviter**emo**	**avrò** invitato	**avremo** invitato
inviter**ai**	inviter**ete**	**avrai** invitato	**avrete** invitato
inviter**à**	inviter**anno**	**avrà** invitato	**avranno** invitato
condizionale presente		**condizionale passato**	
invit**erei**	invit**eremmo**	**avrei** invitato	**avremmo** invitato
invit**eresti**	invit**ereste**	**avresti** invitato	**avreste** invitato
invit**erebbe**	invit**erebbero**	**avrebbe** invitato	**avrebbero** invitato
congiuntivo presente		**congiuntivo passato**	
invit**i**	invit**iamo**	**abbia** invitato	**abbiamo** invitato
invit**i**	invit**iate**	**abbia** invitato	**abbiate** invitato
invit**i**	invit**ino**	**abbia** invitato	**abbiano** invitato
congiuntivo imperfetto		**congiuntivo trapassato**	
invita**ssi**	invita**ssimo**	**avessi** invitato	**avessimo** invitato
invita**ssi**	invita**ste**	**avessi** invitato	**aveste** invitato
invita**sse**	invita**ssero**	**avesse** invitato	**avessero** invitato
imperativo			
	invit**iamo**		
invit**a**; non invit**are**	invit**ate**		
invit**i**	invit**ino**		

I

MUST
KNOW
VERB

involgere

to wrap (up), to envelop

SINGULAR	PLURAL	SINGULAR	PLURAL
indicativo presente		**passato prossimo**	
involg**o**	involg**iamo**	**ho** involto	**abbiamo** involto
involg**i**	involg**ete**	**hai** involto	**avete** involto
involg**e**	involg**ono**	**ha** involto	**hanno** involto
imperfetto		**trapassato prossimo**	
involge**vo**	involge**vamo**	**avevo** involto	**avevamo** involto
involge**vi**	involge**vate**	**avevi** involto	**avevate** involto
involge**va**	involge**vano**	**aveva** involto	**avevano** involto
passato remoto		**trapassato remoto**	
invols**i**	involg**emmo**	**ebbi** involto	**avemmo** involto
involg**esti**	involg**este**	**avesti** involto	**aveste** involto
invols**e**	invols**ero**	**ebbe** involto	**ebbero** involto
futuro semplice		**futuro anteriore**	
involger**ò**	involger**emo**	**avrò** involto	**avremo** involto
involger**ai**	involger**ete**	**avrai** involto	**avrete** involto
involger**à**	involger**anno**	**avrà** involto	**avranno** involto
condizionale presente		**condizionale passato**	
involger**ei**	involger**emmo**	**avrei** involto	**avremmo** involto
involger**esti**	involger**este**	**avresti** involto	**avreste** involto
involger**ebbe**	involger**ebbero**	**avrebbe** involto	**avrebbero** involto
congiuntivo presente		**congiuntivo passato**	
involg**a**	involg**iamo**	**abbia** involto	**abbiamo** involto
involg**a**	involg**iate**	**abbia** involto	**abbiate** involto
involg**a**	involg**ano**	**abbia** involto	**abbiano** involto
congiuntivo imperfetto		**congiuntivo trapassato**	
involge**ssi**	involge**ssimo**	**avessi** involto	**avessimo** involto
involge**ssi**	involge**ste**	**avessi** involto	**aveste** involto
involge**sse**	involge**ssero**	**avesse** involto	**avessero** involto
imperativo			
	involg**iamo**		
involg**i**; non involg**ere**	involg**ete**		
involg**a**	involg**ano**		

to teach, to instruct

gerundio **istruendo**   participio passato **istruito**

SINGULAR	PLURAL	SINGULAR	PLURAL

indicativo presente

istruisco	istruiamo		
istruisci	istruite		
istruisce	istruiscono		

passato prossimo

ho istruito	**abbiamo** istruito
hai istruito	**avete** istruito
ha istruito	**hanno** istruito

imperfetto

istruivo	istruvamo
istruivi	istruivate
istruiva	istruivano

trapassato prossimo

avevo istruito	**avevamo** istruito
avevi istruito	**avevate** istruito
aveva istruito	**avevano** istruito

passato remoto

istruii	istruimmo
istruisti	istruiste
istruì	istruirono

trapassato remoto

ebbi istruito	**avemmo** istruito
avesti istruito	**aveste** istruito
ebbe istruito	**ebbero** istruito

futuro semplice

istruirò	istruiremo
istruirai	istruirete
istruirà	istruiranno

futuro anteriore

avrò istruito	**avremo** istruito
avrai istruito	**avrete** istruito
avrà istruito	**avranno** istruito

condizionale presente

istruirei	istruiremmo
istruiresti	istruireste
istruirebbe	istruirebbero

condizionale passato

avrei istruito	**avremmo** istruito
avresti istruito	**avreste** istruito
avrebbe istruito	**avrebbero** istruito

congiuntivo presente

istruisca	istruiamo
istruisca	istruiate
istruisca	istruiscano

congiuntivo passato

abbia istruito	**abbiamo** istruito
abbia istruito	**abbiate** istruito
abbia istruito	**abbiano** istruito

congiuntivo imperfetto

istruissi	istruissimo
istruissi	istruiste
istruisse	istruissero

congiuntivo trapassato

avessi istruito	**avessimo** istruito
avessi istruito	**aveste** istruito
avesse istruito	**avessero** istruito

imperativo

	istruiamo
istruisci; non istruire	istruite
istruisca	istruiscano

I

lagnarsi
to complain, to lament

SINGULAR	PLURAL	SINGULAR	PLURAL
indicativo presente		**passato prossimo**	
mi lagno	**ci** lagniamo	**mi sono** lagnato(a)	**ci siamo** lagnati(e)
ti lagni	**vi** lagnate	**ti sei** lagnato(a)	**vi siete** lagnati(e)
si lagna	**si** lagnano	**si è** lagnato(a)	**si sono** lagnati(e)
imperfetto		**trapassato prossimo**	
mi lagnavo	**ci** lagnavamo	**mi ero** lagnato(a)	**ci eravamo** lagnati(e)
ti lagnavi	**vi** lagnavate	**ti eri** lagnato(a)	**vi eravate** lagnati(e)
si lagnava	**si** lagnavano	**si era** lagnato(a)	**si erano** lagnati(e)
passato remoto		**trapassato remoto**	
mi lagnai	**ci** lagnammo	**mi fui** lagnato(a)	**ci fummo** lagnati(e)
ti lagnasti	**vi** lagnaste	**ti fosti** lagnato(a)	**vi foste** lagnati(e)
si lagnò	**si** lagnarono	**si fu** lagnato(a)	**si furono** lagnati(e)
futuro semplice		**futuro anteriore**	
mi lagnerò	**ci** lagneremo	**mi sarò** lagnato(a)	**ci saremo** lagnati(e)
ti lagnerai	**vi** lagnerete	**ti sarai** lagnato(a)	**vi sarete** lagnati(e)
si lagnerà	**si** lagneranno	**si sarà** lagnato(a)	**si saranno** lagnati(e)
condizionale presente		**condizionale passato**	
mi lagnerei	**ci** lagneremmo	**mi sarei** lagnato(a)	**ci saremmo** lagnati(e)
ti lagneresti	**vi** lagnereste	**ti saresti** lagnato(a)	**vi sareste** lagnati(e)
si lagnerebbe	**si** lagnerebbero	**si sarebbe** lagnato(a)	**si sarebbero** lagnati(e)
congiuntivo presente		**congiuntivo passato**	
mi lagni	**ci** lagniamo	**mi sia** lagnato(a)	**ci siamo** lagnati(e)
ti lagni	**vi** lagniate	**ti sia** lagnato(a)	**vi siate** lagnati(e)
si lagni	**si** lagnino	**si sia** lagnato(a)	**si siano** lagnati(e)
congiuntivo imperfetto		**congiuntivo trapassato**	
mi lagnassi	**ci** lagnassimo	**mi fossi** lagnato(a)	**ci fossimo** lagnati(e)
ti lagnassi	**vi** lagnaste	**ti fossi** lagnato(a)	**vi foste** lagnati(e)
si lagnasse	**si** lagnassero	**si fosse** lagnato(a)	**si fossero** lagnati(e)

imperativo

	lagniamoci
lagnati;	lagnatevi
non lagnarti/	
non ti lagnare	
si lagni	si lagnino

L

to throw   lanciare

SINGULAR	PLURAL	SINGULAR	PLURAL
indicativo presente		**passato prossimo**	
lancio	lanciamo	ho lanciato	abbiamo lanciato
lanci	lanciate	hai lanciato	avete lanciato
lancia	lanciano	ha lanciato	hanno lanciato
imperfetto		**trapassato prossimo**	
lanciavo	lanciavamo	avevo lanciato	avevamo lanciato
lanciavi	lanciavate	avevi lanciato	avevate lanciato
lanciava	lanciavano	aveva lanciato	avevano lanciato
passato remoto		**trapassato remoto**	
lanciai	lanciammo	ebbi lanciato	avemmo lanciato
lanciasti	lanciaste	avesti lanciato	aveste lanciato
lanciò	lanciarono	ebbe lanciato	ebbero lanciato
futuro semplice		**futuro anteriore**	
lancerò	lanceremo	avrò lanciato	avremo lanciato
lancerai	lancerete	avrai lanciato	avrete lanciato
lancerà	lanceranno	avrà lanciato	avranno lanciato
condizionale presente		**condizionale passato**	
lancerei	lanceremmo	avrei lanciato	avremmo lanciato
lanceresti	lancereste	avresti lanciato	avreste lanciato
lancerebbe	lancerebbero	avrebbe lanciato	avrebbero lanciato
congiuntivo presente		**congiuntivo passato**	
lanci	lanciamo	abbia lanciato	abbiamo lanciato
lanci	lanciate	abbia lanciato	abbiate lanciato
lanci	lancino	abbia lanciato	abbiano lanciato
congiuntivo imperfetto		**congiuntivo trapassato**	
lanciassi	lanciassimo	avessi lanciato	avessimo lanciato
lanciassi	lanciaste	avessi lanciato	aveste lanciato
lanciasse	lanciassero	avesse lanciato	avessero lanciato
imperativo			
	lanciamo		
lancia; non lanciare	lanciate		
lanci	lancino		

L

gerundio **lasciando**   participio passato **lasciato**

SINGULAR	PLURAL	SINGULAR	PLURAL

indicativo presente

lasc**io**	lasc**iamo**		
lasc**i**	lasc**iate**		
lasc**ia**	lasc**iano**		

passato prossimo

ho lasciato	**abbiamo** lasciato
hai lasciato	**avete** lasciato
ha lasciato	**hanno** lasciato

imperfetto

lascia**vo**	lascia**vamo**
lascia**vi**	lascia**vate**
lascia**va**	lascia**vano**

trapassato prossimo

avevo lasciato	**avevamo** lasciato
avevi lasciato	**avevate** lasciato
aveva lasciato	**avevano** lasciato

passato remoto

lasc**iai**	lasc**iammo**
lasc**iasti**	lasc**iaste**
lasc**iò**	lasc**iarono**

trapassato remoto

ebbi lasciato	**avemmo** lasciato
avesti lasciato	**aveste** lasciato
ebbe lasciato	**ebbero** lasciato

futuro semplice

lascer**ò**	lascer**emo**
lascer**ai**	lascer**ete**
lascer**à**	lascer**anno**

futuro anteriore

avrò lasciato	**avremo** lasciato
avrai lasciato	**avrete** lasciato
avrà lasciato	**avranno** lasciato

L

condizionale presente

lasc**erei**	lasc**eremmo**
lasc**eresti**	lasc**ereste**
lasc**erebbe**	lasc**erebbero**

condizionale passato

avrei lasciato	**avremmo** lasciato
avresti lasciato	**avreste** lasciato
avrebbe lasciato	**avrebbero** lasciato

congiuntivo presente

lasc**i**	lasc**iamo**
lasc**i**	lasc**iate**
lasc**i**	lasc**ino**

congiuntivo passato

abbia lasciato	**abbiamo** lasciato
abbia lasciato	**abbiate** lasciato
abbia lasciato	**abbiano** lasciato

congiuntivo imperfetto

lascia**ssi**	lascia**ssimo**
lascia**ssi**	lascia**ste**
lascia**sse**	lascia**ssero**

congiuntivo trapassato

avessi lasciato	**avessimo** lasciato
avessi lasciato	**aveste** lasciato
avesse lasciato	**avessero** lasciato

imperativo

	lasciamo
lascia; non lasciare	lasciate
lasci	lascino

MUST
KNOW
VERB

to graduate
laurearsi

SINGULAR	PLURAL	SINGULAR	PLURAL
indicativo presente		**passato prossimo**	
mi laure**o**	**ci** laure**iamo**	**mi sono** laureato(a)	**ci siamo** laureati(e)
ti laure**i**	**vi** laure**ate**	**ti sei** laureato(a)	**vi siete** laureati(e)
si laure**a**	**si** laure**ano**	**si è** laureato(a)	**si sono** laureati(e)
imperfetto		**trapassato prossimo**	
mi laurea**vo**	**ci** laurea**vamo**	**mi ero** laureato(a)	**ci eravamo** laureati(e)
ti laurea**vi**	**vi** laurea**vate**	**ti eri** laureato(a)	**vi eravate** laureati(e)
si laurea**va**	**si** laurea**vano**	**si era** laureato(a)	**si erano** laureati(e)
passato remoto		**trapassato remoto**	
mi laure**ai**	**ci** laure**ammo**	**mi fui** laureato(a)	**ci fummo** laureati(e)
ti laure**asti**	**vi** laure**aste**	**ti fosti** laureato(a)	**vi foste** laureati(e)
si laure**ò**	**si** laure**arono**	**si fu** laureato(a)	**si furono** laureati(e)
futuro semplice		**futuro anteriore**	
mi laure**erò**	**ci** laure**eremo**	**mi sarò** laureato(a)	**ci saremo** laureati(e)
ti laure**erai**	**vi** laure**erete**	**ti sarai** laureato(a)	**vi sarete** laureati(e)
si laure**erà**	**si** laure**eranno**	**si sarà** laureato(a)	**si saranno** laureati(e)
condizionale presente		**condizionale passato**	
mi laure**erei**	**ci** laure**eremmo**	**mi sarei** laureato(a)	**ci saremmo** laureati(e)
ti laure**eresti**	**vi** laure**ereste**	**ti saresti** laureato(a)	**vi sareste** laureati(e)
si laure**erebbe**	**si** laure**erebbero**	**si sarebbe** laureato(a)	**si sarebbero** laureati(e)
congiuntivo presente		**congiuntivo passato**	
mi laure**i**	**ci** laure**iamo**	**mi sia** laureato(a)	**ci siamo** laureati(e)
ti laure**i**	**vi** laure**iate**	**ti sia** laureato(a)	**vi siate** laureati(e)
si laure**i**	**si** laure**ino**	**si sia** laureato(a)	**si siano** laureati(e)
congiuntivo imperfetto		**congiuntivo trapassato**	
mi laurea**ssi**	**ci** laurea**ssimo**	**mi fossi** laureato(a)	**ci fossimo** laureati(e)
ti laurea**ssi**	**vi** laurea**ste**	**ti fossi** laureato(a)	**vi foste** laureati(e)
si laurea**sse**	**si** laurea**ssero**	**si fosse** laureato(a)	**si fossero** laureati(e)

imperativo

	laureiamoci
laureati;	laureatevi
non laurearti/	
non ti laureare	
si laurei	si laureino

L

lavare

to wash, to clean

SINGULAR	PLURAL	SINGULAR	PLURAL
indicativo presente		**passato prossimo**	
lavo	laviamo	ho lavato	abbiamo lavato
lavi	lavate	hai lavato	avete lavato
lava	lavano	ha lavato	hanno lavato
imperfetto		**trapassato prossimo**	
lavavo	lavavamo	avevo lavato	avevamo lavato
lavavi	lavavate	avevi lavato	avevate lavato
lavava	lavavano	aveva lavato	avevano lavato
passato remoto		**trapassato remoto**	
lavai	lavammo	ebbi lavato	avemmo lavato
lavasti	lavaste	avesti lavato	aveste lavato
lavò	lavarono	ebbe lavato	ebbero lavato
futuro semplice		**futuro anteriore**	
laverò	laveremo	avrò lavato	avremo lavato
laverai	laverete	avrai lavato	avrete lavato
laverà	laveranno	avrà lavato	avranno lavato
condizionale presente		**condizionale passato**	
laverei	laveremmo	avrei lavato	avremmo lavato
laveresti	lavereste	avresti lavato	avreste lavato
laverebbe	laverebbero	avrebbe lavato	avrebbero lavato
congiuntivo presente		**congiuntivo passato**	
lavi	laviamo	abbia lavato	abbiamo lavato
lavi	laviate	abbia lavato	abbiate lavato
lavi	lavino	abbia lavato	abbiano lavato
congiuntivo imperfetto		**congiuntivo trapassato**	
lavassi	lavassimo	avessi lavato	avessimo lavato
lavassi	lavaste	avessi lavato	aveste lavato
lavasse	lavassero	avesse lavato	avessero lavato
imperativo			
	laviamo		
lava; non lavare	lavate		
lavi	lavino		

L

to wash oneself   lavarsi

SINGULAR	PLURAL	SINGULAR	PLURAL
indicativo presente		**passato prossimo**	
mi lav**o**	**ci** lav**iamo**	**mi sono** lavato(a)	**ci siamo** lavati(e)
ti lav**i**	**vi** lav**ate**	**ti sei** lavato(a)	**vi siete** lavati(e)
si lav**a**	**si** lav**ano**	**si è** lavato(a)	**si sono** lavati(e)
imperfetto		**trapassato prossimo**	
mi lava**vo**	**ci** lava**vamo**	**mi ero** lavato(a)	**ci eravamo** lavati(e)
ti lava**vi**	**vi** lava**vate**	**ti eri** lavato(a)	**vi eravate** lavati(e)
si lava**va**	**si** lava**vano**	**si era** lavato(a)	**si erano** lavati(e)
passato remoto		**trapassato remoto**	
mi lav**ai**	**ci** lav**ammo**	**mi fui** lavato(a)	**ci fummo** lavati(e)
ti lav**asti**	**vi** lav**aste**	**ti fosti** lavato(a)	**vi foste** lavati(e)
si lav**ò**	**si** lav**arono**	**si fu** lavato(a)	**si furono** lavati(e)
futuro semplice		**futuro anteriore**	
mi lav**erò**	**ci** lav**eremo**	**mi sarò** lavato(a)	**ci saremo** lavati(e)
ti lav**erai**	**vi** lav**erete**	**ti sarai** lavato(a)	**vi sarete** lavati(e)
si lav**erà**	**si** lav**eranno**	**si sarà** lavato(a)	**si saranno** lavati(e)
condizionale presente		**condizionale passato**	
mi lav**erei**	**ci** lav**eremmo**	**mi sarei** lavato(a)	**ci saremmo** lavati(e)
ti lav**eresti**	**vi** lav**ereste**	**ti saresti** lavato(a)	**vi sareste** lavati(e)
si lav**erebbe**	**si** lav**erebbero**	**si sarebbe** lavato(a)	**si sarebbero** lavati(e)
congiuntivo presente		**congiuntivo passato**	
mi lav**i**	**ci** lav**iamo**	**mi sia** lavato(a)	**ci siamo** lavati(e)
ti lav**i**	**vi** lav**iate**	**ti sia** lavato(a)	**vi siate** lavati(e)
si lav**i**	**si** lav**ino**	**si sia** lavato(a)	**si siano** lavati(e)
congiuntivo imperfetto		**congiuntivo trapassato**	
mi lava**ssi**	**ci** lava**ssimo**	**mi fossi** lavato(a)	**ci fossimo** lavati(e)
ti lava**ssi**	**vi** lava**ste**	**ti fossi** lavato(a)	**vi foste** lavati(e)
si lava**sse**	**si** lava**ssero**	**si fosse** lavato(a)	**si fossero** lavati(e)

imperativo

	laviamoci
lavati;	lavatevi
non lavarti/	
non ti lavare	
si lavi	si lavino

L

lavorare   to work

SINGULAR	PLURAL	SINGULAR	PLURAL
indicativo presente		**passato prossimo**	
lavoro	lavoriamo	ho lavorato	abbiamo lavorato
lavori	lavorate	hai lavorato	avete lavorato
lavora	lavorano	ha lavorato	hanno lavorato
imperfetto		**trapassato prossimo**	
lavoravo	lavoravamo	avevo lavorato	avevamo lavorato
lavoravi	lavoravate	avevi lavorato	avevate lavorato
lavorava	lavoravano	aveva lavorato	avevano lavorato
passato remoto		**trapassato remoto**	
lavorai	lavorammo	ebbi lavorato	avemmo lavorato
lavorasti	lavoraste	avesti lavorato	aveste lavorato
lavorò	lavorarono	ebbe lavorato	ebbero lavorato
futuro semplice		**futuro anteriore**	
lavorerò	lavoreremo	avrò lavorato	avremo lavorato
lavorerai	lavorerete	avrai lavorato	avrete lavorato
lavorerà	lavoreranno	avrà lavorato	avranno lavorato
condizionale presente		**condizionale passato**	
lavorerei	lavoreremmo	avrei lavorato	avremmo lavorato
lavoreresti	lavorereste	avresti lavorato	avreste lavorato
lavorerebbe	lavorerebbero	avrebbe lavorato	avrebbero lavorato
congiuntivo presente		**congiuntivo passato**	
lavori	lavoriamo	abbia lavorato	abbiamo lavorato
lavori	lavoriate	abbia lavorato	abbiate lavorato
lavori	lavorino	abbia lavorato	abbiano lavorato
congiuntivo imperfetto		**congiuntivo trapassato**	
lavorassi	lavorassimo	avessi lavorato	avessimo lavorato
lavorassi	lavoraste	avessi lavorato	aveste lavorato
lavorasse	lavorassero	avesse lavorato	avessero lavorato
imperativo			
	lavoriamo		
lavora; non lavorare	lavorate		
lavori	lavorino		

L

MUST
KNOW
VERB

to tie up, to bind
legare

gerundio **legando**

participio passato **legato**

SINGULAR	PLURAL	SINGULAR	PLURAL
indicativo presente		**passato prossimo**	
leg**o**	leg**hiamo**	**ho** legato	**abbiamo** legato
leg**hi**	leg**ate**	**hai** legato	**avete** legato
leg**a**	leg**ano**	**ha** legato	**hanno** legato
imperfetto		**trapassato prossimo**	
lega**vo**	lega**vamo**	**avevo** legato	**avevamo** legato
lega**vi**	lega**vate**	**avevi** legato	**avevate** legato
lega**va**	lega**vano**	**aveva** legato	**avevano** legato
passato remoto		**trapassato remoto**	
leg**ai**	leg**ammo**	**ebbi** legato	**avemmo** legato
leg**asti**	leg**aste**	**avesti** legato	**aveste** legato
leg**ò**	leg**arono**	**ebbe** legato	**ebbero** legato
futuro semplice		**futuro anteriore**	
legher**ò**	legher**emo**	**avrò** legato	**avremo** legato
legher**ai**	legher**ete**	**avrai** legato	**avrete** legato
legher**à**	legher**anno**	**avrà** legato	**avranno** legato
condizionale presente		**condizionale passato**	
legher**ei**	legher**emmo**	**avrei** legato	**avremmo** legato
legher**esti**	legher**este**	**avresti** legato	**avreste** legato
legher**ebbe**	legher**ebbero**	**avrebbe** legato	**avrebbero** legato
congiuntivo presente		**congiuntivo passato**	
leg**hi**	leg**hiamo**	**abbia** legato	**abbiamo** legato
leg**hi**	leg**hiate**	**abbia** legato	**abbiate** legato
leg**hi**	leg**hino**	**abbia** legato	**abbiano** legato
congiuntivo imperfetto		**congiuntivo trapassato**	
lega**ssi**	lega**ssimo**	**avessi** legato	**avessimo** legato
lega**ssi**	lega**ste**	**avessi** legato	**aveste** legato
lega**sse**	lega**ssero**	**avesse** legato	**avessero** legato
imperativo			
	leghiamo		
lega; non legare	legate		
leghi	leghino		

L

353

gerundio **leggendo** participio passato **letto**

SINGULAR	PLURAL	SINGULAR	PLURAL
indicativo presente		**passato prossimo**	
leggo	leggiamo	ho letto	abbiamo letto
leggi	leggete	hai letto	avete letto
legge	leggono	ha letto	hanno letto
imperfetto		**trapassato prossimo**	
leggevo	leggevamo	avevo letto	avevamo letto
leggevi	leggevate	avevi letto	avevate letto
leggeva	leggevano	aveva letto	avevano letto
passato remoto		**trapassato remoto**	
lessi	leggemmo	ebbi letto	avemmo letto
leggesti	leggeste	avesti letto	aveste letto
lesse	lessero	ebbe letto	ebbero letto
futuro semplice		**futuro anteriore**	
leggerò	leggeremo	avrò letto	avremo letto
leggerai	leggerete	avrai letto	avrete letto
leggerà	leggeranno	avrà letto	avranno letto
condizionale presente		**condizionale passato**	
leggerei	leggeremmo	avrei letto	avremmo letto
leggeresti	leggereste	avresti letto	avreste letto
leggerebbe	leggerebbero	avrebbe letto	avrebbero letto
congiuntivo presente		**congiuntivo passato**	
legga	leggiamo	abbia letto	abbiamo letto
legga	leggiate	abbia letto	abbiate letto
legga	leggano	abbia letto	abbiano letto
congiuntivo imperfetto		**congiuntivo trapassato**	
leggessi	leggessimo	avessi letto	avessimo letto
leggessi	leggeste	avessi letto	aveste letto
leggesse	leggessero	avesse letto	avessero letto
imperativo			
	leggiamo		
leggi; non leggere	leggete		
legga	leggano		

L

MUST
KNOW
VERB

to free, to liberate | liberare

SINGULAR	PLURAL	SINGULAR	PLURAL
indicativo presente		**passato prossimo**	
libero	liberiamo	ho liberato	abbiamo liberato
liberi	liberate	hai liberato	avete liberato
libera	liberano	ha liberato	hanno liberato
imperfetto		**trapassato prossimo**	
liberavo	liberavamo	avevo liberato	avevamo liberato
liberavi	liberavate	avevi liberato	avevate liberato
liberava	liberavano	aveva liberato	avevano liberato
passato remoto		**trapassato remoto**	
liberai	liberammo	ebbi liberato	avemmo liberato
liberasti	liberaste	avesti liberato	aveste liberato
liberò	liberarono	ebbe liberato	ebbero liberato
futuro semplice		**futuro anteriore**	
libererò	libereremo	avrò liberato	avremo liberato
libererai	libererete	avrai liberato	avrete liberato
libererà	libereranno	avrà liberato	avranno liberato
condizionale presente		**condizionale passato**	
libererei	libereremmo	avrei liberato	avremmo liberato
libereresti	liberereste	avresti liberato	avreste liberato
libererebbe	libererebbero	avrebbe liberato	avrebbero liberato
congiuntivo presente		**congiuntivo passato**	
liberi	liberiamo	abbia liberato	abbiamo liberato
liberi	liberiate	abbia liberato	abbiate liberato
liberi	liberino	abbia liberato	abbiano liberato
congiuntivo imperfetto		**congiuntivo trapassato**	
liberassi	liberassimo	avessi liberato	avessimo liberato
liberassi	liberaste	avessi liberato	aveste liberato
liberasse	liberassero	avesse liberato	avessero liberato
imperativo			
	liberiamo		
libera; non liberare	liberate		
liberi	liberino		

L

limitare   to limit, to restrict

SINGULAR	PLURAL	SINGULAR	PLURAL
indicativo presente		**passato prossimo**	
limito	limitiamo	ho limitato	abbiamo limitato
limiti	limitate	hai limitato	avete limitato
limita	limitano	ha limitato	hanno limitato
imperfetto		**trapassato prossimo**	
limitavo	limitavamo	avevo limitato	avevamo limitato
limitavi	limitavate	avevi limitato	avevate limitato
limitava	limitavano	aveva limitato	avevano limitato
passato remoto		**trapassato remoto**	
limitai	limitammo	ebbi limitato	avemmo limitato
limitasti	limitaste	avesti limitato	aveste limitato
limitò	limitarono	ebbe limitato	ebbero limitato
futuro semplice		**futuro anteriore**	
limiterò	limiteremo	avrò limitato	avremo limitato
limiterai	limiterete	avrai limitato	avrete limitato
limiterà	limiteranno	avrà limitato	avranno limitato
condizionale presente		**condizionale passato**	
limiterei	limiteremmo	avrei limitato	avremmo limitato
limiteresti	limitereste	avresti limitato	avreste limitato
limiterebbe	limiterebbero	avrebbe limitato	avrebbero limitato
congiuntivo presente		**congiuntivo passato**	
limiti	limitiamo	abbia limitato	abbiamo limitato
limiti	limitiate	abbia limitato	abbiate limitato
limiti	limitino	abbia limitato	abbiano limitato
congiuntivo imperfetto		**congiuntivo trapassato**	
limitassi	limitassimo	avessi limitato	avessimo limitato
limitassi	limitaste	avessi limitato	aveste limitato
limitasse	limitassero	avesse limitato	avessero limitato
imperativo			
	limitiamo		
limita; non limitare	limitate		
limiti	limitino		

L

gerundio **liquidando**   participio passato **liquidato**

SINGULAR	PLURAL	SINGULAR	PLURAL
indicativo presente		**passato prossimo**	
liquid**o**	liquid**iamo**	**ho** liquidato	**abbiamo** liquidato
liquid**i**	liquid**ate**	**hai** liquidato	**avete** liquidato
liquid**a**	liquid**ano**	**ha** liquidato	**hanno** liquidato
imperfetto		**trapassato prossimo**	
liquida**vo**	liquida**vamo**	**avevo** liquidato	**avevamo** liquidato
liquida**vi**	liquida**vate**	**avevi** liquidato	**avevate** liquidato
liquida**va**	liquida**vano**	**aveva** liquidato	**avevano** liquidato
passato remoto		**trapassato remoto**	
liquid**ai**	liquid**ammo**	**ebbi** liquidato	**avemmo** liquidato
liquid**asti**	liquid**aste**	**avesti** liquidato	**aveste** liquidato
liquid**ò**	liquid**arono**	**ebbe** liquidato	**ebbero** liquidato
futuro semplice		**futuro anteriore**	
liquid**erò**	liquid**eremo**	**avrò** liquidato	**avremo** liquidato
liquid**erai**	liquid**erete**	**avrai** liquidato	**avrete** liquidato
liquid**erà**	liquid**eranno**	**avrà** liquidato	**avranno** liquidato
condizionale presente		**condizionale passato**	
liquid**erei**	liquid**eremmo**	**avrei** liquidato	**avremmo** liquidato
liquid**eresti**	liquid**ereste**	**avresti** liquidato	**avreste** liquidato
liquid**erebbe**	liquid**erebbero**	**avrebbe** liquidato	**avrebbero** liquidato
congiuntivo presente		**congiuntivo passato**	
liquid**i**	liquid**iamo**	**abbia** liquidato	**abbiamo** liquidato
liquid**i**	liquid**iate**	**abbia** liquidato	**abbiate** liquidato
liquid**i**	liquid**ino**	**abbia** liquidato	**abbiano** liquidato
congiuntivo imperfetto		**congiuntivo trapassato**	
liquida**ssi**	liquida**ssimo**	**avessi** liquidato	**avessimo** liquidato
liquida**ssi**	liquida**ste**	**avessi** liquidato	**aveste** liquidato
liquida**sse**	liquida**ssero**	**avesse** liquidato	**avessero** liquidato

imperativo

	liquid**iamo**
liquid**a**; non liquid**are**	liquid**ate**
liquid**i**	liquid**ino**

L

lodare

to praise, to commend

gerundio **lodando**

participio passato **lodato**

SINGULAR	PLURAL	SINGULAR	PLURAL
indicativo presente		**passato prossimo**	
lodo	lodiamo	ho lodato	abbiamo lodato
lodi	lodate	hai lodato	avete lodato
loda	lodano	ha lodato	hanno lodato
imperfetto		**trapassato prossimo**	
lodavo	lodavamo	avevo lodato	avevamo lodato
lodavi	lodavate	avevi lodato	avevate lodato
lodava	lodavano	aveva lodato	avevano lodato
passato remoto		**trapassato remoto**	
lodai	lodammo	ebbi lodato	avemmo lodato
lodasti	lodaste	avesti lodato	aveste lodato
lodò	lodarono	ebbe lodato	ebbero lodato
futuro semplice		**futuro anteriore**	
loderò	loderemo	avrò lodato	avremo lodato
loderai	loderete	avrai lodato	avrete lodato
loderà	loderanno	avrà lodato	avranno lodato
condizionale presente		**condizionale passato**	
loderei	loderemmo	avrei lodato	avremmo lodato
loderesti	lodereste	avresti lodato	avreste lodato
loderebbe	loderebbero	avrebbe lodato	avrebbero lodato
congiuntivo presente		**congiuntivo passato**	
lodi	lodiamo	abbia lodato	abbiamo lodato
lodi	lodiate	abbia lodato	abbiate lodato
lodi	lodino	abbia lodato	abbiano lodato
congiuntivo imperfetto		**congiuntivo trapassato**	
lodassi	lodassimo	avessi lodato	avessimo lodato
lodassi	lodaste	avessi lodato	aveste lodato
lodasse	lodassero	avesse lodato	avessero lodato
imperativo			
	lodiamo		
loda; non lodare	lodate		
lodi	lodino		

L

to struggle, to fight

lottare

gerundio **lottando**

participio passato **lottato**

SINGULAR	PLURAL	SINGULAR	PLURAL

indicativo presente

lotto	lottiamo	
lotti	lottate	
lotta	lottano	

passato prossimo

ho lottato	abbiamo lottato
hai lottato	avete lottato
ha lottato	hanno lottato

imperfetto

lottavo	lottavamo
lottavi	lottavate
lottava	lottavano

trapassato prossimo

avevo lottato	avevamo lottato
avevi lottato	avevate lottato
aveva lottato	avevano lottato

passato remoto

lottai	lottammo
lottasti	lottaste
lottò	lottarono

trapassato remoto

ebbi lottato	avemmo lottato
avesti lottato	aveste lottato
ebbe lottato	ebbero lottato

futuro semplice

lotterò	lotteremo
lotterai	lotterete
lotterà	lotteranno

futuro anteriore

avrò lottato	avremo lottato
avrai lottato	avrete lottato
avrà lottato	avranno lottato

condizionale presente

lotterei	lotteremmo
lotteresti	lottereste
lotterebbe	lotterebbero

condizionale passato

avrei lottato	avremmo lottato
avresti lottato	avreste lottato
avrebbe lottato	avrebbero lottato

L

congiuntivo presente

lotti	lottiamo
lotti	lottiate
lotti	lottino

congiuntivo passato

abbia lottato	abbiamo lottato
abbia lottato	abbiate lottato
abbia lottato	abbiano lottato

congiuntivo imperfetto

lottassi	lottassimo
lottassi	lottaste
lottasse	lottassero

congiuntivo trapassato

avessi lottato	avessimo lottato
avessi lottato	aveste lottato
avesse lottato	avessero lottato

imperativo

	lottiamo
lotta; non lottare	lottate
lotti	lottino

lusingare

to allure, to flatter

gerundio **lusingando**

participio passato **lusingato**

SINGULAR	PLURAL	SINGULAR	PLURAL
indicativo presente		**passato prossimo**	
lusingo	lusinghiamo	ho lusingato	abbiamo lusingato
lusinghi	lusingate	hai lusingato	avete lusingato
lusinga	lusingano	ha lusingato	hanno lusingato
imperfetto		**trapassato prossimo**	
lusingavo	lusingavamo	avevo lusingato	avevamo lusingato
lusingavi	lusingavate	avevi lusingato	avevate lusingato
lusingava	lusingavano	aveva lusingato	avevano lusingato
passato remoto		**trapassato remoto**	
lusingai	lusingammo	ebbi lusingato	avemmo lusingato
lusingasti	lusingaste	avesti lusingato	aveste lusingato
lusingò	lusingarono	ebbe lusingato	ebbero lusingato
futuro semplice		**futuro anteriore**	
lusingherò	lusingheremo	avrò lusingato	avremo lusingato
lusingherai	lusingherete	avrai lusingato	avrete lusingato
lusingherà	lusingheranno	avrà lusingato	avranno lusingato
condizionale presente		**condizionale passato**	
lusingherei	lusingheremmo	avrei lusingato	avremmo lusingato
lusingheresti	lusinghereste	avresti lusingato	avreste lusingato
lusingherebbe	lusingherebbero	avrebbe lusingato	avrebbero lusingato
congiuntivo presente		**congiuntivo passato**	
lusinghi	lusinghiamo	abbia lusingato	abbiamo lusingato
lusinghi	lusinghiate	abbia lusingato	abbiate lusingato
lusinghi	lusinghino	abbia lusingato	abbiano lusingato
congiuntivo imperfetto		**congiuntivo trapassato**	
lusingassi	lusingassimo	avessi lusingato	avessimo lusingato
lusingassi	lusingaste	avessi lusingato	aveste lusingato
lusingasse	lusingassero	avesse lusingato	avessero lusingato
imperativo			
	lusinghiamo		
lusinga; non lusingare	lusingate		
lusinghi	lusinghino		

L

gerundio **macchiando**   participio passato **macchiato**

SINGULAR	PLURAL	SINGULAR	PLURAL

indicativo presente

		passato prossimo	
macchio	macchiamo	**ho** macchiato	**abbiamo** macchiato
macchi	macchiate	**hai** macchiato	**avete** macchiato
macchia	macchiano	**ha** macchiato	**hanno** macchiato

imperfetto

		trapassato prossimo	
macchiavo	macchiavamo	**avevo** macchiato	**avevamo** macchiato
macchiavi	macchiavate	**avevi** macchiato	**avevate** macchiato
macchiava	macchiavano	**aveva** macchiato	**avevano** macchiato

passato remoto

		trapassato remoto	
macchiai	macchiammo	**ebbi** macchiato	**avemmo** macchiato
macchiasti	macchiaste	**avesti** macchiato	**aveste** macchiato
macchiò	macchiarono	**ebbe** macchiato	**ebbero** macchiato

futuro semplice

		futuro anteriore	
macchierò	macchieremo	**avrò** macchiato	**avremo** macchiato
macchierai	macchierete	**avrai** macchiato	**avrete** macchiato
macchierà	macchieranno	**avrà** macchiato	**avranno** macchiato

condizionale presente

		condizionale passato	
macchierei	macchieremmo	**avrei** macchiato	**avremmo** macchiato
macchieresti	macchiereste	**avresti** macchiato	**avreste** macchiato
macchierebbe	macchierebbero	**avrebbe** macchiato	**avrebbero** macchiato

M

congiuntivo presente

		congiuntivo passato	
macchi	macchiamo	**abbia** macchiato	**abbiamo** macchiato
macchi	macchiate	**abbia** macchiato	**abbiate** macchiato
macchi	macchino	**abbia** macchiato	**abbiano** macchiato

congiuntivo imperfetto

		congiuntivo trapassato	
macchiassi	macchiassimo	**avessi** macchiato	**avessimo** macchiato
macchiassi	macchiaste	**avessi** macchiato	**aveste** macchiato
macchiasse	macchiassero	**avesse** macchiato	**avessero** macchiato

imperativo

	macchiamo
macchia;	macchiate
non macchiare	
macchi	macchino

gerundio **maledicendo**   participio passato **maledetto**

SINGULAR	PLURAL	SINGULAR	PLURAL

indicativo presente

		passato prossimo	
maledic**o**	maledic**iamo**	**ho** maledetto	**abbiamo** maledetto
maledic**i**	maledi**te**	**hai** maledetto	**avete** maledetto
maledic**e**	maledic**ono**	**ha** maledetto	**hanno** maledetto

imperfetto

		trapassato prossimo	
maledice**vo**	maledice**vamo**	**avevo** maledetto	**avevamo** maledetto
maledice**vi**	maledice**vate**	**avevi** maledetto	**avevate** maledetto
maledice**va**	maledice**vano**	**aveva** maledetto	**avevano** maledetto

passato remoto

		trapassato remoto	
maledis**si**	maledic**emmo**	**ebbi** maledetto	**avemmo** maledetto
maledic**esti**	maledic**este**	**avesti** maledetto	**aveste** maledetto
maledis**se**	maledis**sero**	**ebbe** maledetto	**ebbero** maledetto

futuro semplice

		futuro anteriore	
maledir**ò**	maledir**emo**	**avrò** maledetto	**avremo** maledetto
maledir**ai**	maledir**ete**	**avrai** maledetto	**avrete** maledetto
maledir**à**	maledir**anno**	**avrà** maledetto	**avranno** maledetto

condizionale presente

		condizionale passato	
maledir**ei**	maledir**emmo**	**avrei** maledetto	**avremmo** maledetto
maledir**esti**	maledir**este**	**avresti** maledetto	**avreste** maledetto
maledir**ebbe**	maledir**ebbero**	**avrebbe** maledetto	**avrebbero** maledetto

congiuntivo presente

		congiuntivo passato	
maledic**a**	maledic**iamo**	**abbia** maledetto	**abbiamo** maledetto
maledic**a**	maledic**iate**	**abbia** maledetto	**abbiate** maledetto
maledic**a**	maledic**ano**	**abbia** maledetto	**abbiano** maledetto

congiuntivo imperfetto

		congiuntivo trapassato	
maledice**ssi**	maledice**ssimo**	**avessi** maledetto	**avessimo** maledetto
maledice**ssi**	maledice**ste**	**avessi** maledetto	**aveste** maledetto
maledice**sse**	maledice**ssero**	**avesse** maledetto	**avessero** maledetto

imperativo

	maledic**iamo**
maledic**i**;	maledi**te**
non maledire	
maledic**a**	maledic**ano**

M

to mistreat   maltrattare

SINGULAR	PLURAL	SINGULAR	PLURAL

indicativo presente

		passato prossimo	
maltratt**o**	maltratt**iamo**	**ho** maltrattato	**abbiamo** maltrattato
maltratt**i**	maltratt**ate**	**hai** maltrattato	**avete** maltrattato
maltratt**a**	maltratt**ano**	**ha** maltrattato	**hanno** maltrattato

imperfetto

		trapassato prossimo	
maltratta**vo**	maltratta**vamo**	**avevo** maltrattato	**avevamo** maltrattato
maltratta**vi**	maltratta**vate**	**avevi** maltrattato	**avevate** maltrattato
maltratta**va**	maltratta**vano**	**aveva** maltrattato	**avevano** maltrattato

passato remoto

		trapassato remoto	
maltratt**ai**	maltratt**ammo**	**ebbi** maltrattato	**avemmo** maltrattato
maltratt**asti**	maltratt**aste**	**avesti** maltrattato	**aveste** maltrattato
maltratt**ò**	maltratt**arono**	**ebbe** maltrattato	**ebbero** maltrattato

futuro semplice

		futuro anteriore	
maltratter**ò**	maltratter**emo**	**avrò** maltrattato	**avremo** maltrattato
maltratter**ai**	maltratter**ete**	**avrai** maltrattato	**avrete** maltrattato
maltratter**à**	maltratter**anno**	**avrà** maltrattato	**avranno** maltrattato

condizionale presente

		condizionale passato	
maltratt**erei**	maltratt**eremmo**	**avrei** maltrattato	**avremmo** maltrattato
maltratt**eresti**	maltratt**ereste**	**avresti** maltrattato	**avreste** maltrattato
maltratt**erebbe**	maltratt**erebbero**	**avrebbe** maltrattato	**avrebbero** maltrattato

M

congiuntivo presente

		congiuntivo passato	
maltratt**i**	maltratt**iamo**	**abbia** maltrattato	**abbiamo** maltrattato
maltratt**i**	maltratt**iate**	**abbia** maltrattato	**abbiate** maltrattato
maltratt**i**	maltratt**ino**	**abbia** maltrattato	**abbiano** maltrattato

congiuntivo imperfetto

		congiuntivo trapassato	
maltratta**ssi**	maltratta**ssimo**	**avessi** maltrattato	**avessimo** maltrattato
maltratta**ssi**	maltratta**ste**	**avessi** maltrattato	**aveste** maltrattato
maltratta**sse**	maltratta**ssero**	**avesse** maltrattato	**avessero** maltrattato

imperativo

	maltrattiamo
maltratta;	maltrattate
non maltrattare	
maltratti	maltrattino

mancare

to be lacking, to miss

gerundio **mancando**

participio passato **mancato**

SINGULAR	PLURAL	SINGULAR	PLURAL

indicativo presente
manco	manchiamo
manchi	mancate
manca	mancano

passato prossimo
sono mancato(a)	siamo mancati(e)
sei mancato(a)	siete mancati(e)
è mancato(a)	sono mancati(e)

imperfetto
mancavo	mancavamo
mancavi	mancavate
mancava	mancavano

trapassato prossimo
ero mancato(a)	eravamo mancati(e)
eri mancato(a)	eravate mancati(e)
era mancato(a)	erano mancati(e)

passato remoto
mancai	mancammo
mancasti	mancaste
mancò	mancarono

trapassato remoto
fui mancato(a)	fummo mancati(e)
fosti mancato(a)	foste mancati(e)
fu mancato(a)	furono mancati(e)

futuro semplice
mancherò	mancheremo
mancherai	mancherete
mancherà	mancheranno

futuro anteriore
sarò mancato(a)	saremo mancati(e)
sarai mancato(a)	sarete mancati(e)
sarà mancato(a)	saranno mancati(e)

condizionale presente
mancherei	mancheremmo
mancheresti	manchereste
mancherebbe	mancherebbero

condizionale passato
sarei mancato(a)	saremmo mancati(e)
saresti mancato(a)	sareste mancati(e)
sarebbe mancato(a)	sarebbero mancati(e)

congiuntivo presente
manchi	manchiamo
manchi	manchiate
manchi	manchino

congiuntivo passato
sia mancato(a)	siamo mancati(e)
sia mancato(a)	siate mancati(e)
sia mancato(a)	siano mancati(e)

congiuntivo imperfetto
mancassi	mancassimo
mancassi	mancaste
mancasse	mancassero

congiuntivo trapassato
fossi mancato(a)	fossimo mancati(e)
fossi mancato(a)	foste mancati(e)
fosse mancato(a)	fossero mancati(e)

imperativo
	manchiamo
manca; non mancare	mancate
manchi	manchino

M

to send   mandare

gerundio **mandando**   participio passato **mandato**

SINGULAR	PLURAL	SINGULAR	PLURAL
indicativo presente		**passato prossimo**	
mand**o**	mand**iamo**	**ho** mandato	**abbiamo** mandato
mand**i**	mand**ate**	**hai** mandato	**avete** mandato
mand**a**	mand**ano**	**ha** mandato	**hanno** mandato
imperfetto		**trapassato prossimo**	
manda**vo**	manda**vamo**	**avevo** mandato	**avevamo** mandato
manda**vi**	manda**vate**	**avevi** mandato	**avevate** mandato
manda**va**	manda**vano**	**aveva** mandato	**avevano** mandato
passato remoto		**trapassato remoto**	
mand**ai**	mand**ammo**	**ebbi** mandato	**avemmo** mandato
mand**asti**	mand**aste**	**avesti** mandato	**aveste** mandato
mand**ò**	mand**arono**	**ebbe** mandato	**ebbero** mandato
futuro semplice		**futuro anteriore**	
mand**erò**	mand**eremo**	**avrò** mandato	**avremo** mandato
mand**erai**	mand**erete**	**avrai** mandato	**avrete** mandato
mand**erà**	mand**eranno**	**avrà** mandato	**avranno** mandato
condizionale presente		**condizionale passato**	
mand**erei**	mand**eremmo**	**avrei** mandato	**avremmo** mandato
mand**eresti**	mand**ereste**	**avresti** mandato	**avreste** mandato
mand**erebbe**	mand**erebbero**	**avrebbe** mandato	**avrebbero** mandato
congiuntivo presente		**congiuntivo passato**	
mand**i**	mand**iamo**	**abbia** mandato	**abbiamo** mandato
mand**i**	mand**iate**	**abbia** mandato	**abbiate** mandato
mand**i**	mand**ino**	**abbia** mandato	**abbiano** mandato
congiuntivo imperfetto		**congiuntivo trapassato**	
manda**ssi**	manda**ssimo**	**avessi** mandato	**avessimo** mandato
manda**ssi**	manda**ste**	**avessi** mandato	**aveste** mandato
manda**sse**	manda**ssero**	**avesse** mandato	**avessero** mandato

M

imperativo

	mandiamo
manda; non mandare	mandate
mandi	mandino

MUST
KNOW
VERB

365

gerundio **mangiando**   participio passato **mangiato**

SINGULAR	PLURAL	SINGULAR	PLURAL

indicativo presente

		passato prossimo	
mangi**o**	mangi**amo**	**ho** mangiato	**abbiamo** mangiato
mangi	mangi**ate**	**hai** mangiato	**avete** mangiato
mangi**a**	mangi**ano**	**ha** mangiato	**hanno** mangiato

imperfetto

		trapassato prossimo	
mangia**vo**	mangia**vamo**	**avevo** mangiato	**avevamo** mangiato
mangia**vi**	mangia**vate**	**avevi** mangiato	**avevate** mangiato
mangia**va**	mangia**vano**	**aveva** mangiato	**avevano** mangiato

passato remoto

		trapassato remoto	
mangi**ai**	mangi**ammo**	**ebbi** mangiato	**avemmo** mangiato
mangi**asti**	mangi**aste**	**avesti** mangiato	**aveste** mangiato
mangi**ò**	mangi**arono**	**ebbe** mangiato	**ebbero** mangiato

futuro semplice

		futuro anteriore	
manger**ò**	manger**emo**	**avrò** mangiato	**avremo** mangiato
manger**ai**	manger**ete**	**avrai** mangiato	**avrete** mangiato
manger**à**	manger**anno**	**avrà** mangiato	**avranno** mangiato

condizionale presente

		condizionale passato	
mang**erei**	mang**eremmo**	**avrei** mangiato	**avremmo** mangiato
mang**eresti**	mang**ereste**	**avresti** mangiato	**avreste** mangiato
mang**erebbe**	mang**erebbero**	**avrebbe** mangiato	**avrebbero** mangiato

congiuntivo presente

		congiuntivo passato	
mang**i**	mangi**amo**	**abbia** mangiato	**abbiamo** mangiato
mang**i**	mangi**ate**	**abbia** mangiato	**abbiate** mangiato
mang**i**	mangi**no**	**abbia** mangiato	**abbiano** mangiato

congiuntivo imperfetto

		congiuntivo trapassato	
mangia**ssi**	mangia**ssimo**	**avessi** mangiato	**avessimo** mangiato
mangia**ssi**	mangia**ste**	**avessi** mangiato	**aveste** mangiato
mangia**sse**	mangia**ssero**	**avesse** mangiato	**avessero** mangiato

imperativo

	mangiamo
mangia;	mangiate
non mangiare	
mangi	mangino

M

MUST KNOW VERB

to maintain, to keep, to preserve   mantenere

gerundio **mantenendo**   participio passato **mantenuto**

SINGULAR	PLURAL	SINGULAR	PLURAL
indicativo presente		**passato prossimo**	
mantengo	manteniamo	ho mantenuto	abbiamo mantenuto
mantieni	mantenete	hai mantenuto	avete mantenuto
mantiene	mantengono	ha mantenuto	hanno mantenuto
imperfetto		**trapassato prossimo**	
mantenevo	mantenevamo	avevo mantenuto	avevamo mantenuto
mantenevi	mantenevate	avevi mantenuto	avevate mantenuto
manteneva	mantenevano	aveva mantenuto	avevano mantenuto
passato remoto		**trapassato remoto**	
mantenni	mantenemmo	ebbi mantenuto	avemmo mantenuto
mantenesti	manteneste	avesti mantenuto	aveste mantenuto
mantenne	mantennero	ebbe mantenuto	ebbero mantenuto
futuro semplice		**futuro anteriore**	
manterrò	manterremo	avrò mantenuto	avremo mantenuto
manterrai	manterrete	avrai mantenuto	avrete mantenuto
manterrà	manterranno	avrà mantenuto	avranno mantenuto
condizionale presente		**condizionale passato**	
manterrei	manterremmo	avrei mantenuto	avremmo mantenuto
manterresti	manterreste	avresti mantenuto	avreste mantenuto
manterrebbe	manterrebbero	avrebbe mantenuto	avrebbero mantenuto
congiuntivo presente		**congiuntivo passato**	
mantenga	manteniamo	abbia mantenuto	abbiamo mantenuto
mantenga	manteniate	abbia mantenuto	abbiate mantenuto
mantenga	mantengano	abbia mantenuto	abbiano mantenuto
congiuntivo imperfetto		**congiuntivo trapassato**	
mantenessi	mantenessimo	avessi mantenuto	avessimo mantenuto
mantenessi	manteneste	avessi mantenuto	aveste mantenuto
mantenesse	mantenessero	avesse mantenuto	avessero mantenuto
imperativo			
	manteniamo		
mantieni;	mantenete		
non mantenere			
mantenga	mantengano		

M

mascherare

to mask

SINGULAR	PLURAL	SINGULAR	PLURAL

indicativo presente
maschero	mascheriamo
mascheri	mascherate
maschera	mascherano

passato prossimo
ho mascherato	**abbiamo** mascherato
hai mascherato	**avete** mascherato
ha mascherato	**hanno** mascherato

imperfetto
mascheravo	mascheravamo
mascheravi	mascheravate
mascherava	mascheravano

trapassato prossimo
avevo mascherato	**avevamo** mascherato
avevi mascherato	**avevate** mascherato
aveva mascherato	**avevano** mascherato

passato remoto
mascherai	mascherammo
mascherasti	mascheraste
mascherò	mascherarono

trapassato remoto
ebbi mascherato	**avemmo** mascherato
avesti mascherato	**aveste** mascherato
ebbe mascherato	**ebbero** mascherato

futuro semplice
maschererò	maschereremo
maschererai	maschererete
maschererà	maschereranno

futuro anteriore
avrò mascherato	**avremo** mascherato
avrai mascherato	**avrete** mascherato
avrà mascherato	**avranno** mascherato

condizionale presente
maschererei	maschereremmo
maschereresti	mascherereste
maschererebbe	maschererebbero

condizionale passato
avrei mascherato	**avremmo** mascherato
avresti mascherato	**avreste** mascherato
avrebbe mascherato	**avrebbero** mascherato

congiuntivo presente
mascheri	mascheriamo
mascheri	mascheriate
mascheri	mascherino

congiuntivo passato
abbia mascherato	**abbiamo** mascherato
abbia mascherato	**abbiate** mascherato
abbia mascherato	**abbiano** mascherato

congiuntivo imperfetto
mascherassi	mascherassimo
mascherassi	mascheraste
mascherasse	mascherassero

congiuntivo trapassato
avessi mascherato	**avessimo** mascherato
avessi mascherato	**aveste** mascherato
avesse mascherato	**avessero** mascherato

imperativo
	mascheriamo
maschera;	mascherate
non mascherare	
mascheri	mascherino

M

to medicate   medicare

SINGULAR	PLURAL	SINGULAR	PLURAL
indicativo presente		passato prossimo	
medic**o**	medic**hiamo**	**ho** medicato	**abbiamo** medicato
medic**hi**	medic**ate**	**hai** medicato	**avete** medicato
medic**a**	medic**ano**	**ha** medicato	**hanno** medicato
imperfetto		trapassato prossimo	
medica**vo**	medica**vamo**	**avevo** medicato	**avevamo** medicato
medica**vi**	medica**vate**	**avevi** medicato	**avevate** medicato
medica**va**	medica**vano**	**aveva** medicato	**avevano** medicato
passato remoto		trapassato remoto	
medic**ai**	medic**ammo**	**ebbi** medicato	**avemmo** medicato
medic**asti**	medic**aste**	**avesti** medicato	**aveste** medicato
medic**ò**	medic**arono**	**ebbe** medicato	**ebbero** medicato
futuro semplice		futuro anteriore	
medicher**ò**	medicher**emo**	**avrò** medicato	**avremo** medicato
medicher**ai**	medicher**ete**	**avrai** medicato	**avrete** medicato
medicher**à**	medicher**anno**	**avrà** medicato	**avranno** medicato
condizionale presente		condizionale passato	
medic**herei**	medic**heremmo**	**avrei** medicato	**avremmo** medicato
medic**heresti**	medic**hereste**	**avresti** medicato	**avreste** medicato
medic**herebbe**	medic**herebbero**	**avrebbe** medicato	**avrebbero** medicato
congiuntivo presente		congiuntivo passato	
medic**hi**	medic**hiamo**	**abbia** medicato	**abbiamo** medicato
medic**hi**	medic**hiate**	**abbia** medicato	**abbiate** medicato
medic**hi**	medic**hino**	**abbia** medicato	**abbiano** medicato
congiuntivo imperfetto		congiuntivo trapassato	
medica**ssi**	medica**ssimo**	**avessi** medicato	**avessimo** medicato
medica**ssi**	medica**ste**	**avessi** medicato	**aveste** medicato
medica**sse**	medica**ssero**	**avesse** medicato	**avessero** medicato
imperativo			
	medichiamo		
medica;	medicate		
non medicare			
medichi	medichino		

M

meditare
to meditate, to ponder

SINGULAR	PLURAL	SINGULAR	PLURAL
indicativo presente		**passato prossimo**	
medit**o**	medit**iamo**	**ho** meditato	**abbiamo** meditato
medit**i**	medit**ate**	**hai** meditato	**avete** meditato
medit**a**	medit**ano**	**ha** meditato	**hanno** meditato
imperfetto		**trapassato prossimo**	
medita**vo**	medita**vamo**	**avevo** meditato	**avevamo** meditato
medita**vi**	medita**vate**	**avevi** meditato	**avevate** meditato
medita**va**	medita**vano**	**aveva** meditato	**avevano** meditato
passato remoto		**trapassato remoto**	
medit**ai**	medit**ammo**	**ebbi** meditato	**avemmo** meditato
medit**asti**	medit**aste**	**avesti** meditato	**aveste** meditato
medit**ò**	medit**arono**	**ebbe** meditato	**ebbero** meditato
futuro semplice		**futuro anteriore**	
mediter**ò**	mediter**emo**	**avrò** meditato	**avremo** meditato
mediter**ai**	mediter**ete**	**avrai** meditato	**avrete** meditato
mediter**à**	mediter**anno**	**avrà** meditato	**avranno** meditato
condizionale presente		**condizionale passato**	
mediter**ei**	mediter**emmo**	**avrei** meditato	**avremmo** meditato
mediter**esti**	mediter**este**	**avresti** meditato	**avreste** meditato
mediter**ebbe**	mediter**ebbero**	**avrebbe** meditato	**avrebbero** meditato
congiuntivo presente		**congiuntivo passato**	
medit**i**	medit**iamo**	**abbia** meditato	**abbiamo** meditato
medit**i**	medit**iate**	**abbia** meditato	**abbiate** meditato
medit**i**	medit**ino**	**abbia** meditato	**abbiano** meditato
congiuntivo imperfetto		**congiuntivo trapassato**	
medita**ssi**	medita**ssimo**	**avessi** meditato	**avessimo** meditato
medita**ssi**	medita**ste**	**avessi** meditato	**aveste** meditato
medita**sse**	medita**ssero**	**avesse** meditato	**avessero** meditato

M

imperativo

	meditiamo
medita; non meditare	meditate
mediti	meditino

to lie   mentire

SINGULAR	PLURAL	SINGULAR	PLURAL

indicativo presente

ment**o**	ment**iamo**
ment**i**	ment**ite**
ment**e**	ment**ono**

passato prossimo

ho mentito	**abbiamo** mentito
hai mentito	**avete** mentito
ha mentito	**hanno** mentito

imperfetto

ment**ivo**	ment**ivamo**
ment**ivi**	ment**ivate**
ment**iva**	ment**ivano**

trapassato prossimo

avevo mentito	**avevamo** mentito
avevi mentito	**avevate** mentito
aveva mentito	**avevano** mentito

passato remoto

ment**ii**	ment**immo**
ment**isti**	ment**iste**
ment**ì**	ment**irono**

trapassato remoto

ebbi mentito	**avemmo** mentito
avesti mentito	**aveste** mentito
ebbe mentito	**ebbero** mentito

futuro semplice

ment**irò**	ment**iremo**
ment**irai**	ment**irete**
ment**irà**	ment**iranno**

futuro anteriore

avrò mentito	**avremo** mentito
avrai mentito	**avrete** mentito
avrà mentito	**avranno** mentito

condizionale presente

ment**irei**	ment**iremmo**
ment**iresti**	ment**ireste**
ment**irebbe**	ment**irebbero**

condizionale passato

avrei mentito	**avremmo** mentito
avresti mentito	**avreste** mentito
avrebbe mentito	**avrebbero** mentito

M

congiuntivo presente

ment**a**	ment**iamo**
ment**a**	ment**iate**
ment**a**	ment**ano**

congiuntivo passato

abbia mentito	**abbiamo** mentito
abbia mentito	**abbiate** mentito
abbia mentito	**abbiano** mentito

congiuntivo imperfetto

ment**issi**	ment**issimo**
ment**issi**	ment**iste**
ment**isse**	ment**issero**

congiuntivo trapassato

avessi mentito	**avessimo** mentito
avessi mentito	**aveste** mentito
avesse mentito	**avessero** mentito

imperativo

	mentiamo
menti; non mentire	mentite
menta	mentano

meravigliare   to astonish

gerundio **meravigliando**   participio passato **meravigliato**

SINGULAR	PLURAL	SINGULAR	PLURAL

indicativo presente
meravigli**o**	meravigli**amo**
meravigl**i**	meravigli**ate**
meravigl**ia**	meravigli**ano**

passato prossimo
ho meravigliato	**abbiamo** meravigliato
hai meravigliato	**avete** meravigliato
ha meravigliato	**hanno** meravigliato

imperfetto
meraviglia**vo**	meraviglia**vamo**
meraviglia**vi**	meraviglia**vate**
meraviglia**va**	meraviglia**vano**

trapassato prossimo
avevo meravigliato	**avevamo** meravigliato
avevi meravigliato	**avevate** meravigliato
aveva meravigliato	**avevano** meravigliato

passato remoto
meravigli**ai**	meravigli**ammo**
meravigli**asti**	meravigli**aste**
meravigli**ò**	meravigli**arono**

trapassato remoto
ebbi meravigliato	**avemmo** meravigliato
avesti meravigliato	**aveste** meravigliato
ebbe meravigliato	**ebbero** meravigliato

futuro semplice
meravigli**erò**	meravigli**eremo**
meravigli**erai**	meravigli**erete**
meravigli**erà**	meravigli**eranno**

futuro anteriore
avrò meravigliato	**avremo** meravigliato
avrai meravigliato	**avrete** meravigliato
avrà meravigliato	**avranno** meravigliato

condizionale presente
meravigli**erei**	meravigli**eremmo**
meravigli**eresti**	meravigli**ereste**
meravigli**erebbe**	meravigli**erebbero**

condizionale passato
avrei meravigliato	**avremmo** meravigliato
avresti meravigliato	**avreste** meravigliato
avrebbe meravigliato	**avrebbero** meravigliato

congiuntivo presente
meravigl**i**	meravigli**amo**
meravigl**i**	meravigli**ate**
meravigl**i**	meravigl**ino**

congiuntivo passato
abbia meravigliato	**abbiamo** meravigliato
abbia meravigliato	**abbiate** meravigliato
abbia meravigliato	**abbiano** meravigliato

congiuntivo imperfetto
meraviglia**ssi**	meraviglia**ssimo**
meraviglia**ssi**	meraviglia**ste**
meraviglia**sse**	meraviglia**ssero**

congiuntivo trapassato
avessi meravigliato	**avessimo** meravigliato
avessi meravigliato	**aveste** meravigliato
avesse meravigliato	**avessero** meravigliato

imperativo
	meravigliamo
meraviglia;	meravigliate
non meravigliare	
meravigli	meraviglino

M

to deserve, to merit   meritare

gerundio **meritando**   participio passato **meritato**

SINGULAR	PLURAL	SINGULAR	PLURAL
indicativo presente		passato prossimo	
merit**o**	merit**iamo**	**ho** meritato	**abbiamo** meritato
merit**i**	merit**ate**	**hai** meritato	**avete** meritato
merit**a**	merit**ano**	**ha** meritato	**hanno** meritato
imperfetto		trapassato prossimo	
merita**vo**	merita**vamo**	**avevo** meritato	**avevamo** meritato
merita**vi**	merita**vate**	**avevi** meritato	**avevate** meritato
merita**va**	merita**vano**	**aveva** meritato	**avevano** meritato
passato remoto		trapassato remoto	
merit**ai**	merit**ammo**	**ebbi** meritato	**avemmo** meritato
merit**asti**	merit**aste**	**avesti** meritato	**aveste** meritato
merit**ò**	merit**arono**	**ebbe** meritato	**ebbero** meritato
futuro semplice		futuro anteriore	
meriter**ò**	meriter**emo**	**avrò** meritato	**avremo** meritato
meriter**ai**	meriter**ete**	**avrai** meritato	**avrete** meritato
meriter**à**	meriter**anno**	**avrà** meritato	**avranno** meritato
condizionale presente		condizionale passato	
meriter**ei**	meriter**emmo**	**avrei** meritato	**avremmo** meritato
meriter**esti**	meriter**este**	**avresti** meritato	**avreste** meritato
meriter**ebbe**	meriter**ebbero**	**avrebbe** meritato	**avrebbero** meritato
congiuntivo presente		congiuntivo passato	
merit**i**	merit**iamo**	**abbia** meritato	**abbiamo** meritato
merit**i**	merit**iate**	**abbia** meritato	**abbiate** meritato
merit**i**	merit**ino**	**abbia** meritato	**abbiano** meritato
congiuntivo imperfetto		congiuntivo trapassato	
merita**ssi**	merita**ssimo**	**avessi** meritato	**avessimo** meritato
merita**ssi**	merita**ste**	**avessi** meritato	**aveste** meritato
merita**sse**	merita**ssero**	**avesse** meritato	**avessero** meritato
imperativo			
	meritiamo		
merita; non meritare	meritate		
meriti	meritino		

M

mettere
to place, to put
gerundio **mettendo**   participio passato **messo**

SINGULAR	PLURAL	SINGULAR	PLURAL
indicativo presente		**passato prossimo**	
metto	mettiamo	ho messo	abbiamo messo
metti	mettete	hai messo	avete messo
mette	mettono	ha messo	hanno messo
imperfetto		**trapassato prossimo**	
mettevo	mettevamo	avevo messo	avevamo messo
mettevi	mettevate	avevi messo	avevate messo
metteva	mettevano	aveva messo	avevano messo
passato remoto		**trapassato remoto**	
misi	mettemmo	ebbi messo	avemmo messo
mettesti	metteste	avesti messo	aveste messo
mise	misero	ebbe messo	ebbero messo
futuro semplice		**futuro anteriore**	
metterò	metteremo	avrò messo	avremo messo
metterai	metterete	avrai messo	avrete messo
metterà	metteranno	avrà messo	avranno messo
condizionale presente		**condizionale passato**	
metterei	metteremmo	avrei messo	avremmo messo
metteresti	mettereste	avresti messo	avreste messo
metterebbe	metterebbero	avrebbe messo	avrebbero messo
congiuntivo presente		**congiuntivo passato**	
metta	mettiamo	abbia messo	abbiamo messo
metta	mettiate	abbia messo	abbiate messo
metta	mettano	abbia messo	abbiano messo
congiuntivo imperfetto		**congiuntivo trapassato**	
mettessi	mettessimo	avessi messo	avessimo messo
mettessi	metteste	avessi messo	aveste messo
mettesse	mettessero	avesse messo	avessero messo
imperativo			
	mettiamo		
metti; non mettere	mettete		
metta	mettano		

M

to put on (clothing), to place oneself   mettersi

gerundio **mettendosi**   participio passato **messosi**

SINGULAR	PLURAL	SINGULAR	PLURAL

indicativo presente

mi mett**o**	**ci** mett**iamo**	**passato prossimo**	
ti mett**i**	**vi** mett**ete**	**mi sono** messo(a)	**ci siamo** messi(e)
si mett**e**	**si** mett**ono**	**ti sei** messo(a)	**vi siete** messi(e)
		si è messo(a)	**si sono** messi(e)

imperfetto

trapassato prossimo

mi mette**vo**	**ci** mette**vamo**	**mi ero** messo(a)	**ci eravamo** messi(e)
ti mette**vi**	**vi** mette**vate**	**ti eri** messo(a)	**vi eravate** messi(e)
si mette**va**	**si** mette**vano**	**si era** messo(a)	**si erano** messi(e)

passato remoto

trapassato remoto

mi mis**i**	**ci** mett**emmo**	**mi fui** messo(a)	**ci fummo** messi(e)
ti mett**esti**	**vi** mett**este**	**ti fosti** messo(a)	**vi foste** messi(e)
si mis**e**	**si** mis**ero**	**si fu** messo(a)	**si furono** messi(e)

futuro semplice

futuro anteriore

mi metter**ò**	**ci** metter**emo**	**mi sarò** messo(a)	**ci saremo** messi(e)
ti metter**ai**	**vi** metter**ete**	**ti sarai** messo(a)	**vi sarete** messi(e)
si metter**à**	**si** metter**anno**	**si sarà** messo(a)	**si saranno** messi(e)

condizionale presente

condizionale passato

mi metter**ei**	**ci** metter**emmo**	**mi sarei** messo(a)	**ci saremmo** messi(e)
ti metter**esti**	**vi** metter**este**	**ti saresti** messo(a)	**vi sareste** messi(e)
si metter**ebbe**	**si** metter**ebbero**	**si sarebbe** messo(a)	**si sarebbero** messi(e)

M

congiuntivo presente

congiuntivo passato

mi mett**a**	**ci** mett**iamo**	**mi sia** messo(a)	**ci siamo** messi(e)
ti mett**a**	**vi** mett**iate**	**ti sia** messo(a)	**vi siate** messi(e)
si mett**a**	**si** mett**ano**	**si sia** messo(a)	**si siano** messi(e)

congiuntivo imperfetto

congiuntivo trapassato

mi mette**ssi**	**ci** mette**ssimo**	**mi fossi** messo(a)	**ci fossimo** messi(e)
ti mette**ssi**	**vi** mette**ste**	**ti fossi** messo(a)	**vi foste** messi(e)
si mette**sse**	**si** mette**ssero**	**si fosse** messo(a)	**si fossero** messi(e)

imperativo

	mettiamoci
mettiti;	mettetevi
non metterti/	
non ti mettere	
si metta	si mettano

migliorare
to better, to improve

gerundio **migliorando**   participio passato **migliorato**

SINGULAR	PLURAL	SINGULAR	PLURAL

indicativo presente

		passato prossimo	
miglior**o**	miglior**iamo**	**ho** migliorato	**abbiamo** migliorato
miglior**i**	miglior**ate**	**hai** migliorato	**avete** migliorato
miglior**a**	miglior**ano**	**ha** migliorato	**hanno** migliorato

imperfetto

		trapassato prossimo	
migliora**vo**	migliora**vamo**	**avevo** migliorato	**avevamo** migliorato
migliora**vi**	migliora**vate**	**avevi** migliorato	**avevate** migliorato
migliora**va**	migliora**vano**	**aveva** migliorato	**avevano** migliorato

passato remoto

		trapassato remoto	
miglior**ai**	miglior**ammo**	**ebbi** migliorato	**avemmo** migliorato
miglior**asti**	miglior**aste**	**avesti** migliorato	**aveste** migliorato
miglior**ò**	miglior**arono**	**ebbe** migliorato	**ebbero** migliorato

futuro semplice

		futuro anteriore	
migliorer**ò**	migliorer**emo**	**avrò** migliorato	**avremo** migliorato
migliorer**ai**	migliorer**ete**	**avrai** migliorato	**avrete** migliorato
migliorer**à**	migliorer**anno**	**avrà** migliorato	**avranno** migliorato

condizionale presente

		condizionale passato	
miglior**erei**	miglior**eremmo**	**avrei** migliorato	**avremmo** migliorato
miglior**eresti**	miglior**ereste**	**avresti** migliorato	**avreste** migliorato
miglior**erebbe**	miglior**erebbero**	**avrebbe** migliorato	**avrebbero** migliorato

M

congiuntivo presente

		congiuntivo passato	
miglior**i**	miglior**iamo**	**abbia** migliorato	**abbiamo** migliorato
miglior**i**	miglior**iate**	**abbia** migliorato	**abbiate** migliorato
miglior**i**	miglior**ino**	**abbia** migliorato	**abbiano** migliorato

congiuntivo imperfetto

		congiuntivo trapassato	
miglior**assi**	miglior**assimo**	**avessi** migliorato	**avessimo** migliorato
miglior**assi**	miglior**aste**	**avessi** migliorato	**aveste** migliorato
miglior**asse**	miglior**assero**	**avesse** migliorato	**avessero** migliorato

imperativo

	miglioriamo
migliora;	migliorate
non migliorare	
migliori	migliorino

to mix   mischiare

gerundio **mischiando**   participio passato **mischiato**

SINGULAR	PLURAL	SINGULAR	PLURAL
indicativo presente		**passato prossimo**	
mischio	mischiamo	ho mischiato	abbiamo mischiato
mischi	mischiate	hai mischiato	avete mischiato
mischia	mischiano	ha mischiato	hanno mischiato
imperfetto		**trapassato prossimo**	
mischiavo	mischiavamo	avevo mischiato	avevamo mischiato
mischiavi	mischiavate	avevi mischiato	avevate mischiato
mischiava	mischiavano	aveva mischiato	avevano mischiato
passato remoto		**trapassato remoto**	
mischiai	mischiammo	ebbi mischiato	avemmo mischiato
mischiasti	mischiaste	avesti mischiato	aveste mischiato
mischiò	mischiarono	ebbe mischiato	ebbero mischiato
futuro semplice		**futuro anteriore**	
mìschierò	mischieremo	avrò mischiato	avremo mischiato
mischierai	mischierete	avrai mischiato	avrete mischiato
mischierà	mischieranno	avrà mischiato	avranno mischiato
condizionale presente		**condizionale passato**	
mischierei	mischieremmo	avrei mischiato	avremmo mischiato
mischieresti	mischiereste	avresti mischiato	avreste mischiato
mischierebbe	mischierebbero	avrebbe mischiato	avrebbero mischiato
congiuntivo presente		**congiuntivo passato**	
mischi	mischiamo	abbia mischiato	abbiamo mischiato
mischi	mischiate	abbia mischiato	abbiate mischiato
mischi	mischino	abbia mischiato	abbiano mischiato
congiuntivo imperfetto		**congiuntivo trapassato**	
mischiassi	mischiassimo	avessi mischiato	avessimo mischiato
mischiassi	mischiaste	avessi mischiato	aveste mischiato
mischiasse	mischiassero	avesse mischiato	avessero mischiato
imperativo			
	mischiamo		
mischia;	mischiate		
non mischiare			
mischi	mischino		

M

misurare

to measure

SINGULAR	PLURAL	SINGULAR	PLURAL
indicativo presente		**passato prossimo**	
misur**o**	misur**iamo**	**ho** misurato	**abbiamo** misurato
misur**i**	misur**ate**	**hai** misurato	**avete** misurato
misur**a**	misur**ano**	**ha** misurato	**hanno** misurato
imperfetto		**trapassato prossimo**	
misura**vo**	misura**vamo**	**avevo** misurato	**avevamo** misurato
misura**vi**	misura**vate**	**avevi** misurato	**avevate** misurato
misura**va**	misura**vano**	**aveva** misurato	**avevano** misurato
passato remoto		**trapassato remoto**	
misur**ai**	misur**ammo**	**ebbi** misurato	**avemmo** misurato
misur**asti**	misur**aste**	**avesti** misurato	**aveste** misurato
misur**ò**	misur**arono**	**ebbe** misurato	**ebbero** misurato
futuro semplice		**futuro anteriore**	
misurer**ò**	misurer**emo**	**avrò** misurato	**avremo** misurato
misurer**ai**	misurer**ete**	**avrai** misurato	**avrete** misurato
misurer**à**	misurer**anno**	**avrà** misurato	**avranno** misurato
condizionale presente		**condizionale passato**	
misur**erei**	misur**eremmo**	**avrei** misurato	**avremmo** misurato
misur**eresti**	misur**ereste**	**avresti** misurato	**avreste** misurato
misur**erebbe**	misur**erebbero**	**avrebbe** misurato	**avrebbero** misurato
congiuntivo presente		**congiuntivo passato**	
misur**i**	misur**iamo**	**abbia** misurato	**abbiamo** misurato
misur**i**	misur**iate**	**abbia** misurato	**abbiate** misurato
misur**i**	misur**ino**	**abbia** misurato	**abbiano** misurato
congiuntivo imperfetto		**congiuntivo trapassato**	
misura**ssi**	misura**ssimo**	**avessi** misurato	**avessimo** misurato
misura**ssi**	misura**ste**	**avessi** misurato	**aveste** misurato
misura**sse**	misura**ssero**	**avesse** misurato	**avessero** misurato
imperativo			
	misur**iamo**		
misura; non misurare	misur**ate**		
misur**i**	misur**ino**		

M

to moderate, to curb

moderare

SINGULAR	PLURAL	SINGULAR	PLURAL
indicativo presente		**passato prossimo**	
moder**o**	moder**iamo**	**ho** moderato	**abbiamo** moderato
moder**i**	moder**ate**	**hai** moderato	**avete** moderato
moder**a**	moder**ano**	**ha** moderato	**hanno** moderato
imperfetto		**trapassato prossimo**	
modera**vo**	modera**vamo**	**avevo** moderato	**avevamo** moderato
modera**vi**	modera**vate**	**avevi** moderato	**avevate** moderato
modera**va**	modera**vano**	**aveva** moderato	**avevano** moderato
passato remoto		**trapassato remoto**	
moder**ai**	moder**ammo**	**ebbi** moderato	**avemmo** moderato
moder**asti**	moder**aste**	**avesti** moderato	**aveste** moderato
moder**ò**	moder**arono**	**ebbe** moderato	**ebbero** moderato
futuro semplice		**futuro anteriore**	
moderer**ò**	moderer**emo**	**avrò** moderato	**avremo** moderato
moderer**ai**	moderer**ete**	**avrai** moderato	**avrete** moderato
moderer**à**	moderer**anno**	**avrà** moderato	**avranno** moderato
condizionale presente		**condizionale passato**	
moder**erei**	moder**eremmo**	**avrei** moderato	**avremmo** moderato
moder**eresti**	moder**ereste**	**avresti** moderato	**avreste** moderato
moder**erebbe**	moder**erebbero**	**avrebbe** moderato	**avrebbero** moderato
congiuntivo presente		**congiuntivo passato**	
moder**i**	moder**iamo**	**abbia** moderato	**abbiamo** moderato
moder**i**	moder**iate**	**abbia** moderato	**abbiate** moderato
moder**i**	moder**ino**	**abbia** moderato	**abbiano** moderato
congiuntivo imperfetto		**congiuntivo trapassato**	
modera**ssi**	modera**ssimo**	**avessi** moderato	**avessimo** moderato
modera**ssi**	modera**ste**	**avessi** moderato	**aveste** moderato
modera**sse**	modera**ssero**	**avesse** moderato	**avessero** moderato

imperativo

	moder**iamo**
modera;	moder**ate**
non moderare	
moder**i**	moder**ino**

M

SINGULAR	PLURAL	SINGULAR	PLURAL

indicativo presente

		passato prossimo	
modifico	modifichiamo	**ho** modificato	**abbiamo** modificato
modifichi	modificate	**hai** modificato	**avete** modificato
modifica	modificano	**ha** modificato	**hanno** modificato

imperfetto

		trapassato prossimo	
modificavo	modificavamo	**avevo** modificato	**avevamo** modificato
modificavi	modificavate	**avevi** modificato	**avevate** modificato
modificava	modificavano	**aveva** modificato	**avevano** modificato

passato remoto

		trapassato remoto	
modificai	modificammo	**ebbi** modificato	**avemmo** modificato
modificasti	modificaste	**avesti** modificato	**aveste** modificato
modificò	modificarono	**ebbe** modificato	**ebbero** modificato

futuro semplice

		futuro anteriore	
modificherò	modificheremo	**avrò** modificato	**avremo** modificato
modificherai	modificherete	**avrai** modificato	**avrete** modificato
modificherà	modificheranno	**avrà** modificato	**avranno** modificato

condizionale presente

		condizionale passato	
modificherei	modificheremmo	**avrei** modificato	**avremmo** modificato
modificheresti	modifichereste	**avresti** modificato	**avreste** modificato
modificherebbe	modificherebbero	**avrebbe** modificato	**avrebbero** modificato

congiuntivo presente

		congiuntivo passato	
modifichi	modifichiamo	**abbia** modificato	**abbiamo** modificato
modifichi	modifichiate	**abbia** modificato	**abbiate** modificato
modifichi	modifichino	**abbia** modificato	**abbiano** modificato

congiuntivo imperfetto

		congiuntivo trapassato	
modificassi	modificassimo	**avessi** modificato	**avessimo** modificato
modificassi	modificaste	**avessi** modificato	**aveste** modificato
modificasse	modificassero	**avesse** modificato	**avessero** modificato

imperativo

	modifichiamo
modifica;	modificate
non modificare	
modifichi	modifichino

M

to bite   mordere

SINGULAR	PLURAL	SINGULAR	PLURAL
indicativo presente		**passato prossimo**	
mord**o**	mord**iamo**	**ho** morso	**abbiamo** morso
mord**i**	mord**ete**	**hai** morso	**avete** morso
mord**e**	mord**ono**	**ha** morso	**hanno** morso
imperfetto		**trapassato prossimo**	
mord**evo**	mord**evamo**	**avevo** morso	**avevamo** morso
mord**evi**	mord**evate**	**avevi** morso	**avevate** morso
mord**eva**	mord**evano**	**aveva** morso	**avevano** morso
passato remoto		**trapassato remoto**	
mor**si**	mord**emmo**	**ebbi** morso	**avemmo** morso
mord**esti**	mord**este**	**avesti** morso	**aveste** morso
mor**se**	mor**sero**	**ebbe** morso	**ebbero** morso
futuro semplice		**futuro anteriore**	
morder**ò**	morder**emo**	**avrò** morso	**avremo** morso
morder**ai**	morder**ete**	**avrai** morso	**avrete** morso
morder**à**	morder**anno**	**avrà** morso	**avranno** morso
condizionale presente		**condizionale passato**	
morder**ei**	morder**emmo**	**avrei** morso	**avremmo** morso
morder**esti**	morder**este**	**avresti** morso	**avreste** morso
morder**ebbe**	morder**ebbero**	**avrebbe** morso	**avrebbero** morso
congiuntivo presente		**congiuntivo passato**	
mord**a**	mord**iamo**	**abbia** morso	**abbiamo** morso
mord**a**	mord**iate**	**abbia** morso	**abbiate** morso
mord**a**	mord**ano**	**abbia** morso	**abbiano** morso
congiuntivo imperfetto		**congiuntivo trapassato**	
mord**essi**	mord**essimo**	**avessi** morso	**avessimo** morso
mord**essi**	mord**este**	**avessi** morso	**aveste** morso
mord**esse**	mord**essero**	**avesse** morso	**avessero** morso
imperativo			
	mordiamo		
mordi; non mordere	mordete		
morda	mordano		

M

morire

to die

SINGULAR	PLURAL	SINGULAR	PLURAL

indicativo presente

muoio	moriamo		
muori	morite		
muore	muoiono		

passato prossimo

sono morto(a)	siamo morti(e)
sei morto(a)	siete morti(e)
è morto(a)	sono morti(e)

imperfetto

morivo	morivamo
morivi	morivate
moriva	morivano

trapassato prossimo

ero morto(a)	eravamo morti(e)
eri morto(a)	eravate morti(e)
era morto(a)	erano morti(e)

passato remoto

morii	morimmo
moristi	moriste
morì	morirono

trapassato remoto

fui morto(a)	fummo morti(e)
fosti morto(a)	foste morti(e)
fu morto(a)	furono morti(e)

futuro semplice

morirò	moriremo
morirai	morirete
morirà	moriranno

futuro anteriore

sarò morto(a)	saremo morti(e)
sarai morto(a)	sarete morti(e)
sarà morto(a)	saranno morti(e)

condizionale presente

morirei	moriremmo
moriresti	morireste
morirebbe	morirebbero

condizionale passato

sarei morto(a)	saremmo morti(e)
saresti morto(a)	sareste morti(e)
sarebbe morto(a)	sarebbero morti(e)

congiuntivo presente

muoia	moriamo
muoia	moriate
muoia	muoiano

congiuntivo passato

sia morto(a)	siamo morti(e)
sia morto(a)	siate morti(e)
sia morto(a)	siano morti(e)

congiuntivo imperfetto

morissi	morissimo
morissi	moriste
morisse	morissero

congiuntivo trapassato

fossi morto(a)	fossimo morti(e)
fossi morto(a)	foste morti(e)
fosse morto(a)	fossero morti(e)

imperativo

	moriamo
muori; non morire	morite
muoia	muoiano

M

to show   mostrare

SINGULAR	PLURAL	SINGULAR	PLURAL
indicativo presente		**passato prossimo**	
mostr**o**	mostr**iamo**	**ho** mostrato	**abbiamo** mostrato
mostr**i**	mostr**ate**	**hai** mostrato	**avete** mostrato
mostr**a**	mostr**ano**	**ha** mostrato	**hanno** mostrato
imperfetto		**trapassato prossimo**	
mostra**vo**	mostra**vamo**	**avevo** mostrato	**avevamo** mostrato
mostra**vi**	mostra**vate**	**avevi** mostrato	**avevate** mostrato
mostra**va**	mostra**vano**	**aveva** mostrato	**avevano** mostrato
passato remoto		**trapassato remoto**	
mostr**ai**	mostr**ammo**	**ebbi** mostrato	**avemmo** mostrato
mostr**asti**	mostr**aste**	**avesti** mostrato	**aveste** mostrato
mostr**ò**	mostr**arono**	**ebbe** mostrato	**ebbero** mostrato
futuro semplice		**futuro anteriore**	
mostrer**ò**	mostrer**emo**	**avrò** mostrato	**avremo** mostrato
mostrer**ai**	mostrer**ete**	**avrai** mostrato	**avrete** mostrato
mostrer**à**	mostrer**anno**	**avrà** mostrato	**avranno** mostrato
condizionale presente		**condizionale passato**	
mostr**erei**	mostr**eremmo**	**avrei** mostrato	**avremmo** mostrato
mostr**eresti**	mostr**ereste**	**avresti** mostrato	**avreste** mostrato
mostr**erebbe**	mostr**erebbero**	**avrebbe** mostrato	**avrebbero** mostrato
congiuntivo presente		**congiuntivo passato**	
mostr**i**	mostr**iamo**	**abbia** mostrato	**abbiamo** mostrato
mostr**i**	mostr**iate**	**abbia** mostrato	**abbiate** mostrato
mostr**i**	mostr**ino**	**abbia** mostrato	**abbiano** mostrato
congiuntivo imperfetto		**congiuntivo trapassato**	
mostra**ssi**	mostra**ssimo**	**avessi** mostrato	**avessimo** mostrato
mostra**ssi**	mostra**ste**	**avessi** mostrato	**aveste** mostrato
mostra**sse**	mostra**ssero**	**avesse** mostrato	**avessero** mostrato
imperativo			
	mostriamo		
mostra; non mostrare	mostrate		
mostri	mostrino		

M

MEMORY TIP

When you **demonstrate**, you **show** someone how to do something.

gerundio **muovendo**

participio passato **mosso**

SINGULAR	PLURAL	SINGULAR	PLURAL
indicativo presente		**passato prossimo**	
muovo	muoviamo	ho mosso	abbiamo mosso
muovi	muovete	hai mosso	avete mosso
muove	muovono	ha mosso	hanno mosso
imperfetto		**trapassato prossimo**	
muovevo	muovevamo	avevo mosso	avevamo mosso
muovevi	muovevate	avevi mosso	avevate mosso
muoveva	muovevano	aveva mosso	avevano mosso
passato remoto		**trapassato remoto**	
mossi	muovemmo	ebbi mosso	avemmo mosso
muovesti	muoveste	avesti mosso	aveste mosso
mosse	mossero	ebbe mosso	ebbero mosso
futuro semplice		**futuro anteriore**	
muoverò	muoveremo	avrò mosso	avremo mosso
muoverai	muoverete	avrai mosso	avrete mosso
muoverà	muoveranno	avrà mosso	avranno mosso
condizionale presente		**condizionale passato**	
muoverei	muoveremmo	avrei mosso	avremmo mosso
muoveresti	muovereste	avresti mosso	avreste mosso
muoverebbe	muoverebbero	avrebbe mosso	avrebbero mosso
congiuntivo presente		**congiuntivo passato**	
muova	muoviamo	abbia mosso	abbiamo mosso
muova	muoviate	abbia mosso	abbiate mosso
muova	muovano	abbia mosso	abbiano mosso
congiuntivo imperfetto		**congiuntivo trapassato**	
muovessi	muovessimo	avessi mosso	avessimo mosso
muovessi	muoveste	avessi mosso	aveste mosso
muovesse	muovessero	avesse mosso	avessero mosso
imperativo			
	muoviamo		
muovi; non muovere	muovete		
muova	muovano		

M

gerundio **mutando**   participio passato **mutato**

SINGULAR	PLURAL	SINGULAR	PLURAL
indicativo presente		**passato prossimo**	
muto	mutiamo	ho mutato	abbiamo mutato
muti	mutate	hai mutato	avete mutato
muta	mutano	ha mutato	hanno mutato
imperfetto		**trapassato prossimo**	
mutavo	mutavamo	avevo mutato	avevamo mutato
mutavi	mutavate	avevi mutato	avevate mutato
mutava	mutavano	aveva mutato	avevano mutato
passato remoto		**trapassato remoto**	
mutai	mutammo	ebbi mutato	avemmo mutato
mutasti	mutaste	avesti mutato	aveste mutato
mutò	mutarono	ebbe mutato	ebbero mutato
futuro semplice		**futuro anteriore**	
muterò	muteremo	avrò mutato	avremo mutato
muterai	muterete	avrai mutato	avrete mutato
muterà	muteranno	avrà mutato	avranno mutato
condizionale presente		**condizionale passato**	
muterei	muteremmo	avrei mutato	avremmo mutato
muteresti	mutereste	avresti mutato	avreste mutato
muterebbe	muterebbero	avrebbe mutato	avrebbero mutato
congiuntivo presente		**congiuntivo passato**	
muti	mutiamo	abbia mutato	abbiamo mutato
muti	mutiate	abbia mutato	abbiate mutato
muti	mutino	abbia mutato	abbiano mutato
congiuntivo imperfetto		**congiuntivo trapassato**	
mutassi	mutassimo	avessi mutato	avessimo mutato
mutassi	mutaste	avessi mutato	aveste mutato
mutasse	mutassero	avesse mutato	avessero mutato
imperativo			
	mutiamo		
muta; non mutare	mutate		
muti	mutino		

M

nascere

to be born

SINGULAR	PLURAL	SINGULAR	PLURAL
indicativo presente		**passato prossimo**	
nasc**o**	nasc**iamo**	**sono** nato(a)	**siamo** nati(e)
nasc**i**	nasc**ete**	**sei** nato(a)	**siete** nati(e)
nasc**e**	nasc**ono**	**è** nato(a)	**sono** nati(e)
imperfetto		**trapassato prossimo**	
nasce**vo**	nasce**vamo**	**ero** nato(a)	**eravamo** nati(e)
nasce**vi**	nasce**vate**	**eri** nato(a)	**eravate** nati(e)
nasce**va**	nasce**vano**	**era** nato(a)	**erano** nati(e)
passato remoto		**trapassato remoto**	
nacqui	nasc**emmo**	**fui** nato(a)	**fummo** nati(e)
nasc**esti**	nasc**este**	**fosti** nato(a)	**foste** nati(e)
nacque	**nacquero**	**fu** nato(a)	**furono** nati(e)
futuro semplice		**futuro anteriore**	
nascer**ò**	nascer**emo**	**sarò** nato(a)	**saremo** nati(e)
nascer**ai**	nascer**ete**	**sarai** nato(a)	**sarete** nati(e)
nascer**à**	nascer**anno**	**sarà** nato(a)	**saranno** nati(e)
condizionale presente		**condizionale passato**	
nasc**erei**	nasc**eremmo**	**sarei** nato(a)	**saremmo** nati(e)
nasc**eresti**	nasc**ereste**	**saresti** nato(a)	**sareste** nati(e)
nasc**erebbe**	nasc**erebbero**	**sarebbe** nato(a)	**sarebbero** nati(e)
congiuntivo presente		**congiuntivo passato**	
nasc**a**	nasc**iamo**	**sia** nato(a)	**siamo** nati(e)
nasc**a**	nasc**iate**	**sia** nato(a)	**siate** nati(e)
nasc**a**	nasc**ano**	**sia** nato(a)	**siano** nati(e)
congiuntivo imperfetto		**congiuntivo trapassato**	
nasc**essi**	nasc**essimo**	**fossi** nato(a)	**fossimo** nati(e)
nasc**essi**	nasc**este**	**fossi** nato(a)	**foste** nati(e)
nasc**esse**	nasc**essero**	**fosse** nato(a)	**fossero** nati(e)
imperativo			
	nasciamo		
nasci; non nascere	nascete		
nasca	nascano		

N

MUST KNOW VERB

to hide, to conceal   nascondere

SINGULAR	PLURAL	SINGULAR	PLURAL
indicativo presente		**passato prossimo**	
nascond**o**	nascond**iamo**	**ho** nascosto	**abbiamo** nascosto
nascond**i**	nascond**ete**	**hai** nascosto	**avete** nascosto
nascond**e**	nascond**ono**	**ha** nascosto	**hanno** nascosto
imperfetto		**trapassato prossimo**	
nasconde**vo**	nasconde**vamo**	**avevo** nascosto	**avevamo** nascosto
nasconde**vi**	nasconde**vate**	**avevi** nascosto	**avevate** nascosto
nasconde**va**	nasconde**vano**	**aveva** nascosto	**avevano** nascosto
passato remoto		**trapassato remoto**	
nascosi	nascond**emmo**	**ebbi** nascosto	**avemmo** nascosto
nascond**esti**	nascond**este**	**avesti** nascosto	**aveste** nascosto
nascose	**nascosero**	**ebbe** nascosto	**ebbero** nascosto
futuro semplice		**futuro anteriore**	
nasconder**ò**	nasconder**emo**	**avrò** nascosto	**avremo** nascosto
nasconder**ai**	nasconder**ete**	**avrai** nascosto	**avrete** nascosto
nasconder**à**	nasconder**anno**	**avrà** nascosto	**avranno** nascosto
condizionale presente		**condizionale passato**	
nasconder**ei**	nasconder**emmo**	**avrei** nascosto	**avremmo** nascosto
nasconder**esti**	nasconder**este**	**avresti** nascosto	**avreste** nascosto
nasconder**ebbe**	nasconder**ebbero**	**avrebbe** nascosto	**avrebbero** nascosto
congiuntivo presente		**congiuntivo passato**	
nascond**a**	nascond**iamo**	**abbia** nascosto	**abbiamo** nascosto
nascond**a**	nascond**iate**	**abbia** nascosto	**abbiate** nascosto
nascond**a**	nascond**ano**	**abbia** nascosto	**abbiano** nascosto
congiuntivo imperfetto		**congiuntivo trapassato**	
nascond**essi**	nascond**essimo**	**avessi** nascosto	**avessimo** nascosto
nascond**essi**	nascond**este**	**avessi** nascosto	**aveste** nascosto
nascond**esse**	nascond**essero**	**avesse** nascosto	**avessero** nascosto

imperativo

	nascondiamo
nascondi;	nascondete
non nascondere	
nasconda	nascondano

N

navigare   to sail

SINGULAR	PLURAL	SINGULAR	PLURAL
indicativo presente		**passato prossimo**	
navigo	navighiamo	ho navigato	abbiamo navigato
navighi	navigate	hai navigato	avete navigato
naviga	navigano	ha navigato	hanno navigato
imperfetto		**trapassato prossimo**	
navigavo	navigavamo	avevo navigato	avevamo navigato
navigavi	navigavate	avevi navigato	avevate navigato
navigava	navigavano	aveva navigato	avevano navigato
passato remoto		**trapassato remoto**	
navigai	navigammo	ebbi navigato	avemmo navigato
navigasti	navigaste	avesti navigato	aveste navigato
navigò	navigarono	ebbe navigato	ebbero navigato
futuro semplice		**futuro anteriore**	
navigherò	navigheremo	avrò navigato	avremo navigato
navigherai	navigherete	avrai navigato	avrete navigato
navigherà	navigheranno	avrà navigato	avranno navigato
condizionale presente		**condizionale passato**	
navigherei	navigheremmo	avrei navigato	avremmo navigato
navigheresti	navighereste	avresti navigato	avreste navigato
navigherebbe	navigherebbero	avrebbe navigato	avrebbero navigato
congiuntivo presente		**congiuntivo passato**	
navighi	navighiamo	abbia navigato	abbiamo navigato
navighi	navighiate	abbia navigato	abbiate navigato
navighi	navighino	abbia navigato	abbiano navigato
congiuntivo imperfetto		**congiuntivo trapassato**	
navigassi	navigassimo	avessi navigato	avessimo navigato
navigassi	navigaste	avessi navigato	aveste navigato
navigasse	navigassero	avesse navigato	avessero navigato
imperativo			
	navighiamo		
naviga; non navigare	navigate		
navighi	navighino		

N

gerundio **negando**   participio passato **negato**

SINGULAR	PLURAL	SINGULAR	PLURAL
indicativo presente		**passato prossimo**	
nego	neghiamo	ho negato	abbiamo negato
neghi	negate	hai negato	avete negato
nega	negano	ha negato	hanno negato
imperfetto		**trapassato prossimo**	
negavo	negavamo	avevo negato	avevamo negato
negavi	negavate	avevi negato	avevate negato
negava	negavano	aveva negato	avevano negato
passato remoto		**trapassato remoto**	
negai	negammo	ebbi negato	avemmo negato
negasti	negaste	avesti negato	aveste negato
negò	negarono	ebbe negato	ebbero negato
futuro semplice		**futuro anteriore**	
negherò	negheremo	avrò negato	avremo negato
negherai	negherete	avrai negato	avrete negato
negherà	negheranno	avrà negato	avranno negato
condizionale presente		**condizionale passato**	
negherei	negheremmo	avrei negato	avremmo negato
negheresti	neghereste	avresti negato	avreste negato
negherebbe	negherebbero	avrebbe negato	avrebbero negato
congiuntivo presente		**congiuntivo passato**	
neghi	neghiamo	abbia negato	abbiamo negato
neghi	neghiate	abbia negato	abbiate negato
neghi	neghino	abbia negato	abbiano negato
congiuntivo imperfetto		**congiuntivo trapassato**	
negassi	negassimo	avessi negato	avessimo negato
negassi	negaste	avessi negato	aveste negato
negasse	negassero	avesse negato	avessero negato
imperativo			
	neghiamo		
nega; non negare	negate		
neghi	neghino		

N

gerundio **negoziando**   participio passato **negoziato**

SINGULAR	PLURAL	SINGULAR	PLURAL
indicativo presente		**passato prossimo**	
negozio	negoziamo	**ho** negoziato	**abbiamo** negoziato
negozi	negoziate	**hai** negoziato	**avete** negoziato
negozia	negoziano	**ha** negoziato	**hanno** negoziato
imperfetto		**trapassato prossimo**	
negoziavo	negoziavamo	**avevo** negoziato	**avevamo** negoziato
negoziavi	negoziavate	**avevi** negoziato	**avevate** negoziato
negoziava	negoziavano	**aveva** negoziato	**avevano** negoziato
passato remoto		**trapassato remoto**	
negoziai	negoziammo	**ebbi** negoziato	**avemmo** negoziato
negoziasti	negoziaste	**avesti** negoziato	**aveste** negoziato
negoziò	negoziarono	**ebbe** negoziato	**ebbero** negoziato
futuro semplice		**futuro anteriore**	
negozierò	negozieremo	**avrò** negoziato	**avremo** negoziato
negozierai	negozierete	**avrai** negoziato	**avrete** negoziato
negozierà	negozieranno	**avrà** negoziato	**avranno** negoziato
condizionale presente		**condizionale passato**	
negozierei	negozieremmo	**avrei** negoziato	**avremmo** negoziato
negozieresti	negoziereste	**avresti** negoziato	**avreste** negoziato
negozierebbe	negozierebbero	**avrebbe** negoziato	**avrebbero** negoziato
congiuntivo presente		**congiuntivo passato**	
negozi	negoziamo	**abbia** negoziato	**abbiamo** negoziato
negozi	negoziate	**abbia** negoziato	**abbiate** negoziato
negozi	negozino	**abbia** negoziato	**abbiano** negoziato
congiuntivo imperfetto		**congiuntivo trapassato**	
negoziassi	negoziassimo	**avessi** negoziato	**avessimo** negoziato
negoziassi	negoziaste	**avessi** negoziato	**aveste** negoziato
negoziasse	negoziassero	**avesse** negoziato	**avessero** negoziato
imperativo			
	negoziamo		
negozia;	negoziate		
non negoziare			
negozi	negozino		

N

to snow   nevicare

SINGULAR	PLURAL	SINGULAR	PLURAL

indicativo presente
nevic**a**

passato prossimo
è/ha nevicato

imperfetto
nevica**va**

trapassato prossimo
era/aveva nevicato

passato remoto
nevic**ò**

trapassato remoto
fu/ebbe nevicato

futuro semplice
nevicher**à**

futuro anteriore
sarà/avrà nevicato

condizionale presente
nevich**erebbe**

condizionale passato
sarebbe/avrebbe nevicato

congiuntivo presente
nevich**i**

congiuntivo passato
sia/abbia nevicato

N

congiuntivo imperfetto
nevica**sse**

congiuntivo trapassato
fosse/avesse nevicato

gerundio **noleggiando**   participio passato **noleggiato**

SINGULAR	PLURAL	SINGULAR	PLURAL

indicativo presente

		passato prossimo	
noleggi**o**	noleggi**amo**	**ho** noleggiato	**abbiamo** noleggiato
noleggi	noleggi**ate**	**hai** noleggiato	**avete** noleggiato
noleggi**a**	noleggi**ano**	**ha** noleggiato	**hanno** noleggiato

imperfetto

		trapassato prossimo	
noleggia**vo**	noleggia**vamo**	**avevo** noleggiato	**avevamo** noleggiato
noleggia**vi**	noleggia**vate**	**avevi** noleggiato	**avevate** noleggiato
noleggia**va**	noleggia**vano**	**aveva** noleggiato	**avevano** noleggiato

passato remoto

		trapassato remoto	
noleggi**ai**	noleggi**ammo**	**ebbi** noleggiato	**avemmo** noleggiato
noleggi**asti**	noleggi**aste**	**avesti** noleggiato	**aveste** noleggiato
noleggi**ò**	noleggi**arono**	**ebbe** noleggiato	**ebbero** noleggiato

futuro semplice

		futuro anteriore	
nolegger**ò**	nolegger**emo**	**avrò** noleggiato	**avremo** noleggiato
nolegger**ai**	nolegger**ete**	**avrai** noleggiato	**avrete** noleggiato
nolegger**à**	nolegger**anno**	**avrà** noleggiato	**avranno** noleggiato

condizionale presente

		condizionale passato	
nolegg**erei**	nolegg**eremmo**	**avrei** noleggiato	**avremmo** noleggiato
nolegg**eresti**	nolegg**ereste**	**avresti** noleggiato	**avreste** noleggiato
nolegg**erebbe**	nolegg**erebbero**	**avrebbe** noleggiato	**avrebbero** noleggiato

congiuntivo presente

		congiuntivo passato	
noleggi	noleggi**amo**	**abbia** noleggiato	**abbiamo** noleggiato
noleggi	noleggi**ate**	**abbia** noleggiato	**abbiate** noleggiato
noleggi	nolegg**ino**	**abbia** noleggiato	**abbiano** noleggiato

congiuntivo imperfetto

		congiuntivo trapassato	
noleggi**assi**	noleggi**assimo**	**avessi** noleggiato	**avessimo** noleggiato
noleggi**assi**	noleggi**aste**	**avessi** noleggiato	**aveste** noleggiato
noleggi**asse**	noleggi**assero**	**avesse** noleggiato	**avessero** noleggiato

imperativo

	noleggi**amo**
noleggi**a**;	noleggi**ate**
non noleggi**are**	
noleggi	nolegg**ino**

to name, to call   nominare

SINGULAR	PLURAL	SINGULAR	PLURAL
indicativo presente		**passato prossimo**	
nomino	nominiamo	ho nominato	abbiamo nominato
nomini	nominate	hai nominato	avete nominato
nomina	nominano	ha nominato	hanno nominato
imperfetto		**trapassato prossimo**	
nominavo	nominavamo	avevo nominato	avevamo nominato
nominavi	nominavate	avevi nominato	avevate nominato
nominava	nominavano	aveva nominato	avevano nominato
passato remoto		**trapassato remoto**	
nominai	nominammo	ebbi nominato	avemmo nominato
nominasti	nominaste	avesti nominato	aveste nominato
nominò	nominarono	ebbe nominato	ebbero nominato
futuro semplice		**futuro anteriore**	
nominerò	nomineremo	avrò nominato	avremo nominato
nominerai	nominerete	avrai nominato	avrete nominato
nominerà	nomineranno	avrà nominato	avranno nominato
condizionale presente		**condizionale passato**	
nominerei	nomineremmo	avrei nominato	avremmo nominato
nomineresti	nominereste	avresti nominato	avreste nominato
nominerebbe	nominerebbero	avrebbe nominato	avrebbero nominato
congiuntivo presente		**congiuntivo passato**	
nomini	nominiamo	abbia nominato	abbiamo nominato
nomini	nominiate	abbia nominato	abbiate nominato
nomini	nominino	abbia nominato	abbiano nominato
congiuntivo imperfetto		**congiuntivo trapassato**	
nominassi	nominassimo	avessi nominato	avessimo nominato
nominassi	nominaste	avessi nominato	aveste nominato
nominasse	nominassero	avesse nominato	avessero nominato
imperativo			
	nominiamo		
nomina;	nominate		
non nominare			
nomini	nominino		

N

notare

to note, to write down

SINGULAR	PLURAL	SINGULAR	PLURAL

indicativo presente

		passato prossimo	
not**o**	not**iamo**	**ho** notato	**abbiamo** notato
not**i**	not**ate**	**hai** notato	**avete** notato
not**a**	not**ano**	**ha** notato	**hanno** notato

imperfetto

		trapassato prossimo	
nota**vo**	nota**vamo**	**avevo** notato	**avevamo** notato
nota**vi**	nota**vate**	**avevi** notato	**avevate** notato
nota**va**	nota**vano**	**aveva** notato	**avevano** notato

passato remoto

		trapassato remoto	
not**ai**	not**ammo**	**ebbi** notato	**avemmo** notato
not**asti**	not**aste**	**avesti** notato	**aveste** notato
not**ò**	not**arono**	**ebbe** notato	**ebbero** notato

futuro semplice

		futuro anteriore	
noter**ò**	noter**emo**	**avrò** notato	**avremo** notato
noter**ai**	noter**ete**	**avrai** notato	**avrete** notato
noter**à**	noter**anno**	**avrà** notato	**avranno** notato

condizionale presente

		condizionale passato	
not**erei**	not**eremmo**	**avrei** notato	**avremmo** notato
not**eresti**	not**ereste**	**avresti** notato	**avreste** notato
not**erebbe**	not**erebbero**	**avrebbe** notato	**avrebbero** notato

congiuntivo presente

		congiuntivo passato	
not**i**	not**iamo**	**abbia** notato	**abbiamo** notato
not**i**	not**iate**	**abbia** notato	**abbiate** notato
not**i**	not**ino**	**abbia** notato	**abbiano** notato

congiuntivo imperfetto

		congiuntivo trapassato	
not**assi**	not**assimo**	**avessi** notato	**avessimo** notato
not**assi**	not**aste**	**avessi** notato	**aveste** notato
not**asse**	not**assero**	**avesse** notato	**avessero** notato

imperativo

	notiamo
nota; non notare	notate
noti	notino

to notify   notificare

SINGULAR	PLURAL	SINGULAR	PLURAL

indicativo presente
notifico	notifichiamo
notifichi	notificate
notifica	notificano

passato prossimo
ho notificato	**abbiamo** notificato
hai notificato	**avete** notificato
ha notificato	**hanno** notificato

imperfetto
notificavo	notificavamo
notificavi	notificavate
notificava	notificavano

trapassato prossimo
avevo notificato	**avevamo** notificato
avevi notificato	**avevate** notificato
aveva notificato	**avevano** notificato

passato remoto
notificai	notificammo
notificasti	notificaste
notificò	notificarono

trapassato remoto
ebbi notificato	**avemmo** notificato
avesti notificato	**aveste** notificato
ebbe notificato	**ebbero** notificato

futuro semplice
notificherò	notificheremo
notificherai	notificherete
notificherà	notificheranno

futuro anteriore
avrò notificato	**avremo** notificato
avrai notificato	**avrete** notificato
avrà notificato	**avranno** notificato

condizionale presente
notificherei	notificheremmo
notificheresti	notifichereste
notificherebbe	notificherebbero

condizionale passato
avrei notificato	**avremmo** notificato
avresti notificato	**avreste** notificato
avrebbe notificato	**avrebbero** notificato

congiuntivo presente
notifichi	notifichiamo
notifichi	notifichiate
notifichi	notifichino

congiuntivo passato
abbia notificato	**abbiamo** notificato
abbia notificato	**abbiate** notificato
abbia notificato	**abbiano** notificato

N

congiuntivo imperfetto
notificassi	notificassimo
notificassi	notificaste
notificasse	notificassero

congiuntivo trapassato
avessi notificato	**avessimo** notificato
avessi notificato	**aveste** notificato
avesse notificato	**avessero** notificato

imperativo
	notifichiamo
notifica;	notificate
non notificare	
notifichi	notifichino

nuocere   to hurt, to harm

SINGULAR	PLURAL	SINGULAR	PLURAL
indicativo presente		**passato prossimo**	
n(u)occio	n(u)ociamo	ho nuociuto	abbiamo nuociuto
nuoci	n(u)ocete	hai nuociuto	avete nuociuto
nuoce	n(u)occiono	ha nuociuto	hanno nuociuto
imperfetto		**trapassato prossimo**	
n(u)ocevo	n(u)ocevamo	avevo nuociuto	avevamo nuociuto
n(u)ocevi	n(u)ocevate	avevi nuociuto	avevate nuociuto
n(u)oceva	n(u)ocevano	aveva nuociuto	avevano nuociuto
passato remoto		**trapassato remoto**	
nocqui	n(u)ocemmo	ebbi nuociuto	avemmo nuociuto
n(u)ocesti	n(u)oceste	avesti nuociuto	aveste nuociuto
nocque	nocquero	ebbe nuociuto	ebbero nuociuto
futuro semplice		**futuro anteriore**	
n(u)ocerò	n(u)oceremo	avrò nuociuto	avremo nuociuto
n(u)ocerai	n(u)ocerete	avrai nuociuto	avrete nuociuto
n(u)ocerà	n(u)oceranno	avrà nuociuto	avranno nuociuto
condizionale presente		**condizionale passato**	
n(u)ocerei	n(u)oceremmo	avrei nuociuto	avremmo nuociuto
n(u)oceresti	n(u)ocereste	avresti nuociuto	avreste nuociuto
n(u)ocerebbe	n(u)ocerebbero	avrebbe nuociuto	avrebbero nuociuto
congiuntivo presente		**congiuntivo passato**	
nuoccia	nuociamo	abbia nuociuto	abbiamo nuociuto
nuoccia	nuociate	abbia nuociuto	abbiate nuociuto
nuoccia	nuocciano	abbia nuociuto	abbiano nuociuto
congiuntivo imperfetto		**congiuntivo trapassato**	
n(u)ocessi	n(u)ocessimo	avessi nuociuto	avessimo nuociuto
n(u)ocessi	n(u)oceste	avessi nuociuto	aveste nuociuto
n(u)ocesse	n(u)ocessero	avesse nuociuto	avessero nuociuto
imperativo			
	n(u)ociamo		
nuoci; non nuocere	n(u)ocete		
nuoccia	n(u)occiano		

N

gerundio **nuotando**   participio passato **nuotato**

SINGULAR	PLURAL	SINGULAR	PLURAL
indicativo presente		**passato prossimo**	
nuot**o**	nuot**iamo**	**ho** nuotato	**abbiamo** nuotato
nuot**i**	nuot**ate**	**hai** nuotato	**avete** nuotato
nuot**a**	nuot**ano**	**ha** nuotato	**hanno** nuotato
imperfetto		**trapassato prossimo**	
nuota**vo**	nuota**vamo**	**avevo** nuotato	**avevamo** nuotato
nuota**vi**	nuota**vate**	**avevi** nuotato	**avevate** nuotato
nuota**va**	nuota**vano**	**aveva** nuotato	**avevano** nuotato
passato remoto		**trapassato remoto**	
nuot**ai**	nuot**ammo**	**ebbi** nuotato	**avemmo** nuotato
nuot**asti**	nuot**aste**	**avesti** nuotato	**aveste** nuotato
nuot**ò**	nuot**arono**	**ebbe** nuotato	**ebbero** nuotato
futuro semplice		**futuro anteriore**	
nuoter**ò**	nuoter**emo**	**avrò** nuotato	**avremo** nuotato
nuoter**ai**	nuoter**ete**	**avrai** nuotato	**avrete** nuotato
nuoter**à**	nuoter**anno**	**avrà** nuotato	**avranno** nuotato
condizionale presente		**condizionale passato**	
nuot**erei**	nuot**eremmo**	**avrei** nuotato	**avremmo** nuotato
nuot**eresti**	nuot**ereste**	**avresti** nuotato	**avreste** nuotato
nuot**erebbe**	nuot**erebbero**	**avrebbe** nuotato	**avrebbero** nuotato
congiuntivo presente		**congiuntivo passato**	
nuot**i**	nuot**iamo**	**abbia** nuotato	**abbiamo** nuotato
nuot**i**	nuot**iate**	**abbia** nuotato	**abbiate** nuotato
nuot**i**	nuot**ino**	**abbia** nuotato	**abbiano** nuotato
congiuntivo imperfetto		**congiuntivo trapassato**	
nuot**assi**	nuot**assimo**	**avessi** nuotato	**avessimo** nuotato
nuot**assi**	nuot**aste**	**avessi** nuotato	**aveste** nuotato
nuot**asse**	nuot**assero**	**avesse** nuotato	**avessero** nuotato
imperativo			
	nuot**iamo**		
nuot**a**; non nuot**are**	nuot**ate**		
nuot**i**	nuot**ino**		

N

nutrire   to feed

SINGULAR	PLURAL	SINGULAR	PLURAL
indicativo presente		**passato prossimo**	
nutro	nutriamo	**ho** nutrito	**abbiamo** nutrito
nutri	nutrite	**hai** nutrito	**avete** nutrito
nutre	nutrono	**ha** nutrito	**hanno** nutrito
imperfetto		**trapassato prossimo**	
nutrivo	nutrivamo	**avevo** nutrito	**avevamo** nutrito
nutrivi	nutrivate	**avevi** nutrito	**avevate** nutrito
nutriva	nutrivano	**aveva** nutrito	**avevano** nutrito
passato remoto		**trapassato remoto**	
nutrii	nutrimmo	**ebbi** nutrito	**avemmo** nutrito
nutristi	nutriste	**avesti** nutrito	**aveste** nutrito
nutrì	nutrirono	**ebbe** nutrito	**ebbero** nutrito
futuro semplice		**futuro anteriore**	
nutrirò	nutriremo	**avrò** nutrito	**avremo** nutrito
nutrirai	nutrirete	**avrai** nutrito	**avrete** nutrito
nutrirà	nutriranno	**avrà** nutrito	**avranno** nutrito
condizionale presente		**condizionale passato**	
nutrirei	nutriremmo	**avrei** nutrito	**avremmo** nutrito
nutriresti	nutrireste	**avresti** nutrito	**avreste** nutrito
nutrirebbe	nutrirebbero	**avrebbe** nutrito	**avrebbero** nutrito
congiuntivo presente		**congiuntivo passato**	
nutra	nutriamo	**abbia** nutrito	**abbiamo** nutrito
nutra	nutriate	**abbia** nutrito	**abbiate** nutrito
nutra	nutrano	**abbia** nutrito	**abbiano** nutrito
congiuntivo imperfetto		**congiuntivo trapassato**	
nutrissi	nutrissimo	**avessi** nutrito	**avessimo** nutrito
nutrissi	nutriste	**avessi** nutrito	**aveste** nutrito
nutrisse	nutrissero	**avesse** nutrito	**avessero** nutrito
imperativo			
	nutriamo		
nutri; non nutrire	nutrite		
nutra	nutrano		

N

to obey   obbedire

SINGULAR	PLURAL	SINGULAR	PLURAL

indicativo presente
obbedisc**o** / obbed**iamo**
obbedisc**i** / obbed**ite**
obbedisc**e** / obbedisc**ono**

passato prossimo
ho obbedito / **abbiamo** obbedito
hai obbedito / **avete** obbedito
ha obbedito / **hanno** obbedito

imperfetto
obbedi**vo** / obbedi**vamo**
obbedi**vi** / obbedi**vate**
obbedi**va** / obbedi**vano**

trapassato prossimo
avevo obbedito / **avevamo** obbedito
avevi obbedito / **avevate** obbedito
aveva obbedito / **avevano** obbedito

passato remoto
obbed**ii** / obbed**immo**
obbed**isti** / obbed**iste**
obbed**ì** / obbed**irono**

trapassato remoto
ebbi obbedito / **avemmo** obbedito
avesti obbedito / **aveste** obbedito
ebbe obbedito / **ebbero** obbedito

futuro semplice
obbedir**ò** / obbedir**emo**
obbedir**ai** / obbedir**ete**
obbedir**à** / obbedir**anno**

futuro anteriore
avrò obbedito / **avremo** obbedito
avrai obbedito / **avrete** obbedito
avrà obbedito / **avranno** obbedito

condizionale presente
obbed**irei** / obbed**iremmo**
obbed**iresti** / obbed**ireste**
obbed**irebbe** / obbed**irebbero**

condizionale passato
avrei obbedito / **avremmo** obbedito
avresti obbedito / **avreste** obbedito
avrebbe obbedito / **avrebbero** obbedito

congiuntivo presente
obbedisc**a** / obbed**iamo**
obbedisc**a** / obbed**iate**
obbedisc**a** / obbedisc**ano**

congiuntivo passato
abbia obbedito / **abbiamo** obbedito
abbia obbedito / **abbiate** obbedito
abbia obbedito / **abbiano** obbedito

congiuntivo imperfetto
obbed**issi** / obbed**issimo**
obbed**issi** / obbed**iste**
obbed**isse** / obbed**issero**

congiuntivo trapassato
avessi obbedito / **avessimo** obbedito
avessi obbedito / **aveste** obbedito
avesse obbedito / **avessero** obbedito

imperativo
— / obbed**iamo**
obbedisc**i**; non obbedire / obbed**ite**
obbedisc**a** / obbedisc**ano**

O

obbligare

to oblige

SINGULAR	PLURAL	SINGULAR	PLURAL
indicativo presente		**passato prossimo**	
obbligo	obblighiamo	ho obbligato	abbiamo obbligato
obblighi	obbligate	hai obbligato	avete obbligato
obbliga	obbligano	ha obbligato	hanno obbligato
imperfetto		**trapassato prossimo**	
obbligavo	obbligavamo	avevo obbligato	avevamo obbligato
obbligavi	obbligavate	avevi obbligato	avevate obbligato
obbligava	obbligavano	aveva obbligato	avevano obbligato
passato remoto		**trapassato remoto**	
obbligai	obbligammo	ebbi obbligato	avemmo obbligato
obbligasti	obbligaste	avesti obbligato	aveste obbligato
obbligò	obbligarono	ebbe obbligato	ebbero obbligato
futuro semplice		**futuro anteriore**	
obbligherò	obbligheremo	avrò obbligato	avremo obbligato
obbligherai	obbligherete	avrai obbligato	avrete obbligato
obbligherà	obbligheranno	avrà obbligato	avranno obbligato
condizionale presente		**condizionale passato**	
obbligherei	obbligheremmo	avrei obbligato	avremmo obbligato
obbligheresti	obbligullhereste	avresti obbligato	avreste obbligato
obbligherebbe	obbligherebbero	avrebbe obbligato	avrebbero obbligato
congiuntivo presente		**congiuntivo passato**	
obblighi	obblighiamo	abbia obbligato	abbiamo obbligato
obblighi	obblighiate	abbia obbligato	abbiate obbligato
obblighi	obblighino	abbia obbligato	abbiano obbligato
congiuntivo imperfetto		**congiuntivo trapassato**	
obbligassi	obbligassimo	avessi obbligato	avessimo obbligato
obbligassi	obbligaste	avessi obbligato	aveste obbligato
obbligasse	obbligassero	avesse obbligato	avessero obbligato
imperativo			
	obblighiamo		
obbliga;	obbligate		
non obbligare			
obblighi	obblighino		

O

gerundio **occorrendo** participio passato **occorso**

SINGULAR	PLURAL	SINGULAR	PLURAL

indicativo presente
occor**re**   occor**rono**

passato prossimo
è occorso(a)   **sono** occorsi(e)

imperfetto
occor**reva**   occor**revano**

trapassato prossimo
era occorso(a)   **erano** occorsi(e)

passato remoto
occor**se**   occor**sero**

trapassato remoto
fu occorso(a)   **furono** occorsi(e)

futuro semplice
occorre**rà**   occorrer**anno**

futuro anteriore
sarà occorso(a)   **saranno** occorsi(e)

condizionale presente
occor**rerebbe**   occor**rerebbero**

condizionale passato
sarebbe occorso(a)   **sarebbero** occorsi(e)

congiuntivo presente
occor**ra**   occor**rano**

congiuntivo passato
sia occorso(a)   **siano** occorsi(e)

O

congiuntivo imperfetto
occor**resse**   occor**ressero**

congiuntivo trapassato
fosse occorso(a)   **fossero** occorsi(e)

gerundio **occupando**   participio passato **occupato**

SINGULAR	PLURAL	SINGULAR	PLURAL
indicativo presente		**passato prossimo**	
occup**o**	occup**iamo**	**ho** occupato	**abbiamo** occupato
occup**i**	occup**ate**	**hai** occupato	**avete** occupato
occup**a**	occup**ano**	**ha** occupato	**hanno** occupato
imperfetto		**trapassato prossimo**	
occupa**vo**	occupa**vamo**	**avevi** occupato	**avevamo** occupato
occupa**vi**	occupa**vate**	**avevi** occupato	**avevate** occupato
occupa**va**	occupa**vano**	**aveva** occupato	**avevano** occupato
passato remoto		**trapassato remoto**	
occup**ai**	occup**ammo**	**ebbi** occupato	**avemmo** occupato
occup**asti**	occup**aste**	**avesti** occupato	**aveste** occupato
occup**ò**	occup**arono**	**ebbe** occupato	**ebbero** occupato
futuro semplice		**futuro anteriore**	
occuper**ò**	occuper**emo**	**avrò** occupato	**avremo** occupato
occuper**ai**	occuper**ete**	**avrai** occupato	**avrete** occupato
occuper**à**	occuper**anno**	**avrà** occupato	**avranno** occupato
condizionale presente		**condizionale passato**	
occuper**ei**	occuper**emmo**	**avrei** occupato	**avremmo** occupato
occuper**esti**	occuper**este**	**avresti** occupato	**avreste** occupato
occuper**ebbe**	occuper**ebbero**	**avrebbe** occupato	**avrebbero** occupato
congiuntivo presente		**congiuntivo passato**	
occup**i**	occup**iamo**	**abbia** occupato	**abbiamo** occupato
occup**i**	occup**iate**	**abbia** occupato	**abbiate** occupato
occup**i**	occup**ino**	**abbia** occupato	**abbiano** occupato
congiuntivo imperfetto		**congiuntivo trapassato**	
occup**assi**	occup**assimo**	**avessi** occupato	**avessimo** occupato
occup**assi**	occup**aste**	**avessi** occupato	**aveste** occupato
occup**asse**	occup**assero**	**avesse** occupato	**avessero** occupato
imperativo			
	occupiamo		
occupa;	occupate		
non occupare			
occupi	occupino		

O

to hate   odiare

SINGULAR	PLURAL	SINGULAR	PLURAL
indicativo presente		**passato prossimo**	
odio	odiamo	ho odiato	abbiamo odiato
odi	odiate	hai odiato	avete odiato
odia	odiano	ha odiato	hanno odiato
imperfetto		**trapassato prossimo**	
odiavo	odiavamo	avevo odiato	avevamo odiato
odiavi	odiavate	avevi odiato	avevate odiato
odiava	odiavano	aveva odiato	avevano odiato
passato remoto		**trapassato remoto**	
odiai	odiammo	ebbi odiato	avemmo odiato
odiasti	odiaste	avesti odiato	aveste odiato
odiò	odiarono	ebbe odiato	ebbero odiato
futuro semplice		**futuro anteriore**	
odierò	odieremo	avrò odiato	avremo odiato
odierai	odierete	avrai odiato	avrete odiato
odierà	odieranno	avrà odiato	avranno odiato
condizionale presente		**condizionale passato**	
odierei	odieremmo	avrei odiato	avremmo odiato
odieresti	odiereste	avresti odiato	avreste odiato
odierebbe	odierebbero	avrebbe odiato	avrebbero odiato
congiuntivo presente		**congiuntivo passato**	
odi	odiamo	abbia odiato	abbiamo odiato
odi	odiate	abbia odiato	abbiate odiato
odi	odino	abbia odiato	abbiano odiato
congiuntivo imperfetto		**congiuntivo trapassato**	
odiassi	odiassimo	avessi odiato	avessimo odiato
odiassi	odiaste	avessi odiato	aveste odiato
odiasse	odiassero	avesse odiato	avessero odiato
imperativo			
	odiamo		
odia; non odiare	odiate		
odi	odino		

O

offendere

to offend

SINGULAR	PLURAL	SINGULAR	PLURAL

indicativo presente
		passato prossimo	
offend**o**	offend**iamo**	**ho** offeso	**abbiamo** offeso
offend**i**	offend**ete**	**hai** offeso	**avete** offeso
offend**e**	offend**ono**	**ha** offeso	**hanno** offeso

imperfetto
		trapassato prossimo	
offende**vo**	offende**vamo**	**avevo** offeso	**avevamo** offeso
offende**vi**	offende**vate**	**avevi** offeso	**avevate** offeso
offende**va**	offende**vano**	**aveva** offeso	**avevano** offeso

passato remoto
		trapassato remoto	
offes**i**	offend**emmo**	**ebbi** offeso	**avemmo** offeso
offend**esti**	offend**este**	**avesti** offeso	**aveste** offeso
offes**e**	offes**ero**	**ebbe** offeso	**ebbero** offeso

futuro semplice
		futuro anteriore	
offender**ò**	offender**emo**	**avrò** offeso	**avremo** offeso
offender**ai**	offender**ete**	**avrai** offeso	**avrete** offeso
offender**à**	offender**anno**	**avrà** offeso	**avranno** offeso

condizionale presente
		condizionale passato	
offend**erei**	offend**eremmo**	**avrei** offeso	**avremmo** offeso
offend**eresti**	offend**ereste**	**avresti** offeso	**avreste** offeso
offend**erebbe**	offend**erebbero**	**avrebbe** offeso	**avrebbero** offeso

congiuntivo presente
		congiuntivo passato	
offend**a**	offend**iamo**	**abbia** offeso	**abbiamo** offeso
offend**a**	offend**iate**	**abbia** offeso	**abbiate** offeso
offend**a**	offend**ano**	**abbia** offeso	**abbiano** offeso

congiuntivo imperfetto
		congiuntivo trapassato	
offend**essi**	offend**essimo**	**avessi** offeso	**avessimo** offeso
offend**essi**	offend**este**	**avessi** offeso	**aveste** offeso
offend**esse**	offend**essero**	**avesse** offeso	**avessero** offeso

imperativo
	offend**iamo**
offend**i**;	offend**ete**
non offend**ere**	
offend**a**	offend**ano**

O

gerundio **offrendo**   participio passato **offerto**

SINGULAR	PLURAL	SINGULAR	PLURAL

indicativo presente
offro	offriamo
offri	offrite
offre	offrono

passato prossimo
ho offerto	abbiamo offerto
hai offerto	avete offerto
ha offerto	hanno offerto

imperfetto
offrivo	offrivamo
offrivi	offrivate
offriva	offrivano

trapassato prossimo
avevo offerto	avevamo offerto
avevi offerto	avevate offerto
aveva offerto	avevano offerto

passato remoto
offrii, offersi	offrimmo
offristi	offriste
offrì, offerse	offrirono, offersero

trapassato remoto
ebbi offerto	avemmo offerto
avesti offerto	aveste offerto
ebbe offerto	ebbero offerto

futuro semplice
offrirò	offriremo
offrirai	offrirete
offrirà	offriranno

futuro anteriore
avrò offerto	avremo offerto
avrai offerto	avrete offerto
avrà offerto	avranno offerto

condizionale presente
offrirei	offriremmo
offriresti	offrireste
offrirebbe	offrirebbero

condizionale passato
avrei offerto	avremmo offerto
avresti offerto	avreste offerto
avrebbe offerto	avrebbero offerto

congiuntivo presente
offra	offriamo
offra	offriate
offra	offrano

congiuntivo passato
abbia offerto	abbiamo offerto
abbia offerto	abbiate offerto
abbia offerto	abbiano offerto

congiuntivo imperfetto
offrissi	offrissimo
offrissi	offriste
offrisse	offrissero

congiuntivo trapassato
avessi offerto	avessimo offerto
avessi offerto	aveste offerto
avesse offerto	avessero offerto

imperativo
	offriamo
offri; non offrire	offrite
offra	offrano

O

omettere

to omit

SINGULAR	PLURAL	SINGULAR	PLURAL
indicativo presente		**passato prossimo**	
ometto	omettiamo	ho omesso	abbiamo omesso
ometti	omettete	hai omesso	avete omesso
omette	omettono	ha omesso	hanno omesso
imperfetto		**trapassato prossimo**	
omettevo	omettevamo	avevo omesso	avevamo omesso
omettevi	omettevate	avevi omesso	avevate omesso
ometteva	omettevano	aveva omesso	avevano omesso
passato remoto		**trapassato remoto**	
omisi	omettemmo	ebbi omesso	avemmo omesso
omettesti	ometteste	avesti omesso	aveste omesso
omise	omisero	ebbe omesso	ebbero omesso
futuro semplice		**futuro anteriore**	
ometterò	ometteremo	avrò omesso	avremo omesso
ometterai	ometterete	avrai omesso	avrete omesso
ometterà	ometteranno	avrà omesso	avranno omesso
condizionale presente		**condizionale passato**	
ometterei	ometteremo	avrei omesso	avremmo omesso
ometteresti	omettereste	avresti omesso	avreste omesso
ometterebbe	ometterebbero	avrebbe omesso	avrebbero omesso
congiuntivo presente		**congiuntivo passato**	
ometta	omettiamo	abbia omesso	abbiamo omesso
ometta	omettiate	abbia omesso	abbiate omesso
ometta	omettano	abbia omesso	abbiano omesso
congiuntivo imperfetto		**congiuntivo trapassato**	
omettessi	omettessimo	avessi omesso	avessimo omesso
omettessi	ometteste	avessi omesso	aveste omesso
omettesse	omettessero	avesse omesso	avessero omesso
imperativo			
	omettiamo		
ometti; non omettere	omettete		
ometta	omettano		

O

gerundio **onorando**   participio passato **onorato**

SINGULAR	PLURAL	SINGULAR	PLURAL

indicativo presente
onor**o**	onor**iamo**
onor**i**	onor**ate**
onor**a**	onor**ano**

imperfetto
onora**vo**	onora**vamo**
onora**vi**	onora**vate**
onora**va**	onora**vano**

passato remoto
onor**ai**	onor**ammo**
onor**asti**	onor**aste**
onor**ò**	onor**arono**

futuro semplice
onorer**ò**	onorer**emo**
onorer**ai**	onorer**ete**
onorer**à**	onorer**anno**

condizionale presente
onor**erei**	onor**eremmo**
onor**eresti**	onor**ereste**
onor**erebbe**	onor**erebbero**

congiuntivo presente
onor**i**	onor**iamo**
onor**i**	onor**iate**
onor**i**	onor**ino**

congiuntivo imperfetto
onor**assi**	onor**assimo**
onor**assi**	onor**aste**
onor**asse**	onor**assero**

imperativo
	onor**iamo**
onor**a**; non onorare	onor**ate**
onor**i**	onor**ino**

passato prossimo
ho onorato	**abbiamo** onorato
hai onorato	**avete** onorato
ha onorato	**hanno** onorato

trapassato prossimo
avevo onorato	**avevamo** onorato
avevi onorato	**avevate** onorato
aveva onorato	**avevano** onorato

trapassato remoto
ebbi onorato	**avemmo** onorato
avesti onorato	**aveste** onorato
ebbe onorato	**ebbero** onorato

futuro anteriore
avrò onorato	**avremo** onorato
avrai onorato	**avrete** onorato
avrà onorato	**avranno** onorato

condizionale passato
avrei onorato	**avremmo** onorato
avresti onorato	**avreste** onorato
avrebbe onorato	**avrebbero** onorato

congiuntivo passato
abbia onorato	**abbiamo** onorato
abbia onorato	**abbiate** onorato
abbia onorato	**abbiano** onorato

congiuntivo trapassato
avessi onorato	**avessimo** onorato
avessi onorato	**aveste** onorato
avesse onorato	**avessero** onorato

O

operare
to operate, to perform

gerundio **operando**   participio passato **operato**

SINGULAR	PLURAL	SINGULAR	PLURAL
indicativo presente		**passato prossimo**	
oper**o**	oper**iamo**	**ho** operato	**abbiamo** operato
oper**i**	oper**ate**	**hai** operato	**avete** operato
oper**a**	oper**ano**	**ha** operato	**hanno** operato
imperfetto		**trapassato prossimo**	
opera**vo**	opera**vamo**	**avevo** operato	**avevamo** operato
opera**vi**	opera**vate**	**avevi** operato	**avevate** operato
opera**va**	opera**vano**	**aveva** operato	**avevano** operato
passato remoto		**trapassato remoto**	
oper**ai**	oper**ammo**	**ebbi** operato	**avemmo** operato
oper**asti**	oper**aste**	**avesti** operato	**aveste** operato
oper**ò**	oper**arono**	**ebbe** operato	**ebbero** operato
futuro semplice		**futuro anteriore**	
opere**rò**	opere**remo**	**avrò** operato	**avremo** operato
opere**rai**	opere**rete**	**avrai** operato	**avrete** operato
opere**rà**	opere**ranno**	**avrà** operato	**avranno** operato
condizionale presente		**condizionale passato**	
opere**rei**	opere**remmo**	**avrei** operato	**avremmo** operato
opere**resti**	opere**reste**	**avresti** operato	**avreste** operato
opere**rebbe**	opere**rebbero**	**avrebbe** operato	**avrebbero** operato
congiuntivo presente		**congiuntivo passato**	
oper**i**	oper**iamo**	**abbia** operato	**abbiamo** operato
oper**i**	oper**iate**	**abbia** operato	**abbiate** operato
oper**i**	oper**ino**	**abbia** operato	**abbiano** operato
congiuntivo imperfetto		**congiuntivo trapassato**	
oper**assi**	oper**assimo**	**avessi** operato	**avessimo** operato
oper**assi**	oper**aste**	**avessi** operato	**aveste** operato
oper**asse**	oper**assero**	**avesse** operato	**avessero** operato
imperativo			
	operiamo		
opera; non operare	operate		
operi	operino		

O

to oppose   opporre

SINGULAR	PLURAL	SINGULAR	PLURAL

indicativo presente

SINGULAR	PLURAL
oppon**go**	oppon**iamo**
oppon**i**	oppon**ete**
oppon**e**	oppon**gono**

passato prossimo

SINGULAR	PLURAL
ho opposto	**abbiamo** opposto
hai opposto	**avete** opposto
ha opposto	**hanno** opposto

imperfetto

oppone**vo**	oppone**vamo**
oppone**vi**	oppone**vate**
oppone**va**	oppone**vano**

trapassato prossimo

avevo opposto	**avevamo** opposto
avevi opposto	**avevate** opposto
aveva opposto	**avevano** opposto

passato remoto

oppo**si**	oppon**emmo**
oppon**esti**	oppon**este**
oppo**se**	oppo**sero**

trapassato remoto

ebbi opposto	**avemmo** opposto
avesti opposto	**aveste** opposto
ebbe opposto	**ebbero** opposto

futuro semplice

opporr**ò**	opporr**emo**
opporr**ai**	opporr**ete**
opporr**à**	opporr**anno**

futuro anteriore

avrò opposto	**avremo** opposto
avrai opposto	**avrete** opposto
avrà opposto	**avranno** opposto

condizionale presente

opporr**ei**	opporr**emmo**
opporr**esti**	opporr**este**
opporr**ebbe**	opporr**ebbero**

condizionale passato

avrei opposto	**avremmo** opposto
avresti opposto	**avreste** opposto
avrebbe opposto	**avrebbero** opposto

congiuntivo presente

oppon**ga**	oppon**iamo**
oppon**ga**	oppon**iate**
oppon**ga**	oppon**gano**

congiuntivo passato

abbia opposto	**abbiamo** opposto
abbia opposto	**abbiate** opposto
abbia opposto	**abbiano** opposto

congiuntivo imperfetto

oppon**essi**	oppon**essimo**
oppon**essi**	oppon**este**
oppon**esse**	oppon**essero**

congiuntivo trapassato

avessi opposto	**avessimo** opposto
avessi opposto	**aveste** opposto
avesse opposto	**avessero** opposto

imperativo

	oppon**iamo**
oppon**i**; non **opporre**	oppon**ete**
oppon**ga**	oppon**gano**

O

opprimere — to oppress, to overwhelm

gerundio **opprimendo**   participio passato **oppresso**

SINGULAR	PLURAL	SINGULAR	PLURAL
indicativo presente		**passato prossimo**	
opprimo	opprimiamo	ho oppresso	abbiamo oppresso
opprimi	opprimete	hai oppresso	avete oppresso
opprime	opprimono	ha oppresso	hanno oppresso
imperfetto		**trapassato prossimo**	
opprimevo	opprimevamo	avevo oppresso	avevamo oppresso
opprimevi	opprimevate	avevi oppresso	avevate oppresso
opprimeva	opprimevano	aveva oppresso	avevano oppresso
passato remoto		**trapassato remoto**	
oppressi	opprimemmo	ebbi oppresso	avemmo oppresso
opprimesti	opprimeste	avesti oppresso	aveste oppresso
oppresse	oppressero	ebbe oppresso	ebbero oppresso
futuro semplice		**futuro anteriore**	
opprimerò	opprimeremo	avrò oppresso	avremo oppresso
opprimerai	opprimerete	avrai oppresso	avrete oppresso
opprimerà	opprimeranno	avrà oppresso	avranno oppresso
condizionale presente		**condizionale passato**	
opprimerei	opprimeremmo	avrei oppresso	avremmo oppresso
opprimeresti	opprimereste	avresti oppresso	avreste oppresso
opprimerebbe	opprimerebbero	avrebbe oppresso	avrebbero oppresso
congiuntivo presente		**congiuntivo passato**	
opprima	opprimiamo	abbia oppresso	abbiamo oppresso
opprima	opprimiate	abbia oppresso	abbiate oppresso
opprima	opprimano	abbia oppresso	abbiano oppresso
congiuntivo imperfetto		**congiuntivo trapassato**	
opprimessi	opprimessimo	avessi oppresso	avessimo oppresso
opprimessi	opprimeste	avessi oppresso	aveste oppresso
opprimesse	opprimessero	avesse oppresso	avessero oppresso

imperativo

	opprimiamo
opprimi;	opprimete
non opprimere	
opprima	opprimano

O

to order, to arrange   ordinare

gerundio **ordinando**   participio passato **ordinato**

SINGULAR	PLURAL	SINGULAR	PLURAL

indicativo presente
ordin**o**	ordin**iamo**
ordin**i**	ordin**ate**
ordin**a**	ordin**ano**

passato prossimo
ho ordinato	**abbiamo** ordinato
hai ordinato	**avete** ordinato
ha ordinato	**hanno** ordinato

imperfetto
ordina**vo**	ordina**vamo**
ordina**vi**	ordina**vate**
ordina**va**	ordina**vano**

trapassato prossimo
avevo ordinato	**avevamo** ordinato
avevi ordinato	**avevate** ordinato
aveva ordinato	**avevano** ordinato

passato remoto
ordin**ai**	ordin**ammo**
ordin**asti**	ordin**aste**
ordin**ò**	ordin**arono**

trapassato remoto
ebbi ordinato	**avemmo** ordinato
avesti ordinato	**aveste** ordinato
ebbe ordinato	**ebbero** ordinato

futuro semplice
ordiner**ò**	ordiner**emo**
ordiner**ai**	ordiner**ete**
ordiner**à**	ordiner**anno**

futuro anteriore
avrò ordinato	**avremo** ordinato
avrai ordinato	**avrete** ordinato
avrà ordinato	**avranno** ordinato

condizionale presente
ordin**erei**	ordin**eremmo**
ordin**eresti**	ordin**ereste**
ordin**erebbe**	ordin**erebbero**

condizionale passato
avrei ordinato	**avremmo** ordinato
avresti ordinato	**avreste** ordinato
avrebbe ordinato	**avrebbero** ordinato

congiuntivo presente
ordin**i**	ordin**iamo**
ordin**i**	ordin**iate**
ordin**i**	ordin**ino**

congiuntivo passato
abbia ordinato	**abbiamo** ordinato
abbia ordinato	**abbiate** ordinato
abbia ordinato	**abbiano** ordinato

congiuntivo imperfetto
ordin**assi**	ordin**assimo**
ordin**assi**	ordin**aste**
ordin**asse**	ordin**assero**

congiuntivo trapassato
avessi ordinato	**avessimo** ordinato
avessi ordinato	**aveste** ordinato
avesse ordinato	**avessero** ordinato

imperativo
	ordiniamo
ordina; non ordinare	ordinate
ordini	ordinino

O

organizzare   to organize

gerundio **organizzando**   participio passato **organizzato**

SINGULAR	PLURAL	SINGULAR	PLURAL

indicativo presente

SINGULAR	PLURAL
organizz**o**	organizz**iamo**
organizz**i**	organizz**ate**
organizz**a**	organizz**ano**

passato prossimo

SINGULAR	PLURAL
ho organizzato	**abbiamo** organizzato
hai organizzato	**avete** organizzato
ha organizzato	**hanno** organizzato

imperfetto

SINGULAR	PLURAL
organizza**vo**	organizza**vamo**
organizza**vi**	organizza**vate**
organizza**va**	organizza**vano**

trapassato prossimo

SINGULAR	PLURAL
avevo organizzato	**avevamo** organizzato
avevi organizzato	**avevate** organizzato
aveva organizzato	**avevano** organizzato

passato remoto

SINGULAR	PLURAL
organizz**ai**	organizz**ammo**
organizz**asti**	organizz**aste**
organizz**ò**	organizz**arono**

trapassato remoto

SINGULAR	PLURAL
ebbi organizzato	**avemmo** organizzato
avesti organizzato	**aveste** organizzato
ebbe organizzato	**ebbero** organizzato

futuro semplice

SINGULAR	PLURAL
organizzer**ò**	organizzer**emo**
organizzer**ai**	organizzer**ete**
organizzer**à**	organizzer**anno**

futuro anteriore

SINGULAR	PLURAL
avrò organizzato	**avremo** organizzato
avrai organizzato	**avrete** organizzato
avrà organizzato	**avranno** organizzato

condizionale presente

SINGULAR	PLURAL
organizz**erei**	organizz**eremmo**
organizz**eresti**	organizz**ereste**
organizz**erebbe**	organizz**erebbero**

condizionale passato

SINGULAR	PLURAL
avrei organizzato	**avremmo** organizzato
avresti organizzato	**avreste** organizzato
avrebbe organizzato	**avrebbero** organizzato

congiuntivo presente

SINGULAR	PLURAL
organizz**i**	organizz**iamo**
organizz**i**	organizz**iate**
organizz**i**	organizz**ino**

congiuntivo passato

SINGULAR	PLURAL
abbia organizzato	**abbiamo** organizzato
abbia organizzato	**abbiate** organizzato
abbia organizzato	**abbiano** organizzato

congiuntivo imperfetto

SINGULAR	PLURAL
organizz**assi**	organizz**assimo**
organizz**assi**	organizz**aste**
organizz**asse**	organizz**assero**

congiuntivo trapassato

SINGULAR	PLURAL
avessi organizzato	**avessimo** organizzato
avessi organizzato	**aveste** organizzato
avesse organizzato	**avessero** organizzato

imperativo

SINGULAR	PLURAL
	organizziamo
organizza;	organizzate
non organizzare	
organizzi	organizzino

O

to dare, to venture

gerundio **osando**   participio passato **osato**

SINGULAR	PLURAL	SINGULAR	PLURAL
indicativo presente		**passato prossimo**	
oso	osiamo	**ho** osato	**abbiamo** osato
osi	osate	**hai** osato	**avete** osato
osa	osano	**ha** osato	**hanno** osato
imperfetto		**trapassato prossimo**	
osavo	osavamo	**avevo** osato	**avevamo** osato
osavi	osavate	**avevi** osato	**avevate** osato
osava	osavano	**aveva** osato	**avevano** osato
passato remoto		**trapassato remoto**	
osai	osammo	**ebbi** osato	**avemmo** osato
osasti	osaste	**avesti** osato	**aveste** osato
osò	osarono	**ebbe** osato	**ebbero** osato
futuro semplice		**futuro anteriore**	
oserò	oseremo	**avrò** osato	**avremo** osato
oserai	oserete	**avrai** osato	**avrete** osato
oserà	oseranno	**avrà** osato	**avranno** osato
condizionale presente		**condizionale passato**	
oserei	oseremmo	**avrei** osato	**avremmo** osato
oseresti	osereste	**avresti** osato	**avreste** osato
oserebbe	oserebbero	**avrebbe** osato	**avrebbero** osato
congiuntivo presente		**congiuntivo passato**	
osi	osiamo	**abbia** osato	**abbiamo** osato
osi	osiate	**abbia** osato	**abbiate** osato
osi	osino	**abbia** osato	**abbiano** osato
congiuntivo imperfetto		**congiuntivo trapassato**	
osassi	osassimo	**avessi** osato	**avessimo** osato
osassi	osaste	**avessi** osato	**aveste** osato
osasse	osassero	**avesse** osato	**avessero** osato
imperativo			
	osiamo		
osa; non osare	osate		
osi	osino		

O

oscurare — to darken

gerundio **oscurando**   participio passato **oscurato**

SINGULAR	PLURAL	SINGULAR	PLURAL

indicativo presente

oscur**o**	oscur**iamo**		
oscur**i**	oscur**ate**		
oscur**a**	oscur**ano**		

passato prossimo

ho oscurato	**abbiamo** oscurato
hai oscurato	**avete** oscurato
ha oscurato	**hanno** oscurato

imperfetto

oscura**vo**	oscura**vamo**
oscura**vi**	oscura**vate**
oscura**va**	oscura**vano**

trapassato prossimo

avevo oscurato	**avevamo** oscurato
avevi oscurato	**avevate** oscurato
aveva oscurato	**avevano** oscurato

passato remoto

oscur**ai**	oscur**ammo**
oscur**asti**	oscur**aste**
oscur**ò**	oscur**arono**

trapassato remoto

ebbi oscurato	**avemmo** oscurato
avesti oscurato	**aveste** oscurato
ebbe oscurato	**ebbero** oscurato

futuro semplice

oscurer**ò**	oscurer**emo**
oscurer**ai**	oscurer**ete**
oscurer**à**	oscurer**anno**

futuro anteriore

avrò oscurato	**avremo** oscurato
avrai oscurato	**avrete** oscurato
avrà oscurato	**avranno** oscurato

condizionale presente

oscur**erei**	oscur**eremmo**
oscur**eresti**	oscur**ereste**
oscur**erebbe**	oscur**erebbero**

condizionale passato

avrei oscurato	**avremmo** oscurato
avresti oscurato	**avreste** oscurato
avrebbe oscurato	**avrebbero** oscurato

congiuntivo presente

oscur**i**	oscur**iamo**
oscur**i**	oscur**iate**
oscur**i**	oscur**ino**

congiuntivo passato

abbia oscurato	**abbiamo** oscurato
abbia oscurato	**abbiate** oscurato
abbia oscurato	**abbiano** oscurato

congiuntivo imperfetto

oscur**assi**	oscur**assimo**
oscur**assi**	oscur**aste**
oscur**asse**	oscur**assero**

congiuntivo trapassato

avessi oscurato	**avessimo** oscurato
avessi oscurato	**aveste** oscurato
avesse oscurato	**avessero** oscurato

imperativo

	oscuriamo
oscura; non oscurare	oscurate
oscuri	oscurino

O

to host   ospitare

gerundio **ospitando**   participio passato **ospitato**

SINGULAR	PLURAL	SINGULAR	PLURAL
indicativo presente		**passato prossimo**	
ospit**o**	ospit**iamo**	**ho** ospitato	**abbiamo** ospitato
ospit**i**	ospit**ate**	**hai** ospitato	**avete** ospitato
ospit**a**	ospit**ano**	**ha** ospitato	**hanno** ospitato
imperfetto		**trapassato prossimo**	
ospita**vo**	ospita**vamo**	**avevo** ospitato	**avevamo** ospitato
ospita**vi**	ospita**vate**	**avevi** ospitato	**avevate** ospitato
ospita**va**	ospita**vano**	**aveva** ospitato	**avevano** ospitato
passato remoto		**trapassato remoto**	
ospit**ai**	ospit**ammo**	**ebbi** ospitato	**avemmo** ospitato
ospit**asti**	ospit**aste**	**avesti** ospitato	**aveste** ospitato
ospit**ò**	ospit**arono**	**ebbe** ospitato	**ebbero** ospitato
futuro semplice		**futuro anteriore**	
ospiter**ò**	ospiter**emo**	**avrò** ospitato	**avremo** ospitato
ospiter**ai**	ospiter**ete**	**avrai** ospitato	**avrete** ospitato
ospiter**à**	ospiter**anno**	**avrà** ospitato	**avranno** ospitato
condizionale presente		**condizionale passato**	
ospit**erei**	ospit**eremmo**	**avrei** ospitato	**avremmo** ospitato
ospit**eresti**	ospit**ereste**	**avresti** ospitato	**avreste** ospitato
ospit**erebbe**	ospit**erebbero**	**avrebbe** ospitato	**avrebbero** ospitato
congiuntivo presente		**congiuntivo passato**	
ospit**i**	ospit**iamo**	**abbia** ospitato	**abbiamo** ospitato
ospit**i**	ospit**iate**	**abbia** ospitato	**abbiate** ospitato
ospit**i**	ospit**ino**	**abbia** ospitato	**abbiano** ospitato
congiuntivo imperfetto		**congiuntivo trapassato**	
ospit**assi**	ospit**assimo**	**avessi** ospitato	**avessimo** ospitato
ospit**assi**	ospit**aste**	**avessi** ospitato	**aveste** ospitato
ospit**asse**	ospit**assero**	**avesse** ospitato	**avessero** ospitato
imperativo			
	ospita		
ospiti; non ospitare	ospitiamo		
ospitate	ospitino		

O

SINGULAR	PLURAL	SINGULAR	PLURAL

indicativo presente

		passato prossimo	
osserv**o**	osserv**iamo**	**ho** osservato	**abbiamo** osservato
osserv**i**	osserv**ate**	**hai** osservato	**avete** osservato
osserv**a**	osserv**ano**	**ha** osservato	**hanno** osservato

imperfetto

		trapassato prossimo	
osserva**vo**	osserva**vamo**	**avevo** osservato	**avevamo** osservato
osserva**vi**	osserva**vate**	**avevi** osservato	**avevate** osservato
osserva**va**	osserva**vano**	**aveva** osservato	**avevano** osservato

passato remoto

		trapassato remoto	
osserv**ai**	osserv**ammo**	**ebbi** osservato	**avemmo** osservato
osserv**asti**	osserv**aste**	**avesti** osservato	**aveste** osservato
osserv**ò**	osserv**arono**	**ebbe** osservato	**ebbero** osservato

futuro semplice

		futuro anteriore	
osserver**ò**	osserver**emo**	**avrò** osservato	**avremo** osservato
osserver**ai**	osserver**ete**	**avrai** osservato	**avrete** osservato
osserver**à**	osserver**anno**	**avrà** osservato	**avranno** osservato

condizionale presente

		condizionale passato	
osserver**ei**	osserver**emmo**	**avrei** osservato	**avremmo** osservato
osserver**esti**	osserver**este**	**avresti** osservato	**avreste** osservato
osserver**ebbe**	osserver**ebbero**	**avrebbe** osservato	**avrebbero** osservato

congiuntivo presente

		congiuntivo passato	
osserv**i**	osserv**iamo**	**abbia** osservato	**abbiamo** osservato
osserv**i**	osserv**iate**	**abbia** osservato	**abbiate** osservato
osserv**i**	osserv**ino**	**abbia** osservato	**abbiano** osservato

congiuntivo imperfetto

		congiuntivo trapassato	
osserv**assi**	osserv**assimo**	**avessi** osservato	**avessimo** osservato
osserv**assi**	osserv**aste**	**avessi** osservato	**aveste** osservato
osserv**asse**	osserv**assero**	**avesse** osservato	**avessero** osservato

imperativo

	osserv**iamo**
osserv**a**;	osserv**ate**
non osservare	
osserv**i**	osserv**ino**

O

to insist, to persist   ostinarsi

gerundio **ostinandosi**   participio passato **ostinatosi**

SINGULAR	PLURAL	SINGULAR	PLURAL
indicativo presente		passato prossimo	
mi ostin**o**	**ci** ostin**iamo**	**mi sono** ostinato(a)	**ci siamo** ostinati(e)
ti ostin**i**	**vi** ostin**ate**	**ti sei** ostinato(a)	**vi siete** ostinati(e)
si ostin**a**	**si** ostin**ano**	**si è** ostinato(a)	**si sono** ostinati(e)
imperfetto		trapassato prossimo	
mi ostin**avo**	**ci** ostin**avamo**	**mi ero** ostinato(a)	**ci eravamo** ostinati(e)
ti ostin**avi**	**vi** ostin**avate**	**ti eri** ostinato(a)	**vi eravate** ostinati(e)
si ostin**ava**	**si** ostin**avano**	**si era** ostinato(a)	**si erano** ostinati(e)
passato remoto		trapassato remoto	
mi ostin**ai**	**ci** ostin**ammo**	**mi fui** ostinato(a)	**ci fummo** ostinati(e)
ti ostin**asti**	**vi** ostin**aste**	**ti fosti** ostinato(a)	**vi foste** ostinati(e)
si ostin**ò**	**si** ostin**arono**	**si fu** ostinato(a)	**si furono** ostinati(e)
futuro semplice		futuro anteriore	
mi ostin**erò**	**ci** ostin**eremo**	**mi sarò** ostinato(a)	**ci saremo** ostinati(e)
ti ostin**erai**	**vi** ostin**erete**	**ti sarai** ostinato(a)	**vi sarete** ostinati(e)
si ostin**erà**	**si** ostin**eranno**	**si sarà** ostinato(a)	**si saranno** ostinati(e)
condizionale presente		condizionale passato	
mi ostin**erei**	**ci** ostin**eremmo**	**mi sarei** ostinato(a)	**ci saremmo** ostinati(e)
ti ostin**eresti**	**vi** ostin**ereste**	**ti saresti** ostinato(a)	**vi sareste** ostinati(e)
si ostin**erebbe**	**si** ostin**erebbero**	**si sarebbe** ostinato(a)	**si sarebbero** ostinati(e)
congiuntivo presente		congiuntivo passato	
mi ostin**i**	**ci** ostin**iamo**	**mi sia** ostinato(a)	**ci siamo** ostinati(e)
ti ostin**i**	**vi** ostin**iate**	**ti sia** ostinato(a)	**vi siate** ostinati(e)
si ostin**i**	**si** ostin**ino**	**si sia** ostinato(a)	**si siano** ostinati(e)
congiuntivo imperfetto		congiuntivo trapassato	
mi ostin**assi**	**ci** ostin**assimo**	**mi fossi** ostinato(a)	**ci fossimo** ostinati(e)
ti ostin**assi**	**vi** ostin**aste**	**ti fossi** ostinato(a)	**vi foste** ostinati(e)
si ostin**asse**	**si** ostin**assero**	**si fosse** ostinato(a)	**si fossero** ostinati(e)

imperativo

	ostiniamoci
ostinati;	ostinatevi
non ostinarti/	
non ti ostinare	
si ostini	si ostinino

O

gerundio **ottenendo**   participio passato **ottenuto**

SINGULAR	PLURAL	SINGULAR	PLURAL
indicativo presente		**passato prossimo**	
otteng**o**	otten**iamo**	**ho** ottenuto	**abbiamo** ottenuto
ottien**i**	otten**ete**	**hai** ottenuto	**avete** ottenuto
ottien**e**	otteng**ono**	**ha** ottenuto	**hanno** ottenuto
imperfetto		**trapassato prossimo**	
ottene**vo**	ottene**vamo**	**avevo** ottenuto	**avevamo** ottenuto
ottene**vi**	ottene**vate**	**avevi** ottenuto	**avevate** ottenuto
ottene**va**	ottene**vano**	**aveva** ottenuto	**avevano** ottenuto
passato remoto		**trapassato remoto**	
otten**ni**	otten**emmo**	**ebbi** ottenuto	**avemmo** ottenuto
otten**esti**	otten**este**	**avesti** ottenuto	**aveste** ottenuto
otten**ne**	otten**nero**	**ebbe** ottenuto	**ebbero** ottenuto
futuro semplice		**futuro anteriore**	
otterr**ò**	otterr**emo**	**avrò** ottenuto	**avremo** ottenuto
otterr**ai**	otterr**ete**	**avrai** ottenuto	**avrete** ottenuto
otterr**à**	otterr**anno**	**avrà** ottenuto	**avranno** ottenuto
condizionale presente		**condizionale passato**	
ott**errei**	ott**erremmo**	**avrei** ottenuto	**avremmo** ottenuto
ott**erresti**	ott**erreste**	**avresti** ottenuto	**avreste** ottenuto
ott**errebbe**	ott**errebbero**	**avrebbe** ottenuto	**avrebbero** ottenuto
congiuntivo presente		**congiuntivo passato**	
otteng**a**	otten**iamo**	**abbia** ottenuto	**abbiamo** ottenuto
otteng**a**	otten**iate**	**abbia** ottenuto	**abbiate** ottenuto
otteng**a**	otteng**ano**	**abbia** ottenuto	**abbiano** ottenuto
congiuntivo imperfetto		**congiuntivo trapassato**	
otten**essi**	otten**essimo**	**avessi** ottenuto	**avessimo** ottenuto
otten**essi**	otten**este**	**avessi** ottenuto	**aveste** ottenuto
otten**esse**	otten**essero**	**avesse** ottenuto	**avessero** ottenuto
imperativo			
	otteniamo		
ottieni; non ottenere	ottenete		
ottenga	ottengano		

O

to pay

pagare

gerundio **pagando**   participio passato **pagato**

SINGULAR	PLURAL	SINGULAR	PLURAL

indicativo presente

pag**o**	pag**hiamo**
pag**hi**	pag**ate**
pag**a**	pag**ano**

passato prossimo

ho pagato	**abbiamo** pagato
hai pagato	**avete** pagato
ha pagato	**hanno** pagato

imperfetto

pag**avo**	pag**avamo**
pag**avi**	pag**avate**
pag**ava**	pag**avano**

trapassato prossimo

avevo pagato	**avevamo** pagato
avevi pagato	**avevate** pagato
aveva pagato	**avevano** pagato

passato remoto

pag**ai**	pag**ammo**
pag**asti**	pag**aste**
pag**ò**	pag**arono**

trapassato remoto

ebbi pagato	**avemmo** pagato
avesti pagato	**aveste** pagato
ebbe pagato	**ebbero** pagato

futuro semplice

pagher**ò**	pagher**emo**
pagher**ai**	pagher**ete**
pagher**à**	pagher**anno**

futuro anteriore

avrò pagato	**avremo** pagato
avrai pagato	**avrete** pagato
avrà pagato	**avranno** pagato

condizionale presente

pagher**ei**	pagher**emmo**
pagher**esti**	pagher**este**
pagher**ebbe**	pagher**ebbero**

condizionale passato

avrei pagato	**avremmo** pagato
avresti pagato	**avreste** pagato
avrebbe pagato	**avrebbero** pagato

congiuntivo presente

pag**hi**	pag**hiamo**
pag**hi**	pag**hiate**
pag**hi**	pag**hino**

congiuntivo passato

abbia pagato	**abbiamo** pagato
abbia pagato	**abbiate** pagato
abbia pagato	**abbiano** pagato

congiuntivo imperfetto

pag**assi**	pag**assimo**
pag**assi**	pag**aste**
pag**asse**	pag**assero**

congiuntivo trapassato

avessi pagato	**avessimo** pagato
avessi pagato	**aveste** pagato
avesse pagato	**avessero** pagato

imperativo

	paghiamo
paga; non pagare	pagate
paghi	paghino

MUST KNOW VERB

SINGULAR	PLURAL	SINGULAR	PLURAL

indicativo presente

		passato prossimo	
parcheggio	parcheggiamo	ho parcheggiato	abbiamo parcheggiato
parcheggi	parcheggiate	hai parcheggiato	avete parcheggiato
parcheggia	parcheggiano	ha parcheggiato	hanno parcheggiato

imperfetto

		trapassato prossimo	
parcheggiavo	parcheggiavamo	avevo parcheggiato	avevamo parcheggiato
parcheggiavi	parcheggiavate	avevi parcheggiato	avevate parcheggiato
parcheggiava	parcheggiavano	aveva parcheggiato	avevano parcheggiato

passato remoto

		trapassato remoto	
parcheggiai	parcheggiammo	ebbi parcheggiato	avemmo parcheggiato
parcheggiasti	parcheggiaste	avesti parcheggiato	aveste parcheggiato
parcheggiò	parcheggiarono	ebbe parcheggiato	ebbero parcheggiato

futuro semplice

		futuro anteriore	
parcheggerò	parcheggeremo	avrò parcheggiato	avremo parcheggiato
parcheggerai	parcheggerete	avrai parcheggiato	avrete parcheggiato
parcheggerà	parcheggeranno	avrà parcheggiato	avranno parcheggiato

condizionale presente

		condizionale passato	
pareheggerei	parcheggeremmo	avrei parcheggiato	avremmo parcheggiato
parcheggeresti	parcheggereste	avresti parcheggiato	avreste parcheggiato
parcheggerebbe	parcheggerebbero	avrebbe parcheggiato	avrebbero parcheggiato

congiuntivo presente

		congiuntivo passato	
parcheggi	parcheggiamo	abbia parcheggiato	abbiamo parcheggiato
parcheggi	parcheggiate	abbia parcheggiato	abbiate parcheggiato
parcheggi	parcheggino	abbia parcheggiato	abbiano parcheggiato

congiuntivo imperfetto

		congiuntivo trapassato	
parcheggiassi	parcheggiassimo	avessi parcheggiato	avessimo parcheggiato
parcheggiassi	parcheggiaste	avessi parcheggiato	aveste parcheggiato
parcheggiasse	parcheggiassero	avesse parcheggiato	avessero parcheggiato

imperativo

	parcheggiamo
parcheggia; non	parcheggiate
parcheggiare	
parcheggi	parcheggino

P

gerundio **parendo**   participio passato **parso**

SINGULAR	PLURAL	SINGULAR	PLURAL
indicativo presente		**passato prossimo**	
pai**o**	pai**amo**	**sono** parso(a)	**siamo** parsi(e)
par**i**	par**ete**	**sei** parso(a)	**siete** parsi(e)
par**e**	pai**ono**	**è** parso(a)	**sono** parsi(e)
imperfetto		**trapassato prossimo**	
pare**vo**	pare**vamo**	**ero** parso(a)	**eravamo** parsi(e)
pare**vi**	pare**vate**	**eri** parso(a)	**eravate** parsi(e)
pare**va**	pare**vano**	**era** parso(a)	**erano** parsi(e)
passato remoto		**trapassato remoto**	
parvi	par**emmo**	**fui** parso(a)	**fummo** parsi(e)
par**esti**	par**este**	**fosti** parso(a)	**foste** parsi(e)
parve	**parvero**	**fu** parso(a)	**furono** parsi(e)
futuro semplice		**futuro anteriore**	
parr**ò**	parr**emo**	**sarò** parso(a)	**saremo** parsi(e)
parr**ai**	parr**ete**	**sarai** parso(a)	**sarete** parsi(e)
parr**à**	parr**anno**	**sarà** parso(a)	**saranno** parsi(e)
condizionale presente		**condizionale passato**	
parr**ei**	parr**emmo**	**sarei** parso(a)	**saremmo** parsi(e)
parr**esti**	parr**este**	**saresti** parso(a)	**sareste** parsi(e)
parr**ebbe**	parr**ebbero**	**sarebbe** parso(a)	**sarebbero** parsi(e)
congiuntivo presente		**congiuntivo passato**	
pai**a**	pai**amo**	**sia** parso(a)	**siamo** parsi(e)
pai**a**	pai**ate**	**sia** parso(a)	**siate** parsi(e)
pai**a**	pai**ano**	**sia** parso(a)	**siano** parsi(e)
congiuntivo imperfetto		**congiuntivo trapassato**	
par**essi**	par**essimo**	**fossi** parso(a)	**fossimo** parsi(e)
par**essi**	par**este**	**fossi** parso(a)	**foste** parsi(e)
par**esse**	par**essero**	**fosse** parso(a)	**fossero** parsi(e)

P

parlare   to speak, to talk

gerundio **parlando**   participio passato **parlato**

SINGULAR	PLURAL	SINGULAR	PLURAL
indicativo presente		**passato prossimo**	
parl**o**	parl**iamo**	**ho** parlato	**abbiamo** parlato
parl**i**	parl**ate**	**hai** parlato	**avete** parlato
parl**a**	parl**ano**	**ha** parlato	**hanno** parlato
imperfetto		**trapassato prossimo**	
parla**vo**	parla**vamo**	**avevo** parlato	**avevamo** parlato
parla**vi**	parla**vate**	**avevi** parlato	**avevate** parlato
parla**va**	parla**vano**	**aveva** parlato	**avevano** parlato
passato remoto		**trapassato remoto**	
parl**ai**	parl**ammo**	**ebbi** parlato	**avemmo** parlato
parl**asti**	parl**aste**	**avesti** parlato	**aveste** parlato
parl**ò**	parl**arono**	**ebbe** parlato	**ebbero** parlato
futuro semplice		**futuro anteriore**	
parler**ò**	parler**emo**	**avrò** parlato	**avremo** parlato
parler**ai**	parler**ete**	**avrai** parlato	**avrete** parlato
parler**à**	parler**anno**	**avrà** parlato	**avranno** parlato
condizionale presente		**condizionale passato**	
parler**ei**	parler**emmo**	**avrei** parlato	**avremmo** parlato
parler**esti**	parler**este**	**avresti** parlato	**avreste** parlato
parler**ebbe**	parler**ebbero**	**avrebbe** parlato	**avrebbero** parlato
congiuntivo presente		**congiuntivo passato**	
parl**i**	parl**iamo**	**abbia** parlato	**abbiamo** parlato
parl**i**	parl**iate**	**abbia** parlato	**abbiate** parlato
parl**i**	parl**ino**	**abbia** parlato	**abbiano** parlato
congiuntivo imperfetto		**congiuntivo trapassato**	
parl**assi**	parl**assimo**	**avessi** parlato	**avessimo** parlato
parl**assi**	parl**aste**	**avessi** parlato	**aveste** parlato
parl**asse**	parl**assero**	**avesse** parlato	**avessero** parlato
imperativo			
	parl**iamo**		
parl**a**; non parl**are**	parl**ate**		
parl**i**	parl**ino**		

P

MUST KNOW VERB

422

to participate
partecipare

SINGULAR	PLURAL	SINGULAR	PLURAL
indicativo presente		passato prossimo	
partecip**o**	partecip**iamo**	**ho** partecipato	**abbiamo** partecipato
partecip**i**	partecip**ate**	**hai** partecipato	**avete** partecipato
partecip**a**	partecip**ano**	**ha** partecipato	**hanno** partecipato
imperfetto		trapassato prossimo	
partecipa**vo**	partecipa**vamo**	**avevo** partecipato	**avevamo** partecipato
partecipa**vi**	partecipa**vate**	**avevi** partecipato	**avevate** partecipato
partecipa**va**	partecipa**vano**	**aveva** partecipato	**avevano** partecipato
passato remoto		trapassato remoto	
partecip**ai**	partecip**ammo**	**ebbi** partecipato	**avemmo** partecipato
partecip**asti**	partecip**aste**	**avesti** partecipato	**aveste** partecipato
partecip**ò**	partecip**arono**	**ebbe** partecipato	**ebbero** partecipato
futuro semplice		futuro anteriore	
parteciper**ò**	parteciper**emo**	**avrò** partecipato	**avremo** partecipato
parteciper**ai**	parteciper**ete**	**avrai** partecipato	**avrete** partecipato
parteciper**à**	parteciper**anno**	**avrà** partecipato	**avranno** partecipato
condizionale presente		condizionale passato	
parteciper**ei**	parteciper**emmo**	**avrei** partecipato	**avremmo** partecipato
parteciper**esti**	parteciper**este**	**avresti** partecipato	**avreste** partecipato
parteciper**ebbe**	parteciper**ebbero**	**avrebbe** partecipato	**avrebbero** partecipato
congiuntivo presente		congiuntivo passato	
partecip**i**	partecip**iamo**	**abbia** partecipato	**abbiamo** partecipato
partecip**i**	partecip**iate**	**abbia** partecipato	**abbiate** partecipato
partecip**i**	partecip**ino**	**abbia** partecipato	**abbiano** partecipato
congiuntivo imperfetto		congiuntivo trapassato	
partecip**assi**	partecip**assimo**	**avessi** partecipato	**avessimo** partecipato
partecip**assi**	partecip**aste**	**avessi** partecipato	**aveste** partecipato
partecip**asse**	partecip**assero**	**avesse** partecipato	**avessero** partecipato
imperativo			
	partecipiamo		
partecipa; non	partecipate		
partecipare			
partecipi	partecipino		

P

partire
to leave

SINGULAR	PLURAL	SINGULAR	PLURAL
indicativo presente		**passato prossimo**	
part**o**	part**iamo**	**sono** partito(a)	**siamo** partiti(e)
part**i**	part**ite**	**sei** partito(a)	**siete** partiti(e)
part**e**	part**ono**	**è** partito(a)	**sono** partiti(e)
imperfetto		**trapassato prossimo**	
part**ivo**	part**ivamo**	**ero** partito(a)	**eravamo** partiti(e)
part**ivi**	part**ivate**	**eri** partito(a)	**eravate** partiti(e)
part**iva**	part**ivano**	**era** partito(a)	**erano** partiti(e)
passato remoto		**trapassato remoto**	
part**ii**	part**immo**	**fui** partito(a)	**fummo** partiti(e)
part**isti**	part**iste**	**fosti** partito(a)	**foste** partiti(e)
part**ì**	part**irono**	**fu** partito(a)	**furono** partiti(e)
futuro semplice		**futuro anteriore**	
partir**ò**	partir**emo**	**sarò** partito(a)	**saremo** partiti(e)
partir**ai**	partir**ete**	**sarai** partito(a)	**sarete** partiti(e)
partir**à**	partir**anno**	**sarà** partito(a)	**saranno** partiti(e)
condizionale presente		**condizionale passato**	
part**irei**	part**iremmo**	**sarei** partito(a)	**saremmo** partiti(e)
part**iresti**	part**ireste**	**saresti** partito(a)	**sareste** partiti(e)
part**irebbe**	part**irebbero**	**sarebbe** partito(a)	**sarebbero** partiti(e)
congiuntivo presente		**congiuntivo passato**	
part**a**	part**iamo**	**sia** partito(a)	**siamo** partiti(e)
part**a**	part**iate**	**sia** partito(a)	**siate** partiti(e)
part**a**	part**ano**	**sia** partito(a)	**siano** partiti(e)
congiuntivo imperfetto		**congiuntivo trapassato**	
part**issi**	part**issimo**	**fossi** partito(a)	**fossimo** partiti(e)
part**issi**	part**iste**	**fossi** partito(a)	**foste** partiti(e)
part**isse**	part**issero**	**fosse** partito(a)	**fossero** partiti(e)
imperativo			
	partiamo		
parti; non partire	partite		
parta	partano		

P

MUST KNOW VERB

to pass, to proceed   passare

SINGULAR	PLURAL	SINGULAR	PLURAL

indicativo presente

pass**o**	pass**iamo**
pass**i**	pass**ate**
pass**a**	pass**ano**

imperfetto

passa**vo**	passa**vamo**
passa**vi**	passa**vate**
passa**va**	passa**vano**

passato remoto

pass**ai**	pass**ammo**
pass**asti**	pass**aste**
pass**ò**	passar**ono**

futuro semplice

passer**ò**	passer**emo**
passer**ai**	passer**ete**
passer**à**	passer**anno**

condizionale presente

passer**ei**	passer**emmo**
passer**esti**	passer**este**
passer**ebbe**	passer**ebbero**

congiuntivo presente

pass**i**	pass**iamo**
pass**i**	pass**iate**
pass**i**	pass**ino**

congiuntivo imperfetto

pass**assi**	pass**assimo**
pass**assi**	pass**aste**
pass**asse**	pass**assero**

imperativo

	passiamo
passa; non passare	passiate
passi	passino

passato prossimo

ho passato	**abbiamo** passato
hai passato	**avete** passato
ha passato	**hanno** passato

trapassato prossimo

avevo passato	**avevamo** passato
avevi passato	**avevate** passato
aveva passato	**avevano** passato

trapassato remoto

ebbi passato	**avemmo** passato
avesti passato	**aveste** passato
ebbe passato	**ebbero** passato

futuro anteriore

avrò passato	**avremo** passato
avrai passato	**avrete** passato
avrà passato	**avranno** passato

condizionale passato

avrei passato	**avremmo** passato
avresti passato	**avreste** passato
avrebbe passato	**avrebbero** passato

congiuntivo passato

abbia passato	**abbiamo** passato
abbia passato	**abbiate** passato
abbia passato	**abbiano** passato

congiuntivo trapassato

avessi passato	**avessimo** passato
avessi passato	**aveste** passato
avesse passato	**avessero** passato

P

gerundio **passeggiando**   participio passato **passeggiato**

SINGULAR	PLURAL	SINGULAR	PLURAL
indicativo presente		**passato prossimo**	
passeggio	passeggiamo	ho passeggiato	abbiamo passeggiato
passeggi	passeggiate	hai passeggiato	avete passeggiato
passeggia	passeggiano	ha passeggiato	hanno passeggiato
imperfetto		**trapassato prossimo**	
passeggiavo	passeggiavamo	avevo passeggiato	avevamo passeggiato
passeggiavi	passeggiavate	avevi passeggiato	avevate passeggiato
passeggiava	passeggiavano	aveva passeggiato	avevano passeggiato
passato remoto		**trapassato remoto**	
passeggiai	passeggiammo	ebbi passeggiato	avemmo passeggiato
passeggiasti	passeggiaste	avesti passeggiato	aveste passeggiato
passeggiò	passeggiarono	ebbe passeggiato	ebbero passeggiato
futuro semplice		**futuro anteriore**	
passeggerò	passeggeremo	avrò passeggiato	avremo passeggiato
passeggerai	passeggerete	avrai passeggiato	avrete passeggiato
passeggerà	passeggeranno	avrà passeggiato	avranno passeggiato
condizionale presente		**condizionale passato**	
passeggerei	passeggeremmo	avrei passeggiato	avremmo passeggiato
passeggeresti	passeggereste	avresti passeggiato	avreste passeggiato
passeggerebbe	passeggerebbero	avrebbe passeggiato	avrebbero passeggiato
congiuntivo presente		**congiuntivo passato**	
passeggi	passeggiamo	abbia passeggiato	abbiamo passeggiato
passeggi	passeggiate	abbia passeggiato	abbiate passeggiato
passeggi	passeggino	abbia passeggiato	abbiano passeggiato
congiuntivo imperfetto		**congiuntivo trapassato**	
passeggiassi	passeggiassimo	avessi passeggiato	avessimo passeggiato
passeggiassi	passeggiaste	avessi passeggiato	aveste passeggiato
passeggiasse	passeggiassero	avesse passeggiato	avessero passeggiato

imperativo

	passeggiamo
passeggia; non passeggiare	passeggiate
passeggi	passeggino

P

gerundio **patendo** participio passato **patito**

SINGULAR	PLURAL	SINGULAR	PLURAL
indicativo presente		passato prossimo	
patisc**o**	pat**iamo**	**ho** patito	**abbiamo** patito
partisc**i**	pat**ite**	**hai** patito	**avete** patito
patisc**e**	patisc**ono**	**ha** patito	**hanno** patito
imperfetto		trapassato prossimo	
pati**vo**	pati**vamo**	**avevo** patito	**avevamo** patito
pati**vi**	pati**vate**	**avevi** patito	**avevate** patito
pati**va**	pati**vano**	**aveva** patito	**avevano** patito
passato remoto		trapassato remoto	
pat**ii**	pat**immo**	**ebbi** patito	**avemmo** patito
pat**isti**	pat**iste**	**avesti** patito	**aveste** patito
pat**ì**	patir**ono**	**ebbe** patito	**ebbero** patito
futuro semplice		futuro anteriore	
patir**ò**	patir**emo**	**avrò** patito	**avremo** patito
patir**ai**	patir**ete**	**avrai** patito	**avrete** patito
patir**à**	patir**anno**	**avrà** patito	**avranno** patito
condizionale presente		condizionale passato	
pat**irei**	pat**iremmo**	**avrei** patito	**avremmo** patito
pat**iresti**	pat**ireste**	**avresti** patito	**avreste** patito
pat**irebbe**	pat**irebbero**	**avrebbe** patito	**avrebbero** patito
congiuntivo presente		congiuntivo passato	
patisc**a**	pat**iamo**	**abbia** patito	**abbiamo** patito
patisc**a**	pat**iate**	**abbia** patito	**abbiate** patito
patisc**a**	patisc**ano**	**abbia** patito	**abbiano** patito
congiuntivo imperfetto		congiuntivo trapassato	
pat**issi**	pat**issimo**	**avessi** patito	**avessimo** patito
pat**issi**	pat**iste**	**avessi** patito	**aveste** patito
pat**isse**	pat**issero**	**avesse** patito	**avessero** patito

imperativo

SINGULAR	PLURAL
	patiamo
patisci; non patire	patite
patisca	patiscano

pendere   to hang

SINGULAR	PLURAL	SINGULAR	PLURAL
indicativo presente		**passato prossimo**	
pendo	pendiamo	**ho** penduto	**abbiamo** penduto
pendi	pendete	**hai** penduto	**avete** penduto
pende	pendono	**ha** penduto	**hanno** penduto
imperfetto		**trapassato prossimo**	
pendevo	pendevamo	**avevo** penduto	**avevamo** penduto
pendevi	pendevate	**avevi** penduto	**avevate** penduto
pendeva	pendevano	**aveva** penduto	**avevano** penduto
passato remoto		**trapassato remoto**	
pendei (pendetti)	pendemmo	**ebbi** penduto	**avemmo** penduto
pendesti	pendeste	**avesti** penduto	**aveste** penduto
pendé (pendette)	penderono (pendettero)	**ebbe** penduto	**ebbero** penduto
futuro semplice		**futuro anteriore**	
penderò	penderemo	**avrò** penduto	**avremo** penduto
penderai	penderete	**avrai** penduto	**avrete** penduto
penderà	penderanno	**avrà** penduto	**avranno** penduto
condizionale presente		**condizionale passato**	
penderei	penderemmo	**avrei** penduto	**avremmo** penduto
penderesti	pendereste	**avresti** penduto	**avreste** penduto
penderebbe	penderebbero	**avrebbe** penduto	**avrebbero** penduto
congiuntivo presente		**congiuntivo passato**	
penda	pendiamo	**abbia** penduto	**abbiamo** penduto
penda	pendiate	**abbia** penduto	**abbiate** penduto
penda	pendano	**abbia** penduto	**abbiano** penduto
congiuntivo imperfetto		**congiuntivo trapassato**	
pendessi	pendessimo	**avessi** penduto	**avessimo** penduto
pendessi	pendeste	**avessi** penduto	**aveste** penduto
pendesse	pendessero	**avesse** penduto	**avessero** penduto

imperativo

	pendiamo
pendi; non pendere	pendete
penda	pendano

P

to penetrate, to pierce   penetrare

gerundio **penetrando**   participio passato **penetrato**

SINGULAR	PLURAL	SINGULAR	PLURAL
indicativo presente		passato prossimo	
penetr**o**	penetr**iamo**	**ho** penetrato	**abbiamo** penetrato
penetr**i**	penetr**ate**	**hai** penetrato	**avete** penetrato
penetr**a**	penetr**ano**	**ha** penetrato	**hanno** penetrato
imperfetto		trapassato prossimo	
penetra**vo**	penetra**vamo**	**avevo** penetrato	**avevamo** penetrato
penetra**vi**	penetra**vate**	**avevi** penetrato	**avevate** penetrato
penetra**va**	penetra**vano**	**aveva** penetrato	**avevano** penetrato
passato remoto		trapassato remoto	
penetr**ai**	penetr**ammo**	**ebbi** penetrato	**avemmo** penetrato
penetr**asti**	penetr**aste**	**avesti** penetrato	**aveste** penetrato
penetr**ò**	penetr**arono**	**ebbe** penetrato	**ebbero** penetrato
futuro semplice		futuro anteriore	
penetrer**ò**	penetrer**emo**	**avrò** penetrato	**avremo** penetrato
penetrer**ai**	penetrer**ete**	**avrai** penetrato	**avrete** penetrato
penetrer**à**	penetrer**anno**	**avrà** penetrato	**avranno** penetrato
condizionale presente		condizionale passato	
penetr**erei**	penetr**eremmo**	**avrei** penetrato	**avremmo** penetrato
penetr**eresti**	penetr**ereste**	**avresti** penetrato	**avreste** penetrato
penetr**erebbe**	penetr**erebbero**	**avrebbe** penetrato	**avrebbero** penetrato
congiuntivo presente		congiuntivo passato	
penetr**i**	penetr**iamo**	**abbia** penetrato	**abbiamo** penetrato
penetr**i**	penetr**iate**	**abbia** penetrato	**abbiate** penetrato
penetr**i**	penetr**ino**	**abbia** penetrato	**abbiano** penetrato
congiuntivo imperfetto		congiuntivo trapassato	
penetr**assi**	penetr**assimo**	**avessi** penetrato	**avessimo** penetrato
penetr**assi**	penetr**aste**	**avessi** penetrato	**aveste** penetrato
penetr**asse**	penetr**assero**	**avesse** penetrato	**avessero** penetrato
imperativo			
	penetriamo		
penetra;	penetrate		
non penetrare			
penetri	penetrino		

P

pensare   to think

SINGULAR	PLURAL	SINGULAR	PLURAL

indicativo presente

		passato prossimo	
penso	pensiamo	ho pensato	abbiamo pensato
pensi	pensate	hai pensato	avete pensato
pensa	pensano	ha pensato	hanno pensato

imperfetto

		trapassato prossimo	
pensavo	pansavamo	avevo pensato	avevamo pensato
pensavi	pensavate	avevi pensato	avevate pensato
pensava	pensavano	aveva pensato	avevano pensato

passato remoto

		trapassato remoto	
pensai	pensammo	ebbi pensato	avemmo pensato
pensasti	pensaste	avesti pensato	aveste pensato
pensò	pensarono	ebbe pensato	ebbero pensato

futuro semplice

		futuro anteriore	
penserò	penseremo	avrò pensato	avremo pensato
penserai	penserete	avrai pensato	avrete pensato
penserà	penseranno	avrà pensato	avranno pensato

condizionale presente

		condizionale passato	
penserei	penseremmo	avrei pensato	avremmo pensato
penseresti	pensereste	avresti pensato	avreste pensato
penserebbe	penserebbero	avrebbe pensato	avrebbero pensato

congiuntivo presente

		congiuntivo passato	
pensi	pensiamo	abbia pensato	abbiamo pensato
pensi	pensiate	abbia pensato	abbiate pensato
pensi	pensino	abbia pensato	abbiano pensato

congiuntivo imperfetto

		congiuntivo trapassato	
pensassi	pensassimo	avessi pensato	avessimo pensato
pensassi	pensaste	avessi pensato	aveste pensato
pensasse	pensassero	avesse pensato	avessero pensato

imperativo

	pensiamo
pensa;	pensate
non pensare	
pensi	pensino

P

MUST KNOW VERB

to strike, to hit   percuotere

SINGULAR	PLURAL	SINGULAR	PLURAL
indicativo presente		**passato prossimo**	
percuoto	percuotiamo	ho percosso	abbiamo percosso
percuoti	percuotete	hai percosso	avete percosso
percuote	percuotono	ha percosso	hanno percosso
imperfetto		**trapassato prossimo**	
percuotevo	percuotevamo	avevo percosso	avevamo percosso
percuotevi	percuotevate	avevi percosso	avevate percosso
percuoteva	percuotevano	aveva percosso	avevano percosso
passato remoto		**trapassato remoto**	
percossi	percuotemmo	ebbi percosso	avemmo percosso
percuotesti	percuoteste	avesti percosso	aveste percosso
percosse	percossero	ebbe percosso	ebbero percosso
futuro semplice		**futuro anteriore**	
percuoterò	percuoteremo	avrò percosso	avremo percosso
percuoterai	percuoterete	avrai percosso	avrete percosso
percuoterà	percuoteranno	avrà percosso	avranno percosso
condizionale presente		**condizionale passato**	
percuoterei	percuoteremmo	avrei percosso	avremmo percosso
percuoteresti	percuotereste	avresti percosso	avreste percosso
percuoterebbe	percuoterebbero	avrebbe percosso	avrebbero percosso
congiuntivo presente		**congiuntivo passato**	
percuota	percuotiamo	abbia percosso	abbiamo percosso
percuota	percuotiate	abbia percosso	abbiate percosso
percuota	percuotano	abbia percosso	abbiano percosso
congiuntivo imperfetto		**congiuntivo trapassato**	
percuotessi	percuotessimo	avessi percosso	avessimo percosso
percuotessi	percuoteste	avessi percosso	aveste percosso
percuotesse	percuotessero	avesse percosso	avessero percosso
imperativo			
	percuotiamo		
percuoti;	percuotete		
non percuotere			
percuota	percuotano		

P

perdere   to lose, to miss, to waste

gerundio **perdendo**   participio passato **perso**

SINGULAR	PLURAL	SINGULAR	PLURAL
indicativo presente		**passato prossimo**	
perd**o**	perd**iamo**	**ho** perso	**abbiamo** perso
perd**i**	perd**ete**	**hai** perso	**avete** perso
perd**e**	perd**ono**	**ha** perso	**hanno** perso
imperfetto		**trapassato prossimo**	
perd**evo**	perd**evamo**	**avevo** perso	**avevamo** perso
perd**evi**	perd**evate**	**avevi** perso	**avevate** perso
perd**eva**	perd**evano**	**aveva** perso	**avevano** perso
passato remoto		**trapassato remoto**	
pers**i**	perd**emmo**	**ebbi** perso	**avemmo** perso
perd**esti**	perd**este**	**avesti** perso	**aveste** perso
pers**e**	pers**ero**	**ebbe** perso	**ebbero** perso
futuro semplice		**futuro anteriore**	
perder**ò**	perder**emo**	**avrò** perso	**avremo** perso
perder**ai**	perder**ete**	**avrai** perso	**avrete** perso
perder**à**	perder**anno**	**avrà** perso	**avranno** perso
condizionale presente		**condizionale passato**	
perd**erei**	perd**eremmo**	**avrei** perso	**avremmo** perso
perd**eresti**	perd**ereste**	**avresti** perso	**avreste** perso
perd**erebbe**	perd**erebbero**	**avrebbe** perso	**avrebbero** perso
congiuntivo presente		**congiuntivo passato**	
perd**a**	perd**iamo**	**abbia** perso	**abbiamo** perso
perd**a**	perd**iate**	**abbia** perso	**abbiate** perso
perd**a**	perd**ano**	**abbia** perso	**abbiano** perso
congiuntivo imperfetto		**congiuntivo trapassato**	
perd**essi**	perd**essimo**	**avessi** perso	**avessimo** perso
perd**essi**	perd**este**	**avessi** perso	**aveste** perso
perd**esse**	perd**essero**	**avesse** perso	**avessero** perso
imperativo			
	perd**iamo**		
perd**i**; non perd**ere**	perd**ete**		
perd**a**	perd**ano**		

P

MUST
KNOW
VERB

to permit, to allow

permettere

gerundio **permettendo**   participio passato **permesso**

SINGULAR	PLURAL	SINGULAR	PLURAL

indicativo presente
permetto	permettiamo		
permetti	permettete		
permette	permettono		

passato prossimo
ho permesso	abbiamo permesso
hai permesso	avete permesso
ha permesso	hanno permesso

imperfetto
permettevo	permettevamo
permettevi	permettevate
permetteva	permettevano

trapassato prossimo
avevo permesso	avevamo permesso
avevi permesso	avevate permesso
aveva permesso	avevano permesso

passato remoto
permisi	permettemmo
permettesti	permetteste
permise	permisero

trapassato remoto
ebbi permesso	avemmo permesso
avesti permesso	aveste permesso
ebbe permesso	ebbero permesso

futuro semplice
permetterò	permetteremo
permetterai	permetterete
permetterà	permetteranno

futuro anteriore
avrò permesso	avremo permesso
avrai permesso	avrete permesso
avrà permesso	avranno permesso

condizionale presente
permetterei	permetteremmo
permetteresti	permettereste
permetterebbe	permetterebbero

condizionale passato
avrei permesso	avremmo permesso
avresti permesso	avreste permesso
avrebbe permesso	avrebbero permesso

congiuntivo presente
permetta	permettiamo
permetta	permettiate
permetta	permettano

congiuntivo passato
abbia permesso	abbiamo permesso
abbia permesso	abbiate permesso
abbia permesso	abbiano permesso

congiuntivo imperfetto
permettessi	permettessimo
permettessi	permetteste
permettesse	permettessero

congiuntivo trapassato
avessi permesso	avessimo permesso
avessi permesso	aveste permesso
avesse permesso	avessero permesso

imperativo
	permettiamo
permetti; non permettere	permettete
permetta	permettano

P

433

perseverare   to persevere

SINGULAR	PLURAL	SINGULAR	PLURAL
indicativo presente		**passato prossimo**	
persever**o**	persever**iamo**	**ho** perseverato	**abbiamo** perseverato
persever**i**	persever**ate**	**hai** perseverato	**avete** perseverato
persever**a**	persever**ano**	**ha** perseverato	**hanno** perseverato
imperfetto		**trapassato prossimo**	
persevera**vo**	persevera**vamo**	**avevo** perseverato	**avevamo** perseverato
persevera**vi**	persevera**vate**	**avevi** perseverato	**avevate** perseverato
persevera**va**	persevera**vano**	**aveva** perseverato	**avevano** perseverato
passato remoto		**trapassato remoto**	
persever**ai**	persever**ammo**	**ebbi** perseverato	**avemmo** perseverato
persever**asti**	persever**aste**	**avesti** perseverato	**aveste** perseverato
persever**ò**	persever**arono**	**ebbe** perseverato	**ebbero** perseverato
futuro semplice		**futuro anteriore**	
persevere**rò**	persevere**remo**	**avrò** perseverato	**avremo** perseverato
persevere**rai**	persevere**rete**	**avrai** perseverato	**avrete** perseverato
persevere**rà**	persevere**ranno**	**avrà** perseverato	**avranno** perseverato
condizionale presente		**condizionale passato**	
persevere**rei**	persevere**remmo**	**avrei** perseverato	**avremmo** perseverato
persevere**resti**	persevere**reste**	**avresti** perseverato	**avreste** perseverato
persevere**rebbe**	persevere**rebbero**	**avrebbe** perseverato	**avrebbero** perseverato
congiuntivo presente		**congiuntivo passato**	
persever**i**	persever**iamo**	**abbia** perseverato	**abbiamo** perseverato
persever**i**	persever**iate**	**abbia** perseverato	**abbiate** perseverato
persever**i**	persever**ino**	**abbia** perseverato	**abbiano** perseverato
congiuntivo imperfetto		**congiuntivo trapassato**	
persever**assi**	persever**assimo**	**avessi** perseverato	**avessimo** perseverato
persever**assi**	persever**aste**	**avessi** perseverato	**aveste** perseverato
persever**asse**	persever**assero**	**avesse** perseverato	**avessero** perseverato
imperativo			
	persever**iamo**		
persevera; non	perseverate		
perseverare			
perseveri	perseverino		

P

to persuade

persuadere

gerundio **persuadendo**   participio passato **persuaso**

SINGULAR	PLURAL	SINGULAR	PLURAL
indicativo presente		**passato prossimo**	
persuad**o**	persuad**iamo**	**ho** persuaso	**abbiamo** persuaso
persuad**i**	persuad**ete**	**hai** persuaso	**avete** persuaso
persuad**e**	persuad**ono**	**ha** persuaso	**hanno** persuaso
imperfetto		**trapassato prossimo**	
persuade**vo**	persuade**vamo**	**avevo** persuaso	**avevamo** persuaso
persuade**vi**	persuade**vate**	**avevi** persuaso	**avevate** persuaso
persuade**va**	persuade**vano**	**aveva** persuaso	**avevano** persuaso
passato remoto		**trapassato remoto**	
persuas**i**	persuad**emmo**	**ebbi** persuaso	**avemmo** persuaso
persuad**esti**	persuad**este**	**avesti** persuaso	**aveste** persuaso
persuas**e**	persuas**ero**	**ebbe** persuaso	**ebbero** persuaso
futuro semplice		**futuro anteriore**	
persuader**ò**	persuader**emo**	**avrò** persuaso	**avremo** persuaso
persuader**ai**	persuader**ete**	**avrai** persuaso	**avrete** persuaso
persuader**à**	persuader**anno**	**avrà** persuaso	**avranno** persuaso
condizionale presente		**condizionale passato**	
persuad**erei**	persuad**eremmo**	**avrei** persuaso	**avremmo** persuaso
persuad**eresti**	persuad**ereste**	**avresti** persuaso	**avreste** persuaso
persuad**erebbe**	persuad**erebbero**	**avrebbe** persuaso	**avrebbero** persuaso
congiuntivo presente		**congiuntivo passato**	
persuad**a**	persuad**iamo**	**abbia** persuaso	**abbiamo** persuaso
persuad**a**	persuad**iate**	**abbia** persuaso	**abbiate** persuaso
persuad**a**	persuad**ano**	**abbia** persuaso	**abbiano** persuaso
congiuntivo imperfetto		**congiuntivo trapassato**	
persuad**essi**	persuad**essimo**	**avessi** persuaso	**avessimo** persuaso
persuad**essi**	persuad**este**	**avessi** persuaso	**aveste** persuaso
persuad**esse**	persuad**essero**	**avesse** persuaso	**avessero** persuaso
imperativo			
	persuad**iamo**		
persuad**i**;	persuad**ete**		
non persuad**ere**			
persuad**a**	persuad**ano**		

P

gerundio **pesando** participio passato **pesato**

SINGULAR	PLURAL	SINGULAR	PLURAL

indicativo presente

		passato prossimo	
pes**o**	pes**iamo**	**ho** pesato	**abbiamo** pesato
pes**i**	pes**ate**	**hai** pesato	**avete** pesato
pes**a**	pes**ano**	**ha** pesato	**hanno** pesato

imperfetto

		trapassato prossimo	
pesa**vo**	pesa**vamo**	**avevo** pesato	**avevamo** pesato
pesa**vi**	pesa**vate**	**avevi** pesato	**avevate** pesato
pesa**va**	pesa**vano**	**aveva** pesato	**avevano** pesato

passato remoto

		trapassato remoto	
pes**ai**	pes**ammo**	**ebbi** pesato	**avemmo** pesato
pes**asti**	pes**aste**	**avesti** pesato	**aveste** pesato
pes**ò**	pes**arono**	**ebbe** pesato	**ebbero** pesato

futuro semplice

		futuro anteriore	
peser**ò**	peser**emo**	**avrò** pesato	**avremo** pesato
peser**ai**	peser**ete**	**avrai** pesato	**avrete** pesato
peser**à**	peser**anno**	**avrà** pesato	**avranno** pesato

condizionale presente

		condizionale passato	
pes**erei**	pes**eremmo**	**avrei** pesato	**avremmo** pesato
pes**eresti**	pes**ereste**	**avresti** pesato	**avreste** pesato
pes**erebbe**	pes**erebbero**	**avrebbe** pesato	**avrebbero** pesato

congiuntivo presente

		congiuntivo passato	
pes**i**	pes**iamo**	**abbia** pesato	**abbiamo** pesato
pes**i**	pes**iate**	**abbia** pesato	**abbiate** pesato
pes**i**	pes**ino**	**abbia** pesato	**abbiano** pesato

congiuntivo imperfetto

		congiuntivo trapassato	
pes**assi**	pes**assimo**	**avessi** pesato	**avessimo** pesato
pes**assi**	pes**aste**	**avessi** pesato	**aveste** pesato
pes**asse**	pes**assero**	**avesse** pesato	**avessero** pesato

imperativo

	pesiamo
pesa; non pesare	pesate
pesi	pesino

P

gerundio **pettinando**   participio passato **pettinato**

SINGULAR	PLURAL	SINGULAR	PLURAL
indicativo presente		**passato prossimo**	
pettin**o**	pettin**iamo**	**ho** pettinato	**abbiamo** pettinato
pettin**i**	pettin**ate**	**hai** pettinato	**avete** pettinato
pettin**a**	pettin**ano**	**ha** pettinato	**hanno** pettinato
imperfetto		**trapassato prossimo**	
pettina**vo**	pettina**vamo**	**avevo** pettinato	**avevamo** pettinato
pettina**vi**	pettina**vate**	**avevi** pettinato	**avevate** pettinato
pettina**va**	pettina**vano**	**aveva** pettinato	**avevano** pettinato
passato remoto		**trapassato remoto**	
pettin**ai**	pettin**ammo**	**ebbi** pettinato	**avemmo** pettinato
pettin**asti**	pettin**aste**	**avesti** pettinato	**aveste** pettinato
pettin**ò**	pettin**arono**	**ebbe** pettinato	**ebbero** pettinato
futuro semplice		**futuro anteriore**	
pettin**erò**	pettin**eremo**	**avrò** pettinato	**avremo** pettinato
pettin**erai**	pettin**erete**	**avrai** pettinato	**avrete** pettinato
pettin**erà**	pettin**eranno**	**avrà** pettinato	**avranno** pettinato
condizionale presente		**condizionale passato**	
pettin**erei**	pettin**eremmo**	**avrei** pettinato	**avremmo** pettinato
pettin**eresti**	pettin**ereste**	**avresti** pettinato	**avreste** pettinato
pettin**erebbe**	pettin**erebbero**	**avrebbe** pettinato	**avrebbero** pettinato
congiuntivo presente		**congiuntivo passato**	
pettin**i**	pettin**iamo**	**abbia** pettinato	**abbiamo** pettinato
pettin**i**	pettin**iate**	**abbia** pettinato	**abbiate** pettinato
pettin**i**	pettin**ino**	**abbia** pettinato	**abbiano** pettinato
congiuntivo imperfetto		**congiuntivo trapassato**	
pettin**assi**	pettin**assimo**	**avessi** pettinato	**avessimo** pettinato
pettin**assi**	pettin**aste**	**avessi** pettinato	**aveste** pettinato
pettin**asse**	pettin**assero**	**avesse** pettinato	**avessero** pettinato
imperativo			
	pettiniamo		
pettina;	pettinate		
non pettinare			
pettini	pettinino		

P

gerundio **pettinandosi**   participio passato **pettinatosi**

SINGULAR	PLURAL	SINGULAR	PLURAL

indicativo presente
mi pettin**o**	**ci** pettin**iamo**
ti pettin**i**	**vi** pettin**ate**
si pettin**a**	**si** pettin**ano**

passato prossimo
mi sono pettinato(a)	**ci siamo** pettinati(e)
ti sei pettinato(a)	**vi siete** pettinati(e)
si è pettinato(a)	**si sono** pettinati(e)

imperfetto
mi pettina**vo**	**ci** pettina**vamo**
ti pettina**vi**	**vi** pettina**vate**
si pettina**va**	**si** pettina**vano**

trapassato prossimo
mi ero pettinato(a)	**ci eravamo** pettinati(e)
ti eri pettinato(a)	**vi eravate** pettinati(e)
si era pettinato(a)	**si erano** pettinati(e)

passato remoto
mi pettin**ai**	**ci** pettin**ammo**
ti pettin**asti**	**vi** pettin**aste**
si pettin**ò**	**si** pettin**arono**

trapassato remoto
mi fui pettinato(a)	**ci fummo** pettinati(e)
ti fosti pettinato(a)	**vi foste** pettinati(e)
si fu pettinato(a)	**si furono** pettinati(e)

futuro semplice
mi pettiner**ò**	**ci** pettiner**emo**
ti pettiner**ai**	**vi** pettiner**ete**
si pettiner**à**	**si** pettiner**anno**

futuro anteriore
mi sarò pettinato(a)	**ci saremo** pettinati(e)
ti sarai pettinato(a)	**vi sarete** pettinati(e)
si sarà pettinato(a)	**si saranno** pettinati(e)

condizionale presente
mi pettin**erei**	**ci** pettin**eremmo**
ti pettin**eresti**	**vi** pettin**ereste**
si pettin**erebbe**	**si** pettin**erebbero**

condizionale passato
mi sarei pettinato(a)	**ci saremmo** pettinati(e)
ti saresti pettinato(a)	**vi sareste** pettinati(e)
si sarebbe pettinato(a)	**si sarebbero** pettinati(e)

congiuntivo presente
mi pettin**i**	**ci** pettin**iamo**
ti pettin**i**	**vi** pettin**iate**
si pettin**i**	**si** pettin**ino**

congiuntivo passato
mi sia pettinato(a)	**ci siamo** pettinati(e)
ti sia pettinato(a)	**vi siate** pettinati(e)
si sia pettinato(a)	**si siano** pettinati(e)

congiuntivo imperfetto
mi pettin**assi**	**ci** pettin**assimo**
ti pettin**assi**	**vi** pettin**aste**
si pettin**asse**	**si** pettin**assero**

congiuntivo trapassato
mi fossi pettinato(a)	**ci fossimo** pettinati(e)
ti fossi pettinato(a)	**vi foste** pettinati(e)
si fosse pettinato(a)	**si fossero** pettinati(e)

imperativo
	pettiniamoci
pettinati; non	pettinatevi
pettinarti/non ti	
pettinare	
si pettini	si pettinino

P

to like, to please, to be pleasing to   piacere

SINGULAR	PLURAL	SINGULAR	PLURAL
indicativo presente		**passato prossimo**	
piacc**io**	piacc**iamo**	**sono** piaciuto(a)	**siamo** piaciuti(e)
piac**i**	piac**ete**	**sei** piaciuto(a)	**siete** piaciuti(e)
piac**e**	piacc**iono**	**è** piaciuto(a)	**sono** piaciuti(e)
imperfetto		**trapassato prossimo**	
piace**vo**	piace**vamo**	**ero** piaciuto(a)	**eravamo** piaciuti(e)
piace**vi**	piace**vate**	**eri** piaciuto(a)	**eravate** piaciuti(e)
piace**va**	piace**vano**	**era** piaciuto(a)	**erano** piaciuti(e)
passato remoto		**trapassato remoto**	
piacqui	piac**emmo**	**fui** piaciuto(a)	**fummo** piaciuti(e)
piac**esti**	piac**este**	**fosti** piaciuto(a)	**foste** piaciuti(e)
piacque	**piacquero**	**fu** piaciuto(a)	**furono** piaciuti(e)
futuro semplice		**futuro anteriore**	
piacer**ò**	piacer**emo**	**sarò** piaciuto(a)	**saremo** piaciuti(e)
piacer**ai**	piacer**ete**	**sarai** piaciuto(a)	**sarete** piaciuti(e)
piacer**à**	piacer**anno**	**sarà** piaciuto(a)	**saranno** piaciuti(e)
condizionale presente		**condizionale passato**	
piac**erei**	piac**eremmo**	**sarei** piaciuto(a)	**saremmo** piaciuti(e)
piac**eresti**	piac**ereste**	**saresti** piaciuto(a)	**sareste** piaciuti(e)
piac**erebbe**	piac**erebbero**	**sarebbe** piaciuto(a)	**sarebbero** piaciuti(e)
congiuntivo presente		**congiuntivo passato**	
piacc**ia**	piac(c)**iamo**	**sia** piaciuto(a)	**siamo** piaciuti(e)
piacc**ia**	pia(c)**iate**	**sia** piaciuto(a)	**siate** piaciuti(e)
piacc**ia**	piacc**iano**	**sia** piaciuto(a)	**siano** piaciuti(e)
congiuntivo imperfetto		**congiuntivo trapassato**	
piac**essi**	piac**essimo**	**fossi** piaciuto(a)	**fossimo** piaciuti(e)
piac**essi**	piac**este**	**fossi** piaciuto(a)	**foste** piaciuti(e)
piac**esse**	piac**essero**	**fosse** piaciuto(a)	**fossero** piaciuti(e)
imperativo			
	piacc**iamo**		
piac**i**; non piacere	piac**ete**		
piacc**ia**	piacc**iano**		

P

MUST KNOW VERB

piangere

to cry, to weep

SINGULAR	PLURAL	SINGULAR	PLURAL
indicativo presente		**passato prossimo**	
piango	piangiamo	ho pianto	abbiamo pianto
piangi	piangete	hai pianto	avete pianto
piange	piangono	ha pianto	hanno pianto
imperfetto		**trapassato prossimo**	
piangevo	piangevamo	avevo pianto	avevamo pianto
piangevi	piangevate	avevi pianto	avevate pianto
piangeva	piangevano	aveva pianto	avevano pianto
passato remoto		**trapassato remoto**	
piansi	piangemmo	ebbi pianto	avemmo pianto
piangesti	piangeste	avesti pianto	aveste pianto
pianse	piansero	ebbe pianto	ebbero pianto
futuro semplice		**futuro anteriore**	
piangerò	piangeremo	avrò pianto	avremo pianto
piangerai	piangerete	avrai pianto	avrete pianto
piangerà	piangeranno	avrà pianto	avranno pianto
condizionale presente		**condizionale passato**	
piangerei	piangeremmo	avrei pianto	avremmo pianto
piangeresti	piangereste	avresti pianto	avreste pianto
piangerebbe	piangerebbero	avrebbe pianto	avrebbero pianto
congiuntivo presente		**congiuntivo passato**	
pianga	piangiamo	abbia pianto	abbiamo pianto
pianga	piangiate	abbia pianto	abbiate pianto
pianga	piangano	abbia pianto	abbiano pianto
congiuntivo imperfetto		**congiuntivo trapassato**	
piangessi	piangessimo	avessi pianto	avessimo pianto
piangessi	piangeste	avessi pianto	aveste pianto
piangesse	piangessero	avesse pianto	avessero pianto
imperativo			
	piangiamo		
piangi; non piangere	piangete		
pianga	piangano		

P

gerundio **piegando**   participio passato **piegato**

SINGULAR	PLURAL	SINGULAR	PLURAL
indicativo presente		**passato prossimo**	
piego	pieghiamo	ho piegato	abbiamo piegato
pieghi	piegate	hai piegato	avete piegato
piega	piegano	ha piegato	hanno piegato
imperfetto		**trapassato prossimo**	
piegavo	piegavamo	avevo piegato	avevamo piegato
piegavi	piegavate	avevi piegato	avevate piegato
piegava	piegavano	aveva piegato	avevano toccato
passato remoto		**trapassato remoto**	
piegai	piegammo	ebbi piegato	avemmo piegato
piegasti	piegaste	avesti piegato	aveste piegato
piegò	piegarono	ebbe piegato	ebbero piegato
futuro semplice		**futuro anteriore**	
piegherò	piegheremo	avrò piegato	avremo piegato
piegherai	piegherete	avrai piegato	avrete piegato
piegherà	piegheranno	avrà piegato	avranno piegato
condizionale presente		**condizionale passato**	
piegherei	piegheremmo	avrei piegato	avremmo piegato
piegheresti	pieghereste	avresti piegato	avreste piegato
piegherebbe	piegherebbero	avrebbe piegato	avrebbero piegato
congiuntivo presente		**congiuntivo passato**	
pieghi	pieghiamo	abbia piegato	abbiamo piegato
pieghi	pieghiate	abbia piegato	abbiate piegato
pieghi	pieghino	abbia piegato	abbiano piegato
congiuntivo imperfetto		**congiuntivo trapassato**	
piegassi	piegassimo	avessi piegato	avessimo piegato
piegassi	piegaste	avessi piegato	aveste piegato
piegasse	piegassero	avesse piegato	avessero piegato
imperativo			
	pieghiamo		
piega; non piegare	piegate		
pieghi	pieghino		

P

piovere   to rain

SINGULAR	PLURAL	SINGULAR	PLURAL

indicativo presente
piov**e**   piov**ono**

passato prossimo
ha piovuto/**è** piovuto(a)   **sono** piovuti(e)

imperfetto
piove**va**   piove**vano**

trapassato prossimo
aveva piovuto/**era** piovuto(a)   **sono** piovuti(e)

passato remoto
piov**ve**   piov**vero**

trapassato remoto
ebbe piovuto/**fu** piovuto(a)   **furono** piovuti(e)

futuro semplice
piover**à**   piover**anno**

futuro anteriore
avrà piovuto/**sarà** piovuto(a)   **saranno** piovuti(e)

condizionale presente
piover**ebbe**   piover**ebbero**

condizionale passato
avrebbe piovuto/**sarebbe** piovuto(a)   **sarebbero** piovuti(e)

congiuntivo presente
piov**a**   piov**ano**

congiuntivo passato
abbia piovuto/**sia** piovuto(a)   **siano** piovuti(e)

P

congiuntivo imperfetto
piov**esse**   piov**essero**

congiuntivo trapassato
avesse piovuto/**fosse** piovuto(a)   **fossero** piovuti(e)

MUST
KNOW
VERB

gerundio **poltrendo**   participio passato **poltrito**

SINGULAR	PLURAL	SINGULAR	PLURAL
indicativo presente		passato prossimo	
poltrisco	poltriamo	**ho** poltrito	**abbiamo** poltrito
poltrisci	poltrite	**hai** poltrito	**avete** poltrito
poltrisce	poltriscono	**ha** poltrito	**hanno** poltrito
imperfetto		trapassato prossimo	
poltrivo	poltrivamo	**avevo** poltrito	**avevamo** poltrito
poltrivi	poltrivate	**avevi** poltrito	**avevate** poltrito
poltriva	poltrivano	**aveva** poltrito	**avevano** poltrito
passato remoto		trapassato remoto	
poltrii	poltrimmo	**ebbi** poltrito	**avemmo** poltrito
poltristi	poltriste	**avesti** poltrito	**aveste** poltrito
poltrì	poltrirono	**ebbe** poltrito	**ebbero** poltrito
futuro semplice		futuro anteriore	
poltrirò	poltriremo	**avrò** poltrito	**avremo** poltrito
poltrirai	poltrirete	**avrai** poltrito	**avrete** poltrito
poltrirà	poltriranno	**avrà** poltrito	**avranno** poltrito
condizionale presente		condizionale passato	
poltrirei	poltriremmo	**avrei** poltrito	**avremmo** poltrito
poltriresti	poltrireste	**avresti** poltrito	**avreste** poltrito
poltrirebbe	poltrirebbero	**avrebbe** poltrito	**avrebbero** poltrito
congiuntivo presente		congiuntivo passato	
poltrisca	poltriamo	**abbia** poltrito	**abbiamo** poltrito
poltrisca	poltriate	**abbia** poltrito	**abbiate** poltrito
poltrisca	poltriscano	**abbia** poltrito	**abbiano** poltrito
congiuntivo imperfetto		congiuntivo trapassato	
poltrissi	poltrissimo	**avessi** poltrito	**avessimo** poltrito
poltrissi	poltriste	**avessi** poltrito	**aveste** poltrito
poltrisse	poltrissero	**avesse** poltrito	**avessero** poltrito

imperativo

	poltriamo
poltrisci; non poltrire	poltrite
poltrisca	poltriscano

P

gerundio **porgendo**   participio passato **porto**

SINGULAR	PLURAL	SINGULAR	PLURAL

indicativo presente

		passato prossimo	
porg**o**	porg**iamo**	**ho** porto	**abbiamo** porto
porg**i**	porg**ete**	**hai** porto	**avete** porto
porg**e**	porg**ono**	**ha** porto	**hanno** porto

imperfetto

		trapassato prossimo	
porg**evo**	porg**evamo**	**avevo** porto	**avevamo** porto
porg**evi**	porg**evate**	**avevi** porto	**avevate** porto
porg**eva**	porg**evano**	**aveva** porto	**avevano** porto

passato remoto

		trapassato remoto	
porsi	porg**emmo**	**ebbi** porto	**avemmo** porto
porg**esti**	porg**este**	**avesti** porto	**aveste** porto
porse	**porsero**	**ebbe** porto	**ebbero** porto

futuro semplice

		futuro anteriore	
porger**ò**	porger**emo**	**avrò** porto	**avremo** porto
porger**ai**	porger**ete**	**avrai** porto	**avrete** porto
porger**à**	porger**anno**	**avrà** porto	**avranno** porto

condizionale presente

		condizionale passato	
porg**erei**	porg**eremmo**	**avrei** porto	**avremmo** porto
porg**eresti**	porg**ereste**	**avresti** porto	**avreste** porto
porg**erebbe**	porg**erebbero**	**avrebbe** porto	**avrebbero** porto

congiuntivo presente

		congiuntivo passato	
porg**a**	porg**iamo**	**abbia** porto	**abbiamo** porto
porg**a**	porg**iate**	**abbia** porto	**abbiate** porto
porg**a**	porg**ano**	**abbia** porto	**abbiano** porto

congiuntivo imperfetto

		congiuntivo trapassato	
porg**essi**	porg**essimo**	**avessi** porto	**avessimo** porto
porg**essi**	porg**este**	**avessi** porto	**aveste** porto
porg**esse**	porg**essero**	**avesse** porto	**avessero** porto

imperativo

	porg**iamo**
porg**i**; non porg**ere**	porg**ete**
porg**a**	porg**ano**

P

to put down, to place

porre

SINGULAR	PLURAL	SINGULAR	PLURAL
indicativo presente		**passato prossimo**	
pong**o**	pon**iamo**	**ho** posto	**abbiamo** posto
pon**i**	pon**ete**	**hai** posto	**avete** posto
pon**e**	pong**ono**	**ha** posto	**hanno** posto
imperfetto		**trapassato prossimo**	
pone**vo**	pone**vamo**	**avevo** posto	**avevamo** posto
pone**vi**	pone**vate**	**avevi** posto	**avevate** posto
pone**va**	pone**vano**	**aveva** posto	**avevano** posto
passato remoto		**trapassato remoto**	
pos**i**	pon**emmo**	**ebbi** posto	**avemmo** posto
pon**esti**	pon**este**	**avesti** posto	**aveste** posto
pos**e**	pos**ero**	**ebbe** posto	**ebbero** posto
futuro semplice		**futuro anteriore**	
porr**ò**	porr**emo**	**avrò** posto	**avremo** posto
porr**ai**	porr**ete**	**avrai** posto	**avrete** posto
porr**à**	porr**anno**	**avrà** posto	**avranno** posto
condizionale presente		**condizionale passato**	
porr**ei**	porr**emmo**	**avrei** posto	**avremmo** posto
porr**esti**	porr**este**	**avresti** posto	**avreste** posto
porr**ebbe**	porr**ebbero**	**avrebbe** posto	**avrebbero** posto
congiuntivo presente		**congiuntivo passato**	
pong**a**	pon**iamo**	**abbia** posto	**abbiamo** posto
pong**a**	pon**iate**	**abbia** posto	**abbiate** posto
pong**a**	pong**ano**	**abbia** posto	**abbiano** posto
congiuntivo imperfetto		**congiuntivo trapassato**	
pon**essi**	pon**essimo**	**avessi** posto	**avessimo** posto
pon**essi**	pon**este**	**avessi** posto	**aveste** posto
pon**esse**	pon**essero**	**avesse** posto	**avessero** posto
imperativo			
	poniamo		
poni; non porre	ponete		
ponga	pongano		

P

gerundio **ponendosi**   participio passato **postosi**

SINGULAR	PLURAL	SINGULAR	PLURAL

indicativo presente
		passato prossimo	
mi pong**o**	**ci** pon**iamo**	**mi sono** posto(a)	**ci siamo** posti(e)
ti pon**i**	**vi** pon**ete**	**ti sei** posto(a)	**vi siete** posti(e)
si pon**e**	**si** pong**ono**	**si è** posto(a)	**si sono** posti(e)

imperfetto / trapassato prossimo
mi pone**vo**	**ci** pone**vamo**	**mi ero** posto(a)	**ci eravamo** posti(e)
ti pone**vi**	**vi** pone**vate**	**ti eri** posto(a)	**vi eravate** posti(e)
si pone**va**	**si** pone**vano**	**si era** posto(a)	**si erano** posti(e)

passato remoto / trapassato remoto
mi pos**i**	**ci** pon**emmo**	**mi fui** posto(a)	**ci fummo** posti(e)
ti pon**esti**	**vi** pon**este**	**ti fosti** posto(a)	**vi foste** posti(e)
si pos**e**	**si** pos**ero**	**si fu** posto(a)	**si furono** posti(e)

futuro semplice / futuro anteriore
mi porr**ò**	**ci** porr**emo**	**mi sarò** posto(a)	**ci saremo** posti(e)
ti porr**ai**	**vi** porr**ete**	**ti sarai** posto(a)	**vi sarete** posti(e)
si porr**à**	**si** porr**anno**	**si sarà** posto(a)	**si saranno** posti(e)

condizionale presente / condizionale passato
mi porr**ei**	**ci** porr**emmo**	**mi sarei** posto(a)	**ci saremmo** posti(e)
ti porr**esti**	**vi** porr**este**	**ti saresti** posto(a)	**vi sareste** posti(e)
si porr**ebbe**	**si** porr**ebbero**	**si sarebbe** posto(a)	**so sarebbero** posti(e)

congiuntivo presente / congiuntivo passato
mi pong**a**	**ci** pon**iamo**	**mi sia** posto(a)	**ci siamo** posti(e)
ti pong**a**	**vi** pon**iate**	**ti sia** posto(a)	**vi siate** posti(e)
si pong**a**	**si** pong**ano**	**si sia** posto(a)	**si siano** posti(e)

congiuntivo imperfetto / congiuntivo trapassato
mi pon**essi**	**ci** pon**essimo**	**mi fossi** posto(a)	**ci fossimo** posti(e)
ti pon**essi**	**vi** pon**este**	**ti fossi** posto(a)	**vi foste** posti(e)
si pon**esse**	**si** pon**essero**	**si fosse** posto(a)	**si fossero** posti(e)

imperativo
	poniamoci
poniti; non porti/	ponetevi
non ti porre	
si ponga	si pongano

P

to bring, to wear — portare

SINGULAR	PLURAL	SINGULAR	PLURAL
indicativo presente		**passato prossimo**	
porto	portiamo	ho portato	abbiamo portato
porti	portate	hai portato	avete portato
porta	portano	ha portato	hanno portato
imperfetto		**trapassato prossimo**	
portavo	portavamo	avevo portato	avevamo portato
portavi	portavate	avevi portato	avevate portato
portava	portavano	aveva portato	avevano portato
passato remoto		**trapassato remoto**	
portai	portammo	ebbi portato	avemmo portato
portasti	portaste	avesti portato	aveste portato
portò	portarono	ebbe portato	ebbero portato
futuro semplice		**futuro anteriore**	
porterò	porteremo	avrò portato	avremo portato
porterai	porterete	avrai portato	avrete portato
porterà	porteranno	avrà portato	avranno portato
condizionale presente		**condizionale passato**	
porterei	porteremmo	avrei portato	avremmo portato
porteresti	portereste	avresti portato	avreste portato
porterebbe	porterebbero	avrebbe portato	avrebbero portato
congiuntivo presente		**congiuntivo passato**	
porti	portiamo	abbia portato	abbiamo portato
porti	portiate	abbia portato	abbiate portato
porti	portino	abbia portato	abbiano portato
congiuntivo imperfetto		**congiuntivo trapassato**	
portassi	portassimo	avessi portato	avessimo portato
portassi	portaste	avessi portato	aveste portato
portasse	portassero	avesse portato	avessero portato
imperativo			
	portiamo		
porta; non portare	portate		
porti	portino		

P

MUST KNOW VERB

possedere

to possess

SINGULAR	PLURAL	SINGULAR	PLURAL

indicativo presente
possied**o** (posseg**go**)	possed**iamo**
possied**i**	possed**ete**
possied**e**	possied**ono** (posseg**gono**)

passato prossimo
ho posseduto	**abbiamo** posseduto
hai posseduto	**avete** posseduto
ha posseduto	**hanno** posseduto

imperfetto
possede**vo**	possede**vamo**
possede**vi**	possede**vate**
possede**va**	possede**vano**

trapassato prossimo
avevo posseduto	**avevamo** posseduto
avevi posseduto	**avevate** posseduto
aveva posseduto	**avevano** posseduto

passato remoto
possed**ei**, possed**etti**	possed**emmo**
possed**esti**	possed**este**
possed**é**, possed**ette**	possed**erono**, possed**ettero**

trapassato remoto
ebbi posseduto	**avemmo** posseduto
avesti posseduto	**aveste** posseduto
ebbe posseduto	**ebbero** posseduto

futuro semplice
posseder**ò**	posseder**emo**
posseder**ai**	posseder**ete**
posseder**à**	posseder**anno**

futuro anteriore
avrò posseduto	**avremo** posseduto
avrai posseduto	**avrete** posseduto
avrà posseduto	**avranno** posseduto

condizionale presente
possed**erei**	possed**eremmo**
possed**eresti**	possed**ereste**
possed**erebbe**	possed**erebbero**

condizionale passato
avrei posseduto	**avremmo** posseduto
avresti posseduto	**avreste** posseduto
avrebbe posseduto	**avrebbero** posseduto

congiuntivo presente
possied**a**, posseg**ga**	possed**iamo**
possied**a**, posseg**ga**	possed**iate**
possied**a**, posseg**ga**	possied**ano**, posseg**gano**

congiuntivo passato
abbia posseduto	**abbiamo** posseduto
abbia posseduto	**abbiate** posseduto
abbia posseduto	**abbiano** posseduto

congiuntivo imperfetto
possed**essi**	possed**essimo**
possed**essi**	possed**este**
possed**esse**	possed**essero**

congiuntivo trapassato
avessi posseduto	**avessimo** posseduto
avessi posseduto	**aveste** posseduto
avesse posseduto	**avessero** posseduto

imperativo
	possediamo
possiedi; non	possedete
possedere	
possieda	possiedano

P

can, to be able

gerundio **potendo**   participio passato **potuto**

SINGULAR	PLURAL	SINGULAR	PLURAL
indicativo presente		**passato prossimo**	
poss**o**	poss**iamo**	**ho** potuto	**abbiamo** potuto
puo**i**	pot**ete**	**hai** potuto	**avete** potuto
pu**ò**	poss**ono**	**ha** potuto	**hanno** potuto
imperfetto		**trapassato prossimo**	
pote**vo**	pote**vamo**	**avevo** potuto	**avevamo** potuto
pote**vi**	pote**vate**	**avevi** potuto	**avevate** potuto
pote**va**	pote**vano**	**aveva** potuto	**avevano** potuto
passato remoto		**trapassato remoto**	
pot**ei**, pot**etti**	pot**emmo**	**ebbi** potuto	**avemmo** potuto
pot**esti**	pot**este**	**avesti** potuto	**aveste** potuto
pot**é**, pot**ette**	pot**erono**, pot**ettero**	**ebbe** potuto	**ebbero** potuto
futuro semplice		**futuro anteriore**	
potr**ò**	potr**emo**	**avrò** potuto	**avremo** potuto
potr**ai**	potr**ete**	**avrai** potuto	**avrete** potuto
potr**à**	potr**anno**	**avrà** potuto	**avranno** potuto
condizionale presente		**condizionale passato**	
potr**ei**	potr**emmo**	**avrei** potuto	**avremmo** potuto
potr**esti**	potr**este**	**avresti** potuto	**avreste** potuto
potr**ebbe**	potr**ebbero**	**avrebbe** potuto	**avrebbero** potuto
congiuntivo presente		**congiuntivo passato**	
poss**a**	poss**iamo**	**abbia** potuto	**abbiamo** potuto
poss**a**	poss**iate**	**abbia** potuto	**abbiate** potuto
poss**a**	poss**ano**	**abbia** potuto	**abbiano** potuto
congiuntivo imperfetto		**congiuntivo trapassato**	
pot**essi**	pot**essimo**	**avessi** potuto	**avessimo** potuto
pot**essi**	pot**este**	**avessi** potuto	**aveste** potuto
pot**esse**	pot**essero**	**avesse** potuto	**avessero** potuto

P

MUST KNOW VERB

pranzare   to eat lunch

gerundio **pranzando**   participio passato **pranzato**

SINGULAR	PLURAL	SINGULAR	PLURAL
indicativo presente		**passato prossimo**	
pranz**o**	pranz**iamo**	**ho** pranzato	**abbiamo** pranzato
pranz**i**	pranz**ate**	**hai** pranzato	**avete** pranzato
pranz**a**	pranz**ano**	**ha** pranzato	**hanno** pranzato
imperfetto		**trapassato prossimo**	
pranza**vo**	pranza**vamo**	**avevo** pranzato	**avevamo** pranzato
pranza**vi**	pranza**vate**	**avevi** pranzato	**avevate** pranzato
pranza**va**	pranza**vano**	**aveva** pranzato	**avevano** pranzato
passato remoto		**trapassato remoto**	
pranz**ai**	pranz**ammo**	**ebbi** pranzato	**avemmo** pranzato
pranz**asti**	pranz**aste**	**avesti** pranzato	**aveste** pranzato
pranz**ò**	pranz**arono**	**ebbe** pranzato	**ebbero** pranzato
futuro semplice		**futuro anteriore**	
pranzer**ò**	pranzer**emo**	**avrò** pranzato	**avremo** pranzato
pranzer**ai**	pranzer**ete**	**avrai** pranzato	**avrete** pranzato
pranzer**à**	pranzer**anno**	**avrà** pranzato	**avranno** pranzato
condizionale presente		**condizionale passato**	
pranz**erei**	pranz**eremmo**	**avrei** pranzato	**avremmo** pranzato
pranz**eresti**	pranz**ereste**	**avresti** pranzato	**avreste** pranzato
pranz**erebbe**	pranz**erebbero**	**avrebbe** pranzato	**avrebbero** pranzato
congiuntivo presente		**congiuntivo passato**	
pranz**i**	pranz**iamo**	**abbia** pranzato	**abbiamo** pranzato
pranz**i**	pranz**iate**	**abbia** pranzato	**abbiate** pranzato
pranz**i**	pranz**ino**	**abbia** pranzato	**abbiano** pranzato
congiuntivo imperfetto		**congiuntivo trapassato**	
pranz**assi**	pranz**assimo**	**avessi** pranzato	**avessimo** pranzato
pranz**assi**	pranz**aste**	**avessi** pranzato	**aveste** pranzato
pranz**asse**	pranz**assero**	**avesse** pranzato	**avessero** pranzato
imperativo			
	pranziamo		
pranza; non pranzare	pranzate		
pranzi	pranzino		

P

to predict   predire

SINGULAR	PLURAL	SINGULAR	PLURAL

indicativo presente

		passato prossimo	
predico	prediciamo	**ho** predetto	**abbiamo** predetto
predici	predite	**hai** predetto	**avete** predetto
predice	predicono	**ha** predetto	**hanno** predetto

imperfetto

		trapassato prossimo	
predicevo	predicevamo	**avevo** predetto	**avevamo** predetto
predicevi	predicevate	**avevi** predetto	**avevate** predetto
prediceva	predicevano	**aveva** predetto	**avevano** predetto

passato remoto

		trapassato remoto	
predissi	predicemmo	**ebbi** predetto	**avemmo** predetto
predicesti	prediceste	**avesti** predetto	**aveste** predetto
predisse	predissero	**ebbe** predetto	**ebbero** predetto

futuro semplice

		futuro anteriore	
predirò	prediremo	**avrò** predetto	**avremo** predetto
predirai	predirete	**avrai** predetto	**avrete** predetto
predirà	prediranno	**avrà** predetto	**avranno** predetto

condizionale presente

		condizionale passato	
predirei	prediremmo	**avrei** predetto	**avremmo** predetto
prediresti	predireste	**avresti** predetto	**avreste** predetto
predirebbe	predirebbero	**avrebbe** predetto	**avrebbero** predetto

congiuntivo presente

		congiuntivo passato	
predica	prediciamo	**abbia** predetto	**abbiamo** predetto
predica	prediciate	**abbia** predetto	**abbiate** predetto
predica	predicano	**abbia** predetto	**abbiano** predetto

congiuntivo imperfetto

		congiuntivo trapassato	
predicessi	predicessimo	**avessi** predetto	**avessimo** predetto
predicessi	prediceste	**avessi** predetto	**aveste** predetto
predicesse	predicessero	**avesse** predetto	**avessero** predetto

imperativo

	prediciamo
predici; non predire	predite
predica	predicano

P

preferire

to prefer

SINGULAR	PLURAL	SINGULAR	PLURAL

indicativo presente
preferisc**o**	prefer**iamo**
preferisc**i**	prefer**ite**
preferisc**e**	preferisc**ono**

passato prossimo
ho preferito	**abbiamo** preferito
hai preferito	**avete** preferito
ha preferito	**hanno** preferito

imperfetto
preferi**vo**	preferi**vamo**
preferi**vi**	preferi**vate**
preferi**va**	preferi**vano**

trapassato prossimo
avevo preferito	**avevamo** preferito
avevi preferito	**avevate** preferito
aveva preferito	**avevano** preferito

passato remoto
prefer**ii**	prefer**immo**
prefer**isti**	prefer**iste**
prefer**ì**	prefer**irono**

trapassato remoto
ebbi preferito	**avemmo** preferito
avesti preferito	**aveste** preferito
ebbe preferito	**ebbero** preferito

futuro semplice
preferir**ò**	preferir**emo**
preferir**ai**	preferir**ete**
preferir**à**	preferir**anno**

futuro anteriore
avrò preferito	**avremo** preferito
avrai preferito	**avrete** preferito
avrà preferito	**avranno** preferito

condizionale presente
prefer**irei**	prefer**iremmo**
prefer**iresti**	prefer**ireste**
prefer**irebbe**	prefer**irebbero**

condizionale passato
avrei preferito	**avremmo** preferito
avresti preferito	**avreste** preferito
avrebbe preferito	**avrebbero** preferito

congiuntivo presente
prefer**isca**	prefer**iamo**
prefer**isca**	prefer**iate**
prefer**isca**	prefer**iscano**

congiuntivo passato
abbia preferito	**abbiamo** preferito
abbia preferito	**abbiate** preferito
abbia preferito	**abbiano** preferito

congiuntivo imperfetto
prefer**issi**	prefer**issimo**
prefer**issi**	prefer**iste**
prefer**isse**	prefer**issero**

congiuntivo trapassato
avessi preferito	**avessimo** preferito
avessi preferito	**aveste** preferito
avesse preferito	**avessero** preferito

imperativo
	preferiamo
preferisci;	preferite
non preferire	
preferisca	preferiscano

P

MUST
KNOW
VERB

to pray   pregare

SINGULAR	PLURAL	SINGULAR	PLURAL

indicativo presente

		passato prossimo	
prego	preghiamo	**ho** pregato	**abbiamo** pregato
preghi	pregate	**hai** pregato	**avete** pregato
prega	pregano	**ha** pregato	**hanno** pregato

imperfetto

		trapassato prossimo	
pregavo	pregavamo	**avevo** pregato	**avevamo** pregato
pregavi	pregavate	**avevi** pregato	**avevate** pregato
pregava	pregavano	**aveva** pregato	**avevano** pregato

passato remoto

		trapassato remoto	
pregai	pregammo	**ebbi** pregato	**avemmo** pregato
pregasti	pregaste	**avesti** pregato	**aveste** pregato
pregò	pregarono	**ebbe** pregato	**ebbero** pregato

futuro semplice

		futuro anteriore	
pregherò	pregheremo	**avrò** pregato	**avremo** pregato
pregherai	pregherete	**avrai** pregato	**avrete** pregato
pregherà	pregheranno	**avrà** pregato	**avranno** pregato

condizionale presente

		condizionale passato	
pregherei	pregheremmo	**avrei** pregato	**avremmo** pregato
pregheresti	preghereste	**avresti** pregato	**avreste** pregato
pregherebbe	pregherebbero	**avrebbe** pregato	**avrebbero** pregato

congiuntivo presente

		congiuntivo passato	
preghi	preghiamo	**abbia** pregato	**abbiamo** pregato
preghi	preghiate	**abbia** pregato	**abbiate** pregato
preghi	preghino	**abbia** pregato	**abbiano** pregato

congiuntivo imperfetto

		congiuntivo trapassato	
pregassi	pregassimo	**avessi** pregato	**avessimo** pregato
pregassi	pregaste	**avessi** pregato	**aveste** pregato
pregasse	pregassero	**avesse** pregato	**avessero** pregato

imperativo

	preghiamo
prega; non pregare	pregate
preghi	preghino

P

premere

to press, to squeeze

SINGULAR	PLURAL	SINGULAR	PLURAL
indicativo presente		**passato prossimo**	
premo	premiamo	ho premuto	abbiamo premuto
premi	premete	hai premuto	avete premuto
preme	premono	ha premuto	hanno premuto
imperfetto		**trapassato prossimo**	
premevo	premevamo	avevo premuto	avevamo premuto
premevi	premevate	avevi premuto	avevate premuto
premeva	premevano	aveva premuto	avevano premuto
passato remoto		**trapassato remoto**	
premei, premetti	prememmo	ebbi premuto	avemmo premuto
premesti	premeste	avesti premuto	aveste premuto
premé, premette	premerono, premettero	ebbe premuto	ebbero premuto
futuro semplice		**futuro anteriore**	
premerò	premeremo	avrò premuto	avremo premuto
premerai	premerete	avrai premuto	avrete premuto
premerà	premeranno	avrà premuto	avranno premuto
condizionale presente		**condizionale passato**	
premerei	premeremmo	avrei premuto	avremmo premuto
premeresti	premereste	avresti premuto	avreste premuto
premerebbe	premerebbero	avrebbe premuto	avrebbero premuto
congiuntivo presente		**congiuntivo passato**	
prema	premiamo	abbia premuto	abbiamo premuto
prema	premiate	abbia premuto	abbiate premuto
prema	premano	abbia premuto	abbiano premuto
congiuntivo imperfetto		**congiuntivo trapassato**	
premessi	premessimo	avessi premuto	avessimo premuto
premessi	premeste	avessi premuto	aveste premuto
premesse	premessero	avesse premuto	avessero premuto

imperativo

	premiamo
premi; non premere	premete
prema	premano

P

to take   prendere

gerundio **prendendo**   participio passato **preso**

SINGULAR	PLURAL	SINGULAR	PLURAL
indicativo presente		**passato prossimo**	
prend**o**	prend**iamo**	**ho** preso	**abbiamo** preso
prend**i**	prend**ete**	**hai** preso	**avete** preso
prend**e**	prend**ono**	**ha** preso	**hanno** preso
imperfetto		**trapassato prossimo**	
prend**evo**	prend**evamo**	**avevo** preso	**avevamo** preso
prend**evi**	prend**evate**	**avevi** preso	**avevate** preso
prend**eva**	prend**evano**	**aveva** preso	**avevano** preso
passato remoto		**trapassato remoto**	
presi	prend**emmo**	**ebbi** preso	**avemmo** preso
prend**esti**	prend**este**	**avesti** preso	**aveste** preso
prese	**presero**	**ebbe** preso	**ebbero** preso
futuro semplice		**futuro anteriore**	
prender**ò**	prender**emo**	**avrò** preso	**avremo** preso
prender**ai**	prender**ete**	**avrai** preso	**avrete** preso
prender**à**	prender**anno**	**avrà** preso	**avranno** preso
condizionale presente		**condizionale passato**	
prend**erei**	prend**eremmo**	**avrei** preso	**avremmo** preso
prend**eresti**	prend**ereste**	**avresti** preso	**avreste** preso
prend**erebbe**	prend**erebbero**	**avrebbe** preso	**avrebbero** preso
congiuntivo presente		**congiuntivo passato**	
prend**a**	prend**iamo**	**abbia** preso	**abbiamo** preso
prend**a**	prend**iate**	**abbia** preso	**abbiate** preso
prend**a**	prend**ano**	**abbia** preso	**abbiano** preso
congiuntivo imperfetto		**congiuntivo trapassato**	
prend**essi**	prend**essimo**	**avessi** preso	**avessimo** preso
prend**essi**	prend**este**	**avessi** preso	**aveste** preso
prend**esse**	prend**essero**	**avesse** preso	**avessero** preso
imperativo			
	prendiamo		
prendi; non prendere	prendete		
prenda	prendano		

P

MUST KNOW VERB

prenotare

to reserve

gerundio **prenotando**   participio passato **prenotato**

SINGULAR	PLURAL	SINGULAR	PLURAL
indicativo presente		**passato prossimo**	
prenoto	prenotiamo	**ho** prenotato	**abbiamo** prenotato
prenoti	prenotate	**hai** prenotato	**avete** prenotato
prenota	prenotano	**ha** prenotato	**hanno** prenotato
imperfetto		**trapassato prossimo**	
prenotavo	prenotavamo	**avevo** prenotato	**avevamo** prenotato
prenotavi	prenotavate	**avevi** prenotato	**avevate** prenotato
prenotava	prenotavano	**aveva** prenotato	**avevano** prenotato
passato remoto		**trapassato remoto**	
prenotai	prenotammo	**ebbi** prenotato	**avemmo** prenotato
prenotasti	prenotaste	**avesti** prenotato	**aveste** prenotato
prenotò	prenotarono	**ebbe** prenotato	**ebbero** prenotato
futuro semplice		**futuro anteriore**	
prenoterò	prenoteremo	**avrò** prenotato	**avremo** prenotato
prenoterai	prenoterete	**avrai** prenotato	**avrete** prenotato
prenoterà	prenoteranno	**avrà** prenotato	**avranno** prenotato
condizionale presente		**condizionale passato**	
prenoterei	prenoteremmo	**avrei** prenotato	**avremmo** prenotato
prenoteresti	prenotereste	**avresti** prenotato	**avreste** prenotato
prenoterebbe	prenoterebbero	**avrebbe** prenotato	**avrebbero** prenotato
congiuntivo presente		**congiuntivo passato**	
prenoti	prenotiamo	**abbia** prenotato	**abbiamo** prenotato
prenoti	prenotiate	**abbia** prenotato	**abbiate** prenotato
prenoti	prenotino	**abbia** prenotato	**abbiano** prenotato
congiuntivo imperfetto		**congiuntivo trapassato**	
prenotassi	prenotassimo	**avessi** prenotato	**avessimo** prenotato
prenotassi	prenotaste	**avessi** prenotato	**aveste** prenotato
prenotasse	prenotassero	**avesse** prenotato	**avessero** prenotato

imperativo

	prenotiamo
prenota; non prenotare	prenotate
prenoti	prenotino

P

to worry (about something)   preoccuparsi

SINGULAR	PLURAL	SINGULAR	PLURAL

indicativo presente
mi preoccup**o**	**ci** preoccup**iamo**		
ti preoccup**i**	**vi** preoccup**ate**		
si preoccup**a**	**si** preoccup**ano**		

passato prossimo
mi sono preoccupato(a)	**ci siamo** preoccupati(e)
ti sei preoccupato(a)	**vi siete** preoccupati(e)
si è preoccupato(a)	**si sono** preoccupati(e)

imperfetto
mi preoccup**avo**	**ci** preoccup**avamo**
ti preoccup**avi**	**vi** preoccup**avate**
si preoccup**ava**	**si** preoccup**avano**

trapassato prossimo
mi ero preoccupato(a)	**ci eravamo** preoccupati(e)
ti eri preoccupato(a)	**vi eravate** preoccupati(e)
si era preoccupato(a)	**si erano** preoccupati(e)

passato remoto
mi preoccup**ai**	**ci** preoccup**ammo**
ti preoccup**asti**	**vi** preoccup**aste**
si preoccup**ò**	**si** preoccup**arono**

trapassato remoto
mi fui preoccupato(a)	**ci fummo** preoccupati(e)
ti fosti preoccupato(a)	**vi foste** preoccupati(e)
si fu preoccupato(a)	**si furono** preoccupati(e)

futuro semplice
mi preoccup**erò**	**ci** preoccup**eremo**
ti preoccup**erai**	**vi** preoccup**erete**
si preoccup**erà**	**si** preoccup**eranno**

futuro anteriore
mi sarò preoccupato(a)	**ci saremo** preoccupati(e)
ti sarai preoccupato(a)	**vi sarete** preoccupati(e)
si sarà preoccupato(a)	**si saranno** preoccupati(e)

condizionale presente
mi preoccup**erei**	**ci** preoccup**eremmo**
ti preoccup**eresti**	**vi** preoccup**ereste**
si preoccup**erebbe**	**si** preoccup**erebbero**

condizionale passato
mi sarei preoccupato(a)	**ci saremmo** preoccupati(e)
ti saresti preoccupato(a)	**vi sareste** preoccupati(e)
si sarebbe preoccupato(a)	**si sarebbero** preoccupati(e)

congiuntivo presente
mi preoccup**i**	**ci** preoccup**iamo**
ti preoccup**i**	**vi** preoccup**iate**
si preoccup**i**	**si** preoccup**ino**

congiuntivo passato
mi sia preoccupato(a)	**ci siamo** preoccupati(e)
ti sia preoccupato(a)	**vi siate** preoccupati(e)
si sia preoccupato(a)	**si siano** preoccupati(e)

congiuntivo imperfetto
mi preoccup**assi**	**ci** preoccup**assimo**
ti preoccup**assi**	**vi** preoccup**aste**
si preoccup**asse**	**si** preoccup**assero**

congiuntivo trapassato
mi fossi preoccupato(a)	**ci fossimo** preoccupati(e)
ti fossi preoccupato(a)	**vi foste** preoccupati(e)
si fosse preoccupato(a)	**si fossero** preoccupati(e)

P

imperativo
	preoccupiamoci
preoccupati; non	preoccupatevi
preoccuparti/non	
ti preoccupare	
si preoccupi	si preoccupino

gerundio **preparando**   participio passato **preparato**

SINGULAR	PLURAL	SINGULAR	PLURAL

indicativo presente

		passato prossimo	
prepar**o**	prepar**iamo**	**ho** preparato	**abbiamo** preparato
prepar**i**	prepar**ate**	**hai** preparato	**avete** preparato
prepar**a**	prepar**ano**	**ha** preparato	**hanno** preparato

imperfetto

		trapassato prossimo	
prepara**vo**	prepara**vamo**	**avevo** preparato	**avevamo** preparato
prepara**vi**	prepara**vate**	**avevi** preparato	**avevate** preparato
prepara**va**	prepara**vano**	**aveva** preparato	**avevano** preparato

passato remoto

		trapassato remoto	
prepar**ai**	prepar**ammo**	**ebbi** preparato	**avemmo** preparato
prepar**asti**	prepar**aste**	**avesti** preparato	**aveste** preparato
prepar**ò**	prepar**arono**	**ebbe** preparato	**ebbero** preparato

futuro semplice

		futuro anteriore	
preparer**ò**	preparer**emo**	**avrò** preparato	**avremo** preparato
preparer**ai**	preparer**ete**	**avrai** preparato	**avrete** preparato
preparer**à**	preparer**anno**	**avrà** preparato	**avranno** preparato

condizionale presente

		condizionale passato	
preparer**ei**	preparer**emmo**	**avrei** preparato	**avremmo** preparato
preparer**esti**	preparer**este**	**avresti** preparato	**avreste** preparato
preparer**ebbe**	preparer**ebbero**	**avrebbe** preparato	**avrebbero** preparato

congiuntivo presente

		congiuntivo passato	
prepar**i**	prepar**iamo**	**abbia** preparato	**abbiamo** preparato
prepar**i**	prepar**iate**	**abbia** preparato	**abbiate** preparato
prepar**i**	prepar**ino**	**abbia** preparato	**abbiano** preparato

congiuntivo imperfetto

		congiuntivo trapassato	
prepar**assi**	prepar**assimo**	**avessi** preparato	**avessimo** preparato
prepar**assi**	prepar**aste**	**avessi** preparato	**aveste** preparato
prepar**asse**	prepar**assero**	**avesse** preparato	**avessero** preparato

imperativo

	prepar**iamo**
prepar**a**; non prepar**are**	prepar**ate**
prepar**i**	prepar**ino**

P

to present, to introduce   presentare

SINGULAR	PLURAL	SINGULAR	PLURAL
indicativo presente		**passato prossimo**	
present**o**	present**iamo**	**ho** presentato	**abbiamo** presentato
present**i**	present**ate**	**hai** presentato	**avete** presentato
present**a**	present**ano**	**ha** presentato	**hanno** presentato
imperfetto		**trapassato prossimo**	
presenta**vo**	presenta**vamo**	**avevo** presentato	**avevamo** presentato
presenta**vi**	presenta**vate**	**avevi** presentato	**avevate** presentato
presenta**va**	presenta**vano**	**aveva** presentato	**avevano** presentato
passato remoto		**trapassato remoto**	
present**ai**	present**ammo**	**ebbi** presentato	**avemmo** presentato
present**asti**	present**aste**	**avesti** presentato	**aveste** presentato
present**ò**	present**arono**	**ebbe** presentato	**ebbero** presentato
futuro semplice		**futuro anteriore**	
presenter**ò**	presenter**emo**	**avrò** presentato	**avremo** presentato
presenter**ai**	presenter**ete**	**avrai** presentato	**avrete** presentato
presenter**à**	presenter**anno**	**avrà** presentato	**avranno** presentato
condizionale presente		**condizionale passato**	
presenter**ei**	presenter**emmo**	**avrei** presentato	**avremmo** presentato
presenter**esti**	presenter**este**	**avresti** presentato	**avreste** presentato
presenter**ebbe**	presenter**ebbero**	**avrebbe** presentato	**avrebbero** presentato
congiuntivo presente		**congiuntivo passato**	
present**i**	present**iamo**	**abbia** presentato	**abbiamo** presentato
present**i**	present**iate**	**abbia** presentato	**abbiate** presentato
present**i**	present**ino**	**abbia** presentato	**abbiano** presentato
congiuntivo imperfetto		**congiuntivo trapassato**	
present**assi**	present**assimo**	**avessi** presentato	**avessimo** presentato
present**assi**	present**aste**	**avessi** presentato	**aveste** presentato
present**asse**	present**assero**	**avesse** presentato	**avessero** presentato
imperativo			
	present**iamo**		
present**a**; non	present**ate**		
present**are**			
present**i**	present**ino**		

P

prestare   to lend

SINGULAR	PLURAL	SINGULAR	PLURAL

indicativo presente
prest**o**	prest**iamo**		
prest**i**	prest**ate**		
prest**a**	prest**ano**		

passato prossimo
ho prestato	**abbiamo** prestato
hai prestato	**avete** prestato
ha prestato	**hanno** prestato

imperfetto
presta**vo**	presta**vamo**
presta**vi**	presta**vate**
presta**va**	presta**vano**

trapassato prossimo
avevo prestato	**avevamo** prestato
avevi prestato	**avevate** prestato
aveva prestato	**avevano** prestato

passato remoto
prest**ai**	prest**ammo**
prest**asti**	prest**aste**
prest**ò**	prest**arono**

trapassato remoto
ebbi prestato	**avemmo** prestato
avesti prestato	**aveste** prestato
ebbe prestato	**ebbero** prestato

futuro semplice
prester**ò**	prester**emo**
prester**ai**	prester**ete**
prester**à**	prester**anno**

futuro anteriore
avrò prestato	**avremo** prestato
avrai prestato	**avrete** prestato
avrà prestato	**avranno** prestato

condizionale presente
prest**erei**	prest**eremmo**
prest**eresti**	prest**ereste**
prest**erebbe**	prest**erebbero**

condizionale passato
avrei prestato	**avremmo** prestato
avresti prestato	**avreste** prestato
avrebbe prestato	**avrebbero** prestato

congiuntivo presente
prest**i**	prest**iamo**
prest**i**	prest**iate**
prest**i**	prest**ino**

congiuntivo passato
abbia prestato	**abbiamo** prestato
abbia prestato	**abbiate** prestato
abbia prestato	**abbiano** prestato

congiuntivo imperfetto
prest**assi**	prest**assimo**
prest**assi**	prest**aste**
prest**asse**	prest**assero**

congiuntivo trapassato
avessi prestato	**avessimo** prestato
avessi prestato	**aveste** prestato
avesse prestato	**avessero** prestato

imperativo
	prestiamo
presta; non prestare	prestate
presti	prestino

P

to demand, to pretend

pretendere

SINGULAR	PLURAL	SINGULAR	PLURAL

indicativo presente

		passato prossimo	
pretendo	pretendiamo	**ho** preteso	**abbiamo** preteso
pretendi	pretendete	**hai** preteso	**avete** preteso
pretende	pretendono	**ha** preteso	**hanno** preteso

imperfetto

		trapassato prossimo	
pretendevo	pretendevamo	**avevo** preteso	**avevamo** preteso
pretendevi	pretendevate	**avevi** preteso	**avevate** preteso
pretendeva	pretendevano	**aveva** preteso	**avevano** preteso

passato remoto

		trapassato remoto	
pretesi	pretendemmo	**ebbi** preteso	**avemmo** preteso
pretendesti	pretendeste	**avesti** preteso	**aveste** preteso
pretese	pretesero	**ebbe** preteso	**ebbero** preteso

futuro semplice

		futuro anteriore	
pretenderò	pretenderemo	**avrò** preteso	**avremo** preteso
pretenderai	pretenderete	**avrai** preteso	**avrete** preteso
pretenderà	pretenderanno	**avrà** preteso	**avranno** preteso

condizionale presente

		condizionale passato	
pretenderei	pretenderemmo	**avrei** preteso	**avremmo** preteso
pretenderesti	pretendereste	**avresti** preteso	**avreste** preteso
pretenderebbe	pretenderebbero	**avrebbe** preteso	**avrebbero** preteso

congiuntivo presente

		congiuntivo passato	
pretenda	pretendiamo	**abbia** preteso	**abbiamo** preteso
pretenda	pretendiate	**abbia** preteso	**abbiate** preteso
pretenda	pretendano	**abbia** preteso	**abbiano** preteso

congiuntivo imperfetto

		congiuntivo trapassato	
pretendessi	pretendessimo	**avessi** preteso	**avessimo** preteso
pretendessi	pretendeste	**avessi** preteso	**aveste** preteso
pretendesse	pretendessero	**avesse** preteso	**avessero** preteso

imperativo

	pretendiamo
pretendi;	pretendete
non pretendere	
pretenda	pretendano

P

gerundio **prevalendo**　　　　participio passato **prevalso**

SINGULAR	PLURAL	SINGULAR	PLURAL

indicativo presente

		passato prossimo	
prevalgo	prevaliamo	ho prevalso	abbiamo prevalso
prevali	prevalete	hai prevalso	avete prevalso
prevale	prevalgono	ha prevalso	hanno prevalso

imperfetto

		trapassato prossimo	
prevalevo	prevalevamo	avevo prevalso	avevamo prevalso
prevalevi	prevalevate	avevi prevalso	avevate prevalso
prevaleva	prevalevano	aveva prevalso	avevano prevalso

passato remoto

		trapassato remoto	
prevalsi	prevalemmo	ebbi prevalso	avemmo prevalso
prevalesti	prevaleste	avesti prevalso	aveste prevalso
prevalse	prevalsero	ebbe prevalso	ebbero prevalso

futuro semplice

		futuro anteriore	
prevarrò	prevarremo	avrò prevalso	avremo prevalso
prevarrai	prevarrete	avrai prevalso	avrete prevalso
prevarrà	prevarranno	avrà prevalso	avranno prevalso

condizionale presente

		condizionale passato	
prevarrei	prevarremmo	avrei prevalso	avremmo prevalso
prevarresti	prevarreste	avresti prevalso	avreste prevalso
prevarrebbe	prevarrebbero	avrebbe prevalso	avrebbero prevalso

congiuntivo presente

		congiuntivo passato	
prevalga	prevaliamo	abbia prevalso	abbiamo prevalso
prevalga	prevaliate	abbia prevalso	abbiate prevalso
prevalga	prevalgano	abbia prevalso	abbiano prevalso

congiuntivo imperfetto

		congiuntivo trapassato	
prevalessi	prevalessimo	avessi prevalso	avessimo prevalso
prevalessi	prevaleste	avessi prevalso	aveste prevalso
prevalesse	prevalessero	avesse prevalso	avessero prevalso

imperativo

	prevaliamo
prevali; non prevalere	prevalete
prevalga	prevalgano

P

to foresee prevedere

SINGULAR	PLURAL	SINGULAR	PLURAL

indicativo presente

		passato prossimo	
prevedo	prevediamo	**ho** previsto	**abbiamo** previsto
prevedi	prevedete	**hai** previsto	**avete** previsto
prevede	prevedono	**ha** previsto	**hanno** previsto

imperfetto

		trapassato prossimo	
prevedevo	prevedevamo	**avevo** previsto	**avevamo** previsto
prevedevi	prevedevate	**avevi** previsto	**avevate** previsto
prevedeva	prevedevano	**aveva** previsto	**avevano** previsto

passato remoto

		trapassato remoto	
previdi	prevedemmo	**ebbi** previsto	**avemmo** previsto
prevedesti	prevedeste	**avesti** previsto	**aveste** previsto
previde	previdero	**ebbe** previsto	**ebbero** previsto

futuro semplice

		futuro anteriore	
prevederò	prevederemo	**avrò** previsto	**avremo** previsto
prevederai	prevederete	**avrai** previsto	**avrete** previsto
prevederà	prevederanno	**avrà** previsto	**avranno** previsto

condizionale presente

		condizionale passato	
prevederei	prevederemmo	**avrei** previsto	**avremmo** previsto
prevederesti	prevedereste	**avresti** previsto	**avreste** previsto
prevederebbe	prevederebbero	**avrebbe** previsto	**avrebbero** previsto

congiuntivo presente

		congiuntivo passato	
preveda	prevediamo	**abbia** previsto	**abbiamo** previsto
preveda	prevediate	**abbia** previsto	**abbiate** previsto
preveda	prevedano	**abbia** previsto	**abbiano** previsto

congiuntivo imperfetto

		congiuntivo trapassato	
prevedessi	prevedessimo	**avessi** previsto	**avessimo** previsto
prevedessi	prevedeste	**avessi** previsto	**aveste** previsto
prevedesse	prevedessero	**avesse** previsto	**avessero** previsto

imperativo

	prevediamo
prevedi;	prevedete
non prevedere	
preveda	prevedano

P

prevenire   to anticipate, to precede, to prevent

SINGULAR	PLURAL	SINGULAR	PLURAL
indicativo presente		**passato prossimo**	
prevengo	preveniamo	ho prevenuto	abbiamo prevenuto
previeni	prevenite	hai prevenuto	avete prevenuto
previene	prevengono	ha prevenuto	hanno prevenuto
imperfetto		**trapassato prossimo**	
prevenivo	prevenivamo	avevo prevenuto	avevamo prevenuto
prevenivi	prevenivate	avevi prevenuto	avevate prevenuto
preveniva	prevenivano	aveva prevenuto	avevano prevenuto
passato remoto		**trapassato remoto**	
prevenni	prevenimmo	ebbi prevenuto	avemmo prevenuto
prevenisti	preveniste	avesti prevenuto	aveste prevenuto
prevenne	prevennero	ebbe prevenuto	ebbero prevenuto
futuro semplice		**futuro anteriore**	
preverrò	preverremo	avrò prevenuto	avremo prevenuto
preverrai	preverrete	avrai prevenuto	avrete prevenuto
preverrà	preverranno	avrà prevenuto	avranno prevenuto
condizionale presente		**condizionale passato**	
preverrei	preverremmo	avrei prevenuto	avremmo prevenuto
preverresti	preverreste	avresti prevenuto	avreste prevenuto
preverrebbe	preverrebbero	avrebbe prevenuto	avrebbero prevenuto
congiuntivo presente		**congiuntivo passato**	
prevenga	preveniamo	abbia prevenuto	abbiamo prevenuto
prevenga	preveniate	abbia prevenuto	abbiate prevenuto
prevenga	prevengano	abbia prevenuto	abbiano prevenuto
congiuntivo imperfetto		**congiuntivo trapassato**	
prevenissi	prevenissimo	avessi prevenuto	avessimo prevenuto
prevenissi	preveniste	avessi prevenuto	aveste prevenuto
prevenisse	prevenissero	avesse prevenuto	avessero prevenuto

imperativo

	preveniamo
previeni;	prevenite
non prevenire	
prevenga	prevengano

P

to produce   produrre

SINGULAR	PLURAL	SINGULAR	PLURAL
indicativo presente		**passato prossimo**	
produc**o**	produc**iamo**	**ho** prodotto	**abbiamo** prodotto
produc**i**	produc**ete**	**hai** prodotto	**avete** prodotto
produc**e**	produc**ono**	**ha** prodotto	**hanno** prodotto
imperfetto		**trapassato prossimo**	
produc**evo**	produc**evamo**	**avevo** prodotto	**avevamo** prodotto
produc**evi**	produc**evate**	**avevi** prodotto	**avevate** prodotto
produc**eva**	produc**evano**	**aveva** prodotto	**avevano** prodotto
passato remoto		**trapassato remoto**	
produssi	produc**emmo**	**ebbi** prodotto	**avemmo** prodotto
produc**esti**	produc**este**	**avesti** prodotto	**aveste** prodotto
produsse	**produssero**	**ebbe** prodotto	**ebbero** prodotto
futuro semplice		**futuro anteriore**	
produrr**ò**	produrr**emo**	**avrò** prodotto	**avremo** prodotto
produrr**ai**	produrr**ete**	**avrai** prodotto	**avrete** prodotto
produrr**à**	produrr**anno**	**avrà** prodotto	**avranno** prodotto
condizionale presente		**condizionale passato**	
produrr**ei**	produrr**emmo**	**avrei** prodotto	**avremmo** prodotto
produrr**esti**	produrr**este**	**avresti** prodotto	**avreste** prodotto
produrr**ebbe**	produrr**ebbero**	**avrebbe** prodotto	**avrebbero** prodotto
congiuntivo presente		**congiuntivo passato**	
produc**a**	produc**iamo**	**abbia** prodotto	**abbiamo** prodotto
produc**a**	produc**iate**	**abbia** prodotto	**abbiate** prodotto
produc**a**	produc**ano**	**abbia** prodotto	**abbiano** prodotto
congiuntivo imperfetto		**congiuntivo trapassato**	
produc**essi**	produc**essimo**	**avessi** prodotto	**avessimo** prodotto
produc**essi**	produc**este**	**avessi** prodotto	**aveste** prodotto
produc**esse**	produc**essero**	**avesse** prodotto	**avessero** prodotto
imperativo			
	produc**iamo**		
produc**i**; non	produc**ete**		
produrre			
produc**a**	produc**ano**		

P

465

progettare

to plan

SINGULAR	PLURAL	SINGULAR	PLURAL
indicativo presente		**passato prossimo**	
progetto	progettiamo	ho progettato	abbiamo progettato
progetti	progettate	hai progettato	avete progettato
progetta	progettano	ha progettato	hanno progettato
imperfetto		**trapassato prossimo**	
progettavo	progettavamo	avevo progettato	avevamo progettato
progettavi	progettavate	avevi progettato	avevate progettato
progettava	progettavano	aveva progettato	avevano progettato
passato remoto		**trapassato remoto**	
progettai	progettammo	ebbi progettato	avemmo progettato
progettasti	progettaste	avesti progettato	aveste progettato
progettò	progettarono	ebbe progettato	ebbero progettato
futuro semplice		**futuro anteriore**	
progetterò	progetteremo	avrò progettato	avremo progettato
progetterai	progetterete	avrai progettato	avrete progettato
progetterà	progetteranno	avrà progettato	avranno progettato
condizionale presente		**condizionale passato**	
progetterei	progetteremmo	avrei progettato	avremmo progettato
progetteresti	progettereste	avresti progettato	avreste progettato
progetterebbe	progetterebbero	avrebbe progettato	avrebbero progettato
congiuntivo presente		**congiuntivo passato**	
progetti	progettiamo	abbia progettato	abbiamo progettato
progetti	progettiate	abbia progettato	abbiate progettato
progetti	progettino	abbia progettato	abbiano progettato
congiuntivo imperfetto		**congiuntivo trapassato**	
progettassi	progettassimo	avessi progettato	avessimo progettato
progettassi	progettaste	avessi progettato	aveste progettato
progettasse	progettassero	avesse progettato	avessero progettato
imperativo			
	progettiamo		
progetta; non	progettate		
progettare			
progetti	progettino		

P

to program

gerundio **programmando**   participio passato **programmato**

SINGULAR	PLURAL	SINGULAR	PLURAL

indicativo presente

programm**o**	programm**iamo**
programm**i**	programm**ate**
programm**a**	programm**ano**

passato prossimo

ho programmato	**abbiamo** programmato
hai programmato	**avete** programmato
ha programmato	**hanno** programmato

imperfetto

programma**vo**	programma**vamo**
programma**vi**	programma**vate**
programma**va**	programma**vano**

trapassato prossimo

avevo programmato	**avevamo** programmato
avevi programmato	**aveva** programmato
aveva programmato	**avevano** programmato

passato remoto

programm**ai**	programm**ammo**
programm**asti**	programm**aste**
programm**ò**	programm**arono**

trapassato remoto

ebbi programmato	**avemmo** programmato
avesti programmato	**aveste** programmato
ebbe programmato	**ebbero** programmato

futuro semplice

programmer**ò**	programmer**emo**
programmer**ai**	programmer**ete**
programmer**à**	programmer**anno**

futuro anteriore

avrò programmato	**avremo** programmato
avrai programmato	**avrete** programmato
avrà programmato	**avranno** programmato

condizionale presente

programm**erei**	programm**eremmo**
programm**eresti**	programm**ereste**
programm**erebbe**	programm**erebbero**

condizionale passato

avrei programmato	**avremmo** programmato
avresti programmato	**avreste** programmato
avrebbe programmato	**avrebbero** programmato

congiuntivo presente

programm**i**	programm**iamo**
programm**i**	programm**iate**
programm**i**	programm**ino**

congiuntivo passato

abbia programmato	**abbiamo** programmato
abbia programmato	**abbiate** programmato
abbia programmato	**abbiano** programmato

congiuntivo imperfetto

programm**assi**	programm**assimo**
programm**assi**	programm**aste**
programm**asse**	programm**assero**

congiuntivo trapassato

avessi programmato	**avessimo** programmato
avessi programmato	**aveste** programmato
avesse programmato	**avessero** programmato

imperativo

	programm**iamo**
programma; non	programm**ate**
programmare	
programm**i**	programm**ino**

P

proibire   to forbid

SINGULAR	PLURAL	SINGULAR	PLURAL

indicativo presente

		passato prossimo	
proibisco	proibiamo	ho proibito	abbiamo proibito
proibisci	proibite	hai proibito	avete proibito
proibisce	proibiscono	ha proibito	hanno proibito

imperfetto

		trapassato prossimo	
proibivo	proibivamo	avevo proibito	avevamo proibito
proibivi	proibivate	avevi proibito	avevate proibito
proibiva	proibivano	aveva proibito	avevano proibito

passato remoto

		trapassato remoto	
proibii	proibimmo	ebbi proibito	avemmo proibito
proibisti	proibiste	avesti proibito	aveste proibito
proibì	proibirono	ebbe proibito	ebbero proibito

futuro semplice

		futuro anteriore	
proibirò	proibiremo	avrò proibito	avremo proibito
proibirai	proibirete	avrai proibito	avrete proibito
proibirà	proibiranno	avrà proibito	avranno proibito

condizionale presente

		condizionale passato	
proibirei	proibiremmo	avrei proibito	avremmo proibito
proibiresti	proibireste	avresti proibito	avreste proibito
proibirebbe	proibirebbero	avrebbe proibito	avrebbero proibito

congiuntivo presente

		congiuntivo passato	
proibisca	proibiamo	abbia proibito	abbiamo proibito
proibisca	proibiate	abbia proibito	abbiate proibito
proibisca	proibiscano	abbia proibito	abbiano proibito

congiuntivo imperfetto

		congiuntivo trapassato	
proibissi	proibissimo	avessi proibito	avessimo proibito
proibissi	proibiste	avessi proibito	aveste proibito
proibisse	proibissero	avesse proibito	avessero proibito

imperativo

	proibiamo
proibisci;	proibite
non proibire	
proibisca	proibiscano

P

to promise   promettere

gerundio **promettendo**   participio passato **promesso**

SINGULAR	PLURAL	SINGULAR	PLURAL
indicativo presente		**passato prossimo**	
promett**o**	promett**iamo**	**ho** promesso	**abbiamo** promesso
promett**i**	promett**ete**	**hai** promesso	**avete** promesso
promett**e**	promett**ono**	**ha** promesso	**hanno** promesso
imperfetto		**trapassato prossimo**	
promette**vo**	promette**vamo**	**avevo** promesso	**avevamo** promesso
promette**vi**	promette**vate**	**avevi** promesso	**avevate** promesso
promette**va**	promette**vano**	**aveva** promesso	**avevano** promesso
passato remoto		**trapassato remoto**	
promisi	promett**emmo**	**ebbi** promesso	**avemmo** promesso
promett**esti**	promett**este**	**avesti** promesso	**aveste** promesso
promise	**permisero**	**ebbe** promesso	**ebbero** promesso
futuro semplice		**futuro anteriore**	
promett**erò**	promett**eremo**	**avrò** promesso	**avremo** promesso
promett**erai**	promett**erete**	**avrai** promesso	**avrete** promesso
promett**erà**	promett**eranno**	**avrà** promesso	**avranno** promesso
condizionale presente		**condizionale passato**	
promett**erei**	promett**eremmo**	**avrei** promesso	**avremmo** promesso
promett**eresti**	promett**ereste**	**avresti** promesso	**avreste** promesso
promett**erebbe**	promett**erebbero**	**avrebbe** promesso	**avrebbero** promesso
congiuntivo presente		**congiuntivo passato**	
promett**a**	promett**iamo**	**abbia** promesso	**abbiamo** promesso
promett**a**	promett**iate**	**abbia** promesso	**abbiate** promesso
promett**a**	promett**ano**	**abbia** promesso	**abbiano** promesso
congiuntivo imperfetto		**congiuntivo trapassato**	
promett**essi**	promett**essimo**	**avessi** promesso	**avessimo** promesso
promett**essi**	promett**este**	**avessi** promesso	**aveste** promesso
promett**esse**	promett**essero**	**avesse** promesso	**avessero** promesso
imperativo			
	promettiamo		
prometti; non	promettete		
promettere			
prometta	promettano		

P

promuovere   to promote

SINGULAR	PLURAL	SINGULAR	PLURAL

indicativo presente
		passato prossimo	
promuov**o**	promuov**iamo**	**ho** promosso	**abbiamo** promosso
promuov**i**	promuov**ete**	**hai** promosso	**avete** promosso
promuov**e**	promuov**ono**	**ha** promosso	**hanno** promosso

imperfetto
		trapassato prossimo	
promuove**vo**	promuove**vamo**	**avevo** promosso	**avevamo** promosso
promuove**vi**	promuove**vate**	**avevi** promosso	**avevate** promosso
promuove**va**	promuove**vano**	**aveva** promosso	**avevano** promosso

passato remoto
		trapassato remoto	
promossi	promuov**emmo**	**ebbi** promosso	**avemmo** promosso
promuov**esti**	promuov**este**	**avesti** promosso	**aveste** promosso
promosse	**promossero**	**ebbe** promosso	**ebbero** promosso

futuro semplice
		futuro anteriore	
promuover**ò**	promuover**emo**	**avrò** promosso	**avremo** promosso
promuover**ai**	promuover**ete**	**avrai** promosso	**avrete** promosso
promuover**à**	promuover**anno**	**avrà** promosso	**avranno** promosso

condizionale presente
		condizionale passato	
promuov**erei**	promuov**eremmo**	**avrei** promosso	**avremmo** promosso
promuov**eresti**	promuov**ereste**	**avresti** promosso	**avreste** promosso
promuov**erebbe**	promuov**erebbero**	**avrebbe** promosso	**avrebbero** promosso

congiuntivo presente
		congiuntivo passato	
promuov**a**	promuov**iamo**	**abbia** promosso	**abbiamo** promosso
promuov**a**	promuov**iate**	**abbia** promosso	**abbiate** promosso
promuov**a**	promuov**ano**	**abbia** promosso	**abbiano** promosso

congiuntivo imperfetto
		congiuntivo trapassato	
promuov**essi**	promuov**essimo**	**avessi** promosso	**avessimo** promosso
promuov**essi**	promuov**este**	**avessi** promosso	**aveste** promosso
promuov**esse**	promuov**essero**	**avesse** promosso	**avessero** promosso

imperativo
	promuov**iamo**
promuov**i**;	promuov**ete**
non promuovere	
promuov**a**	promuov**ano**

P

to pronounce

pronunciare

SINGULAR	PLURAL	SINGULAR	PLURAL
indicativo presente		**passato prossimo**	
pronunci**o**	pronunci**amo**	**ho** pronunciato	**abbiamo** pronunciato
pronunc**i**	pronunci**ate**	**hai** pronunciato	**avete** pronunciato
pronunci**a**	pronunci**ano**	**ha** pronunciato	**hanno** pronunciato
imperfetto		**trapassato prossimo**	
pronuncia**vo**	pronuncia**vamo**	**avevo** pronunciato	**avevamo** pronunciato
pronuncia**vi**	pronuncia**vate**	**avevi** pronunciato	**avevate** pronunciato
pronuncia**va**	pronuncia**vano**	**aveva** pronunciato	**avevano** pronunciato
passato remoto		**trapassato remoto**	
pronunci**ai**	pronunci**ammo**	**ebbi** pronunciato	**avemmo** pronunciato
pronunci**asti**	pronunci**aste**	**avesti** pronunciato	**aveste** pronunciato
pronunci**ò**	pronunci**arono**	**ebbe** pronunciato	**ebbero** pronunciato
futuro semplice		**futuro anteriore**	
pronunc**erò**	pronunc**eremo**	**avrò** pronunciato	**avremo** pronunciato
pronunc**erai**	pronunc**erete**	**avrai** pronunciato	**avrete** pronunciato
pronunc**erà**	pronunc**eranno**	**avrà** pronunciato	**avranno** pronunciato
condizionale presente		**condizionale passato**	
pronunc**erei**	pronunc**eremmo**	**avrei** pronunciato	**avremmo** pronunciato
pronunc**eresti**	pronunc**ereste**	**avresti** pronunciato	**avreste** pronunciato
pronunc**erebbe**	pronunc**erebbero**	**avrebbe** pronunciato	**avrebbero** pronunciato
congiuntivo presente		**congiuntivo passato**	
pronunc**i**	pronunci**amo**	**abbia** pronunciato	**abbiamo** pronunciato
pronunc**i**	pronunci**ate**	**abbia** pronunciato	**abbiate** pronunciato
pronunc**i**	pronunc**ino**	**abbia** pronunciato	**abbiano** pronunciato
congiuntivo imperfetto		**congiuntivo trapassato**	
pronunci**assi**	pronunci**assimo**	**avessi** pronunciato	**avessimo** pronunciato
pronunci**assi**	pronunci**aste**	**avessi** pronunciato	**aveste** pronunciato
pronunci**asse**	pronunci**assero**	**avesse** pronunciato	**avessero** pronunciato
imperativo			
	pronunci**amo**		
pronunci**a;**	pronunci**ate**		
non pronunci**are**			
pronunc**i**	pronunc**ino**		

P

proporre

to propose

SINGULAR	PLURAL	SINGULAR	PLURAL

indicativo presente

		passato prossimo	
propongo	proponiamo	ho proposto	abbiamo proposto
proponi	proponete	hai proposto	avete proposto
propone	propongono	ha proposto	hanno proposto

imperfetto

		trapassato prossimo	
proponevo	proponevamo	avevo proposto	avevamo proposto
proponevi	proponevate	avevi proposto	avevate proposto
proponeva	proponevano	aveva proposto	avevano proposto

passato remoto

		trapassato remoto	
proposi	proponemmo	ebbi proposto	avemmo proposto
proponesti	proponeste	avesti proposto	aveste proposto
propose	proposero	ebbe proposto	ebbero proposto

futuro semplice

		futuro anteriore	
proporrò	proporremo	avrò proposto	avremo proposto
proporrai	proporrete	avrai proposto	avrete proposto
proporrà	proporranno	avrà proposto	avranno proposto

condizionale presente

		condizionale passato	
proporrei	proporremmo	avrei proposto	avremmo proposto
proporresti	proporreste	avresti proposto	avreste proposto
proporrebbe	proporrebbero	avrebbe proposto	avrebbero proposto

congiuntivo presente

		congiuntivo passato	
proponga	proponiamo	abbia proposto	abbiamo proposto
proponga	proponiate	abbia proposto	abbiate proposto
proponga	propongano	abbia proposto	abbiano proposto

congiuntivo imperfetto

		congiuntivo trapassato	
proponessi	proponessimo	avessi proposto	avessimo proposto
proponessi	proponeste	avessi proposto	aveste proposto
proponesse	proponessero	avesse proposto	avessero proposto

imperativo

	proponiamo
proponi;	proponete
non proporre	
proponga	propongano

P

to protect

proteggere

SINGULAR	PLURAL	SINGULAR	PLURAL

indicativo presente

protegg**o**	protegg**iamo**		
protegg**i**	protegg**ete**		
protegg**e**	protegg**ono**		

passato prossimo

ho protetto	**abbiamo** protetto
hai protetto	**avete** protetto
ha protetto	**hanno** protetto

imperfetto

protegge**vo**	protegge**vamo**
protegge**vi**	protegge**vate**
protegge**va**	protegge**vano**

trapassato prossimo

avevo protetto	**avevamo** protetto
avevi protetto	**avevate** protetto
aveva protetto	**avevano** protetto

passato remoto

protessi	protegg**emmo**
protegg**esti**	protegg**este**
protesse	**protessero**

trapassato remoto

ebbi protetto	**avemmo** protetto
avesti protetto	**aveste** protetto
ebbe protetto	**ebbero** protetto

futuro semplice

protegger**ò**	protegger**emo**
protegger**ai**	protegger**ete**
protegger**à**	protegger**anno**

futuro anteriore

avrò protetto	**avremo** protetto
avrai protetto	**avrete** protetto
avrà protetto	**avranno** protetto

condizionale presente

protegg**erei**	protegg**eremmo**
protegg**eresti**	protegg**ereste**
protegg**erebbe**	protegg**erebbero**

condizionale passato

avrei protetto	**avremmo** protetto
avresti protetto	**avreste** protetto
avrebbe protetto	**avrebbero** protetto

congiuntivo presente

protegg**a**	protegg**iamo**
protegg**a**	protegg**iate**
protegg**a**	protegg**ano**

congiuntivo passato

abbia protetto	**abbiamo** protetto
abbia protetto	**abbiate** protetto
abbia protetto	**abbiano** protetto

congiuntivo imperfetto

protegg**essi**	protegg**essimo**
protegg**essi**	protegg**este**
protegg**esse**	protegg**essero**

congiuntivo trapassato

avessi protetto	**avessimo** protetto
avessi protetto	**aveste** protetto
avesse protetto	**avessero** protetto

P

imperativo

	protegg**iamo**
protegg**i**;	protegg**ete**
non protegg**ere**	
protegg**a**	protegg**ano**

protestare

to complain, to protest

gerundio **protestando**

participio passato **protestato**

SINGULAR	PLURAL	SINGULAR	PLURAL
indicativo presente		passato prossimo	
protest**o**	protest**iamo**	**ho** protestato	**abbiamo** protestato
protest**i**	protest**ate**	**hai** protestato	**avete** protestato
protest**a**	protest**ano**	**ha** protestato	**hanno** protestato
imperfetto		trapassato prossimo	
protesta**vo**	protesta**vamo**	**avevo** protestato	**avevamo** protestato
protesta**vi**	protesta**vate**	**avevi** protestato	**avevate** protestato
protesta**va**	protesta**vano**	**aveva** protestato	**avevano** protestato
passato remoto		trapassato remoto	
protest**ai**	protest**ammo**	**ebbi** protestato	**avemmo** protestato
protest**asti**	protest**aste**	**avesti** protestato	**aveste** protestato
protest**ò**	protest**arono**	**ebbe** protestato	**ebbero** protestato
futuro semplice		futuro anteriore	
protester**ò**	protester**emo**	**avrò** protestato	**avremo** protestato
protester**ai**	protester**ete**	**avrai** protestato	**avrete** protestato
protester**à**	protester**anno**	**avrà** protestato	**avranno** protestato
condizionale presente		condizionale passato	
protest**erei**	protest**eremmo**	**avrei** protestato	**avremmo** protestato
protest**eresti**	protest**ereste**	**avresti** protestato	**avreste** protestato
protest**erebbe**	protest**erebbero**	**avrebbe** protestato	**avrebbero** protestato
congiuntivo presente		congiuntivo passato	
protest**i**	protest**iamo**	**abbia** protestato	**abbiamo** protestato
protest**i**	protest**iate**	**abbia** protestato	**abbiate** protestato
protest**i**	protest**ino**	**abbia** protestato	**abbiano** protestato
congiuntivo imperfetto		congiuntivo trapassato	
protest**assi**	protest**assimo**	**avessi** protestato	**avessimo** protestato
protest**assi**	protest**aste**	**avessi** protestato	**aveste** protestato
protest**asse**	protest**assero**	**avesse** protestato	**avessero** protestato
imperativo			
	protest**iamo**		
protest**a**; non	protest**ate**		
protest**are**			
protest**i**	protest**ino**		

P

to try, to attempt   provare

SINGULAR	PLURAL	SINGULAR	PLURAL
indicativo presente		**passato prossimo**	
prov**o**	prov**iamo**	**ho** provato	**abbiamo** provato
prov**i**	prov**ate**	**hai** provato	**avete** provato
prov**a**	prov**ano**	**ha** provato	**hanno** provato
imperfetto		**trapassato prossimo**	
prova**vo**	prova**vamo**	**avevo** provato	**avevamo** provato
prova**vi**	prova**vate**	**avevi** provato	**avevate** provato
prova**va**	prova**vano**	**aveva** provato	**avevano** provato
passato remoto		**trapassato remoto**	
prov**ai**	prov**ammo**	**ebbi** provato	**avemmo** provato
prov**asti**	prov**aste**	**avesti** provato	**aveste** provato
prov**ò**	prov**arono**	**ebbe** provato	**ebbero** provato
futuro semplice		**futuro anteriore**	
prover**ò**	prover**emo**	**avrò** provato	**avremo** provato
prover**ai**	prover**ete**	**avrai** provato	**avrete** provato
prover**à**	prover**anno**	**avrà** provato	**avranno** provato
condizionale presente		**condizionale passato**	
prover**ei**	prover**emmo**	**avrei** provato	**avremmo** provato
prover**esti**	prover**este**	**avresti** provato	**avreste** provato
prover**ebbe**	prover**ebbero**	**avrebbe** provato	**avrebbero** provato
congiuntivo presente		**congiuntivo passato**	
prov**i**	prov**iamo**	**abbia** provato	**abbiamo** provato
prov**i**	prov**iate**	**abbia** provato	**abbiate** provato
prov**i**	prov**ino**	**abbia** provato	**abbiano** provato
congiuntivo imperfetto		**congiuntivo trapassato**	
prov**assi**	prov**assimo**	**avessi** provato	**avessimo** provato
prov**assi**	prov**aste**	**avessi** provato	**aveste** provato
prov**asse**	prov**assero**	**avesse** provato	**avessero** provato
imperativo			
	proviamo		
prova; non provare	provate		
provi	provino		

P

gerundio **provvedendo**   participio passato **provvisto**

SINGULAR	PLURAL	SINGULAR	PLURAL

indicativo presente
		### passato prossimo	
provved**o**	provved**iamo**	**ho** provvisto	**abbiamo** provvisto
provved**i**	provved**ete**	**hai** provvisto	**avete** provvisto
provved**e**	provved**ono**	**ha** provvisto	**hanno** provvisto

imperfetto
		### trapassato prossimo	
provvede**vo**	provvede**vamo**	**avevo** provvisto	**avevamo** provvisto
provvede**vi**	provvede**vate**	**avevi** provvisto	**avevate** provvisto
provvede**va**	provvede**vano**	**aveva** provvisto	**avevano** provvisto

passato remoto
		### trapassato remoto	
provvid**i**	provved**emmo**	**ebbi** provvisto	**avemmo** provvisto
provved**esti**	provved**este**	**avesti** provvisto	**aveste** provvisto
provvid**e**	provvid**ero**	**ebbe** provvisto	**ebbero** provvisto

futuro semplice
		### futuro anteriore	
provveder**ò**	provveder**emo**	**avrò** provvisto	**avremo** provvisto
provveder**ai**	provveder**ete**	**avrai** provvisto	**avrete** provvisto
provveder**à**	provveder**anno**	**avrà** provvisto	**avranno** provvisto

condizionale presente
		### condizionale passato	
provved**erei**	provved**eremmo**	**avrei** provvisto	**avremmo** provvisto
provved**eresti**	provved**ereste**	**avresti** provvisto	**avreste** provvisto
provved**erebbe**	provved**erebbero**	**avrebbe** provvisto	**avrebbero** provvisto

congiuntivo presente
		### congiuntivo passato	
provved**a**	provved**iamo**	**abbia** provvisto	**abbiamo** provvisto
provved**a**	provved**iate**	**abbia** provvisto	**abbiate** provvisto
provved**a**	provved**ano**	**abbia** provvisto	**abbiano** provvisto

congiuntivo imperfetto
		### congiuntivo trapassato	
provved**essi**	provved**essimo**	**avessi** provvisto	**avessimo** provvisto
provved**essi**	provved**este**	**avessi** provvisto	**aveste** provvisto
provved**esse**	provved**essero**	**avesse** provvisto	**avessero** provvisto

imperativo
	provved**iamo**
provved**i**;	provved**ete**
non provved**ere**	
provved**a**	provved**ano**

P

gerundio **pulendo**   participio passato **pulito**

SINGULAR	PLURAL	SINGULAR	PLURAL
indicativo presente		**passato prossimo**	
pulisco	puliamo	ho pulito	abbiamo pulito
pulisci	pulite	hai pulito	avete pulito
pulisce	puliscono	ha pulito	hanno pulito
imperfetto		**trapassato prossimo**	
pulivo	pulivamo	avevo pulito	avevamo pulito
pulivi	pulivate	avevi pulito	avevate pulito
puliva	pulivano	aveva pulito	avevano pulito
passato remoto		**trapassato remoto**	
pulii	pulimmo	ebbi pulito	avemmo pulito
pulisti	puliste	avesti pulito	aveste pulito
pulì	pulirono	ebbe pulito	ebbero pulito
futuro semplice		**futuro anteriore**	
pulirò	puliremo	avrò pulito	avremo pulito
pulirai	pulirete	avrai pulito	avrete pulito
pulirà	puliranno	avrà pulito	avranno pulito
condizionale presente		**condizionale passato**	
pulirei	puliremmo	avrei pulito	avremmo pulito
puliresti	pulireste	avresti pulito	avreste pulito
pulirebbe	pulirebbero	avrebbe pulito	avrebbero pulito
congiuntivo presente		**congiuntivo passato**	
pulisca	puliamo	abbia pulito	abbiamo pulito
pulisca	puliate	abbia pulito	abbiate pulito
pulisca	puliscano	abbia pulito	abbiano pulito
congiuntivo imperfetto		**congiuntivo trapassato**	
pulissi	pulissimo	avessi pulito	avessimo pulito
pulissi	puliste	avessi pulito	aveste pulito
pulisse	pulissero	avesse pulito	avessero pulito
imperativo			
	puliamo		
pulisci; non pulire	pulite		
pulisca	puliscano		

P

MUST KNOW VERB

gerundio **pungendo**   participio passato **punto**

SINGULAR	PLURAL	SINGULAR	PLURAL
indicativo presente		passato prossimo	
pung**o**	pung**iamo**	**ho** punto	**abbiamo** punto
pung**i**	pung**ete**	**hai** punto	**avete** punto
pung**e**	pung**ono**	**ha** punto	**hanno** punto
imperfetto		trapassato prossimo	
pung**evo**	pung**evamo**	**avevo** punto	**avevamo** punto
pung**evi**	pung**evate**	**avevi** punto	**avevate** punto
pung**eva**	pung**evano**	**aveva** punto	**avevano** punto
passato remoto		trapassato remoto	
punsi	pung**emmo**	**ebbi** punto	**avemmo** punto
pung**esti**	pung**este**	**avesti** punto	**aveste** punto
punse	**punsero**	**ebbe** punto	**ebbero** punto
futuro semplice		futuro anteriore	
pung**erò**	pung**eremo**	**avrò** punto	**avremo** punto
pung**erai**	pung**erete**	**avrai** punto	**avrete** punto
pung**erà**	pung**eranno**	**avrà** punto	**avranno** punto
condizionale presente		condizionale passato	
pung**erei**	pung**eremmo**	**avrei** punto	**avremmo** punto
pung**eresti**	pung**ereste**	**avresti** punto	**avreste** punto
pung**erebbe**	pung**erebbero**	**avrebbe** punto	**avrebbero** punto
congiuntivo presente		congiuntivo passato	
pung**a**	pung**iamo**	**abbia** punto	**abbiamo** punto
pung**a**	pung**iate**	**abbia** punto	**abbiate** punto
pung**a**	pung**ano**	**abbia** punto	**abbiano** punto
congiuntivo imperfetto		congiuntivo trapassato	
pung**essi**	pung**essimo**	**avessi** punto	**avessimo** punto
pung**essi**	pung**este**	**avessi** punto	**aveste** punto
pung**esse**	pung**essero**	**avesse** punto	**avessero** punto
imperativo			
	pung**iamo**		
pungi; non pungere	pung**ete**		
pung**a**	pung**ano**		

P

to punish   punire

SINGULAR	PLURAL	SINGULAR	PLURAL
indicativo presente		**passato prossimo**	
punisc**o**	puni**amo**	**ho** punito	**abbiamo** punito
punisc**i**	pun**ite**	**hai** punito	**avete** punito
punisc**e**	punisc**ono**	**ha** punito	**hanno** punito
imperfetto		**trapassato prossimo**	
puni**vo**	puni**vamo**	**avevo** punito	**avevamo** punito
puni**vi**	puni**vate**	**avevi** punito	**avevate** punito
puni**va**	puni**vano**	**aveva** punito	**avevano** punito
passato remoto		**trapassato remoto**	
pun**ii**	pun**immo**	**ebbi** punito	**avemmo** punito
pun**isti**	pun**iste**	**avesti** punito	**aveste** punito
pun**ì**	pun**irono**	**ebbe** punito	**ebbero** punito
futuro semplice		**futuro anteriore**	
punir**ò**	punir**emo**	**avrò** punito	**avremo** punito
punir**ai**	punir**ete**	**avrai** punito	**avrete** punito
punir**à**	punir**anno**	**avrà** punito	**avranno** punito
condizionale presente		**condizionale passato**	
pun**irei**	pun**iremmo**	**avrei** punito	**avremmo** punito
pun**iresti**	pun**ireste**	**avresti** punito	**avreste** punito
pun**irebbe**	pun**irebbero**	**avrebbe** punito	**avrebbero** punito
congiuntivo presente		**congiuntivo passato**	
punisc**a**	puni**amo**	**abbia** punito	**abbiamo** punito
punisc**a**	pun**iate**	**abbia** punito	**abbiate** punito
punisc**a**	punisc**ano**	**abbia** punito	**abbiano** punito
congiuntivo imperfetto		**congiuntivo trapassato**	
pun**issi**	pun**issimo**	**avessi** punito	**avessimo** punito
pun**issi**	pun**iste**	**avessi** punito	**aveste** punito
pun**isse**	pun**issero**	**avesse** punito	**avessero** punito
imperativo			
	puniamo		
punisci; non punire	punite		
punisca	puniscano		

P

gerundio **quietando**   participio passato **quietato**

SINGULAR	PLURAL	SINGULAR	PLURAL

indicativo presente

quiet**o**	quiet**iamo**		
quiet**i**	quiet**ate**		
quiet**a**	quiet**ano**		

passato prossimo

ho quietato	**abbiamo** quietato
hai quietato	**avete** quietato
ha quietato	**hanno** quietato

imperfetto

quieta**vo**	quieta**vamo**
quieta**vi**	quieta**vate**
quieta**va**	quieta**vano**

trapassato prossimo

avevo quietato	**avevamo** quietato
avevi quietato	**avevate** quietato
aveva quietato	**avevano** quietato

passato remoto

quiet**ai**	quiet**ammo**
quiet**asti**	quiet**aste**
quiet**ò**	quiet**arono**

trapassato remoto

ebbi quietato	**avemmo** quietato
avesti quietato	**aveste** quietato
ebbe quietato	**ebbero** quietato

futuro semplice

quieter**ò**	quieter**emo**
quieter**ai**	quieter**ete**
quieter**à**	quieter**anno**

futuro anteriore

avrò quietato	**avremo** quietato
avrai quietato	**avrete** quietato
avrà quietato	**avranno** quietato

condizionale presente

quieter**ei**	quieter**emmo**
quieter**esti**	quieter**este**
quieter**ebbe**	quieter**ebbero**

condizionale passato

avrei quietato	**avremmo** quietato
avresti quietato	**avreste** quietato
avrebbe quietato	**avrebbero** quietato

congiuntivo presente

quiet**i**	quiet**iamo**
quiet**i**	quiet**iate**
quiet**i**	quiet**ino**

congiuntivo passato

abbia quietato	**abbiamo** quietato
abbia quietato	**abbiate** quietato
abbia quietato	**abbiano** quietato

congiuntivo imperfetto

quiet**assi**	quiet**assimo**
quiet**assi**	quiet**aste**
quiet**asse**	quiet**assero**

congiuntivo trapassato

avessi quietato	**avessimo** quietato
avessi quietato	**aveste** quietato
avesse quietato	**avessero** quietato

imperativo

	quietiamo
quieta; non quietare	quietate
quieti	quietino

Q

to recommend
raccomandare

gerundio **raccomandando**   participio passato **raccomandato**

SINGULAR	PLURAL	SINGULAR	PLURAL
indicativo presente		**passato prossimo**	
raccomand**o**	raccomand**iamo**	**ho** raccomandato	**abbiamo** raccomandato
raccomand**i**	raccomand**ate**	**hai** raccomandato	**avete** raccomandato
raccomand**a**	raccomand**ano**	**ha** raccomandato	**hanno** raccomandato
imperfetto		**trapassato prossimo**	
raccomanda**vo**	raccomanda**vamo**	**avevo** raccomandato	**avevamo** raccomandato
raccomanda**vi**	raccomanda**vate**	**avevi** raccomandato	**avevate** raccomandato
raccomanda**va**	raccomanda**vano**	**aveva** raccomandato	**avevano** raccomandato
passato remoto		**trapassato remoto**	
raccomand**ai**	raccomand**ammo**	**ebbi** raccomandato	**avemmo** raccomandato
raccomand**asti**	raccomand**aste**	**avesti** raccomandato	**aveste** raccomandato
raccomand**ò**	raccomand**arono**	**ebbe** raccomandato	**ebbero** raccomandato
futuro semplice		**futuro anteriore**	
raccomander**ò**	raccomander**emo**	**avrò** raccomandato	**avremo** raccomandato
raccomander**ai**	raccomander**ete**	**avrai** raccomandato	**avrete** raccomandato
raccomander**à**	raccomander**anno**	**avrà** raccomandato	**avranno** raccomandato
condizionale presente		**condizionale passato**	
raccomander**ei**	raccomander**emmo**	**avrei** raccomandato	**avremmo** raccomandato
raccomander**esti**	raccomander**este**	**avresti** raccomandato	**avreste** raccomandato
raccomander**ebbe**	raccomander**ebbero**	**avrebbe** raccomandato	**avrebbero** raccomandato
congiuntivo presente		**congiuntivo passato**	
raccomand**i**	raccomand**iamo**	**abbia** raccomandato	**abbiamo** raccomandato
raccomand**i**	raccomand**iate**	**abbia** raccomandato	**abbiate** raccomandato
raccomand**i**	raccomand**ino**	**abbia** raccomandato	**abbiano** raccomandato
congiuntivo imperfetto		**congiuntivo trapassato**	
raccomand**assi**	raccomand**assimo**	**avessi** raccomandato	**avessimo** raccomandato
raccomand**assi**	raccomand**aste**	**avessi** raccomandato	**aveste** raccomandato
raccomand**asse**	raccomand**assero**	**avesse** raccomandato	**avessero** raccomandato
imperativo			
	raccomand**iamo**		
raccomand**a**; non raccomand**are**	raccomand**ate**		
raccomand**i**	raccomand**ino**		

R

raccontare   to tell

SINGULAR	PLURAL	SINGULAR	PLURAL

indicativo presente

		passato prossimo	
raccont**o**	raccont**iamo**	**ho** raccontato	**abbiamo** raccontato
raccont**i**	raccont**ate**	**hai** raccontato	**avete** raccontato
raccont**a**	raccont**ano**	**ha** raccontato	**hanno** raccontato

imperfetto

		trapassato prossimo	
racconta**vo**	racconta**vamo**	**avevo** raccontato	**avevamo** raccontato
racconta**vi**	racconta**vate**	**avevi** raccontato	**avevate** raccontato
racconta**va**	racconta**vano**	**aveva** raccontato	**avevano** raccontato

passato remoto

		trapassato remoto	
raccont**ai**	raccont**ammo**	**ebbi** raccontato	**avemmo** raccontato
raccont**asti**	raccont**aste**	**avesti** raccontato	**aveste** raccontato
raccont**ò**	raccont**arono**	**ebbe** raccontato	**ebbero** raccontato

futuro semplice

		futuro anteriore	
racconter**ò**	racconter**emo**	**avrò** raccontato	**avremo** raccontato
racconter**ai**	racconter**ete**	**avrai** raccontato	**avrete** raccontato
racconter**à**	racconter**anno**	**avrà** raccontato	**avranno** raccontato

condizionale presente

		condizionale passato	
raccont**erei**	raccont**eremmo**	**avrei** raccontato	**avremmo** raccontato
raccont**eresti**	raccont**ereste**	**avresti** racconato	**avreste** raccontato
raccont**erebbe**	raccont**erebbero**	**avrebbe** raccontato	**avrebbero** raccontato

congiuntivo presente

		congiuntivo passato	
raccont**i**	raccont**iamo**	**abbia** raccontato	**abbiamo** raccontato
raccont**i**	raccont**iate**	**abbia** raccontato	**abbiate** raccontato
raccont**i**	raccont**ino**	**abbia** raccontato	**abbiano** raccontato

congiuntivo imperfetto

		congiuntivo trapassato	
raccont**assi**	raccont**assimo**	**avessi** raccontato	**avessimo** raccontato
raccont**assi**	raccont**aste**	**avessi** raccontato	**aveste** raccontato
raccont**asse**	raccont**assero**	**avesse** raccontato	**avessero** raccontato

imperativo

	raccontiamo
racconta;	raccontate
non raccontare	
racconti	raccontino

R

gerundio **radendosi** participio passato **rasosi**

SINGULAR	PLURAL	SINGULAR	PLURAL
indicativo presente		**passato prossimo**	
mi rad**o**	**ci** rad**iamo**	**mi sono** raso(a)	**ci siamo** rasi(e)
ti rad**i**	**vi** rad**ete**	**ti sei** raso(a)	**vi siete** rasi(e)
si rad**e**	**si** rad**ono**	**si è** raso(a)	**si sono** rasi(e)
imperfetto		**trapassato prossimo**	
mi rad**evo**	**ci** rad**evamo**	**mi ero** raso(a)	**ci eravamo** rasi(e)
ti rad**evi**	**vi** rad**evate**	**ti eri** raso(a)	**vi eravate** rasi(e)
si rad**eva**	**si** rad**evano**	**si era** raso(a)	**si erano** rasi(e)
passato remoto		**trapassato remoto**	
mi ras**i**	**ci** rad**emmo**	**mi fui** raso(a)	**ci fummo** rasi(e)
ti rad**esti**	**vi** rad**este**	**ti fosti** raso(a)	**vi foste** rasi(e)
si ras**e**	**si** ras**ero**	**si fu** raso(a)	**si furono** rasi(e)
futuro semplice		**futuro anteriore**	
mi rad**erò**	**ci** rad**eremo**	**mi sarò** raso(a)	**ci saremo** rasi(e)
ti rad**erai**	**vi** rad**erete**	**ti sarai** raso(a)	**vi sarete** rasi(e)
si rad**erà**	**si** rad**eranno**	**si sarà** raso(a)	**si saranno** rasi(e)
condizionale presente		**condizionale passato**	
mi rad**erei**	**ci** rad**eremmo**	**mi sarei** raso(a)	**ci saremmo** rasi(e)
ti rad**eresti**	**vi** rad**ereste**	**ti saresti** raso(a)	**vi sareste** rasi(e)
si rad**erebbe**	**si** rad**erebbero**	**si sarebbe** raso(a)	**si sarebbero** rasi(e)
congiuntivo presente		**congiuntivo passato**	
mi rad**a**	**ci** rad**iamo**	**mi sia** raso(a)	**ci siamo** rasi(e)
ti rad**a**	**vi** rad**iate**	**ti sia** raso(a)	**vi siate** rasi(e)
si rad**a**	**si** rad**ano**	**si sia** raso(a)	**si siano** rasi(e)
congiuntivo imperfetto		**congiuntivo trapassato**	
mi rad**essi**	**ci** rad**essimo**	**mi fossi** raso(a)	**ci fossimo** rasi(e)
ti rad**essi**	**vi** rad**este**	**ti fossi** raso(a)	**vi foste** rasi(e)
si rad**esse**	**si** rad**essero**	**si fosse** raso(a)	**si fossero** rasi(e)

imperativo

	radiamoci
raditi; non raderti/ non ti radere	radetevi
si rada	si radano

R

raggiungere

to reach, to catch up to

gerundio **raggiungendo**

participio passato **raggiunto**

SINGULAR	PLURAL	SINGULAR	PLURAL

indicativo presente

		passato prossimo	
raggiung**o**	raggiung**iamo**	**ho** raggiunto	**abbiamo** raggiunto
raggiung**i**	raggiung**ete**	**hai** raggiunto	**avete** raggiunto
raggiung**e**	raggiung**ono**	**ha** raggiunto	**hanno** raggiunto

imperfetto

		trapassato prossimo	
raggiung**evo**	raggiung**evamo**	**avevo** raggiunto	**avevamo** raggiunto
raggiung**evi**	raggiung**evate**	**avevi** raggiunto	**avevate** raggiunto
raggiung**eva**	raggiung**evano**	**aveva** raggiunto	**avevano** raggiunto

passato remoto

		trapassato remoto	
raggiuns**i**	raggiung**emmo**	**ebbi** raggiunto	**avemmo** raggiunto
raggiung**esti**	raggiung**este**	**avesti** raggiunto	**aveste** raggiunto
raggiuns**e**	raggiuns**erono**	**ebbe** raggiunto	**ebbero** raggiunto

futuro semplice

		futuro anteriore	
raggiunger**ò**	raggiunger**emo**	**avrò** raggiunto	**avremo** raggiunto
raggiunger**ai**	raggiunger**ete**	**avrai** raggiunto	**avrete** raggiunto
raggiunger**à**	raggiunger**anno**	**avrà** raggiunto	**avranno** raggiunto

condizionale presente

		condizionale passato	
raggiung**erei**	raggiung**eremmo**	**avrei** raggiunto	**avremmo** raggiunto
raggiung**eresti**	raggiung**ereste**	**avresti** raggiunto	**avreste** raggiunto
raggiung**erebbe**	raggiung**erebbero**	**avrebbe** raggiunto	**avrebbero** raggiunto

congiuntivo presente

		congiuntivo passato	
raggiung**a**	raggiung**iamo**	**abbia** raggiunto	**abbiamo** raggiunto
raggiung**a**	raggiung**iate**	**abbia** raggiunto	**abbiate** raggiunto
raggiung**a**	raggiung**ano**	**abbia** raggiunto	**abbiano** raggiunto

congiuntivo imperfetto

		congiuntivo trapassato	
raggiung**essi**	raggiung**essimo**	**avessi** raggiunto	**avessimo** raggiunto
raggiung**essi**	raggiung**este**	**avessi** raggiunto	**aveste** raggiunto
raggiung**esse**	raggiung**essero**	**avesse** raggiunto	**avessero** raggiunto

R

imperativo

	raggiungiamo
raggiungi;	raggiungete
non raggiungere	
raggiunga	raggiungano

to reason, to discuss | ragionare

SINGULAR	PLURAL	SINGULAR	PLURAL
indicativo presente		**passato prossimo**	
ragion**o**	ragion**iamo**	**ho** ragionato	**abbiamo** ragionato
ragion**i**	ragion**ate**	**hai** ragionato	**avete** ragionato
ragion**a**	ragion**ano**	**ha** ragionato	**hanno** ragionato
imperfetto		**trapassato prossimo**	
ragiona**vo**	ragiona**vamo**	**avevo** ragionato	**avevamo** ragionato
ragiona**vi**	ragiona**vate**	**avevi** ragionato	**avevate** ragionato
ragiona**va**	ragiona**vano**	**aveva** ragionato	**avevano** ragionato
passato remoto		**trapassato remoto**	
ragion**ai**	ragion**ammo**	**ebbi** ragionato	**avemmo** ragionato
ragion**asti**	ragion**aste**	**avesti** ragionato	**aveste** ragionato
ragion**ò**	ragion**arono**	**ebbe** ragionato	**ebbero** ragionato
futuro semplice		**futuro anteriore**	
ragioner**ò**	ragioner**emo**	**avrò** ragionato	**avremo** ragionato
ragioner**ai**	ragioner**ete**	**avrai** ragionato	**avrete** ragionato
ragioner**à**	ragioner**anno**	**avrà** ragionato	**avranno** ragionato
condizionale presente		**condizionale passato**	
ragion**erei**	ragion**eremmo**	**avrei** ragionato	**avremmo** ragionato
ragion**eresti**	ragion**ereste**	**avresti** ragionato	**avreste** ragionato
ragion**erebbe**	ragion**erebbero**	**avrebbe** ragionato	**avrebbero** ragionato
congiuntivo presente		**congiuntivo passato**	
ragion**i**	ragion**iamo**	**abbia** ragionato	**abbiamo** ragionato
ragion**i**	ragion**iate**	**abbia** ragionato	**abbiate** ragionato
ragion**i**	ragion**ino**	**abbia** ragionato	**abbiano** ragionato
congiuntivo imperfetto		**congiuntivo trapassato**	
ragion**assi**	ragion**assimo**	**avessi** ragionato	**avessimo** ragionato
ragion**assi**	ragion**aste**	**avessi** ragionato	**aveste** ragionato
ragion**asse**	ragion**assero**	**avesse** ragionato	**avessero** ragionato
imperativo			
	ragion**iamo**		
ragion**a**;	ragion**ate**		
non ragion**are**			
ragion**i**	ragion**ino**		

R

rallentare

to slow down

SINGULAR	PLURAL	SINGULAR	PLURAL
indicativo presente		**passato prossimo**	
rallent**o**	rallent**iamo**	**ho** rallentato	**abbiamo** rallentato
rallent**i**	rallent**ate**	**hai** rallentato	**avete** rallentato
rallent**a**	rallent**ano**	**ha** rallentato	**hanno** rallentato
imperfetto		**trapassato prossimo**	
rallenta**vo**	rallenta**vamo**	**avevo** rallentato	**avevamo** rallentato
rallenta**vi**	rallenta**vate**	**avevi** rallentato	**avevate** rallentato
rallenta**va**	rallenta**vano**	**aveva** rallentato	**avevano** rallentato
passato remoto		**trapassato remoto**	
rallent**ai**	rallent**ammo**	**ebbi** rallentato	**avemmo** rallentato
rallent**asti**	rallent**aste**	**avesti** rallentato	**aveste** rallentato
rallent**ò**	rallent**arono**	**ebbe** rallentato	**ebbero** rallentato
futuro semplice		**futuro anteriore**	
rallent**erò**	rallent**eremo**	**avrò** rallentato	**avremo** rallentato
rallent**erai**	rallent**erete**	**avrai** rallentato	**avrete** rallentato
rallent**erà**	rallent**eranno**	**avrà** rallentato	**avranno** rallentato
condizionale presente		**condizionale passato**	
rallent**erei**	rallent**eremmo**	**avrei** rallentato	**avremmo** rallentato
rallent**eresti**	rallent**ereste**	**avresti** rallentato	**avreste** rallentato
rallent**erebbe**	rallent**erebbero**	**avrebbe** rallentato	**avrebbero** rallentato
congiuntivo presente		**congiuntivo passato**	
rallent**i**	rallent**iamo**	**abbia** rallentato	**abbiamo** rallentato
rallent**i**	rallent**iate**	**abbia** rallentato	**abbiate** rallentato
rallent**i**	rallent**ino**	**abbia** rallentato	**abbiano** rallentato
congiuntivo imperfetto		**congiuntivo trapassato**	
rallent**assi**	rallent**assimo**	**avessi** rallentato	**avessimo** rallentato
rallent**assi**	rallent**aste**	**avessi** rallentato	**aveste** rallentato
rallent**asse**	rallent**assero**	**avesse** rallentato	**avessero** rallentato

imperativo

	rallent**iamo**
rallent**a**;	rallent**ate**
non rallent**are**	
rallent**i**	rallent**ino**

R

to represent, to show, to perform rappresentare

gerundio **rappresentando**   participio passato **rappresentato**

SINGULAR	PLURAL	SINGULAR	PLURAL
indicativo presente		**passato prossimo**	
rappresent**o**	rappresent**iamo**	**ho** rappresentato	**abbiamo** rappresentato
rappresent**i**	rappresent**ate**	**hai** rappresentato	**avete** rappresentato
rappresent**a**	rappresent**ano**	**ha** rappresentato	**hanno** rappresentato
imperfetto		**trapassato prossimo**	
rappresenta**vo**	rappresenta**vamo**	**avevo** rappresentato	**avevamo** rappresentato
rappresenta**vi**	rappresenta**vate**	**avevi** rappresentato	**avevate** rappresentato
rappresenta**va**	rappresenta**vano**	**aveva** rappresentato	**avevano** rappresentato
passato remoto		**trapassato remoto**	
rappresent**ai**	rappresent**ammo**	**ebbi** rappresentato	**avemmo** rappresentato
rappresent**asti**	rappresent**aste**	**avesti** rappresentato	**aveste** rappresentato
rappresent**ò**	rappresent**arono**	**ebbe** rappresentato	**ebbero** rappresentato
futuro semplice		**futuro anteriore**	
rappresenter**ò**	rappresenter**emo**	**avrò** rappresentato	**avremo** rappresentato
rappresenter**ai**	rappresenter**ete**	**avrai** rappresentato	**avrete** rappresentato
rappresenter**à**	rappresenter**anno**	**avrà** rappresentato	**avranno** rappresentato
condizionale presente		**condizionale passato**	
rappresent**erei**	rappresent**eremmo**	**avrei** rappresentato	**avremmo** rappresentato
rappresent**eresti**	rappresent**ereste**	**avresti** rappresentato	**avreste** rappresentato
rappresent**erebbe**	rappresent**erebbero**	**avrebbe** rappresentato	**avrebbero** rappresentato
congiuntivo presente		**congiuntivo passato**	
rappresent**i**	rappresent**iamo**	**abbia** rappresentato	**abbiamo** rappresentato
rappresent**i**	rappresent**iate**	**abbia** rappresentato	**abbiate** rappresentato
rappresent**i**	rappresent**ino**	**abbia** rappresentato	**abbiano** rappresentato
congiuntivo imperfetto		**congiuntivo trapassato**	
rappresent**assi**	rappresent**assimo**	**avessi** rappresentato	**avessimo** rappresentato
rappresent**assi**	rappresent**aste**	**avessi** rappresentato	**aveste** rappresentato
rappresent**asse**	rappresent**assero**	**avesse** rappresentato	**avessero** rappresentato
imperativo			
	rappresent**iamo**		
rappresenta;	rappresent**ate**		
non rappresentare			
rappresenti	rappresent**ino**		

R

rassegnarsi — to resign oneself

gerundio **rassegnandosi**   participio passato **rassegnatosi**

SINGULAR	PLURAL	SINGULAR	PLURAL

indicativo presente
mi rassegn**o**	**ci** rassegn**iamo**
ti rassegn**i**	**vi** rassegn**ate**
si rassegn**a**	**si** rassegn**ano**

passato prossimo
mi sono rassegnato(a)	**ci siamo** rassegnati(e)
ti sei rassegnato(a)	**vi siete** rassegnati(e)
si è rassegnato(a)	**si sono** rassegnati(e)

imperfetto
mi rassegna**vo**	**ci** rassegna**vamo**
ti rassegna**vi**	**vi** rassegna**vate**
si rassegna**va**	**si** rassegna**vano**

trapassato prossimo
mi ero rassegnato(a)	**ci eravamo** rassegnati(e)
ti eri rassegnato(a)	**vi eravate** rassegnati(e)
si era rassegnato(a)	**si erano** rassegnati(e)

passato remoto
mi rassegn**ai**	**ci** rassegn**ammo**
ti rassegn**asti**	**vi** rassegn**aste**
si rassegn**ò**	**si** rassegn**arono**

trapassato remoto
mi fui rassegnato(a)	**ci fummo** rassegnati(e)
ti fosti rassegnato(a)	**vi foste** rassegnati(e)
si fu rassegnato(a)	**si furono** rassegnati(e)

futuro semplice
mi rassegner**ò**	**ci** rassegner**emo**
ti rassegner**ai**	**vi** rassegner**ete**
si rassegner**à**	**si** rassegner**anno**

futuro anteriore
mi sarò rassegnato(a)	**ci saremo** rassegnati(e)
ti sarai rassegnato(a)	**vi sarete** rassegnati(e)
si sarà rassegnato(a)	**si saranno** rassegnati(e)

condizionale presente
mi rassegn**erei**	**ci** rassegn**eremmo**
ti rassegn**eresti**	**vi** rassegn**ereste**
si rassegn**erebbe**	**si** rassegn**erebbero**

condizionale passato
mi sarei rassegnato(a)	**ci saremmo** rassegnati(e)
ti saresti rassegnato(a)	**vi sareste** rassegnati(e)
si sarebbe rassegnato(a)	**si sarebbero** rassegnati(e)

congiuntivo presente
mi rassegn**i**	**ci** rassegn**iamo**
ti rassegn**i**	**vi** rassegn**iate**
si rassegn**i**	**si** rassegn**ino**

congiuntivo passato
mi sia rassegnato(a)	**ci siamo** rassegnati(e)
ti sia rassegnato(a)	**vi siate** rassegnati(e)
si sia rassegnato(a)	**si siano** rassegnati(e)

congiuntivo imperfetto
mi rassegn**assi**	**ci** rassegn**assimo**
ti rassegn**assi**	**vi** rassegn**aste**
si rassegn**asse**	**si** rassegn**assero**

congiuntivo trapassato
mi fossi rassegnato(a)	**ci fossimo** rassegnati(e)
ti fossi rassegnato(a)	**vi foste** rassegnati(e)
si fosse rassegnato(a)	**si fossero** rassegnati(e)

R

imperativo
	rassegniamoci
rassegnati;	rassegnatevi
non rassegnarti/	
non ti rassegnare	
si rassegni	si rassegnino

gerundio **rassicurando**　　　participio passato **rassicurato**

SINGULAR	PLURAL	SINGULAR	PLURAL
indicativo presente		**passato prossimo**	
rassicur**o**	rassicur**iamo**	**ho** rassicurato	**abbiamo** rassicurato
rassicur**i**	rassicur**ate**	**hai** rassicurato	**avete** rassicurato
rassicur**a**	rassicur**ano**	**ha** rassicurato	**hanno** rassicurato
imperfetto		**trapassato prossimo**	
rassicura**vo**	rassicura**vamo**	**avevo** rassicurato	**avevamo** rassicurato
rassicura**vi**	rassicura**vate**	**avevi** rassicurato	**avevate** rassicurato
rassicura**va**	rassicura**vano**	**aveva** rassicurato	**avevano** rassicurato
passato remoto		**trapassato remoto**	
rassicur**ai**	rassicur**ammo**	**ebbi** rassicurato	**avemmo** rassicurato
rassicur**aste**	rassicur**aste**	**avesti** rassicurato	**aveste** rassicurato
rassicur**ò**	rassicur**arono**	**ebbe** rassicurato	**ebbero** rassicurato
futuro semplice		**futuro anteriore**	
rassicurer**ò**	rassicurer**emo**	**avrò** rassicurato	**avremo** rassicurato
rassicurer**ai**	rassicurer**ete**	**avrai** rassicurato	**avrete** rassicurato
rassicurer**à**	rassicurer**anno**	**avrà** rassicurato	**avranno** rassicurato
condizionale presente		**condizionale passato**	
rassicur**erei**	rassicur**eremmo**	**avrei** rassicurato	**avremmo** rassicurato
rassicur**eresti**	rassicur**ereste**	**avresti** rassicurato	**avreste** rassicurato
rassicur**erebbe**	rassicur**erebbero**	**avrebbe** rassicurato	**avrebbero** rassicurato
congiuntivo presente		**congiuntivo passato**	
rassicur**i**	rassicur**iamo**	**abbia** rassicurato	**abbiamo** rassicurato
rassicur**i**	rassicur**iate**	**abbia** rassicurato	**abbiate** rassicurato
rassicur**i**	rassicur**ino**	**abbia** rassicurato	**abbiano** rassicurato
congiuntivo imperfetto		**congiuntivo trapassato**	
rassicur**assi**	rassicur**assimo**	**avessi** rassicurato	**avessimo** rassicurato
rassicur**assi**	rassicur**aste**	**avessi** rassicurato	**aveste** rassicurato
rassicur**asse**	rassicur**assero**	**avesse** rassicurato	**avessero** rassicurato
imperativo			
	rassicur**iamo**		
rassicura;	rassicur**ate**		
non rassicurare			
rassicuri	rassicur**ino**		

R

reagire   to react

gerundio **reagendo**   participio passato **reagito**

SINGULAR	PLURAL	SINGULAR	PLURAL
indicativo presente		**passato prossimo**	
reagisc**o**	reag**iamo**	**ho** reagito	**abbiamo** reagito
reagisc**i**	reag**ite**	**hai** reagito	**avete** reagito
reagisc**e**	reagisc**ono**	**ha** reagito	**hanno** reagito
imperfetto		**trapassato prossimo**	
reag**ivo**	reag**ivamo**	**avevo** reagito	**avevamo** reagito
reag**ivi**	reag**ivate**	**avevi** reagito	**avevate** reagito
reag**iva**	reag**ivano**	**aveva** reagito	**avevano** reagito
passato remoto		**trapassato remoto**	
reag**ii**	reag**immo**	**ebbi** reagito	**avemmo** reagito
reag**isti**	reag**iste**	**avesti** reagito	**aveste** reagito
reag**ì**	reag**irono**	**ebbe** reagito	**ebbero** reagito
futuro semplice		**futuro anteriore**	
reagir**ò**	reagir**emo**	**avrò** reagito	**avremo** reagito
reagir**ai**	reagir**ete**	**avrai** reagito	**avrete** reagito
reagir**à**	reagir**anno**	**avrà** reagito	**avranno** reagito
condizionale presente		**condizionale passato**	
reag**irei**	reag**iremmo**	**avrei** reagito	**avremmo** reagito
reag**iresti**	reag**ireste**	**avresti** reagito	**avreste** reagito
reag**irebbe**	reag**irebbero**	**avrebbe** reagito	**avrebbero** reagito
congiuntivo presente		**congiuntivo passato**	
reagisc**a**	reag**iamo**	**abbia** reagito	**abbiamo** reagito
reagisc**a**	reag**iate**	**abbia** reagito	**abbiate** reagito
reagisc**a**	reagisc**ano**	**abbia** reagito	**abbiano** reagito
congiuntivo imperfetto		**congiuntivo trapassato**	
reag**issi**	reag**issimo**	**avessi** reagito	**avessimo** reagito
reag**issi**	reag**iste**	**avessi** reagito	**aveste** reagito
reag**isse**	reag**issero**	**avesse** reagito	**avessero** reagito

imperativo

	reagiamo
reagisci; non reagire	reagite
reagisca	reagiscano

R

to recite, to play

recitare

gerundio **recitando**   participio passato **recitato**

SINGULAR	PLURAL	SINGULAR	PLURAL

indicativo presente
SINGULAR	PLURAL
recit**o**	recit**iamo**
recit**i**	recit**ate**
recit**a**	recit**ano**

passato prossimo
SINGULAR	PLURAL
ho recitato	**abbiamo** recitato
hai recitato	**avete** recitato
ha recitato	**hanno** recitato

imperfetto
SINGULAR	PLURAL
recita**vo**	recita**vamo**
recita**vi**	recita**vate**
recita**va**	recita**vano**

trapassato prossimo
SINGULAR	PLURAL
avevo recitato	**avevamo** recitato
avevi recitato	**avevate** recitato
aveva recitato	**avevano** recitato

passato remoto
SINGULAR	PLURAL
recit**ai**	recit**ammo**
recit**asti**	recit**aste**
recit**ò**	recit**arono**

trapassato remoto
SINGULAR	PLURAL
ebbi recitato	**avemmo** recitato
avesti recitato	**aveste** recitato
ebbe recitato	**ebbero** recitato

futuro semplice
SINGULAR	PLURAL
reciter**ò**	reciter**emo**
reciter**ai**	reciter**ete**
reciter**à**	reciter**anno**

futuro anteriore
SINGULAR	PLURAL
avrò recitato	**avremo** recitato
avrai recitato	**avrete** recitato
avrà recitato	**avranno** recitato

condizionale presente
SINGULAR	PLURAL
recit**erei**	recit**eremmo**
recit**eresti**	recit**ereste**
recit**erebbe**	recit**erebbero**

condizionale passato
SINGULAR	PLURAL
avrei recitato	**avremmo** recitato
avresti recitato	**avreste** recitato
avrebbe recitato	**avrebbero** recitato

congiuntivo presente
SINGULAR	PLURAL
recit**i**	recit**iamo**
recit**i**	recit**iate**
recit**i**	recit**ino**

congiuntivo passato
SINGULAR	PLURAL
abbia recitato	**abbiamo** recitato
abbia recitato	**abbiate** recitato
abbia recitato	**abbiano** recitato

congiuntivo imperfetto
SINGULAR	PLURAL
recit**assi**	recit**assimo**
recit**assi**	recit**aste**
recit**asse**	recit**assero**

congiuntivo trapassato
SINGULAR	PLURAL
avessi recitato	**avessimo** recitato
avessi recitato	**aveste** recitato
avesse recitato	**avessero** recitato

imperativo
SINGULAR	PLURAL
	recitiamo
recita; non recitare	recitate
reciti	recitino

R

redigere

to edit, to draw up

participio passato **redatto**

SINGULAR	PLURAL	SINGULAR	PLURAL
indicativo presente		**passato prossimo**	
redig**o**	redig**iamo**	**ho** redatto	**abbiamo** redatto
redig**i**	redig**ete**	**hai** redatto	**avete** redatto
redig**e**	redig**ono**	**ha** redatto	**hanno** redatto
imperfetto		**trapassato prossimo**	
redige**vo**	redige**vamo**	**avevo** redatto	**avevamo** redatto
redige**vi**	redige**vate**	**avevi** redatto	**avevate** redatto
redige**va**	redige**vano**	**aveva** redatto	**avevano** redatto
passato remoto		**trapassato remoto**	
redass**i**	redig**emmo**	**ebbi** redatto	**avemmo** redatto
redig**esti**	redig**este**	**avesti** redatto	**aveste** redatto
redass**e**	redass**ero**	**ebbe** redatto	**ebbero** redatto
futuro semplice		**futuro anteriore**	
rediger**ò**	rediger**emo**	**avrò** redatto	**avremo** redatto
rediger**ai**	rediger**ete**	**avrai** redatto	**avrete** redatto
rediger**à**	rediger**anno**	**avrà** redatto	**avranno** redatto
condizionale presente		**condizionale passato**	
redig**erei**	redig**eremmo**	**avrei** redatto	**avremmo** redatto
redig**eresti**	redig**ereste**	**avresti** redatto	**avreste** redatto
redig**erebbe**	redig**erebbero**	**avrebbe** redatto	**avrebbero** redatto
congiuntivo presente		**congiuntivo passato**	
redig**a**	redig**iamo**	**abbia** redatto	**abbiamo** redatto
redig**a**	redig**iate**	**abbia** redatto	**abbiate** redatto
redig**a**	redig**ano**	**abbia** redatto	**abbiano** redatto
congiuntivo imperfetto		**congiuntivo trapassato**	
redig**essi**	redig**essimo**	**avessi** redatto	**avessimo** redatto
redig**essi**	redig**este**	**avessi** redatto	**aveste** redatto
redig**esse**	redig**essero**	**avesse** redatto	**avessero** redatto

R

imperativo

	redig**iamo**
redig**i**; non redig**ere**	redig**ete**
redig**a**	redig**ano**

to give as a present   regalare

gerundio **regalando**   participio passato **regalato**

SINGULAR	PLURAL	SINGULAR	PLURAL

indicativo presente

regal**o**	regal**iamo**
regal**i**	regal**ate**
regal**a**	regal**ano**

passato prossimo

ho regalato	**abbiamo** regalato
hai regalato	**avete** regalato
ha regalato	**hanno** regalato

imperfetto

regala**vo**	regala**vamo**
regala**vi**	regala**vate**
regala**va**	regala**vano**

trapassato prossimo

avevo regalato	**avevamo** regalato
avevi regalato	**avevate** regalato
aveva regalato	**avevano** regalato

passato remoto

regal**ai**	regal**ammo**
regal**asti**	regal**aste**
regal**ò**	regal**arono**

trapassato remoto

ebbi regalato	**avemmo** regalato
avesti regalato	**aveste** regalato
ebbe regalato	**ebbero** regalato

futuro semplice

regaler**ò**	regaler**emo**
regaler**ai**	regaler**ete**
regaler**à**	regaler**anno**

futuro anteriore

avrò regalato	**avremo** regalato
avrai regalato	**avrete** regalato
avrà regalato	**avranno** regalato

condizionale presente

regal**erei**	regal**eremmo**
regal**eresti**	regal**ereste**
regal**erebbe**	regal**erebbero**

condizionale passato

avrei regalato	**avremmo** regalato
avresti regalato	**avreste** regalato
avrebbe regalato	**avrebbero** regalato

congiuntivo presente

regal**i**	regal**iamo**
regal**i**	regal**iate**
regal**i**	regal**ino**

congiuntivo passato

abbia regalato	**abbiamo** regalato
abbia regalato	**abbiate** regalato
abbia regalato	**abbiano** regalato

congiuntivo imperfetto

regal**assi**	regal**assimo**
regal**assi**	regal**aste**
regal**asse**	regal**assero**

congiuntivo trapassato

avessi regalato	**avessimo** regalato
avessi regalato	**aveste** regalato
avesse regalato	**avessero** regalato

imperativo

	regaliamo
regala; non regalare	regalate
regali	regalino

R

reggere

to support, to hold

SINGULAR	PLURAL	SINGULAR	PLURAL

indicativo presente
regg**o**	regg**iamo**		
regg**i**	regg**ete**		
regg**e**	regg**ono**		

passato prossimo
ho retto	**abbiamo** retto
hai retto	**avete** retto
ha retto	**hanno** retto

imperfetto
regge**vo**	regge**vamo**
regge**vi**	regge**vate**
regge**va**	regge**vano**

trapassato prossimo
avevo retto	**avevamo** retto
avevi retto	**avevate** retto
aveva retto	**avevano** retto

passato remoto
ress**i**	regg**emmo**
regg**esti**	regg**este**
ress**e**	ress**ero**

trapassato remoto
ebbi retto	**avemmo** retto
avesti retto	**aveste** retto
ebbe retto	**ebbero** retto

futuro semplice
regger**ò**	regger**emo**
regger**ai**	regger**ete**
regger**à**	regger**anno**

futuro anteriore
avrò retto	**avremo** retto
avrai retto	**avrete** retto
avrà retto	**avranno** retto

condizionale presente
regg**erei**	regg**eremmo**
regg**eresti**	regg**ereste**
regg**erebbe**	regg**erebbero**

condizionale passato
avrei retto	**avremmo** retto
avresti retto	**avreste** retto
avrebbe retto	**avrebbero** retto

congiuntivo presente
regg**a**	regg**iamo**
regg**a**	regg**iate**
regg**a**	regg**ano**

congiuntivo passato
abbia retto	**abbiamo** retto
abbia retto	**abbiate** retto
abbia retto	**abbiano** retto

congiuntivo imperfetto
regg**essi**	regg**essimo**
regg**essi**	regg**este**
regg**esse**	regg**essero**

congiuntivo trapassato
avessi retto	**avessimo** retto
avessi retto	**aveste** retto
avesse retto	**avessero** retto

imperativo
	reggiamo
reggi; non reggere	reggete
regga	reggano

R

to register   registrarsi

SINGULAR	PLURAL	SINGULAR	PLURAL

indicativo presente

		passato prossimo	
mi registr**o**	**ci** registr**iamo**	**mi sono** registrato(a)	**ci siamo** registrati(e)
ti registr**i**	**vi** registr**ate**	**ti sei** registrato(a)	**vi siete** registrati(e)
si registr**a**	**si** registr**ano**	**si è** registrato(a)	**si sono** registrati(e)

imperfetto

		trapassato prossimo	
mi registra**vo**	**ci** registra**vamo**	**mi ero** registrato(a)	**ci eravamo** registrati(e)
ti registra**vi**	**vi** registra**vate**	**ti eri** registrato(a)	**vi eravate** registrati(e)
si registra**va**	**si** registra**vano**	**si era** registrato(a)	**si erano** registrati(e)

passato remoto

		trapassato remoto	
mi registr**ai**	**ci** registr**ammo**	**mi fui** registrato(a)	**ci fummo** registrati(e)
ti registra**sti**	**vi** registra**ste**	**ti fosti** registrato(a)	**vi foste** registrati(e)
si registr**ò**	**si** registr**arono**	**si fu** registrato(a)	**si furono** registrati(e)

futuro semplice

		futuro anteriore	
mi registr**erò**	**ci** registr**eremo**	**mi sarò** registrato(a)	**ci saremo** registrati(e)
ti registr**erai**	**vi** registr**erete**	**ti sarai** registrato(a)	**vi sarete** registrati(e)
si registr**erà**	**si** registr**eranno**	**si sarà** registrato(a)	**si saranno** registrati(e)

condizionale presente

		condizionale passato	
mi registr**erei**	**ci** registr**eremmo**	**mi sarei** registrato(a)	**ci saremmo** registrati(e)
ti registr**eresti**	**vi** registr**ereste**	**ti saresti** registrato(a)	**vi sareste** registrati(e)
si registr**erebbe**	**si** registr**erebbero**	**si sarebbe** registrato(a)	**si sarebbero** registrati(e)

congiuntivo presente

		congiuntivo passato	
mi registr**i**	**ci** registr**iamo**	**mi sia** registrato(a)	**ci siamo** registrati(e)
ti registr**i**	**vi** registr**iate**	**ti sia** registrato(a)	**vi siate** registrati(e)
si registr**i**	**si** registr**ino**	**si sia** registrato(a)	**si siano** registrati(e)

congiuntivo imperfetto

		congiuntivo trapassato	
mi registra**ssi**	**ci** registra**ssimo**	**mi fossi** registrato(a)	**ci fossimo** registrati(e)
ti registra**ssi**	**vi** registra**ste**	**ti fossi** registrato(a)	**vi foste** registrati(e)
si registra**sse**	**si** registra**ssero**	**si fosse** registrato(a)	**si fossero** registrati(e)

imperativo

	registriamoci
registrati;	registratevi
non registrarti	
si registri	si registrino

R

regolare   to regulate, to adjust

gerundio **regolando**   participio passato **regolato**

SINGULAR	PLURAL	SINGULAR	PLURAL

indicativo presente
regol**o**	regol**iamo**		
regol**i**	regol**ate**		
regol**a**	regol**ano**		

passato prossimo
ho regolato	**abbiamo** regolato
hai regolato	**avete** regolato
ha regolato	**hanno** regolato

imperfetto
regola**vo**	regola**vamo**
regola**vi**	regola**vate**
regola**va**	regola**vano**

trapassato prossimo
avevo regolato	**avevamo** regolato
avevi regolato	**avevate** regolato
aveva regolato	**avevano** regolato

passato remoto
regol**ai**	regol**ammo**
regol**asti**	regol**aste**
regol**ò**	regol**arono**

trapassato remoto
ebbi regolato	**avemmo** regolato
avesti regolato	**aveste** regolato
ebbe regolato	**ebbero** regolato

futuro semplice
regoler**ò**	regoler**emmo**
regoler**ai**	regoler**ete**
regoler**à**	regoler**anno**

futuro anteriore
avrò regolato	**avremo** regolato
avrai regolato	**avrete** regolato
avrà regolato	**avranno** regolato

condizionale presente
regol**erei**	regol**eremmo**
regol**eresti**	regol**ereste**
regol**erebbe**	regol**erebbero**

condizionale passato
avrei regolato	**avremmo** regolato
avresti regolato	**avreste** regolato
avrebbe regolato	**avrebbero** regolato

congiuntivo presente
regol**i**	regol**iamo**
regol**i**	regol**iate**
regol**i**	regol**ino**

congiuntivo passato
abbia regolato	**abbiamo** regolato
abbia regolato	**abbiate** regolato
abbia regolato	**abbiano** regolato

congiuntivo imperfetto
regol**assi**	regol**assimo**
regol**assi**	regol**aste**
regol**asse**	regol**assero**

congiuntivo trapassato
avessi regolato	**avessimo** regolato
avessi regolato	**aveste** regolato
avesse regolato	**avessero** regolato

imperativo
	regoliamo
regola; non regolare	regolate
regoli	regolino

R

to render, to give back   rendere

SINGULAR	PLURAL	SINGULAR	PLURAL
indicativo presente		**passato prossimo**	
rendo	rendiamo	ho reso	abbiamo reso
rendi	rendete	hai reso	avete reso
rende	rendono	ha reso	hanno reso
imperfetto		**trapassato prossimo**	
rendevo	rendevamo	avevo reso	avevamo reso
rendevi	rendevate	avevi reso	avevate reso
rendeva	rendevano	aveva reso	avevano reso
passato remoto		**trapassato remoto**	
resi	rendemmo	ebbi reso	avemmo reso
rendesti	rendeste	avesti reso	aveste reso
rese	resero	ebbe reso	ebbero reso
futuro semplice		**futuro anteriore**	
renderò	renderemo	avrò reso	avremo reso
renderai	renderete	avrai reso	avrete reso
renderà	renderanno	avrà reso	avranno reso
condizionale presente		**condizionale passato**	
renderei	renderemmo	avrei reso	avremmo reso
renderesti	rendereste	avresti reso	avreste reso
renderebbe	renderebbero	avrebbe reso	avrebbero reso
congiuntivo presente		**congiuntivo passato**	
renda	rendiamo	abbia reso	abbiamo reso
renda	rendiate	abbia reso	abbiate reso
renda	rendano	abbia reso	abbiano reso
congiuntivo imperfetto		**congiuntivo trapassato**	
rendessi	rendessimo	avessi reso	avessimo reso
rendessi	rendeste	avessi reso	aveste reso
rendesse	rendessero	avesse reso	avessero reso
imperativo			
	rendiamo		
rendi; non rendere	rendete		
renda	rendano		

R

resistere

to resist

SINGULAR	PLURAL	SINGULAR	PLURAL

indicativo presente
		passato prossimo	
resisto	resistiamo	**ho** resistito	**abbiamo** resistito
resisti	resistete	**hai** resistito	**avete** resistito
resiste	resistono	**ha** resistito	**hanno** resistito

imperfetto
		trapassato prossimo	
resistevo	resistevamo	**avevo** resistito	**avevamo** resistito
resistevi	resistevate	**avevi** resistito	**avevate** resistito
resisteva	resistevano	**aveva** resistito	**avevano** resistito

passato remoto
		trapassato remoto	
resistei (resistetti)	resistemmo	**ebbi** resistito	**avemmo** resistito
resistesti	resisteste	**avesti** resistito	**aveste** resistito
resisté (resistette)	resisterono (resistettero)	**ebbe** resistito	**ebbero** resistito

futuro semplice
		futuro anteriore	
resisterò	resisteremo	**avrò** resistito	**avremo** resistito
resisterai	resisterete	**avrai** resistito	**avrete** resistito
resisterà	resisteranno	**avrà** resistito	**avranno** resistito

condizionale presente
		condizionale passato	
resisterei	resisteremmo	**avrei** resistito	**avremmo** resistito
resisteresti	resistereste	**avresti** resistito	**avreste** resistito
resisterebbe	resisterebbero	**avrebbe** resistito	**avrebbero** resistito

congiuntivo presente
		congiuntivo passato	
resista	resistiamo	**abbia** resistito	**abbiamo** resistito
resista	resistiate	**abbia** resistito	**abbiate** resistito
resista	resistano	**abbia** resistito	**abbiano** resistito

congiuntivo imperfetto
		congiuntivo trapassato	
resistessi	resistessimo	**avessi** resistito	**avessimo** resistito
resistessi	resisteste	**avessi** resistito	**aveste** resistito
resistesse	resistessero	**avesse** resistito	**avessero** resistito

imperativo
	resistiamo
resisti; non resistere	resistete
resista	resistano

R

to breathe   respirare

SINGULAR	PLURAL	SINGULAR	PLURAL

indicativo presente
		passato prossimo	
respiro	respiriamo	**ho** respirato	**abbiamo** respirato
respiri	respirate	**hai** respirato	**avete** respirato
respira	respirano	**ha** respirato	**hanno** respirato

imperfetto / trapassato prossimo
respiravo	respiravamo	**avevo** respirato	**avevamo** respirato
respiravi	respiravate	**avevi** respirato	**avevate** respirato
respirava	respiravano	**aveva** respirato	**avevano** respirato

passato remoto / trapassato remoto
respirai	respirammo	**ebbi** respirato	**avemmo** respirato
respirasti	respiraste	**avesti** respirato	**aveste** respirato
respirò	respirarono	**ebbe** respirato	**ebbero** respirato

futuro semplice / futuro anteriore
respirerò	respireremo	**avrò** respirato	**avremo** respirato
respirerai	respirerete	**avrai** respirato	**avrete** respirato
respirerà	respireranno	**avrà** respirato	**avranno** respirato

condizionale presente / condizionale passato
respirerei	respireremmo	**avrei** respirato	**avremmo** respirato
respireresti	respirereste	**avresti** respirato	**avreste** respirato
respirerebbe	respirerebbero	**avrebbe** respirato	**avrebbero** respirato

congiuntivo presente / congiuntivo passato
respiri	respiriamo	**abbia** respirato	**abbiamo** respirato
respiri	respiriate	**abbia** respirato	**abbiate** respirato
respiri	respirino	**abbia** respirato	**abbiano** respirato

congiuntivo imperfetto / congiuntivo trapassato
respirassi	respirassimo	**avessi** respirato	**avessimo** respirato
respirassi	respiraste	**avessi** respirato	**aveste** respirato
respirasse	respirassero	**avesse** respirato	**avessero** respirato

imperativo
	respiriamo
respira;	respirate
non respirare	
respiri	respirino

R

restare   to stay

SINGULAR	PLURAL	SINGULAR	PLURAL

indicativo presente
		passato prossimo	
rest**o**	rest**iamo**	**sono** restato(a)	**siamo** restati(e)
rest**i**	rest**ate**	**sei** restato(a)	**siete** restati(e)
rest**a**	rest**ano**	**è** restato(a)	**sono** restati(e)

imperfetto
		trapassato prossimo	
resta**vo**	resta**vamo**	**ero** restato(a)	**eravamo** restati(e)
resta**vi**	resta**vate**	**eri** restato(a)	**eravate** restati(e)
resta**va**	resta**vano**	**era** restato(a)	**erano** restati(e)

passato remoto
		trapassato remoto	
resta**i**	rest**ammo**	**fui** restato(a)	**fummo** restati(e)
rest**asti**	rest**aste**	**fosti** restato(a)	**foste** restati(e)
rest**ò**	rest**arono**	**fu** restato(a)	**furono** restati(e)

futuro semplice
		futuro anteriore	
rester**ò**	rester**emo**	**sarò** restato(a)	**saremo** restati(e)
rester**ai**	rester**ete**	**sarai** restato(a)	**sarete** restati(e)
rester**à**	rester**anno**	**sarà** restato(a)	**saranno** restati(e)

condizionale presente
		condizionale passato	
rest**erei**	rest**eremmo**	**sarei** restato(a)	**saremmo** restati(e)
rest**eresti**	rest**ereste**	**saresti** restato(a)	**sareste** restati(e)
rest**erebbe**	rest**erebbero**	**sarebbe** restato(a)	**sarebbero** restati(e)

congiuntivo presente
		congiuntivo passato	
rest**i**	rest**iamo**	**sia** restato(a)	**siamo** restati(e)
rest**i**	rest**iate**	**sia** restato(a)	**siate** restati(e)
rest**i**	rest**ino**	**sia** restato(a)	**siano** restati(e)

congiuntivo imperfetto
		congiuntivo trapassato	
rest**assi**	rest**assimo**	**fossi** restato(a)	**fossimo** restati(e)
rest**assi**	rest**aste**	**fossi** restato(a)	**foste** restati(e)
rest**asse**	rest**assero**	**fosse** restato(a)	**fossero** restati(e)

imperativo
	restiamo
resta; non restare	restate
resti	restino

R

to return, to give back — restituire

gerundio **restituendo**   participio passato **restituito**

SINGULAR	PLURAL	SINGULAR	PLURAL

indicativo presente
restituisc**o**	restitu**iamo**		
restituisc**i**	restitu**ite**		
restituisc**e**	restituisc**ono**		

passato prossimo
ho restituito	**abbiamo** restituito		
hai restituito	**avete** restituito		
ha restituito	**hanno** restituito		

imperfetto
restitu**ivo**	restitu**ivamo**
restitu**ivi**	restitu**ivate**
restitu**iva**	restitu**ivano**

trapassato prossimo
avevo restituito	**avevamo** restituito
avevi restituito	**avevate** restituito
aveva restituito	**avevano** restituito

passato remoto
restitu**ii**	restitu**immo**
restitu**isti**	restitu**iste**
restitu**ì**	restitu**irono**

trapassato remoto
ebbi restituito	**avemmo** restituito
avesti restituito	**aveste** restituito
ebbe restituito	**ebbero** restituito

futuro semplice
restituir**ò**	restituir**emo**
restituir**ai**	restituir**ete**
restituir**à**	restituir**anno**

futuro anteriore
avrò restituito	**avremo** restituito
avrai restituito	**avrete** restituito
avrà restituito	**avranno** restituito

condizionale presente
restitu**irei**	restitu**iremmo**
restitu**iresti**	restitu**ireste**
restitu**irebbe**	restitu**irebbero**

condizionale passato
avrei restituito	**avremmo** restituito
avresti restituito	**avreste** restituito
avrebbe restituito	**avrebbero** restituito

congiuntivo presente
restitu**isca**	restitu**iamo**
restitu**isca**	restitu**iate**
restitu**isca**	restituisc**ano**

congiuntivo passato
abbia restituito	**abbiamo** restituito
abbia restituito	**abbiate** restituito
abbia restituito	**abbiano** restituito

congiuntivo imperfetto
restitu**issi**	restitu**issimo**
restitu**issi**	restitu**iste**
restitu**isse**	restitu**issero**

congiuntivo trapassato
avessi restituito	**avessimo** restituito
avessi restituito	**aveste** restituito
avesse restituito	**avessero** restituito

imperativo
	restituiamo
restituisci;	restituite
non restituire	
restituisca	restituiscano

R

riassumere — to re-employ, to summarize

SINGULAR	PLURAL	SINGULAR	PLURAL

indicativo presente
		passato prossimo	
riassumo	riassumiamo	**ho** riassunto	**abbiamo** riassunto
riassumi	riassumete	**hai** riassunto	**avete** riassunto
riassume	riassumono	**ha** riassunto	**hanno** riassunto

imperfetto
		trapassato prossimo	
riassumevo	riassumevamo	**avevo** riassunto	**avevamo** riassunto
riassumevi	riassumevate	**avevi** riassunto	**avevate** riassunto
riassumeva	riassumevano	**aveva** riassunto	**avevano** riassunto

passato remoto
		trapassato remoto	
riassunsi	riassumemmo	**ebbi** riassunto	**avemmo** riassunto
riassumesti	riassumeste	**avesti** riassunto	**aveste** riassunto
riassunse	riassunsero	**ebbe** riassunto	**ebbero** riassunto

futuro semplice
		futuro anteriore	
riassumerò	riassumeremo	**avrò** riassunto	**avremo** riassunto
riassumerai	riassumerete	**avrai** riassunto	**avrete** riassunto
riassumerà	riassumeranno	**avrà** riassunto	**avranno** riassunto

condizionale presente
		condizionale passato	
riassumerei	riassumeremmo	**avrei** riassunto	**avremmo** riassunto
riassumeresti	riassumereste	**avresti** riassunto	**avreste** riassunto
riassumerebbe	riassumerebbero	**avrebbe** riassunto	**avrebbero** riassunto

congiuntivo presente
		congiuntivo passato	
riassuma	riassumiamo	**abbia** riassunto	**abbiamo** riassunto
riassuma	riassumiate	**abbia** riassunto	**abbiate** riassunto
riassuma	riassumano	**abbia** riassunto	**abbiano** riassunto

congiuntivo imperfetto
		congiuntivo trapassato	
riassumessi	riassumessimo	**avessi** riassunto	**avessimo** riassunto
riassumessi	riassumeste	**avessi** riassunto	**aveste** riassunto
riassumesse	riassumessero	**avesse** riassunto	**avessero** riassunto

imperativo
	riassumiamo
riassumi;	riassumete
non riassumere	
riassuma	riassumano

R

to receive   ricevere

SINGULAR	PLURAL	SINGULAR	PLURAL

indicativo presente
		passato prossimo	
ricev**o**	ricev**iamo**	**ho** ricevuto	**abbiamo** ricevuto
ricev**i**	ricev**ete**	**hai** ricevuto	**avete** ricevuto
ricev**e**	ricev**ono**	**ha** ricevuto	**hanno** ricevuto

imperfetto
		trapassato prossimo	
ricev**evo**	ricev**evamo**	**avevo** ricevuto	**avevamo** ricevuto
ricev**evi**	ricev**evate**	**avevi** ricevuto	**avevate** ricevuto
ricev**eva**	ricev**evano**	**aveva** ricevuto	**avevano** ricevuto

passato remoto
		trapassato remoto	
ricev**ei** (ricev**etti**)	ricev**emmo**	**ebbi** ricevuto	**avemmo** ricevuto
ricev**esti**	ricev**este**	**avesti** ricevuto	**aveste** ricevuto
ricev**é** (ricev**ette**)	ricev**erono** (ricev**ettero**)	**ebbe** ricevuto	**ebbero** ricevuto

futuro semplice
		futuro anteriore	
ricev**erò**	ricev**eremo**	**avrò** ricevuto	**avremo** ricevuto
ricev**erai**	ricev**erete**	**avrai** ricevuto	**avrete** ricevuto
ricev**erà**	ricev**eranno**	**avrà** ricevuto	**avranno** ricevuto

condizionale presente
		condizionale passato	
ricev**erei**	ricev**eremmo**	**avrei** ricevuto	**avremmo** ricevuto
ricev**eresti**	ricev**ereste**	**avresti** ricevuto	**avreste** ricevuto
ricev**erebbe**	ricev**erebbero**	**avrebbe** ricevuto	**avrebbero** ricevuto

congiuntivo presente
		congiuntivo passato	
ricev**a**	ricev**iamo**	**abbia** ricevuto	**abbiamo** ricevuto
ricev**a**	ricev**iate**	**abbia** ricevuto	**abbiate** ricevuto
ricev**a**	ricev**ano**	**abbia** ricevuto	**abbiano** ricevuto

congiuntivo imperfetto
		congiuntivo trapassato	
ricev**essi**	ricev**essimo**	**avessi** ricevuto	**avessimo** ricevuto
ricev**essi**	ricev**este**	**avessi** ricevuto	**aveste** ricevuto
ricev**esse**	ricev**essero**	**avesse** ricevuto	**avessero** ricevuto

imperativo
	riceviamo
ricevi; non ricevere	ricevete
riceva	ricevano

R

ricominciare

to begin again

SINGULAR	PLURAL	SINGULAR	PLURAL
indicativo presente		**passato prossimo**	
ricomincio	ricominciamo	**ho** ricominciato	**abbiamo** ricominciato
ricominci	ricominciate	**hai** ricominciato	**avete** ricominciato
ricomincia	ricominciano	**ha** ricominciato	**hanno** ricominciato
imperfetto		**trapassato prossimo**	
ricominciavo	ricominciavamo	**avevo** ricominciato	**avevamo** ricominciato
ricominciavi	ricominciavate	**avevi** ricominciato	**avevate** ricominciato
ricominciava	ricominciavano	**aveva** ricominciato	**avevano** ricominciato
passato remoto		**trapassato remoto**	
ricominciai	ricominciammo	**ebbi** ricominciato	**avemmo** ricominciato
ricominciasti	ricominciaste	**avesti** ricominciato	**aveste** ricominciato
ricominciò	ricominciarono	**ebbe** ricominciato	**ebbero** ricominciato
futuro semplice		**futuro anteriore**	
ricomincerò	ricominceremo	**avrò** ricominciato	**avremo** ricominciato
ricomincerai	ricomincerete	**avrai** ricominciato	**avrete** ricominciato
ricomincerà	ricominceranno	**avrà** ricominciato	**avranno** ricominciato
condizionale presente		**condizionale passato**	
ricomincerei	ricominceremmo	**avrei** ricominciato	**avremmo** ricominciato
ricominceresti	ricomincereste	**avresti** ricominciato	**avreste** ricominciato
ricomincerebbe	ricomincerebbero	**avrebbe** ricominciato	**avrebbero** ricominciato
congiuntivo presente		**congiuntivo passato**	
ricominci	ricominciamo	**abbia** ricominciato	**abbiamo** ricominciato
ricominci	ricominciate	**abbia** ricominciato	**abbiate** ricominciato
ricominci	ricomincino	**abbia** ricominciato	**abbiano** ricominciato
congiuntivo imperfetto		**congiuntivo trapassato**	
ricominciassi	ricominciassimo	**avessi** ricominciato	**avessimo** ricominciato
ricominciassi	ricominciaste	**avessi** ricominciato	**aveste** ricominciato
ricominciasse	ricominciassero	**avesse** ricominciato	**avessero** ricominciato

imperativo

	ricominciamo
ricomincia;	ricominciate
non ricominciare	
ricominci	ricomincino

R

SINGULAR	PLURAL	SINGULAR	PLURAL

indicativo presente
ricompens**o**	ricompens**iamo**		
ricompens**i**	ricompens**ate**		
ricompens**a**	ricompens**ano**		

passato prossimo
ho ricompensato	**abbiamo** ricompensato
hai ricompensato	**avete** ricompensato
ha ricompensato	**hanno** ricompensato

imperfetto
ricompensa**vo**	ricompensa**vamo**
ricompensa**vi**	ricompensa**vate**
ricompensa**va**	ricompensa**vano**

trapassato prossimo
avevo ricompensato	**avevamo** ricompensato
avevi ricompensato	**avevate** ricompensato
aveva ricompensato	**avevano** ricompensato

passato remoto
ricompens**ai**	ricompens**ammo**
ricompens**asti**	ricompens**aste**
ricompens**ò**	ricompens**arono**

trapassato remoto
ebbi ricompensato	**avemmo** ricompensato
avesti ricompensato	**aveste** ricompensato
ebbe ricompensato	**ebbero** ricompensato

futuro semplice
ricompens**erò**	ricompens**eremo**
ricompens**erai**	ricompens**erete**
ricompens**erà**	ricompens**eranno**

futuro anteriore
avrò ricompensato	**avremo** ricompensato
avrai ricompensato	**avrete** ricompensato
avrà ricompensato	**avranno** ricompensato

condizionale presente
ricompens**erei**	ricompens**eremmo**
ricompens**eresti**	ricompens**ereste**
ricompens**erebbe**	ricompens**erebbero**

condizionale passato
avrei ricompensato	**avremmo** ricompensato
avresti ricompensato	**avreste** ricompensato
avrebbe ricompensato	**avrebbero** ricompensato

congiuntivo presente
ricompens**i**	ricompens**iamo**
ricompens**i**	ricompens**iate**
ricompens**i**	ricompens**ino**

congiuntivo passato
abbia ricompensato	**abbiamo** ricompensato
abbia ricompensato	**abbiate** ricompensato
abbia ricompensato	**abbiano** ricompensato

congiuntivo imperfetto
ricompens**assi**	ricompens**assimo**
ricompens**assi**	ricompens**aste**
ricompens**asse**	ricompens**assero**

congiuntivo trapassato
avessi ricompensato	**avessimo** ricompensato
avessi ricompensato	**aveste** ricompensato
avesse ricompensato	**avessero** ricompensato

imperativo
	ricompensiamo
ricompensa;	ricompensate
non ricompensare	
ricompensi	ricompensino

R

riconoscere

to recognize

SINGULAR	PLURAL	SINGULAR	PLURAL

indicativo presente

		passato prossimo	
riconosco	riconosciamo	**ho** riconosciuto	**abbiamo** riconosciuto
riconosci	riconoscete	**hai** riconosciuto	**avete** riconosciuto
riconosce	riconoscono	**ha** riconosciuto	**hanno** riconosciuto

imperfetto

		trapassato prossimo	
riconoscevo	riconoscevamo	**avevo** riconosciuto	**avevamo** riconosciuto
riconoscevi	riconoscevate	**avevi** riconosciuto	**avevate** riconosciuto
riconosceva	riconoscevano	**aveva** riconosciuto	**avevano** riconosciuto

passato remoto

		trapassato remoto	
riconobbi	riconoscemmo	**ebbi** riconosciuto	**avemmo** riconosciuto
riconoscesti	riconosceste	**avesti** riconosciuto	**aveste** riconosciuto
riconobbe	riconobbero	**ebbe** riconosciuto	**ebbero** riconosciuto

futuro semplice

		futuro anteriore	
riconoscerò	riconosceremo	**avrò** riconosciuto	**avremo** riconosciuto
riconoscerai	riconoscerete	**avrai** riconosciuto	**avrete** riconosciuto
riconoscerà	riconosceranno	**avrà** riconosciuto	**avranno** riconosciuto

condizionale presente

		condizionale passato	
riconoscerei	riconosceremmo	**avrei** riconosciuto	**avremmo** riconosciuto
riconosceresti	riconoscereste	**avresti** riconosciuto	**avreste** riconosciuto
riconoscerebbe	riconoscerebbero	**avrebbe** riconosciuto	**avrebbero** riconosciuto

congiuntivo presente

		congiuntivo passato	
riconosca	riconosciamo	**abbia** riconosciuto	**abbiamo** riconosciuto
riconosca	riconosciate	**abbia** riconosciuto	**abbiate** riconosciuto
riconosca	riconoscano	**abbia** riconosciuto	**abbiano** riconosciuto

congiuntivo imperfetto

		congiuntivo trapassato	
riconoscessi	riconoscessimo	**avessi** riconosciuto	**avessimo** riconosciuto
riconoscessi	riconosceste	**avessi** riconosciuto	**aveste** riconosciuto
riconoscesse	riconoscessero	**avesse** riconosciuto	**avessero** riconosciuto

R

imperativo

	riconosciamo
riconosci;	riconoscete
non riconoscere	
riconosca	riconoscano

SINGULAR	PLURAL	SINGULAR	PLURAL
indicativo presente		**passato prossimo**	
ricord**o**	ricord**iamo**	**ho** ricordato	**abbiamo** ricordato
ricord**i**	ricord**ate**	**hai** ricordato	**avete** ricordato
ricord**a**	ricord**ano**	**ha** ricordato	**hanno** ricordato
imperfetto		**trapassato prossimo**	
ricorda**vo**	ricorda**vamo**	**avevo** ricordato	**avevamo** ricordato
ricorda**vi**	ricorda**vate**	**avevi** ricordato	**avevate** ricordato
ricorda**va**	ricorda**vano**	**aveva** ricordato	**avevano** ricordato
passato remoto		**trapassato remoto**	
ricord**ai**	ricord**ammo**	**ebbi** ricordato	**avemmo** ricordato
ricord**asti**	ricord**aste**	**avesti** ricordato	**aveste** ricordato
ricord**ò**	ricord**arono**	**ebbe** ricordato	**ebbero** ricordato
futuro semplice		**futuro anteriore**	
ricorder**ò**	ricorder**emo**	**avrò** ricordato	**avremo** ricordato
ricorder**ai**	ricorder**ete**	**avrai** ricordato	**avrete** ricordato
ricorder**à**	ricorder**anno**	**avrà** ricordato	**avranno** ricordato
condizionale presente		**condizionale passato**	
ricord**erei**	ricord**eremmo**	**avrei** ricordato	**avremmo** ricordato
ricord**eresti**	ricord**ereste**	**avresti** ricordato	**avreste** ricordato
ricord**erebbe**	ricord**erebbero**	**avrebbe** ricordato	**avrebbero** ricordato
congiuntivo presente		**congiuntivo passato**	
ricord**i**	ricord**iamo**	**abbia** ricordato	**abbiamo** ricordato
ricord**i**	ricord**iate**	**abbia** ricordato	**abbiate** ricordato
ricord**i**	ricord**ino**	**abbia** ricordato	**abbiano** ricordato
congiuntivo imperfetto		**congiuntivo trapassato**	
ricord**assi**	ricord**assimo**	**avessi** ricordato	**avessimo** ricordato
ricord**assi**	ricord**aste**	**avessi** ricordato	**aveste** ricordato
ricord**asse**	ricord**assero**	**avesse** ricordato	**avessero** ricordato
imperativo			
	ricord**iamo**		
ricord**a**; non ricord**are**	ricord**ate**		
ricord**i**	ricord**ino**		

R

MUST KNOW VERB

507

gerundio **ricordandosi**   participio passato **ricordatosi**

SINGULAR	PLURAL

indicativo presente

mi ricord**o**	**ci** ricord**iamo**
ti ricord**i**	**vi** ricord**ate**
si ricord**a**	**si** ricord**ano**

imperfetto

mi ricord**avo**	**ci** ricord**avamo**
ti ricord**avi**	**vi** ricord**avate**
si ricord**ava**	**si** ricord**avano**

passato remoto

mi ricord**ai**	**ci** ricord**ammo**
ti ricord**asti**	**vi** ricord**aste**
si ricord**ò**	**si** ricord**arono**

futuro semplice

mi ricord**erò**	**ci** ricord**eremo**
ti ricord**erai**	**vi** ricord**erete**
si ricord**erà**	**si** ricord**eranno**

condizionale presente

mi ricord**erei**	**ci** ricord**eremmo**
ti ricord**eresti**	**vi** ricord**ereste**
si ricord**erebbe**	**si** ricord**erebbero**

congiuntivo presente

mi ricord**i**	**ci** ricord**iamo**
ti ricord**i**	**vi** ricord**iate**
si ricord**i**	**si** ricord**ino**

congiuntivo imperfetto

mi ricord**assi**	**ci** ricord**assimo**
ti ricord**assi**	**vi** ricord**aste**
si ricord**asse**	**si** ricord**assero**

imperativo

	ricordiamoci
ricordati;	ricordatevi
non ti ricordare	
si ricordi	si ricordino

SINGULAR	PLURAL

passato prossimo

mi sono ricordato(a)	**ci siamo** ricordati(e)
ti sei ricordato(a)	**vi siete** ricordati(e)
si è ricordato(a)	**si sono** ricordati(e)

trapassato prossimo

mi ero ricordato(a)	**ci eravamo** ricordati(e)
ti eri ricordato(a)	**vi eravate** ricordati(e)
si era ricordato(a)	**si erano** ricordati(e)

trapassato remoto

mi fui ricordato(a)	**ci fummo** ricordati(e)
ti fosti ricordato(a)	**vi foste** ricordati(e)
si fu ricordato(a)	**si furono** ricordati(e)

futuro anteriore

mi sarò ricordato(a)	**ci saremo** ricordati(e)
ti sarai ricordato(a)	**vi sarete** ricordati(e)
si sarà ricordato(a)	**si saranno** ricordati(e)

condizionale passato

mi sarei ricordato(a)	**ci saremmo** ricordati(e)
ti saresti ricordato(a)	**vi sareste** ricordati(e)
si sarebbe ricordato(a)	**si sarebbero** ricordati(e)

congiuntivo passato

mi sia ricordato(a)	**ci siamo** ricordati(e)
ti sia ricordato(a)	**vi siate** ricordati(e)
si sia ricordato(a)	**si siano** ricordati(e)

congiuntivo trapassato

mi fossi ricordato(a)	**ci fossimo** ricordati(e)
ti fossi ricordato(a)	**vi foste** ricordati(e)
si fosse ricordato(a)	**si fossero** ricordati(e)

R

to laugh   ridere

SINGULAR	PLURAL	SINGULAR	PLURAL

indicativo presente

rid**o**	rid**iamo**
rid**i**	rid**ete**
rid**e**	rid**ono**

passato prossimo

ho riso	**abbiamo** riso
hai riso	**avete** riso
ha riso	**hanno** riso

imperfetto

ride**vo**	ride**vamo**
ride**vi**	ride**vate**
ride**va**	ride**vano**

trapassato prossimo

avevo riso	**avevamo** riso
avevi riso	**avevate** riso
aveva riso	**avevano** riso

passato remoto

ris**i**	rid**emmo**
rid**esti**	rid**este**
ris**e**	ris**ero**

trapassato remoto

ebbi riso	**avemmo** riso
avesti riso	**aveste** riso
ebbe riso	**ebbero** riso

futuro semplice

rider**ò**	rider**emo**
rider**ai**	rider**ete**
rider**à**	rider**anno**

futuro anteriore

avrò riso	**avremo** riso
avrai riso	**avrete** riso
avrà riso	**avranno** riso

condizionale presente

rid**erei**	rid**eremmo**
rid**eresti**	rid**ereste**
rid**erebbe**	rid**erebbero**

condizionale passato

avrei riso	**avremmo** riso
avresti riso	**avreste** riso
avrebbe riso	**avrebbero** riso

congiuntivo presente

rid**a**	rid**iamo**
rid**a**	rid**iate**
rid**a**	rid**ano**

congiuntivo passato

abbia riso	**abbiamo** riso
abbia riso	**abbiate** riso
abbia riso	**abbiano** riso

congiuntivo imperfetto

rid**essi**	rid**essimo**
rid**essi**	rid**este**
rid**esse**	rid**essero**

congiuntivo trapassato

avessi riso	**avessimo** riso
avessi riso	**aveste** riso
avesse riso	**avessero** riso

imperativo

	ridiamo
ridi; non ridere	ridete
rida	ridano

R

MUST KNOW VERB

ridire   to repeat

SINGULAR	PLURAL	SINGULAR	PLURAL

indicativo presente

		passato prossimo	
ridic**o**	ridic**iamo**	**ho** ridetto	**abbiamo** ridetto
ridic**i**	rid**ite**	**hai** ridetto	**avete** ridetto
ridic**e**	ridic**ono**	**ha** ridetto	**hanno** ridetto

imperfetto

		trapassato prossimo	
ridice**vo**	ridice**vamo**	**avevo** ridetto	**avevamo** ridetto
ridice**vi**	ridice**vate**	**avevi** ridetto	**avevate** ridetto
ridice**va**	ridice**vano**	**aveva** ridetto	**avevano** ridetto

passato remoto

		trapassato remoto	
ridiss**i**	ridic**emmo**	**ebbi** ridetto	**avemmo** ridetto
ridic**esti**	ridic**este**	**avesti** ridetto	**aveste** ridetto
ridiss**e**	ridiss**ero**	**ebbe** ridetto	**ebbero** ridetto

futuro semplice

		futuro anteriore	
ridir**ò**	ridir**emo**	**avrò** ridetto	**avremo** ridetto
ridir**ai**	ridir**ete**	**avrai** ridetto	**avrete** ridetto
ridir**à**	ridir**anno**	**avrà** ridetto	**avranno** ridetto

condizionale presente

		condizionale passato	
ridir**ei**	ridir**emmo**	**avrei** ridetto	**avremmo** ridetto
ridir**esti**	ridir**este**	**avresti** ridetto	**avreste** ridetto
ridir**ebbe**	ridir**ebbero**	**avrebbe** ridetto	**avrebbero** ridetto

congiuntivo presente

		congiuntivo passato	
ridic**a**	ridic**iamo**	**abbia** ridetto	**abbiamo** ridetto
ridic**a**	ridic**iate**	**abbia** ridetto	**abbiate** ridetto
ridic**a**	ridic**ano**	**abbia** ridetto	**abbiano** ridetto

congiuntivo imperfetto

		congiuntivo trapassato	
ridic**essi**	ridic**emmo**	**avessi** ridetto	**avessimo** ridetto
ridic**essi**	ridic**este**	**avessi** ridetto	**aveste** ridetto
ridic**essi**	ridic**essero**	**avesse** ridetto	**avessero** ridetto

R

imperativo

	ridic**iamo**
ridi'; non ridire	rid**ite**
ridic**a**	ridic**ano**

to reduce

gerundio **riducendo**   participio passato **ridotto**

SINGULAR	PLURAL	SINGULAR	PLURAL
indicativo presente		**passato prossimo**	
riduc**o**	riduc**iamo**	**ho** ridotto	**abbiamo** ridotto
riduc**i**	riduc**ete**	**hai** ridotto	**avete** ridotto
riduc**e**	riduc**ono**	**ha** ridotto	**hanno** ridotto
imperfetto		**trapassato prossimo**	
riduce**vo**	riduce**vamo**	**avevo** ridotto	**avevamo** ridotto
riduce**vi**	riduce**vate**	**avevi** ridotto	**avevate** ridotto
riduce**va**	riduce**vano**	**aveva** ridotto	**avevano** ridotto
passato remoto		**trapassato remoto**	
ridu**ssi**	riduc**emmo**	**ebbi** ridotto	**avemmo** ridotto
riduc**esti**	riduc**este**	**avesti** ridotto	**aveste** ridotto
ridu**sse**	ridu**ssero**	**ebbe** ridotto	**ebbero** ridotto
futuro semplice		**futuro anteriore**	
ridurr**ò**	ridurr**emo**	**avrò** ridotto	**avremo** ridotto
ridurr**ai**	ridurr**ete**	**avrai** ridotto	**avrete** ridotto
ridurr**à**	ridurr**anno**	**avrà** ridotto	**avranno** ridotto
condizionale presente		**condizionale passato**	
ridurr**ei**	ridurr**emmo**	**avrei** ridotto	**avremmo** ridotto
ridurr**esti**	ridurr**este**	**avresti** ridotto	**avreste** ridotto
ridurr**ebbe**	ridurr**ebbero**	**avrebbe** ridotto	**avrebbero** ridotto
congiuntivo presente		**congiuntivo passato**	
riduc**a**	riduc**iamo**	**abbia** ridotto	**abbiamo** ridotto
riduc**a**	riduc**iate**	**abbia** ridotto	**abbiate** ridotto
riduc**a**	riduc**ano**	**abbia** ridotto	**abbiano** ridotto
congiuntivo imperfetto		**congiuntivo trapassato**	
riduc**essi**	riduc**essimo**	**avessi** ridotto	**avessimo** ridotto
riduc**essi**	riduc**este**	**avessi** ridotto	**aveste** ridotto
riduc**esse**	riduc**essero**	**avesse** ridotto	**avessero** ridotto
imperativo			
	riduc**iamo**		
riduc**i**; non ridurre	riduc**ete**		
riduc**a**	riduc**ano**		

R

SINGULAR	PLURAL	SINGULAR	PLURAL

indicativo presente

		passato prossimo	
riempi**o**	riempi**amo**	**ho** riempito	**abbiamo** riempito
riemp**i**	riemp**ite**	**hai** riempito	**avete** riempito
riemp**ie**	riempi**ono**	**ha** riempito	**hanno** riempito

imperfetto

		trapassato prossimo	
riempi**vo**	riempi**vamo**	**avevo** riempito	**avevamo** riempito
riempi**vi**	riempi**vate**	**avevi** riempito	**avevate** riempito
riempi**va**	riempi**vano**	**aveva** riempito	**avevano** riempito

passato remoto

		trapassato remoto	
riempi**i**	riemp**immo**	**ebbi** riempito	**avemmo** riempito
riemp**isti**	riemp**iste**	**avesti** riempito	**aveste** riempito
riemp**ì**	riemp**irono**	**ebbe** riempito	**ebbero** riempito

futuro semplice

		futuro anteriore	
riempir**ò**	riempir**emo**	**avrò** riempito	**avremo** riempito
riempir**ai**	riempir**ete**	**avrai** riempito	**avrete** riempito
riempir**à**	riempir**anno**	**avrà** riempito	**avranno** riempito

condizionale presente

		condizionale passato	
riemp**irei**	riemp**iremmo**	**avrei** riempito	**avremmo** riempito
riemp**iresti**	riemp**ireste**	**avresti** riempito	**avreste** riempito
riemp**irebbe**	riemp**irebbero**	**avrebbe** riempito	**avrebbero** riempito

congiuntivo presente

		congiuntivo passato	
riempi**a**	riempi**amo**	**abbia** riempito	**abbiamo** riempito
riempi**a**	riempi**ate**	**abbia** riempito	**abbiate** riempito
riempi**a**	riempi**ano**	**abbia** riempito	**abbiano** riempito

congiuntivo imperfetto

		congiuntivo trapassato	
riemp**issi**	riemp**issimo**	**avessi** riempito	**avessimo** riempito
riemp**issi**	riemp**iste**	**avessi** riempito	**aveste** riempito
riemp**isse**	riemp**issero**	**avesse** riempito	**avessero** riempito

R

imperativo

	riempiamo
riempi; non riempire	riempite
riempia	riempiano

to do again
rifare

SINGULAR	PLURAL	SINGULAR	PLURAL

indicativo presente

rifaccio	rifacciamo		
rifai	rifate		
rifà	rifanno		

passato prossimo

ho rifatto	**abbiamo** rifatto
hai rifatto	**avete** rifatto
ha rifatto	**hanno** rifatto

imperfetto

rifacevo	rifacevamo
rifacevi	rifacevate
rifaceva	rifacevano

trapassato prossimo

avevo rifatto	**avevamo** rifatto
avevi rifatto	**avevate** rifatto
aveva rifatto	**avevano** rifatto

passato remoto

rifeci	rifacemmo
rifacesti	rifaceste
rifece	rifecero

trapassato remoto

ebbi rifatto	**avemmo** rifatto
avesti rifatto	**aveste** rifatto
ebbe rifatto	**ebbero** rifatto

futuro semplice

rifarò	rifaremo
rifarai	rifarete
rifarà	rifaranno

futuro anteriore

avrò rifatto	**avremo** rifatto
avrai rifatto	**avrete** rifatto
avrà rifatto	**avranno** rifatto

condizionale presente

rifarei	rifaremmo
rifaresti	rifareste
rifarebbe	rifarebbero

condizionale passato

avrei rifatto	**avremmo** rifatto
avresti rifatto	**avreste** rifatto
avrebbe rifatto	**avrebbero** rifatto

congiuntivo presente

rifaccia	rifacciamo
rifaccia	rifacciate
rifaccia	rifacciano

congiuntivo passato

abbia rifatto	**abbiamo** rifatto
abbia rifatto	**abbiate** rifatto
abbia rifatto	**abbiano** rifatto

congiuntivo imperfetto

rifacessi	rifacessimo
rifacessi	rifaceste
rifacesse	rifacessero

congiuntivo trapassato

avessi rifatto	**avessimo** rifatto
avessi rifatto	**aveste** rifatto
avesse rifatto	**avessero** rifatto

imperativo

	rifacciamo
rifai; non rifare	rifate
rifaccia	rifacciano

R

rifiutare   to reject, to refuse

gerundio **rifiutando**   participio passato **rifiutato**

SINGULAR	PLURAL	SINGULAR	PLURAL
indicativo presente		**passato prossimo**	
rifiut**o**	rifiut**iamo**	**ho** rifiutato	**abbiamo** rifiutato
rifiut**i**	rifiut**ate**	**hai** rifiutato	**avete** rifiutato
rifiut**a**	rifiut**ano**	**ha** rifiutato	**hanno** rifiutato
imperfetto		**trapassato prossimo**	
rifiuta**vo**	rifiuta**vamo**	**avevo** rifiutato	**avevamo** rifiutato
rifiuta**vi**	rifiuta**vate**	**avevi** rifiutato	**avevate** rifiutato
rifiuta**va**	rifiuta**vano**	**aveva** rifiutato	**avevano** rifiutato
passato remoto		**trapassato remoto**	
rifiut**ai**	rifiut**ammo**	**ebbi** rifiutato	**avemmo** rifiutato
rifiut**asti**	rifiut**aste**	**avesti** rifiutato	**aveste** rifiutato
rifiut**ò**	rifiut**arono**	**ebbe** rifiutato	**ebbero** rifiutato
futuro semplice		**futuro anteriore**	
rifiut**erò**	rifiut**eremo**	**avrò** rifiutato	**avremo** rifiutato
rifiut**erai**	rifiut**erete**	**avrai** rifiutato	**avrete** rifiutato
rifiut**erà**	rifiut**eranno**	**avrà** rifiutato	**avranno** rifiutato
condizionale presente		**condizionale passato**	
rifiut**erei**	rifiut**eremmo**	**avrei** rifiutato	**avremmo** rifiutato
rifiut**eresti**	rifiut**ereste**	**avresti** rifiutato	**avreste** rifiutato
rifiut**erebbe**	rifiut**erebbero**	**avrebbe** rifiutato	**avrebbero** rifiutato
congiuntivo presente		**congiuntivo passato**	
rifiut**i**	rifiut**iamo**	**abbia** rifiutato	**abbiamo** rifiutato
rifiut**i**	rifiut**iate**	**abbia** rifiutato	**abbiate** rifiutato
rifiut**i**	rifiut**ino**	**abbia** rifiutato	**abbiano** rifiutato
congiuntivo imperfetto		**congiuntivo trapassato**	
rifiut**assi**	rifiut**assimo**	**avessi** rifiutato	**avessimo** rifiutato
rifiut**assi**	rifiut**aste**	**avessi** rifiutato	**aveste** rifiutato
rifiut**asse**	rifiut**assero**	**avesse** rifiutato	**avessero** rifiutato

R

imperativo

	rifiut**iamo**
rifiut**a**; non rifiut**are**	rifiut**ate**
rifiut**i**	rifiut**ino**

to think, to reflect

gerundio **riflettendo**   participio passato **riflettuto**

SINGULAR	PLURAL	SINGULAR	PLURAL
indicativo presente		**passato prossimo**	
riflett**o**	riflett**iamo**	**ho** riflettuto	**abbiamo** riflettuto
riflett**i**	riflett**ete**	**hai** riflettuto	**avete** riflettuto
riflett**e**	riflett**ono**	**ha** riflettuto	**hanno** riflettuto
imperfetto		**trapassato prossimo**	
riflette**vo**	rifflette**vamo**	**avevo** riflettuto	**avevamo** riflettuto
riflette**vi**	riflette**vate**	**avevi** riflettuto	**avevate** riflettuto
riflette**va**	riflette**vano**	**aveva** riflettuto	**avevano** riflettuto
passato remoto		**trapassato remoto**	
riflett**ei** (rifless**i**)	riflett**emmo**	**ebbi** riflettuto	**avemmo** riflettuto
riflett**esti**	riflett**este**	**avesti** riflettuto	**aveste** riflettuto
riflett**é** (rifless**e**)	riflett**erono** (refl**essero**)	**ebbe** riflettuto	**ebbero** riflettuto
futuro semplice		**futuro anteriore**	
rifletter**ò**	rifletter**emo**	**avrò** riflettuto	**avremo** riflettuto
rifletter**ai**	rifletter**ete**	**avrai** riflettuto	**avrete** riflettuto
rifletter**à**	rifletter**anno**	**avrà** riflettuto	**avranno** riflettuto
condizionale presente		**condizionale passato**	
rifletter**ei**	rifletter**emmo**	**avrei** riflettuto	**avremmo** riflettuto
rifletter**esti**	rifletter**este**	**avresti** riflettuto	**avreste** riflettuto
rifletter**ebbe**	rifletter**ebbero**	**avrebbe** riflettuto	**avrebbero** riflettuto
congiuntivo presente		**congiuntivo passato**	
riflett**a**	riflett**iamo**	**abbia** riflettuto	**abbiamo** riflettuto
riflett**a**	riflett**iate**	**abbia** riflettuto	**abbiate** riflettuto
riflett**a**	riflett**ano**	**abbia** riflettuto	**abbiano** riflettuto
congiuntivo imperfetto		**congiuntivo trapassato**	
riflett**essi**	riflett**essimo**	**avessi** riflettuto	**avessimo** riflettuto
riflett**essi**	riflett**este**	**avessi** riflettuto	**aveste** riflettuto
riflett**esse**	riflett**essero**	**avesse** riflettuto	**avessero** riflettuto
imperativo			
	riflettiamo		
rifletti; non riflettere	riflettete		
rifletta	riflettano		

R

rilassarsi

to relax

gerundio **rilassandosi**   participio passato **rilassatosi**

SINGULAR	PLURAL	SINGULAR	PLURAL

indicativo presente

mi rilass**o**	**ci** rilass**iamo**		
ti rilass**i**	**vi** rilass**ate**		
si rilass**a**	**si** rilass**ano**		

passato prossimo

mi sono rilassato(a)	**ci siamo** rilassati(e)
ti sei rilassato(a)	**vi siete** rilassati(e)
si è rilassato(a)	**si sono** rilassati(e)

imperfetto

mi rilassa**vo**	**ci** rilassa**vamo**
ti rilassa**vi**	**vi** rilassa**vate**
si rilassa**va**	**si** rilassa**vano**

trapassato prossimo

mi ero rilassato(a)	**ci eravamo** rilassati(e)
ti eri rilassato(a)	**vi eravate** rilassati(e)
si era rilassato(a)	**si erano** rilassati(e)

passato remoto

mi rilass**ai**	**ci** rilass**ammo**
ti rilass**asti**	**vi** rilass**aste**
si rilass**ò**	**si** rilass**arono**

trapassato remoto

mi fui rilassato(a)	**ci fummo** rilassati(e)
ti fosti rilassato(a)	**vi foste** rilassati(e)
si fu rilassato(a)	**si furono** rilassati(e)

futuro semplice

mi rilasser**ò**	**ci** rilasser**emo**
ti rilasser**ai**	**vi** rilasser**ete**
si rilasser**à**	**si** rilasser**anno**

futuro anteriore

mi sarò rilassato(a)	**ci saremo** rilassati(e)
ti sarai rilassato(a)	**vi sarete** rilassati(e)
si sarà rilassato(a)	**si saranno** rilassati(e)

condizionale presente

mi rilass**erei**	**ci** rilass**eremmo**
ti rilass**eresti**	**vi** rilass**ereste**
si rilass**erebbe**	**si** rilass**erebbero**

condizionale passato

mi sarei rilassato(a)	**ci saremmo** rilassati(e)
ti saresti rilassato(a)	**vi sareste** rilassati(e)
si sarebbe rilassato(a)	**si sarebbero** rilassati(e)

congiuntivo presente

mi rilass**i**	**ci** rilass**iamo**
ti rilass**i**	**vi** rilass**iate**
si rilass**i**	**si** rilass**ino**

congiuntivo passato

mi sia rilassato(a)	**ci siamo** rilassati(e)
ti sia rilassato(a)	**vi siate** rilassati(e)
si sia rilassato(a)	**si siano** rilassati(e)

congiuntivo imperfetto

mi rilass**assi**	**ci** rilass**assimo**
ti rilass**assi**	**vi** rilass**aste**
si rilass**asse**	**si** rilass**assero**

congiuntivo trapassato

mi fossi rilassato(a)	**ci fossimo** rilassati(e)
ti fossi rilassato(a)	**vi foste** rilassati(e)
si fosse rilassato(a)	**si fossero** rilassati(e)

imperativo

R

	rilassiamoci
rilassati; non rilassarti/	rilassatevi
non ti rilassare	
si rilassi	si rilassino

to remain, to stay   rimanere

gerundio **rimanendo**   participio passato **rimasto**

SINGULAR	PLURAL	SINGULAR	PLURAL
indicativo presente		**passato prossimo**	
riman**go**	riman**iamo**	**sono** rimasto(a)	**siamo** rimasti(e)
riman**i**	riman**ete**	**sei** rimasto(a)	**siete** rimasti(e)
riman**e**	riman**gono**	**è** rimasto(a)	**sono** rimasti(e)
imperfetto		**trapassato prossimo**	
rimane**vo**	rimane**vamo**	**ero** rimasto(a)	**eravamo** rimasti(e)
rimane**vi**	rimane**vate**	**eri** rimasto(a)	**eravate** rimasti(e)
rimane**va**	rimane**vano**	**era** rimasto(a)	**erano** rimasti(e)
passato remoto		**trapassato remoto**	
rimas**i**	rimane**mmo**	**fui** rimasto(a)	**fummo** rimasti(e)
rimane**sti**	rimane**ste**	**fosti** rimasto(a)	**foste** rimasti(e)
rimas**e**	rimane**sero**	**fu** rimasto(a)	**furono** rimasti(e)
futuro semplice		**futuro anteriore**	
rimarr**ò**	rimarr**emo**	**sarò** rimasto(a)	**saremo** rimasti(e)
rimarr**ai**	rimarr**ete**	**sarai** rimasto(a)	**sarete** rimasti(e)
rimarr**à**	rimarr**anno**	**sarà** rimasto(a)	**saranno** rimasti(e)
condizionale presente		**condizionale passato**	
rimarr**ei**	rimarr**emmo**	**sarei** rimasto(a)	**saremmo** rimasti(e)
rimarr**esti**	rimarr**este**	**saresti** rimasto(a)	**sareste** rimasti(e)
rimarr**ebbe**	rimarr**ebbero**	**sarebbe** rimasto(a)	**sarebbero** rimasti(e)
congiuntivo presente		**congiuntivo passato**	
riman**ga**	riman**iamo**	**sia** rimasto(a)	**siamo** rimasti(e)
riman**ga**	riman**iate**	**sia** rimasto(a)	**siate** rimasti(e)
riman**ga**	riman**gano**	**sia** rimasto(a)	**siano** rimasti(e)
congiuntivo imperfetto		**congiuntivo trapassato**	
rimane**ssi**	rimane**ssimo**	**fossi** rimasto(a)	**fossimo** rimasti(e)
rimane**ssi**	rimane**ste**	**fossi** rimasto(a)	**foste** rimasti(e)
rimane**sse**	rimane**ssero**	**fosse** rimasto(a)	**fossero** rimasti(e)
imperativo			
	rimaniamo		
rimani; non rimanere	rimanete		
rimanga	rimangano		

R

rimproverare   to scold

gerundio **rimproverando**   participio passato **rimproverato**

SINGULAR	PLURAL	SINGULAR	PLURAL

indicativo presente

		### passato prossimo	
rimprover**o**	rimprover**iamo**	**ho** rimproverato	**abbiamo** rimproverato
rimprover**i**	rimprover**ate**	**hai** rimproverato	**avete** rimproverato
rimprover**a**	rimprover**ano**	**ha** rimproverato	**hanno** rimproverato

imperfetto

		### trapassato prossimo	
rimprovera**vo**	rimprovera**vamo**	**avevo** rimproverato	**avevamo** rimproverato
rimprovera**vi**	rimprovera**vate**	**avevi** rimproverato	**avevate** rimproverato
rimprovera**va**	rimprovera**vano**	**aveva** rimproverato	**avevano** rimproverato

passato remoto

		### trapassato remoto	
rimprover**ai**	rimprover**ammo**	**ebbi** rimproverato	**avemmo** rimproverato
rimprover**asti**	rimprover**aste**	**avesti** rimproverato	**aveste** rimproverato
rimprover**ò**	rimprover**arono**	**ebbe** rimproverato	**ebbero** rimproverato

futuro semplice

		### futuro anteriore	
rimprover**erò**	rimprover**eremo**	**avrò** rimproverato	**avremo** rimproverato
rimprover**erai**	rimprover**erete**	**avrai** rimproverato	**avrete** rimproverato
rimprover**erà**	rimprover**eranno**	**avrà** rimproverato	**avranno** rimproverato

condizionale presente

		### condizionale passato	
rimprover**erei**	rimprover**eremmo**	**avrei** rimproverato	**avremmo** rimproverato
rimprover**eresti**	rimprover**ereste**	**avresti** rimproverato	**avreste** rimproverato
rimprover**erebbe**	rimprover**erebbero**	**avrebbe** rimproverato	**avrebbero** rimproverato

congiuntivo presente

		### congiuntivo passato	
rimprover**i**	rimprover**iamo**	**abbia** rimproverato	**abbiamo** rimproverato
rimprover**i**	rimprover**iate**	**abbia** rimproverato	**abbiate** rimproverato
rimprover**i**	rimprover**ino**	**abbia** rimproverato	**abbiano** rimproverato

congiuntivo imperfetto

		### congiuntivo trapassato	
rimprover**assi**	rimprover**assimo**	**avessi** rimproverato	**avessimo** rimproverato
rimprover**assi**	rimprover**aste**	**avessi** rimproverato	**aveste** rimproverato
rimprover**asse**	rimprover**assero**	**avesse** rimproverato	**avessero** rimproverato

imperativo

	rimprover**iamo**
rimprover**a**; non rimproverare	rimprover**ate**
rimprover**i**	rimprover**ino**

R

to regret

rincrescere

gerundio **rincrescendo**

participio passato **rincresciuto**

SINGULAR	PLURAL	SINGULAR	PLURAL

indicativo presente
rincresco	rincresciamo		
rincresci	rincrescete		
rincresce	rincrescono		

passato prossimo
sono rincresciuto(a)	**siamo** rincresciuti(e)
sei rincresciuto(a)	**siete** rincresciuti(e)
è rincresciuto(a)	**sono** rincresciuti(e)

imperfetto
rincrescevo	rincrescevamo
rincrescevi	rincrescevate
rincresceva	rincrescevano

trapassato prossimo
ero rincresciuto(a)	**eravamo** rincresciuti(e)
eri rincresciuto(a)	**eravate** rincresciuti(e)
era rincresciuto(a)	**erano** rincresciuti(e)

passato remoto
rincrebbi	rincrescemmo
rincrescesti	rincresceste
rincrebbe	rincrebbero

trapassato remoto
fui rincresciuto(a)	**fummo** rincresciuti(e)
fosti rincresciuto(a)	**foste** rincresciuti(e)
fu rincresciuto(a)	**furono** rincresciuti(e)

futuro semplice
rincrescerò	rincresceremo
rincrescerai	rincrescerete
rincrescerà	rincresceranno

futuro anteriore
sarò rincresciuto(a)	**saremo** rincresciuti(e)
sarai rincresciuto(a)	**sarete** rincresciuti(e)
sarà rincresciuto(a)	**saranno** rincresciuti(e)

condizionale presente
rincrescerei	rincresceremmo
rincresceresti	rincrescereste
rincrescerebbe	rincrescerebbero

condizionale passato
sarei rincresciuto(a)	**saremmo** rincresciuti(e)
saresti rincresciuto(a)	**sareste** rincresciuti(e)
sarebbe rincresciuto(a)	**sarebbero** rincresciuti(e)

congiuntivo presente
rincresca	rincresciamo
rincresca	rincresciate
rincresca	rincrescano

congiuntivo passato
sia rincresciuto(a)	**siamo** rincresciuti(e)
sia rincresciuto(a)	**siate** rincresciuti(e)
sia rincresciuto(a)	**siano** rincresciuti(e)

congiuntivo imperfetto
rincrescessi	rincrescessimo
rincrescessi	rincresceste
rincrescesse	rincrescessero

congiuntivo trapassato
fossi rincresciuto(a)	**fossimo** rincresciuti(e)
fossi rincresciuto(a)	**foste** rincresciuti(e)
fosse rincresciuto(a)	**fossero** rincresciuti(e)

imperativo
	rincresciamo
rincresci;	rincrescete
non rincrescere	
rincresca	rincrescano

R

gerundio **ringraziando**   participio passato **ringraziato**

SINGULAR	PLURAL	SINGULAR	PLURAL

indicativo presente

		passato prossimo	
ringrazi**o**	ringrazi**amo**	**ho** ringraziato	**abbiamo** ringraziato
ringrazi**i**	ringrazi**ate**	**hai** ringraziato	**avete** ringraziato
ringrazi**a**	ringrazi**ano**	**ha** ringraziato	**hanno** ringraziato

imperfetto

		trapassato prossimo	
ringrazia**vo**	ringrazia**vamo**	**avevo** ringraziato	**avevamo** ringraziato
ringrazia**vi**	ringrazia**vate**	**avevi** ringraziato	**avevate** ringraziato
ringrazia**va**	ringrazia**vano**	**aveva** ringraziato	**avevano** ringraziato

passato remoto

		trapassato remoto	
ringrazi**ai**	ringrazi**ammo**	**ebbi** ringraziato	**avemmo** ringraziato
ringrazi**asti**	ringrazi**aste**	**avesti** ringraziato	**aveste** ringraziato
ringrazi**ò**	ringrazi**arono**	**ebbe** ringraziato	**ebbero** ringraziato

futuro semplice

		futuro anteriore	
ringrazier**ò**	ringrazier**emo**	**avrò** ringraziato	**avremo** ringraziato
ringrazier**ai**	ringrazer**ete**	**avrai** ringraziato	**avrete** ringraziato
ringrazier**à**	ringrazier**anno**	**avrà** ringraziato	**avranno** ringraziato

condizionale presente

		condizionale passato	
ringrazi**erei**	ringrazi**eremmo**	**avrei** ringraziato	**avremmo** ringraziato
ringrazi**eresti**	ringrazi**ereste**	**avresti** ringraziato	**avreste** ringraziato
ringrazi**erebbe**	ringrazi**erebbero**	**avrebbe** ringraziato	**avrebbero** ringraziato

congiuntivo presente

		congiuntivo passato	
ringrazi**i**	ringrazi**amo**	**abbia** ringraziato	**abbiamo** ringraziato
ringrazi**i**	ringrazi**ate**	**abbia** ringraziato	**abbiate** ringraziato
ringrazi**i**	ringraz**ino**	**abbia** ringraziato	**abbiano** ringraziato

congiuntivo imperfetto

		congiuntivo trapassato	
ringrazi**assi**	ringrazi**assimo**	**avessi** ringraziato	**avessimo** ringraziato
ringrazi**assi**	ringrazi**aste**	**avessi** ringraziato	**aveste** ringraziato
ringrazi**asse**	ringrazi**assero**	**avesse** ringraziato	**avessero** ringraziato

R **imperativo**

	ringraziamo
ringrazia;	ringraziate
non ringraziare	
ringrazi	ringrazino

to renew   rinnovare

SINGULAR	PLURAL	SINGULAR	PLURAL
indicativo presente		**passato prossimo**	
rinnovo	rinnoviamo	ho rinnovato	abbiamo rinnovato
rinnovi	rinnovate	hai rinnovato	avete rinnovato
rinnova	rinnovano	ha rinnovato	hanno rinnovato
imperfetto		**trapassato prossimo**	
rinnovavo	rinnovavamo	avevo rinnovato	avevamo rinnovato
rinnovavi	rinnovavate	avevi rinnovato	avevate rinnovato
rinnovava	rinnovavano	aveva rinnovato	avevano rinnovato
passato remoto		**trapassato remoto**	
rinnovai	rinnovammo	ebbi rinnovato	avemmo rinnovato
rinnovasti	rinnovaste	avesti rinnovato	aveste rinnovato
rinnovò	rinnovarono	ebbe rinnovato	ebbero rinnovato
futuro semplice		**futuro anteriore**	
rinnoverò	rinnoveremo	avrò rinnovato	avremo rinnovato
rinnoverai	rinnoverete	avrai rinnovato	avrete rinnovato
innoverà	rinnoveranno	avrà rinnovato	avranno rinnovato
condizionale presente		**condizionale passato**	
rinnoverei	rinnoveremmo	avrei rinnovato	avremmo rinnovato
rinnoveresti	rinnovereste	avresti rinnovato	avreste rinnovato
rinnoverebbe	rinnoverebbero	avrebbe rinnovato	avrebbero rinnovato
congiuntivo presente		**congiuntivo passato**	
rinnovi	rinnoviamo	abbia rinnovato	abbiamo rinnovato
rinnovi	rinnoviate	abbia rinnovato	abbiate rinnovato
rinnovi	rinnovino	abbia rinnovato	abbiano rinnovato
congiuntivo imperfetto		**congiuntivo trapassato**	
rinnovassi	rinnovassimo	avessi rinnovato	avessimo rinnovato
rinnovassi	rinnovaste	avessi rinnovato	aveste rinnovato
rinnovasse	rinnovassero	avesse rinnovato	avessero rinnovato
imperativo			
	rinnoviamo		
rinnova;	rinnovate		
non rinnovare			
rinnovi	rinnovino		

R

riparare — to fix, to repair

gerundio **riparando** participio passato **riparato**

SINGULAR	PLURAL	SINGULAR	PLURAL
indicativo presente		**passato prossimo**	
ripar**o**	ripar**iamo**	**ho** riparato	**abbiamo** riparato
ripar**i**	ripar**ate**	**hai** riparato	**avete** riparato
ripar**a**	ripar**ano**	**ha** riparato	**hanno** riparato
imperfetto		**trapassato prossimo**	
ripara**vo**	ripara**vamo**	**avevo** riparato	**avevamo** riparato
ripara**vi**	ripara**vate**	**avevi** riparato	**avevate** riparato
ripara**va**	ripara**vano**	**aveva** riparato	**avevano** riparato
passato remoto		**trapassato remoto**	
ripar**ai**	ripar**ammo**	**ebbi** riparato	**avemmo** riparato
ripar**asti**	ripar**aste**	**avesti** riparato	**aveste** riparato
ripar**ò**	ripar**arono**	**ebbe** riparato	**ebbero** riparato
futuro semplice		**futuro anteriore**	
riparer**ò**	riparer**emo**	**avrò** riparato	**avremo** riparato
riparer**ai**	riparer**ete**	**avrai** riparato	**avrete** riparato
riparer**à**	riparer**anno**	**avrà** riparato	**avranno** riparato
condizionale presente		**condizionale passato**	
ripar**erei**	ripar**eremmo**	**avrei** riparato	**avremmo** riparato
ripar**eresti**	ripar**ereste**	**avresti** riparato	**avreste** riparato
ripar**erebbe**	ripar**erebbero**	**avrebbe** riparato	**avrebbero** riparato
congiuntivo presente		**congiuntivo passato**	
ripar**i**	ripar**iamo**	**abbia** riparato	**abbiamo** riparato
ripar**i**	ripar**iate**	**abbia** riparato	**abbiate** riparato
ripar**i**	ripar**ino**	**abbia** riparato	**abbiano** riparato
congiuntivo imperfetto		**congiuntivo trapassato**	
ripar**assi**	ripar**assimo**	**avessi** riparato	**avessimo** riparato
ripar**assi**	ripar**aste**	**avessi** riparato	**aveste** riparato
ripar**asse**	ripar**assero**	**avesse** riparato	**avessero** riparato

R

imperativo

	ripariamo
ripara; non riparare	riparate
ripari	riparino

to repeat   ripetere

SINGULAR	PLURAL	SINGULAR	PLURAL

indicativo presente

ripet**o**	ripet**iamo**		
ripet**i**	ripet**ete**		
ripet**e**	ripet**ono**		

passato prossimo

ho ripetuto	**abbiamo** ripetuto
hai ripetuto	**avete** ripetuto
ha ripetuto	**hanno** ripetuto

imperfetto

ripete**vo**	ripete**vamo**
ripete**vi**	ripete**vate**
ripete**va**	ripete**vano**

trapassato prossimo

avevo ripetuto	**avevamo** ripetuto
avevi ripetuto	**avevate** ripetuto
aveva ripetuto	**avevano** ripetuto

passato remoto

ripet**ei**	ripet**emmo**
ripet**esti**	ripet**este**
ripet**é**	ripet**erono**

trapassato remoto

ebbi ripetuto	**avemmo** ripetuto
avesti ripetuto	**aveste** ripetuto
ebbe ripetuto	**ebbero** ripetuto

futuro semplice

ripeter**ò**	ripeter**emo**
ripeter**ai**	ripeter**ete**
ripeter**à**	ripeter**anno**

futuro anteriore

avrò ripetuto	**avremo** ripetuto
avrai ripetuto	**avrete** ripetuto
avrà ripetuto	**avranno** ripetuto

condizionale presente

ripet**erei**	ripet**eremmo**
ripet**eresti**	ripet**ereste**
ripet**erebbe**	ripet**erebbero**

condizionale passato

avrei ripetuto	**avremmo** ripetuto
avresti ripetuto	**avreste** ripetuto
avrebbe ripetuto	**avrebbero** ripetuto

congiuntivo presente

ripet**a**	ripet**iamo**
ripet**a**	ripet**iate**
ripet**a**	ripet**ano**

congiuntivo passato

abbia ripetuto	**abbiamo** ripetuto
abbia ripetuto	**abbiate** ripetuto
abbia ripetuto	**abbiano** ripetuto

congiuntivo imperfetto

ripet**essi**	ripet**essimo**
ripet**essi**	ripet**este**
ripet**esse**	ripet**essero**

congiuntivo trapassato

avessi ripetuto	**avessimo** ripetuto
avessi ripetuto	**aveste** ripetuto
avesse ripetuto	**avessero** ripetuto

imperativo

	ripet**iamo**
ripet**i**; non ripetere	ripet**ete**
ripet**a**	ripet**ano**

R

MUST KNOW VERB

SINGULAR	PLURAL	SINGULAR	PLURAL

indicativo presente

		passato prossimo	
mi ripos**o**	**ci** ripos**iamo**	**mi sono** riposato(a)	**ci siamo** riposati(e)
ti ripos**i**	**vi** ripos**ate**	**ti sei** riposato(a)	**vi siete** riposati(e)
si ripos**a**	**si** ripos**ano**	**si è** riposato(a)	**si sono** riposati(e)

imperfetto

		trapassato prossimo	
mi ripos**avo**	**ci** ripos**avamo**	**mi ero** riposato(a)	**ci eravamo** riposati(e)
ti ripos**avi**	**vi** ripos**avate**	**ti eri** riposato(a)	**vi eravate** riposati(e)
si ripos**ava**	**si** ripos**avano**	**si era** riposato(a)	**si erano** riposati(e)

passato remoto

		trapassato remoto	
mi ripos**ai**	**ci** ripos**ammo**	**mi fui** riposato(a)	**ci fummo** riposati(e)
ti ripos**asti**	**vi** ripos**aste**	**ti fosti** riposato(a)	**vi foste** riposati(e)
si ripos**ò**	**si** ripos**arono**	**si fu** riposato(a)	**si furono** riposati(e)

futuro semplice

		futuro anteriore	
mi ripos**erò**	**ci** ripos**eremo**	**mi sarò** riposato(a)	**ci saremo** riposati(e)
ti ripos**erai**	**vi** ripos**erete**	**ti sarai** riposato(a)	**vi sarete** riposati(e)
si ripos**erà**	**si** ripos**eranno**	**si sarà** riposato(a)	**si saranno** riposati(e)

condizionale presente

		condizionale passato	
mi ripos**erei**	**ci** ripos**eremmo**	**mi sarei** riposato(a)	**ci saremmo** riposati(e)
ti ripos**eresti**	**vi** ripos**ereste**	**ti saresti** riposato(a)	**vi sareste** riposati(e)
si ripos**erebbe**	**si** ripos**erebbero**	**si sarebbe** riposato(a)	**si sarebbero** riposati(e)

congiuntivo presente

		congiuntivo passato	
mi ripos**i**	**ci** ripos**iamo**	**mi sia** riposato(a)	**ci siamo** riposati(e)
ti ripos**i**	**vi** ripos**iate**	**ti sia** riposato(a)	**vi siate** riposati(e)
si ripos**i**	**si** ripos**ino**	**si sia** riposato(a)	**si siano** riposati(e)

congiuntivo imperfetto

		congiuntivo trapassato	
mi ripos**assi**	**ci** ripos**assimo**	**mi fossi** riposato(a)	**ci fossimo** riposati(e)
ti ripos**assi**	**vi** ripos**aste**	**ti fossi** riposato(a)	**vi foste** riposati(e)
si ripos**asse**	**si** ripos**assero**	**si fosse** riposato(a)	**si fossero** riposati(e)

R

imperativo

	riposiamoci
riposati; non riposarti/	riposatevi
non ti riposare	
si riposi	si riposino

gerundio **riscaldando**   participio passato **riscaldato**

SINGULAR	PLURAL	SINGULAR	PLURAL
indicativo presente		**passato prossimo**	
riscald**o**	riscald**iamo**	**ho** riscaldato	**abbiamo** riscaldato
riscald**i**	riscald**ate**	**hai** riscaldato	**avete** riscaldato
riscald**a**	riscald**ano**	**ha** riscaldato	**hanno** riscaldato
imperfetto		**trapassato prossimo**	
riscalda**vo**	riscalda**vamo**	**avevo** riscaldato	**avevamo** riscaldato
riscalda**vi**	riscalda**vate**	**avevi** riscaldato	**avevate** riscaldato
riscalda**va**	riscalda**vano**	**aveva** riscaldato	**avevano** riscaldato
passato remoto		**trapassato remoto**	
riscald**ai**	riscald**ammo**	**ebbi** riscaldato	**avemmo** riscaldato
riscald**asti**	riscald**aste**	**avesti** riscaldato	**aveste** riscaldato
riscald**ò**	riscald**arono**	**ebbe** riscaldato	**ebbero** riscaldato
futuro semplice		**futuro anteriore**	
riscalder**ò**	riscalder**emo**	**avrò** riscaldato	**avremo** riscaldato
riscalder**ai**	riscalder**ete**	**avrai** riscaldato	**avrete** riscaldato
riscalder**à**	riscalder**anno**	**avrà** riscaldato	**avranno** riscaldato
condizionale presente		**condizionale passato**	
riscald**erei**	riscald**eremmo**	**avrei** riscaldato	**avremmo** riscaldato
riscald**eresti**	riscald**ereste**	**avresti** riscaldato	**avreste** riscaldato
riscald**erebbe**	riscald**erebbero**	**avrebbe** riscaldato	**avrebbero** riscaldato
congiuntivo presente		**congiuntivo passato**	
riscald**i**	riscald**iamo**	**abbia** riscaldato	**abbiamo** riscaldato
riscald**i**	riscald**iate**	**abbia** riscaldato	**abbiate** riscaldato
riscald**i**	riscald**ino**	**abbia** riscaldato	**abbiano** riscaldato
congiuntivo imperfetto		**congiuntivo trapassato**	
riscald**assi**	riscald**assimo**	**avessi** riscaldato	**avessimo** riscaldato
riscald**assi**	riscald**aste**	**avessi** riscaldato	**aveste** riscaldato
riscald**asse**	riscald**assero**	**avesse** riscaldato	**avessero** riscaldato
imperativo			
	riscaldiamo		
riscalda;	riscaldate		
non riscaldare			
riscaldi	riscaldino		

R

risolvere

to resolve, to solve

gerundio **risolvendo**   participio passato **risolto**

SINGULAR	PLURAL	SINGULAR	PLURAL

indicativo presente

		passato prossimo	
risolv**o**	risolv**iamo**	**ho** risolto	**abbiamo** risolto
risolv**i**	risolv**ete**	**hai** risolto	**avete** risolto
risolv**e**	risolv**ono**	**ha** risolto	**hanno** risolto

imperfetto

		trapassato prossimo	
risolve**vo**	risolve**vamo**	**avevo** risolto	**avevamo** risolto
risolve**vi**	risolve**vate**	**avevi** risolto	**avevate** risolto
risolve**va**	risolve**vano**	**aveva** risolto	**avevano** risolto

passato remoto

		trapassato remoto	
risols**i**	risolv**emmo**	**ebbi** risolto	**avemmo** risolto
risolv**esti**	risolv**este**	**avesti** risolto	**aveste** risolto
risols**e**	risols**ero**	**ebbe** risolto	**ebbero** risolto

futuro semplice

		futuro anteriore	
risolver**ò**	risolver**emo**	**avrò** risolto	**avremo** risolto
risolver**ai**	risolver**ete**	**avrai** risolto	**avrete** risolto
risolver**à**	risolver**anno**	**avrà** risolto	**avranno** risolto

condizionale presente

		condizionale passato	
risolv**erei**	risolv**eremmo**	**avrei** risolto	**avremmo** risolto
risolv**eresti**	risolv**ereste**	**avresti** risolto	**avreste** risolto
risolv**erebbe**	risolv**erebbero**	**avrebbe** risolto	**avrebbero** risolto

congiuntivo presente

		congiuntivo passato	
risolv**a**	risolv**iamo**	**abbia** risolto	**abbiamo** risolto
risolv**a**	risolv**iate**	**abbia** risolto	**abbiate** risolto
risolv**a**	risolv**ano**	**abbia** risolto	**abbiano** risolto

congiuntivo imperfetto

		congiuntivo trapassato	
risolv**essi**	risolv**essimo**	**avessi** risolto	**avessimo** risolto
risolv**essi**	risolv**este**	**avessi** risolto	**aveste** risolto
risolv**esse**	risolv**essero**	**avesse** risolto	**avessero** risolto

imperativo

	risolv**iamo**
risolv**i**; non risolv**ere**	risolv**ete**
risolv**a**	risolv**ano**

R

to respect   rispettare

SINGULAR	PLURAL	SINGULAR	PLURAL
indicativo presente		**passato prossimo**	
rispetto	rispettiamo	ho rispettato	abbiamo rispettato
rispetti	rispettate	hai rispettato	avete rispettato
rispetta	rispettano	ha rispettato	hanno rispettato
imperfetto		**trapassato prossimo**	
rispettavo	rispettavamo	avevo rispettato	avevamo rispettato
rispettavi	rispettavate	avevi rispettato	avevate rispettato
rispettava	rispettavano	aveva rispettato	avevano rispettato
passato remoto		**trapassato remoto**	
rispettai	rispettammo	ebbi rispettato	avemmo rispettato
rispettasti	rispettaste	avesti rispettato	aveste rispettato
rispettò	rispettarono	ebbe rispettato	ebbero rispettato
futuro semplice		**futuro anteriore**	
rispetterò	rispetteremo	avrò rispettato	avremo rispettato
rispetterai	rispetterete	avrai rispettato	avrete rispettato
rispetterà	rispetteranno	avrà rispettato	avranno rispettato
condizionale presente		**condizionale passato**	
rispetterei	rispetteremmo	avrei rispettato	avremmo rispettato
rispetteresti	rispettereste	avresti rispettato	avreste rispettato
rispetterebbe	rispetterebbero	avrebbe rispettato	avrebbero rispettato
congiuntivo presente		**congiuntivo passato**	
rispetti	rispettiamo	abbia rispettato	abbiamo rispettato
rispetti	rispettiate	abbia rispettato	abbiate rispettato
rispetti	rispettino	abbia rispettato	abbiano rispettato
congiuntivo imperfetto		**congiuntivo trapassato**	
rispettassi	rispettassimo	avessi rispettato	avessimo rispettato
rispettassi	rispettaste	avessi rispettato	aveste rispettato
rispettasse	rispettassero	avesse rispettato	avessero rispettato
imperativo			
	rispettiamo		
rispetta;	rispettate		
non rispettare			
rispetti	rispettino		

R

527

rispondere

to answer

gerundio **rispondendo** participio passato **risposto**

SINGULAR	PLURAL	SINGULAR	PLURAL

indicativo presente
rispond**o**	rispond**iamo**		
rispond**i**	rispond**ete**		
rispond**e**	rispond**ono**		

passato prossimo
ho risposto	**abbiamo** risposto
hai risposto	**avete** risposto
ha risposto	**hanno** risposto

imperfetto
rispond**evo**	rispond**evamo**
rispond**evi**	rispond**evate**
rispond**eva**	rispond**evano**

trapassato prossimo
avevo risposto	**avevamo** risposto
avevi risposto	**avevate** risposto
aveva risposto	**avevano** risposto

passato remoto
rispos**i**	rispond**emmo**
rispond**esti**	rispond**este**
rispos**e**	rispos**ero**

trapassato remoto
ebbi risposto	**avemmo** risposto
avesti risposto	**aveste** risposto
ebbe risposto	**ebbero** risposto

futuro semplice
rispond**erò**	rispond**eremo**
rispond**erai**	rispond**erete**
rispond**erà**	rispond**eranno**

futuro anteriore
avrò risposto	**avremo** risposto
avrai risposto	**avrete** risposto
avrà risposto	**avranno** risposto

condizionale presente
rispond**erei**	rispond**eremmo**
rispond**eresti**	rispond**ereste**
rispond**erebbe**	rispond**erebbero**

condizionale passato
avrei risposto	**avremmo** risposto
avresti risposto	**avreste** risposto
avrebbe risposto	**avrebbero** risposto

congiuntivo presente
rispond**a**	rispond**iamo**
rispond**a**	rispond**iate**
rispond**a**	rispond**ano**

congiuntivo passato
abbia risposto	**abbiamo** risposto
abbia risposto	**abbiate** risposto
abbia risposto	**abbiano** risposto

congiuntivo imperfetto
rispond**essi**	rispond**essimo**
rispond**essi**	rispond**este**
rispond**esse**	rispond**essero**

congiuntivo trapassato
avessi risposto	**avessimo** risposto
avessi risposto	**aveste** risposto
avesse risposto	**avessero** risposto

imperativo
	rispond**iamo**
rispond**i**;	rispond**ete**
non rispond**ere**	
rispond**a**	rispond**ano**

R

MUST KNOW VERB

SINGULAR	PLURAL	SINGULAR	PLURAL
indicativo presente		**passato prossimo**	
ritengo	riteniamo	ho ritenuto	abbiamo ritenuto
ritieni	ritenete	hai ritenuto	avete ritenuto
ritiene	ritengono	ha ritenuto	hanno ritenuto
imperfetto		**trapassato prossimo**	
ritenevo	ritenevamo	avevo ritenuto	avevamo ritenuto
ritenevi	ritenevate	avevi ritenuto	avevate ritenuto
riteneva	ritenevano	aveva ritenuto	avevano ritenuto
passato remoto		**trapassato remoto**	
ritenni	ritenemmo	ebbi ritenuto	avemmo ritenuto
ritenesti	riteneste	avesti ritenuto	aveste ritenuto
ritenne	ritennero	ebbe ritenuto	ebbero ritenuto
futuro semplice		**futuro anteriore**	
riterrò	riterremo	avrò ritenuto	avremo ritenuto
riterrai	riterrete	avrai ritenuto	avrete ritenuto
riterrà	riterranno	avrà ritenuto	avranno ritenuto
condizionale presente		**condizionale passato**	
riterrei	riterremmo	avrei ritenuto	avremmo ritenuto
riterresti	riterreste	avresti ritenuto	avreste ritenuto
riterrebbe	riterrebbero	avrebbe ritenuto	avrebbero ritenuto
congiuntivo presente		**congiuntivo passato**	
ritenga	riteniamo	abbia ritenuto	abbiamo ritenuto
ritenga	riteniate	abbia ritenuto	abbiate ritenuto
ritenga	ritengano	abbia ritenuto	abbiano ritenuto
congiuntivo imperfetto		**congiuntivo trapassato**	
ritenessi	ritenessimo	avessi ritenuto	avessimo ritenuto
ritenessi	riteneste	avessi ritenuto	aveste ritenuto
ritenesse	ritenessero	avesse ritenuto	avessero ritenuto
imperativo			
	riteniamo		
ritieni; non ritenere	ritenete		
ritenga	ritengano		

R

529

ritornare

to return, to go back

SINGULAR	PLURAL	SINGULAR	PLURAL

indicativo presente

		passato prossimo	
ritorn**o**	ritorn**iamo**	**sono** ritornato(a)	**siamo** ritornati(e)
ritorn**i**	ritorn**ate**	**sei** ritornato(a)	**siete** ritornati(e)
ritorn**a**	ritorn**ano**	**è** ritornato(a)	**sono** ritornati(e)

imperfetto

		trapassato prossimo	
ritorn**avo**	ritorn**avamo**	**ero** ritornato(a)	**eravamo** ritornati(e)
ritorn**avi**	ritorn**avate**	**eri** ritornato(a)	**eravate** ritornati(e)
ritorn**ava**	ritorn**avano**	**era** ritornato(a)	**erano** ritornati(e)

passato remoto

		trapassato remoto	
ritorn**ai**	ritorn**ammo**	**fui** ritornato(a)	**fummo** ritornati(e)
ritorn**asti**	ritorn**aste**	**fosti** ritornato(a)	**foste** ritornati(e)
ritorn**ò**	ritorn**arono**	**fu** ritornato(a)	**furono** ritornati(e)

futuro semplice

		futuro anteriore	
ritorner**ò**	ritorner**emo**	**sarò** ritornato(a)	**saremo** ritornati(e)
ritorner**ai**	ritorner**ete**	**sarai** ritornato(a)	**sarete** ritornati(e)
ritorner**à**	ritorner**anno**	**sarà** ritornato(a)	**saranno** ritornati(e)

condizionale presente

		condizionale passato	
ritorner**ei**	ritorner**emmo**	**sarei** ritornato(a)	**saremmo** ritornati(e)
ritorner**esti**	ritorner**este**	**saresti** ritornato(a)	**sareste** ritornati(e)
ritorner**ebbe**	ritorner**ebbero**	**sarebbe** ritornato(a)	**sarebbero** ritornati(e)

congiuntivo presente

		congiuntivo passato	
ritorn**i**	ritorn**iamo**	**sia** ritornato(a)	**siamo** ritornati(e)
ritorn**i**	ritorn**iate**	**sia** ritornato(a)	**siate** ritornati(e)
ritorn**i**	ritorn**ino**	**sia** ritornato(a)	**siano** ritornati(e)

congiuntivo imperfetto

		congiuntivo trapassato	
ritorn**assi**	ritorn**assimo**	**fossi** ritornato(a)	**fossimo** ritornati(e)
ritorn**assi**	ritorn**aste**	**fossi** ritornato(a)	**foste** ritornati(e)
ritorn**asse**	ritorn**assero**	**fosse** ritornato(a)	**fossero** ritornati(e)

R

imperativo

	ritorn**iamo**
ritorna;	ritorn**ate**
non ritornare	
ritorni	ritorn**ino**

to withdraw, to portray   ritrarre

gerundio **ritraendo**   participio passato **ritratto**

SINGULAR	PLURAL	SINGULAR	PLURAL
indicativo presente		passato prossimo	
ritrag**go**	ritra**iamo**	**ho** ritratto	**abbiamo** ritratto
ritra**i**	ritra**ete**	**hai** ritratto	**avete** ritratto
ritra**e**	ritrag**gono**	**ha** ritratto	**hanno** ritratto
imperfetto		trapassato prossimo	
ritrae**vo**	ritrae**vamo**	**avevo** ritratto	**avevamo** ritratto
ritrae**vi**	ritrae**vate**	**avevi** ritratto	**avevate** ritratto
ritrae**va**	ritrae**vano**	**aveva** ritratto	**avevano** ritratto
passato remoto		trapassato remoto	
ritrass**i**	ritra**emmo**	**ebbi** ritratto	**avemmo** ritratto
ritra**esti**	ritra**este**	**avesti** ritratto	**aveste** ritratto
ritrass**e**	ritrass**ero**	**ebbe** ritratto	**ebbero** ritratto
futuro semplice		futuro anteriore	
ritrarr**ò**	ritrarr**emo**	**avrò** ritratto	**avremo** ritratto
ritrarr**ai**	ritrarr**ete**	**avrai** ritratto	**avrete** ritratto
ritrarr**à**	ritrarr**anno**	**avrà** ritratto	**avranno** ritratto
condizionale presente		condizionale passato	
ritrarr**ei**	ritrarr**emmo**	**avrei** ritratto	**avremmo** ritratto
ritrarr**esti**	ritrarr**este**	**avresti** ritratto	**avreste** ritratto
ritrarr**ebbe**	ritrarr**ebbero**	**avrebbe** ritratto	**avrebbero** ritratto
congiuntivo presente		congiuntivo passato	
ritrag**ga**	ritra**iamo**	**abbia** ritratto	**abbiamo** ritratto
ritrag**ga**	ritra**iate**	**abbia** ritratto	**abbiate** ritratto
ritrag**ga**	ritrag**gano**	**abbia** ritratto	**abbiano** ritratto
congiuntivo imperfetto		congiuntivo trapassato	
ritra**essi**	ritra**essimo**	**avessi** ritratto	**avessimo** ritratto
ritra**essi**	ritra**este**	**avessi** ritratto	**aveste** ritratto
ritra**esse**	ritra**essero**	**avesse** ritratto	**avessero** ritratto
imperativo			
	ritra**iamo**		
ritra**i**; non ritrarre	ritra**ete**		
ritrag**ga**	ritrag**gano**		

R

gerundio **riunendo**   participio passato **riunito**

SINGULAR	PLURAL	SINGULAR	PLURAL

indicativo presente

		passato prossimo	
riun**isco**	riun**iamo**	**ho** riunito	**abbiamo** riunito
riun**isci**	riun**ite**	**hai** riunito	**avete** riunito
riun**isce**	riun**iscono**	**ha** riunito	**hanno** riunito

imperfetto

		trapassato prossimo	
riun**ivo**	riun**ivamo**	**avevo** riunito	**avevamo** riunito
riun**ivi**	riun**ivate**	**avevi** riunito	**avevate** riunito
riun**iva**	riun**ivano**	**aveva** riunito	**avevano** riunito

passato remoto

		trapassato remoto	
riun**ii**	riun**immo**	**ebbi** riunito	**avemmo** riunito
riun**isti**	riun**iste**	**avesti** riunito	**aveste** riunito
riun**ì**	riun**irono**	**ebbe** riunito	**ebbero** riunito

futuro semplice

		futuro anteriore	
riuni**rò**	riuni**remo**	**avrò** riunito	**avremo** riunito
riuni**rai**	riuni**rete**	**avrai** riunito	**avrete** riunito
riuni**rà**	riuni**ranno**	**avrà** riunito	**avranno** riunito

condizionale presente

		condizionale passato	
riun**irei**	riun**iremmo**	**avrei** riunito	**avremmo** riunito
riun**iresti**	riun**ireste**	**avresti** riunito	**avreste** riunito
riun**irebbe**	riun**irebbero**	**avrebbe** riunito	**avrebbero** riunito

congiuntivo presente

		congiuntivo passato	
riun**isca**	riun**iamo**	**abbia** riunito	**abbiamo** riunito
riun**isca**	riun**iate**	**abbia** riunito	**abbiate** riunito
riun**isca**	riun**iscano**	**abbia** riunito	**abbiano** riunito

congiuntivo imperfetto

		congiuntivo trapassato	
riun**issi**	riun**issimo**	**avessi** riunito	**avessimo** riunito
riun**issi**	riun**iste**	**avessi** riunito	**aveste** riunito
riun**isse**	riun**issero**	**avesse** riunito	**avessero** riunito

R

imperativo

	riuniamo
riunisci; non riunire	riunite
riunisca	riuniscano

gerundio **riuscendo**　　　participio passato **riuscito**

SINGULAR	PLURAL	SINGULAR	PLURAL

indicativo presente

		passato prossimo	
riesco	riusciamo	**sono** riuscito(a)	**siamo** riusciti(e)
riesci	riuscite	**sei** riuscito(a)	**siete** riusciti(e)
riesce	riescono	**è** riuscito(a)	**sono** riusciti(e)

imperfetto

		trapassato prossimo	
riuscivo	riuscivamo	**ero** riuscito(a)	**eravamo** riusciti(e)
riuscivi	riuscivate	**eri** riuscito(a)	**eravate** riusciti(e)
riusciva	riuscivano	**era** riuscito(a)	**erano** riusciti(e)

passato remoto

		trapassato remoto	
riuscii	riuscimmo	**fui** riuscito(a)	**fummo** riusciti(e)
riuscisti	riusciste	**fosti** riuscito(a)	**foste** riusciti(e)
riuscì	riuscirono	**fu** riuscito(a)	**furono** riusciti(e)

futuro semplice

		futuro anteriore	
riuscirò	riusciremo	**sarò** riuscito(a)	**saremo** riusciti(e)
riuscirai	riuscirete	**sarai** riuscito(a)	**sarete** riusciti(e)
riuscirà	riusciranno	**sarà** riuscito(a)	**saranno** riusciti(e)

condizionale presente

		condizionale passato	
riuscirei	riusciremmo	**sarei** riuscito(a)	**saremmo** riusciti(e)
riusciresti	riuscireste	**saresti** riuscito(a)	**sareste** riusciti(e)
riuscirebbe	riuscirebbero	**sarebbe** riuscito(a)	**sarebbero** riusciti(e)

congiuntivo presente

		congiuntivo passato	
riesca	riusciamo	**sia** riuscito(a)	**siamo** riusciti(e)
riesca	riusciate	**sia** riuscito(a)	**siate** riusciti(e)
riesca	riescano	**sia** riuscito(a)	**siano** riusciti(e)

congiuntivo imperfetto

		congiuntivo trapassato	
riuscissi	riuscissimo	**fossi** riuscito(a)	**fossimo** riusciti(e)
riuscissi	riusciste	**fossi** riuscito(a)	**foste** riusciti(e)
riuscisse	riuscissero	**fosse** riuscito(a)	**fossero** riusciti(e)

imperativo

	riusciamo
riesci;	riuscite
non riuscire	
riesca	riescano

R

rivolgersi
to turn to, to turn around

gerundio **rivolgendosi**   participio passato **rivoltosi**

SINGULAR	PLURAL	SINGULAR	PLURAL
indicativo presente		**passato prossimo**	
mi rivolg**o**	**ci** rivolg**iamo**	**mi sono** rivolto(a)	**ci siamo** rivolti(e)
ti rivolg**i**	**vi** rivolg**ete**	**ti sei** rivolto(a)	**vi siete** rivolti(e)
si rivolg**e**	**si** rivolg**ono**	**si è** rivolto(a)	**si sono** rivolti(e)
imperfetto		**trapassato prossimo**	
mi rivolg**evo**	**ci** rivolg**evamo**	**mi ero** rivolto(a)	**ci eravamo** rivolti(e)
ti rivolg**evi**	**vi** rivolg**evate**	**ti eri** rivolto(a)	**vi eravate** rivolti(e)
si rivolg**eva**	**si** rivolg**evano**	**si era** rivolto(a)	**si erano** rivolti(e)
passato remoto		**trapassato remoto**	
mi rivol**si**	**ci** rivolg**emmo**	**mi fui** rivolto(a)	**ci fummo** rivolti(e)
ti rivolg**esti**	**vi** rivolg**este**	**ti fosti** rivolto(a)	**vi foste** rivolti(e)
si rivol**se**	**si** rivol**sero**	**si fu** rivolto(a)	**si furono** rivolti(e)
futuro semplice		**futuro anteriore**	
mi rivolg**erò**	**ci** rivolg**eremo**	**mi sarò** rivolto(a)	**ci saremo** rivolti(e)
ti rivolg**erai**	**vi** rivolg**erete**	**ti sarai** rivolto(a)	**vi sarete** rivolti(e)
si rivolg**erà**	**si** rivolg**eranno**	**si sarà** rivolto(a)	**si saranno** rivolti(e)
condizionale presente		**condizionale passato**	
mi rivolg**erei**	**ci** rivolg**eremmo**	**mi sarei** rivolto(a)	**ci saremmo** rivolti(e)
ti rivolg**eresti**	**vi** rivolg**ereste**	**ti saresti** rivolto(a)	**vi sareste** rivolti(e)
si rivolg**erebbe**	**si** rivolg**erebbero**	**si sarebbe** rivolto(a)	**si sarebbero** rivolti(e)
congiuntivo presente		**congiuntivo passato**	
mi rivolg**a**	**ci** rivolg**iamo**	**mi sia** rivolto(a)	**ci siamo** rivolti(e)
ti rivolg**a**	**vi** rivolg**iate**	**ti sia** rivolto(a)	**vi siate** rivolti(e)
si rivolg**a**	**si** rivolg**ano**	**si sia** rivolto(a)	**si siano** rivolti(e)
congiuntivo imperfetto		**congiuntivo trapassato**	
mi rivolg**essi**	**ci** rivolg**essimo**	**mi fossi** rivolto(a)	**ci fossimo** rivolti(e)
ti rivolg**essi**	**vi** rivolg**este**	**ti fossi** rivolto(a)	**vi foste** rivolti(e)
si rivolg**esse**	**si** rivolg**essero**	**si fosse** rivolto(a)	**si fossero** rivolti(e)

R

imperativo

	rivolgiamoci
rivolgiti; non rivolgerti/	rivolgetevi
non ti rivolgere	
si rivolga	si rivolgano

to turn inside out, to upset rivoltare

gerundio **rivoltando** participio passato **rivoltato**

SINGULAR	PLURAL	SINGULAR	PLURAL
indicativo presente		**passato prossimo**	
rivolt**o**	rivolt**iamo**	**ho** rivoltato	**abbiamo** rivoltato
rivolt**i**	rivolt**ate**	**hai** rivoltato	**avete** rivoltato
rivolt**a**	rivolt**ano**	**ha** rivoltato	**hanno** rivoltato
imperfetto		**trapassato prossimo**	
rivolta**vo**	rivolta**vamo**	**avevo** rivoltato	**avevamo** rivoltato
rivolta**vi**	rivolta**vate**	**avevi** rivoltato	**avevate** rivoltato
rivolta**va**	rivolta**vano**	**aveva** rivoltato	**avevano** rivoltato
passato remoto		**trapassato remoto**	
rivolt**ai**	rivolt**ammo**	**ebbi** rivoltato	**avemmo** rivoltato
rivolt**asti**	rivolt**aste**	**avesti** rivoltato	**aveste** rivoltato
rivolt**ò**	rivolt**arono**	**ebbe** rivoltato	**ebbero** rivoltato
futuro semplice		**futuro anteriore**	
rivolter**ò**	rivolter**emo**	**avrò** rivoltato	**avremo** rivoltato
rivolter**ai**	rivolter**ete**	**avrai** rivoltato	**avrete** rivoltato
rivolter**à**	rivolter**anno**	**avrà** rivoltato	**avranno** rivoltato
condizionale presente		**condizionale passato**	
rivolt**erei**	rivolt**eremmo**	**avrei** rivoltato	**avremmo** rivoltato
rivolt**eresti**	rivolt**ereste**	**avresti** rivoltato	**avreste** rivoltato
rivolt**erebbe**	rivolt**erebbero**	**avrebbe** rivoltato	**avrebbero** rivoltato
congiuntivo presente		**congiuntivo passato**	
rivolt**i**	rivolt**iamo**	**abbia** rivoltato	**abbiamo** rivoltato
rivolt**i**	rivolt**iate**	**abbia** rivoltato	**abbiate** rivoltato
rivolt**i**	rivolt**ino**	**abbia** rivoltato	**abbiano** rivoltato
congiuntivo imperfetto		**congiuntivo trapassato**	
rivolt**assi**	rivolt**assimo**	**avessi** rivoltato	**avessimo** rivoltato
rivolt**assi**	rivolt**aste**	**avessi** rivoltato	**aveste** rivoltato
rivolt**asse**	rivolt**assero**	**avesse** rivoltato	**avessero** rivoltato
imperativo			
	rivolt**iamo**		
rivolta; non rivoltare	rivolt**ate**		
rivolt**i**	rivolt**ino**		

R

rodere

to gnaw

gerundio **rodendo**   participio passato **roso**

SINGULAR	PLURAL	SINGULAR	PLURAL
indicativo presente		**passato prossimo**	
rod**o**	rod**iamo**	**ho** roso	**abbiamo** roso
rod**i**	rod**ete**	**hai** roso	**avete** roso
rod**e**	rod**ono**	**ha** roso	**hanno** roso
imperfetto		**trapassato prossimo**	
rode**vo**	rode**vamo**	**avevo** roso	**avevamo** roso
rode**vi**	rode**vate**	**averi** roso	**avevate** roso
rode**va**	rode**vano**	**aveva** roso	**avevano** roso
passato remoto		**trapassato remoto**	
ros**i**	rod**emmo**	**ebbi** roso	**avemmo** roso
rod**esti**	rod**este**	**avesti** roso	**aveste** roso
ros**e**	ros**ero**	**ebbe** roso	**ebbero** roso
futuro semplice		**futuro anteriore**	
roder**ò**	roder**emo**	**avrò** roso	**avremo** roso
roder**ai**	roder**ete**	**avrai** roso	**avrete** roso
roder**à**	roder**anno**	**avrà** roso	**avranno** roso
condizionale presente		**condizionale passato**	
rod**erei**	rod**eremmo**	**avrei** roso	**avremmo** roso
rod**eresti**	rod**ereste**	**avresti** roso	**avreste** roso
rod**erebbe**	rod**erebbero**	**avrebbe** roso	**avrebbero** roso
congiuntivo presente		**congiuntivo passato**	
rod**a**	rod**iamo**	**abbia** roso	**abbiamo** roso
rod**a**	rod**iate**	**abbia** roso	**abbiate** roso
rod**a**	rod**ano**	**abbia** roso	**abbiano** roso
congiuntivo imperfetto		**congiuntivo trapassato**	
rod**essi**	rod**essimo**	**avessi** roso	**avessimo** roso
rod**essi**	rod**este**	**avessi** roso	**aveste** roso
rod**esse**	rod**essero**	**avesse** roso	**avessero** roso

R

imperativo

	rodiamo
rodi; non rodere	rodete
roda	rodano

to break   rompere

SINGULAR	PLURAL	SINGULAR	PLURAL
indicativo presente		**passato prossimo**	
rompo	rompiamo	ho rotto	abbiamo rotto
rompi	rompete	hai rotto	avete rotto
rompe	rompono	ha rotto	hanno rotto
imperfetto		**trapassato prossimo**	
rompevo	rompevamo	avevo rotto	avevamo rotto
rompevi	rompevate	avevi rotto	avevate rotto
rompeva	rompevano	aveva rotto	avevano rotto
passato remoto		**trapassato remoto**	
ruppi	rompemmo	ebbi rotto	avemmo rotto
rompesti	rompeste	avesti rotto	aveste rotto
ruppe	ruppero	ebbe rotto	ebbero rotto
futuro semplice		**futuro anteriore**	
romperò	romperemo	avrò rotto	avremo rotto
romperai	romperete	avrai rotto	avrete rotto
romperà	romperanno	avrà rotto	avranno rotto
condizionale presente		**condizionale passato**	
romperei	romperemmo	avrei rotto	avremmo rotto
romperesti	rompereste	avresti rotto	avreste rotto
romperebbe	romperebbero	avrebbe rotto	avrebbero rotto
congiuntivo presente		**congiuntivo passato**	
rompa	rompiamo	abbia rotto	abbiamo rotto
rompa	rompiate	abbia rotto	abbiate rotto
rompa	rompano	abbia rotto	abbiano rotto
congiuntivo imperfetto		**congiuntivo trapassato**	
rompessi	rompessimo	avessi rotto	avessimo rotto
rompessi	rompeste	avessi rotto	aveste rotto
rompesse	rompessero	avesse rotto	avessero rotto
imperativo			
	rompiamo		
rompi; non rompere	rompete		
rompa	rompano		

R

rubare   to steal

SINGULAR	PLURAL	SINGULAR	PLURAL
indicativo presente		**passato prossimo**	
rubo	rubiamo	ho rubato	abbiamo rubato
rubi	rubate	hai rubato	avete rubato
ruba	rubano	ha rubato	hanno rubato
imperfetto		**trapassato prossimo**	
rubavo	rubavamo	avevo rubato	avevamo rubato
rubavi	rubavate	avevi rubato	avevate rubato
rubava	rubavano	aveva rubato	avevano rubato
passato remoto		**trapassato remoto**	
rubai	rubammo	ebbi rubato	avemmo rubato
rubasti	rubaste	avesti rubato	aveste rubato
rubò	rubarono	ebbe rubato	ebbero rubato
futuro semplice		**futuro anteriore**	
ruberò	ruberemo	avrò rubato	avremo rubato
ruberai	ruberete	avrai rubato	avrete rubato
ruberà	ruberanno	avrà rubato	avranno rubato
condizionale presente		**condizionale passato**	
ruberei	ruberemmo	avrei rubato	avremmo rubato
ruberesti	rubereste	avresti rubato	avreste rubato
ruberebbe	ruberebbero	avrebbe rubato	avrebbero rubato
congiuntivo presente		**congiuntivo passato**	
rubi	rubiamo	abbia rubato	abbiamo rubato
rubi	rubiate	abbia rubato	abbiate rubato
rubi	rubino	abbia rubato	abbiano rubato
congiuntivo imperfetto		**congiuntivo trapassato**	
rubassi	rubassimo	avessi rubato	avessimo rubato
rubassi	rubaste	avessi rubato	aveste rubato
rubasse	rubassero	avesse rubato	avessero rubato

R

imperativo

	rubiamo
ruba; non rubare	rubate
rubi	rubino

to go up, to climb   salire

SINGULAR	PLURAL	SINGULAR	PLURAL
indicativo presente		**passato prossimo**	
salg**o**	sal**iamo**	**sono** salito(a)	**siamo** saliti(e)
sal**i**	sal**ite**	**sei** salito(a)	**siete** saliti(e)
sal**e**	salg**ono**	**è** salito(a)	**sono** saliti(e)
imperfetto		**trapassato prossimo**	
sali**vo**	sali**vamo**	**ero** salito(a)	**eravamo** saliti(e)
sali**vi**	sali**vate**	**eri** salito(a)	**eravate** saliti(e)
sali**va**	sali**vano**	**era** salito(a)	**erano** saliti(e)
passato remoto		**trapassato remoto**	
sal**ii**	sal**immo**	**fui** salito(a)	**fummo** saliti(e)
sal**isti**	sal**iste**	**fosti** salito(a)	**foste** saliti(e)
sal**ì**	sal**irono**	**fu** salito(a)	**furono** saliti(e)
futuro semplice		**futuro anteriore**	
salir**ò**	salir**emo**	**sarò** salito(a)	**saremo** saliti(e)
salir**ai**	salir**ete**	**sarai** salito(a)	**sarete** saliti(e)
salir**à**	salir**anno**	**sarà** salito(a)	**saranno** saliti(e)
condizionale presente		**condizionale passato**	
sal**irei**	sal**iremmo**	**sarei** salito(a)	**saremmo** saliti(e)
sal**iresti**	sal**ireste**	**saresti** salito(a)	**sareste** saliti(e)
sal**irebbe**	sal**irebbero**	**sarebbe** salito(a)	**sarebbero** saliti(e)
congiuntivo presente		**congiuntivo passato**	
salg**a**	sal**iamo**	**sia** salito(a)	**siamo** saliti(e)
salg**a**	sal**iate**	**sia** salito(a)	**siate** saliti(e)
salg**a**	salg**ano**	**sia** salito(a)	**siano** saliti(e)
congiuntivo imperfetto		**congiuntivo trapassato**	
sal**issi**	sal**issimo**	**fossi** salito(a)	**fossimo** saliti(e)
sal**issi**	sal**iste**	**fossi** salito(a)	**foste** saliti(e)
sal**isse**	sal**issero**	**fosse** salito(a)	**fossero** saliti(e)
imperativo			
	saliamo		
sali; non salire	salite		
salga	salgano		

S

saltare   to jump

SINGULAR	PLURAL	SINGULAR	PLURAL
indicativo presente		**passato prossimo**	
salt**o**	salt**iamo**	**ho** saltato	**abbiamo** saltato
salt**i**	salt**ate**	**hai** saltato	**avete** saltato
salt**a**	salt**ano**	**ha** saltato	**hanno** saltato
imperfetto		**trapassato prossimo**	
salta**vo**	salta**vamo**	**avevo** saltato	**avevamo** saltato
salta**vi**	salta**vate**	**avevi** saltato	**avevate** saltato
salta**va**	salta**vano**	**aveva** saltato	**avevano** saltato
passato remoto		**trapassato remoto**	
salt**ai**	salt**ammo**	**ebbi** saltato	**avemmo** saltato
salt**asti**	salt**aste**	**avesti** saltato	**aveste** saltato
salt**ò**	salt**arono**	**ebbe** saltato	**ebbero** saltato
futuro semplice		**futuro anteriore**	
salter**ò**	salter**emo**	**avrò** saltato	**avremo** saltato
salter**ai**	salter**ete**	**avrai** saltato	**avrete** saltato
salter**à**	salter**anno**	**avrà** saltato	**avranno** saltato
condizionale presente		**condizionale passato**	
salt**erei**	salt**eremmo**	**avrei** saltato	**avremmo** saltato
salt**eresti**	salt**ereste**	**avresti** saltato	**avreste** saltato
salt**erebbe**	salt**erebbero**	**avrebbe** saltato	**avrebbero** saltato
congiuntivo presente		**congiuntivo passato**	
salt**i**	salt**iamo**	**abbia** saltato	**abbiamo** saltato
salt**i**	salt**iate**	**abbia** saltato	**abbiate** saltato
salt**i**	salt**ino**	**abbia** saltato	**abbiano** saltato
congiuntivo imperfetto		**congiuntivo trapassato**	
salt**assi**	salt**assimo**	**avessi** saltato	**avessimo** saltato
salt**assi**	salt**aste**	**avessi** saltato	**aveste** saltato
salt**asse**	salt**assero**	**avesse** saltato	**avessero** saltato
imperativo			
	saltiamo		
salta; non saltare	saltate		
salti	saltino		

S

to greet

salutare

SINGULAR	PLURAL	SINGULAR	PLURAL

indicativo presente

salut**o**	salut**iamo**
salut**i**	salut**ate**
salut**a**	salut**ano**

passato prossimo

ho salutato	**abbiamo** salutato
hai salutato	**avete** salutato
ha salutato	**hanno** salutato

imperfetto

saluta**vo**	saluta**vamo**
saluta**vi**	saluta**vate**
saluta**va**	saluta**vano**

trapassato prossimo

avevo salutato	**avevamo** salutato
avevi salutato	**avevate** salutato
aveva salutato	**avevano** salutato

passato remoto

salut**ai**	salut**ammo**
salut**asti**	salut**aste**
salut**ò**	salut**arono**

trapassato remoto

ebbi salutato	**avemmo** salutato
avesti salutato	**aveste** salutato
ebbe salutato	**ebbero** salutato

futuro semplice

saluter**ò**	saluter**emo**
saluter**ai**	saluter**ete**
saluter**à**	saluter**anno**

futuro anteriore

avrò salutato	**avremo** salutato
avrai salutato	**avrete** salutato
avrà salutato	**avranno** salutato

condizionale presente

salut**erei**	salut**eremmo**
salut**eresti**	salut**ereste**
salut**erebbe**	salut**erebbero**

condizionale passato

avrei salutato	**avremmo** salutato
avresti salutato	**avreste** salutato
avrebbe salutato	**avrebbero** salutato

congiuntivo presente

salut**i**	salut**iamo**
salut**i**	salut**iate**
salut**i**	salut**ino**

congiuntivo passato

abbia salutato	**abbiamo** salutato
abbia salutato	**abbiate** salutato
abbia salut	**abbiano** salutato

congiuntivo imperfetto

salut**assi**	salut**assimo**
salut**assi**	salut**aste**
salut**asse**	salut**assero**

congiuntivo trapassato

avessi salutato	**avessimo** salutato
avessi salutato	**aveste** salutato
avesse salutato	**avessero** salutato

imperativo

	salut**iamo**
salut**a**; non salut**are**	salut**ate**
salut**i**	salut**ino**

S

MUST KNOW VERB

salvare

to save

SINGULAR	PLURAL	SINGULAR	PLURAL
indicativo presente		**passato prossimo**	
salvo	salviamo	**ho** salvato	**abbiamo** salvato
salvi	salvate	**hai** salvato	**avete** salvato
salva	salvano	**ha** salvato	**hanno** salvato
imperfetto		**trapassato prossimo**	
salvavo	salvavamo	**avevo** salvato	**avevamo** salvato
salvavi	salvavate	**avevi** salvato	**avevate** salvato
salvava	salvavano	**aveva** salvato	**avevano** salvato
passato remoto		**trapassato remoto**	
salvai	salvammo	**ebbi** salvato	**avemmo** salvato
salvasti	salvaste	**avesti** salvato	**aveste** salvato
salvò	salvarono	**ebbe** salvato	**ebbero** salvato
futuro semplice		**futuro anteriore**	
salverò	salveremo	**avrò** salvato	**avremo** salvato
salverai	salverete	**avrai** salvato	**avrete** salvato
salverà	salveranno	**avrà** salvato	**avranno** salvato
condizionale presente		**condizionale passato**	
salverei	salveremmo	**avrei** salvato	**avremmo** salvato
salveresti	salvereste	**avresti** salvato	**avreste** salvato
salverebbe	salverebbero	**avrebbe** salvato	**avrebbero** salvato
congiuntivo presente		**congiuntivo passato**	
salvi	salviamo	**abbia** salvato	**abbiamo** salvato
salvi	salviate	**abbia** salvato	**abbiate** salvato
salvi	salvino	**abbia** salvato	**abbiano** salvato
congiuntivo imperfetto		**congiuntivo trapassato**	
salvassi	salvassimo	**avessi** salvato	**avessimo** salvato
salvassi	salvaste	**avessi** salvato	**aveste** salvato
salvasse	salvassero	**avesse** salvato	**avessero** salvato
imperativo			
	salviamo		
salva; non salvare	salvate		
salvi	salvino		

S

to know, to learn, to be able to   sapere

gerundio **sapendo**   participio passato **saputo**

SINGULAR	PLURAL	SINGULAR	PLURAL
indicativo presente		**passato prossimo**	
so	sap**piamo**	**ho** saputo	**abbiamo** saputo
sai	sap**ete**	**hai** saputo	**avete** saputo
sa	san**no**	**ha** saputo	**hanno** saputo
imperfetto		**trapassato prossimo**	
sape**vo**	sape**vamo**	**avevo** saputo	**avevamo** saputo
sape**vi**	sape**vate**	**avevi** saputo	**avevate** saputo
sape**va**	sape**vano**	**aveva** saputo	**avevano** saputo
passato remoto		**trapassato remoto**	
seppi	sap**emmo**	**ebbi** saputo	**avemmo** saputo
sap**esti**	sap**este**	**avesti** saputo	**aveste** saputo
seppe	sep**pero**	**ebbe** saputo	**ebbero** saputo
futuro semplice		**futuro anteriore**	
sap**rò**	sap**remo**	**avrò** saputo	**avremo** saputo
sap**rai**	sap**rete**	**avrai** saputo	**avrete** saputo
sap**rà**	sap**ranno**	**avrà** saputo	**avranno** saputo
condizionale presente		**condizionale passato**	
sap**rei**	sap**remmo**	**avrei** saputo	**avremmo** saputo
sap**resti**	sap**reste**	**avresti** saputo	**avreste** saputo
sap**rebbe**	sap**rebbero**	**avrebbe** saputo	**avrebbero** saputo
congiuntivo presente		**congiuntivo passato**	
sap**pia**	sap**piamo**	**abbia** saputo	**abbiamo** saputo
sap**pia**	sap**piate**	**abbia** saputo	**abbiate** saputo
sap**pia**	sap**piano**	**abbia** saputo	**abbiano** saputo
congiuntivo imperfetto		**congiuntivo trapassato**	
sap**essi**	sap**essimo**	**avessi** saputo	**avessimo** saputo
sap**essi**	sap**este**	**avessi** saputo	**aveste** saputo
sap**esse**	sap**essero**	**avesse** saputo	**avessero** saputo
imperativo			
	sappiamo		
sappi; non sapere	sappiate		
sappia	sappiano		

S

MUST KNOW VERB

543

sbagliare   to make a mistake, to be wrong

gerundio **sbagliando**   participio passato **sbagliato**

SINGULAR	PLURAL	SINGULAR	PLURAL
indicativo presente		**passato prossimo**	
sbaglio	sbagliamo	**ho** sbagliato	**abbiamo** sbagliato
sbagli	sbagliate	**hai** sbagliato	**avete** sbagliato
sbaglia	sbagliano	**ha** sbagliato	**hanno** sbagliato
imperfetto		**trapassato prossimo**	
sbagliavo	sbagliavamo	**avevo** sbagliato	**avevamo** sbagliato
sbagliavi	sbagliavate	**avevi** sbagliato	**avevate** sbagliato
sbagliava	sbagliavano	**aveva** sbagliato	**avevano** sbagliato
passato remoto		**trapassato remoto**	
sbagliai	sbagliammo	**ebbi** sbagliato	**avemmo** sbagliato
sbagliasti	sbagliaste	**avesti** sbagliato	**aveste** sbagliato
sbagliò	sbagliarono	**ebbe** sbagliato	**ebbero** sbagliato
futuro semplice		**futuro anteriore**	
sbaglierò	sbaglieremo	**avrò** sbagliato	**avremo** sbagliato
sbaglierai	sbaglierete	**avrai** sbagliato	**avrete** sbagliato
sbaglierà	sbaglieranno	**avrà** sbagliato	**avranno** sbagliato
condizionale presente		**condizionale passato**	
sbaglierei	sbaglieremmo	**avrei** sbagliato	**avremmo** sbagliato
sbaglieresti	sbagliereste	**avresti** sbagliato	**avreste** sbagliato
sbaglierebbe	sbaglierebbero	**avrebbe** sbagliato	**avrebbero** sbagliato
congiuntivo presente		**congiuntivo passato**	
sbagli	sbagliamo	**abbia** sbagliato	**abbiamo** sbagliato
sbagli	sbagliate	**abbia** sbagliato	**abbiate** sbagliato
sbagli	sbaglino	**abbia** sbagliato	**abbiano** sbagliato
congiuntivo imperfetto		**congiuntivo trapassato**	
sbagliassi	sbagliassimo	**avessi** sbagliato	**avessimo** sbagliato
sbagliassi	sbagliaste	**avessi** sbagliato	**aveste** sbagliato
sbagliasse	sbagliassero	**avesse** sbagliato	**avessero** sbagliato
imperativo			
	sbagliamo		
sbaglia; non sbagliare	sbagliate		
sbagli	sbaglino		

S

to make a mistake, to be wrong   sbagliarsi

gerundio sbagliandosi   participio passato sbagliatosi

SINGULAR	PLURAL	SINGULAR	PLURAL
indicativo presente		**passato prossimo**	
mi sbagli**o**	**ci** sbagli**amo**	**mi sono** sbagliato(a)	**ci siamo** sbagliati(e)
ti sbagl**i**	**vi** sbagli**ate**	**ti sei** sbagliato(a)	**vi siete** sbagliati(e)
si sbagli**a**	**si** sbagli**ano**	**si è** sbagliato(a)	**si sono** sbagliati(e)
imperfetto		**trapassato prossimo**	
mi sbaglia**vo**	**ci** sbaglia**vamo**	**mi ero** sbagliato(a)	**ci eravamo** sbagliati(e)
ti sbaglia**vi**	**vi** sbaglia**vate**	**ti eri** sbagliato(a)	**vi eravate** sbagliati(e)
si sbaglia**va**	**si** sbaglia**vano**	**si era** sbagliato(a)	**si erano** sbagliati(e)
passato remoto		**trapassato remoto**	
mi sbagli**ai**	**ci** sbagli**ammo**	**mi fui** sbagliato(a)	**ci fummo** sbagliati(e)
ti sbagli**asti**	**vi** sbagli**aste**	**ti fosti** sbagliato(a)	**vi foste** sbagliati(e)
si sbagli**ò**	**si** sbagli**arono**	**si fu** sbagliato(a)	**si furono** sbagliati(e)
futuro semplice		**futuro anteriore**	
mi sbaglier**ò**	**ci** sbaglier**emo**	**mi sarò** sbagliato(a)	**ci saremo** sbagliati(e)
ti sbaglier**ai**	**vi** sbaglier**ete**	**ti sarai** sbagliato(a)	**vi sarete** sbagliati(e)
si sbaglier**à**	**si** sbaglier**anno**	**si sarà** sbagliato(a)	**si saranno** sbagliati(e)
condizionale presente		**condizionale passato**	
mi sbaglier**ei**	**ci** sbaglier**emmo**	**mi sarei** sbagliato(a)	**ci saremmo** sbagliati(e)
ti sbaglier**esti**	**vi** sbaglier**este**	**ti saresti** sbagliato(a)	**vi sareste** sbagliati(e)
si sbaglier**ebbe**	**si** sbaglier**ebbero**	**si sarebbe** sbagliato(a)	**si sarebbero** sbagliati(e)
congiuntivo presente		**congiuntivo passato**	
mi sbagli	**ci** sbagli**amo**	**mi sia** sbagliato(a)	**ci siamo** sbagliati(e)
ti sbagli	**vi** sbagli**ate**	**ti sia** sbagliato(a)	**vi siate** sbagliati(e)
si sbagli	**si** sbagli**no**	**si sia** sbagliato(a)	**si siano** sbagliati(e)
congiuntivo imperfetto		**congiuntivo trapassato**	
mi sbagli**assi**	**ci** sbagli**assimo**	**mi fossi** sbagliato(a)	**ci fossimo** sbagliati(e)
ti sbagli**assi**	**vi** sbagli**aste**	**ti fossi** sbagliato(a)	**vi foste** sbagliati(e)
si sbagli**asse**	**si** sbagli**assero**	**si fosse** sbagliato(a)	**si fossero** sbagliati(e)
imperativo			
	sbagliamoci		
sbagliati; non	sbagliatevi		
sbagliarti/non ti			
sbagliare			
si sbagli	si sbaglino		

S

sbarcare
to land, to disembark

SINGULAR	PLURAL	SINGULAR	PLURAL

indicativo presente

sbarco	sbarchiamo		
sbarchi	sbarcate		
sbarca	sbarcano		

passato prossimo

sono sbarcato(a)	**siamo** sbarcati(e)
sei sbarcato(a)	**siete** sbarcati(e)
è sbarcato(a)	**sono** sbarcati(e)

imperfetto

sbarcavo	sbarcavamo
sbarcavi	sbarcavate
sbarcava	sbarcavano

trapassato prossimo

ero sbarcato(a)	**eravamo** sbarcati(e)
eri sbarcato(a)	**eravate** sbarcati(e)
era sbarcato(a)	**erano** sbarcati(e)

passato remoto

sbarcai	sbarcammo
sbarcasti	sbarcaste
sbarcò	sbarcarono

trapassato remoto

fui sbarcato(a)	**fummo** sbarcati(e)
fosti sbarcato(a)	**foste** sbarcati(e)
fu sbarcato(a)	**furono** sbarcati(e)

futuro semplice

sbarcherò	sbarcheremo
sbarcherai	sbarcherete
sbarcherà	sbarcheranno

futuro anteriore

sarò sbarcato(a)	**saremo** sbarcati(e)
sarai sbarcato(a)	**sarete** sbarcati(e)
sarà sbarcato(a)	**saranno** sbarcati(e)

condizionale presente

sbarcherei	sbarcheremmo
sbarcheresti	sbarchereste
sbarcherebbe	sbarcherebbero

condizionale passato

sarei sbarcato(a)	**saremmo** sbarcati(e)
saresti sbarcato(a)	**sareste** sbarcati(e)
sarebbe sbarcato(a)	**sarebbero** sbarcati(e)

congiuntivo presente

sbarchi	sbarchiamo
sbarchi	sbarchiate
sbarchi	sbarchino

congiuntivo passato

sia sbarcato(a)	**siamo** sbarcati(e)
sia sbarcato(a)	**siate** sbarcati(e)
sia sbarcato(a)	**siano** sbarcati(e)

congiuntivo imperfetto

sbarcassi	sbarcassimo
sbarcassi	sbarcaste
sbarcasse	sbarcassero

congiuntivo trapassato

fossi sbarcato(a)	**fossimo** sbarcati(e)
fossi sbarcato(a)	**foste** sbarcati(e)
fosse sbarcato(a)	**fossero** sbarcati(e)

imperativo

	sbarchiamo
sbarca; non sbarcare	sbarcate
sbarchi	sbarchino

S

gerundio **scaldando**   participio passato **scaldato**

SINGULAR	PLURAL	SINGULAR	PLURAL

indicativo presente

		passato prossimo	
scaldo	scaldiamo	**ho** scaldato	**abbiamo** scaldato
scaldi	scaldate	**hai** scaldato	**avete** scaldato
scalda	scaldano	**ha** scaldato	**hanno** scaldato

imperfetto

		trapassato prossimo	
scaldavo	scaldavamo	**avevo** scaldato	**avevamo** scaldato
scaldavi	scaldavate	**avevi** scaldato	**avevate** scaldato
scaldava	scaldavano	**aveva** scaldato	**avevano** scaldato

passato remoto

		trapassato remoto	
scaldai	scaldammo	**ebbi** scaldato	**avemmo** scaldato
scaldasti	scaldaste	**avesti** scaldato	**aveste** scaldato
scaldò	scaldarono	**ebbe** scaldato	**ebbero** scaldato

futuro semplice

		futuro anteriore	
scalderò	scalderemo	**avrò** scaldato	**avremo** scaldato
scalderai	scalderete	**avrai** scaldato	**avrete** scaldato
scalderà	scalderanno	**avrà** scaldato	**avranno** scaldato

condizionale presente

		condizionale passato	
scalderei	scalderemmo	**avrei** scaldato	**avremmo** scaldato
scalderesti	scaldereste	**avresti** scaldato	**avreste** scaldato
scalderebbe	scalderebbero	**avrebbe** scaldato	**avrebbero** scaldato

congiuntivo presente

		congiuntivo passato	
scaldi	scaldiamo	**abbia** scaldato	**abbiamo** scaldato
scaldi	scaldiate	**abbia** scaldato	**abbiate** scaldato
scaldi	scaldino	**abbia** scaldato	**abbiano** scaldato

congiuntivo imperfetto

		congiuntivo trapassato	
scaldassi	scaldassimo	**avessi** scaldato	**avessimo** scaldato
scaldasi	scaldaste	**avessi** scaldato	**aveste** scaldato
scaldasse	scaldasero	**avesse** scaldato	**avessero** scaldato

imperativo

	scaldiamo
scalda; non scaldare	scaldate
scaldi	scaldino

S

scambiare   to exchange

gerundio **scambiando**   participio passato **scambiato**

SINGULAR	PLURAL	SINGULAR	PLURAL

indicativo presente

		passato prossimo	
scamb**io**	scamb**iamo**	**ho** scambiato	**abbiamo** scambiato
scamb**i**	scamb**iate**	**hai** scambiato	**avete** scambiato
scamb**ia**	scamb**iano**	**ha** scambiato	**hanno** scambiato

imperfetto

		trapassato prossimo	
scambia**vo**	scambia**vamo**	**avevo** scambiato	**avevamo** scambiato
scambia**vi**	scambia**vate**	**avevi** scambiato	**avevate** scambiato
scambia**va**	scambia**vano**	**aveva** scambiato	**avevano** scambiato

passato remoto

		trapassato remoto	
scamb**iai**	scamb**iammo**	**ebbi** scambiato	**avemmo** scambiato
scamb**iasti**	scamb**iaste**	**avesti** scambiato	**aveste** scambiato
scamb**iò**	scamb**iarono**	**ebbe** scambiato	**ebbero** scambiato

futuro semplice

		futuro anteriore	
scambier**ò**	scambier**emo**	**avrò** scambiato	**avremo** scambiato
scambier**ai**	scambier**ete**	**avrai** scambiato	**avrete** scambiato
scambier**à**	scambier**anno**	**avrà** scambiato	**avranno** scambiato

condizionale presente

		condizionale passato	
scambi**erei**	scambi**eremmo**	**avrei** scambiato	**avremmo** scambiato
scambi**eresti**	scambi**ereste**	**avresti** scambiato	**avreste** scambiato
scambi**erebbe**	scambi**erebbero**	**avrebbe** scambiato	**avrebbero** scambiato

congiuntivo presente

		congiuntivo passato	
scamb**i**	scamb**iamo**	**abbia** scambiato	**abbiamo** scambiato
scamb**i**	scamb**iate**	**abbia** scambiato	**abbiate** scambiato
scamb**i**	scamb**ino**	**abbia** scambiato	**abbiano** scambiato

congiuntivo imperfetto

		congiuntivo trapassato	
scambi**assi**	scambi**assimo**	**avessi** scambiato	**avessimo** scambiato
scambi**assi**	scambi**aste**	**avessi** scambiato	**aveste** scambiato
scambi**asse**	scambi**assero**	**avesse** scambiato	**avessero** scambiato

imperativo

	scambiamo
scambia;	scambiate
non scambiare	
scambi	scambino

S

548

to choose, to select   scegliere

SINGULAR	PLURAL	SINGULAR	PLURAL
indicativo presente		**passato prossimo**	
scelgo	scegliamo	**ho** scelto	**abbiamo** scelto
scegli	scegliete	**hai** scelto	**avete** scelto
sceglie	scelgono	**ha** scelto	**hanno** scelto
imperfetto		**trapassato prossimo**	
sceglievo	sceglievamo	**avevo** scelto	**avevamo** scelto
sceglievi	sceglievate	**avevi** scelto	**avevate** scelto
sceglieva	sceglievano	**aveva** scelto	**avevano** scelto
passato remoto		**trapassato remoto**	
scelsi	scegliemmo	**ebbi** scelto	**avemmo** scelto
scegliesti	sceglieste	**avesti** scelto	**aveste** scelto
scelse	scelsero	**ebbe** scelto	**ebbero** scelto
futuro semplice		**futuro anteriore**	
sceglierò	sceglieremo	**avrò** scelto	**avremo** scelto
sceglierai	sceglierete	**avrai** scelto	**avrete** scelto
sceglierà	sceglieranno	**avrà** scelto	**avranno** scelto
condizionale presente		**condizionale passato**	
sceglierei	sceglieremmo	**avrei** scelto	**avremmo** scelto
sceglieresti	scegliereste	**avresti** scelto	**avreste** scelto
sceglierebbe	sceglierebbero	**avrebbe** scelto	**avrebbero** scelto
congiuntivo presente		**congiuntivo passato**	
scelga	scegliamo	**abbia** scelto	**abbiamo** scelto
scelga	scegliate	**abbia** scelto	**abbiate** scelto
scelga	scelgano	**abbia** scelto	**abbiano** scelto
congiuntivo imperfetto		**congiuntivo trapassato**	
scegliessi	scegliessimo	**avessi** scelto	**avessimo** scelto
scegliessi	sceglieste	**avessi** scelto	**aveste** scelto
scegliesse	scegliessero	**avesse** scelto	**avessero** scelto
imperativo			
	scegliamo		
scegli; non scegliere	scegliete		
scelga	scelgano		

S

scendere   to descend, to go/come down

gerundio **scendendo**   participio passato   **sceso**

SINGULAR	PLURAL	SINGULAR	PLURAL
indicativo presente		**passato prossimo**	
scend**o**	scend**iamo**	**sono** sceso(a)	**siamo** scesi(e)
scend**i**	scend**ete**	**sei** sceso(a)	**siete** scesi(e)
scend**e**	scend**ono**	**è** sceso(a)	**sono** scesi(e)
imperfetto		**trapassato prossimo**	
scende**vo**	scende**vamo**	**ero** sceso(a)	**eravamo** scesi(e)
scende**vi**	scende**vate**	**eri** sceso(a)	**eravate** scesi(e)
scende**va**	scende**vano**	**era** sceso(a)	**erano** scesi(e)
passato remoto		**trapassato remoto**	
sce**si**	scend**emmo**	**fui** sceso(a)	**fummo** scesi(e)
scend**esti**	scend**este**	**fosti** sceso(a)	**foste** scesi(e)
sce**se**	sce**sero**	**fu** sceso(a)	**furono** scesi(e)
futuro semplice		**futuro anteriore**	
scender**ò**	scender**emo**	**sarò** sceso(a)	**saremo** scesi(e)
scender**ai**	scender**ete**	**sarai** sceso(a)	**sarete** scesi(e)
scender**à**	scender**anno**	**sarà** sceso(a)	**saranno** scesi(e)
condizionale presente		**condizionale passato**	
scend**erei**	scend**eremmo**	**sarei** sceso(a)	**saremmo** scesi(e)
scend**eresti**	scend**ereste**	**saresti** sceso(a)	**sareste** scesi(e)
scend**erebbe**	scend**erebbero**	**sarebbe** sceso(a)	**sarebbero** scesi(e)
congiuntivo presente		**congiuntivo passato**	
scend**a**	scend**iamo**	**sia** sceso(a)	**siamo** scesi(e)
scend**a**	scend**iate**	**sia** sceso(a)	**siate** scesi(e)
scend**a**	scend**ano**	**sia** sceso(a)	**siano** scesi(e)
congiuntivo imperfetto		**congiuntivo trapassato**	
scend**essi**	scend**essimo**	**fossi** sceso(a)	**fossimo** scesi(e)
scend**essi**	scend**este**	**fossi** sceso(a)	**foste** scesi(e)
scend**esse**	scend**essero**	**fosse** sceso(a)	**fossero** scesi(e)
imperativo			
	scendiamo		
scendi; non scendere	scendete		
scenda	scendano		

S

gerundio **scherzando**   participio passato **scherzato**

SINGULAR	PLURAL	SINGULAR	PLURAL
indicativo presente		**passato prossimo**	
scherz**o**	scherz**iamo**	**ho** scherzato	**abbiamo** scherzato
scherz**i**	scherz**ate**	**hai** scherzato	**avete** scherzato
scherz**a**	scherz**ano**	**ha** scherzato	**hanno** scherzato
imperfetto		**trapassato prossimo**	
scherza**vo**	scherza**vamo**	**avevo** scherzato	**avevamo** scherzato
scherza**vi**	scherza**vate**	**avevi** scherzato	**avevate** scherzato
scherza**va**	scherza**vano**	**aveva** scherzato	**avevano** scherzato
passato remoto		**trapassato remoto**	
scherz**ai**	scherz**ammo**	**ebbi** scherzato	**avemmo** scherzato
scherz**asti**	scherz**aste**	**avesti** scherzato	**aveste** scherzato
scherz**ò**	scherz**arono**	**ebbe** scherzato	**ebbero** scherzato
futuro semplice		**futuro anteriore**	
scherzer**ò**	scherzer**emo**	**avrò** scherzato	**avremo** scherzato
scherzer**ai**	scherzer**ete**	**avrai** scherzato	**avrete** scherzato
scherzer**à**	scherzer**anno**	**avrà** scherzato	**avranno** scherzato
condizionale presente		**condizionale passato**	
scherz**erei**	scherz**eremmo**	**avrei** scherzato	**avremmo** scherzato
scherz**eresti**	scherz**ereste**	**avresti** scherzato	**avreste** scherzato
scherz**erebbe**	scherz**erebbero**	**avrebbe** scherzato	**avrebbero** scherzato
congiuntivo presente		**congiuntivo passato**	
scherz**i**	scherz**iamo**	**abbia** scherzato	**abbiamo** scherzato
scherz**i**	scherz**iate**	**abbia** scherzato	**abbiate** scherzato
scherz**i**	scherz**ino**	**abbia** scherzato	**abbiano** scherzato
congiuntivo imperfetto		**congiuntivo trapassato**	
scherz**assi**	scherz**assimo**	**avessi** scherzato	**avessimo** scherzato
scherz**assi**	scherz**aste**	**avessi** scherzato	**aveste** scherzato
scherz**asse**	scherz**assero**	**avesse** scherzato	**avessero** scherzato

imperativo

	scherz**iamo**
scherz**a**; non scherz**are**	scherz**ate**
scherz**i**	scherz**ino**

S

sciare

to ski

gerundio **sciando**   participio passato **sciato**

SINGULAR	PLURAL	SINGULAR	PLURAL
indicativo presente		**passato prossimo**	
scio	sciamo	ho sciato	abbiamo sciato
scii	sciate	hai sciato	avete sciato
scia	sciano	ha sciato	hanno sciato
imperfetto		**trapassato prossimo**	
sciavo	sciavamo	avevo sciato	avevamo sciato
sciavi	sciavate	avevi sciato	avevate sciato
sciava	sciavano	aveva sciato	avevano sciato
passato remoto		**trapassato remoto**	
sciai	sciammo	ebbi sciato	avemmo sciato
sciasti	sciaste	avesti sciato	aveste sciato
sciò	sciarono	ebbe sciato	ebbero sciato
futuro semplice		**futuro anteriore**	
scierò	scieremo	avrò sciato	avremo sciato
scierai	scierete	avrai sciato	avrete sciato
scierà	scieranno	avrà sciato	avranno sciato
condizionale presente		**condizionale passato**	
scierei	scieremmo	avrei sciato	avremmo sciato
scieresti	sciereste	avresti sciato	avreste sciato
scierebbe	scierebbero	avrebbe sciato	avrebbero sciato
congiuntivo presente		**congiuntivo passato**	
scii	sciamo	abbia sciato	abbiamo sciato
scii	sciate	abbia sciato	abbiate sciato
scii	sciino	abbia sciato	abbiano sciato
congiuntivo imperfetto		**congiuntivo trapassato**	
sciassi	sciassimo	avessi sciato	avessimo sciato
sciassi	sciaste	avessi sciato	aveste sciato
sciasse	sciassero	avesse sciato	avessero sciato
imperativo			
	sciamo		
scia; non sciare	sciate		
scii	sciino		

S

to disappear   scomparire

SINGULAR	PLURAL	SINGULAR	PLURAL

indicativo presente

		passato prossimo	
scompaio	scompariamo	**sono** scomparso(a)	**siamo** scomparsi(e)
scompari	scomparite	**sei** scomparso(a)	**siete** scomparsi(e)
scompare	scompaiono	**è** scomparso(a)	**sono** scomparsi(e)

imperfetto

		trapassato prossimo	
scomparivo	scomparivamo	**ero** scomparso(a)	**eravamo** scomparsi(e)
scomparivi	scomparivate	**eri** scomparso(a)	**eravate** scomparsi(e)
scompariva	scomparivano	**era** scomparso(a)	**erano** scomparsi(e)

passato remoto

		trapassato remoto	
scomparvi	scomparimmo	**fui** scomparso(a)	**fummo** scomparsi(e)
scomparisti	scompariste	**fosti** scomparso(a)	**foste** scomparsi(e)
scomparve	scomparvero	**fu** scomparso(a)	**furono** scomparsi(e)

futuro semplice

		futuro anteriore	
scomparirò	scompariremo	**sarò** scomparso(a)	**saremo** scomparsi(e)
scomparirai	scomparirete	**sarai** scomparso(a)	**sarete** scomparsi(e)
scomparirà	scompariranno	**sarà** scomparso(a)	**saranno** scomparsi(e)

condizionale presente

		condizionale passato	
scomparirei	scompariremmo	**sarei** scomparso(a)	**saremmo** scomparsi(e)
scompariresti	scomparireste	**saresti** scomparso(a)	**sareste** scomparsi(e)
scomparirebbe	scomparirebbero	**sarebbe** scomparso(a)	**sarebbero** scomparsi(e)

congiuntivo presente

		congiuntivo passato	
scompaia	scompariamo	**sia** scomparso(a)	**siamo** scomparsi(e)
scompaia	scompariate	**sia** scomparso(a)	**siate** scomparsi(e)
scompaia	scompaiano	**sia** scomparso(a)	**siano** scomparsi(e)

congiuntivo imperfetto

		congiuntivo trapassato	
scomparissi	scomparissimo	**fossi** scomparso(a)	**fossimo** scomparsi(e)
scomparissi	scompariste	**fossi** scomparso(a)	**foste** scomparsi(e)
scomparisse	scomparissero	**fosse** scomparso(a)	**fossero** scomparsi(e)

imperativo

	scompariamo	
scompari;	scomparite	
non scomparire		
scompaia	scompaiano	

S

553

gerundio **sconfiggendo**   participio passato **sconfitto**

SINGULAR	PLURAL	SINGULAR	PLURAL
indicativo presente		**passato prossimo**	
sconfigg**o**	sconfigg**iamo**	**ho** sconfitto	**abbiamo** sconfitto
sconfigg**i**	sconfigg**ete**	**hai** sconfitto	**avete** sconfitto
sconfigg**e**	sconfigg**ono**	**ha** sconfitto	**hanno** sconfitto
imperfetto		**trapassato prossimo**	
sconfigg**evo**	sconfigg**evamo**	**avevo** sconfitto	**avevamo** sconfitto
sconfigg**evi**	sconfigg**evate**	**avevi** sconfitto	**avevate** sconfitto
sconfigg**eva**	sconfigg**evano**	**aveva** sconfitto	**avevano** sconfitto
passato remoto		**trapassato remoto**	
sconfis**si**	sconfigg**emmo**	**ebbi** sconfitto	**avemmo** sconfitto
sconfigg**esti**	sconfigg**este**	**avesti** sconfitto	**aveste** sconfitto
sconfis**se**	sconfis**sero**	**ebbe** sconfitto	**ebbero** sconfitto
futuro semplice		**futuro anteriore**	
sconfigger**ò**	sconfigger**emo**	**avrò** sconfitto	**avremo** sconfitto
sconfigger**ai**	sconfigger**ete**	**avrai** sconfitto	**avrete** sconfitto
sconfigger**à**	sconfigger**anno**	**avrà** sconfitto	**avranno** sconfitto
condizionale presente		**condizionale passato**	
sconfigg**erei**	sconfigg**eremmo**	**avrei** sconfitto	**avremmo** sconfitto
sconfigg**eresti**	sconfigg**ereste**	**avresti** sconfitto	**avreste** sconfitto
sconfigg**erebbe**	sconfigg**erebbero**	**avrebbe** sconfitto	**avrebbero** sconfitto
congiuntivo presente		**congiuntivo passato**	
sconfigg**a**	sconfigg**iamo**	**abbia** sconfitto	**abbiamo** sconfitto
sconfigg**a**	sconfigg**iate**	**abbia** sconfitto	**abbiate** sconfitto
sconfigg**a**	sconfigg**ano**	**abbia** sconfitto	**abbiano** sconfitto
congiuntivo imperfetto		**congiuntivo trapassato**	
sconfigg**essi**	sconfigg**essimo**	**avessi** sconfitto	**avessimo** sconfitto
sconfigg**essi**	sconfigg**este**	**avessi** sconfitto	**aveste** sconfitto
sconfigg**esse**	sconfigg**essero**	**avesse** sconfitto	**avessero** sconfitto
imperativo			
	sconfigg**iamo**		
sconfigg**i**;	sconfigg**ete**		
non sconfiggere			
sconfigg**a**	sconfigg**ano**		

S

to discover, to uncover   scoprire

gerundio **scoprendo**   participio passato **scoperto**

SINGULAR	PLURAL	SINGULAR	PLURAL
indicativo presente		passato prossimo	
scopro	scopriamo	**ho** scoperto	**abbiamo** scoperto
scopri	scoprite	**hai** scoperto	**avete** scoperto
scopre	scoprono	**ha** scoperto	**hanno** scoperto
imperfetto		trapassato prossimo	
scoprivo	scoprivamo	**avevo** scoperto	**avevamo** scoperto
scoprivi	scoprivate	**avevi** scoperto	**avevate** scoperto
scopriva	scoprivano	**aveva** scoperto	**avevano** scoperto
passato remoto		trapassato remoto	
scoprii, scopersi	scoprimmo	**ebbi** scoperto	**avemmo** scoperto
scopristi	scopriste	**avesti** scoperto	**aveste** scoperto
scoprì, scoperse	scoprirono, scopersero	**ebbe** scoperto	**ebbero** scoperto
futuro semplice		futuro anteriore	
scoprirò	scopriremo	**avrò** scoperto	**avremo** scoperto
scoprirai	scoprirete	**avrai** scoperto	**avrete** scoperto
scoprirà	scopriranno	**avrà** scoperto	**avranno** scoperto
condizionale presente		condizionale passato	
scoprirei	scopriremmo	**avrei** scoperto	**avremmo** scoperto
scopriresti	scoprireste	**avresti** scoperto	**avreste** scoperto
scoprirebbe	scoprirebbero	**avrebbe** scoperto	**avrebbero** scoperto
congiuntivo presente		congiuntivo passato	
scopra	scopriamo	**abbia** scoperto	**abbiamo** scoperto
scopra	scopriate	**abbia** scoperto	**abbiate** scoperto
scopra	scoprano	**abbia** scoperto	**abbiano** scoperto
congiuntivo imperfetto		congiuntivo trapassato	
scoprissi	scoprissimo	**avessi** scoperto	**avessimo** scoperto
scoprissi	scopriste	**avessi** scoperto	**aveste** scoperto
scoprisse	scoprissero	**avesse** scoperto	**avessero** scoperto
imperativo			
	scopriamo		
scopri; non scoprire	scoprite		
scopra	scoprano		

S

gerundio **scrivendo**   participio passato **scritto**

SINGULAR	PLURAL	SINGULAR	PLURAL
indicativo presente		**passato prossimo**	
scriv**o**	scriv**iamo**	**ho** scritto	**abbiamo** scritto
scriv**i**	scriv**ete**	**hai** scritto	**avete** scritto
scriv**e**	scriv**ono**	**ha** scritto	**hanno** scritto
imperfetto		**trapassato prossimo**	
scriv**evo**	scriv**evamo**	**avevo** scritto	**avevamo** scritto
scriv**evi**	scriv**evate**	**avevi** scritto	**avevate** scritto
scriv**eva**	scriv**evano**	**aveva** scritto	**avevano** scritto
passato remoto		**trapassato remoto**	
scriss**i**	scriv**emmo**	**ebbi** scritto	**avemmo** scritto
scriv**esti**	scriv**este**	**avesti** scritto	**aveste** scritto
scriss**e**	scriss**ero**	**ebbe** scritto	**ebbero** scritto
futuro semplice		**futuro anteriore**	
scriver**ò**	scriver**emo**	**avrò** scritto	**avremo** scritto
scriver**ai**	scriver**ete**	**avrai** scritto	**avrete** scritto
scriver**à**	scriver**anno**	**avrà** scritto	**avranno** scritto
condizionale presente		**condizionale passato**	
scriver**ei**	scriver**emmo**	**avrei** scritto	**avremmo** scritto
scriver**esti**	scriver**este**	**avresti** scritto	**avreste** scritto
scriver**ebbe**	scriver**ebbero**	**avrebbe** scritto	**avrebbero** scritto
congiuntivo presente		**congiuntivo passato**	
scriv**a**	scriv**iamo**	**abbia** scritto	**abbiamo** scritto
scriv**a**	scriv**iate**	**abbia** scritto	**abbiate** scritto
scriv**a**	scriv**ano**	**abbia** scritto	**abbiano** scritto
congiuntivo imperfetto		**congiuntivo trapassato**	
scriv**essi**	scriv**essimo**	**avessi** scritto	**avessimo** scritto
scriv**essi**	scriv**este**	**avessi** scritto	**aveste** scritto
scriv**esse**	scriv**essero**	**avesse** scritto	**avessero** scritto
imperativo			
	scriv**iamo**		
scriv**i**; non scriv**ere**	scriv**ete**		
scriv**a**	scriv**ano**		

S

MUST KNOW VERB

to shake   scuotere

SINGULAR	PLURAL	SINGULAR	PLURAL

indicativo presente

scuot**o**	scuot**iamo**		
scuot**i**	scuot**ete**		
scuot**e**	scuot**ono**		

passato prossimo

ho scosso	**abbiamo** scosso
hai scosso	**avete** scosso
ha scosso	**hanno** scosso

imperfetto

scuote**vo**	scuote**vamo**
scuote**vi**	scuote**vate**
scuote**va**	scuote**vano**

trapassato prossimo

avevo scosso	**avevamo** scosso
avevi scosso	**avevate** scosso
aveva scosso	**avevano** scosso

passato remoto

scoss**i**	scuot**emmo**
scuot**esti**	scuot**este**
scoss**e**	scoss**ero**

trapassato remoto

ebbi scosso	**avemmo** scosso
avesti scosso	**aveste** scosso
ebbe scosso	**ebbero** scosso

futuro semplice

scuoter**ò**	scuoter**emo**
scuoter**ai**	scuoter**ete**
scuoter**à**	scuoter**anno**

futuro anteriore

avrò scosso	**avremo** scosso
avrai scosso	**avrete** scosso
avrà scosso	**avranno** scosso

condizionale presente

scuot**erei**	scuot**eremmo**
scuot**eresti**	scuot**ereste**
scuot**erebbe**	scuot**erebbero**

condizionale passato

avrei scosso	**avremmo** scosso
avresti scosso	**avreste** scosso
avrebbe scosso	**avrebbero** scosso

congiuntivo presente

scuot**a**	scuot**iamo**
scuot**a**	scuot**iate**
scuot**a**	scuot**ano**

congiuntivo passato

abbia scosso	**abbiamo** scosso
abbia scosso	**abbiate** scosso
abbia scosso	**abbiano** scosso

congiuntivo imperfetto

scuot**essi**	scuot**essimo**
scuot**essi**	scuot**este**
scuot**esse**	scuot**essero**

congiuntivo trapassato

avessi scosso	**avessimo** scosso
avessi scosso	**aveste** scosso
avesse scosso	**avessero** scosso

imperativo

	scuot**iamo**
scuot**i**; non scuotere	scuot**ete**
scuot**a**	scuot**ano**

S

gerundio **scusando**   participio passato **scusato**

SINGULAR	PLURAL	SINGULAR	PLURAL

indicativo presente

scus**o**	scus**iamo**	
scus**i**	scus**ate**	
scus**a**	scus**ano**	

passato prossimo

ho scusato	**abbiamo** scusato
hai scusato	**avete** scusato
ha scusato	**hanno** scusato

imperfetto

scus**avo**	scus**avamo**
scus**avi**	scus**avate**
scus**ava**	scus**avano**

trapassato prossimo

avevo scusato	**avevamo** scusato
avevi scusato	**avevate** scusato
aveva scusato	**avevano** scusato

passato remoto

scus**ai**	scus**ammo**
scus**asti**	scus**aste**
scus**ò**	scus**arono**

trapassato remoto

ebbi scusato	**avemmo** scusato
avesti scusato	**aveste** scusato
ebbe scusato	**ebbero** scusato

futuro semplice

scus**erò**	scus**eremo**
scus**erai**	scus**erete**
scus**erà**	scus**eranno**

futuro anteriore

avrò scusato	**avremo** scusato
avrai scusato	**avrete** scusato
avrà scusato	**avranno** scusato

condizionale presente

scus**erei**	scus**eremmo**
scus**eresti**	scus**ereste**
scus**erebbe**	scus**erebbero**

condizionale passato

avrei scusato	**avremmo** scusato
avresti scusato	**avreste** scusato
avrebbe scusato	**avrebbero** scusato

congiuntivo presente

scus**i**	scus**iamo**
scus**i**	scus**iate**
scus**i**	scus**ino**

congiuntivo passato

abbia scusato	**abbiamo** scusato
abbia scusato	**abbiate** scusato
abbia scusato	**abbiano** scusato

congiuntivo imperfetto

scus**assi**	scus**assimo**
scus**assi**	scus**aste**
scus**asse**	scus**assero**

congiuntivo trapassato

avessi scusato	**avessimo** scusato
avessi scusato	**aveste** scusato
avesse scusato	**avessero** scusato

imperativo

	scusiamo
scusa; non scusare	scusate
scusi	scusino

S

gerundio **scusandosi**   participio passato **scusatosi**

SINGULAR	PLURAL	SINGULAR	PLURAL

indicativo presente
mi scus**o**	**ci** scus**iamo**
ti scus**i**	**vi** scus**ate**
si scus**a**	**si** scus**ano**

passato prossimo
mi sono scusato(a)	**ci siamo** scusati(e)
ti sei scusato(a)	**vi siete** scusati(e)
si è scusato(a)	**si sono** scusati(e)

imperfetto
mi scus**avo**	**ci** scus**avamo**
ti scus**avi**	**vi** scus**avate**
si scus**ava**	**si** scus**avano**

trapassato prossimo
mi ero scusato(a)	**ci eravamo** scusati(e)
ti eri scusato(a)	**vi eravate** scusati(e)
si era scusato(a)	**si erano** scusati(e)

passato remoto
mi scus**ai**	**ci** scus**ammo**
ti scus**asti**	**vi** scus**aste**
si scus**ò**	**si** scus**arono**

trapassato remoto
mi fui scusato(a)	**ci fummo** scusati(e)
ti fosti scusato(a)	**vi foste** scusati(e)
si fu scusato(a)	**si furono** scusati(e)

futuro semplice
mi scus**erò**	**ci** scus**eremo**
ti scus**erai**	**vi** scus**erete**
si scus**erà**	**si** scus**eranno**

futuro anteriore
mi sarò scusato(a)	**ci saremo** scusati(e)
ti sarai scusato(a)	**vi sarete** scusati(e)
si sarà scusato(a)	**si saranno** scusati(e)

condizionale presente
mi scus**erei**	**ci** scus**eremmo**
ti scus**eresti**	**vi** scus**ereste**
si scus**erebbe**	**si** scus**erebbero**

condizionale passato
mi sarei scusato(a)	**ci saremmo** scusati(e)
ti saresti scusato(a)	**vi sareste** scusati(e)
si sarebbe scusato(a)	**si sarebbero** scusati(e)

congiuntivo presente
mi scus**i**	**ci** scus**iamo**
ti scus**i**	**vi** scus**iate**
si scus**i**	**si** scus**ino**

congiuntivo passato
mi sia scusato(a)	**ci siamo** scusati(e)
ti sia scusato(a)	**vi siate** scusati(e)
si sia scusato(a)	**si siano** scusati(e)

congiuntivo imperfetto
mi scus**assi**	**ci** scus**assimo**
ti scus**assi**	**vi** scus**aste**
si scus**asse**	**si** scus**assero**

congiuntivo trapassato
mi fossi scusato(a)	**ci fossimo** scusati(e)
ti fossi scusato(a)	**vi foste** scusati(e)
si fosse scusato(a)	**si fossero** scusati(e)

imperativo
	scusiamoci
scusati; non scusarti/	scusatevi
non ti scusare	
si scusi	si scusino

S

sedere

to sit

SINGULAR	PLURAL	SINGULAR	PLURAL

indicativo presente

sied**o**	sed**iamo**	
sied**i**	sed**ete**	
sied**e**	sied**ono**	

passato prossimo

ho seduto	**abbiamo** seduto
hai seduto	**avete** seduto
ha seduto	**hanno** seduto

imperfetto

sed**evo**	sed**evamo**
sed**evi**	sed**evate**
sed**eva**	sed**evano**

trapassato prossimo

avevo seduto	**avevamo** seduto
avevi seduto	**avevate** seduto
aveva seduto	**avevano** seduto

passato remoto

sed**ei**, sed**etti**	sed**emmo**
sed**esti**	sed**este**
sed**é**, sed**ette**	sed**erono**, sed**ettero**

trapassato remoto

ebbi seduto	**avemmo** seduto
avesti seduto	**aveste** seduto
ebbe seduto	**ebbero** seduto

futuro semplice

sed**erò**	sed**eremo**
sed**erai**	sed**erete**
sed**erà**	sed**eranno**

futuro anteriore

avrò seduto	**avremo** seduto
avrai seduto	**avrete** seduto
avrà seduto	**avranno** seduto

condizionale presente

sed**erei**	sed**eremmo**
sed**eresti**	sed**ereste**
sed**erebbe**	sed**erebbero**

condizionale passato

avrei seduto	**avremmo** seduto
avresti seduto	**avreste** seduto
avrebbe seduto	**avrebbero** seduto

congiuntivo presente

sied**a**	sed**iamo**
sied**a**	sed**iate**
sied**a**	sied**ano**

congiuntivo passato

abbia seduto	**abbiamo** seduto
abbia seduto	**abbiate** seduto
abbia seduto	**abbiano** seduto

congiuntivo imperfetto

sed**essi**	sed**essimo**
sed**essi**	sed**este**
sed**esse**	sed**essero**

congiuntivo trapassato

avessi seduto	**avessimo** seduto
avessi seduto	**aveste** seduto
avesse seduto	**avessero** seduto

imperativo

	sediamo
siedi; non sedere	sedete
sieda	siedano

S

to sit down   sedersi

SINGULAR	PLURAL	SINGULAR	PLURAL

indicativo presente
mi siedo	**ci** sediamo		
ti siedi	**vi** sedete		
si siede	**si** siedono		

passato prossimo
mi sono seduto(a)	**ci siamo** seduti(e)
ti sei seduto(a)	**vi siete** seduti(e)
si è seduto(a)	**si sono** seduti(e)

imperfetto
mi sedevo	**ci** sedevamo
ti sedevi	**vi** sedevate
si sedeva	**si** sedevano

trapassato prossimo
mi ero seduto(a)	**ci eravamo** seduti(e)
ti eri seduto(a)	**vi eravate** seduti(e)
si era seduto(a)	**si erano** seduti(e)

passato remoto
mi sedei, **mi** sedetti	**ci** sedemmo
ti sedesti	**vi** sedeste
si sedé, **si** sedette	**si** sederono, **si** sedettero

trapassato remoto
mi fui seduto(a)	**ci fummo** seduti(e)
ti fosti seduto(a)	**vi foste** seduti(e)
si fu seduto(a)	**si furono** seduti(e)

futuro semplice
mi sederò	**ci** sederemo
ti sederai	**vi** sederete
si sederà	**si** sederanno

futuro anteriore
mi sarò seduto(a)	**ci saremo** seduti(e)
ti sarai seduto(a)	**vi sarete** seduti(e)
si sarà seduto(a)	**si saranno** seduti(e)

condizionale presente
mi sederei	**ci** sederemmo
ti sederesti	**vi** sedereste
si sederebbe	**si** sederebbero

condizionale passato
mi sarei seduto(a)	**ci saremmo** seduti(e)
ti saresti seduto(a)	**vi sareste** seduti(e)
si sarebbe seduto(a)	**si sarebbero** seduti(e)

congiuntivo presente
mi sieda	**ci** sediamo
ti seda	**vi** sediate
si seda	**si** siedano

congiuntivo passato
mi sia seduto(a)	**ci siamo** seduti(e)
ti sia seduto(a)	**vi siate** seduti(e)
si sia seduto(a)	**si siano** seduti(e)

congiuntivo imperfetto
mi sedessi	**ci** sedessimo
ti sedessi	**vi** sedeste
si sedesse	**si** sedessero

congiuntivo trapassato
mi fossi seduto(a)	**ci fossimo** seduti(e)
ti fossi seduto(a)	**vi foste** seduti(e)
si fosse seduto(a)	**si fossero** seduti(e)

imperativo
	sediamoci
siediti; non sederti/	sedetevi
non ti sedere	
si sieda	si siedano

S

gerundio **seguendo** participio passato **seguito**

SINGULAR	PLURAL	SINGULAR	PLURAL

indicativo presente
segu**o**	segu**iamo**
segu**i**	segu**ite**
segu**e**	segu**ono**

passato prossimo
ho seguito	**abbiamo** seguito
hai seguito	**avete** seguito
ha seguito	**hanno** seguito

imperfetto
segu**ivo**	segu**ivamo**
segu**ivi**	segu**ivate**
segu**iva**	segu**ivano**

trapassato prossimo
avevo seguito	**avevamo** seguito
avevi seguito	**avevate** seguito
aveva seguito	**avevano** seguito

passato remoto
segu**ii**	segu**immo**
segu**isti**	segu**iste**
segu**ì**	segu**irono**

trapassato remoto
ebbi seguito	**avemmo** seguito
avesti seguito	**aveste** seguito
ebbe seguito	**ebbero** seguito

futuro semplice
segu**irò**	segu**iremo**
segu**irai**	segu**irete**
segu**irà**	segu**iranno**

futuro anteriore
avrò seguito	**avremo** seguito
avrai seguito	**avrete** seguito
avrà seguito	**avranno** seguito

condizionale presente
segu**irei**	segu**iremmo**
segu**iresti**	segu**ireste**
segu**irebbe**	segu**irebbero**

condizionale passato
avrei seguito	**avremmo** seguito
avresti seguito	**avreste** seguito
avrebbe seguito	**avrebbero** seguito

congiuntivo presente
segu**a**	segu**iamo**
segu**a**	segu**iate**
segu**a**	segu**ano**

congiuntivo passato
abbia seguito	**abbiamo** seguito
abbia seguito	**abbiate** seguito
abbia seguito	**abbiano** seguito

congiuntivo imperfetto
segu**issi**	segu**issimo**
segu**issi**	segu**iste**
segu**isse**	segu**issero**

congiuntivo trapassato
avessi seguito	**avessimo** seguito
avessi seguito	**aveste** seguito
avesse seguito	**avessero** seguito

imperativo
	seguiamo
segui; non seguire	seguite
segua	seguano

S

to seem, to appear

gerundio **sembrando**   participio passato **sembrato**

SINGULAR	PLURAL	SINGULAR	PLURAL
indicativo presente		**passato prossimo**	
sembro	sembriamo	**sono** sembrato(a)	**siamo** sembrati(e)
sembri	sembrate	**sei** sembrato(a)	**siete** sembrati(e)
sembra	sembrano	**è** sembrato(a)	**sono** sembrati(e)
imperfetto		**trapassato prossimo**	
sembravo	sembravamo	**ero** sembrato(a)	**eravamo** sembrati(e)
sembravi	sembravate	**eri** sembrato(a)	**eravate** sembrati(e)
sembrava	sembravano	**era** sembrato(a)	**erano** sembrati(e)
passato remoto		**trapassato remoto**	
sembrai	sembrammo	**fui** sembrato(a)	**fummo** sembrati(e)
sembrasti	sembraste	**fosti** sembrato(a)	**foste** sembrati(e)
sembrò	sembrarono	**fu** sembrato(a)	**furono** sembrati(e)
futuro semplice		**futuro anteriore**	
sembrerò	sembreremo	**sarò** sembrato(a)	**saremo** sembrati(e)
sembrerai	sembrerete	**sarai** sembrato(a)	**sarete** sembrati(e)
sembrerà	sembreranno	**sarà** sembrato(a)	**saranno** sembrati(e)
condizionale presente		**condizionale passato**	
sembrerei	sembreremmo	**sarei** sembrato(a)	**saremmo** sembrati(e)
sembreresti	sembrereste	**saresti** sembrato(a)	**sareste** sembrati(e)
sembrerebbe	sembrerebbero	**sarebbe** sembrato(a)	**sarebbero** sembrati(e)
congiuntivo presente		**congiuntivo passato**	
sembri	sembriamo	**sia** sembrato(a)	**siamo** sembrati(e)
sembri	sembriate	**sia** sembrato(a)	**siate** sembrati(e)
sembri	sembrino	**sia** sembrato(a)	**siano** sembrati(e)
congiuntivo imperfetto		**congiuntivo trapassato**	
sembrassi	sembrassimo	**fossi** sembrato(a)	**fossimo** sembrati(e)
sembrassi	sembraste	**fossi** sembrato(a)	**foste** sembrati(e)
sembrasse	sembrassero	**fosse** sembrato(a)	**fossero** sembrati(e)

S

SINGULAR	PLURAL	SINGULAR	PLURAL

indicativo presente

sent**o**	sent**iamo**
sent**i**	sent**ite**
sent**e**	sent**ono**

passato prossimo

ho sentito	**abbiamo** sentito
hai sentito	**avete** sentito
ha sentito	**hanno** sentito

imperfetto

sent**ivo**	sent**ivamo**
sent**ivi**	sent**ivate**
sent**iva**	sent**ivano**

trapassato prossimo

avevo sentito	**avevamo** sentito
avevi sentito	**avevate** sentito
aveva sentito	**avevano** sentito

passato remoto

sent**ii**	sent**immo**
sent**isti**	sent**iste**
sent**ì**	sent**irono**

trapassato remoto

ebbi sentito	**avemmo** sentito
avesti sentito	**aveste** sentito
ebbe sentito	**ebbero** sentito

futuro semplice

sent**irò**	sent**iremo**
sent**irai**	sent**irete**
sent**irà**	sent**iranno**

futuro anteriore

avrò sentito	**avremo** sentito
avrai sentito	**avrete** sentito
avrà sentito	**avranno** sentito

condizionale presente

sent**irei**	sent**iremmo**
sent**iresti**	sent**ireste**
sent**irebbe**	sent**irebbero**

condizionale passato

avrei sentito	**avremmo** sentito
avresti sentito	**avreste** sentito
avrebbe sentito	**avrebbero** sentito

congiuntivo presente

sent**a**	sent**iamo**
sent**a**	sent**iate**
sent**a**	sent**ano**

congiuntivo passato

abbia sentito	**abbiamo** sentito
abbia sentito	**abbiate** sentito
abbia sentito	**abbiano** sentito

congiuntivo imperfetto

sent**issi**	sent**issimo**
sent**issi**	sent**iste**
sent**isse**	sent**issero**

congiuntivo trapassato

avessi sentito	**avessimo** sentito
avessi sentito	**aveste** sentito
avesse sentito	**avessero** sentito

imperativo

	sentiamo
senti; non sentire	sentite
senta	sentano

S

MUST
KNOW
VERB

to separate, to divide   separare

gerundio **separando**   participio passato **separato**

SINGULAR	PLURAL	SINGULAR	PLURAL

indicativo presente

separo	separiamo	
separi	separate	
separa	separano	

passato prossimo

ho separato	**abbiamo** separato
hai separato	**avete** separato
ha separato	**hanno** separato

imperfetto

separavo	separavamo
separavi	separavate
separava	separavano

trapassato prossimo

avevo separato	**avevamo** separato
avevi separato	**avevate** separato
aveva separato	**avevano** separato

passato remoto

separai	separammo
separasti	separaste
separò	separarono

trapassato remoto

ebbi separato	**avemmo** separato
avesti separato	**aveste** separato
ebbe separato	**ebbero** separato

futuro semplice

separerò	separeremo
separerai	separerete
separerà	separeranno

futuro anteriore

avrò separato	**avremo** separato
avrai separato	**avrete** separato
avrà separato	**avanno** separato

condizionale presente

separerei	separeremmo
separeresti	separereste
separerebbe	separerebbero

condizionale passato

avrei separato	**avremmo** separato
avresti separato	**avreste** separato
avrebbe separato	**avrebbero** separato

congiuntivo presente

separi	separiamo
separi	separiate
separi	separino

congiuntivo passato

abbia separato	**abbiamo** separato
abbia separato	**abbiate** separato
abbia separato	**abbiano** separato

congiuntivo imperfetto

separassi	separassimo
separassi	separaste
separasse	separassero

congiuntivo trapassato

avessi separato	**avessimo** separato
avessi separato	**aveste** separato
avesse separato	**avessero** separato

imperativo

	separiamo
separa; non separare	separate
separi	separino

S

gerundio **serrando**   participio passato **serrato**

SINGULAR	PLURAL	SINGULAR	PLURAL

indicativo presente

		passato prossimo	
serr**o**	serr**iamo**	**ho** serrato	**abbiamo** serrato
serr**i**	serr**ate**	**hai** serrato	**avete** serrato
serr**a**	serr**ano**	**ha** serrato	**hanno** serrato

imperfetto

		trapassato prossimo	
serra**vo**	serra**vamo**	**avevo** serrato	**avevamo** serrato
serra**vi**	serra**vate**	**avevi** serrato	**avevate** serrato
serra**va**	serra**vano**	**aveva** serrato	**avevano** serrato

passato remoto

		trapassato remoto	
serr**ai**	serr**ammo**	**ebbi** serrato	**avemmo** serrato
serr**asti**	serr**aste**	**avesti** serrato	**aveste** serrato
serr**ò**	serr**arono**	**ebbe** serrato	**ebbero** serrato

futuro semplice

		futuro anteriore	
serrer**ò**	serrer**emo**	**avrò** serrato	**avremo** serrato
serrer**ai**	serrer**ete**	**avrai** serrato	**avrete** serrato
serrer**à**	serrer**anno**	**avrà** serrato	**avranno** serrato

condizionale presente

		condizionale passato	
serr**erei**	serr**eremmo**	**avrei** serrato	**avremmo** serrato
serr**eresti**	serr**ereste**	**avresti** serrato	**avreste** serrato
serr**erebbe**	serr**erebbero**	**avrebbe** serrato	**avrebbero** serrato

congiuntivo presente

		congiuntivo passato	
serr**i**	serr**iamo**	**abbia** serrato	**abbiamo** serrato
serr**i**	serr**iate**	**abbia** serrato	**abbiate** serrato
serr**i**	serr**ino**	**abbia** serrato	**abbiano** serrato

congiuntivo imperfetto

		congiuntivo trapassato	
serr**assi**	serr**assimo**	**avessi** serrato	**avessimo** serrato
serr**assi**	serr**aste**	**avessi** serrato	**aveste** serrato
serr**asse**	serr**assero**	**avesse** serrato	**avessero** serrato

imperativo

	serriamo
serra; non serrare	serrate
serri	serrino

S

gerundio **servendo**

participio passato **servito**

SINGULAR	PLURAL	SINGULAR	PLURAL

indicativo presente

serv**o**	serv**iamo**		
serv**i**	serv**ite**		
serv**e**	serv**ono**		

passato prossimo

ho servito	**abbiamo** servito
hai servito	**avete** servito
ha servito	**hanno** servito

imperfetto

serv**ivo**	serv**ivamo**
serv**ivi**	serv**ivate**
serv**iva**	serv**ivano**

trapassato prossimo

avevo servito	**avevamo** servito
avevi servito	**avevate** servito
aveva servito	**avevano** servito

passato remoto

serv**ii**	serv**immo**
serv**isti**	serv**iste**
serv**ì**	serv**irono**

trapassato remoto

ebbi servito	**avemmo** servito
avesti servito	**aveste** servito
ebbe servito	**ebbero** servito

futuro semplice

serv**irò**	serv**iremo**
serv**irai**	serv**irete**
serv**irà**	serv**iranno**

futuro anteriore

avrò servito	**avremo** servito
avrai servito	**avrete** servito
avrà servito	**avranno** servito

condizionale presente

serv**irei**	serv**iremmo**
serv**iresti**	serv**ireste**
serv**irebbe**	serv**irebbero**

condizionale passato

avrei servito	**avremmo** servito
avresti servito	**avreste** servito
avrebbe servito	**avrebbero** servito

congiuntivo presente

serv**a**	serv**iamo**
serv**a**	serv**iate**
serv**a**	serv**ano**

congiuntivo passato

abbia servito	**abbiamo** servito
abbia servito	**abbiate** servito
abbia servito	**abbiano** servito

congiuntivo imperfetto

serv**issi**	serv**issimo**
serv**issi**	serv**iste**
serv**isse**	serv**issero**

congiuntivo trapassato

avessi servito	**avessimo** servito
avessi servito	**aveste** servito
avesse servito	**avessero** servito

imperativo

	serviamo
servi; non servire	servite
serva	servano

S

sgridare

to scold

gerundio **sgridando**   participio passato **sgridato**

SINGULAR	PLURAL	SINGULAR	PLURAL

indicativo presente

		passato prossimo	
sgrid**o**	sgrid**iamo**	**ho** sgridato	**abbiamo** sgridato
sgrid**i**	sgrid**ate**	**hai** sgridato	**avete** sgridato
sgrid**a**	sgrid**ano**	**ha** sgridato	**hanno** sgridato

imperfetto

		trapassato prossimo	
sgrida**vo**	sgrida**vamo**	**avevo** sgridato	**avevamo** sgridato
sgrida**vi**	sgrida**vate**	**avevi** sgridato	**avevate** sgridato
sgrida**va**	sgrida**vano**	**aveva** sgridato	**avevano** sgridato

passato remoto

		trapassato remoto	
sgrid**ai**	sgrid**ammo**	**ebbi** sgridato	**avemmo** sgridato
sgrid**asti**	sgrid**aste**	**avesti** sgridato	**aveste** sgridato
sgrid**ò**	sgrid**arono**	**ebbe** sgridato	**ebbero** sgridato

futuro semplice

		futuro anteriore	
sgrid**erò**	sgrid**eremo**	**avrò** sgridato	**avremo** sgridato
sgrid**erai**	sgrid**erete**	**avrai** sgridato	**avrete** sgridato
sgrid**erà**	sgrid**eranno**	**avrà** sgridato	**avranno** sgridato

condizionale presente

		condizionale passato	
sgrid**erei**	sgrid**eremmo**	**avrei** sgridato	**avremmo** sgridato
sgrid**eresti**	sgrid**ereste**	**avresti** sgridato	**avreste** sgridato
sgrid**erebbe**	sgrid**erebbero**	**avrebbe** sgridato	**avrebbero** sgridato

congiuntivo presente

		congiuntivo passato	
sgrid**i**	sgrid**iamo**	**abbia** sgridato	**abbiamo** sgridato
sgrid**i**	sgrid**iate**	**abbia** sgridato	**abbiate** sgridato
sgrid**i**	sgrid**ino**	**abbia** sgridato	**abbiano** sgridato

congiuntivo imperfetto

		congiuntivo trapassato	
sgrid**assi**	sgrid**assimo**	**avessi** sgridato	**avessimo** sgridato
sgrid**assi**	sgrid**aste**	**avessi** sgridato	**aveste** sgridato
sgrid**asse**	sgrid**assero**	**avesse** sgridato	**avessero** sgridato

imperativo

	sgridiamo
sgrida; non sgridare	sgridate
sgridi	sgridino

S

to mean, to signify

significare

SINGULAR	PLURAL	SINGULAR	PLURAL

indicativo presente
significo	significhiamo
significhi	significate
significa	significano

passato prossimo
ho significato	**abbiamo** significato
hai significato	**avete** significato
ha significato	**hanno** significato

imperfetto
significavo	significavamo
significavi	significavate
significava	significavano

trapassato prossimo
avevo significato	**avevamo** significato
avevi significato	**avevate** significato
aveva significato	**avevano** significato

passato remoto
significai	significammo
significasti	significaste
significò	significarono

trapassato remoto
ebbi significato	**avemmo** significato
avesti significato	**aveste** significato
ebbe significato	**ebbero** significato

futuro semplice
significherò	significheremo
significherai	significhereste
significherà	significheranno

futuro anteriore
avrò significato	**avremo** significato
avrai significato	**avrete** significato
avrà significato	**avranno** significato

condizionale presente
significherei	significheremmo
significheresti	significhereste
significherebbe	significherebbero

condizionale passato
avrei significato	**avremmo** significato
avresti significato	**avreste** significato
avrebbe significato	**avrebbero** significato

congiuntivo presente
significhi	significhiamo
significhi	significhiate
significhi	significhino

congiuntivo passato
abbia significato	**abbiamo** significato
abbia significato	**abbiate** significato
abbia significato	**abbiano** significato

congiuntivo imperfetto
significassi	significassimo
significassi	significaste
significasse	significassero

congiuntivo trapassato
avessi significato	**avessimo** significato
avessi significato	**aveste** significato
avesse significato	**avessero** significato

S

MUST KNOW VERB

soddisfare

to fulfill, to satisfy

gerundio **soddisfacendo** participio passato **soddisfatto**

SINGULAR	PLURAL	SINGULAR	PLURAL
indicativo presente		**passato prossimo**	
soddisf**o**	soddisf**iamo**	**ho** soddisfatto	**abbiamo** soddisfatto
soddisf**i**	soddisf**ate**	**hai** soddisfatto	**avete** soddisfatto
soddisf**a**	soddisf**anno**	**ha** soddisfatto	**hanno** soddisfatto
imperfetto		**trapassato prossimo**	
soddisface**vo**	soddisface**vamo**	**avevo** soddisfatto	**avevamo** soddisfatto
soddisface**vi**	soddisface**vate**	**avevi** soddisfatto	**avevate** soddisfatto
soddisface**va**	soddisface**vano**	**aveva** soddisfatto	**avevano** soddisfatto
passato remoto		**trapassato remoto**	
soddisf**eci**	soddisf**acemmo**	**ebbi** soddisfatto	**avemmo** soddisfatto
soddisf**acesti**	soddisf**aceste**	**avesti** soddisfatto	**aveste** soddisfatto
soddisf**ece**	soddisf**ecero**	**ebbe** soddisfatto	**ebbero** soddisfatto
futuro semplice		**futuro anteriore**	
soddisfar**ò**	soddisfar**emo**	**avrò** soddisfatto	**avremo** soddisfatto
soddisfar**ai**	soddisfar**ete**	**avrai** soddisfatto	**avrete** soddisfatto
soddisfar**à**	soddisfar**anno**	**avrà** soddisfatto	**avranno** soddisfatto
condizionale presente		**condizionale passato**	
soddisf**arei**	soddisf**aremmo**	**avrei** soddisfatto	**avremmo** soddisfatto
soddisf**aresti**	soddisf**areste**	**avresti** soddisfatto	**avreste** soddisfatto
soddisf**arebbe**	soddisf**arebbero**	**avrebbe** soddisfatto	**avrebbero** soddisfatto
congiuntivo presente		**congiuntivo passato**	
soddisf**i**	soddisf**iamo**	**abbia** soddisfatto	**abbiamo** soddisfatto
soddisf**i**	soddisf**iate**	**abbia** soddisfatto	**abbiate** soddisfatto
soddisf**i**	soddisf**ino**	**abbia** soddisfatto	**abbiano** soddisfatto
congiuntivo imperfetto		**congiuntivo trapassato**	
soddisf**acessi**	soddisf**acessimo**	**avessi** soddisfatto	**avessimo** soddisfatto
soddisf**acessi**	soddisf**aceste**	**avessi** soddisfatto	**aveste** soddisfatto
soddisf**acesse**	soddisf**acessero**	**avesse** soddisfatto	**avessero** soddisfatto
imperativo			
	soddisf**iamo**		
soddisfa;	soddisfate		
non soddisfare			
soddisfi	soddisfino		

S

to suffer   soffrire

gerundio **soffrendo**   participio passato **sofferto**

SINGULAR	PLURAL	SINGULAR	PLURAL

indicativo presente

		passato prossimo	
soffro	soffriamo	**ho** sofferto	**abbiamo** sofferto
soffri	soffrite	**hai** sofferto	**avete** sofferto
soffre	soffrono	**ha** sofferto	**hanno** sofferto

imperfetto

		trapassato prossimo	
soffrivo	soffrivamo	**avevo** sofferto	**avevamo** sofferto
soffrivi	soffrivate	**avevi** sofferto	**avevate** sofferto
soffriva	soffrivano	**aveva** sofferto	**avevano** sofferto

passato remoto

		trapassato remoto	
soffrii	soffrimmo	**ebbi** sofferto	**avemmo** sofferto
soffristi	soffriste	**avesti** sofferto	**aveste** sofferto
soffrì	soffrirono	**ebbe** sofferto	**ebbero** sofferto

futuro semplice

		futuro anteriore	
soffrirò	soffriremo	**avrò** sofferto	**avremo** sofferto
soffrirai	soffrirete	**avrai** sofferto	**avrete** sofferto
soffrirà	soffriranno	**avrà** sofferto	**avranno** sofferto

condizionale presente

		condizionale passato	
soffrirei	soffriremmo	**avrei** sofferto	**avremmo** sofferto
soffriresti	soffrireste	**avresti** sofferto	**avreste** sofferto
soffrirebbe	soffrirebbero	**avrebbe** sofferto	**avrebbero** sofferto

congiuntivo presente

		congiuntivo passato	
soffra	soffriamo	**abbia** sofferto	**abbiamo** sofferto
soffra	soffriate	**abbia** sofferto	**abbiate** sofferto
soffra	soffrano	**abbia** sofferto	**abbiano** sofferto

congiuntivo imperfetto

		congiuntivo trapassato	
soffrissi	soffrissimo	**avessi** sofferto	**avessimo** sofferto
soffrissi	soffriste	**avessi** sofferto	**aveste** sofferto
soffrisse	soffrissero	**avesse** sofferto	**avessero** sofferto

imperativo

	soffriamo
soffri; non soffrire	soffrite
soffra	soffrano

S

sognare · to dream

SINGULAR	PLURAL	SINGULAR	PLURAL

indicativo presente

		passato prossimo	
sogno	sogniamo	ho sognato	abbiamo sognato
sogni	sognate	hai sognato	avete sognato
sogna	sognano	ha sognato	hanno sognato

imperfetto

		trapassato prossimo	
sognavo	sognavamo	avevo sognato	avevamo sognato
sognavi	sognavate	avevi sognato	avevate sognato
sognava	sognavano	aveva sognato	avevano sognato

passato remoto

		trapassato remoto	
sognai	sognammo	ebbi sognato	avemmo sognato
sognasti	sognaste	avesti sognato	aveste sognato
sognò	sognarono	ebbe sognato	ebbero sognato

futuro semplice

		futuro anteriore	
sognerò	sogneremo	avrò sognato	avremo sognato
sognerai	sognerete	avrai sognato	avrete sognato
sognerà	sogneranno	avrà sognato	avranno sognato

condizionale presente

		condizionale passato	
sognerei	sogneremmo	avrei sognato	avremmo sognato
sogneresti	sognereste	avresti sognato	avreste sognato
sognerebbe	sognerebbero	avrebbe sognato	avrebbero sognato

congiuntivo presente

		congiuntivo passato	
sogni	sogniamo	abbia sognato	abbiamo sognato
sogni	sogniate	abbia sognato	abbiate sognato
sogni	sognino	abbia sognato	abbiano sognato

congiuntivo imperfetto

		congiuntivo trapassato	
sognassi	sognassimo	avessi sognato	avessimo sognato
sognassi	sognaste	avessi sognato	aveste sognato
sognasse	sognassero	avesse sognato	avessero sognato

imperativo

	sogniamo
sogna; non sognare	sognate
sogni	sognino

S

to rise   sorgere

SINGULAR	PLURAL	SINGULAR	PLURAL
indicativo presente		passato prossimo	
sorg**o**	sorg**iamo**	**sono** sorto(a)	**siamo** sorti(e)
sorg**i**	sorg**ete**	**sei** sorto(a)	**siete** sorti(e)
sorg**e**	sorg**ono**	**è** sorto(a)	**sono** sorti(e)
imperfetto		trapassato prossimo	
sorge**vo**	sorge**vamo**	**ero** sorto(a)	**eravamo** sorti(e)
sorge**vi**	sorge**vate**	**eri** sorto(a)	**eravate** sorti(e)
sorge**va**	sorge**vano**	**era** sorto(a)	**erano** sorti(e)
passato remoto		trapassato remoto	
sors**i**	sorg**emmo**	**fui** sorto(a)	**fummo** sorti(e)
sorg**esti**	sorg**este**	**fosti** sorto(a)	**foste** sorti(e)
sors**e**	sors**ero**	**fu** sorto(a)	**furono** sorti(e)
futuro semplice		futuro anteriore	
sorger**ò**	sorger**emo**	**sarò** sorto(a)	**saremo** sorti(e)
sorger**ai**	sorger**ete**	**sarai** sorto(a)	**sarete** sorti(e)
sorger**à**	sorger**anno**	**sarà** sorto(a)	**saranno** sorti(e)
condizionale presente		condizionale passato	
sorg**erei**	sorg**eremmo**	**sarei** sorto(a)	**saremmo** sorti(e)
sorg**eresti**	sorg**ereste**	**saresti** sorto(a)	**sareste** sorti(e)
sorg**erebbe**	sorg**erebbero**	**sarebbe** sorto(a)	**sarebbero** sorti(e)
congiuntivo presente		congiuntivo passato	
sorg**a**	sorg**iamo**	**sia** sorto(a)	**siamo** sorti(e)
sorg**a**	sorg**iate**	**sia** sorto(a)	**siate** sorti(e)
sorg**a**	sorg**ano**	**sia** sorto(a)	**siano** sorti(e)
congiuntivo imperfetto		congiuntivo trapassato	
sorg**essi**	sorg**essimo**	**fossi** sorto(a)	**fossimo** sorti(e)
sorg**essi**	sorg**este**	**fossi** sorto(a)	**foste** sorti(e)
sorg**esse**	sorg**essero**	**fosse** sorto(a)	**fossero** sorti(e)
imperativo			
	sorgiamo		
sorgi; non sorgere	sorgete		
sorga	sorgano		

S

sorprendere

to surprise

SINGULAR	PLURAL	SINGULAR	PLURAL

indicativo presente
sorprend**o**	sorprend**iamo**		
sorprend**i**	sorprend**ete**		
sorprend**e**	sorprend**ono**		

passato prossimo
ho sorpreso	**abbiamo** sorpreso
hai sorpreso	**avete** sorpreso
ha sorpreso	**hanno** sorpreso

imperfetto
sorprende**vo**	sorprende**vamo**
sorprende**vi**	sorprende**vate**
sorprende**va**	sorprende**vano**

trapassato prossimo
avevo sorpreso	**avevamo** sorpreso
avevi sorpreso	**avevate** sorpreso
aveva sorpreso	**avevano** sorpreso

passato remoto
sorpre**si**	sorprend**emmo**
sorprend**esti**	sorprend**este**
sorpre**se**	sorpre**sero**

trapassato remoto
ebbi sorpreso	**avemmo** sorpreso
avesti sorpreso	**aveste** sorpreso
ebbe sorpreso	**ebbero** sorpreso

futuro semplice
sorprender**ò**	sorprender**emo**
sorprender**ai**	sorprender**ete**
sorprender**à**	sorprender**anno**

futuro anteriore
avrò sorpreso	**avremo** sorpreso
avrai sorpreso	**avrete** sorpreso
avrà sorpreso	**avranno** sorpreso

condizionale presente
sorprend**erei**	sorprend**eremmo**
sorprend**eresti**	sorprend**ereste**
sorprend**erebbe**	sorprend**erebbero**

condizionale passato
avrei sorpreso	**avremmo** sorpreso
avresti sorpreso	**avreste** sorpreso
avrebbe sorpreso	**avrebbero** sorpreso

congiuntivo presente
sorprend**a**	sorprend**iamo**
sorprend**a**	sorprend**iate**
sorprend**a**	sorprend**ano**

congiuntivo passato
abbia sorpreso	**abbiamo** sorpreso
abbia sorpreso	**abbiate** sorpreso
abbia sorpreso	**abbiano** sorpreso

congiuntivo imperfetto
sorprend**essi**	sorprend**essimo**
sorprend**essi**	sorprend**este**
sorprend**esse**	sorprend**essero**

congiuntivo trapassato
avessi sorpreso	**avessimo** sorpreso
avessi sorpreso	**aveste** sorpreso
avesse sorpreso	**avessero** sorpreso

imperativo
	sorprendiamo
sorprendi;	sorprendete
non sorprendere	
sorprenda	sorprendano

S

to smile   sorridere

SINGULAR	PLURAL	SINGULAR	PLURAL
indicativo presente		**passato prossimo**	
sorrid**o**	sorrid**iamo**	**ho** sorriso	**abbiamo** sorriso
sorrid**i**	sorrid**ete**	**hai** sorriso	**avete** sorriso
sorrid**e**	sorrid**ono**	**ha** sorriso	**hanno** sorriso
imperfetto		**trapassato prossimo**	
sorrid**evo**	sorrid**evamo**	**avevo** sorriso	**avevamo** sorriso
sorrid**evi**	sorrid**evate**	**avevi** sorriso	**avevate** sorriso
sorrid**eva**	sorrid**evano**	**aveva** sorriso	**avevano** sorriso
passato remoto		**trapassato remoto**	
sorris**i**	sorrid**emmo**	**ebbi** sorriso	**avemmo** sorriso
sorrid**esti**	sorrid**este**	**avesti** sorriso	**aveste** sorriso
sorris**e**	sorris**ero**	**ebbe** sorriso	**ebbero** sorriso
futuro semplice		**futuro anteriore**	
sorrider**ò**	sorrider**emo**	**avrò** sorriso	**avremo** sorriso
sorrider**ai**	sorrider**ete**	**avrai** sorriso	**avrete** sorriso
sorrider**à**	sorrider**anno**	**avrà** sorriso	**avranno** sorriso
condizionale presente		**condizionale passato**	
sorrid**erei**	sorrid**eremmo**	**avrei** sorriso	**avremmo** sorriso
sorrid**eresti**	sorrid**ereste**	**avresti** sorriso	**avreste** sorriso
sorrid**erebbe**	sorrid**erebbero**	**avrebbe** sorriso	**avrebbero** sorriso
congiuntivo presente		**congiuntivo passato**	
sorrid**a**	sorrid**iamo**	**abbia** sorriso	**abbiamo** sorriso
sorrid**a**	sorrid**iate**	**abbia** sorriso	**abbiate** sorriso
sorrid**a**	sorrid**ano**	**abbia** sorriso	**abbiano** sorriso
congiuntivo imperfetto		**congiuntivo trapassato**	
sorrid**essi**	sorrid**essimo**	**avessi** sorriso	**avessimo** sorriso
sorrid**essi**	sorrid**este**	**avessi** sorriso	**aveste** sorriso
sorrid**esse**	sorrid**essero**	**avesse** sorriso	**avessero** sorriso
imperativo			
	sorrid**iamo**		
sorrid**i**; non sorridere	sorrid**ete**		
sorrid**a**	sorrid**ano**		

S

sospendere

to hang up, to suspend

gerundio **sospendendo**   participio passato **sospeso**

SINGULAR	PLURAL	SINGULAR	PLURAL
indicativo presente		**passato prossimo**	
sospend**o**	sospend**iamo**	**ho** sospeso	**abbiamo** sospeso
sospend**i**	sospend**ete**	**hai** sospeso	**avete** sospeso
sospend**e**	sospend**ono**	**ha** sospeso	**hanno** sospeso
imperfetto		**trapassato prossimo**	
sospend**evo**	sospend**evamo**	**avevo** sospeso	**avevamo** sospeso
sospend**evi**	sospend**evate**	**avevi** sospeso	**avevate** sospeso
sospend**eva**	sospend**evano**	**aveva** sospeso	**avevano** sospeso
passato remoto		**trapassato remoto**	
sospes**i**	sospend**emmo**	**ebbi** sospeso	**avemmo** sospeso
sospend**esti**	sospend**este**	**avesti** sospeso	**aveste** sospeso
sospes**e**	sospes**ero**	**ebbe** sospeso	**ebbero** sospeso
futuro semplice		**futuro anteriore**	
sospender**ò**	sospender**emo**	**avrò** sospeso	**avremo** sospeso
sospender**ai**	sospender**ete**	**avrai** sospeso	**avrete** sospeso
sospender**à**	sospender**anno**	**avrà** sospeso	**avranno** sospeso
condizionale presente		**condizionale passato**	
sospend**erei**	sospend**eremmo**	**avrei** sospeso	**avremmo** sospeso
sospend**eresti**	sospend**ereste**	**avresti** sospeso	**avreste** sospeso
sospend**erebbe**	sospend**erebbero**	**avrebbe** sospeso	**avrebbero** sospeso
congiuntivo presente		**congiuntivo passato**	
sospend**a**	sospend**iamo**	**abbia** sospeso	**abbiamo** sospeso
sospend**a**	sospend**iate**	**abbia** sospeso	**abbiate** sospeso
sospend**a**	sospend**ano**	**abbia** sospeso	**abbiano** sospeso
congiuntivo imperfetto		**congiuntivo trapassato**	
sospend**essi**	sospend**essimo**	**avessi** sospeso	**avessimo** sospeso
sospend**essi**	sospend**este**	**avessi** sospeso	**aveste** sospeso
sospend**esse**	sospend**essero**	**avesse** sospeso	**avessero** sospeso

imperativo

	sospendiamo
sospendi;	sospendete
non sospendere	
sospenda	sospendano

S

to sustain, to support

sostenere

gerundio **sostenendo**   participio passato **sostenuto**

SINGULAR	PLURAL	SINGULAR	PLURAL

indicativo presente
sosteng**o**	sosten**iamo**
sostien**i**	sosten**ete**
sostien**e**	sosteng**ono**

passato prossimo
ho sostenuto	**abbiamo** sostenuto
hai sostenuto	**avete** sostenuto
ha sostenuto	**hanno** sostenuto

imperfetto
sostene**vo**	sostene**vamo**
sostene**vi**	sostene**vate**
sostene**va**	sostene**vano**

trapassato prossimo
avevo sostenuto	**avevamo** sostenuto
avevi sostenuto	**avevate** sostenuto
aveva sostenuto	**avevano** sostenuto

passato remoto
sosten**ni**	sosten**emmo**
sosten**esti**	sosten**este**
sosten**ne**	sosten**nero**

trapassato remoto
ebbi sostenuto	**avemmo** sostenuto
avesti sostenuto	**aveste** sostenuto
ebbe sostenuto	**ebbero** sostenuto

futuro semplice
sosterr**ò**	sosterr**emo**
sosterr**ai**	sosterr**ete**
sosterr**à**	sosterr**anno**

futuro anteriore
avrò sostenuto	**avremo** sostenuto
avrai sostenuto	**avrete** sostenuto
avrà sostenuto	**avranno** sostenuto

condizionale presente
sost**errei**	sost**erremmo**
sost**erresti**	sost**erreste**
sost**errebbe**	sost**errebbero**

condizionale passato
avrei sostenuto	**avremmo** sostenuto
avresti sostenuto	**avreste** sostenuto
avrebbe sostenuto	**avrebbero** sostenuto

congiuntivo presente
sosteng**a**	sosten**iamo**
sosteng**a**	sosten**iate**
sosteng**a**	sosteng**ano**

congiuntivo passato
abbia sostenuto	**abbiamo** sostenuto
abbia sostenuto	**abbiate** sostenuto
abbia sostenuto	**abbiano** sostenuto

congiuntivo imperfetto
sosten**essi**	soten**essimo**
sosten**essi**	soten**este**
sosten**esse**	soten**essero**

congiuntivo trapassato
avessi sostenuto	**avessimo** sostenuto
avessi sostenuto	**aveste** sostenuto
avesse sostenuto	**avessero** sostenuto

imperativo
	sosten**iamo**
sostien**i**;	sosten**ete**
non sostenere	
sosteng**a**	sosteng**ano**

S

sottomettere

to submit, to subject

gerundio **sottomettendo**   participio passato **sottomesso**

SINGULAR	PLURAL	SINGULAR	PLURAL

indicativo presente
sottomett**o**	sottomett**iamo**
sottomett**i**	sottomett**ete**
sottomett**e**	sottomett**ono**

passato prossimo
ho sottomesso	**abbiamo** sottomesso
hai sottomesso	**avete** sottomesso
ha sottomesso	**hanno** sottomesso

imperfetto
sottomette**vo**	sottomette**vamo**
sottomette**vi**	sottomette**vato**
sottomette**va**	sottomette**vano**

trapassato prossimo
avevo sottomesso	**avevamo** sottomesso
avevi sottomesso	**avevate** sottomesso
aveva sottomesso	**avevano** sottomesso

passato remoto
sottomis**i**	sottomett**emmo**
sottomett**esti**	sottomett**este**
sottomis**e**	sottomis**ero**

trapassato remoto
ebbi sottomesso	**avemmo** sottomesso
avesti sottomesso	**aveste** sottomesso
ebbe sottomesso	**ebbero** sottomesso

futuro semplice
sottometter**ò**	sottometter**emo**
sottometter**ai**	sottometter**ete**
sottometter**à**	sottometter**anno**

futuro anteriore
avrò sottomesso	**avremo** sottomesso
avrai sottomesso	**avrete** sottomesso
avrà sottomesso	**avranno** sottomesso

condizionale presente
sottomett**erei**	sottomett**eremmo**
sottomett**eresti**	sottomett**ereste**
sottomett**erebbe**	sottomett**erebbero**

condizionale passato
avrei sottomesso	**avremmo** sottomesso
avresti sottomesso	**avreste** sottomesso
avrebbe sottomesso	**avrebbero** sottomesso

congiuntivo presente
sottomett**a**	sottomett**iamo**
sottomett**a**	sottomett**iate**
sottomett**a**	sottomett**ano**

congiuntivo passato
abbia sottomesso	**abbiamo** sottomesso
abbia sottomesso	**abbiate** sottomesso
abbia sottomesso	**abbiano** sottomesso

congiuntivo imperfetto
sottomett**essi**	sottomett**essimo**
sottomett**essi**	sottomett**este**
sottomett**esse**	sottomett**essero**

congiuntivo trapassato
avessi sottomesso	**avessimo** sottomesso
avessi sottomesso	**aveste** sottomesso
avesse sottomesso	**avessero** sottomesso

imperativo
	sottomett**iamo**
sottometti;	sottomettete
non sottomettere	
sottometa	sottomettano

S

to subtract, to withdraw   sottrarre

SINGULAR	PLURAL	SINGULAR	PLURAL
indicativo presente		**passato prossimo**	
sottra**ggo**	sottra**iamo**	**ho** sottratto	**abbiamo** sottratto
sottra**i**	sottra**ete**	**hai** sottratto	**avete** sottratto
sottra**e**	sottra**ggono**	**ha** sottratto	**hanno** sottratto
imperfetto		**trapassato prossimo**	
sottrae**vo**	sottrae**vamo**	**avevo** sottratto	**avevamo** sottratto
sottrae**vi**	sottrae**vate**	**avevi** sottratto	**avevate** sottratto
sottrae**va**	sottrae**vano**	**aveva** sottratto	**avevano** sottratto
passato remoto		**trapassato remoto**	
sottra**ssi**	sottra**emmo**	**ebbi** sottratto	**avemmo** sottratto
sottra**esti**	sottra**este**	**avesti** sottratto	**aveste** sottratto
sottra**sse**	sottra**ssero**	**ebbe** sottratto	**ebbero** sottratto
futuro semplice		**futuro anteriore**	
sottrar**rò**	sottrar**remo**	**avrò** sottratto	**avremo** sottratto
sottrar**rai**	sottrar**rete**	**avrai** sottratto	**avrete** sottratto
sottrar**rà**	sottrar**ranno**	**avrà** sottratto	**avranno** sottratto
condizionale presente		**condizionale passato**	
sottra**rrei**	sottra**rremmo**	**avrei** sottratto	**avremmo** sottratto
sottra**rresti**	sottra**rreste**	**avresti** sottratto	**avreste** sottratto
sottra**rrebbe**	sottra**rrebbero**	**avrebbe** sottratto	**avrebbero** sottratto
congiuntivo presente		**congiuntivo passato**	
sottra**gga**	sottra**iamo**	**abbia** sottratto	**abbiamo** sottratto
sottra**gga**	sottra**iate**	**abbia** sottratto	**abbiate** sottratto
sottra**gga**	sottra**ggano**	**abbia** sottratto	**abbiano** sottratto
congiuntivo imperfetto		**congiuntivo trapassato**	
sottra**essi**	sottra**essimo**	**avessi** sottratto	**avessimo** sottratto
sottra**essi**	sottra**este**	**avessi** sottratto	**aveste** sottratto
sottra**esse**	sottra**essero**	**avesse** sottratto	**avessero** sottratto
imperativo			
	sottra**iamo**		
sottrai; non sottrarre	sottra**ete**		
sottra**gga**	sottra**ggano**		

S

spandere

to spread

SINGULAR	PLURAL	SINGULAR	PLURAL

indicativo presente

spand**o**	spand**iamo**
spand**i**	spand**ete**
spand**e**	spand**ono**

passato prossimo

ho spanso, spanto	**abbiamo** spanso, spanto
hai spanso, spanto	**avete** spanso, spanto
ha spanso, spanto	**hanno** spanso, spanto

imperfetto

spande**vo**	spande**vamo**
spande**vi**	spande**vate**
spande**va**	spande**vano**

trapassato prossimo

avevo spanso, spanto	**avevamo** spanso, spanto
avevi spanso, spanto	**avevate** spanso, spanto
aveva spanso, spanto	**avevano** spanso, spanto

passato remoto

spand**ei**	spand**emmo**
spand**esti**	spand**este**
spand**é**	spand**erono**

trapassato remoto

ebbi spanso, spanto	**avemmo** spanso, spanto
avesti spanso, spanto	**aveste** spanso, spanto
ebbe spanso, spanto	**ebbero** spanso, spanto

futuro semplice

spand**erò**	spand**eremo**
spand**erai**	spand**erete**
spand**erà**	spand**eranno**

futuro anteriore

avrò spanso, spanto	**avremo** spanso, spanto
avrai spanso, spanto	**avrete** spanso, spanto
avrà spanso, spanto	**avranno** spanso, spanto

condizionale presente

spand**erei**	spand**eremmo**
spand**eresti**	spand**ereste**
spand**erebbe**	spand**erebbero**

condizionale passato

avrei spanso, spanto	**avremmo** spanso, spanto
avresti spanso, spanto	**avreste** spanso, spanto
avrebbe spanso, spanto	**avrebbero** spanso, spanto

congiuntivo presente

spand**a**	spand**iamo**
spand**a**	spand**iate**
spand**a**	spand**ano**

congiuntivo passato

abbia spanso, spanto	**abbiamo** spanso, spanto
abbia spanso, spanto	**abbiate** spanso, spanto
abbia spanso, spanto	**abbiano** spanso, spanto

congiuntivo imperfetto

spand**essi**	spand**essimo**
spand**essi**	spand**este**
spand**esse**	spand**essero**

congiuntivo trapassato

avessi spanso, spanto	**avessimo** spanso, spanto
avessi spanso, spanto	**aveste** spanso, spanto
avesse spanso, spanto	**avessero** spanso, spanto

imperativo

	spandiamo
spandi; non spandere	spandete
spanda	spandano

S

to spread   spargere

gerundio **spargendo**   participio passato **sparso**

SINGULAR	PLURAL	SINGULAR	PLURAL

indicativo presente

spargo	spargiamo		
spargi	spargete		
sparge	spargono		

passato prossimo

ho sparso	abbiamo sparso
hai sparso	avete sparso
ha sparso	hanno sparso

imperfetto

spargevo	spargevamo
spargevi	spargevate
spargeva	spargevano

trapassato prossimo

avevo sparso	avevamo sparso
avevi sparso	avevate sparso
aveva sparso	avevano sparso

passato remoto

sparsi	spargemmo
spargesti	spargeste
sparse	sparsero

trapassato remoto

ebbi sparso	avemmo sparso
avesti sparso	aveste sparso
ebbe sparso	ebbero sparso

futuro semplice

spargerò	spargeremo
spargerai	spargerete
spargerà	spargeranno

futuro anteriore

avrò sparso	avremo sparso
avrai sparso	avrete sparso
avrà sparso	avranno sparso

condizionale presente

spargerei	spargeremmo
spargeresti	spargereste
spargerebbe	spargerebbero

condizionale passato

avrei sparso	avremmo sparso
avresti sparso	avreste sparso
avrebbe sparso	avrebbero sparso

congiuntivo presente

sparga	spargiamo
sparga	spargiate
sparga	spargano

congiuntivo passato

abbia sparso	abbiamo sparso
abbia sparso	abbiate sparso
abbia sparso	abbiano sparso

congiuntivo imperfetto

spargessi	spargessimo
spargessi	spargeste
spargesse	spargessero

congiuntivo trapassato

avessi sparso	avessimo sparso
avessi sparso	aveste sparso
avesse sparso	avessero sparso

imperativo

	spargiamo
spargi; non spargere	spargete
sparga	spargano

S

gerundio **spaventandosi**   participio passato **spaventatosi**

SINGULAR	PLURAL	SINGULAR	PLURAL

indicativo presente
mi spavent**o** — **ci** spavent**iamo**
ti spavent**i** — **vi** spavent**ate**
si spavent**a** — **si** spavent**ano**

passato prossimo
mi sono spaventato(a) — **ci siamo** spaventati(e)
ti sei spaventato(a) — **vi siete** spaventati(e)
si è spaventato(a) — **si sono** spaventati(e)

imperfetto
mi spaventa**vo** — **ci** spaventa**vamo**
ti spaventa**vi** — **vi** spaventa**vate**
si spaventa**va** — **si** spaventa**vano**

trapassato prossimo
mi ero spaventato(a) — **ci eravamo** spaventati(e)
ti eri spaventato(a) — **vi eravate** spaventati(e)
si era spaventato(a) — **si erano** spaventati(e)

passato remoto
mi spavent**ai** — **ci** spavent**ammo**
ti spavent**asti** — **vi** spavent**aste**
si spavent**ò** — **si** spavent**arono**

trapassato remoto
mi fui spaventato(a) — **ci fummo** spaventati(e)
ti fosti spaventato(a) — **vi foste** spaventati(e)
si fu spaventato(a) — **si furono** spaventati(e)

futuro semplice
mi spavent**erò** — **ci** spavent**eremo**
ti spavent**erai** — **vi** spavent**erete**
si spavent**erà** — **si** spavent**eranno**

futuro anteriore
mi sarò spaventato(a) — **ci saremo** spaventati(e)
ti sarai spaventato(a) — **vi sarete** spaventati(e)
si sarà spaventato(a) — **si saranno** spaventati(e)

condizionale presente
mi spavent**erei** — **ci** spavent**eremmo**
ti spavent**eresti** — **vi** spavent**ereste**
si spavent**erebbe** — **si** spavent**erebbero**

condizionale passato
mi sarei spaventato(a) — **ci saremmo** spaventati(e)
ti saresti spaventato(a) — **vi sareste** spaventati(e)
si sarebbe spaventato(a) — **si sarebbero** spaventati(e)

congiuntivo presente
mi spavent**i** — **ci** spavent**iamo**
ti spavent**i** — **vi** spavent**iate**
si spavent**i** — **si** spavent**ino**

congiuntivo passato
mi sia spaventato(a) — **ci siamo** spaventati(e)
ti sia spaventato(a) — **vi siate** spaventati(e)
si sia spaventato(a) — **si siano** spaventati(e)

congiuntivo imperfetto
mi spavent**assi** — **ci** spavent**assimo**
ti spavent**assi** — **vi** spavent**aste**
si spavent**asse** — **si** spavent**assero**

congiuntivo trapassato
mi fossi spaventato(a) — **ci fossimo** spaventati(e)
ti fossi spaventato(a) — **vi foste** spaventati(e)
si fosse spaventato(a) — **si fossero** spaventati(e)

imperativo
             spaventiamoci
spaventati;   spaventatevi
non spaventarti/
non ti spaventare
si spaventi   si spaventino

S

to send, to mail

gerundio **spedendo**   participio passato **spedito**

SINGULAR	PLURAL	SINGULAR	PLURAL
indicativo presente		**passato prossimo**	
spedisco	spediamo	ho spedito	abbiamo spedito
spedisci	spedite	hai spedito	avete spedito
spedisce	spediscono	ha spedito	hanno spedito
imperfetto		**trapassato prossimo**	
spedivo	spedivamo	avevo spedito	avevamo spedito
spedivi	spedivate	avevi spedito	avevate spedito
spediva	spedivano	aveva spedito	avevano spedito
passato remoto		**trapassato remoto**	
spedii	spedimmo	ebbi spedito	avemmo spedito
spedisti	spediste	avesti spedito	aveste spedito
spedì	spedirono	ebbe spedito	ebbero spedito
futuro semplice		**futuro anteriore**	
spedirò	spediremo	avrò spedito	avremo spedito
spedirai	spedirete	avrai spedito	avrete spedito
spedirà	spediranno	avrà spedito	avranno spedito
condizionale presente		**condizionale passato**	
spedirei	spediremmo	avrei spedito	avremmo spedito
spediresti	spedireste	avresti spedito	avreste spedito
spedirebbe	spedirebbero	avrebbe spedito	avrebbero spedito
congiuntivo presente		**congiuntivo passato**	
spedisca	spediamo	abbia spedito	abbiamo spedito
spedisca	spediate	abbia spedito	abbiate spedito
spedisca	spediscano	abbia spedito	abbiano spedito
congiuntivo imperfetto		**congiuntivo trapassato**	
spedissi	spedissimo	avessi spedito	avessimo spedito
spedissi	spediste	avessi spedito	aveste spedito
spedisse	spedissero	avesse spedito	avessero spedito
imperativo			
	spediamo		
spedisci; non spedire	spedite		
spedisca	spediscano		

S

spegnere   to turn off, to extinguish

gerundio **spegnendo**   participio passato **spento**

SINGULAR	PLURAL	SINGULAR	PLURAL
indicativo presente		**passato prossimo**	
spengo	spegniamo	**ho** spento	**abbiamo** spento
spegni	spegnete	**hai** spento	**avete** spento
spegne	spengono	**ha** spento	**hanno** spento
imperfetto		**trapassato prossimo**	
spegnevo	spegnevamo	**avevo** spento	**avevamo** spento
spegnevi	spegnevate	**avevi** spento	**avevate** spento
spegneva	spegnevano	**aveva** spento	**avevano** spento
passato remoto		**trapassato remoto**	
spensi	spegnemmo	**ebbi** spento	**avemmo** spento
spegnesti	spegneste	**avesti** spento	**aveste** spento
spense	spenserono	**ebbe** spento	**ebbero** spento
futuro semplice		**futuro anteriore**	
spegnerò	spegneremo	**avrò** spento	**avremo** spento
spegnerai	spegnerete	**avrai** spento	**avrete** spento
spegnerà	spegneranno	**avrà** spento	**avranno** spento
condizionale presente		**condizionale passato**	
spegnerei	spegneremmo	**avrei** spento	**avremmo** spento
spegneresti	spegnereste	**avresti** spento	**avreste** spento
spegnerebbe	spegnerebbero	**avrebbe** spento	**avrebbero** spento
congiuntivo presente		**congiuntivo passato**	
spenga	spegniamo	**abbia** spento	**abbiamo** spento
spenga	spegniate	**abbia** spento	**abbiate** spento
spenga	spengano	**abbia** spento	**abbiano** spento
congiuntivo imperfetto		**congiuntivo trapassato**	
spegnessi	spegnessimo	**avessi** spento	**avessimo** spento
spegnessi	spegneste	**avessi** spento	**aveste** spento
spegnesse	spegnessero	**avesse** spento	**avessero** spento
imperativo			
	spegniamo		
spegni; non spegnere	spegnete		
spenga	spengano		

S

to spend, to expend

spendere

SINGULAR	PLURAL	SINGULAR	PLURAL
indicativo presente		**passato prossimo**	
spend**o**	spend**iamo**	**ho** speso	**abbiamo** speso
spend**i**	spend**ete**	**hai** speso	**avete** speso
spend**e**	spend**ono**	**ha** speso	**hanno** speso
imperfetto		**trapassato prossimo**	
spend**evo**	spend**evamo**	**avevo** speso	**avevamo** speso
spend**evi**	spend**evate**	**avevi** speso	**avevate** speso
spend**eva**	spend**evano**	**aveva** speso	**avevano** speso
passato remoto		**trapassato remoto**	
spes**i**	spend**emmo**	**ebbi** speso	**avemmo** speso
spend**esti**	spend**este**	**avesti** speso	**aveste** speso
spes**e**	spes**erono**	**ebbe** speso	**ebbero** speso
futuro semplice		**futuro anterioro**	
spender**ò**	spender**emo**	**avrò** speso	**avremo** speso
spender**ai**	spender**ete**	**avrai** speso	**avrete** speso
spender**à**	spender**anno**	**avrà** speso	**avranno** speso
condizionale presente		**condizionale passato**	
spend**erei**	spend**eremmo**	**avrei** speso	**avremmo** speso
spend**eresti**	spend**ereste**	**avresti** speso	**avreste** speso
spend**erebbe**	spend**erebbero**	**avrebbe** speso	**avrebbero** speso
congiuntivo presente		**congiuntivo passato**	
spend**a**	spend**iamo**	**abbia** speso	**abbiamo** speso
spend**a**	spend**iate**	**abbia** speso	**abbiate** speso
spend**a**	spend**ano**	**abbia** speso	**abbiano** speso
congiuntivo imperfetto		**congiuntivo trapassato**	
spend**essi**	spend**essimo**	**avessi** speso	**avessimo** speso
spend**essi**	spend**este**	**avessi** speso	**aveste** speso
spend**esse**	spend**essero**	**avesse** speso	**avessero** speso
imperativo			
	spendiamo		
spendi; non spendere	spendete		
spenda	spendano		

S

spiegare   to explain

gerundio **spiegando**   participio passato **spiegato**

SINGULAR	PLURAL	SINGULAR	PLURAL
indicativo presente		**passato prossimo**	
spieg**o**	spiegh**iamo**	**ho** spiegato	**abbiamo** spiegato
spiegh**i**	spieg**ate**	**hai** spiegato	**avete** spiegato
spieg**a**	spieg**ano**	**ha** spiegato	**hanno** spiegato
imperfetto		**trapassato prossimo**	
spiega**vo**	spiega**vamo**	**avevo** spiegato	**avevamo** spiegato
spiega**vi**	spiega**vate**	**avevi** spiegato	**avevate** spiegato
spiega**va**	spiega**vano**	**aveva** spiegato	**avevano** spiegato
passato remoto		**trapassato remoto**	
spieg**ai**	spieg**ammo**	**ebbi** spiegato	**avemmo** spiegato
spieg**asti**	spieg**aste**	**avesti** spiegato	**aveste** spiegato
spieg**ò**	spieg**arono**	**ebbe** spiegato	**ebbero** spiegato
futuro semplice		**futuro anteriore**	
spiegher**ò**	spiegher**emo**	**avrò** spiegato	**avremo** spiegato
spiegher**ai**	spiegher**ete**	**avrai** spiegato	**avrete** spiegato
spiegher**à**	spiegher**anno**	**avrà** spiegato	**avranno** spiegato
condizionale presente		**condizionale passato**	
spiegh**erei**	spiegh**eremmo**	**avrei** spiegato	**avremmo** spiegato
spiegh**eresti**	spiegh**ereste**	**avresti** spiegato	**avreste** spiegato
spiegh**erebbe**	spiegh**erebbero**	**avrebbe** spiegato	**avrebbero** spiegato
congiuntivo presente		**congiuntivo passato**	
spiegh**i**	spiegh**iamo**	**abbia** spiegato	**abbiamo** spiegato
spiegh**i**	spiegh**iate**	**abbia** spiegato	**abbiate** spiegato
spiegh**i**	spiegh**ino**	**abbia** spiegato	**abbiano** spiegato
congiuntivo imperfetto		**congiuntivo trapassato**	
spieg**assi**	spieg**assimo**	**avessi** spiegato	**avessimo** spiegato
spieg**assi**	spieg**aste**	**avessi** spiegato	**aveste** spiegato
spieg**asse**	spieg**assero**	**avesse** spiegato	**avessero** spiegato
imperativo			
	spiegh**iamo**		
spieg**a**; non spieg**are**	spieg**ate**		
spiegh**i**	spiegh**ino**		

S

MUST KNOW VERB

to push   spingere

SINGULAR	PLURAL	SINGULAR	PLURAL
indicativo presente		**passato prossimo**	
sping**o**	sping**iamo**	**ho** spinto	**abbiamo** spinto
sping**i**	sping**ete**	**hai** spinto	**avete** spinto
sping**e**	sping**ono**	**ha** spinto	**hanno** spinto
imperfetto		**trapassato prossimo**	
sping**evo**	sping**evamo**	**avevo** spinto	**avevamo** spinto
sping**evi**	sping**evate**	**avevi** spinto	**avevate** spinto
sping**eva**	sping**evano**	**aveva** spinto	**avevano** spinto
passato remoto		**trapassato remoto**	
spins**i**	sping**emmo**	**ebbi** spinto	**avemmo** spinto
sping**esti**	sping**este**	**avesti** spinto	**aveste** spinto
spins**e**	spins**erono**	**ebbe** spinto	**ebbero** spinto
futuro semplice		**futuro anteriore**	
spinger**ò**	spinger**emo**	**avrò** spinto	**avremo** spinto
spinger**ai**	spinger**ete**	**avrai** spinto	**avrete** spinto
spinger**à**	spinger**anno**	**avrà** spinto	**avranno** spinto
condizionale presente		**condizionale passato**	
sping**erei**	sping**eremmo**	**avrei** spinto	**avremmo** spinto
sping**eresti**	sping**ereste**	**avresti** spinto	**avreste** spinto
sping**erebbe**	sping**erebbero**	**avrebbe** spinto	**avrebbero** spinto
congiuntivo presente		**congiuntivo passato**	
sping**a**	sping**iamo**	**abbia** spinto	**abbiamo** spinto
sping**a**	sping**iate**	**abbia** spinto	**abbiate** spinto
sping**a**	sping**ano**	**abbia** spinto	**abbiano** spinto
congiuntivo imperfetto		**congiuntivo trapassato**	
sping**essi**	sping**essimo**	**avessi** spinto	**avessimo** spinto
sping**essi**	sping**este**	**avessi** spinto	**aveste** spinto
sping**esse**	sping**essero**	**avesse** spinto	**avessero** spinto
imperativo			
	spingiamo		
spingi; non spingere	spingete		
spinga	spingano		

S

gerundio **sporcando** participio passato **sporcato**

SINGULAR	PLURAL	SINGULAR	PLURAL
indicativo presente		**passato prossimo**	
sporco	sporchiamo	**ho** sporcato	**abbiamo** sporcato
sporchi	sporcate	**hai** sporcato	**avete** sporcato
sporca	sporcano	**ha** sporcato	**hanno** sporcato
imperfetto		**trapassato prossimo**	
sporcavo	sporcavamo	**avevo** sporcato	**avevamo** sporcato
sporcavi	sporcavate	**avevi** sporcato	**avevate** sporcato
sporcava	sporcavano	**aveva** sporcato	**avevano** sporcato
passato remoto		**trapassato remoto**	
sporcai	sporcammo	**ebbi** sporcato	**avemmo** sporcato
sporcasti	sporcaste	**avesti** sporcato	**aveste** sporcato
sporcò	sporcarono	**ebbe** sporcato	**ebbero** sporcato
futuro semplice		**futuro anteriore**	
sporcherò	sporcheremo	**avrò** sporcato	**avremo** sporcato
sporcherai	sporcherete	**avrai** sporcato	**avrete** sporcato
sporcherà	sporcheranno	**avrà** sporcato	**avranno** sporcato
condizionale presente		**condizionale passato**	
sporcherei	sporcheremmo	**avrei** sporcato	**avremmo** sporcato
sporcheresti	sporchereste	**avresti** sporcato	**avreste** sporcato
sporcherebbe	sporcherebbero	**avrebbe** sporcato	**avrebbero** sporcato
congiuntivo presente		**congiuntivo passato**	
sporchi	sporchiamo	**abbia** sporcato	**abbiamo** sporcato
sporchi	sporchiate	**abbia** sporcato	**abbiate** sporcato
sporchi	sporchino	**abbia** sporcato	**abbiano** sporcato
congiuntivo imperfetto		**congiuntivo trapassato**	
sporcassi	sporcassimo	**avessi** sporcato	**avessimo** sporcato
sporcassi	sporcaste	**avessi** sporcato	**aveste** sporcato
sporcasse	sporcassero	**avesse** sporcato	**avessero** sporcato
imperativo			
	sporchiamo		
sporca; non sporcare	sporcate		
sporchi	sporchino		

S

to marry

sposare

participio passato **sposato**

SINGULAR	PLURAL	SINGULAR	PLURAL
indicativo presente		**passato prossimo**	
sposo	sposiamo	**ho** sposato	**abbiamo** sposato
sposi	sposate	**hai** sposato	**avete** sposato
sposa	sposano	**ha** sposato	**hanno** sposato
imperfetto		**trapassato prossimo**	
sposavo	sposavamo	**avevo** sposato	**avevamo** sposato
sposavi	sposavate	**avevi** sposato	**avevate** sposato
sposava	sposavano	**aveva** sposato	**avevano** sposato
passato remoto		**trapassato remoto**	
sposai	sposammo	**ebbi** sposato	**avemmo** sposato
sposasti	sposaste	**avesti** sposato	**aveste** sposato
sposò	sposarono	**ebbe** sposato	**ebbero** sposato
futuro semplice		**futuro anteriore**	
sposerò	sposeremo	**avrò** sposato	**avremo** sposato
sposerai	sposerete	**avrai** sposato	**avrete** sposato
sposerà	sposeranno	**avrà** sposato	**avranno** sposato
condizionale presente		**condizionale passato**	
sposerei	sposeremmo	**avrei** sposato	**avremmo** sposato
sposeresti	sposereste	**avresti** sposato	**avreste** sposato
sposerebbe	sposerebbero	**avrebbe** sposato	**avrebbero** sposato
congiuntivo presente		**congiuntivo passato**	
sposi	sposiamo	**abbia** sposato	**abbiamo** sposato
sposi	sposiate	**abbia** sposato	**abbiate** sposato
sposi	sposino	**abbia** sposato	**abbiano** sposato
congiuntivo imperfetto		**congiuntivo trapassato**	
sposassi	sposassimo	**avessi** sposato	**avessimo** sposato
sposassi	sposaste	**avessi** sposato	**aveste** sposato
sposasse	sposassero	**avesse** sposato	**avessero** sposato
imperativo			
	sposiamo		
sposa; non sposare	sposate		
sposi	sposino		

S

sposarsi

to get married

SINGULAR	PLURAL	SINGULAR	PLURAL
indicativo presente		**passato prossimo**	
mi sposo	**ci** sposiamo	**mi sono** sposato(a)	**ci siamo** sposati(e)
ti sposi	**vi** sposate	**ti sei** sposato(a)	**vi siete** sposati(e)
si sposa	**si** sposano	**si è** sposato(a)	**si sono** sposati(e)
imperfetto		**trapassato prossimo**	
mi sposavo	**ci** sposavamo	**mi ero** sposato(a)	**ci eravamo** sposati(e)
ti sposavi	**vi** sposavate	**ti eri** sposato(a)	**vi eravate** sposati(e)
si sposava	**si** sposavano	**si era** sposato(a)	**si erano** sposati(e)
passato remoto		**trapassato remoto**	
mi sposai	**ci** sposammo	**mi fui** sposato(a)	**ci fummo** sposati(e)
ti sposasti	**vi** sposaste	**ti fosti** sposato(a)	**vi foste** sposati(e)
si sposò	**si** sposarono	**si fu** sposato(a)	**si furono** sposati(e)
futuro semplice		**futuro anteriore**	
mi sposerò	**ci** sposeremo	**mi sarò** sposato(a)	**ci saremo** sposati(e)
ti sposerai	**vi** sposerete	**ti sarai** sposato(a)	**vi sarete** sposati(e)
si sposerà	**si** sposeranno	**si sarà** sposato(a)	**si saranno** sposati(e)
condizionale presente		**condizionale passato**	
mi sposerei	**ci** sposeremmo	**mi sarei** sposato(a)	**ci saremmo** sposati(e)
ti sposeresti	**vi** sposereste	**ti saresti** sposato(a)	**vi sareste** sposati(e)
si sposerebbe	**si** sposerebbero	**si sarebbe** sposato(a)	**si sarebbero** sposati(e)
congiuntivo presente		**congiuntivo passato**	
mi sposi	**ci** sposiamo	**mi sia** sposato(a)	**ci siamo** sposati(e)
ti sposi	**vi** sposiate	**ti sia** sposato(a)	**vi siate** sposati(e)
si sposi	**si** sposino	**si sia** sposato(a)	**si siano** sposati(e)
congiuntivo imperfetto		**congiuntivo trapassato**	
mi sposassi	**ci** sposassimo	**mi fossi** sposato(a)	**ci fossimo** sposati(e)
ti sposassi	**vi** sposaste	**ti fossi** sposato(a)	**vi foste** sposati(e)
si sposasse	**si** sposassero	**si fosse** sposato(a)	**si fossero** sposati(e)

imperativo

	sposiamoci
sposati;	sposatevi
non sposarti/	
non ti sposare	
si sposi	si sposino

S

to move, to move over   spostare

SINGULAR	PLURAL	SINGULAR	PLURAL
indicativo presente		**passato prossimo**	
spost**o**	spost**iamo**	**ho** spostato	**abbiamo** spostato
spost**i**	spost**ate**	**hai** spostato	**avete** spostato
spost**a**	spost**ano**	**ha** spostato	**hanno** spostato
imperfetto		**trapassato prossimo**	
sposta**vo**	sposta**vamo**	**avevo** spostato	**avevamo** spostato
sposta**vi**	sposta**vate**	**avevi** spostato	**avevate** spostato
sposta**va**	sposta**vano**	**aveva** spostato	**avevano** spostato
passato remoto		**trapassato remoto**	
spost**ai**	spost**ammo**	**ebbi** spostato	**avemmo** spostato
spost**asti**	spost**aste**	**avesti** spostato	**aveste** spostato
spost**ò**	spost**arono**	**ebbe** spostato	**ebbero** spostato
futuro semplice		**futuro anteriore**	
sposter**ò**	sposter**emo**	**avrò** spostato	**avremo** spostato
sposter**ai**	sposter**ete**	**avrai** spostato	**avrete** spostato
sposter**à**	sposter**anno**	**avrà** spostato	**avranno** spostato
condizionale presente		**condizionale passato**	
sposter**ei**	sposter**emmo**	**avrei** spostato	**avremmo** spostato
sposter**esti**	sposter**este**	**avresti** spostato	**avreste** spostato
sposter**ebbe**	sposter**ebbero**	**avrebbe** spostato	**avrebbero** spostato
congiuntivo presente		**congiuntivo passato**	
spost**i**	spost**iamo**	**abbia** spostato	**abbiamo** spostato
spost**i**	spost**iate**	**abbia** spostato	**abbiate** spostato
spost**i**	spost**ino**	**abbia** spostato	**abbiano** spostato
congiuntivo imperfetto		**congiuntivo trapassato**	
spost**assi**	spost**assimo**	**avessi** spostato	**avessimo** spostato
spost**assi**	spost**aste**	**avessi** spostato	**aveste** spostato
spost**asse**	spost**assero**	**avesse** spostato	**avessero** spostato
imperativo			
	spost**iamo**		
sposta; non spostare	spost**ate**		
spost**i**	spost**ino**		

S

stabilire   to establish, to set

SINGULAR	PLURAL	SINGULAR	PLURAL

indicativo presente

		passato prossimo	
stabilisco	stabiliamo	**ho** stabilito	**abbiamo** stabilito
stabilisci	stabilite	**hai** stabilito	**avete** stabilito
stabilisce	stabiliscono	**ha** stabilito	**hanno** stabilito

imperfetto

		trapassato prossimo	
stabilivo	stabilivamo	**avevo** stabilito	**avevamo** stabilito
stabilivi	stabilivate	**avevi** stabilito	**avevate** stabilito
stabiliva	stabilivano	**aveva** stabilito	**avevano** stabilito

passato remoto

		trapassato remoto	
stabilii	stabilimmo	**ebbi** stabilito	**avemmo** stabilito
stabilisti	stabiliste	**avesti** stabilito	**aveste** stabilito
stabilì	stabilirono	**ebbe** stabilito	**ebbero** stabilito

futuro semplice

		futuro anteriore	
stabilirò	stabiliremo	**avrò** stabilito	**avremo** stabilito
stabilirai	stabilirete	**avrai** stabilito	**avrete** stabilito
stabilirà	stabiliranno	**avrà** stabilito	**avranno** stabilito

condizionale presente

		condizionale passato	
stabilirei	stabiliremmo	**avrei** stabilito	**avremmo** stabilito
stabiliresti	stabilireste	**avresti** stabilito	**avreste** stabilito
stabilirebbe	stabilirebbero	**avrebbe** stabilito	**avrebbero** stabilito

congiuntivo presente

		congiuntivo passato	
stabilisca	stabiliamo	**abbia** stabilito	**abbiamo** stabilito
stabilisca	stabiliate	**abbia** stabilito	**abbiate** stabilito
stabilisca	stabiliscano	**abbia** stabilito	**abbiano** stabilito

congiuntivo imperfetto

		congiuntivo trapassato	
stabilissi	stabilissimo	**avessi** stabilito	**avessimo** stabilito
stabilissi	stabiliste	**avessi** stabilito	**aveste** stabilito
stabilisse	stabilissero	**avesse** stabilito	**avessero** stabilito

imperativo

	stabiliamo
stabilisci; non stabilire	stabilite
stabilisca	stabiliscano

S

gerundio **stando**   participio passato **stato**

SINGULAR	PLURAL	SINGULAR	PLURAL

indicativo presente

		passato prossimo	
st**o**	st**iamo**	**sono** stato(a)	**siamo** stati(e)
st**ai**	st**ate**	**sei** stato(a)	**siete** stati(e)
st**a**	st**anno**	**è** stato(a)	**sono** stati(e)

imperfetto

		trapassato prossimo	
sta**vo**	sta**vamo**	**ero** stato(a)	**eravamo** stati(e)
sta**vi**	sta**vate**	**eri** stato(a)	**eravate** stati(e)
sta**va**	sta**vano**	**era** stato(a)	**erano** stati(e)

passato remoto

		trapassato remoto	
st**etti**	st**emmo**	**fui** stato(a)	**fummo** stati(e)
st**esti**	st**este**	**fossti** stato(a)	**fosste** stati(e)
st**ette**	st**ettero**	**fu** stato(a)	**furono** stati(e)

futuro semplice

		futuro anteriore	
star**ò**	star**emo**	**sarò** stato(a)	**saremo** stati(e)
star**ai**	star**ete**	**sarai** stato(a)	**sarete** stati(e)
star**à**	star**anno**	**sarà** stato(a)	**saranno** stati(e)

condizionale presente

		condizionale passato	
st**arei**	st**aremmo**	**sarei** stato(a)	**saremmo** stati(e)
st**aresti**	st**areste**	**saresti** stato(a)	**sareste** stati(e)
st**arebbe**	st**arebbero**	**sarebbe** stato(a)	**sarebbero** stati(e)

congiuntivo presente

		congiuntivo passato	
st**ia**	st**iamo**	**sia** stato(a)	**siamo** stati(e)
st**ia**	st**iate**	**sia** stato(a)	**siate** stati(e)
st**ia**	st**iano**	**sia** stato(a)	**siano** stati(e)

congiuntivo imperfetto

		congiuntivo trapassato	
st**essi**	st**essimo**	**fossi** stato(a)	**fossimo** stati(e)
st**essi**	st**este**	**fossi** stato(a)	**foste** stati(e)
st**esse**	st**essero**	**fosse** stato(a)	**fossero** stati(e)

imperativo

	stiamo
sta'/stai; non stare	state
stia	stiano

S

MUST KNOW VERB

stendere

to spread, to extend

gerundio **stendendo**   participio passato **steso**

SINGULAR	PLURAL	SINGULAR	PLURAL
indicativo presente		**passato prossimo**	
stend**o**	stend**iamo**	**ho** steso	**abbiamo** steso
stend**i**	stend**ete**	**hai** steso	**avete** steso
stend**e**	stend**ono**	**ha** steso	**hanno** steso
imperfetto		**trapassato prossimo**	
stend**evo**	stend**evamo**	**avevo** steso	**avevamo** steso
stend**evi**	stend**evate**	**avevi** steso	**avevate** steso
stend**eva**	stend**evano**	**aveva** steso	**avevano** steso
passato remoto		**trapassato remoto**	
stes**i**	stend**emmo**	**ebbi** steso	**avemmo** steso
stend**esti**	stend**este**	**avesti** steso	**aveste** steso
stes**e**	stes**ero**	**ebbe** steso	**ebbero** steso
futuro semplice		**futuro anteriore**	
stender**ò**	stender**emo**	**avrò** steso	**avremo** steso
stender**ai**	stender**ete**	**avrai** steso	**avrete** steso
stender**à**	stender**anno**	**avrà** steso	**avranno** steso
condizionale presente		**condizionale passato**	
stend**erei**	stend**eremmo**	**avrei** steso	**avremmo** steso
stend**eresti**	stend**ereste**	**avresti** steso	**avreste** steso
stend**erebbe**	stend**erebbero**	**avrebbe** steso	**avrebbero** steso
congiuntivo presente		**congiuntivo passato**	
stend**a**	stend**iamo**	**abbia** steso	**abbiamo** steso
stend**a**	stend**iate**	**abbia** steso	**abbiate** steso
stend**a**	stend**ano**	**abbia** steso	**abbiano** steso
congiuntivo imperfetto		**congiuntivo trapassato**	
stend**essi**	stend**essimo**	**avessi** steso	**avessimo** steso
stend**essi**	stend**este**	**avessi** steso	**aveste** steso
stend**esse**	stend**essero**	**avesse** steso	**avessero** steso
imperativo			
	stendiamo		
stendi; non stendere	stendete		
stenda	stendano		

S

to press, to squeeze | stringere

SINGULAR	PLURAL	SINGULAR	PLURAL
indicativo presente		**passato prossimo**	
string**o**	string**iamo**	**ho** stretto	**abbiamo** stretto
string**i**	string**ete**	**hai** stretto	**avete** stretto
string**e**	string**ono**	**ha** stretto	**hanno** stretto
imperfetto		**trapassato prossimo**	
stringe**vo**	stringe**vamo**	**avevo** stretto	**avevamo** stretto
stringe**vi**	stringe**vate**	**avevi** stretto	**avevate** stretto
stringe**va**	stringe**vano**	**aveva** stretto	**avevano** stretto
passato remoto		**trapassato remoto**	
strins**i**	string**emmo**	**ebbi** stretto	**avemmo** stretto
string**esti**	string**este**	**avesti** stretto	**aveste** stretto
strins**e**	strins**ero**	**ebbe** stretto	**ebbero** stretto
futuro semplice		**futuro anteriore**	
stringer**ò**	stringer**emo**	**avrò** stretto	**avremo** stretto
stringer**ai**	stringer**ete**	**avrai** stretto	**avrete** stretto
stringer**à**	stringer**anno**	**avrà** stretto	**avranno** stretto
condizionale presente		**condizionale passato**	
stringer**ei**	stringer**emmo**	**avrei** stretto	**avremmo** stretto
stringer**esti**	stringer**este**	**avresti** stretto	**avreste** stretto
stringer**ebbe**	stringer**ebbero**	**avrebbe** stretto	**avrebbero** stretto
congiuntivo presente		**congiuntivo passato**	
string**a**	string**iamo**	**abbia** stretto	**abbiamo** stretto
string**a**	string**iate**	**abbia** stretto	**abbiate** stretto
string**a**	string**ano**	**abbia** stretto	**abbiano** stretto
congiuntivo imperfetto		**congiuntivo trapassato**	
string**essi**	string**essimo**	**avessi** stretto	**avessimo** stretto
string**essi**	string**este**	**avessi** stretto	**aveste** stretto
string**esse**	string**essero**	**avesse** stretto	**avessero** stretto
imperativo			
	string**iamo**		
string**i**; non string**ere**	string**ete**		
string**a**	string**ano**		

S

studiare   to study

SINGULAR	PLURAL	SINGULAR	PLURAL
indicativo presente		**passato prossimo**	
studio	studiamo	**ho** studiato	**abbiamo** studiato
studi	studiate	**hai** studiato	**avete** studiato
studia	studiano	**ha** studiato	**hanno** studiato
imperfetto		**trapassato prossimo**	
studiavo	studiavamo	**avevo** studiato	**avevamo** studiato
studiavi	studiavate	**avevi** studiato	**avevate** studiato
studiava	studiavano	**aveva** studiato	**avevano** studiato
passato remoto		**trapassato remoto**	
studiai	studiammo	**ebbi** studiato	**avemmo** studiato
studiasti	studiaste	**avesti** studiato	**aveste** studiato
studiò	studiarono	**ebbe** studiato	**ebbero** studiato
futuro semplice		**futuro anteriore**	
studierò	studieremo	**avrò** studiato	**avremo** studiato
studierai	studierete	**avrai** studiato	**avrete** studiato
studierà	studieranno	**avrà** studiato	**avranno** studiato
condizionale presente		**condizionale passato**	
studierei	studieremmo	**avrei** studiato	**avremmo** studiato
studieresti	studiereste	**avresti** studiato	**avreste** studiato
studierebbe	studierebbero	**avrebbe** studiato	**avrebbero** studiato
congiuntivo presente		**congiuntivo passato**	
studi	studiamo	**abbia** studiato	**abbiamo** studiato
studi	studiate	**abbia** studiato	**abbiate** studiato
studi	studino	**abbia** studiato	**abbiano** studiato
congiuntivo imperfetto		**congiuntivo trapassato**	
studiassi	studiassimo	**avessi** studiato	**avessimo** studiato
studiassi	studiaste	**avessi** studiato	**aveste** studiato
studiasse	studiassero	**avesse** studiato	**avessero** studiato
imperativo			
	studiamo		
studia; non studiare	studiate		
studi	studino		

S

to happen, to occur   succedere

SINGULAR	PLURAL	SINGULAR	PLURAL

indicativo presente
succed**e**   succed**ono**

passato prossimo
è successo(a)   **sono** successi(e)

imperfetto
succed**eva**   succed**evano**

trapassato prossimo
era successo(a)   **erano** successi(e)

passato remoto
success**e**   success**ero**

trapassato remoto
fu successo(a)   **furono** successi(e)

futuro semplice
succeder**à**   succeder**anno**

futuro anteriore
sarà successo(a)   **saranno** successi(e)

condizionale presente
succed**erebbe**   succed**erebbero**

condizionale passato
sarebbe successo(a)   **sarebbero** successi(e)

congiuntivo presente
succed**a**   succed**ano**

congiuntivo passato
sia successo(a)   **siano** successi(e)

congiuntivo imperfetto
succed**esse**   succed**essero**

congiuntivo trapassato
fosse successo(a)   **fossero** successi(e)

S

MEMORY TIP
Success was destined to **occur**.

suggerire   to suggest, to advise

gerundio **suggerendo**   participio passato **suggerito**

SINGULAR	PLURAL	SINGULAR	PLURAL

indicativo presente

		passato prossimo	
suggerisc**o**	suggeri**amo**	**ho** suggerito	**abbiamo** suggerito
suggerisc**i**	sugger**ite**	**hai** suggerito	**avete** suggerito
suggerisc**e**	suggerisc**ono**	**ha** suggerito	**hanno** suggerito

imperfetto

		trapassato prossimo	
suggeri**vo**	suggeri**vamo**	**avevo** suggerito	**avevamo** suggerito
suggeri**vi**	suggeri**vate**	**avevi** suggerito	**avevate** suggerito
suggeri**va**	suggeri**vano**	**aveva** suggerito	**avevano** suggerito

passato remoto

		trapassato remoto	
suggeri**i**	suggeri**mmo**	**ebbi** suggerito	**avemmo** suggerito
suggeri**sti**	suggeri**ste**	**avesti** suggerito	**aveste** suggerito
suggerì	suggeri**rono**	**ebbe** suggerito	**ebbero** suggerito

futuro semplice

		futuro anteriore	
suggerir**ò**	suggerir**emo**	**avrò** suggerito	**avremo** suggerito
suggerir**ai**	suggerir**ete**	**avrai** suggerito	**avrete** suggerito
suggerir**à**	suggerir**anno**	**avrà** suggerito	**avranno** suggerito

condizionale presente

		condizionale passato	
sugger**irei**	sugger**iremmo**	**avrei** suggerito	**avremmo** suggerito
sugger**iresti**	sugger**ireste**	**avresti** suggerito	**avreste** suggerito
sugger**irebbe**	sugger**irebbero**	**avrebbe** suggerito	**avrebbero** suggerito

congiuntivo presente

		congiuntivo passato	
suggerisc**a**	suggeri**amo**	**abbia** suggerito	**abbiamo** suggerito
suggerisc**a**	suggeri**ate**	**abbia** suggerito	**abbiate** suggerito
suggerisc**a**	suggerisc**ano**	**abbia** suggerito	**abbiano** suggerito

congiuntivo imperfetto

		congiuntivo trapassato	
sugger**issi**	sugger**issimo**	**avessi** suggerito	**avessimo** suggerito
sugger**issi**	sugger**iste**	**avessi** suggerito	**aveste** suggerito
sugger**isse**	sugger**issero**	**avesse** suggerito	**avessero** suggerito

imperativo

	suggeri**amo**
suggerisc**i**;	sugger**ite**
non suggerire	
suggerisc**a**	suggerisc**ano**

S

to ring, to play (an instrument)   suonare

SINGULAR	PLURAL	SINGULAR	PLURAL
indicativo presente		**passato prossimo**	
suono	suoniamo	**ho** suonato	**abbiamo** suonato
suoni	suonate	**hai** suonato	**avete** suonato
suona	suonano	**ha** suonato	**hanno** suonato
imperfetto		**trapassato prossimo**	
suonavo	suonavamo	**avevo** suonato	**avevamo** suonato
suonavi	suonavate	**avevi** suonato	**avevate** suonato
suonava	suonavano	**aveva** suonato	**avevano** suonato
passato remoto		**trapassato remoto**	
suonai	suonammo	**ebbi** suonato	**avemmo** suonato
suonasti	suonaste	**avesti** suonato	**aveste** suonato
suonò	suonarono	**ebbe** suonato	**ebbero** suonato
futuro semplice		**futuro anteriore**	
suonerò	suoneremo	**avrò** suonato	**avremo** suonato
suonerai	suonerete	**avrai** suonato	**avrete** suonato
suonerà	suoneranno	**avrà** suonato	**avranno** suonato
condizionale presente		**condizionale passato**	
suonerei	suoneremmo	**avrei** suonato	**avremmo** suonato
suoneresti	suonereste	**avresti** suonato	**avreste** suonato
suonerebbe	suonerebbero	**avrebbe** suonato	**avrebbero** suonato
congiuntivo presente		**congiuntivo passato**	
suoni	suoniamo	**abbia** suonato	**abbiamo** suonato
suoni	suoniate	**abbia** suonato	**abbiate** suonato
suoni	suonino	**abbia** suonato	**abbiano** suonato
congiuntivo imperfetto		**congiuntivo trapassato**	
suonassi	suonassimo	**avessi** suonato	**avessimo** suonato
suonassi	suonaste	**avessi** suonato	**aveste** suonato
suonasse	suonassero	**avesse** suonato	**avessero** suonato
imperativo			
	suoniamo		
suona; non suonare	suonate		
suoni	suonino		

S

supporre

to suppose, to assume

gerundio **supponendo**

participio passato **supposto**

SINGULAR	PLURAL	SINGULAR	PLURAL
indicativo presente		**passato prossimo**	
suppon**go**	suppon**iamo**	**ho** supposto	**abbiamo** supposto
suppon**i**	suppon**ete**	**hai** supposto	**avete** supposto
suppon**e**	suppon**gono**	**ha** supposto	**hanno** supposto
imperfetto		**trapassato prossimo**	
suppone**vo**	suppone**vamo**	**avevo** supposto	**avevamo** supposto
suppone**vi**	suppone**vate**	**avevi** supposto	**avevate** supposto
suppone**va**	suppone**vano**	**aveva** supposto	**avevano** supposto
passato remoto		**trapassato remoto**	
suppo**si**	suppon**emmo**	**ebbi** supposto	**avemmo** supposto
suppon**esti**	suppon**este**	**avesti** supposto	**aveste** supposto
suppo**se**	suppo**sero**	**ebbe** supposto	**ebbero** supposto
futuro semplice		**futuro anteriore**	
supporr**ò**	supporr**emo**	**avrò** supposto	**avremo** supposto
supporr**ai**	supporr**ete**	**avrai** supposto	**avrete** supposto
supporr**à**	supporr**anno**	**avrà** supposto	**avranno** supposto
condizionale presente		**condizionale passato**	
supp**orrei**	supp**orremmo**	**avrei** supposto	**avremmo** supposto
supp**orresti**	supp**orreste**	**avresti** supposto	**avreste** supposto
supp**orrebbe**	supp**orrebbero**	**avrebbe** supposto	**avrebbero** supposto
congiuntivo presente		**congiuntivo passato**	
suppon**ga**	suppon**iamo**	**abbia** supposto	**abbiamo** supposto
suppon**ga**	suppon**iate**	**abbia** supposto	**abbiate** supposto
suppon**ga**	suppon**gano**	**abbia** supposto	**abbiano** supposto
congiuntivo imperfetto		**congiuntivo trapassato**	
suppon**essi**	suppon**essimo**	**avessi** supposto	**avessimo** supposto
suppon**essi**	suppon**este**	**avessi** supposto	**aveste** supposto
suppon**esse**	suppon**essero**	**avesse** supposto	**avessero** supposto
imperativo			
	suppon**iamo**		
supponi;	suppon**ete**		
non supporre			
suppon**ga**	suppon**igano**		

S

to disappear   svanire

SINGULAR	PLURAL	SINGULAR	PLURAL

indicativo presente

		passato prossimo	
svanisco	svaniamo	sono svanito(a)	siamo svaniti(e)
svanisci	svanite	sei svanito(a)	siete svaniti(e)
svanisce	svaniscono	è svanito(a)	sono svaniti(e)

imperfetto / **trapassato prossimo**

svanivo	svanivamo	ero svanito(a)	eravamo svaniti(e)
svanivi	svanivate	eri svanito(a)	eravate svaniti(e)
svaniva	svanivano	era svanito(a)	erano svaniti(e)

passato remoto / **trapassato remoto**

svanii	svanimmo	fui svanito(a)	fummo svaniti(e)
svanisti	svaniste	fosti svanito(a)	foste svaniti(e)
svanì	svanirono	fu svanito(a)	furono svaniti(e)

futuro semplice / **futuro anteriore**

svanirò	svaniremo	sarò svanito(a)	saremo svaniti(e)
svanirai	svanirete	sarai svanito(a)	sarete svaniti(e)
svanirà	svaniranno	sarà svanito(a)	saranno svaniti(e)

condizionale presente / **condizionale passato**

svanirei	svaniremmo	sarei svanito(a)	saremmo svaniti(e)
svaniresti	svanireste	saresti svanito(a)	sareste svaniti(e)
svanirebbe	svanirebbero	sarebbe svanito(a)	sarebbero svaniti(e)

congiuntivo presente / **congiuntivo passato**

svanisca	svaniamo	sia svanito(a)	siamo svaniti(e)
svanisca	svaniate	sia svanito(a)	siate svaniti(e)
svanisca	svaniscano	sia svanito(a)	siano svaniti(e)

congiuntivo imperfetto / **congiuntivo trapassato**

svanissi	svanissimo	fossi svanito(a)	fossimo svaniti(e)
svanissi	svaniste	fossi svanito(a)	foste svaniti(e)
svanisse	svanissero	fosse svanito(a)	fossero svaniti(e)

imperativo

	svaniamo
svanisci; non svanire	svanite
svanisca	svaniscano

S

gerundio **svegliando**   participio passato **svegliato**

SINGULAR	PLURAL	SINGULAR	PLURAL

indicativo presente

		passato prossimo	
sveglio	svegliamo	**ho** svegliato	**abbiamo** svegliato
svegli	svegliate	**hai** svegliato	**avete** svegliato
sveglia	svegliano	**ha** svegliato	**hanno** svegliato

imperfetto

		trapassato prossimo	
svegliavo	svegliavamo	**avevo** svegliato	**avevamo** svegliato
svegliavi	svegliavate	**avevi** svegliato	**avevate** svegliato
svegliava	svegliavano	**aveva** svegliato	**avevano** svegliato

passato remoto

		trapassato remoto	
svegliai	svegliammo	**ebbi** svegliato	**avemmo** svegliato
svegliasti	svegliaste	**avesti** svegliato	**aveste** svegliato
svegliò	svegliarono	**ebbe** svegliato	**ebbero** svegliato

futuro semplice

		futuro anteriore	
sveglierò	sveglieremo	**avrò** svegliato	**avremo** svegliato
sveglierai	sveglierete	**avrai** svegliato	**avrete** svegliato
sveglierà	svegleranno	**avrà** svegliato	**avranno** svegliato

condizionale presente

		condizionale passato	
sveglierei	sveglieremmo	**avrei** svegliato	**avremmo** svegliato
sveglieresti	svegliereste	**avresti** svegliato	**avreste** svegliato
sveglierebbe	sveglierebbero	**avrebbe** svegliato	**avrebbero** svegliato

congiuntivo presente

		congiuntivo passato	
svegli	svegliamo	**abbia** svegliato	**abbiamo** svegliato
svegli	svegliate	**abbia** svegliato	**abbiate** svegliato
svegli	sveglino	**abbia** svegliato	**abbiano** svegliato

congiuntivo imperfetto

		congiuntivo trapassato	
svegliassi	svegliassimo	**avessi** svegliato	**avessimo** svegliato
svegliassi	svegliaste	**avessi** svegliato	**aveste** svegliato
svegliasse	svegliassero	**avesse** svegliato	**avessero** svegliato

imperativo

	svegliamo
sveglia; non svegliare	svegliate
svegli	sveglino

S

to wake up   svegliarsi

gerundio **svegliandosi**   participio passato **svegliatosi**

SINGULAR	PLURAL	SINGULAR	PLURAL

indicativo presente
mi sveglio	**ci** svegliamo		
ti svegli	**vi** svegliate		
si sveglia	**si** svegliano		

passato prossimo
mi sono svegliato(a)	**ci siamo** svegliati(e)
ti sei svegliato(a)	**vi siete** svegliati(e)
si è svegliato(a)	**si sono** svegliati(e)

imperfetto
mi svegliavo	**ci** svegliavamo
ti svegliavi	**vi** svegliavate
si svegliava	**si** svegliavano

trapassato prossimo
mi ero svegliato(a)	**ci eravamo** svegliati(e)
ti eri svegliato(a)	**vi eravate** svegliati(e)
si era svegliato(a)	**si erano** svegliati(e)

passato remoto
mi svegliai	**ci** svegliammo
ti svegliasti	**vi** svegliaste
si svegliò	**si** svegliarono

trapassato remoto
mi fui svegliato(a)	**ci fummo** svegliati(e)
ti fosti svegliato(a)	**vi foste** svegliati(e)
si fu svegliato(a)	**si furono** svegliati(e)

futuro semplice
mi sveglierò	**ci** sveglieremo
ti sveglierai	**vi** sveglierete
si sveglierà	**si** sveglieranno

futuro anteriore
mi sarò svegliato(a)	**ci saremo** svegliati(e)
ti sarai svegliato(a)	**vi sarete** svegliati(e)
si sarà svegliato(a)	**si saranno** svegliati(e)

condizionale presente
mi sveglierei	**ci** sveglieremmo
ti sveglieresti	**vi** svegliereste
si sveglierebbe	**si** sveglierebbero

condizionale passato
mi sarei svegliato(a)	**ci saremmo** svegliati(e)
ti saresti svegliato(a)	**vi sareste** svegliati(e)
si sarebbe svegliato(a)	**si sarebbero** svegliati(e)

congiuntivo presente
mi svegli	**ci** svegliamo
ti svegli	**vi** svegliate
si svegli	**si** sveglino

congiuntivo passato
mi sia svegliato(a)	**ci siamo** svegliati(e)
ti sia svegliato(a)	**vi siate** svegliati(e)
si sia svegliato(a)	**si siano** svegliati(e)

congiuntivo imperfetto
mi svegliassi	**ci** svegliassimo
ti svegliassi	**vi** svegliaste
si svegliasse	**si** svegliassero

congiuntivo trapassato
mi fossi svegliato(a)	**ci fossimo** svegliati(e)
ti fossi svegliato(a)	**vi foste** svegliati(e)
si fosse svegliato(a)	**si fossero** svegliati(e)

imperativo
	svegliamoci
svegliati;	svegliatevi
non svegliarti/	
non ti svegliare	
si svegli	si sveglino

S

svenire

to faint

gerundio **svenendo**   participio passato **svenuto**

SINGULAR	PLURAL	SINGULAR	PLURAL

indicativo presente

		passato prossimo	
sveng**o**	sven**iamo**	**sono** svenuto(a)	**siamo** svenuti(e)
svien**i**	sven**ite**	**sei** svenuto(a)	**siete** svenuti(e)
svien**e**	sveng**ono**	**è** svenuto(a)	**sono** svenuti(e)

imperfetto

		trapassato prossimo	
sven**ivo**	sven**ivamo**	**ero** svenuto(a)	**eravamo** svenuti(e)
sven**ivi**	sven**ivate**	**eri** svenuto(a)	**eravate** svenuti(e)
sven**iva**	sven**ivano**	**era** svenuto(a)	**erano** svenuti(e)

passato remoto

		trapassato remoto	
sven**ni**	sven**immo**	**fui** svenuto(a)	**fummo** svenuti(e)
sven**isti**	sven**iste**	**fosti** svenuto(a)	**foste** svenuti(e)
sven**ne**	sven**nero**	**fu** svenuto(a)	**furono** svenuti(e)

futuro semplice

		futuro anteriore	
sverr**ò**	sverr**emo**	**sarò** svenuto(a)	**saremo** svenuti(e)
sverr**ai**	sverr**ete**	**sarai** svenuto(a)	**sarete** svenuti(e)
sverr**à**	sverr**anno**	**sarà** svenuto(a)	**saranno** svenuti(e)

condizionale presente

		condizionale passato	
sverr**ei**	sverr**emmo**	**sarei** svenuto(a)	**saremmo** svenuti(e)
sverr**esti**	sverr**este**	**saresti** svenuto(a)	**sareste** svenuti(e)
sverr**ebbe**	sverr**ebbero**	**sarebbe** svenuto(a)	**sarebbero** svenuti(e)

congiuntivo presente

		congiuntivo passato	
sveng**a**	sven**iamo**	**sia** svenuto(a)	**siamo** svenuti(e)
sveng**a**	sven**iate**	**sia** svenuto(a)	**siate** svenuti(e)
sveng**a**	sveng**ano**	**sia** svenuto(a)	**siano** svenuti(e)

congiuntivo imperfetto

		congiuntivo trapassato	
sven**issi**	sven**issimo**	**fossi** svenuto(a)	**fossimo** svenuti(e)
sven**issi**	sven**iste**	**fossi** svenuto(a)	**foste** svenuti(e)
sven**isse**	sven**issero**	**fosse** svenuto(a)	**fossero** svenuti(e)

imperativo

	sveniamo
svieni; non svenire	svenite
svenga	svengano

S

to develop   sviluppare

SINGULAR	PLURAL	SINGULAR	PLURAL
indicativo presente		**passato prossimo**	
svilupp**o**	svilupp**iamo**	**ho** sviluppato	**abbiamo** sviluppato
svilupp**i**	svilupp**ate**	**hai** sviluppato	**avete** sviluppato
svilupp**a**	svilupp**ano**	**ha** sviluppato	**hanno** sviluppato
imperfetto		**trapassato prossimo**	
sviluppa**vo**	sviluppa**vamo**	**avevo** sviluppato	**avevamo** sviluppato
sviluppa**vi**	sviluppa**vate**	**avevi** sviluppato	**avevate** sviluppato
sviluppa**va**	sviluppa**vano**	**aveva** sviluppato	**avevano** sviluppato
passato remoto		**trapassato remoto**	
svilupp**ai**	svilupp**ammo**	**ebbi** sviluppato	**avemmo** sviluppato
svilupp**asti**	svilupp**aste**	**avesti** sviluppato	**aveste** sviluppato
svilupp**ò**	svilupp**arono**	**ebbe** sviluppato	**ebbero** sviluppato
futuro semplice		**futuro anteriore**	
svilupp**erò**	svilupp**eremo**	**avrò** sviluppato	**avremo** sviluppato
svilupp**erai**	svilupp**erete**	**avrai** sviluppato	**avrete** sviluppato
svilupp**erà**	svilupp**eranno**	**avrà** sviluppato	**avranno** sviluppato
condizionale presente		**condizionale passato**	
svilupp**erei**	svilupp**eremmo**	**avrei** sviluppato	**avremmo** sviluppato
svilupp**eresti**	svilupp**ereste**	**avresti** sviluppato	**avreste** sviluppato
svilupp**erebbe**	svilupp**erebbero**	**avrebbe** sviluppato	**avrebbero** sviluppato
congiuntivo presente		**congiuntivo passato**	
svilupp**i**	svilupp**iamo**	**abbia** sviluppato	**abbiamo** sviluppato
svilupp**i**	svilupp**iate**	**abbia** sviluppato	**abbiate** sviluppato
svilupp**i**	svilupp**ino**	**abbia** sviluppato	**abbiano** sviluppato
congiuntivo imperfetto		**congiuntivo trapassato**	
svilupp**assi**	svilupp**assimo**	**avessi** sviluppato	**avessimo** sviluppato
svilupp**assi**	svilupp**aste**	**avessi** sviluppato	**aveste** sviluppato
svilupp**asse**	svilupp**assero**	**avesse** sviluppato	**avessero** sviluppato
imperativo			
	svilupp**iamo**		
svilupp**a**;	svilupp**ate**		
non svilupp**are**			
svilupp**i**	svilupp**ino**		

S

svolgere
to develop, to take place

gerundio **svolgendo**   participio passato **svolto**

SINGULAR	PLURAL	SINGULAR	PLURAL

indicativo presente

		passato prossimo	
svolg**o**	svolg**iamo**	**ho** svolto	**abbiamo** svolto
svolg**i**	svolg**ete**	**hai** svolto	**avete** svolto
svolg**e**	svolg**ono**	**ha** svolto	**hanno** svolto

imperfetto

		trapassato prossimo	
svolge**vo**	svolge**vamo**	**avevo** svolto	**avevamo** svolto
svolge**vi**	svolge**vate**	**avevi** svolto	**avevate** svolto
svolge**va**	svolge**vano**	**aveva** svolto	**avevano** svolto

passato remoto

		trapassato remoto	
svols**i**	svolg**emmo**	**ebbi** svolto	**avemmo** svolto
svolg**esti**	svolg**este**	**avesti** svolto	**aveste** svolto
svols**e**	svols**ero**	**ebbe** svolto	**ebbero** svolto

futuro semplice

		futuro anteriore	
svolger**ò**	svolger**emo**	**avrò** svolto	**avremo** svolto
svolger**ai**	svolger**ete**	**avrai** svolto	**avrete** svolto
svolger**à**	svolger**anno**	**avrà** svolto	**avranno** svolto

condizionale presente

		condizionale passato	
svolg**erei**	svolg**eremmo**	**avrei** svolto	**avremmo** svolto
svolg**eresti**	svolg**ereste**	**avresti** svolto	**avreste** svolto
svolg**erebbe**	svolg**erebbero**	**avrebbe** svolto	**avrebbero** svolto

congiuntivo presente

		congiuntivo passato	
svolg**a**	svolg**iamo**	**abbia** svolto	**abbiamo** svolto
svolg**a**	svolg**iate**	**abbia** svolto	**abbiate** svolto
svolg**a**	svolg**ano**	**abbia** svolto	**abbiano** svolto

congiuntivo imperfetto

		congiuntivo trapassato	
svolg**essi**	svolg**essimo**	**avessi** svolto	**avessimo** svolto
svolg**essi**	svolg**este**	**avessi** svolto	**aveste** svolto
svolg**esse**	svolg**essero**	**avesse** svolto	**avessero** svolto

imperativo

	svolg**iamo**
svolg**i**; non svolg**ere**	svolg**ete**
svolg**a**	svolg**ano**

S

to be silent   tacere

SINGULAR	PLURAL	SINGULAR	PLURAL
indicativo presente		**passato prossimo**	
tacci**o**	tac**iamo**	**ho** taciuto	**abbiamo** taciuto
tac**i**	tac**ete**	**hai** taciuto	**avete** taciuto
tac**e**	tacc**iono**	**ha** taciuto	**hanno** taciuto
imperfetto		**trapassato prossimo**	
tace**vo**	tace**vamo**	**avevo** taciuto	**avevamo** taciuto
tace**vi**	tace**vate**	**avevi** taciuto	**avevate** taciuto
tace**va**	tace**vano**	**aveva** taciuto	**avevano** taciuto
passato remoto		**trapassato remoto**	
tacqu**i**	tac**emmo**	**ebbi** taciuto	**avemmo** taciuto
tac**esti**	tac**este**	**avesti** taciuto	**aveste** taciuto
tacqu**e**	tacqu**ero**	**ebbe** taciuto	**ebbero** taciuto
futuro semplice		**futuro anteriore**	
tacer**ò**	tacer**emo**	**avrò** taciuto	**avremo** taciuto
tacer**ai**	tacer**ete**	**avrai** taciuto	**avrete** taciuto
tacer**à**	tacer**anno**	**avrà** taciuto	**avranno** taciuto
condizionale presente		**condizionale passato**	
tac**erei**	tac**eremmo**	**avrei** taciuto	**avremmo** taciuto
tac**eresti**	tac**ereste**	**avresti** taciuto	**avreste** taciuto
tac**erebbe**	tac**erebbero**	**avrebbe** taciuto	**avrebbero** taciuto
congiuntivo presente		**congiuntivo passato**	
tacc**ia**	tac(c)**iamo**	**abbia** taciuto	**abbiamo** taciuto
tacc**ia**	tac(c)**iate**	**abbia** taciuto	**abbiate** taciuto
tacc**ia**	tacc**iano**	**abbia** taciuto	**abbiano** taciuto
congiuntivo imperfetto		**congiuntivo trapassato**	
tac**essi**	tac**essimo**	**avessi** taciuto	**avessimo** taciuto
tac**essi**	tac**este**	**avessi** taciuto	**aveste** taciuto
tac**esse**	tac**essero**	**avesse** taciuto	**avessero** taciuto
imperativo			
	tacciamo		
taci; non tacere	tacete		
taccia	tacciano		

T

tagliare

to cut, to slice, to cut up

gerundio **tagliando**   participio passato **tagliato**

SINGULAR	PLURAL	SINGULAR	PLURAL
indicativo presente		**passato prossimo**	
taglio	tagliamo	**ho** tagliato	**abbiamo** tagliato
tagli	tagliate	**hai** tagliato	**avete** tagliato
taglia	tagliano	**ha** tagliato	**hanno** tagliato
imperfetto		**trapassato prossimo**	
tagliavo	tagliavamo	**avevo** tagliato	**avevamo** tagliato
tagliavi	tagliavate	**avevi** tagliato	**avevate** tagliato
tagliava	tagliavano	**aveva** tagliato	**avevano** tagliato
passato remoto		**trapassato remoto**	
tagliai	tagliammo	**ebbi** tagliato	**avemmo** tagliato
tagliasti	tagliaste	**avesti** tagliato	**aveste** tagliato
tagliò	tagliarono	**ebbe** tagliato	**ebbero** tagliato
futuro semplice		**futuro anteriore**	
taglierò	taglieremo	**avrò** tagliato	**avremo** tagliato
taglierai	taglierete	**avrai** tagliato	**avrete** tagliato
taglierà	taglieranno	**avrà** tagliato	**avranno** tagliato
condizionale presente		**condizionale passato**	
taglierei	taglieremmo	**avrei** tagliato	**avremmo** tagliato
taglieresti	tagliereste	**avresti** tagliato	**avreste** tagliato
taglierebbe	taglierebbero	**avrebbe** tagliato	**avrebbero** tagliato
congiuntivo presente		**congiuntivo passato**	
tagli	tagliamo	**abbia** tagliato	**abbiamo** tagliato
tagli	tagliate	**abbia** tagliato	**abbiate** tagliato
tagli	taglino	**abbia** tagliato	**abbiano** tagliato
congiuntivo imperfetto		**congiuntivo trapassato**	
tagliassi	tagliassimo	**avessi** tagliato	**avessimo** tagliato
tagliassi	tagliaste	**avessi** tagliato	**aveste** tagliato
tagliasse	tagliassero	**avesse** tagliato	**avessero** tagliato
imperativo			
	tagliamo		
taglia; non tagliare	tagliate		
tagli	taglino		

T

to telephone, to call · telefonare

SINGULAR	PLURAL	SINGULAR	PLURAL

indicativo presente
telefono	telefoniamo
telefoni	telefonate
telefona	telefonano

passato prossimo
ho telefonato	**abbiamo** telefonato
hai telefonato	**avete** telefonato
ha telefonato	**hanno** telefonato

imperfetto
telefonavo	telefonavamo
telefonavi	telefonavate
telefonava	telefonavano

trapassato prossimo
avevo telefonato	**avevamo** telefonato
avevi telefonato	**avevate** telefonato
aveva telefonato	**avevano** telefonato

passato remoto
telefonai	telefonammo
telefonasti	telefonaste
telefonò	telefonarono

trapassato remoto
ebbi telefonato	**avemmo** telefonato
avesti telefonato	**aveste** telefonato
ebbe telefonato	**ebbero** telefonato

futuro semplice
telefonerò	telefoneremo
telefonerai	telefonerete
telefonerà	telefoneranno

futuro anteriore
avrò telefonato	**avremo** telefonato
avrai telefonato	**avrete** telefonato
avrà telefonato	**avranno** telefonato

condizionale presente
telefonerei	telefoneremmo
telefoneresti	telefonereste
telefonerebbe	telefonerebbero

condizionale passato
avrei telefonato	**avremmo** telefonato
avresti telefonato	**avreste** telefonato
avrebbe telefonato	**avrebbero** telefonato

congiuntivo presente
telefoni	telefoniamo
telefoni	telefoniate
telefoni	telefonino

congiuntivo passato
abbia telefonato	**abbiamo** telefonato
abbia telefonato	**abbiate** telefonato
abbia telefonato	**abbiano** telefonato

congiuntivo imperfetto
telefonassi	telefonassimo
telefonassi	telefonaste
telefonasse	telefonassero

congiuntivo trapassato
avessi telefonato	**avessimo** telefonato
avessi telefonato	**aveste** telefonato
avesse telefonato	**avessero** telefonato

imperativo
	telefoniamo
telefona;	telefonate
non telefonare	
telefoni	telefonino

T

MUST KNOW VERB

gerundio **temendo**   participio passato **temuto**

SINGULAR	PLURAL	SINGULAR	PLURAL

indicativo presente

		passato prossimo	
temo	temiamo	ho temuto	abbiamo temuto
temi	temete	hai temuto	avete temuto
teme	temono	ha temuto	hanno temuto

imperfetto

		trapassato prossimo	
temevo	temevamo	avevo temuto	avevamo temuto
temevi	temevate	avevi temuto	avevate temuto
temeva	temevano	aveva temuto	avevano temuto

passato remoto

		trapassato remoto	
temei, temetti	tememmo	ebbi temuto	avemmo temuto
temesti	temeste	avesti temuto	aveste temuto
temé, temette	temerono, temettero	ebbe temuto	ebbero temuto

futuro semplice

		futuro anteriore	
temerò	temeremo	avrò temuto	avremo temuto
temerai	temerete	avrai temuto	avrete temuto
temerà	temeranno	avrà temuto	avranno temuto

condizionale presente

		condizionale passato	
temerei	temeremmo	avrei temuto	avremmo temuto
temeresti	temereste	avresti temuto	avreste temuto
temerebbe	temerebbero	avrebbe temuto	avrebbero temuto

congiuntivo presente

		congiuntivo passato	
tema	temiamo	abbia temuto	abbiamo temuto
tema	temiate	abbia temuto	abbiate temuto
tema	temano	abbia temuto	abbiano temuto

congiuntivo imperfetto

		congiuntivo trapassato	
temessi	temessimo	avessi temuto	avessimo temuto
temessi	temeste	avessi temuto	aveste temuto
temesse	temessero	avesse temuto	avessero temuto

imperativo

	temiamo
temi; non temere	temete
tema	temano

T

to stretch out   tendere

SINGULAR	PLURAL	SINGULAR	PLURAL
indicativo presente		**passato prossimo**	
tendo	tendiamo	ho teso	abbiamo teso
tendi	tendete	hai teso	avete teso
tende	tendono	ha teso	hanno teso
imperfetto		**trapassato prossimo**	
tendevo	tendevamo	avevo teso	avevamo teso
tendevi	tendevate	avevi teso	avevate teso
tendeva	tendevano	aveva teso	avevano teso
passato remoto		**trapassato remoto**	
tesi	tendemmo	ebbi teso	avemmo teso
tendesti	tendeste	avesti teso	aveste teso
tese	tesero	ebbe teso	ebbero teso
futuro semplice		**futuro anteriore**	
tenderò	tenderemo	avrò teso	avremo teso
tenderai	tenderete	avrai teso	avrete teso
tenderà	tenderanno	avrà teso	avranno teso
condizionale presente		**condizionale passato**	
tenderei	tenderemmo	avrei teso	avremmo teso
tenderesti	tendereste	avresti teso	avreste teso
tenderebbe	tenderebbero	avrebbe teso	avrebbero teso
congiuntivo presente		**congiuntivo passato**	
tenda	tendiamo	abbia teso	abbiamo teso
tenda	tendiate	abbia teso	abbiate teso
tenda	tendano	abbia teso	abbiano teso
congiuntivo imperfetto		**congiuntivo trapassato**	
tendessi	tendessimo	avessi teso	avessimo teso
tendessi	tendeste	avessi teso	aveste teso
tendesse	tendessero	avesse teso	avessero teso
imperativo			
	tendiamo		
tendi; non tendere	tendete		
tenda	tendano		

T

tenere   to keep, to hold

gerundio **tenendo**   participio passato **tenuto**

SINGULAR	PLURAL	SINGULAR	PLURAL
indicativo presente		**passato prossimo**	
tengo	teniamo	**ho** tenuto	**abbiamo** tenuto
tieni	tenete	**hai** tenuto	**avete** tenuto
tiene	tengono	**ha** tenuto	**hanno** tenuto
imperfetto		**trapassato prossimo**	
tenevo	tenevamo	**avevo** tenuto	**avevamo** tenuto
tenevi	tenevate	**avevi** tenuto	**avevate** tenuto
teneva	tenevano	**aveva** tenuto	**avevano** tenuto
passato remoto		**trapassato remoto**	
tenni	tenemmo	**ebbi** tenuto	**avemmo** tenuto
tenesti	teneste	**avesti** tenuto	**aveste** tenuto
tenne	tennero	**ebbe** tenuto	**ebbero** tenuto
futuro semplice		**futuro anteriore**	
terrò	terremo	**avrò** tenuto	**avremo** tenuto
terrai	terrete	**avrai** tenuto	**avrete** tenuto
terrà	terranno	**avrà** tenuto	**avranno** tenuto
condizionale presente		**condizionale passato**	
terrei	terremmo	avrei tenuto	**avremmo** tenuto
terresti	terreste	avresti tenuto	**avreste** tenuto
terrebbe	terrebbero	avrebbe tenuto	**avrebbero** tenuto
congiuntivo presente		**congiuntivo passato**	
tenga	teniamo	**abbia** tenuto	**abbiamo** tenuto
tenga	teniate	**abbia** tenuto	**abbiate** tenuto
tenga	tengano	**abbia** tenuto	**abbiano** tenuto
congiuntivo imperfetto		**congiuntivo trapassato**	
tenessi	tenessimo	**avessi** tenuto	**avessimo** tenuto
tenessi	teneste	**avessi** tenuto	**aveste** tenuto
tenesse	tenessero	**avesse** tenuto	**avessero** tenuto
imperativo			
	teniamo		
tieni; non tenere	tenete		
tenga	tengano		

T

to try, to attempt, to tempt   tentare

SINGULAR	PLURAL	SINGULAR	PLURAL
indicativo presente		**passato prossimo**	
tento	tentiamo	**ho** tentato	**abbiamo** tentato
tenti	tentate	**hai** tentato	**avete** tentato
tenta	tentano	**ha** tentato	**hanno** tentato
imperfetto		**trapassato prossimo**	
tentavo	tentavamo	**avevo** tentato	**avevamo** tentato
tentavi	tentavate	**avevi** tentato	**avevate** tentato
tentava	tentavano	**aveva** tentato	**avevano** tentato
passato remoto		**trapassato remoto**	
tentai	tentammo	**ebbi** tentato	**avemmo** tentato
tentasti	tentaste	**avesti** tentato	**aveste** tentato
tentò	tentarono	**ebbe** tentato	**ebbero** tentato
futuro semplice		**futuro anteriore**	
tenterò	tenteremo	**avrò** tentato	**avremo** tentato
tenterai	tenterete	**avrai** tentato	**avrete** tentato
tenterà	tenteranno	**avrà** tentato	**avranno** tentato
condizionale presente		**condizionale passato**	
tenterei	tenteremmo	**avrei** tentato	**avremmo** tentato
tenteresti	tentereste	**avresti** tentato	**avreste** tentato
tenterebbe	tenterebbero	**avrebbe** tentato	**avrebbero** tentato
congiuntivo presente		**congiuntivo passato**	
tenti	tentiamo	**abbia** tentato	**abbiamo** tentato
tenti	tentiate	**abbia** tentato	**abbiate** tentato
tenti	tentino	**abbia** tentato	**abbiano** tentato
congiuntivo imperfetto		**congiuntivo trapassato**	
tentassi	tentassimo	**avessi** tentato	**avessimo** tentato
tentassi	tentaste	**avessi** tentato	**aveste** tentato
tentasse	tentassero	**avesse** tentato	**avessero** tentato
imperativo			
	tentiamo		
tenta; non tentare	tentate		
tenti	tentino		

T

gerundio **tingendo**   participio passato **tinto**

SINGULAR	PLURAL	SINGULAR	PLURAL

indicativo presente

		passato prossimo	
ting**o**	ting**iamo**	**ho** tinto	**abbiamo** tinto
ting**i**	ting**ete**	**hai** tinto	**avete** tinto
ting**e**	ting**ono**	**ha** tinto	**hanno** tinto

imperfetto

		trapassato prossimo	
ting**evo**	ting**evamo**	**avevo** tinto	**avevamo** tinto
ting**evi**	ting**evate**	**avevi** tinto	**avevate** tinto
ting**eva**	ting**evano**	**aveva** tinto	**avevano** tinto

passato remoto

		trapassato remoto	
tins**i**	ting**emmo**	**ebbi** tinto	**avemmo** tinto
ting**esti**	ting**este**	**avesti** tinto	**aveste** tinto
tins**e**	tins**ero**	**ebbe** tinto	**ebbero** tinto

futuro semplice

		futuro anteriore	
tinger**ò**	tinger**emo**	**avrò** tinto	**avremo** tinto
tinger**ai**	tinger**ete**	**avrai** tinto	**avrete** tinto
tinger**à**	tinger**anno**	**avrà** tinto	**avranno** tinto

condizionale presente

		condizionale passato	
tinger**ei**	tinger**emmo**	**avrei** tinto	**avremmo** tinto
tinger**esti**	tinger**este**	**avresti** tinto	**avreste** tinto
tinger**ebbe**	tinger**ebbero**	**avrebbe** tinto	**avrebbero** tinto

congiuntivo presente

		congiuntivo passato	
ting**a**	ting**iamo**	**abbia** tinto	**abbiamo** tinto
ting**a**	ting**iate**	**abbia** tinto	**abbiate** tinto
ting**a**	ting**ano**	**abbia** tinto	**abbiano** tinto

congiuntivo imperfetto

		congiuntivo trapassato	
ting**essi**	ting**essimo**	**avessi** tinto	**avessimo** tinto
ting**essi**	ting**este**	**avessi** tinto	**aveste** tinto
ting**esse**	ting**essero**	**avesse** tinto	**avessero** tinto

imperativo

	tingiamo
tingi; non tingere	tingete
tinga	tingano

T

to pull, to draw

tirare

participio passato **tirato**

SINGULAR	PLURAL	SINGULAR	PLURAL
indicativo presente		**passato prossimo**	
tiro	tiriamo	ho tirato	abbiamo tirato
tiri	tirate	hai tirato	avete tirato
tira	tirano	ha tirato	hanno tirato
imperfetto		**trapassato prossimo**	
tiravo	tiravamo	avevo tirato	avevamo tirato
tiravi	tiravate	avevi tirato	avevate tirato
tirava	tiravano	aveva tirato	avevano tirato
passato remoto		**trapassato remoto**	
tirai	tirammo	ebbi tirato	avemmo tirato
tirasti	tiraste	avesti tirato	aveste tirato
tirò	tirarono	ebbe tirato	ebbero tirato
futuro semplice		**futuro anteriore**	
tirerò	tireremo	avrò tirato	avremo tirato
tirerai	tirerete	avrai tirato	avrete tirato
tirerà	tireranno	avrà tirato	avranno tirato
condizionale presente		**condizionale passato**	
tirerei	tireremmo	avrei tirato	avremmo tirato
tireresti	tirereste	avresti tirato	avreste tirato
tirerebbe	tirerebbero	avrebbe tirato	avrebbero tirato
congiuntivo presente		**congiuntivo passato**	
tiri	tiriamo	abbia tirato	abbiamo tirato
tiri	tiriate	abbia tirato	abbiate tirato
tiri	tirino	abbia tirato	abbiano tirato
congiuntivo imperfetto		**congiuntivo trapassato**	
tirassi	tirassimo	avessi tirato	avessimo tirato
tirassi	tiraste	avessi tirato	aveste tirato
tirasse	tirassero	avesse tirato	avessero tirato
imperativo			
	tiriamo		
tira; non tirare	tirate		
tiri	tirino		

T

toccare

to touch, to handle

SINGULAR	PLURAL	SINGULAR	PLURAL
indicativo presente		**passato prossimo**	
tocco	tocchiamo	ho toccato	abbiamo toccato
tocchi	toccate	hai toccato	avete toccato
tocca	toccano	ha toccato	hanno toccato
imperfetto		**trapassato prossimo**	
toccavo	toccavamo	avevo toccato	avevamo toccato
toccavi	toccavate	avevi toccato	avevate toccato
toccava	toccavano	aveva toccato	avevano toccato
passato remoto		**trapassato remoto**	
toccai	toccammo	ebbi toccato	avemmo toccato
toccasti	toccaste	avesti toccato	aveste toccato
toccò	toccarono	ebbe toccato	ebbero toccato
futuro semplice		**futuro anteriore**	
toccherò	toccheremo	avrò toccato	avremo toccato
toccherai	toccherete	avrai toccato	avrete toccato
toccherà	toccheranno	avrà toccato	avranno toccato
condizionale presente		**condizionale passato**	
toccherei	toccheremmo	avrei toccato	avremmo toccato
toccheresti	tocchereste	avresti toccato	avreste toccato
toccherebbe	toccherebbero	avrebbe toccato	avrebbero toccato
congiuntivo presente		**congiuntivo passato**	
tocchi	tocchiamo	abbia toccato	abbiamo toccato
tocchi	tocchiate	abbia toccato	abbiate toccato
tocchi	tocchino	abbia toccato	abbiano toccato
congiuntivo imperfetto		**congiuntivo trapassato**	
toccassi	toccassimo	avessi toccato	avessimo toccato
toccassi	toccaste	avessi toccato	aveste toccato
toccasse	toccassero	avesse toccato	avessero toccato
imperativo			
	tocchiamo		
tocca; non toccare	toccate		
tocchi	tocchino		

T

to remove   togliere

SINGULAR	PLURAL	SINGULAR	PLURAL
indicativo presente		**passato prossimo**	
tolg**o**	togl**iamo**	**ho** tolto	**abbiamo** tolto
togl**i**	togl**iete**	**hai** tolto	**avete** tolto
togl**ie**	tolg**ono**	**ha** tolto	**hanno** tolto
imperfetto		**trapassato prossimo**	
toglie**vo**	toglie**vamo**	**avevo** tolto	**avevamo** tolto
toglie**vi**	toglie**vate**	**avevi** tolto	**avevate** tolto
toglie**va**	toglie**vano**	**aveva** tolto	**avevano** tolto
passato remoto		**trapassato remoto**	
tols**i**	togli**emmo**	**ebbi** tolto	**avemmo** tolto
togli**esti**	togli**este**	**avesti** tolto	**aveste** tolto
tols**e**	tols**ero**	**ebbe** tolto	**ebbero** tolto
futuro semplice		**futuro anteriore**	
toglier**ò**	toglier**emo**	**avrò** tolto	**avremo** tolto
toglier**ai**	toglier**ete**	**avrai** tolto	**avrete** tolto
toglier**à**	toglier**anno**	**avrà** tolto	**avranno** tolto
condizionale presente		**condizionale passato**	
toglier**ei**	toglier**emmo**	**avrei** tolto	**avremmo** tolto
toglier**esti**	toglier**este**	**avresti** tolto	**avreste** tolto
toglier**ebbe**	toglier**ebbero**	**avrebbe** tolto	**avrebbero** tolto
congiuntivo presente		**congiuntivo passato**	
tolg**a**	togl**iamo**	**abbia** tolto	**abbiamo** tolto
tolg**a**	togl**iate**	**abbia** tolto	**abbiate** tolto
tolg**a**	tolg**ano**	**abbia** tolto	**abbiano** tolto
congiuntivo imperfetto		**congiuntivo trapassato**	
togli**essi**	togli**essimo**	**avessi** tolto	**avessimo** tolto
togli**essi**	togli**este**	**avessi** tolto	**aveste** tolto
togli**esse**	togli**essero**	**avesse** tolto	**avessero** tolto
imperativo			
	togliamo		
togli; non togliere	togliete		
tolga	tolgano		

T

torcere

to twist

gerundio torcendo   participio passato torto

SINGULAR	PLURAL	SINGULAR	PLURAL

indicativo presente

SINGULAR	PLURAL	SINGULAR	PLURAL
torco	torciamo		
torci	torcete		
torce	torcono		

passato prossimo

ho torto	abbiamo torto
hai torto	avete torto
ha torto	hanno torto

imperfetto

torcevo	torcevamo
torcevi	torcevate
torceva	torcevano

trapassato prossimo

avevo torto	avevamo torto
avevi torto	avevate torto
aveva torto	avevano torto

passato remoto

torsi	torcemmo
torcesti	torceste
torse	torsero

trapassato remoto

ebbi torto	avemmo torto
avesti torto	aveste torto
ebbe torto	ebbero torto

futuro semplice

torcerò	torceremo
torcerai	torcerete
torcerà	torceranno

futuro anteriore

avrò torto	avremo torto
avrai torto	avrete torto
avrà torto	avranno torto

condizionale presente

torcerei	torceremmo
torceresti	torcereste
torcerebbe	torcerebbero

condizionale passato

avrei torto	avremmo torto
avresti torto	avreste torto
avrebbe torto	avrebbero torto

congiuntivo presente

torca	torciamo
torca	torciate
torca	torcano

congiuntivo passato

abbia torto	abbiamo torto
abbia torto	abbiate torto
abbia torto	abbiano torto

congiuntivo imperfetto

torcessi	torcessimo
torcessi	torceste
torcesse	torcessero

congiuntivo trapassato

avessi torto	avessimo torto
avessi torto	aveste torto
avesse torto	avessero torto

imperativo

	torciamo
torci; non torcere	torcete
torca	torcano

T

to return, to go back

gerundio **tornando**   participio passato **tornato**

SINGULAR	PLURAL	SINGULAR	PLURAL

indicativo presente
torn**o**	torn**iamo**
torn**i**	torn**ate**
torn**a**	torn**ano**

passato prossimo
sono tornato(a)	**siamo** tornati(e)
sei tornato(a)	**siete** tornati(e)
è tornato(a)	**sono** tornati(e)

imperfetto
torna**vo**	torna**vamo**
torna**vi**	torna**vate**
torna**va**	torna**vano**

trapassato prossimo
ero tornato(a)	**eravamo** tornati(e)
eri tornato(a)	**eravate** tornati(e)
era tornato(a)	**erano** tornati(e)

passato remoto
torn**ai**	torn**ammo**
torn**asti**	torn**aste**
torn**ò**	torn**arono**

trapassato remoto
fui tornato(a)	**fummo** tornati(e)
fosti tornato(a)	**foste** tornati(e)
fu tornato(a)	**furono** tornati(e)

futuro semplice
torner**ò**	torner**emo**
torner**ai**	torner**ete**
torner**à**	torner**anno**

futuro anteriore
sarò tornato(a)	**saremo** tornati(e)
sarai tornato(a)	**sarete** tornati(e)
sarà tornato(a)	**saranno** tornati(e)

condizionale presente
torn**erei**	torn**eremmo**
torn**eresti**	torn**ereste**
torn**erebbe**	torn**erebbero**

condizionale passato
sarei tornato(a)	**saremmo** tornati(e)
saresti tornato(a)	**sareste** tornati(e)
sarebbe tornato(a)	**sarebbero** tornati(e)

congiuntivo presente
torn**i**	torn**iamo**
torn**i**	torn**iate**
torn**i**	torn**ino**

congiuntivo passato
sia tornato(a)	**siamo** tornati(e)
sia tornato(a)	**siate** tornati(e)
sia tornato(a)	**siano** tornati(e)

congiuntivo imperfetto
torn**assi**	torn**assimo**
torn**assi**	torn**aste**
torn**asse**	torn**assero**

congiuntivo trapassato
fossi tornato(a)	**fossimo** tornati(e)
fossi tornato(a)	**foste** tornati(e)
fosse tornato(a)	**fossero** tornati(e)

imperativo
	torniamo
torna; non tornare	tornate
torni	tornino

T

MUST KNOW VERB

tradire

to betray, to deceive

gerundio **tradendo** participio passato **tradito**

SINGULAR	PLURAL	SINGULAR	PLURAL

indicativo presente
tradisco	tradiamo
tradisci	tradite
tradisce	tradiscono

passato prossimo
ho tradito	**abbiamo** tradito
hai tradito	**avete** tradito
ha tradito	**hanno** tradito

imperfetto
tradivo	tradivamo
tradivi	tradivate
tradiva	tradivano

trapassato prossimo
avevo tradito	**avevamo** tradito
avevi tradito	**avevate** tradito
aveva tradito	**avevano** tradito

passato remoto
tradii	tradimmo
tradisti	tradiste
tradì	tradirono

trapassato remoto
ebbi tradito	**avemmo** tradito
avesti tradito	**aveste** tradito
ebbe tradito	**ebbero** tradito

futuro semplice
tradirò	tradiremo
tradirai	tradirete
tradirà	tradiranno

futuro anteriore
avrò tradito	**avremo** tradito
avrai tradito	**avrete** tradito
avrà tradito	**avranno** tradito

condizionale presente
tradirei	tradiremmo
tradiresti	tradireste
tradirebbe	tradirebbero

condizionale passato
avrei tradito	**avremmo** tradito
avresti tradito	**avreste** tradito
avrebbe tradito	**avrebbero** tradito

congiuntivo presente
tradisca	tradiamo
tradisca	tradiate
tradisca	tradiscano

congiuntivo passato
abbia tradito	**abbiamo** tradito
abbia tradito	**abbiate** tradito
abbia tradito	**abbiano** tradito

congiuntivo imperfetto
tradissi	tradissimo
tradissi	tradiste
tradisse	tradissero

congiuntivo trapassato
avessi tradito	**avessimo** tradito
avessi tradito	**aveste** tradito
avesse tradito	**avessero** tradito

imperativo
	tradiamo
tradisci; non tradire	tradite
tradisca	tradiscano

T

to translate   tradurre

SINGULAR	PLURAL	SINGULAR	PLURAL

indicativo presente

passato prossimo

traduc**o**	traduc**iamo**	**ho** tradotto	**abbiamo** tradotto
traduc**i**	traduc**ete**	**hai** tradotto	**avete** tradotto
traduc**e**	traduc**ono**	**ha** tradotto	**hanno** tradotto

imperfetto

trapassato prossimo

traduce**vo**	traduce**vamo**	**avevo** tradotto	**avevamo** tradotto
traduce**vi**	traduce**vate**	**avevi** tradotto	**avevate** tradotto
traduce**va**	traduce**vano**	**aveva** tradotto	**avevano** tradotto

passato remoto

trapassato remoto

tradus**si**	traduc**emmo**	**ebbi** tradotto	**avemmo** tradotto
traduc**esti**	traduc**este**	**avesti** tradotto	**aveste** tradotto
tradus**se**	tradus**sero**	**ebbe** tradotto	**ebbero** tradotto

futuro semplice

futuro anteriore

tradurr**ò**	tradurr**emo**	**avrò** tradotto	**avremo** tradotto
tradurr**ai**	tradurr**ete**	**avrai** tradotto	**avrete** tradotto
tradurr**à**	tradurr**anno**	**avrà** tradotto	**avranno** tradotto

condizionale presente

condizionale passato

tradurr**ei**	tradurr**emmo**	**avrei** tradotto	**avremmo** tradotto
tradurr**esti**	tradurr**este**	**avresti** tradotto	**avreste** tradotto
tradurr**ebbe**	tradurr**ebbero**	**avrebbe** tradotto	**avrebbero** tradotto

congiuntivo presente

congiuntivo passato

traduc**a**	traduc**iamo**	**abbia** tradotto	**abbiamo** tradotto
traduc**a**	traduc**iate**	**abbia** tradotto	**abbiate** tradotto
traduc**a**	traduc**ano**	**abbia** tradotto	**abbiano** tradotto

congiuntivo imperfetto

congiuntivo trapassato

traduc**essi**	traduc**essimo**	**avessi** tradotto	**avessimo** tradotto
traduc**essi**	traduc**este**	**avessi** tradotto	**aveste** tradotto
traduc**esse**	traduc**essero**	**avesse** tradotto	**avessero** tradotto

imperativo

	traduc**iamo**
traduc**i**; non tradurre	traduc**ete**
traduc**a**	traduc**ano**

T

MUST
KNOW
VERB

trarre

to draw, to pull

gerundio **traendo**   participio passato **tratto**

SINGULAR	PLURAL	SINGULAR	PLURAL

indicativo presente

		passato prossimo	
trag**go**	tra**iamo**	**ho** tratto	**abbiamo** tratto
tra**i**	tra**ete**	**hai** tratto	**avete** tratto
tra**e**	trag**gono**	**ha** tratto	**hanno** tratto

imperfetto

		trapassato prossimo	
trae**vo**	trae**vamo**	**avevo** tratto	**avevamo** tratto
trae**vi**	trae**vate**	**avevi** tratto	**avevate** tratto
trae**va**	trae**vano**	**aveva** tratto	**avevano** tratto

passato remoto

		trapassato remoto	
trass**i**	tra**emmo**	**ebbi** tratto	**avemmo** tratto
tra**esti**	tra**este**	**avesti** tratto	**aveste** tratto
trass**e**	trass**ero**	**ebbe** tratto	**ebbero** tratto

futuro semplice

		futuro anteriore	
trarr**ò**	trarr**emo**	**avrò** tratto	**avremo** tratto
trarr**ai**	trarr**ete**	**avrai** tratto	**avrete** tratto
trarr**à**	trarr**anno**	**avrà** tratto	**avranno** tratto

condizionale presente

		condizionale passato	
trarr**ei**	trarr**emmo**	**avrei** tratto	**avremmo** tratto
trarr**esti**	trarr**este**	**avresti** tratto	**avreste** tratto
trarr**ebbe**	trarr**ebbero**	**avrebbe** tratto	**avrebbero** tratto

congiuntivo presente

		congiuntivo passato	
tragg**a**	tra**iamo**	**abbia** tratto	**abbiamo** tratto
tragg**a**	tra**iate**	**abbia** tratto	**abbiate** tratto
tragg**a**	tragg**ano**	**abbia** tratto	**abbiano** tratto

congiuntivo imperfetto

		congiuntivo trapassato	
tra**essi**	tra**essimo**	**avessi** tratto	**avessimo** tratto
tra**essi**	tra**este**	**avessi** tratto	**aveste** tratto
tra**esse**	tra**essero**	**avesse** tratto	**avessero** tratto

imperativo

	traiamo
trai; non trarre	traete
tragga	traggano

T

to drag

trascinare

SINGULAR	PLURAL	SINGULAR	PLURAL
indicativo presente		**passato prossimo**	
trascin**o**	trascin**iamo**	**ho** trascinato	**abbiamo** trascinato
trascin**i**	trascin**ate**	**hai** trascinato	**avete** trascinato
trascin**a**	trascin**ano**	**ha** trascinato	**hanno** trascinato
imperfetto		**trapassato prossimo**	
trascina**vo**	trascina**vamo**	**avevo** trascinato	**avevamo** trascinato
trascina**vi**	trascina**vate**	**avevi** trascinato	**avevate** trascinato
trascina**va**	trascina**vano**	**aveva** trascinato	**avevano** trascinato
passato remoto		**trapassato remoto**	
trascina**i**	trascin**ammo**	**ebbi** trascinato	**avemmo** trascinato
trascin**asti**	trascin**aste**	**avesti** trascinato	**aveste** trascinato
trascin**ò**	trascin**arono**	**ebbe** trascinato	**ebbero** trascinato
futuro semplice		**futuro anteriore**	
trascin**erò**	trascin**eremo**	**avrò** trascinato	**avremo** trascinato
trascin**erai**	trascin**erete**	**avrai** trascinato	**avrete** trascinato
trascin**erà**	trascin**eranno**	**avrà** trascinato	**avranno** trascinato
condizionale presente		**condizionale passato**	
trascin**erei**	trascin**eremmo**	**avrei** trascinato	**avremmo** trascinato
trascin**eresti**	trascin**ereste**	**avresti** trascinato	**avreste** trascinato
trascin**erebbe**	trascin**erebbero**	**avrebbe** trascinato	**avrebbero** trascinato
congiuntivo presente		**congiuntivo passato**	
trascin**i**	trascin**iamo**	**abbia** trascinato	**abbiamo** trascinato
trascin**i**	trascin**iate**	**abbia** trascinato	**abbiate** trascinato
trascin**i**	trascin**ino**	**abbia** trascinato	**abbiano** trascinato
congiuntivo imperfetto		**congiuntivo trapassato**	
trascin**assi**	trascin**assimo**	**avessi** trascinato	**avessimo** trascinato
trascin**assi**	trascin**aste**	**avessi** trascinato	**aveste** trascinato
trascin**asse**	trascin**assero**	**avesse** trascinato	**avessero** trascinato
imperativo			
	trasciniamo		
trascina;	trascinate		
non trascinare			
trascini	trascinino		

T

623

trascorrere
to spend, to pass

SINGULAR	PLURAL	SINGULAR	PLURAL
indicativo presente		**passato prossimo**	
trascorro	trascorriamo	ho trascorso	abbiamo trascorso
trascorri	trascorrete	hai trascorso	avete trascorso
trascorre	trascorrono	ha trascorso	hanno trascorso
imperfetto		**trapassato prossimo**	
trascorrevo	trascorrevamo	avevo trascorso	avevamo trascorso
trascorrevi	trascorrevate	avevi trascorso	avevate trascorso
trascorreva	trascorrevano	aveva trascorso	avevano trascorso
passato remoto		**trapassato remoto**	
trascorsi	trascorremmo	ebbi trascorso	avemmo trascorso
trascorresti	trascorreste	avesti trascorso	aveste trascorso
trascorse	trascorsero	ebbe trascorso	ebbero trascorso
futuro semplice		**futuro anteriore**	
trascorrerò	trascorreremo	avrò trascorso	avremo trascorso
trascorrerai	trascorrerete	avrai trascorso	avrete trascorso
trascorrerà	trascorreranno	avrà trascorso	avranno trascorso
condizionale presente		**condizionale passato**	
trascorrerei	trascorreremmo	avrei trascorso	avremmo trascorso
trascorreresti	trascorrereste	avresti trascorso	avreste trascorso
trascorrerebbe	trascorrerebbero	avrebbe trascorso	avrebbero trascorso
congiuntivo presente		**congiuntivo passato**	
trascorra	trascorriamo	abbia trascorso	abbiamo trascorso
trascorra	trascorriate	abbia trascorso	abbiate trascorso
trascorra	trascorrano	abbia trascorso	abbiano trascorso
congiuntivo imperfetto		**congiuntivo trapassato**	
trascorressi	trascorressimo	avessi trascorso	avessimo trascorso
trascorressi	trascorreste	avessi trascorso	aveste trascorso
trascorresse	trascorressero	avesse trascorso	avessero trascorso
imperativo			
	trascorriamo		
trascorri;	trascorrete		
non trascorrere			
trascorra	trascorrano		

T

to transfer, to move (somewhere)   trasferire

SINGULAR	PLURAL	SINGULAR	PLURAL
indicativo presente		**passato prossimo**	
trasferisc**o**	trasfer**iamo**	**ho** trasferito	**abbiamo** trasferito
trasferisc**i**	trasfer**ite**	**hai** trasferito	**avete** trasferito
trasferisc**e**	trasferisc**ono**	**ha** trasferito	**hanno** trasferito
imperfetto		**trapassato prossimo**	
trasferi**vo**	trasferi**vamo**	**avevo** trasferito	**avevamo** trasferito
trasferi**vi**	trasferi**vate**	**avevi** trasferito	**avevate** trasferito
trasferi**va**	trasferi**vano**	**aveva** trasferito	**avevano** trasferito
passato remoto		**trapassato remoto**	
trasferi**i**	trasfer**immo**	**ebbi** trasferito	**avemmo** trasferito
trasfer**isti**	trasfer**iste**	**avesti** trasferito	**aveste** trasferito
trasferì	trasferir**ono**	**ebbe** trasferito	**ebbero** trasferito
futuro semplice		**futuro anteriore**	
trasferir**ò**	trasferir**emo**	**avrò** trasferito	**avremo** trasferito
trasferir**ai**	trasferir**ete**	**avrai** trasferito	**avrete** trasferito
trasferir**à**	trasferir**anno**	**avrà** trasferito	**avranno** trasferito
condizionale presente		**condizionale passato**	
trasfer**irei**	trasfer**iremmo**	**avrei** trasferito	**avremmo** trasferito
trasfer**iresti**	trasfer**ireste**	**avresti** trasferito	**avreste** trasferito
trasfer**irebbe**	trasfer**irebbero**	**avrebbe** trasferito	**avrebbero** trasferito
congiuntivo presente		**congiuntivo passato**	
trasferisc**a**	trasfer**iamo**	**abbia** trasferito	**abbiamo** trasferito
trasferisc**a**	trasfer**iate**	**abbia** trasferito	**abbiate** trasferito
trasferisc**a**	trasferisc**ano**	**abbia** trasferito	**abbiano** trasferito
congiuntivo imperfetto		**congiuntivo trapassato**	
trasfer**issi**	trasfer**issimo**	**avessi** trasferito	**avessimo** trasferito
trasfer**issi**	trasfer**iste**	**avessi** trasferito	**aveste** trasferito
trasfer**isse**	trasfer**issero**	**avesse** trasferito	**avessero** trasferito
imperativo			
	trasfer**iamo**		
trasferisc**i**;	trasfer**ite**		
non trasferire			
trasferisc**a**	trasferisc**ano**		

T

trasmettere
to transmit, to convey
gerundio **trasmettendo**   participio passato **trasmesso**

SINGULAR	PLURAL	SINGULAR	PLURAL
indicativo presente		**passato prossimo**	
trasmett**o**	trasmett**iamo**	**ho** trasmesso	**abbiamo** trasmesso
trasmett**i**	trasmett**ete**	**hai** trasmesso	**avete** trasmesso
trasmett**e**	trasmett**ono**	**ha** trasmesso	**hanno** trasmesso
imperfetto		**trapassato prossimo**	
trasmette**vo**	trasmette**vamo**	**avevo** trasmesso	**avevamo** trasmesso
trasmette**vi**	trasmette**vate**	**avevi** trasmesso	**avevate** trasmesso
trasmette**va**	trasmette**vano**	**aveva** trasmesso	**avevano** trasmesso
passato remoto		**trapassato remoto**	
trasmis**i**	trasmett**emmo**	**ebbi** trasmesso	**avemmo** trasmesso
trasmett**esti**	trasmett**este**	**avesti** trasmesso	**aveste** trasmesso
trasmis**e**	trasmis**ero**	**ebbe** trasmesso	**ebbero** trasmesso
futuro semplice		**futuro anteriore**	
trasmetter**ò**	trasmetter**emo**	**avrò** trasmesso	**avremo** trasmesso
trasmetter**ai**	trasmetter**ete**	**avrai** trasmesso	**avrete** trasmesso
trasmetter**à**	trasmetter**anno**	**avrà** trasmesso	**avranno** trasmesso
condizionale presente		**condizionale passato**	
trasmett**erei**	trasmett**eremmo**	**avrei** trasmesso	**avremmo** trasmesso
trasmett**eresti**	trasmett**ereste**	**avresti** trasmesso	**avreste** trasmesso
trasmett**erebbe**	trasmett**erebbero**	**avrebbe** trasmesso	**avrebbero** trasmesso
congiuntivo presente		**congiuntivo passato**	
trasmett**a**	trasmett**iamo**	**abbia** trasmesso	**abbiamo** trasmesso
trasmett**a**	trasmett**iate**	**abbia** trasmesso	**abbiate** trasmesso
trasmett**a**	trasmett**ano**	**abbia** trasmesso	**abbiano** trasmesso
congiuntivo imperfetto		**congiuntivo trapassato**	
trasmett**essi**	trasmett**essimo**	**avessi** trasmesso	**avessimo** trasmesso
trasmett**essi**	trasmett**este**	**avessi** trasmesso	**aveste** trasmesso
trasmett**esse**	trasmett**essero**	**avesse** trasmesso	**avessero** trasmesso
imperativo			
	trasmett**iamo**		
trasmetti;	trasmett**ete**		
non trasmettere			
trasmett**a**	trasmett**ano**		

T

to treat, to deal with   trattare

gerundio **trattando**   participio passato **trattato**

SINGULAR	PLURAL	SINGULAR	PLURAL
indicativo presente		**passato prossimo**	
tratt**o**	tratt**iamo**	**ho** trattato	**abbiamo** trattato
tratt**i**	tratt**ate**	**hai** trattato	**avete** trattato
tratt**a**	tratt**ano**	**ha** trattato	**hanno** trattato
imperfetto		**trapassato prossimo**	
tratta**vo**	tratta**vamo**	**avevo** trattato	**avevamo** trattato
tratta**vi**	tratta**vate**	**avevi** trattato	**avevate** trattato
tratta**va**	tratta**vano**	**aveva** trattato	**avevano** trattato
passato remoto		**trapassato remoto**	
tratt**ai**	tratt**ammo**	**ebbi** trattato	**avemmo** trattato
tratt**asti**	tratt**aste**	**avesti** trattato	**aveste** trattato
tratt**ò**	tratt**arono**	**ebbe** trattato	**ebbero** trattato
futuro semplice		**futuro anteriore**	
tratt**erò**	tratt**eremo**	**avrò** trattato	**avremo** trattato
tratt**erai**	tratt**erete**	**avrai** trattato	**avrete** trattato
tratt**erà**	tratt**eranno**	**avrà** trattato	**avranno** trattato
condizionale presente		**condizionale passato**	
tratt**erei**	tratt**eremmo**	**avrei** trattato	**avremmo** trattato
tratt**eresti**	tratt**ereste**	**avresti** trattato	**avreste** trattato
tratt**erebbe**	tratt**erebbero**	**avrebbe** trattato	**avrebbero** trattato
congiuntivo presente		**congiuntivo passato**	
tratt**i**	tratt**iamo**	**abbia** trattato	**abbiamo** trattato
tratt**i**	tratt**iate**	**abbia** trattato	**abbiate** trattato
tratt**i**	tratt**ino**	**abbia** trattato	**abbiano** trattato
congiuntivo imperfetto		**congiuntivo trapassato**	
tratt**assi**	tratt**assimo**	**avessi** trattato	**avessimo** trattato
tratt**assi**	tratt**aste**	**avessi** trattato	**aveste** trattato
tratt**asse**	tratt**assero**	**avesse** trattato	**avessero** trattato
imperativo			
	trattiamo		
tratta; non trattare	trattate		
tratti	trattino		

T

trattenere
to keep back, to restrain

gerundio **trattenendo**   participio passato **trattenuto**

SINGULAR	PLURAL	SINGULAR	PLURAL
indicativo presente		**passato prossimo**	
tratteng**o**	tratten**iamo**	**ho** trattenuto	**abbiamo** trattenuto
tratti**eni**	tratten**ete**	**hai** trattenuto	**avete** trattenuto
tratti**ene**	tratteng**ono**	**ha** trattenuto	**hanno** trattenuto
imperfetto		**trapassato prossimo**	
trattene**vo**	trattene**vamo**	**avevo** trattenuto	**avevamo** trattenuto
trattene**vi**	trattene**vate**	**avevi** trattenuto	**avevate** trattenuto
trattene**va**	trattene**vano**	**aveva** trattenuto	**avevano** trattenuto
passato remoto		**trapassato remoto**	
trattenn**i**	tratten**emmo**	**ebbi** trattenuto	**avemmo** trattenuto
tratten**esti**	tratten**este**	**avesti** trattenuto	**aveste** trattenuto
trattenn**e**	trattenn**ero**	**ebbe** trattenuto	**ebbero** trattenuto
futuro semplice		**futuro anteriore**	
tratterr**ò**	tratterr**emo**	**avrò** trattenuto	**avremo** trattenuto
tratterr**ai**	tratterr**ete**	**avrai** trattenuto	**avrete** trattenuto
tratterr**à**	tratterr**anno**	**avrà** trattenuto	**avranno** trattenuto
condizionale presente		**condizionale passato**	
tratt**errei**	tratt**erremmo**	**avrei** trattenuto	**avremmo** trattenuto
tratt**erresti**	tratt**erreste**	**avresti** trattenuto	**avreste** trattenuto
tratt**errebbe**	tratt**errebbero**	**avrebbe** trattenuto	**avrebbero** trattenuto
congiuntivo presente		**congiuntivo passato**	
tratteng**a**	tratten**iamo**	**abbia** trattenuto	**abbiamo** trattenuto
tratteng**a**	tratten**iate**	**abbia** trattenuto	**abbiate** trattenuto
tratteng**a**	tratteng**ano**	**abbia** trattenuto	**abbiano** trattenuto
congiuntivo imperfetto		**congiuntivo trapassato**	
tratten**essi**	tratten**essimo**	**avessi** trattenuto	**avessimo** trattenuto
tratten**essi**	tratten**este**	**avessi** trattenuto	**aveste** trattenuto
tratten**esse**	tratten**essero**	**avesse** trattenuto	**avessero** trattenuto

imperativo

	tratten**iamo**
tratti**eni**;	tratten**ete**
non trattenere	
tratteng**a**	tratteng**ano**

T

to tremble, to shake

gerundio **tremando**   participio passato **tremato**

SINGULAR	PLURAL	SINGULAR	PLURAL
indicativo presente		passato prossimo	
tremo	tremiamo	**ho** tremato	**abbiamo** tremato
tremi	tremate	**hai** tremato	**avete** tremato
trema	tremano	**ha** tremato	**hanno** tremato
imperfetto		trapassato prossimo	
tremavo	tremavamo	**avevo** tremato	**avevamo** tremato
tremavi	tremavate	**avevi** tremato	**avevate** tremato
tremava	tremavano	**aveva** tremato	**avevano** tremato
passato remoto		trapassato remoto	
tremai	tremammo	**ebbi** tremato	**avemmo** tremato
tremasti	tremaste	**avesti** tremato	**aveste** tremato
tremò	tremarono	**ebbe** tremato	**ebbero** tremato
futuro semplice		futuro anteriore	
tremerò	tremeremo	**avrò** tremato	**avremo** tremato
tremerai	tremerete	**avrai** tremato	**avrete** tremato
tremerà	tremeranno	**avrà** tremato	**avranno** tremato
condizionale presente		condizionale passato	
tremerei	tremeremmo	**avrei** tremato	**avremmo** tremato
tremeresti	tremereste	**avresti** tremato	**avreste** tremato
tremerebbe	tremerebbero	**avrebbe** tremato	**avrebbero** tremato
congiuntivo presente		congiuntivo passato	
tremi	tremiamo	**abbia** tremato	**abbiamo** tremato
tremi	tremiate	**abbia** tremato	**abbiate** tremato
tremi	tremino	**abbia** tremato	**abbiano** tremato
congiuntivo imperfetto		congiuntivo trapassato	
tremassi	tremassimo	**avessi** tremato	**avessimo** tremato
tremassi	tremaste	**avessi** tremato	**aveste** tremato
tremasse	tremassero	**avesse** tremato	**avessero** tremato
imperativo			
	tremiamo		
trema; non tremare	tremate		
tremi	tremino		

T

gerundio **trovando**

participio passato **trovato**

SINGULAR	PLURAL	SINGULAR	PLURAL

indicativo presente

trov**o**	trov**iamo**
trov**i**	trov**ate**
trov**a**	trov**ano**

passato prossimo

ho trovato	**abbiamo** trovato
hai trovato	**avete** trovato
ha trovato	**hanno** trovato

imperfetto

trova**vo**	trova**vamo**
trova**vi**	trova**vate**
trova**va**	trova**vano**

trapassato prossimo

avevo trovato	**avevamo** trovato
avevi trovato	**avevate** trovato
aveva trovato	**avevano** trovato

passato remoto

trova**i**	trov**ammo**
trov**asti**	trov**aste**
trov**ò**	trovar**ono**

trapassato remoto

ebbi trovato	**avemmo** trovato
avesti trovato	**aveste** trovato
ebbe trovato	**ebbero** trovato

futuro semplice

trover**ò**	trover**emo**
trover**ai**	trover**ete**
trover**à**	trover**anno**

futuro anteriore

avrò trovato	**avremo** trovato
avrai trovato	**avrete** trovato
avrà trovato	**avranno** trovato

condizionale presente

trover**ei**	trover**emmo**
trover**esti**	trover**este**
trover**ebbe**	trover**ebbero**

condizionale passato

avrei trovato	**avremmo** trovato
avresti trovato	**avreste** trovato
avrebbe trovato	**avrebbero** trovato

congiuntivo presente

trov**i**	trov**iamo**
trov**i**	trov**iate**
trov**i**	trov**ino**

congiuntivo passato

abbia trovato	**abbiamo** trovato
abbia trovato	**abbiate** trovato
abbia trovato	**abbiano** trovato

congiuntivo imperfetto

trov**assi**	trov**assimo**
trov**assi**	trov**aste**
trov**asse**	trov**assero**

congiuntivo trapassato

avessi trovato	**avessimo** trovato
avessi trovato	**aveste** trovato
avesse trovato	**avessero** trovato

imperativo

	troviamo
trova; non trovare	trovate
trovi	trovino

T

MUST KNOW VERB

gerundio **turbandosi**   participio passato **turbatosi**

SINGULAR	PLURAL	SINGULAR	PLURAL

indicativo presente

		passato prossimo	
mi turb**o**	**ci** turb**iamo**	**mi sono** turbato(a)	**ci siamo** turbati(e)
ti turb**i**	**vi** turb**ate**	**ti sei** turbato(a)	**vi siete** turbati(e)
si turb**a**	**si** turb**ano**	**si è** turbato(a)	**si sono** turbati(e)

imperfetto

		trapassato prossimo	
mi turba**vo**	**ci** turba**vamo**	**mi ero** turbato(a)	**ci eravamo** turbati(e)
ti turba**vi**	**vi** turba**vate**	**ti eri** turbato(a)	**vi eravate** turbati(e)
si turba**va**	**si** turba**vano**	**si era** turbato(a)	**si erano** turbati(e)

passato remoto

		trapassato remoto	
mi turb**ai**	**ci** turb**ammo**	**mi fui** turbato(a)	**ci fummo** turbati(e)
ti turb**asti**	**vi** turb**aste**	**ti fosti** turbato(a)	**vi foste** turbati(e)
si turb**ò**	**si** turb**arono**	**si fu** turbato(a)	**si furono** turbati(e)

futuro semplice

		futuro anteriore	
mi turber**ò**	**ci** turber**emo**	**mi sarò** turbato(a)	**ci saremo** turbati(e)
ti turber**ai**	**vi** turber**ete**	**ti sarai** turbato(a)	**vi sarete** turbati(e)
si turber**à**	**si** turber**anno**	**si sarà** turbato(a)	**si saranno** turbati(e)

condizionale presente

		condizionale passato	
mi turb**erei**	**ci** turb**eremmo**	**mi sarei** turbato(a)	**ci saremmo** turbati(e)
ti turb**eresti**	**vi** turb**ereste**	**ti saresti** turbato(a)	**vi sareste** turbati(e)
si turb**erebbe**	**si** turb**erebbero**	**si sarebbe** turbato(a)	**si sarebbero** turbati(e)

congiuntivo presente

		congiuntivo passato	
mi turb**i**	**ci** turb**iamo**	**mi sia** turbato(a)	**ci siamo** turbati(e)
ti turb**i**	**vi** turb**iate**	**ti sia** turbato(a)	**vi siate** turbati(e)
si turb**i**	**si** turb**ino**	**si sia** turbato(a)	**si siano** turbati(e)

congiuntivo imperfetto

		congiuntivo trapassato	
mi turb**assi**	**ci** turb**assimo**	**mi fossi** turbato(a)	**ci fossimo** turbati(e)
ti turb**assi**	**vi** turb**aste**	**ti fossi** turbato(a)	**vi foste** turbati(e)
si turb**asse**	**si** turb**assero**	**si fosse** turbato(a)	**si fossero** turbati(e)

imperativo

	turbiamoci
turbati;	turbatevi
non turbarti/	
non ti turbare	
si turbi	si turbino

T

gerundio **ubbidendo** participio passato **ubbidito**

SINGULAR	PLURAL	SINGULAR	PLURAL

indicativo presente

		passato prossimo	
ubbidisc**o**	ubbid**iamo**	**ho** ubbidito	**abbiamo** ubbidito
ubbidisc**i**	ubbid**ite**	**hai** ubbidito	**avete** ubbidito
ubbidisc**e**	ubbidisc**ono**	**ha** ubbidito	**hanno** ubbidito

imperfetto

		trapassato prossimo	
ubbidi**vo**	ubbidi**vamo**	**avevo** ubbidito	**avevamo** ubbidito
ubbidi**vi**	ubbidi**vate**	**avevi** ubbidito	**avevate** ubbidito
ubbidi**va**	ubbidi**vano**	**aveva** ubbidito	**avevano** ubbidito

passato remoto

		trapassato remoto	
ubbid**ii**	ubbid**immo**	**ebbi** ubbidito	**avemmo** ubbidito
ubbid**isti**	ubbid**iste**	**avesti** ubbidito	**aveste** ubbidito
ubbid**ì**	ubbid**irono**	**ebbe** ubbidito	**ebbero** ubbidito

futuro semplice

		futuro anteriore	
ubbidir**ò**	ubbidir**emo**	**avrò** ubbidito	**avremo** ubbidito
ubbidir**ai**	ubbider**ete**	**avrai** ubbidito	**avrete** ubbidito
ubbidir**à**	ubbidir**anno**	**avrà** ubbidito	**avranno** ubbidito

condizionale presente

		condizionale passato	
ubbid**irei**	ubbid**iremmo**	**avrei** ubbidito	**avremmo** ubbidito
ubbid**iresti**	ubbid**ireste**	**avresti** ubbidito	**avreste** ubbidito
ubbid**irebbe**	ubbid**irebbero**	**avrebbe** ubbidito	**avrebbero** ubbidito

congiuntivo presente

		congiuntivo passato	
ubbidisc**a**	ubbid**iamo**	**abbia** ubbidito	**abbiamo** ubbidito
ubbidisc**a**	ubbid**iate**	**abbia** ubbidito	**abbiate** ubbidito
ubbidisc**a**	ubbid**iscano**	**abbia** ubbidito	**abbiano** ubbidito

congiuntivo imperfetto

		congiuntivo trapassato	
ubbid**issi**	ubbid**issimo**	**avessi** ubbidito	**avessimo** ubbidito
ubbid**issi**	ubbid**iste**	**avessi** ubbidito	**aveste** ubbidito
ubbid**isse**	ubbid**issero**	**avesse** ubbidito	**avessero** ubbidito

imperativo

	ubbid**iamo**
ubbid**isci**;	ubbid**ite**
non ubbidire	
ubbidisc**a**	ubbidisc**ano**

U

to get drunk, to become intoxicated ubriacarsi

SINGULAR	PLURAL	SINGULAR	PLURAL
indicativo presente		**passato prossimo**	
mi ubriaco	**ci** ubriach**iamo**	**mi sono** ubriacato(a)	**ci siamo** ubriacati(e)
ti ubriach**i**	**vi** ubriac**ate**	**ti sei** ubriacato(a)	**vi siete** ubriacati(e)
si ubriac**a**	**si** ubriac**ano**	**si è** ubriacato(a)	**si sono** ubriacati(e)
imperfetto		**trapassato prossimo**	
mi ubriac**avo**	**ci** ubriac**avamo**	**mi ero** ubriacato(a)	**ci eravamo** ubriacati(e)
ti ubriac**avi**	**vi** ubriac**avate**	**ti eri** ubriacato(a)	**vi eravate** ubriacati(e)
si ubriac**ava**	**si** ubriac**avano**	**si era** ubriacato(a)	**si erano** ubriacati(e)
passato remoto		**trapassato remoto**	
mi ubriac**ai**	**ci** ubriac**ammo**	**mi fui** ubriacato(a)	**ci fummo** ubriacati(e)
ti ubriac**asti**	**vi** ubriac**aste**	**ti fosti** ubriacato(a)	**vi foste** ubriacati(e)
si ubriac**ò**	**si** ubriac**arono**	**si fu** ubriacato(a)	**si furono** ubriacati(e)
futuro semplice		**futuro anteriore**	
mi ubriacher**ò**	**ci** ubriacher**emo**	**mi sarò** ubriacato(a)	**ci saremo** ubriacati(e)
ti ubriacher**ai**	**vi** ubriacher**ete**	**ti sarai** ubriacato(a)	**vi sarete** ubriacati(e)
si ubriacher**à**	**si** ubriacher**anno**	**si sarà** ubriacato(a)	**si saranno** ubriacati(e)
condizionale presente		**condizionale passato**	
mi ubriach**erei**	**ci** ubriach**eremmo**	**mi sarei** ubriacato(a)	**ci saremmo** ubriacati(e)
ti ubriach**eresti**	**vi** ubriach**ereste**	**ti saresti** ubriacato(a)	**vi sareste** ubriacati(e)
si ubriach**erebbe**	**si** ubriach**erebbero**	**si sarebbe** ubriacato(a)	**si sarebbero** ubriacati(e)
congiuntivo presente		**congiuntivo passato**	
mi ubriach**i**	**ci** ubriach**iamo**	**mi sia** ubriacato(a)	**ci siamo** ubriacati(e)
ti ubriach**i**	**vi** ubriach**iate**	**ti sia** ubriacato(a)	**vi siate** ubriacati(e)
si ubriach**i**	**si** ubriach**ino**	**si sia** ubriacato(a)	**si siano** ubriacati(e)
congiuntivo imperfetto		**congiuntivo trapassato**	
mi ubriac**assi**	**ci** ubriac**assimo**	**mi fossi** ubriacato(a)	**ci fossimo** ubriacati(e)
ti ubriac**assi**	**vi** ubriac**aste**	**ti fossi** ubriacato(a)	**vi foste** ubriacati(e)
si ubriac**asse**	**si** ubriac**assero**	**si fosse** ubriacato(a)	**si fossero** ubriacati(e)

imperativo

	ubriachiamoci
ubriacati; non ubriacarti/	ubriacatevi
non ti ubriacare	
si ubriachi	si ubriachino

U

gerundio **uccidendo**   participio passato **ucciso**

SINGULAR	PLURAL	SINGULAR	PLURAL
indicativo presente		**passato prossimo**	
uccid**o**	uccid**iamo**	**ho** ucciso	**abbiamo** ucciso
uccid**i**	uccid**ete**	**hai** ucciso	**avete** ucciso
uccid**e**	uccid**ono**	**ha** ucciso	**hanno** ucciso
imperfetto		**trapassato prossimo**	
uccid**evo**	uccid**evamo**	**avevo** ucciso	**avevamo** ucciso
uccid**evi**	uccid**evate**	**avevi** ucciso	**avevate** ucciso
uccid**eva**	uccid**evano**	**aveva** ucciso	**avevano** ucciso
passato remoto		**trapassato remoto**	
uccis**i**	uccid**emmo**	**ebbi** ucciso	**avemmo** ucciso
uccid**esti**	uccid**este**	**avesti** ucciso	**aveste** ucciso
uccis**e**	uccis**ero**	**ebbe** ucciso	**ebbero** ucciso
futuro semplice		**futuro anteriore**	
uccider**ò**	uccider**emo**	**avrò** ucciso	**avremo** ucciso
uccider**ai**	uccider**ete**	**avrai** ucciso	**avrete** ucciso
uccider**à**	uccider**anno**	**avrà** ucciso	**avranno** ucciso
condizionale presente		**condizionale passato**	
uccid**erei**	uccid**eremmo**	**avrei** ucciso	**avremmo** ucciso
uccid**eresti**	uccid**ereste**	**avresti** ucciso	**avreste** ucciso
uccid**erebbe**	uccid**erebbero**	**avrebbe** ucciso	**avrebbero** ucciso
congiuntivo presente		**congiuntivo passato**	
uccid**a**	uccid**iamo**	**abbia** ucciso	**abbiamo** ucciso
uccid**a**	uccid**iate**	**abbia** ucciso	**abbiate** ucciso
uccid**a**	uccid**ano**	**abbia** ucciso	**abbiano** ucciso
congiuntivo imperfetto		**congiuntivo trapassato**	
uccid**essi**	uccid**essimo**	**avessi** ucciso	**avessimo** ucciso
uccid**essi**	uccid**este**	**avessi** ucciso	**aveste** ucciso
uccid**esse**	uccid**essero**	**avesse** ucciso	**avessero** ucciso
imperativo			
	uccid**iamo**		
uccid**i**; non uccidere	uccid**ete**		
uccid**a**	uccid**ano**		

U

gerundio **udendo**   participio passato **udito**

SINGULAR	PLURAL	SINGULAR	PLURAL
indicativo presente		**passato prossimo**	
od**o**	ud**iamo**	**ho** udito	**abbiamo** udito
od**i**	ud**ite**	**hai** udito	**avete** udito
od**e**	od**ono**	**ha** udito	**hanno** udito
imperfetto		**trapassato prossimo**	
ud**ivo**	ud**ivamo**	**avevo** udito	**avevamo** udito
ud**ivi**	ud**ivate**	**avevi** udito	**avevate** udito
ud**iva**	ud**ivano**	**aveva** udito	**avevano** udito
passato remoto		**trapassato remoto**	
ud**ii**	ud**immo**	**ebbi** udito	**avemmo** udito
ud**isti**	ud**iste**	**avesti** udito	**aveste** udito
ud**ì**	ud**irono**	**ebbe** udito	**ebbero** udito
futuro semplice		**futuro anteriore**	
ud(i)r**ò**	ud(i)r**emo**	**avrò** udito	**avremo** udito
ud(i)r**ai**	ud(i)r**ete**	**avrai** udito	**avrete** udito
ud(i)r**à**	ud(i)r**anno**	**avrà** udito	**avranno** udito
condizionale presente		**condizionale passato**	
ud**(i)rei**	ud**iremmo**	**avrei** udito	**avremmo** udito
ud**(i)resti**	ud**(i)reste**	**avresti** udito	**avreste** udito
ud**(i)rebbe**	ud**(i)rebbero**	**avrebbe** udito	**avrebbero** udito
congiuntivo presente		**congiuntivo passato**	
od**a**	ud**iamo**	**abbia** udito	**abbiamo** udito
od**a**	ud**iate**	**abbia** udito	**abbiate** udito
od**a**	od**ano**	**abbia** udito	**abbiano** udito
congiuntivo imperfetto		**congiuntivo trapassato**	
ud**issi**	ud**issimo**	**avessi** udito	**avessimo** udito
ud**issi**	ud**iste**	**avessi** udito	**aveste** udito
ud**isse**	ud**issero**	**avesse** udito	**avessero** udito
imperativo			
	udiamo		
odi; non udire	udite		
oda	odano		

U

gerundio **umiliando**   participio passato **umiliato**

SINGULAR	PLURAL	SINGULAR	PLURAL

indicativo presente
umil**io**	umil**iamo**
umil**i**	umil**iate**
umil**ia**	umil**iano**

passato prossimo
ho umiliato	**abbiamo** umiliato
hai umiliato	**avete** umiliato
ha umiliato	**hanno** umiliato

imperfetto
umil**iavo**	umil**iavamo**
umil**iavi**	umil**iavate**
umil**iava**	umil**iavano**

trapassato prossimo
avevo umiliato	**avevamo** umiliato
avevi umiliato	**avevate** umiliato
aveva umiliato	**avevano** umiliato

passato remoto
umil**iai**	umil**iammo**
umil**iasti**	umil**iaste**
umil**iò**	umil**iarono**

trapassato remoto
ebbi umiliato	**avemmo** umiliato
avesti umiliato	**aveste** umiliato
ebbe umiliato	**ebbero** umiliato

futuro semplice
umilier**ò**	umilier**emo**
umilier**ai**	umilier**ete**
umilier**à**	umilier**anno**

futuro anteriore
avrò umiliato	**avremo** umiliato
avrai umiliato	**avrete** umiliato
avrà umiliato	**avranno** umiliato

condizionale presente
umili**erei**	umili**eremmo**
umili**eresti**	umili**ereste**
umili**erebbe**	umil**erebbero**

condizionale passato
avrei umiliato	**avremmo** umiliato
avresti umiliato	**avreste** umiliato
avrebbe umiliato	**avrebbero** umiliato

congiuntivo presente
umil**i**	umil**iamo**
umil**i**	umil**iate**
umil**i**	umil**ino**

congiuntivo passato
abbia umiliato	**abbiamo** umiliato
abbia umiliato	**abbiate** umiliato
abbia umiliato	**abbiano** umiliato

congiuntivo imperfetto
umil**iassi**	umil**iassimo**
umil**iassi**	umil**iaste**
umil**iasse**	umil**iassero**

congiuntivo trapassato
avessi umiliato	**avessimo** umiliato
avessi umiliato	**aveste** umiliato
avesse umiliato	**avessero** umiliato

imperativo
	umiliamo
umilia; non umiliare	umiliate
umili	umilino

U

to smear   ungere

SINGULAR	PLURAL	SINGULAR	PLURAL
indicativo presente		**passato prossimo**	
ung**o**	ung**iamo**	**ho** unto	**abbiamo** unto
ung**i**	ung**ete**	**hai** unto	**avete** unto
ung**e**	ung**ono**	**ha** unto	**hanno** unto
imperfetto		**trapassato prossimo**	
ung**evo**	ung**evamo**	**avevo** unto	**avevamo** unto
ung**evi**	ung**evate**	**avevi** unto	**avevate** unto
ung**eva**	ung**evano**	**aveva** unto	**avevano** unto
passato remoto		**trapassato remoto**	
uns**i**	ung**emmo**	**ebbi** unto	**avemmo** unto
ung**esti**	ung**este**	**avesti** unto	**aveste** unto
uns**e**	uns**ero**	**ebbe** unto	**ebbero** unto
futuro semplice		**futuro anteriore**	
unger**ò**	unger**emo**	**avrò** unto	**avremo** unto
unger**ai**	unger**ete**	**avrai** unto	**avrete** unto
unger**à**	unger**anno**	**avrà** unto	**avranno** unto
condizionale presente		**condizionale passato**	
ung**erei**	ung**eremmo**	**avrei** unto	**avremmo** unto
ung**eresti**	ung**ereste**	**avresti** unto	**avreste** unto
ung**erebbe**	ung**erebbero**	**avrebbe** unto	**avrebbero** unto
congiuntivo presente		**congiuntivo passato**	
ung**a**	ung**iamo**	**abbia** unto	**abbiamo** unto
ung**a**	ung**iate**	**abbia** unto	**abbiate** unto
ung**a**	ung**ano**	**abbia** unto	**abbiano** unto
congiuntivo imperfetto		**congiuntivo trapassato**	
ung**essi**	ung**essimo**	**avessi** unto	**avessimo** unto
ung**essi**	ung**este**	**avessi** unto	**aveste** unto
ung**esse**	ung**essero**	**avesse** unto	**avessero** unto
imperativo			
	ung**iamo**		
ung**i**; non ung**ere**	ung**ete**		
ung**a**	ung**ano**		

U

637

gerundio **unendo**   participio passato **unito**

SINGULAR	PLURAL	SINGULAR	PLURAL
indicativo presente		**passato prossimo**	
unisco	uniamo	ho unito	abbiamo unito
unisci	unite	hai unito	avete unito
unisce	uniscono	ha unito	hanno unito
imperfetto		**trapassato prossimo**	
univo	univamo	avevo unito	avevamo unito
univi	univate	avevi unito	avevate unito
univa	univano	aveva unito	avevano unito
passato remoto		**trapassato remoto**	
unii	unimmo	ebbi unito	avemmo unito
unisti	uniste	avesti unito	aveste unito
unii	unirono	ebbe unito	ebbero unito
futuro semplice		**futuro anteriore**	
unirò	uniremo	avrò unito	avremo unito
unirai	unirete	avrai unito	avrete unito
unirà	uniranno	avrà unito	avranno unito
condizionale presente		**condizionale passato**	
unirei	uniremmo	avrei unito	avremmo unito
uniresti	unireste	avresti unito	avreste unito
unirebbe	unirebbero	avrebbe unito	avrebbero unito
congiuntivo presente		**congiuntivo passato**	
unisca	uniamo	abbia unito	abbiamo unito
unisca	uniate	abbia unito	abbiate unito
unisca	uniscano	abbia unito	abbiano unito
congiuntivo imperfetto		**congiuntivo trapassato**	
unissi	unissimo	avessi unito	avessimo unito
unissi	uniste	avessi unito	aveste unito
unisse	unissero	avesse unito	avessero unito
imperativo			
	uniamo		
unisci; non unire	unite		
unisca	uniscano		

U

to shout, to yell   urlare

gerundio **urlando**   participio passato **urlato**

SINGULAR	PLURAL	SINGULAR	PLURAL

indicativo presente
url**o**	url**iamo**
url**i**	url**ate**
url**a**	url**ano**

passato prossimo
ho urlato	**abbiamo** urlato
hai urlato	**avete** urlato
ha urlato	**hanno** urlato

imperfetto
url**avo**	url**avamo**
url**avi**	url**avate**
url**ava**	url**avano**

trapassato prossimo
avevo urlato	**avevamo** urlato
avevi urlato	**avevate** urlato
aveva urlato	**avevano** urlato

passato remoto
url**ai**	url**ammo**
url**asti**	url**aste**
url**ò**	url**arono**

trapassato remoto
ebbi urlato	**avemmo** urlato
avesti urlato	**aveste** urlato
ebbe urlato	**ebbero** urlato

futuro semplice
url**erò**	url**eremo**
url**erai**	url**erete**
url**erà**	url**eranno**

futuro anteriore
avrò urlato	**avremo** urlato
avrai urlato	**avrete** urlato
avrà urlato	**avranno** urlato

condizionale presente
url**erei**	url**eremmo**
url**eresti**	url**ereste**
url**erebbe**	url**erebbero**

condizionale passato
avrei urlato	**avremmo** urlato
avresti urlato	**avreste** urlato
avrebbe urlato	**avrebbero** urlato

congiuntivo presente
url**i**	url**iamo**
url**i**	url**iate**
url**i**	url**ino**

congiuntivo passato
abbia urlato	**abbiamo** urlato
abbia urlato	**abbiate** urlato
abbia urlato	**abbiano** urlato

congiuntivo imperfetto
url**assi**	url**assimo**
url**assi**	url**aste**
url**asse**	url**assero**

congiuntivo trapassato
avessi urlato	**avessimo** urlato
avessi urlato	**aveste** urlato
avesse urlato	**avessero** urlato

imperativo
	urliamo
urla; non urlare	urlate
urli	urlino

U

gerundio **usando**   participio passato **usato**

SINGULAR	PLURAL	SINGULAR	PLURAL

indicativo presente
		passato prossimo	
us**o**	us**iamo**	**ho** usato	**abbiamo** usato
us**i**	us**ate**	**hai** usato	**avete** usato
us**a**	us**ano**	**ha** usato	**hanno** usato

imperfetto
		trapassato prossimo	
us**avo**	us**avamo**	**avevo** usato	**avevamo** usato
us**avi**	us**avate**	**avevi** usato	**avevate** usato
us**ava**	us**avano**	**aveva** usato	**avevano** usato

passato remoto
		trapassato remoto	
us**ai**	us**ammo**	**ebbi** usato	**avemmo** usato
us**asti**	us**aste**	**avesti** usato	**aveste** usato
us**ò**	us**arono**	**ebbe** usato	**ebbero** usato

futuro semplice
		futuro anteriore	
user**ò**	user**emo**	**avrò** usato	**avremo** usato
user**ai**	user**ete**	**avrai** usato	**avrete** usato
user**à**	user**anno**	**avrà** usato	**avranno** usato

condizionale presente
		condizionale passato	
user**ei**	user**emmo**	**avrei** usato	**avremmo** usato
user**esti**	user**este**	**avresti** usato	**avreste** usato
user**ebbe**	user**ebbero**	**avrebbe** usato	**avrebbero** usato

congiuntivo presente
		congiuntivo passato	
us**i**	us**iamo**	**abbia** usato	**abbiamo** usato
us**i**	us**iate**	**abbia** usato	**abbiate** usato
us**i**	us**ino**	**abbia** usato	**abbiano** usato

congiuntivo imperfetto
		congiuntivo trapassato	
us**assi**	us**assimo**	**avessi** usato	**avessimo** usato
us**assi**	us**aste**	**avessi** usato	**aveste** usato
us**asse**	us**assero**	**avesse** usato	**avessero** usato

imperativo
	usiamo
usa; non usare	usate
usi	usino

MUST KNOW VERB

U

to go out, to come out

gerundio **uscendo**   participio passato **uscito**

SINGULAR	PLURAL	SINGULAR	PLURAL

indicativo presente
esc**o**	usc**iamo**
esc**i**	usc**ite**
esc**e**	esc**ono**

passato prossimo
sono uscito(a)	**siamo** usciti(e)
sei uscito(a)	**siete** usciti(e)
è uscito(a)	**sono** usciti(e)

imperfetto
usc**ivo**	usc**ivamo**
usc**ivi**	usc**ivate**
usc**iva**	usc**ivano**

trapassato prossimo
ero uscito(a)	**eravamo** usciti(e)
eri uscito(a)	**eravate** usciti(e)
era uscito(a)	**erano** usciti(e)

passato remoto
usc**ii**	usc**immo**
usc**isti**	usc**iste**
usc**ì**	usc**irono**

trapassato remoto
fui uscito(a)	**fummo** usciti(e)
fosti uscito(a)	**foste** usciti(e)
fu uscito(a)	**furono** usciti(e)

futuro semplice
uscir**ò**	uscir**emo**
uscir**ai**	uscir**ete**
uscir**à**	uscir**anno**

futuro anteriore
sarò uscito(a)	**saremo** usciti(e)
sarai uscito(a)	**sarete** usciti(e)
sarà uscito(a)	**saranno** usciti(e)

condizionale presente
uscir**ei**	uscir**emmo**
uscir**esti**	uscir**este**
uscir**ebbe**	uscir**ebbero**

condizionale passato
sarei uscito(a)	**saremmo** usciti(e)
saresti uscito(a)	**sareste** usciti(e)
sarebbe uscito(a)	**sarebbero** usciti(e)

congiuntivo presente
esc**a**	usc**iamo**
esc**a**	usc**iate**
esc**a**	esc**ano**

congiuntivo passato
sia uscito(a)	**siamo** usciti(e)
sia uscito(a)	**siate** usciti(e)
sia uscito(a)	**siano** usciti(e)

congiuntivo imperfetto
usc**issi**	usc**issimo**
usc**issi**	usc**iste**
usc**isse**	usc**issero**

congiuntivo trapassato
fossi uscito(a)	**fossimo** usciti(e)
fossi uscito(a)	**foste** usciti(e)
fosse uscito(a)	**fossero** usciti(e)

imperativo
	usciamo
esci; non uscire	uscite
esca	escano

MUST KNOW VERB

U

valere — to be of value, to be of worth

gerundio **valendo**　　　participio passato **valso**

SINGULAR	PLURAL	SINGULAR	PLURAL
indicativo presente		**passato prossimo**	
valgo	valiamo	sono valso(a)	siamo valsi(e)
vali	valete	sei valso(a)	siete valsi(e)
vale	valgono	è valso(a)	sono valsi(e)
imperfetto		**trapassato prossimo**	
valevo	valevamo	ero valso(a)	eravamo valsi(e)
valevi	valevate	eri valso(a)	eravate valsi(e)
valeva	valevano	era valso(a)	erano valsi(e)
passato remoto		**trapassato remoto**	
valsi	valemmo	fui valso(a)	fummo valsi(e)
valesti	valeste	fosti valso(a)	foste valsi(e)
valse	valsero	fu valso(a)	furono valsi(e)
futuro semplice		**futuro anteriore**	
varrò	varremo	sarò valso(a)	saremo valsi(e)
varrai	varrete	sarai valso(a)	sarete valsi(e)
varrà	varranno	sarà valso(a)	saranno valsi(e)
condizionale presente		**condizionale passato**	
varrei	varremmo	sarei valso(a)	saremmo valsi(e)
varresti	varreste	saresti valso(a)	sareste valsi(e)
varrebbe	varrebbero	sarebbe valso(a)	sarebbero valsi(e)
congiuntivo presente		**congiuntivo passato**	
valga	valiamo	sia valso(a)	siamo valsi(e)
valga	valiate	sia valso(a)	siate valsi(e)
valga	valgano	sia valso(a)	siano valsi(e)
congiuntivo imperfetto		**congiuntivo trapassato**	
valessi	valessimo	fossi valso(a)	fossimo valsi(e)
valessi	valeste	fossi valso(a)	foste valsi(e)
valesse	valessero	fosse valso(a)	fossero valsi(e)

V

gerundio **vantandosi**   participio passato **vantatosi**

SINGULAR	PLURAL	SINGULAR	PLURAL

indicativo presente
mi vant**o**	**ci** vant**iamo**		
ti vant**i**	**vi** vant**ate**		
si vant**a**	**si** vant**ano**		

passato prossimo
mi sono vantato(a)	**ci siamo** vantati(e)
ti sei vantato(a)	**vi siete** vantati(e)
si è vantato(a)	**si sono** vantati(e)

imperfetto
mi vanta**vo**	**ci** vanta**vamo**
ti vanta**vi**	**vi** vanta**vate**
si vanta**va**	**si** vanta**vano**

trapassato prossimo
mi ero vantato(a)	**ci eravamo** vantati(e)
ti eri vantato(a)	**vi eravate** vantati(e)
si era vantato(a)	**si erano** vantati(e)

passato remoto
mi vant**ai**	**ci** vant**ammo**
ti vant**asti**	**vi** vant**aste**
si vant**ò**	**si** vant**arono**

trapassato remoto
mi fui vantato(a)	**ci fummo** vantati(e)
ti fosti vantato(a)	**vi foste** vantati(e)
si fu vantato(a)	**si furono** vantati(e)

futuro semplice
mi vanter**ò**	**ci** vanter**emo**
ti vanter**ai**	**vi** vanter**ete**
si vanter**à**	**si** vanter**anno**

futuro anteriore
mi sarò vantato(a)	**ci saremo** vantati(e)
ti sarai vantato(a)	**vi sarete** vantati(e)
si sarà vantato(a)	**si saranno** vantati(e)

condizionale presente
mi vant**erei**	**ci** vant**eremmo**
ti vant**eresti**	**vi** vant**ereste**
si vant**erebbe**	**si** vant**erebbero**

condizionale passato
mi sarei vantato(a)	**ci saremmo** vantati(e)
ti saresti vantato(a)	**vi sareste** vantati(e)
si sarebbe vantato(a)	**si sarebbero** vantati(e)

congiuntivo presente
mi vant**i**	**ci** vant**iamo**
ti vant**i**	**vi** vant**iate**
si vant**i**	**si** vant**ino**

congiuntivo passato
mi sia vantato(a)	**ci siamo** vantati(e)
ti sia vantato(a)	**vi siate** vantati(e)
si sia vantato(a)	**si siano** vantati(e)

congiuntivo imperfetto
mi vant**assi**	**ci** vant**assimo**
ti vant**assi**	**vi** vant**aste**
si vant**asse**	**si** vant**assero**

congiuntivo trapassato
mi fossi vantato(a)	**ci fossimo** vantati(e)
ti fossi vantato(a)	**vi foste** vantati(e)
si fosse vantato(a)	**si fossero** vantati(e)

imperativo
	vantiamoci
vantati;	vantatevi
non vantarti/	
non ti vantare	
si vanti	si vantino

V

variare

to vary, to change

SINGULAR	PLURAL	SINGULAR	PLURAL
indicativo presente		**passato prossimo**	
var**io**	var**iamo**	**ho** variato	**abbiamo** variato
var**i**	var**iate**	**hai** variato	**avete** variato
var**ia**	var**iano**	**ha** variato	**hanno** variato
imperfetto		**trapassato prossimo**	
varia**vo**	varia**vamo**	**avevo** variato	**avevamo** variato
varia**vi**	varia**vate**	**avevi** variato	**avevate** variato
varia**va**	varia**vano**	**aveva** variato	**avevano** variato
passato remoto		**trapassato remoto**	
var**iai**	var**iammo**	**ebbi** variato	**avemmo** variato
var**iasti**	var**iaste**	**avesti** variato	**aveste** variato
var**iò**	var**iarono**	**ebbe** variato	**ebbero** variato
futuro semplice		**futuro anteriore**	
varier**ò**	varier**emo**	**avrò** variato	**avremo** variato
varier**ai**	varier**ete**	**avrai** variato	**avrete** variato
varier**à**	varier**anno**	**avrà** variato	**avranno** variato
condizionale presente		**condizionale passato**	
var**ierei**	varier**emmo**	**avrei** variato	**avremmo** variato
var**ieresti**	varier**este**	**avresti** variato	**avreste** variato
var**ierebbe**	varier**ebbero**	**avrebbe** variato	**avrebbero** variato
congiuntivo presente		**congiuntivo passato**	
var**i**	var**iamo**	**abbia** variato	**abbiamo** variato
var**i**	var**iate**	**abbia** variato	**abbiate** variato
var**i**	var**ino**	**abbia** variato	**abbiano** variato
congiuntivo imperfetto		**congiuntivo trapassato**	
var**iassi**	var**iassimo**	**avessi** variato	**avessimo** variato
var**iassi**	var**iaste**	**avessi** variato	**aveste** variato
var**iasse**	var**iassero**	**avesse** variato	**avessero** variato
imperativo			
	variamo		
varia; non variare	variate		
vari	varino		

V

to see   vedere

SINGULAR	PLURAL	SINGULAR	PLURAL

indicativo presente

ved**o**	ved**iamo**	**ho** visto	**abbiamo** visto
ved**i**	ved**ete**	**hai** visto	**avete** visto
ved**e**	ved**ono**	**ha** visto	**hanno** visto

imperfetto · **passato prossimo** / **trapassato prossimo**

vede**vo**	vede**vamo**	**avevo** visto	**avevamo** visto
vede**vi**	vede**vate**	**avevi** visto	**avevate** visto
vede**va**	vede**vano**	**aveva** visto	**avevano** visto

passato remoto · **trapassato remoto**

vid**i**	ved**emmo**	**ebbi** visto	**avemmo** visto
ved**esti**	ved**este**	**avesti** visto	**aveste** visto
vid**e**	vid**ero**	**ebbe** visto	**ebbero** visto

futuro semplice · **futuro anteriore**

vedr**ò**	vedr**emo**	**avrò** visto	**avremo** visto
vedr**ai**	vedr**ete**	**avrai** visto	**avrete** visto
vedr**à**	vedr**anno**	**avrà** visto	**avranno** visto

condizionale presente · **condizionale passato**

vedr**ei**	vedr**emmo**	**avrei** visto	**avremmo** visto
vedr**esti**	vedr**este**	**avresti** visto	**avreste** visto
vedr**ebbe**	vedr**ebbero**	**avrebbe** visto	**avrebbero** visto

congiuntivo presente · **congiuntivo passato**

ved**a**	ved**iamo**	**abbia** visto	**abbiamo** visto
ved**a**	ved**iate**	**abbia** visto	**abbiate** visto
ved**a**	ved**ano**	**abbia** visto	**abbiano** visto

congiuntivo imperfetto · **congiuntivo trapassato**

ved**essi**	ved**essimo**	**avessi** visto	**avessimo** visto
ved**essi**	ved**este**	**avessi** visto	**aveste** visto
ved**esse**	ved**essero**	**avesse** visto	**avessero** visto

imperativo

	vediamo
vedi; non vedere	vedete
veda	vedano

MUST KNOW VERB

V

gerundio **vendendo**   participio passato **venduto**

SINGULAR	PLURAL	SINGULAR	PLURAL

indicativo presente
		### passato prossimo	
vend**o**	vend**iamo**	**ho** venduto	**abbiamo** venduto
vend**i**	vend**ete**	**hai** venduto	**avete** venduto
vend**e**	vend**ono**	**ha** venduto	**hanno** venduto

imperfetto
		### trapassato prossimo	
vende**vo**	vende**vamo**	**avevo** venduto	**avevamo** venduto
vende**vi**	vende**vate**	**avevi** venduto	**avevate** venduto
vende**va**	vende**vano**	**aveva** venduto	**avevano** venduto

passato remoto
		### trapassato remoto	
vend**ei**, vend**etti**	vend**emmo**	**ebbi** venduto	**avemmo** venduto
vend**esti**	vend**este**	**avesti** venduto	**aveste** venduto
vend**é**, vend**ette**	vend**erono**, vend**ettero**	**ebbe** venduto	**ebbero** venduto

futuro semplice
		### futuro anteriore	
vender**ò**	vender**emo**	**avrò** venduto	**avremo** venduto
vender**ai**	vender**ete**	**avrai** venduto	**avrete** venduto
vender**à**	vender**anno**	**avrà** venduto	**avranno** venduto

condizionale presente
		### condizionale passato	
vend**erei**	vend**eremmo**	**avrei** venduto	**avremmo** venduto
vend**eresti**	vend**ereste**	**avresti** venduto	**avreste** venduto
vend**erebbe**	vend**erebbero**	**avrebbe** venduto	**avrebbero** venduto

congiuntivo presente
		### congiuntivo passato	
vend**a**	vend**iamo**	**abbia** venduto	**abbiamo** venduto
vend**a**	vend**iate**	**abbia** venduto	**abbiate** venduto
vend**a**	vend**ano**	**abbia** venduto	**abbiano** venduto

congiuntivo imperfetto
		### congiuntivo trapassato	
vend**essi**	vend**essimo**	**avessi** venduto	**avessimo** venduto
vend**essi**	vend**este**	**avessi** venduto	**aveste** venduto
vend**esse**	vend**essero**	**avesse** venduto	**avessero** venduto

imperativo
	vendiamo
vendi;	vendete
non vendere	
venda	vendano

V

MUST KNOW VERB

to come

gerundio **venendo**   participio passato **venuto**

SINGULAR	PLURAL

indicativo presente
vengo	veniamo
vieni	venite
viene	vengono

imperfetto
venivo	venivamo
venivi	venivate
veniva	venivano

passato remoto
venni	venimmo
venisti	veniste
venne	vennero

futuro semplice
verrò	verremo
verrai	verrete
verrà	verranno

condizionale presente
verrei	verremmo
verresti	verreste
verrebbe	verrebbero

congiuntivo presente
venga	veniamo
venga	veniate
venga	vengano

congiuntivo imperfetto
venissi	venissimo
venissi	veniste
venisse	venissero

imperativo
	veniamo
vieni; non venire	venite
venga	vengano

SINGULAR	PLURAL

passato prossimo
sono venuto(a)	siamo venuti(e)
sei venuto(a)	siete venuti(e)
è venuto(a)	sono venuti(e)

trapassato prossimo
ero venuto(a)	eravamo venuti(e)
eri venuto(a)	eravate venuti(e)
era venuto(a)	erano venuti(e)

trapassato remoto
fui venuto(a)	fummo venuti(e)
fosti venuto(a)	foste venuti(e)
fu venuto(a)	furono venuti(e)

futuro anteriore
sarò venuto(a)	saremo venuti(e)
sarai venuto(a)	sarete venuti(e)
sarà venuto(a)	saranno venuti(e)

condizionale passato
sarei venuto(a)	saremmo venuti(e)
saresti venuto(a)	sareste venuti(e)
sarebbe venuto(a)	sarebbero venuti(e)

congiuntivo passato
sia venuto(a)	siamo venuti(e)
sia venuto(a)	siate venuti(e)
sia venuto(a)	siano venuti(e)

congiuntivo trapassato
fossi venuto(a)	fossimo venuti(e)
fossi venuto(a)	foste venuti(e)
fosse venuto(a)	fossero venuti(e)

MUST KNOW VERB

V

SINGULAR	PLURAL	SINGULAR	PLURAL

indicativo presente

mi vergogn**o**	**ci** vergogn**iamo**
ti vergogn**i**	**vi** vergogn**ate**
si vergogn**a**	**si** vergogn**ano**

passato prossimo

mi sono vergognato(a)	**ci siamo** vergognati(e)
ti sei vergognato(a)	**vi siete** vergognati(e)
si è vergognato(a)	**si sono** vergognati(e)

imperfetto

mi vergogna**vo**	**ci** vergogna**vamo**
ti vergogna**vi**	**vi** vergogna**vate**
si vergogna**va**	**si** vergogna**vano**

trapassato prossimo

mi ero vergognato(a)	**ci eravamo** vergognati(e)
ti eri vergognato(a)	**vi eravate** vergognati(e)
si era vergognato(a)	**si erano** vergognati(e)

passato remoto

mi vergogn**ai**	**ci** vergogn**ammo**
ti vergogn**asti**	**vi** vergogn**aste**
si vergogn**ò**	**si** vergogn**arono**

trapassato remoto

mi fui vergognato(a)	**ci fummo** vergognati(e)
ti fosti vergognato(a)	**vi foste** vergognati(e)
si fu vergognato(a)	**si furono** vergognati(e)

futuro semplice

mi vergogner**ò**	**ci** vergogner**emo**
ti vergogner**ai**	**vi** vergogner**ete**
si vergogner**à**	**si** vergogner**anno**

futuro anteriore

mi sarò vergognato(a)	**ci saremo** vergognati(e)
ti sarai vergognato(a)	**vi sarete** vergognati(e)
si sarà vergognato(a)	**si saranno** vergognati(e)

condizionale presente

mi vergogn**erei**	**ci** vergogn**eremmo**
ti vergogn**eresti**	**vi** vergogn**ereste**
si vergogn**erebbe**	**si** vergogn**erebbero**

condizionale passato

mi sarei vergognato(a)	**ci saremmo** vergognati(e)
ti saresti vergognato(a)	**vi sareste** vergognati(e)
si sarebbe vergognato(a)	**si sarebbero** vergognati(e)

congiuntivo presente

mi vergogn**i**	**ci** vergogn**iamo**
ti vergogn**i**	**vi** vergogn**iate**
si vergogn**i**	**si** vergogn**ino**

congiuntivo passato

mi sia vergognato(a)	**ci siamo** vergognati(e)
ti sia vergognato(a)	**vi siate** vergognati(e)
si sia vergognato(a)	**si siano** vergognati(e)

congiuntivo imperfetto

mi vergogn**assi**	**ci** vergogn**assimo**
ti vergogn**assi**	**vi** vergogn**aste**
si vergogn**asse**	**si** vergogn**assero**

congiuntivo trapassato

mi fossi vergognato(a)	**ci fossimo** vergognati(e)
ti fossi vergognato(a)	**vi foste** vergognati(e)
si fosse vergognato(a)	**si fossero** vergognati(e)

imperativo

	vergogniamoci
vergognati;	vergognatevi
non vergognarti/	
non ti vergognare	
si vergogni	si vergognino

V

to verify, to examine   verificare

SINGULAR	PLURAL	SINGULAR	PLURAL
indicativo presente		**passato prossimo**	
verifico	verifichiamo	ho verificato	abbiamo verificato
verifichi	verificate	hai verificato	avete verificato
verifica	verificano	ha verificato	hanno verificato
imperfetto		**trapassato prossimo**	
verificavo	verificavamo	avevo verificato	avevamo verificato
verificavi	verificavate	avevi verificato	avevate verificato
verificava	verificavano	aveva verificato	avevano verificato
passato remoto		**trapassato remoto**	
verificai	verificammo	ebbi verificato	avemmo verificato
verificasti	verificaste	avesti verificato	aveste verificato
verificò	verificarono	ebbe verificato	ebbero verificato
futuro semplice		**futuro anteriore**	
verificherò	verificheremo	avrò verificato	avremo verificato
verificherai	verificherete	avrai verificato	avrete verificato
verificherà	verificheranno	avrà verificato	avranno verificato
condizionale presente		**condizionale passato**	
verificherei	verificheremmo	avrei verificato	avremmo verificato
verificheresti	verifichereste	avresti verificato	avreste verificato
verificherebbe	verificherebbero	avrebbe verificato	avrebbero verificato
congiuntivo presente		**congiuntivo passato**	
verifichi	verifichiamo	abbia verificato	abbiamo verificato
verifichi	verifichiate	abbia verificato	abbiate verificato
verifichi	verifichino	abbia verificato	abbiano verificato
congiuntivo imperfetto		**congiuntivo trapassato**	
verificassi	verificassimo	avessi verificato	avessimo verificato
verificassi	verificaste	avessi verificato	aveste verificato
verificasse	verificassero	avesse verificato	avessero verificato
imperativo			
	verifichiamo		
verifica; non verificare	verificate		
verifichi	verifichino		

V

gerundio **versando**   participio passato versato

SINGULAR	PLURAL	SINGULAR	PLURAL

indicativo presente
vers**o**	vers**iamo**
vers**i**	vers**ate**
vers**a**	vers**ano**

passato prossimo
ho versato	**abbiamo** versato
hai versato	**avete** versato
ha versato	**hanno** versato

imperfetto
versa**vo**	versa**vamo**
versa**vi**	versa**vate**
versa**va**	versa**vano**

trapassato prossimo
avevo versato	**avevamo** versato
avevi versato	**avevate** versato
aveva versato	**avevano** versato

passato remoto
vers**ai**	vers**ammo**
vers**asti**	vers**aste**
vers**ò**	vers**arono**

trapassato remoto
ebbi versato	**avemmo** versato
avesti versato	**aveste** versato
ebbe versato	**ebbero** versato

futuro semplice
verser**ò**	verser**emo**
verser**ai**	verser**ete**
verser**à**	verser**anno**

futuro anteriore
avrò versato	**avremo** versato
avrai versato	**avrete** versato
avrà versato	**avranno** versato

condizionale presente
verser**ei**	verser**emmo**
verser**esti**	verser**este**
verser**ebbe**	verser**ebbero**

condizionale passato
avrei versato	**avremmo** versato
avresti versato	**avreste** versato
avrebbe versato	**avrebbero** versato

congiuntivo presente
vers**i**	vers**iamo**
vers**i**	vers**iate**
vers**i**	vers**ino**

congiuntivo passato
abbia versato	**abbiamo** versato
abbia versato	**abbiate** versato
abbia versato	**abbiano** versato

congiuntivo imperfetto
vers**assi**	vers**assimo**
vers**assi**	vers**aste**
vers**asse**	vers**assero**

congiuntivo trapassato
avessi versato	**avessimo** versato
avessi versato	**aveste** versato
avesse versato	**avessero** versato

imperativo
	versiamo
versa; non versare	versate
versi	versino

to dress oneself

gerundio **vestendosi**   participio passato **vestitosi**

SINGULAR	PLURAL
indicativo presente	
mi vest**o**	**ci** vest**iamo**
ti vest**i**	**vi** vest**ite**
si vest**e**	**si** vest**ono**
imperfetto	
mi vest**ivo**	**ci** vest**ivamo**
ti vest**ivi**	**vi** vest**ivate**
si vest**iva**	**si** vest**ivano**
passato remoto	
mi vest**ii**	**ci** vest**immo**
ti vest**isti**	**vi** vest**iste**
si vest**ì**	**si** vest**irono**
futuro semplice	
mi vest**irò**	**ci** vest**iremo**
ti vest**irai**	**vi** vest**irete**
si vest**irà**	**si** vest**iranno**
condizionale presente	
mi vest**irei**	**ci** vest**iremmo**
ti vest**iresti**	**vi** vest**ireste**
si vest**irebbe**	**si** vest**irebbero**
congiuntivo presente	
mi vest**a**	**ci** vest**iamo**
ti vest**a**	**vi** vest**iate**
si vest**a**	**si** vest**ano**
congiuntivo imperfetto	
mi vest**issi**	**ci** vest**issimo**
ti vest**issi**	**vi** vest**iste**
si vest**isse**	**si** vest**issero**

imperativo

	vestiamoci
vestiti;	vestitevi
non vestirti/	
non ti vestire	
si vesta	si vestano

SINGULAR	PLURAL
passato prossimo	
mi sono vestito(a)	**ci siamo** vestiti(e)
ti sei vestito(a)	**vi siete** vestiti(e)
si è vestito(a)	**si sono** vestiti(e)
trapassato prossimo	
mi ero vestito(a)	**ci eravamo** vestiti(e)
ti eri vestito(a)	**vi eravate** vestiti(e)
si era vestito(a)	**si erano** vestiti(e)
trapassato remoto	
mi fui vestito(a)	**ci fummo** vestiti(e)
ti fosti vestito(a)	**vi foste** vestiti(e)
si fu vestito(a)	**si furono** vestiti(e)
futuro anteriore	
mi sarò vestito(a)	**ci saremo** vestiti(e)
ti sarai vestito(a)	**vi sarete** vestiti(e)
si sarà vestito(a)	**si saranno** vestiti(e)
condizionale passato	
mi sarei vestito(a)	**ci saremmo** vestiti(e)
ti saresti vestito(a)	**vi sareste** vestiti(e)
si sarebbe vestito(a)	**si sarebbero** vestiti(e)
congiuntivo passato	
mi sia vestito(a)	**ci siamo** vestiti(e)
ti sia vestito(a)	**vi siate** vestiti(e)
si sia vestito(a)	**si siano** vestiti(e)
congiuntivo trapassato	
mi fossi vestito(a)	**ci fossimo** vestiti(e)
ti fossi vestito(a)	**vi foste** vestiti(e)
si fosse vestito(a)	**si fossero** vestiti(e)

MUST KNOW VERB

V

viaggiare   to travel

gerundio **viaggiando**   participio passato **viaggiato**

SINGULAR	PLURAL	SINGULAR	PLURAL

indicativo presente
viagg**io**	viagg**iamo**		
viagg**i**	viagg**iate**		
viagg**ia**	viagg**iano**		

passato prossimo
ho viaggiato	**abbiamo** viaggiato
hai viaggiato	**avete** viaggiato
ha viaggiato	**hanno** viaggiato

imperfetto
viaggia**vo**	viaggia**vamo**
viaggia**vi**	viaggia**vate**
viaggia**va**	viaggia**vano**

trapassato prossimo
avevo viaggiato	**avevamo** viaggiato
avevi viaggiato	**avevate** viaggiato
aveva viaggiato	**avevano** viaggiato

passato remoto
viagg**iai**	viagg**iammo**
viagg**iasti**	viagg**iaste**
viagg**iò**	viagg**iarono**

trapassato remoto
ebbi viaggiato	**avemmo** viaggiato
avesti viaggiato	**aveste** viaggiato
ebbe viaggiato	**ebbero** viaggiato

futuro semplice
viagger**ò**	viagger**emo**
viagger**ai**	viagger**ete**
viagger**à**	viagger**anno**

futuro anteriore
avrò viaggiato	**avremo** viaggiato
avrai viaggiato	**avrete** viaggiato
avrà viaggiato	**avranno** viaggiato

condizionale presente
viagger**ei**	viagger**emmo**
viagger**esti**	viagger**este**
viagger**ebbe**	viagger**ebbero**

condizionale passato
avrei viaggiato	**avremmo** viaggiato
avresti viaggiato	**avreste** viaggiato
avrebbe viaggiato	**avrebbero** viaggiato

congiuntivo presente
viagg**i**	viagg**iamo**
viagg**i**	viagg**iate**
viagg**i**	viagg**ino**

congiuntivo passato
abbia viaggiato	**abbiamo** viaggiato
abbia viaggiato	**abbiate** viaggiato
abbia viaggiato	**abbiano** viaggiato

congiuntivo imperfetto
viagg**iassi**	viagg**iassimo**
viagg**iassi**	viagg**iaste**
viagg**iasse**	viagg**iassero**

congiuntivo trapassato
avessi viaggiato	**avessimo** viaggiato
avessi viaggiato	**aveste** viaggiato
avesse viaggiato	**avessero** viaggiato

imperativo
	viaggiamo
viaggia; non viaggiare	viaggiate
viaggi	viaggino

V

to prohibit, to forbid

vietare

gerundio **vietando**

participio passato **vietato**

SINGULAR	PLURAL	SINGULAR	PLURAL

indicativo presente

vieto	vietiamo
vieti	vietate
vieta	vietano

passato prossimo

ho vietato	abbiamo vietato
hai vietato	avete vietato
ha vietato	hanno vietato

imperfetto

vietavo	vietavamo
vietavi	vietavate
vietava	vietavano

trapassato prossimo

avevo vietato	avevamo vietato
avevi vietato	avevate vietato
aveva vietato	avevano vietato

passato remoto

vietai	vietammo
vietasti	vietaste
vietò	vietarono

trapassato remoto

ebbi vietato	avemmo vietato
avesti vietato	aveste vietato
ebbe vietato	ebbero vietato

futuro semplice

vieterò	vieteremo
vieterai	vieterete
vieterà	vieteranno

futuro anteriore

avrò vietato	avremo vietato
avrai vietato	avrete vietato
avrà vietato	avranno vietato

condizionale presente

vieterei	vieteremmo
vieteresti	vietereste
vieterebbe	vieterebbero

condizionale passato

avrei vietato	avremmo vietato
avresti vietato	avreste vietato
avrebbe vietato	avrebbero vietato

congiuntivo presente

vieti	vietiamo
vieti	vietiate
vieti	vietino

congiuntivo passato

abbia vietato	abbiamo vietato
abbia vietato	abbiate vietato
abbia vietato	abbiano vietato

congiuntivo imperfetto

vietassi	vietassimo
vietassi	vietaste
vietasse	vietassero

congiuntivo trapassato

avessi vietato	avessimo vietato
avessi vietato	aveste vietato
avesse vietato	avessero vietato

imperativo

	vietiamo
vieta; non vietare	vietate
vieti	vietino

V

vincere   to conquer, to win

gerundio **vincendo**   participio passato **vinto**

SINGULAR	PLURAL	SINGULAR	PLURAL

indicativo presente
		passato prossimo	
vinc**o**	vinc**iamo**	**ho** vinto	**abbiamo** vinto
vinc**i**	vinc**ete**	**hai** vinto	**avete** vinto
vinc**e**	vinc**ono**	**ha** vinto	**hanno** vinto

imperfetto
		trapassato prossimo	
vinc**evo**	vinc**evamo**	**avevo** vinto	**avevamo** vinto
vinc**evi**	vinc**evate**	**avevi** vinto	**avevate** vinto
vinc**eva**	vinc**evano**	**aveva** vinto	**avevano** vinto

passato remoto
		trapassato remoto	
vins**i**	vinc**emmo**	**ebbi** vinto	**avemmo** vinto
vinc**esti**	vinc**este**	**avesti** vinto	**aveste** vinto
vins**e**	vins**ero**	**ebbe** vinto	**ebbero** vinto

futuro semplice
		futuro anteriore	
vincer**ò**	vincer**emo**	**avrò** vinto	**avremo** vinto
vincer**ai**	vincer**ete**	**avrai** vinto	**avrete** vinto
vincer**à**	vincer**anno**	**avrà** vinto	**avranno** vinto

condizionale presente
		condizionale passato	
vinc**erei**	vinc**eremmo**	**avrei** vinto	**avremmo** vinto
vinc**eresti**	vinc**ereste**	**avresti** vinto	**avreste** vinto
vinc**erebbe**	vinc**erebbero**	**avrebbe** vinto	**avrebbero** vinto

congiuntivo presente
		congiuntivo passato	
vinc**a**	vinc**iamo**	**abbia** vinto	**abbiamo** vinto
vinc**a**	vinc**iate**	**abbia** vinto	**abbiate** vinto
vinc**a**	vinc**ano**	**abbia** vinto	**abbiano** vinto

congiuntivo imperfetto
		congiuntivo trapassato	
vinc**essi**	vinc**essimo**	**avessi** vinto	**avessimo** vinto
vinc**essi**	vinc**este**	**avessi** vinto	**aveste** vinto
vinc**esse**	vinc**essero**	**avesse** vinto	**avessero** vinto

imperativo
	vinciamo
vinci; non vincere	vincete
vinca	vincano

V

654

to visit, to examine (medically)　　　visitare

SINGULAR	PLURAL	SINGULAR	PLURAL
indicativo presente		**passato prossimo**	
visit**o**	visit**iamo**	**ho** visitato	**abbiamo** visitato
visit**i**	visit**ate**	**hai** visitato	**avete** visitato
visit**a**	visit**ano**	**ha** visitato	**hanno** visitato
imperfetto		**trapassato prossimo**	
visita**vo**	visita**vamo**	**avevo** visitato	**avevamo** visitato
visita**vi**	visita**vate**	**avevi** visitato	**avevate** visitato
visita**va**	visita**vano**	**aveva** visitato	**avevano** visitato
passato remoto		**trapassato remoto**	
visit**ai**	visit**ammo**	**ebbi** visitato	**avemmo** visitato
visit**asti**	visit**aste**	**avesti** visitato	**aveste** visitato
visit**ò**	visit**arono**	**ebbe** visitato	**ebbero** visitato
futuro semplice		**futuro anteriore**	
visit**erò**	visit**eremo**	**avrò** visitato	**avremo** visitato
visit**erai**	visit**erete**	**avrai** visitato	**avrete** visitato
visit**erà**	visit**eranno**	**avrà** visitato	**avranno** visitato
condizionale presente		**condizionale passato**	
visit**erei**	visit**eremmo**	**avrei** visitato	**avremmo** visitato
visit**eresti**	visit**ereste**	**avresti** visitato	**avreste** visitato
visit**erebbe**	visit**erebbero**	**avrebbe** visitato	**avrebbero** visitato
congiuntivo presente		**congiuntivo passato**	
visit**i**	visit**iamo**	**abbia** visitato	**abbiamo** visitato
visit**i**	visit**iate**	**abbia** visitato	**abbiate** visitato
visit**i**	visit**ino**	**abbia** visitato	**abbiano** visitato
congiuntivo imperfetto		**congiuntivo trapassato**	
visit**assi**	visit**assimo**	**avessi** visitato	**avessimo** visitato
visit**assi**	visit**aste**	**avessi** visitato	**aveste** visitato
visit**asse**	visit**assero**	**avesse** visitato	**avessero** visitato
imperativo			
	visit**iamo**		
visita; non visitare	visit**ate**		
visit**i**	visit**ino**		

V

gerundio **vivendo**   participio passato **vissuto**

SINGULAR	PLURAL	SINGULAR	PLURAL

indicativo presente
viv**o**	viv**iamo**		
viv**i**	viv**ete**		
viv**e**	viv**ono**		

passato prossimo
ho vissuto	**abbiamo** vissuto
hai vissuto	**avete** vissuto
ha vissuto	**hanno** vissuto

imperfetto
vive**vo**	vive**vamo**
vive**vi**	vive**vate**
vive**va**	vive**vano**

trapassato prossimo
avevo vissuto	**avevamo** vissuto
avevi vissuto	**avevate** vissuto
aveva vissuto	**avevano** vissuto

passato remoto
viss**i**	viv**emmo**
viv**esti**	viv**este**
viss**e**	viss**ero**

trapassato remoto
ebbi vissuto	**avemmo** vissuto
avesti vissuto	**aveste** vissuto
ebbe vissuto	**ebbero** vissuto

futuro semplice
vivr**ò**	vivr**emo**
vivr**ai**	vivr**ete**
vivr**à**	vivr**anno**

futuro anteriore
avrò vissuto	**avremo** vissuto
avrai vissuto	**avrete** vissuto
avrà vissuto	**avranno** vissuto

condizionale presente
vivr**ei**	vivr**emmo**
vivr**esti**	vivr**este**
vivr**ebbe**	vivr**ebbero**

condizionale passato
avrei vissuto	**avremmo** vissuto
avresti vissuto	**avreste** vissuto
avrebbe vissuto	**avrebbero** vissuto

congiuntivo presente
viv**a**	viv**iamo**
viv**a**	viv**iate**
viv**a**	viv**ano**

congiuntivo passato
abbia vissuto	**abbiamo** vissuto
abbia vissuto	**abbiate** vissuto
abbia vissuto	**abbiano** vissuto

congiuntivo imperfetto
viv**essi**	viv**essimo**
viv**essi**	viv**este**
viv**esse**	viv**essero**

congiuntivo trapassato
avessi vissuto	**avessimo** vissuto
avessi vissuto	**aveste** vissuto
avesse vissuto	**avessero** vissuto

imperativo
	viviamo
vivi; non vivere	vivete
viva	vivano

V

to fly   volare

SINGULAR	PLURAL	SINGULAR	PLURAL

indicativo presente

		passato prossimo	
vol**o**	vol**iamo**	**ho** volato	**abbiamo** volato
vol**i**	vol**ate**	**hai** volato	**avete** volato
vol**a**	vol**ano**	**ha** volato	**hanno** volato

imperfetto

		trapassato prossimo	
vola**vo**	vola**vamo**	**avevo** volato	**avevamo** volato
vola**vi**	vola**vate**	**avevi** volato	**avevate** volato
vola**va**	vola**vano**	**aveva** volato	**avevano** volato

passato remoto

		trapassato remoto	
vol**ai**	vol**ammo**	**ebbi** volato	**avemmo** volato
vol**asti**	vol**aste**	**avesti** volato	**aveste** volato
vol**ò**	vol**arono**	**ebbe** volato	**ebbero** volato

futuro semplice

		futuro anteriore	
vol**erò**	vol**eremo**	**avrò** volato	**avremo** volato
vol**erai**	vol**erete**	**avrai** volato	**avrete** volato
vol**erà**	vol**eranno**	**avrà** volato	**avranno** volato

condizionale presente

		condizionale passato	
vol**erei**	vol**eremmo**	**avrei** volato	**avremmo** volato
vol**eresti**	vol**ereste**	**avresti** volato	**avreste** volato
vol**erebbe**	vol**erebbero**	**avrebbe** volato	**avrebbero** volato

congiuntivo presente

		congiuntivo passato	
vol**i**	vol**iamo**	**abbia** volato	**abbiamo** volato
vol**i**	vol**iate**	**abbia** volato	**abbiate** volato
vol**i**	vol**ino**	**abbia** volato	**abbiano** volato

congiuntivo imperfetto

		congiuntivo trapassato	
vol**assi**	vol**assimo**	**avessi** volato	**avessimo** volato
vol**assi**	vol**aste**	**avessi** volato	**aveste** volato
vol**asse**	vol**assero**	**avesse** volato	**avessero** volato

imperativo

	voliamo
vola; non volare	volate
voli	volino

V

volere   to want

SINGULAR	PLURAL	SINGULAR	PLURAL

indicativo presente

vogl**io**	vogl**iamo**		
vuo**i**	vol**ete**		
vuo**le**	vogl**iono**		

passato prossimo

ho voluto	**abbiamo** voluto		
hai voluto	**avete** voluto		
ha voluto	**hanno** voluto		

imperfetto

vole**vo**	vole**vamo**		
vole**vi**	vole**vate**		
vole**va**	vole**vano**		

trapassato prossimo

avevo voluto	**avevamo** voluto		
avevi voluto	**avevate** voluto		
aveva voluto	**avevano** voluto		

passato remoto

vol**li**	vol**emmo**		
vol**esti**	vol**este**		
vol**le**	vol**lero**		

trapassato remoto

ebbi voluto	**avemmo** voluto		
avesti voluto	**aveste** voluto		
ebbe voluto	**ebbero** voluto		

futuro semplice

vorr**ò**	vorr**emo**		
vorr**ai**	vorr**ete**		
vorr**à**	vorr**anno**		

futuro anteriore

avrò voluto	**avremo** voluto		
avrai voluto	**avrete** voluto		
avrà voluto	**avranno** voluto		

condizionale presente

vorr**ei**	vorr**emmo**		
vorr**esti**	vorr**este**		
vorr**ebbe**	vorr**ebbero**		

condizionale passato

avrei voluto	**avremmo** voluto		
avresti voluto	**avreste** voluto		
avrebbe voluto	**avrebbero** voluto		

congiuntivo presente

vogl**ia**	vogl**iamo**		
vogl**ia**	vogl**iate**		
vogl**ia**	vogl**iano**		

congiuntivo passato

abbia voluto	**abbiamo** voluto		
abbia voluto	**abbiate** voluto		
abbia voluto	**abbiano** voluto		

congiuntivo imperfetto

vol**essi**	vol**essimo**		
vol**essi**	vol**este**		
vol**esse**	vol**esserro**		

congiuntivo trapassato

avessi voluto	**avessimo** voluto		
avessi voluto	**aveste** voluto		
avesse voluto	**avessero** voluto		

V

MUST
KNOW
VERB

to turn, to direct

gerundio **volgendo**   participio passato **volto**

SINGULAR	PLURAL	SINGULAR	PLURAL
indicativo presente		**passato prossimo**	
volg**o**	volg**iamo**	**ho** volto	**abbiamo** volto
volg**i**	volg**ete**	**hai** volto	**avete** volto
volg**e**	volg**ono**	**ha** volto	**hanno** volto
imperfetto		**trapassato prossimo**	
volge**vo**	volge**vamo**	**avevo** volto	**avevamo** volto
volge**vi**	volge**vate**	**avevi** volto	**avevate** volto
volge**va**	volge**vano**	**aveva** volto	**avevano** volto
passato remoto		**trapassato remoto**	
vol**si**	volg**emmo**	**ebbi** volto	**avemmo** volto
volg**esti**	volg**este**	**avesti** volto	**aveste** volto
vol**se**	vol**sero**	**ebbe** volto	**ebbero** volto
futuro semplice		**futuro anteriore**	
volger**ò**	volger**emo**	**avrò** volto	**avremo** volto
volger**ai**	volger**ete**	**avrai** volto	**avrete** volto
volger**à**	volger**anno**	**avrà** volto	**avranno** volto
condizionale presente		**condizionale passato**	
volg**erei**	volg**eremmo**	**avrei** volto	**avremmo** volto
volg**eresti**	volg**ereste**	**avresti** volto	**avreste** volto
volg**erebbe**	volg**erebbero**	**avrebbe** volto	**avrebbero** volto
congiuntivo presente		**congiuntivo passato**	
volg**a**	volg**iamo**	**abbia** volto	**abbiamo** volto
volg**a**	volg**iate**	**abbia** volto	**abbiate** volto
volg**a**	volg**ano**	**abbia** volto	**abbiano** volto
congiuntivo imperfetto		**congiuntivo trapassato**	
volg**essi**	volg**essimo**	**avessi** volto	**avessimo** volto
volg**essi**	volg**este**	**avessi** volto	**aveste** volto
volg**esse**	volg**essero**	**avesse** volto	**avessero** volto
imperativo			
	volg**iamo**		
volg**i**; non volg**ere**	volg**ete**		
volg**a**	volg**ano**		

V

659

gerundio   **votando**   participio passato   **votato**

SINGULAR	PLURAL	SINGULAR	PLURAL

indicativo presente
vot**o**	vot**iamo**
vot**i**	vot**ate**
vot**a**	vot**ano**

passato prossimo
ho votato	**abbiamo** votato
hai votato	**avete** votato
ha votato	**hanno** votato

imperfetto
vota**vo**	vota**vamo**
vota**vi**	vota**vate**
vota**va**	vota**vano**

trapassato prossimo
avevo votato	**avevamo** votato
avevi votato	**avevate** votato
aveva votato	**avevano** votato

passato remoto
vot**ai**	vot**ammo**
vot**asti**	vot**aste**
vot**ò**	vot**arono**

trapassato remoto
ebbi votato	**avemmo** votato
avesti votato	**aveste** votato
ebbe votato	**ebbero** votato

futuro semplice
voter**ò**	voter**emo**
voter**ai**	voter**ete**
voter**à**	voter**anno**

futuro anteriore
avrò votato	**avremo** votato
avrai votato	**avrete** votato
avrà votato	**avranno** votato

condizionale presente
vot**erei**	vot**eremmo**
vot**eresti**	vot**ereste**
vot**erebbe**	vot**erebbero**

condizionale passato
avrei votato	**avremmo** votato
avresti votato	**avreste** votato
avrebbe votato	**avrebbero** votato

congiuntivo presente
vot**i**	vot**iamo**
vot**i**	vot**iate**
vot**i**	vot**ino**

congiuntivo passato
abbia votato	**abbiamo** votato
abbia votato	**abbiate** votato
abbia votato	**abbiano** votato

congiuntivo imperfetto
vot**assi**	vot**assimo**
vot**assi**	vot**aste**
vot**asse**	vot**assero**

congiuntivo trapassato
avessi votato	**avessimo** votato
avessi votato	**aveste** votato
avesse votato	**avessero** votato

imperativo
	votiamo
vota; non votare	votate
voti	votino

V

to limp   zoppicare

SINGULAR	PLURAL	SINGULAR	PLURAL
indicativo presente		**passato prossimo**	
zoppic**o**	zoppic**hiamo**	**ho** zoppicato	**abbiamo** zoppicato
zoppic**hi**	zoppic**ate**	**hai** zoppicato	**avete** zoppicato
zoppic**a**	zoppic**ano**	**ha** zoppicato	**hanno** zoppicato
imperfetto		**trapassato prossimo**	
zoppica**vo**	zoppica**vamo**	**avevo** zoppicato	**avevamo** zoppicato
zoppica**vi**	zoppica**vate**	**avevi** zoppicato	**avevate** zoppicato
zoppica**va**	zoppica**vano**	**aveva** zoppicato	**avevano** zoppicato
passato remoto		**trapassato remoto**	
zoppic**ai**	zoppic**ammo**	**ebbi** zoppicato	**avemmo** zoppicato
zoppic**asti**	zoppic**aste**	**avesti** zoppicato	**aveste** zoppicato
zoppic**ò**	zoppic**arono**	**ebbe** zoppicato	**ebbero** zoppicato
futuro semplice		**futuro anteriore**	
zoppicher**ò**	zoppicher**emo**	**avrò** zoppicato	**avremo** zoppicato
zoppicher**ai**	zoppicher**ete**	**avrai** zoppicato	**avrete** zoppicato
zoppicher**à**	zoppicher**anno**	**avrà** zoppicato	**avranno** zoppicato
condizionale presente		**condizionale passato**	
zoppicher**ei**	zoppicher**emmo**	**avrei** zoppicato	**avremmo** zoppicato
zoppicher**esti**	zoppicher**este**	**avresti** zoppicato	**avreste** zoppicato
zoppicher**ebbe**	zoppicher**ebbero**	**avrebbe** zoppicato	**avrebbero** zoppicato
congiuntivo presente		**congiuntivo passato**	
zoppic**hi**	zoppic**hiamo**	**abbia** zoppicato	**abbiamo** zoppicato
zoppic**hi**	zoppic**hiate**	**abbia** zoppicato	**abbiate** zoppicato
zoppic**hi**	zoppic**hino**	**abbia** zoppicato	**abbiano** zoppicato
congiuntivo imperfetto		**congiuntivo trapassato**	
zoppic**assi**	zoppic**assimo**	**avessi** zoppicato	**avessimo** zoppicato
zoppic**assi**	zoppic**aste**	**avessi** zoppicato	**aveste** zoppicato
zoppic**asse**	zoppic**assero**	**avesse** zoppicato	**avessero** zoppicato
imperativo			
	zoppichiamo		
zoppica;	zoppicate		
non zoppicare			
zoppichi	zoppichino		

Italian Verb Activities

Exercise 1

Rewrite these sentences. Give the appropriate verbs to reflect the change in subject.

1. *Vado* a dormire alle nove e mezzo perché la mattina *mi sveglio* alle sei. [tu; noi; Lucia; i miei nonni]

2. Roberto *si è iscritto* a un corso di storia e *ha conosciuto* tanti ragazzi interessanti. [noi; voi; i tuoi cugini; tu]

3. Spero che stasera alla festa *si divertano*. [Marta; io e Mario; tu; voi]

4. *Affrettiamoci* perché il pullman arriverà fra poco. [tu; voi; Paola e Chiara; il dott. Randazzo]

5. Adesso *ti accorgi* di che cosa succede quando *ti comporti* male con i clienti. [voi; io; io e Giulia; l'avvocato]

6. Per favore avvocato, *rispetti* i diritti degli altri. [tu; noi; voi; loro]

7. Ho *lodato* lo studente perché aveva fatto un bel lavoro. [tu; Filomena; noi; tu ed Elena]

8. I miei amici *parteciperanno* alla conferenza. [tu; voi; Lianna; io]

9. Quando *informate* i clienti della nuova gestione? [Giuseppe; noi; le ragazze; tu]

10. Michela *ha trascorso* l'estate in montagna. [io; Franco e Paolo; noi; tu]

Italian Verb Activities

Exercise 2

Choose the synonym of these verbs.

1. spalancare, dischiudere

2. ostentare, sfoggiare

3. prendere in giro, beffare, ridicolizzare

4. prendersela, incavolarsi, irritarsi

5. ascoltare, eseguire

6. proibire, negare, rifiutare

7. riconsegnare, sdebitarsi

8. brontolare, borbottare, protestare

9. dire bugie, ingannare, fingere

10. detestare, disprezzare

Exercise 3

Contrari: Choose the antonym of these verbs.

1. svanire, sparire, scomparire

2. benedire, lodare, ringraziare

3. disordinare, scompigliare

4. accendere, avviare, infiammare

5. tranquillizzarsi, rassicurarsi

Italian Verb Activities

Exercise 4

Complete the sentences by conjugating the verbs in brackets in the subjunctive mood. In some cases two answers are possible.

1. Non credo che _____ [lui, riuscire] ad arrivare in tempo alla stazione.

2. È improbabile che ieri _____ [voi, studiare] per l'esame di storia.

3. Se _____ [loro, chiamare], potremmo convincerli.

4. Penso che tu non _____ [essere] capace di risolvere il problema.

5. Avresti continuato a dormire se io non _____ [io, suonare] il campanello.

Exercise 5

Translate these sentences.

1. I will go to the museum tomorrow morning.

2. You (pl.) have to book the hotel for the vacation.

3. Yesterday, Elena and Lucia received three letters.

4. As a kid, Luca used to sing in the choir.

5. If you see Laura, invite her!

Italian Verb Activities

Exercise 6

Choose whether the following statements require the *passato prossimo* or the imperfect.

1. [Raccontavo/Ho raccontato] la barzelletta a Paola tre volte

2. [Volevi/Hai voluto] studiare a Parigi ma non avevi i soldi

3. Da giovane mia moglie [ha dipinto/dipingeva] ogni giorno.

4. Da bambina Matilde [leggeva/ha letto] molti libri.

5. Ogni fine settimana mia madre [spostava/ha spostato] i mobili del soggiorno

6. [Abbiamo pulito/Pulivamo] il bagno per un'ora

7. La settimana scorsa [ho partecipato/partecipavo] a una gara di scacchi

8. Quando è arrivato in ospedale, il bambino [ha respirato/respirava] a fatica

9. Marco [ha giurato/giurava] ai genitori di studiare di più

10. Da piccoli Mimmo e Giacomo [hanno suonato/suonavano] il clarinetto

Italian Verb Activities

Exercise 7

Complete the sentences by conjugating the verbs in the present subjunctive, indicative or infinitive.

1. Pensi sempre di _____ [sbagliare] strada.

2. Ho paura che loro _____ [scegliere] sempre gli amici sbagliati.

3. Ci aspettiamo che voi _____ [comportarsi] correttamente.

4. Io _____ [mostare] sempre tanto affetto ai miei parenti.

5. La famiglia Alberti pensa di _____ [trasferirsi] all'estero nei prossimi mesi.

Exercise 8

Complete the sentences by conjugating the verbs in brackets.

1. Che cosa _____ [accadere] nella prossima puntata?

2. Stamani in riunione i clienti _____ [nominare] un altro avvocato.

3. Prima di partire per Roma io avevo prenotato l'albergo e Luca _____ (noleggiare) una macchina.

4. Ieri sera alla festa tu _____ [versare] un bicchiere di aranciata sul vestito di un invitato.

5. La settimana prossima io e Claudio _____ [sposarsi] a Las Vegas.

6. Erano stanchi perché _____ [nuotare] tutta la mattina.

7. Non riesco a _____ [rifiutare] un'offerta del genere.

8. A Milano, quando ero bambina, _____ [piovere] sempre.

9. Quando siamo arrivati in pizzeria i ragazzi _____ appena _____ [ordinare] la pizza.

10. Quando non abbiamo niente da fare _____ [annoiarsi].

Exercise 9

Complete the passage by conjugating the verbs in brackets.

Vorrei che tu _____ [1. discutere] della data del matrimonio con Laura. Domani lei _____ [2. organizzare] un piccolo ricevimento per festeggiare il vostro fidanzamento. Penso che tu _____ [3. dovere] parlare con lei perché Paola _____ già _____ [4. stabilire] la data del matrimonio ma _____ [5. valere] la pena discutere insieme gli ultimi dettagli.

Complete the following crossword puzzle using the clues below.

Orizzontale	Verticale
5. Io (pranzare) imperfetto	1. I presidenti (governare) condizionale presente
8. Io e Luca (formare) futuro	2. Loro (spendere) futuro semplice
9. Tu e Paola (offrire) presente indicativo	3. Noi (trascinare) presente indicativo
10. Voi (lottare) passato prossimo	4. I signori Paoli (ospitare) passato prossimo
	6. Noi (ferire) passato prossimo
	7. Tu (limitare) condizionale presente

Italian Verb Activities

Exercise 11

Complete the sentences by conjugating the verbs in brackets in the past perfect subjunctive mood.

1. Avrei preferito che loro _____ [partire] alle tre.

2. Luigi ha pensato che voi _____ [finire] i compiti.

3. Avresti preferito che Elena _____ [portare] il computer.

4. Pensavi che noi non _____ [andare] alla riunione.

5. Temevo che Paolo _____ [avere] un incidente.

6. Era felice che tu _____ [fare] un viaggio in Europa.

7. Credevo che voi _____ [dire] la verità.

8. Avrebbe preferito che Eleonora _____ [uscire] prima dal cinema.

Italian Verb Activities

Exercise 12

Complete the passage by conjugating the verbs provided below in the present, future or imperfect indicative.

Cucinare, giocare, diventare, commuoversi, chiedere, vivere, piacere, spiegare

1. Quando abitava a Roma Laura _____ dei primi piatti squisiti.

2. La settimana prossima noi _____ un aumento di stipendio.

3. Durante lo scorso semestre agli studenti del professor Carli _____ parlare dei giovani italiani.

4. Domani io _____ a calcio nel nuovo stadio.

5. La bambina di Monica _____ ogni giorno più bella.

6. Mentre la professoressa di storia _____ la lezione è entrato in classe il nuovo preside.

7. Tu _____ sempre quando guardi i film d'amore.

8. Da bambini Luca e Susanna _____ nello stesso quartiere.

Italian Verb Activities

Exercise 13

Create a sentence using elements from each column and conjugating the verbs accordingly.

A	B
1. L'anno scorso io [giocare]	sempre la verità
2. Da bambina Laura [cantare]	per le vacanze
3. Domani i signori Renzi [partire]	mangiare cibi più sani
4. Penso che voi [dovere]	un corso di spagnolo
5. Vorrei che tu [dire]	il sassofono
6. La settimana prossima noi [suonare]	una lettera a un'amica
7. Ieri Paola [spedire]	a tennis
8. Quest'estate voi [seguire]	molto bene

Italian Verb Activities

Exercise 14

Presente/passato progressivo: Complete the following sentences with the present or past progressive.

1. Stamattina in classe Laura _____ [leggere] un brano del Manzoni.

2. Ieri sera noi _____ [cenare] in una pizzeria italiana.

3. La maestra _____ [spiegare] una lezione interessante quando è finita l'ora.

4. Claudia e Luca _____ [passeggiare] quando hanno incontrato Sofia Loren.

5. Posso venire a prenderti o (tu) _____ [mangiare]?

6. Alla stazione avete incontrato i nonni che _____ [partire] per Parigi

7. (io) _____ [fare] un bellissimo sogno quando è suonata la sveglia.

8. (noi) _____ ancora _____ [cenare], ti chiamo più tardi.

Italian Verb Activities

Exercise 15

Parole intrecciate: Conjugate the verbs indicated below and then find them in the grid.

```
Y  O  L  I  U  N  E  D  V  K  A  G  V  P  O
P  X  N  G  B  S  V  C  O  S  F  O  E  S  L
W  G  W  N  C  Q  T  O  C  V  N  J  N  A  V
P  K  R  O  A  E  E  O  E  A  R  B  I  F  P
H  P  N  V  G  R  L  H  V  G  F  E  V  H  C
L  O  G  T  E  T  E  A  D  O  R  M  I  V  A
B  E  U  Q  E  A  D  G  J  E  U  O  V  J  C
S  M  G  R  A  N  I  Q  G  G  G  R  M  W  L
D  P  E  N  A  O  G  A  P  E  A  E  B  B  L
L  M  J  N  E  E  Q  V  J  I  L  B  C  R  J
O  E  T  S  E  R  E  C  N  I  V  B  Z  P  E
D  F  M  V  K  Z  X  V  A  R  H  E  I  R  L
E  J  Q  I  E  R  D  Z  G  W  M  R  H  G  A
X  V  Q  F  I  S  P  Q  P  Q  D  A  R  U  H
S  L  Y  S  C  L  V  P  D  O  E  D  T  F  D
```

1. Loro (andare) imperfetto

2. Noi (ascoltare) futuro semplice

3. Loro (dare) condizionale presente

4. Lei (dormire) imperfetto

5. Io (dovere) condizionale presente

6. Loro (uscire) presente indicativo

7. Loro (leggere) futuro semplice

8. Io (pagare) presente indicativo

9. Tu (venire) imperfetto

10. Voi (vincere) condizionale presente

Italian Verb Activities

Exercise 16

Passato remoto/passato prossimo: Change the following verbs from the past absolute into the past tense.

1. fui
2. conobbi
3. scelsero
4. spiegasti
5. visse
6. venni
7. metteste
8. rimanemmo
9. nacquero
10. avesti

Italian Verb Activities

Exercise 17

L'intruso: For each group of verbs select the one that does not belong.

1. ballare, danzare, andare in discoteca, esibirsi, digerire

2. pregare, meditare, pensare, ubriacarsi, filosofare

3. cucinare, cuocere, dipingere, arrostire, friggere

4. viaggiare, girare, visitare, camminare, scavare

5. saltare, disegnare, dipingere, colorare, tinteggiare

Must Know Verbs

Here is a list of Must Know Verbs. Each is followed by the page number on which you will find its conjugation in this book.

1. abitare (67)
2. accendere (72)
3. amare (90)
4. andare (93)
5. aprire (104)
6. arrivare (108)
7. ascoltare (110)
8. aspettare (111)
9. avere (122)
10. bere (132)
11. camminare (147)
12. capire (150)
13. cercare (156)
14. chiamare (157)
15. chiedere (159)
16. chiudere (160)
17. cominciare (163)
18. comprare (170)
19. conoscere (178)
20. dare (206)
21. dire (226)
22. diventare (243)
23. divertirsi (244)
24. dormire (247)
25. dovere (248)

26. entrare (256)
27. essere (265)
28. fare (271)
29. finire (280)
30. firmare (281)
31. giocare (295)
32. guardare (306)
33. guidare (308)
34. informare (329)
35. invitare (343)
36. lasciare (348)
37. lavorare (352)
38. leggere (354)
39. mandare (365)
40. mangiare (366)
41. nascere (386)
42. pagare (419)
43. parlare (422)
44. partire (424)
45. pensare (430)
46. perdere (432)
47. piacere (439)
48. piovere (442)
49. portare (447)
50. potere (449)

51. preferire (452)
52. prendere (455)
53. pulire (477)
54. ricordare (507)
55. ridere (509)
56. ripetere (523)
57. rispondere (528)
58. salutare (541)
59. sapere (543)
60. scrivere (556)
61. sentire (564)
62. significare (569)
63. spiegare (586)
64. stare (593)
65. telefonare (609)
66. tornare (619)
67. tradurre (621)
68. trovare (630)
69. usare (640)
70. uscire (641)
71. vedere (645)
72. vendere (646)
73. venire (647)
74. vestirsi (651)
75. volere (658)

Test Prep Verb List

Here is a list of useful test prep verbs. Each is followed by a number, which refers either to the page with the conjugation of the model verb or to the page where the verb is conjugated, i.e.: *aumentare* (90), *avere* (122). For *aumentare*, 90 refers to the page with the conjugation of the model verb *amare*; the verb *aumentare* is conjugated like the model verb *amare*. For *avere*, 122 refers to the page where the verb *avere* is conjugated.

1. aiutare (85)	26. essere (265)	51. potere (449)
2. alzarsi (89)	27. fare (271)	52. pranzare (450)
3. amare (90)	28. fare colazione (271)	53. prendere (455)
4. andare (93)	29. farsi male (271)	54. prestare (460)
5. arrivare (108)	30. giocare (295)	55. pulire (477)
6. ascoltare (110)	31. guardare (306)	56. ricordare (507)
7. aumentare (90)	32. incontrare (325)	57. ridere (509)
8. avere (122)	33. iniziare (330)	58. sapere (543)
9. bere (132)	34. insegnare (333)	59. scegliere (549)
10. cenare (155)	35. introdurre (339)	60. scrivere (556)
11. cercare (156)	36. lavorare (352)	61. seguire (562)
12. chiedere (159)	37. leggere (354)	62. sentire (564)
13. comprare (170)	38. mandare (365)	63. soffrire (571)
14. conoscere (178)	39. mangiare (366)	64. spiegare (586)
15. costruire (199)	40. mantenere (367)	65. stare (593)
16. creare (90)	41. meritare (373)	66. studiare (596)
17. crescere (201)	42. morire (382)	67. suonare (599)
18. dare (206)	43. nascere (386)	68. togliere (617)
19. dimenticare (221)	44. offrire (405)	69. tornare (619)
20. dimostrare (223)	45. partire (424)	70. uscire (641)
21. dire (226)	46. passare (425)	71. vedere (645)
22. domandare (246)	47. pensare (430)	72. venire (647)
23. dormire (247)	48. piovere (442)	73. viaggiare (652)
24. dovere (248)	49. portare (447)	74. vincere (654)
25. esistere (263)	50. possedere (448)	75. volere (658)

Tech VERB List

Useful tech verbs in *italiano*:

TECH VERBS :)

apply	**applicare**
back up	**fare una copia di sicurezza**
boldface	**mettere in grassetto**
cancel	**annullare**
choose	**selezionare**
clear	**cancellare, eliminare**
click	**cliccare**
close	**chiudere**
copy	**copiare**
create shortcut	**creare collegamento**
delete	**eliminare**

Tech **VERB** List

Useful tech verbs in *italiano*:

double click	**fare doppio clic**
download (music)	**scaricare (musica)**
drag	**trascinare**
drag-and-drop	**trascinare e lasciare**
edit	**modificare**
exit	**uscire**
explore	**esplorare**
find	**cercare, trovare**
find next	**trova successivo**
finish	**terminare**
print	**stampare**
scan	**scansionare/ scannerizzare**

TECH VERBS :)

italian TEXT messaging

Text your friends in *italiano*.

-	meno	*less*
:(	triste	*sad*
:), =)	felice, allegro	*happy*
:D	ghigno	*grin*
:p	linguaccia	*tongue sticking out*
;)	occhiolino	*wink*
+	più	*more*
+o-	più o meno	*more or less*
=	uguale	*the same*
6	sei, sei?	*you are/are you?*
a dp	a dopo, ci vediamo dopo	*see you later*
am	amore	*love*
anke	anche	*also*
bb	bebè	*baby*
br	bere	*to drink*
c 6	ci sei?	*are you there?*
c sent	ci sentiamo	*speak to you later*
cad	cadauno	*each*
cam	camera, stanza	*room*
ce	c'è	*is there?, there is…*
ce ness1	c'è nessuno?	*is anybody there?*
ciao	ciao	*hello, goodbye*
cm	come	*as, how, like*
cm va	come va?	*what's up?*
cmq	comunque	*anyway*
cn	con	*with*
cs dc?	cosa mi dici?	*what's up?*
d	da, di	*from, of*
diff	difficile	*difficult*
dim	dimmi	*tell me*
dl	del, dello, della, degli, delle	*of the*

ITALIAN TEXTING ;)

italian TEXT messaging

Text your friends in *italiano*.

dm	domani	*tomorrow*
dp skuola	dopo le lezioni, dopo scuola	*after class*
dp	dopo	*after*
dr	dire	*say*
dtt	detto	*said*
dv	dove?	*where?*
dv 6	dove sei?	*where are you?*
dx	destra	*right*
fiko	fico!	*cool!*
frs	forse	*maybe*
fsta	festa	*party*
ft	fatto, finito	*done*
grrr	arrabbiato	*angry*
ke	che, che?	*what, what?*
ke fai	che fai?	*what are you doing?*
ke noia	che noia!	*what a drag!*
ke vuoi	che vuoi?	*what do you want?*
ki	chi, chi?	*who, who?*
ko	sono sfinito	*I'm exhausted*
ksa	casa	*house, home*
lol	che ridere	*what a laugh!*
m1m+t	mandami un messaggio più tardi	*send me a message later*
mah	non so	*I don't know*
-male	meno male	*thank goodness*
mim	missione impossibile	*mission impossible*
mlt	molto	*a lot*
mmt+	mi manchi tantissimo	*I miss you a lot*
msg	messaggio	*message*
n	in, no	*in, no*

Text your friends in *italiano*.

nm	numero	*number*
nn	non	*not*
nn succ nnt	non succede niente	*nothing is happening*
nnt	niente	*nothing*
npp	non posso parlare	*I can't talk now*
ntt	notte	*night*
ok	bene	*good, OK*
pco	poco	*a little*
pf, pls	per favore	*please*
prox	prossimo	*next*
qlc	qualche	*some*
qlc1	qualcuno	*someone*
qlcs	qualcosa	*something*
qnd	quando	*when*
qndi	quindi	*therefore*
qnt	quanto, quanti	*how much, how many*
qst	questo, questa	*this*
rsp	risposta	*answer*
rst	resto	*I'm staying*
s	sì, si	*yes, if*
sh	zitto!	*shut up*
sl	solo	*only, alone*
smpr	sempre	*always*
sms	sms	*text*
sn	sono	*I am, they are*
sx	sinistra	*left*
sxo	spero	*I hope*
t	ti, tu	*you*
t tel + trd	ti telefono + tardi	*I'll ring you later*
tat	ti amo tanto	*I love you a lot (for bf/gf)*

ITALIAN TEXTING :)

italian **TEXT** messaging

Text your friends in *italiano*.

tel m	telefonami	*call me*
tnt	tanto	*very, much*
trnki	tranquillo	*don't worry*
trp	troppo	*too, too much*
tt	tutto, tutti	*all, everyone*
tt bn	tutto bene?	*are you OK?*
tvb	ti voglio bene	*I love you (for friends/relatives)*
tvtb	ti voglio tanto bene	*I love you a lot (for friends/relatives)*
tx, thx, grz	grazie	*thanks*
uni	università	*university, college*
vd	vado, devo andare	*I'm going, I have to go*
vlv	volevo	*I wanted*
vn?	vieni?	*are you coming?*
we	fine settimana	*weekend*
x	per	*for, to*
xciò	perciò	*therefore*
xdono	perdono	*sorry*
xh	per ora	*for now*
xké	perché, perché?	*because, why?*
xò	però	*but*
xsona	persona	*person*
xxx	baci	*kisses*
zzz	dormire	*to sleep*

ITALIAN TEXTING :)

Test Prep Guide

Taking an Italian test or quiz soon? Preparing for a test is not only about studying content such as Italian verbs, reading, vocabulary, useful expressions or culture, it is also about practicing and using your learning skills.

The Berlitz authors, review and editorial team would like to share with you some test-taking strategies that have worked for them. Many of these strategies may be familiar to you, but it's always helpful to review them again. Remember that enhancing your learning skills will help you with all of your classes!

In bocca al lupo!

General Test-Taking Tips: Before the Test

- Review test-taking strategies to help you get a head start on the test.
- Prepping for an exam really begins on your first day of class.
  Reading, reviewing and keeping up with your classwork is the first step to test prep.
- Take good notes in class, especially when your teacher suggests that you write something down.
- Review your notes on a regular basis (at least twice a week).
- Review additional classroom assignments, such as worksheets, in class activities, assignments or readings.
- Review previous quizzes, tests and any test preparation materials related to your class.
- Study with a partner or with a small group of classmates.
- If your teacher has a review session be sure that you attend the review session.
- During the review session, be sure to ask questions, ask for clarification and for additional practice activities.
- Prepare a brief tip sheet for yourself in which you summarize important information, conjugation endings, vocabulary definitions and ideas so that you can review at a glance.
- Spend additional time on material that is more challenging for you and remember there is material that you do know and probably know quite well!
- Get a good night of sleep. Remember that "all nighters" deprive you of the sleep you need to perform well.
- Be sure to eat well before your test.

Test-Taking Tips: During the Test

- Be sure to bring extra pencils, pens, paper, erasers or any other materials and resources that your teacher has allowed you to use for the test.
- Arrive early so that you are not stressed.
- Bring a watch to class so that you can manage your time.
- Scan the entire test before you begin so that you know what you will need to do to manage your time.
- Read instruction lines carefully. Be sure that you answer what you are being asked.
- Do the sections that you know well first so that you can move to the sections that are more challenging.
- Balance the amount of time that you spend on each question. If you find that you are spending too much time on one question, skip the question and come back to it later.
- Be sure that you save about 10 minutes at the end of the test to review. You may be able to catch your own mistakes.

Test-Taking Tips: After the Test

- Review your test and see if you can identify your own mistakes. If you can't identify your mistakes, ask your teacher.
- Correct your test mistakes in your notebook for future reference.
- Review the test to see what sections you did well on and what sections you need to review again. Make a list so that you can begin to prepare for your next quiz or test.
- Keep your test for future reference and for review and practice.

Verb Activities Answer Key

Exercise 1

1. vai, ti svegli; andiamo, ci svegliamo; va, si sveglia; vanno, si svegliano.

2. ci siamo iscritti, abbiamo conosciuto; vi siete iscritti, avete conosciuto; si sono iscritti, hanno conosciuto; ti sei iscritto, hai conosciuto

3. si diverta; ci divertiamo; ti diverta; vi divertiate

4. affrettati; affrettatevi; si affrettino; si affretti

5. vi accorgete, vi comportate; mi accorgo, mi comporto; ci accorgiamo, ci comportiamo; si accorge, si comporta

6. rispetta; rispettiamo; rispettate, rispettino

7. hai lodato; ha lodato; abbiamo lodato; avete lodato

8. parteciperai; parteciperete; parteciperà; parteciperò

9. informa; informiamo; informano; informi

10. ho trascorso; hanno trascorso; abbiamo trascorso; hai trascorso

Exercise 2

1. aprire

2. esibire

3. burlarsi

4. arrabbiarsi

5. ubbidire

6. vietare

7. restituire

8. lagnarsi

9. mentire

10. odiare

Verb Activities Answer Key

Exercise 3

1. comparire

2. maledire

3. ordinare

4. spegnere

5. preoccuparsi

Exercise 4

1. riesca/sia riuscito

2. abbiate studiato

3. chiamassero

4. sia/sia stato

5. avessi suonato

Exercise 5

1. Andrò al museo domani mattina

2. Dovete prenotare l'albergo per le vacanze

3. Ieri Elena e Lucia hanno ricevuto tre lettere

4. Da bambino Luca cantava nel coro

5. Se vedi Laura, invitala!

Exercise 6

1. Ho raccontato

2. Volevi

3. dipingeva

4. leggeva

5. spostava

6. abbiamo pulito

7. ho partecipato

8. respirava

9. ha giurato

10. suonavano

Exercise 7

1. sbagliare

2. scelgano

3. vi comportiate

4. mostro

5. trasferirsi

Exercise 8

1. accadrà

2. hanno nominato

3. aveva noleggiato

4. hai versato

5. ci sposeremo

6. avevano nuotato

7. rifiutare

8. pioveva

9. avevano ordinato

10. ci annoiamo

Verb Activities Answer Key

Exercise 9

1. discutessi

2. organizzerà

3. debba

4. ha stabilito

5. varrebbe

Exercise 10

Orizzontale

5. pranzavo; 8. formeremo; 9. offrite; 10. avete lottato

Verticale

1. governerebbero; 2. spenderanno; 3. trasciniamo; 4. hanno ospitato;
6. abbiamo ferito; 7. limiteresti

Exercise 11

1. fossero partiti

2. aveste finito

3. avesse portato

4. fossimo andati

5. avesse avuto

6. avessi fatto

7. aveste detto

8. fosse uscita

Exercise 12

1. cucinava

2. chiederemo

3. piaceva

4. giocherò

5. diventa

6. spiegava

7. ti commuovi

8. vivevano

Exercise 13

1. L'anno scorso io ho giocato a tennis

2. Da bambina Laura cantava molto bene

3. Domani i signori Renzi partiranno per le vacanze

4. Penso che voi dobbiate mangiare cibi più sani

5. Vorrei che tu dicessi sempre la verità

6. La settimana prossima noi suoneremo il sassofono

7. Ieri Paola ha spedito una lettera a un'amica

8. Quest'estate voi seguirete un corso di spagnolo

Exercise 14

1. stava leggendo

2. stavamo cenando

3. stava spiegando

4. stavano passeggiando

5. stai mangiando

6. stavano partendo

7. stavo facendo

8. Stiamo cenando

Verb Activities Answer Key

Exercise 15

1. andavano
2. ascolteremo
3. darebbero
4. dormiva
5. dovrei
6. escono
7. leggeranno
8. pago
9. venivi
10. vincereste

Exercise 16

1. sono stato/a
2. ho conosciuto
3. hanno scelto
4. hai spiegato
5. ha vissuto
6. sono venuto/a
7. avete messo
8. siamo rimasti/e
9. sono nati/e
10. hai avuto

Exercise 17

1. digerire
2. ubriacarsi
3. dipingere
4. scavare
5. saltare

Index of over 1900 Italian Verbs

Below, you will find a list of model verbs. We have included these verbs since most other Italian verbs are conjugated like one of these model forms. We suggest that you study these model verbs; once you know these conjugations you will be able to conjugate almost any verb!

On the following pages, you will find an index of an additional 1900 verbs. Each verb is followed by an English translation. The English translation is followed by a number, for example: **remare** to row (90). The number 90 refers to the page number where you will find the conjugation of the verb *amare*. The verb *remare* is conjugated like the model verb *amare*.

Index of over 1900 Italian Verbs

Index of over 1900 Italian Verbs

equivocare to mistake (295)

ergere to raise (298)

erigere to erect (227)

erodere to erode (536)

erogare to distribute (419)

erompere to erupt (537)

errare to err, to wander (90)

erudire to educate (280)

esaudire to grant (280)

escoriare to graze, to excoriate (146)

eseguire to carry out (562)

esemplificare to exemplify (295)

esercire to run (280)

esigere to demand (492)

esiliare to exile (146)

esorcizzare to exorcize (90)

esordire to make a start (280)

espandere to expand (580)

espedire to expedite (280)

espiare to expiate (146)

esplicare to explain, to carry out (295)

esplodere to explode (509)

esporre to expose (445)

espropriare to expropriate (146)

esportare to export (90)

espungere to expunge (298)

espurgare to expurgate (419)

estinguere to extinguish (238)

estraniare to estrange (146)

estrarre to extract (622)

estrinsecare to externalize (295)

estromettere to expel (374)

evacuare to evacuate (90)

evadere to evade (340)

evaporare to evaporate (90)

evidenziare to make evident (146)

evirare to emasculate (90)

evocare to evoke (295)

F

fabbricare to manufacture (295)

falciare to mow (163)

fantasticare to imagine (295)

fasciare to bandage (348)

faticare to toil, to labor (295)

fatturare to invoice, to bill (90)

faxare to fax (90)

fendere to split (646)

fervere to be fervent (200)

fiaccare to weaken (295)

ficcare to stick something somewhere (295)

fiancheggiare to flank (163)

Index of over 1900 Italian Verbs

imbattersi to meet up, to fall in with (200)

imbavagliare to gag (544)

imbecillirsi to become foolish (280)

imbellire to embellish, to adorn (280)

imbestialire to enrage (280)

imbevere to soak, to absorb (132)

imbiancare to whiten (295)

imbiondirsi to become blond (280)

imboccare to feed (295)

imbonire to lure, to entice (280)

imboscare to hide, to ambush (295)

imbottigliare to bottle (544)

imbottire to pad, to fill (280)

imbracare to sling (295)

imbrogliare to cheat (544)

imbronciare to pout, to sulk (163)

imbronciarsi to sulk (138)

imbrunire to darken (280)

imbruttirsi to become ugly (280)

imitare to imitate (90)

immalinconire to sadden (280)

immatricolare to matriculate (90)

immettere to immerse (374)

immigrare to immigrate (90)

immischiare to become involved (146)

immobilizzare to immobilize (90)

immolarsi to sacrifice oneself (90)

immunizzare to immunize (90)

impaccare to package (295)

impacchettare to pack (90)

impacciare to hamper (163)

impadronire to seize, to take possession of (280)

impallidire to turn pale (280)

impanare to bread (90)

impartire to impart (280)

impastare to knead (90)

impazzare to be wild with excitement (90)

impazientire to get impatient (280)

impeciare to tar (163)

impedire to impede (280)

impegnare to pawn, to pledge (90)

impensierire to worry (280)

imperare to rule, to reign (90)

imperlare to bead (90)

imperversare to storm, to rage (90)

impetrare to beg for (90)

indurre to induce (176)

industrializzare to industrialize (90)

industriare to try hard (146)

inebetire to dull, to stun (280)

inebriare to intoxicate (146)

infagottare to wrap up (90)

infamare to disgrace (90)

infarcire to cram, to stuff (280)

infarinare to cover with flour (90)

infastidire to annoy (280)

infatuare to infatuate, to make enthusiastic (90)

infermare to weaken, to get sick (90)

inferocire to make fierce, to grow fierce (280)

infervorare to excite, to stir up (90)

infestare to infest (90)

infiacchire to weaken (280)

infiammare to inflame (90)

infierire to become cruel (280)

infievolire to weaken (280)

infiggere to thrust, to stick (278)

infilare to thread (90)

infiltrare to infiltrate (90)

infilzare to thread (90)

infinocchiare to fool (146)

infioccare to adorn with tassels (295)

infiorare to adorn with flowers (90)

infittire to thicken (280)

inflettere to inflect (515)

inflazionare to inflate (90)

influire to have an influence on (280)

infondere to infuse, to instill (282)

infossare to put in a pit (90)

infracidire to rot (280)

inframettere to meddle, to interpose (374)

infrangere to break (440)

infreddolire to get cold (280)

infuocare to make red hot (295)

infurbirsi to become shrewd (280)

infuriare to infuriate (146)

ingabbiare to cage (146)

ingaggiare to engage, to hire (163)

ingagliardire to strengthen (280)

ingannare to deceive (90)

ingarbugliare to entangle, to become embroiled (544)

ingegnare to manage, to scheme (90)

ingelosire to make jealous (280)

offuscare to obfuscate (295)

oggettivare to objectify (90)

oltraggiare to insult, to outrage (163)

oltrepassare to go beyond (90)

ombreggiare to shade (163)

omogeneizzare to homogenize (90)

ondeggiare to wave, to sway (163)

onerare to burden (90)

opinare to deem, to opine (90)

optare to opt (90)

orbitare to orbit (90)

orchestrare to orchestrate, to organize (90)

ordire to plan, to scheme (280)

orecchiare to listen in on (146)

orientare to guide, to orient (90)

originare to originate (90)

origliare to eavesdrop (544)

ornare to adorn (90)

osannare to acclaim (90)

oscillare to waver, to oscillate (90)

ossequiare to hover, to pay respects to (146)

ossidarsi to become oxidized (90)

ossigenare to oxygenate, to bleach (90)

ostacolare to hinder, to obstruct (90)

osteggiare to oppose (163)

ostentare to show off (90)

ostracizzare to ostracize (90)

ostruire to obstruct, to hinder (280)

ottenebrare to darken (90)

ottimare to optimize (90)

ottimizzare optimize (90)

otturare to plug up, to fill (90)

ovviare to obviate (146)

oziare to hang around, to loiter (146)

P

pacificare to pacify, to placate (295)

padellare to sauté, to miss a shot (90)

padroneggiare to master something (163)

palesare to make obvious (90)

palpeggiare to finger (163)

palpitare to palpitate (90)

parafrasare to paraphrase (90)

paragonare to compare (90)

paralizzare to paralyze (90)

parare to decorate, to ward off (90)

pareggiare to equal, to match (163)

parodiare to parody (146)

Index of over 1900 Italian Verbs

R

rabbrividire to shiver, to shudder (280)

rabbuffare to rebuke (90)

raccapezzare to put together (90)

raccapricciare to be horrified, to shudder (163)

racchiudere to enclose, to hold (160)

racchiudersi to be enclosed (160)

raccogliere to gather, to pick up (161)

raccorciare to shorten (163)

raddolcire to sweeten (280)

raddoppiare to double (146)

raddrizzare to straighten (90)

radere to shave (509)

radiare to cancel, to expel (146)

radicarsi to take root (138)

raffigurare to portray (90)

raffigurarsi to imagine, to picture (90)

radunare to gather, to assemble (90)

raffermare to reaffirm (90)

raffinare to refine, to polish (90)

rafforzare to fortify (90)

raffreddarsi to cool down (90)

raggirare to cheat, to swindle (90)

raggrumarsi to coagulate (90)

raggruppare to group together (90)

rallegrare to cheer up (90)

rallegrarsi to cheer oneself up (90)

rammendare to mend, to darn (90)

rammentare to remember (90)

rampicare to climb (295)

rancidire to become rancid (280)

rannuvolare to cloud, to darken (90)

rantolare to gasp, to wheeze (90)

rapinare to rob, to plunder (90)

rapportare to compare (90)

rarefare to rarefy (271)

rasare to shave, to mow, to trim (90)

raschiare to scrape, to scratch (146)

rasserenare to clear up, to brighten (90)

rasserenarsi to become bright (90)

rassodare to harden, to stiffen (90)

rassomigliare to resemble (544)

ratificare to ratify (295)

rattristare to sadden (90)

realizzare to realize, to carry out (90)

recapitare to deliver (90)

recare to bring about (295)

recarsi to go (295)

For iPod:
Introduction

Berlitz® Italian Essential Words and Phrases for iPod® is a unique digital e-phrase book that contains 300 travel-related words and phrases—all for use on your iPod.

Simply download the software from our web site at www.berlitzpublishing.com/601verbs to your computer, run the automatic installer and instantly your iPod Classic or Nano will be loaded with words, phrases, pictures and audio for your trip — no need to carry a phrase book, CD or separate audio device! The program is easily organized into thematic menus, so you can quickly scroll to find the phrase you're looking for. This easy-to-navigate technology ensures that you can communicate in a variety of situations immediately: at the airport, train station, hotel, restaurant, shopping area, Internet café, and more.

System Requirements

Windows 2000, XP, Vista or Windows 7, Internet Explorer
Mac OS 10.4 or later, Safari
25MB of available hard disk space.

iTunes Requirements:
Windows or Mac Version 8.0 or later

iPod Requirements:
iPod Classic 5th generation or later; iPod Nano 3rd generation or later.

Installation Instructions

> For error-free installation, make sure your iPod is connected and iTunes is open. Wait until your iPod appears in the iTunes Source Menu.
> In iTunes, make sure your iPod has the Options boxes checked as illustrated here:

For PC iPods

> On Windows PCs, the installer screen will automatically extract the zipped content and prompt you to start the installation process. Follow the installer menus to properly install the text into the Notes folder of your iPod and the audio into your iTunes Library. Your iTunes will then sync to your iPod to transfer the audio into your iPod's music folder. Note: if you have "Manually manage music and videos" checked under your iTunes Options, you will have to drag the audio files from the iTunes Library to your iPod after installation.

For Mac iPods

> On your Mac, open the folder called Berlitz_IT_LT_unzipped.
> Double click the MacBook Installer icon. Follow the installation menus as they lead you through the process.
> Eject your iPod and go to the iPod Extras; then go to the Notes folder. You'll find Berlitz® Italian there.

Technical Support

For technical support issues for this product, please refer to our help page at www.ipreppress.com/iphrase.htm. You can also contact us by phone at 1-866-439-5032 (toll free U.S. only) or 1-215-321-0447 Monday through Friday, 9 a.m. to 6 p.m. EST, or email us at help@ipreppress.com.